1.001 +100 QUESTÕES COMENTADAS POLÍCIA FEDERAL

EDITORA
AlfaCon
Concursos Públicos

Diretor Presidente
Evandro Guedes

Diretor Editorial/Operações e Gestão
Javert Falco

Diretor de Marketing/TI
Jadson Siqueira

Coordenadora Editorial
Wilza Castro

Editoras de Texto
Mariana Castro
Paula Craveiro
Patricia Quero

Gerente de Produto
Fábio Oliveira

Analista de Conteúdo
Mateus Ruhmke Vazzoller

Assistente Editorial
Tatiane Zmorzenski

Supervisor de Editoração
Alexandre Rossa

Capa, Projeto Gráfico e Diagramação
Alexandre Rossa e Nara Azevedo

Coordenação de Autores
Daniel Lustosa

C35mpf

CASTRO, Wilza (Org.) - Passe Já 1001 Policia Federal. Cascavel: Editora AlfaCon, 2021.

508 p 16 x 23

ISBN: 978-65-5918-037-0

Exercícios gabaritados. Questões comentadas. Atividades de fixação. Concurso público. AlfaCon.

CDU: 37.01

Português - Rachel Ribeiro e Alexandre Soares
RLM - Daniel Lustosa
Informática - João Paulo Colet Orso
Direito Administrativo - Ricardo Barrios
Direito Constitucional - Rodrigo Gomes
Direito Penal - Evandro Guedes / Leone Maltz
Direito Processual Penal - Wallace França
Leis Especiais - Lucas Fávero
Contabilidade - Gustavo Muzzy
Arquivologia - João Paulo Colet Orso

Dúvidas?
Acesse: www.alfaconcursos.com.br/atendimento
Núcleo Editorial:
  Rua: Paraná, nº 3193, Centro - Cascavel/PR
  CEP: 85810-010
Núcleo Comercial/Centro de Distribuição:
  Rua: Dias Leme, nº 489, Mooca - São Paulo/SP
  CEP: 03118-040
 SAC: (45) 3037-8888

Data de fechamento 1ª impressão: 17/01/2021

Proteção de direitos
Todos os direitos autorais desta obra são reservados e protegidos pela Lei nº 9.610/98. É proibida a reprodução de qualquer parte deste material didático, sem autorização prévia expressa por escrito do autor e da editora, por quaisquer meios empregados, sejam eletrônicos, mecânicos, videográficos, fonográficos, reprográficos, microfílmicos, fotográficos, gráficos ou quaisquer outros que possam vir a ser criados. Essas proibições também se aplicam à editoração da obra, bem como às suas características gráficas.
Atualizações e erratas
Esta obra é vendida como se apresenta. Atualizações - definidas a critério exclusivo da Editora AlfaCon, mediante análise pedagógica - e erratas serão disponibilizadas no site www.alfaconcursos.com.br/codigo, por meio do código disponível no final do material didático Ressaltamos que há a preocupação de oferecer ao leitor uma obra com a melhor qualidade possível, sem a incidência de erros técnicos e/ou de conteúdo. Caso ocorra alguma incorreção, solicitamos que o leitor, atenciosamente, colabore com sugestões, por meio do setor de atendimento do AlfaCon Concursos Públicos.

APRESENTAÇÃO

A 1.001 Questões Comentadas foi criada para lhe auxiliar durante seus estudos para concursos públicos nas áreas Policial, Militar, Tribunal, Administrativa e Fiscal.

Esta obra que está em suas mãos é voltada ao Concurso da Polícial Federal e, nela, a distribuição do conteúdo leva em consideração o peso de cada disciplina e a frequência com a qual ela é cobrada em praticamente todas as provas de concursos públicos. Assim, temos a seguinte disposição:

Lingua Portuguesa	200 questões
Informática	300 questões
Raciocínio Lógico-matemático	66 questões
Matemática	17 questões
Direito Constitucional	25 questões
Direito Administrativo	25 questões
Direito Penal	25 questões
Direito Processual Penal	25 questões
Leis Especiais	33 questões
Contabilidade	200 questões
Estatística	84 questões
Arquivologia	100 questões

O AlfaCon é especialista em concursos públicos e comprova que é essencial dominar as principais disciplinas, fazendo com que o candidato tenha um aproveitamento superior em relação aos seus concorrentes. O fato de incluir as áreas específicas, com certeza, fará diferença para o caminho de sua aprovação.

A edição 2021 do Passe Já - Polícia Federal traz para o concurseiro um conteúdo robusto e de qualidade, composto por 1.001 questões gabaritadas e comentadas por renomados professores e especialistas, facilitando a compreensão das disciplinas abordadas e auxiliando em sua fixação.

Para agregar ainda mais valor aos seus estudos, disponibilizamos gratuitamente uma série de conteúdos exclusivos on-line, que ajudarão o concurseiro em aspectos que costumam ser pontos de atenção durante as provas. Nosso leitor terá acesso ao plano de estudos para PRF e PF com Evandro Guedes. Acesse grátis por 7 dias o curso Unificado PRF/PF.

Esperamos que você aproveite muito este material.

Bons estudos e muito sucesso!

APRESENTAÇÃO

Se liga no **vídeo**!

O **AlfaCon Notes** é um aplicativo perfeito para registrar suas **anotações de leitura**, deixando seu estudo **mais prático**. Viva a experiência Alfacon Notes. Para instalar, acesse o Google Play ou a Apple Store.

Cada tópico de seu livro contém **um Código QR** ao lado.

Escolha o tópico e faça a leitura do Código QR utilizando o aplicativo AlfaCon Notes para registrar sua anotação.

Pronto para essa **nova experiência**? Então, baixe o App **AlfaCon Notes** e crie suas anotações.

Acesse seu material complementar:

1 Acesse o site **www.alfaconcursos.com.br** para se cadastrar **gratuitamente** ou para efetuar seu login.

2 Digite o código abaixo na aba **Regastar código**. Seu código estará disponível por 120 dias a partir do primeiro acesso.

3 Após a validação do código, você será redirecionado para a página em que constam seus materiais (cursos on-line, mentoria, atualizações, material complementar e erratas). Todo esse conteúdo está disponível gratuitamente.

Mais que um livro, é uma experiência!

COMO ESTUDAR PARA UM CONCURSO PÚBLICO!

Para se preparar para um concurso público, não basta somente estudar o conteúdo. É preciso adotar metodologias e ferramentas, como plano de estudo, que ajudem o concurseiro em sua organização.

As informações disponibilizadas são resultado de anos de experiência nesta área e apontam que estudar de forma direcionada traz ótimos resultados ao aluno.

CURSO ON-LINE GRATUITO

- Como montar caderno
- Como estudar
- Como e quando fazer simulados
- O que fazer antes, durante e depois de uma prova!

Ou pelo link: alfaconcursos.com.br/cursos/material-didatico-como-estudar

ORGANIZAÇÃO

Organização é o primeiro passo para quem deseja se preparar para um concurso público.

Conhecer o conteúdo programático é fundamental para um estudo eficiente, pois os concursos seguem uma tendência e as matérias são previsíveis. Usar o edital anterior - que apresenta pouca variação de um para outro - como base é uma boa opção.

Quem estuda a partir desse núcleo comum precisa somente ajustar os estudos quando os editais são publicados.

PLANO DE ESTUDO

Depois de verificar as disciplinas apresentadas no edital, as regras determinadas para o concurso e as características da banca examinadora, é hora de construir uma tabela com seus horários de estudo, na qual todas as matérias e atividades desenvolvidas na fase preparatória estejam dispostas.

PASSO A PASSO

VEJA AS ETAPAS FUNDAMENTAIS PARA ORGANIZAR SEUS ESTUDOS

PASSO 1	PASSO 2	PASSO 3	PASSO 4	PASSO 5
Selecionar as disciplinas que serão estudadas.	Organizar sua rotina diária: marcar pontualmente tudo o que é feito durante 24 horas, inclusive o tempo que é destinado para dormir, por exemplo.	Organizar a tabela semanal: dividir o horário para que você estude 2 matérias por dia e também destine um tempo para a resolução de exercícios e/ou revisão de conteúdos.	Seguir rigorosamente o que está na tabela, ou seja, destinar o mesmo tempo de estudo para cada matéria. Por exemplo: 2h/dia para cada disciplina.	Reservar um dia por semana para fazer exercícios, redação e também simulados.

Esta tabela é uma sugestão de como você pode organizar seu plano de estudo. Para cada dia, você deve reservar um tempo para duas disciplinas e também para a resolução de exercícios e/ou revisão de conteúdos. Fique atento ao fato de que o horário precisa ser determinado por você, ou seja, a duração e o momento do dia em que será feito o estudo é você quem escolhe.

TABELA SEMANAL

SEMANA	SEGUNDA	TERÇA	QUARTA	QUINTA	SEXTA	SÁBADO	DOMINGO
1							
2							
3							
4							

AlfaCon Concursos Públicos

SUMÁRIO

LÍNGUA PORTUGUESA 9

INFORMÁTICA 101

RLM 185

MATEMÁTICA...217

DIREITO CONSTITUCIONAL..229

DIREITO ADMINISTRATIVO...239

DIREITO PENAL..249

DIREITO PROCESSUAL PENAL..261

LEIS ESPECIAIS...273

CONTABILIDADE 287

ESTATÍSTICA..353

ARQUIVOLOGIA 471

SUMÁRIO

LÍNGUA PORTUGUESA

**ALEXANDRE SOARES
E RACHEL RIBEIRO**

LÍNGUA PORTUGUESA

1. **(CESPE - 2014 - POLÍCIA FEDERAL - AGENTE DE POLÍCIA FEDERAL)** Os termos "série" e "história" acentuam-se em conformidade com a mesma regra ortográfica.

Certo ( )   Errado ( )

Sé-rie: paroxítona terminada em ditongo.

His-tó-ria: paroxítona terminada em ditongo.

As paroxítonas terminadas em ditongo crescente podem ser classificadas também como proparoxítonas eventuais

GABARITO: CERTO.

2. **(CESPE – 2019 – PRF – POLICIAL RODOVIÁRIO FEDERAL)** No que se refere aos sentidos e às construções linguísticas do texto precedente, julgue o item a seguir.

A substituição da locução "a cidade toda" (l.30) por **toda cidade** preservaria os sentidos e a correção gramatical do período.

Trecho de apoio: "Imagino que algum funcionário trepava na antena mais alta no topo do maior arranha-céu e, ao constatar a falência da luz solar, acionava um interruptor, e a cidade toda se iluminava."

Certo ( )   Errado ( )

A cidade toda: "toda" é advérbio e equivale a "totalmente". A cidade se iluminava totalmente. Toda cidade: "toda" é pronome indefinido e equivale a "qualquer". Por isso, a substituição acarreta alteração do sentido.

GABARITO: ERRADO.

3. **(CESPE – 2018 – POLÍCIA FEDERAL – PAPILOSCOPISTA POLICIAL FEDERAL)** No que se refere aos aspectos linguísticos do texto 14A15AAA, julgue o item que segue.

A substituição do termo "do futuro", em "modelos do futuro" (l. 5 e 6), pelo adjetivo **futuristas** manteria os sentidos originais do texto.

Trecho de apoio: "A natureza jamais vai deixar de nos surpreender. As teorias científicas de hoje, das quais somos justamente orgulhosos, serão consideradas brincadeira de criança por futuras gerações de cientistas. Nossos modelos de hoje certamente serão pobres aproximações para os modelos do futuro."

Certo ( )   Errado ( )

A locução adjetiva "do futuro" significa algo que ainda está por vir. Essa locução não pode ser substituída pelo adjetivo "futurista", pois este significa aquilo que causa estranheza, que é extravagante, excêntrico.

GABARITO: ERRADO.

4. **(CESPE - 2014 - POLÍCIA FEDERAL - AGENTE ADMINISTRATIVO)** Os termos "Lá" (l.9) e "cá" (l.10) são utilizados como recursos para expressar circunstância de lugar, o primeiro referindo-se a "outras partes do mundo" (l.8) e o segundo, ao Brasil.

Trecho de apoio: "Pôde-se constatar que, em outras partes do mundo, fenômenos sociais semelhantes também ocorreram. Lá como cá, diferentes tipos de ação atingiram todo o grupo social, gerando vítimas e danos materiais. Nem sempre a intervenção das forças do Estado foi suficiente para evitar prejuízos.

Certo ( )   Errado ( )

Os advérbios podem ser empregados como recursos coesivos. No texto, forma utilizados para retomar temos e situar a ação no espaço (lugar). O advérbio lá tem como referente "outras partes do mundo" e o advérbio "cá" faz referência ao local onde estamos (Brasil).

GABARITO: CERTO.

5. **(CESPE – 2019 – PRF – POLICIAL RODOVIÁRIO FEDERAL)** Julgue o seguinte item, a respeito das ideias e das construções linguísticas do texto apresentado.

A locução "em razão de" (l.9) expressa uma ideia de causa.

Trecho de apoio: "Se prestarmos atenção à nossa volta, perceberemos que quase tudo que vemos existe em razão de atividades do trabalho humano."

Certo ( )   Errado ( )

A locução prepositiva "em razão de" equivale a, "por causa de", "devido a, em virtude de", ou seja, expressa uma ideia de causa. A palavra "razão" já denuncia essa ideia, pois é sinônimo de "causa", "motivo". "Se prestarmos atenção à nossa volta, perceberemos que quase tudo que vemos existe em razão de (por causa de) atividades do trabalho humano."

GABARITO: CERTO.

6. **(CESPE – 2018 – PC/SE – DELEGADO DE POLÍCIA)** Acerca dos sentidos e de aspectos linguísticos do texto precedente, julgue o item a seguir.

Na linha 4, o termo "como" estabelece uma comparação de igualdade entre o que se afirma no primeiro período do texto e a informação presente na oração "a sua ausência culminaria na impossibilidade de manutenção de relações pacificadas" (l.4-6).

Trecho de apoio: "A existência da polícia se justifica pela imprescindibilidade dessa agência de segurança para a viabilidade do poder de coerção estatal. Em outras palavras, como atestam clássicos do pensamento político, a sua ausência culminaria na impossibilidade de manutenção de relações pacificadas."

Certo ( )   Errado ( )

A palavra "como" é uma conjunção é tem a função de ligar as orações no período em que se insere, e não com as ideias do período anterior. Além disso, expressa a ideia de conformidade e pode ser substituída por: segundo, conforme, de acordo com, consoante.

GABARITO: ERRADO.

7. **(CESPE – 2018 – PC/MA – DELEGADO DE POLÍCIA CIVIL)** No texto CG1A1AAA, em "É, então, no entrelaçamento 'paz — desenvolvimento — direitos humanos — democracia' que podemos vislumbrar a educação para a paz" (l. 51 a 53), o vocábulo "então" expressa uma ideia de

a) conclusão.

b) finalidade.

c) comparação.

d) causa.

e) oposição.

A: conclusão: então, por isso, portanto, assim, por conseguinte.

B: finalidade: a fim de que, para que.

Alexandre Soares e Rachel Ribeiro

LÍNGUA PORTUGUESA

C: comparação: como, tal qual, mais (do) que, menos (do) que.

D: causa: pois, porque, já que, visto que, porquanto.

E: oposição: mas, porém, contudo, todavia, no entanto, entretanto.

GABARITO: A.

8. **(CESPE – 2017 – PJC/MT – DELEGADO DE POLÍCIA SUBSTITUTO)** Sem prejuízo para a coerência e para a correção gramatical do texto, a conjunção "Quando" (l.14) poderia ser substituída por

Trecho de apoio: "Quando os descaminhos não conduzirem a isso, competirá ao homem transformar a lei na vida mais digna para que a convivência política seja mais fecunda e humana."

a) Se.

b) Caso.

c) À medida que.

d) Mesmo se.

e) Apesar de

A conjunção "quando" expressa a ideia primária de tempo. Entre as alternativas, não há nenhuma conjunção ou locução que expresse tal ideia. Tal conjunção, atrelada a verbo no modo subjuntivo (conduzirem), traz consigo também a ideia de hipótese, possibilidade, ou seja, uma ideia secundária de condição. Nas alternativas "a" e "b", há conjunções condicionais, mas somente a conjunção "se" pode ser empregada com verbo no futuro do subjuntivo (se conduzirem). A conjunção "caso" deve ser empregada com verbo no presente ou no pretérito imperfeito do modo subjuntivo (caso conduza ou caso conduzisse). Na alternativas "c", a locução conjuntiva "à medida que" expressa a ideia de proporção, então não pode substituir a conjunção "quando". Nas alternativas "d" e "e" há ideia de concessão.

GABARITO: A.

9. **(FEPESE – 2017 – PC/SC – AGENTE DE POLÍCIA CIVIL – ADAPTADA)** Considere o excerto extraído do texto 3.

A crônica não é, portanto, apenas filha do jornal. (§ 2º).

O conector "portanto" expressa uma ideia de conclusão, em relação ao conteúdo do contexto precedente e pode ser substituído por "pois" sem prejuízo de significado e sem ferir a norma culta da língua escrita.

Trecho de apoio: "De extensão limitada, essa pausa se caracteriza exatamente por ir contra as tendências fundamentais do meio em que aparece - o jornal diário. Se a notícia deve ser sempre objetiva e impessoal, a crônica é subjetiva e pessoal. Se o jornal é frio, na crônica estabelece-se uma atmosfera de intimidade entre o leitor e o cronista, que refere experiências pessoais ou expende juízos originais acerca dos fatos versados. A crônica não é, portanto, apenas filha do jornal. Trata-se do antídoto que o próprio jornal produz. Só nele pode sobreviver, porque se nutre exatamente do caráter antiliterário do jornalismo diário."

Certo ( )   Errado ( )

A conjunção "portanto" expressa ideia de conclusão e equivale a "por conseguinte", "então". Neste caso, pode ser substituída pela conjunção "pois" porque aquela está deslocada para depois do verbo (é). A conjunção "pois" é considerada conclusiva sempre que estiver deslocada para depois do verbo. Se estiver iniciando a oração (antes do verbo), será explicativa ou causal.

GABARITO: CERTO.

10. **(CESPE – 2017 – PC/GO – DELEGADO DE POLÍCIA SUBSTITUTO)**
"A principal finalidade da investigação criminal, materializada no inquérito policial (IP), é a de reunir elementos mínimos de materialidade e autoria delitiva antes de se instaurar o processo criminal, de modo a evitarem-se, assim, ações infundadas, as quais certamente implicam grande transtorno para quem se vê acusado por um crime que não cometeu.

(...)

Acrescente-se que o estigma provocado por uma ação penal pode perdurar por toda a vida e, por isso, para ser promovida, a acusação deve conter fundamentos fáticos e jurídicos suficientes, o que, em regra, se consegue por meio do IP."

Carlos Alberto Marchi de Queiroz (Coord.). Manual de polícia judiciária: doutrina, modelos, legislação. 6. ed. São Paulo: Delegacia Geral de Polícia, 2010 (com adaptações).

Nas orações em que ocorrem no texto, os elementos "assim" (l.4) e "por isso" (l.15) expressam, respectivamente, as ideias de

a) consequência e consequência.

b) finalidade e proporcionalidade.

c) causa e consequência.

d) conclusão e conclusão.

e) restrição e conformidade.

As duas palavras são conjunções que expressam a ideia de conclusão. Portanto, por conseguinte, assim, então, por isso etc.

GABARITO: D.

11. **(CESPE – 2018 – POLÍCIA FEDERAL – ESCRIVÃO DE POLÍCIA FEDERAL)**
"No fim do século XVIII e começo do XIX, a despeito de algumas grandes fogueiras, a melancólica festa de punição de condenados foi-se extinguindo. Em algumas dezenas de anos, desapareceu o corpo como alvo principal da repressão penal: o corpo supliciado, esquartejado, amputado, marcado simbolicamente no rosto ou no ombro, exposto vivo ou morto, dado como espetáculo. Ficou a suspeita de que tal rito que dava um "fecho" ao crime mantinha com ele afinidades espúrias: igualando-o, ou mesmo ultrapassando-o em selvageria, acostumando os espectadores a uma ferocidade de que todos queriam vê-los afastados, mostrando-lhes a frequência dos crimes, fazendo o carrasco se parecer com criminoso, os juízes com assassinos, invertendo no último momento os papéis, fazendo do supliciado um objeto de piedade e de admiração.

A punição vai-se tornando a parte mais velada do processo penal, provocando várias consequências: deixa o campo da percepção quase diária e entra no da consciência abstrata; sua eficácia é atribuída à sua fatalidade, não à sua intensidade visível; a certeza de ser punido é que deve desviar o homem do crime, e não mais o abominável teatro."

Com relação aos aspectos linguísticos e aos sentidos do texto 13A1AAA, julgue o item a seguir.

LÍNGUA PORTUGUESA

Embora tanto o primeiro quanto o segundo parágrafo do texto tratem de acontecimentos passados, o emprego do presente no segundo parágrafo tem o efeito de aproximar os acontecimentos mencionados ao tempo atual, o presente.

Certo ( )   Errado ( )

O presente do indicativo é muito versátil, ou seja, pode ser empregado para expressar uma ideia que acontece no momento da fala, uma ação que se repete com frequência, uma verdade universal, passado histórico e futuro tido como certo. No segundo parágrafo, o verbo no presente do indicativo tem o efeito de aproximar os acontecimentos passados ao tempo atual – presente histórico.

GABARITO: CERTO.

12. **(CESPE – 2019 – PRF – POLICIAL RODOVIÁRIO FEDERAL)** No que se refere aos sentidos e às construções linguísticas do texto precedente, julgue o item a seguir.

A correção gramatical e os sentidos do texto seriam mantidos caso a forma verbal "existia" fosse substituída por **existisse**.

Trecho de apoio: "Claro que o cargo, se existia, já foi extinto, e o homem da luz já deve ter se transferido para o mundo das trevas eternas."

Certo ( )   Errado ( )

A correção gramatical seria prejudicada porque o verbo "existisse" está flexionado no pretérito imperfeito do modo subjuntivo, então o verbo da oração seguinte deve ficar flexionado no futuro do pretérito do modo indicativo (seria) para que ocorra a correta correção entre os tempos verbais do período.

"Claro que o cargo, se existisse, já seria extinto".

GABARITO: ERRADO.

13. **(CESPE – 2018 – POLÍCIA FEDERAL – AGENTE DE POLÍCIA FEDERAL)** Julgue o seguinte item, relativo aos sentidos e aos aspectos linguísticos do texto.

A correção gramatical do texto seria mantida caso a forma verbal "compreenderá" fosse substituída por **compreende**, embora o sentido original do período em que ela ocorre fosse alterado: no original, o emprego do futuro revela uma expectativa de Dupin em relação a seu interlocutor; com o emprego do presente, essa expectativa seria transformada em fato consumado.

Trecho de apoio: "(...) Você compreenderá, agora, o que eu queria dizer ao afirmar que, se a carta roubada tivesse sido escondida dentro do raio de investigação do nosso delegado — ou, em outras palavras, se o princípio inspirador estivesse compreendido nos princípios do delegado —, sua descoberta seria uma questão inteiramente fora de dúvida."

Certo ( )   Errado ( )

No texto, o emprego do futuro do presente – compreenderá – revela a expectativa de Dupin em relação a seu interlocutor, ou seja, ele espera que ele entenda, ou seja, uma ação que ainda vai se realizar. Ao empregar o verbo no presente do indicativo – compreende –, a ação deixa de ter a ideia de futuro e passa a expressar uma ação cujo processo já se completou.

GABARITO: CERTO.

14. (CESPE - 2016 - POLÍCIA CIENTÍFICA/PE - PERITO CRIMINAL E MÉDICO)

Alguns nascem surdos, mudos ou cegos. Outros dão o primeiros choro com um estrabismos deselegante, lábio leporino ou angioma feio no meio do rosto. Às vezes, ainda há quem venha ao mundo com um pé torto, até com um membro já morto antes mesmo de ter vivido. Guylain Vignolles, esse, entrara na vida tendo como fardo o infeliz trocadilho proporcionado pela junção de seu nome sobrenome: Vilain Guignol, algo como "palhaço feio", um jogo de palavras ruim que ecoara em seus ouvidos desde seus primeiros passos na existência para nunca mais abandoná-lo.

Jean-Paul Didierlaurent. O leitor do trem das 6h15. Rio de Janeiro: Intrinseca, 2015 (com adaptações).

Seriam mantidos os sentidos e a correção gramatical do texto CG1A1CCC caso a forma verbal "entrara" (l.6) fosse substituída por:

a) entrava.

b) haveria entrado.

c) tinha entrado.

d) há de entrar.

e) entraria.

A forma verbal "entrara" está flexionada no pretérito mais-que-perfeito do modo indicativo. A única alternativa em que se encontra verbo flexionado no mesmo tempo de modo é a alternativa c.

A: entrava. – pretérito imperfeito do indicativo

B: haveria entrado. - futuro do pretérito do indicativo composto

C: tinha entrado. – pretérito mais-que-perfeito do indicativo composto

D: há de entrar. – "Há" presente do indicativo

E: entraria. - futuro do pretérito do indicativo

GABARITO: C.

15. (FUNIVERSA - 2015 - POLÍCIA CIENTÍFICA/GO - PERITO CRIMINAL – ADAPTADA) Considerando os aspectos semânticos e sintáticos do texto, analise a alternativa.

Trecho de apoio: "... Daniel fez que espalhassem cinzas por todo o piso do templo, onde eram colocadas diariamente oferendas; no dia posterior, verificarem que apesar de a porta continuar lacrada, pegada de sacerdotes eram observadas no chão e que as oferendas **haviam** sido consumidas."

A forma verbal "haviam" é, na oração em que ocorre, um verbo auxiliar que participa na formação de um tempo composto.

Certo ( )   Errado ( )

O tempo composto é caracterizado pela locução verbal formada pelos verbos auxiliares "ter" ou "haver" seguidos de verbo principal no particípio. Na passagem destaca, pode-se perceber a presença do verbo "haver" e de verbo no particípio (consumidas), o que caracteriza o tempo composto. A presença do verbo "ser" não descaracteriza o tempo composto.

GABARITO: CERTO

LÍNGUA PORTUGUESA

16. **(CESPE - 2014 - POLÍCIA FEDERAL - AGENTE DE POLÍCIA FEDERAL – ADAPTADA)** A correção gramatical seria preservada caso se substituísse a locução "tinha sido" pela forma verbal **fora**.

Certo ( ) Errado ( )

A locução verbal "tinha sido" caracteriza o tempo composto (verbo "ter" ou "haver" + particípio). O verbo auxiliar (ter ou haver) flexionado no pretérito imperfeito indica que a locução verbal está no pretérito mais-que-perfeito composto. Por isso, pode ser substituída por "fora" (verbo "ser" no pretérito mais-que-perfeito simples). Essa substituição não acarreta alteração de sentido.

GABARITO: CERTO.

17. **(CESPE – 2018 – POLÍCIA FEDERAL – ESCRIVÃO DE POLÍCIA FEDERAL)** A respeito das ideias e dos aspectos linguísticos do texto 13A1AAA, julgue o próximo item.

A expressão "Dir-se-á" (l.40) poderia ser corretamente substituída por **Será dito**.

Trecho de apoio: "Dir-se-á, no entanto, que nenhum deles partilha realmente do direito de julgar; os peritos não intervêm antes da sentença para fazer um julgamento, mas para esclarecer a decisão dos juízes."

Certo ( ) Errado ( )

Em "dir-se-á", há a presença da partícula apassivadora (se) e o verbo "dizer" (transitivo direto) está flexionado no futuro do presente do modo indicativo (será). Essa partícula caracteriza a voz passiva sintética (verbo transitivo direto ou transitivo direto e indireto acompanhado da partícula "se"). A substituição por "será dito" mantém a correção gra-matical e o sentido original do texto porque ocorre a transposição da voz passiva sintética para voz passiva analítica (caracterizada pela locução verbal formada pelo verbo "ser" + verbo no particípio). O verbo "ser" está flexionado no futuro do presente (será) porque tal verbo, na passiva sintética, se encontra nesse mesmo tempo. Vale destacar que o sujeito da voz passiva sintética e analítica é a oração introduzida pela conjunção integrante "que" (que nenhum deles partilha realmente do direito de julgar).

GABARITO: CERTO.

18. **(NUCEPE – 2018 – PC/PI – PERITO CRIMINAL – ADAPTADA)** Foram descobertos em tempos imemoriais pelo aumento da produtividade... (Constitui uma estrutura verbal de voz ativa, evidenciada pela expressão que denota circunstância de tempo).

Certo ( ) Errado ( )

"Foram descobertos" constitui uma estrutura verbal de voz passiva analítica. Sempre que houver a locução verbal formada pelo verbo auxiliar SER e pele verbo principal no particípio a oração se encontrará na voz passiva.

GABARITO: ERRADO.

19. **(CESPE – 2018 – POLÍCIA FEDERAL – PERITO CRIMINAL FEDERAL)** Considerando os sentidos e os aspectos linguísticos do texto CB1A1AAA, bem como o disposto no Manual de Redação da Presidência da República, julgue o item que segue.

No trecho "baseia-se na dificuldade" (l. 23 e 24), a partícula "se" poderia ser anteposta à forma verbal "baseia" sem prejuízo da correção gramatical do texto.

Trecho de apoio: "A maioria dos laboratórios acredita que o acúmulo de trabalho é o maior problema que enfrentam, e boa parte dos pedidos de aumento no orçamento baseia-se na dificuldade de dar conta de tanto serviço."

Certo ( ) Errado ( )

O pronome poderia ser anteposto à forma verbal porque não iniciaria a oração. Esse é o maior impeditivo da próclise.

GABARITO: CERTO.

20. **(CESPE – 2018 – PC/SE – DELEGADO DE POLÍCIA)** Com relação aos sentidos e aos aspectos linguísticos do trecho da letra de música anteriormente apresentado, julgue o item que se segue.

Em "Mas não me deixe sentar" (v.11), a colocação do pronome "me" após a forma verbal "deixe" — **deixe-me** — prejudicaria a correção gramatical do trecho.

Certo ( ) Errado ( )

A próclise (colocação do pronome depois do verbo) é proibida quando há termo atrativo de próclise (colocação do pronome antes do verbo). Entre outros, as palavras negativas, os advérbios, os conectivos subordinativos, pronomes indefinidos são atrativos de próclise. Então, a colocação do pronome depois do verbo prejudicaria a correção gramatical porque há palavra negativa (não).

GABARITO: CERTO.

21. **(CESPE – 2017 – PC/MS – DELEGADO DE POLÍCIA)** De acordo com os padrões da língua portuguesa, assinale a alternativa correta.

a) A frase: "Ela lhe ama" está correta visto que "amar" se classifica como verbo transitivo direto, pois quem ama, ama alguém.

b) Em: "Sou **te** fiel", o pronome oblíquo átono desempenha função sintática de complemento nominal por complementar o sentido de adjetivos, advérbios ou substantivos abstratos, além de constituir emprego de ênclise.

c) No exemplo: " Demos **a ele** todas as oportunidades", o termo em destaque pode ser substituído por "Demo lhes todas as oportunidades", tendo em vista o emprego do pronome oblíquo como complemento do verbo.

d) Em: "Não **me** incomodo com esse tipo de barulho", temos um clássico emprego de mesóclise.

e) Na frase: "Alunos, aquietem-**se**! ", o termo destacado exemplifica o uso de próclise.

A: A frase: "Ela lhe ama" está correta visto que "amar" se classifica como verbo transitivo direto, pois quem ama, ama alguém. – O verbo "amar" é transitivo direto, então o emprego do pronome "lhe" está incorreto, pois tal pronome só pode ser empregado como objeto indireto (ela o ama).

B: Em: "Sou te fiel", o pronome oblíquo átono desempenha função sintática de complemento nominal por complementar o sentido de adjetivos, advérbios ou substantivos abstratos, além de constituir emprego de ênclise. – O pronome "te" completa o adjetivo "fiel" (sou fiel a ti).

C: No exemplo: " Demos a ele todas as oportunidades", o termo em destaque pode ser substituído por "Demo lhes todas as oportunidades", tendo em vista o emprego do pronome oblíquo como complemento do verbo. – O pronome deveria ficar no singular (lhe).

D: Em: "Não me incomodo com esse tipo de barulho", temos um clássico emprego de mesóclise. – Ocorre mesóclise quando o pronome se encontra no meio do verbo. O que ocorreu foi próclise.

LÍNGUA PORTUGUESA

E: Na frase: "Alunos, aquietem-se! ", o termo destacado exemplifica o uso de próclise. – Ocorre próclise quando o pronome se encontra antes do verbo. O que ocorreu foi ênclise.

GABARITO: B.

22. **(CESPE – 2013 – PC/DF – ESCRIVÃO DE POLÍCIA)** Julgue o item que se segue, relativo às ideias e estruturas linguísticas do texto acima.

No trecho "que se expressam na subjetividade da liberdade pessoal" (l.9-10), o emprego do pronome átono "se" após a forma verbal — **expressam-se** — prejudicaria a correção gramatical do texto, dada a presença de fator de próclise na estrutura apresentada.

Certo ( ) Errado ( )

A próclise é obrigatória quando há atrativo de próclise. A palavra "que" é um atrativo, por isso o pronome não pode ser colocado depois do verbo.

GABARITO: CERTO.

23. **(CESPE – 2018 – POLÍCIA FEDERAL – AGENTE DE POLÍCIA FEDERAL)** Julgue o seguinte item, relativo aos sentidos e aos aspectos linguísticos do texto 12A1AAA.

No trecho "ao procurar alguma coisa que se ache escondida" (l. 30 e 31), o pronome "que" exerce a função de complemento da forma verbal "ache".

Certo ( ) Errado ( )

A palavra "que" é um pronome relativo, ou seja, retoma o termo antecedente e introduz uma oração subordinada adjetiva. Tal pronome sempre exerce função sintática na oração em que está inserido. Na oração em destaque, exerce função de sujeito paciente da forma verbal "ache". Vale destacar que a partícula "se" é pronome apassivador (acompanha o verbo transitivo direto). "ao procurar alguma coisa que se ache (seja achada) escondida".

GABARITO: ERRADO.

24. **(FEPESE – 2017 – PC/SC – AGENTE DE POLÍCIA CIVIL – ADAPTADA)** Considere o excerto extraído do texto 3.

Fruto do jornal, <u>onde</u> aparece entre notícias efêmeras, a crônica é um gênero literário... (§ 1º).

A palavra "onde" é um pronome relativo, que tem como antecedente o substantivo "jornal" e desempenha a função sintática de adjunto adverbial de lugar.

Certo ( ) Errado ( )

A palavra "onde" é um pronome relativo e equivale a "em que", "no qual". Tem o papel de retomar o termo antecedente "jornal" e introduzir uma oração subordinada adjetiva. Todo pronome relativo exerce função sintática. O pronome relativo "onde" sempre exercerá a função de adjunto adverbial de lugar, pois só pode ser empregado para designar a ideia de lugar.

GABARITO: CERTO.

TEXTO DE APOIO PARA AS QUESTÕES A SEGUIR:

A vida humana só viceja sob algum tipo de luz, de preferência a do sol, tão óbvia quanto essencial. Somos animais diurnos, por mais que boêmios da pá virada e vampiros, em geral, discordem dessa afirmativa. Poucas vezes a gente pensa nisso, do mesmo jeito que devem ser poucas as pessoas que acordam se sentindo primatas, mamíferos ou terráqueos, outros rótulos que nos cabem por força da natureza das coisas.

A humanidade continua se aperfeiçoando na arte de afastar as trevas noturnas de todo hábitat humano. Luz soa para muitos como sinônimo de civilização, e pode-se observar do espaço o mapa das desigualdades econômicas mundiais desenhado na banda noturna do planeta. A parcela ocidental do hemisfério norte é, de longe, a mais iluminada.

Dispor de tanta luz assim, porém, tem um custo ambiental muito alto, avisam os cientistas. Nos humanos, o excesso de luz urbana que se infiltra no ambiente no qual dormimos pode reduzir drasticamente os níveis de melatonina, que regula o nosso ciclo de sono-vigília.

Mesmo assim, sinto uma alegria quase infantil quando vejo se acenderem as luzes da cidade. E repito para mim mesmo a pergunta que me faço desde que me conheço por gente: quem é o responsável por acender as

luzes da cidade? O mais plausível é imaginar que essa tarefa caiba a sensores fotoelétricos espalhados pelos bairros. Mas, antes dos sensores, como é que se fazia?

Imagino que algum funcionário trepava na antena mais alta no topo do maior arranha-céu e, ao constatar a falência da luz solar, acionava um interruptor, e a cidade toda se iluminava.

Não consigo pensar em um cargo público mais empolgante que o desse homem. Claro que o cargo, se existia, já foi extinto, e o homem da luz já deve ter se transferido para o mundo das trevas eternas.

MORAES, Reinaldo. **Luz! Mais luz**. Disponível em: <https://www.nexojornal.com.br/colunistas/2016/Luz-Mais-luz>. Acesso em: 8 dez. 2020. (Adaptado).

25. **(CESPE – 2019 – PRF – POLICIAL RODOVIÁRIO FEDERAL – ADAPTADA)** A correção gramatical e os sentidos do texto seriam mantidos caso se suprimisse o trecho "é que" (em destaque), em "como é que se fazia".

Certo ( )   Errado ( )

A expressão é que pode ser chamada de partícula expletiva ou de realce, de modo que a sua retirada do texto não afeta a estrutura sintática ou semântica. A função desse termo é, como o próprio nome diz, enfatizar uma passagem dentro do texto.

GABARITO: CERTO.

26. **(CESPE – 2019 – PRF – POLICIAL RODOVIÁRIO FEDERAL - ADAPTADA)** Sem prejuízo da correção gramatical e dos sentidos do texto, o primeiro período do terceiro parágrafo poderia ser assim reescrito: Contudo, os cientistas avisam que ter tanta luz à nosso dispor custa muito caro ao meio ambiente.

Certo ( )   Errado ( )

A reescrita apresenta vício no uso do acento indicativo da crase. Não se usa crase antes de pronome possessivo masculino (nosso), a forma correta da construção é: *contudo, os cientistas avisam que ter tanta luz ao nosso dispor custa muito caro ao meio ambiente.*

GABARITO: ERRADO.

27. **(CESPE – 2019 – PRF – POLICIAL RODOVIÁRIO FEDERAL - ADAPTADA)** A correção gramatical do texto seria mantida, mas seu sentido seria alterado, caso o trecho "que se infiltra no ambiente no qual dormimos" fosse isolado por vírgulas.

Certo ( )   Errado ( )

LÍNGUA PORTUGUESA

O trecho aborda a diferença entre oração subordinada adjetiva explicativa e restritiva. A diferença mais marcante entre as duas é o uso da pausa, o que é mais caracterizado pela vírgula. Quando falamos em orações subordinadas adjetivas, precisamos saber que são introduzidas por pronomes relativos e que as *explicativas* apresentam pausa, ou seja, o uso da vírgula. Dessa forma, quando inserimos as vírgulas no trecho acima, substituímos as orações adjetivas restritivas por explicativas, de modo que temos alteração no **sentido** da oração, porque as **explicativas** evidenciam uma informação a mais sobre o termo antecedente, enquanto as **restritivas** explicitam uma particularidade, isto é, restringem o sentido do referente anteriormente mencionado.

Dica: ExpliCatiVa – Com Vírgula

ReStritiVa – Sem Vírgula

GABARITO: CERTO.

28. **(CESPE – 2019 – PRF – POLICIAL RODOVIÁRIO FEDERAL - ADAPTADA)** A correção gramatical e os sentidos do texto seriam mantidos caso a forma verbal "existia" fosse substituída por **existisse**.

Certo ( )   Errado ( )

A passagem original do texto apresenta o verbo *existir* no pretérito imperfeito do modo indicativo (existia), tempo verbal que indica um fato passado que ainda não foi concluído. A substituição apresenta vício no sentido, pois a forma *existisse* está conjugada no pretérito imperfeito do modo subjuntivo, tempo verbal que indica **hipótese** ou **condição**. Além disso, a troca por *existisse* acarretaria mudança em relação aos outros verbos.

Passagem reescrita com as alterações: *Claro que o cargo, se existisse, já teria sido extinto.*

GABARITO: ERRADO.

TEXTO DE APOIO PARA AS QUESTÕES A SEGUIR:

As atividades pertinentes ao trabalho relacionam-se intrinsecamente com a satisfação das necessidades dos seres humanos – alimentar-se, proteger-se do frio e do calor, ter o que calçar etc. Estas colocam os homens em uma relação de dependência com a natureza, pois no mundo natural estão os elementos que serão utilizados para atendê-las.

Se prestarmos atenção à nossa volta, perceberemos que quase tudo que vemos existe em razão de atividades do trabalho humano. Os processos de produção dos objetos que nos cercam movimentam relações diversas entre os indivíduos, assim como a organização do trabalho alterou-se bastante entre diferentes sociedades e momentos da história.

De acordo com o cientista social norte-americano Marshall Sahlins, nas sociedades tribais, o trabalho geralmente não tem a mesma concepção que vigora nas sociedades industrializadas. Naquelas, o trabalho está integrado a outras dimensões da sociabilidade – festas, ritos, artes, mitos etc. –, não representando, assim, um mundo à parte.

Nas sociedades tribais, o trabalho está em tudo, e praticamente todos trabalham. Sahlins propôs que tais sociedades fossem conhecidas como "sociedades de abundância" ou "sociedades do lazer", pelo fato de que nelas a satisfação das necessidades básicas sociais e materiais se dá plenamente.

MELLO, Thiago de. **Trabalho**. Disponível em: <http://educacao.globo.com/sociologia/assunto/conflitos-e-vida-em-sociedade/trabalho.html>. Acesso em: 8 dez. 2020. (Adaptado).

29. **(CESPE – 2019 – PRF – POLICIAL RODOVIÁRIO FEDERAL)** Seriam mantidos os sentidos do texto caso o primeiro período do segundo parágrafo fosse assim reescrito: "Quando prestamos atenção a nossa volta, percebemos que quase tudo que vemos existe pelas atividades do trabalho humano."

Certo ( )   Errado ( )

O segundo parágrafo do texto é iniciado pela conjunção subordinativa adverbial condicional *se* que expressa a ideia de **condição**. O conector *quando* apresenta a ideia **temporal**, que não há problema quanto à correção gramatical, mas haveria mudança de sentido, porque o trecho deixa de ser uma condição para ser uma temporalidade.

GABARITO: ERRADO.

30. **(CESPE – 2019 – PRF – POLICIAL RODOVIÁRIO FEDERAL)** No trecho "Os processos de produção dos objetos que nos cercam movimentam relações diversas entre os indivíduos", o sujeito da forma verbal "cercam" é "Os processos de produção dos objetos".

Certo ( )   Errado ( )

Nesse caso, é possível observar uma oração subordinada adjetiva restritiva *(que nos cercam)* no meio da oração principal *(os processos de produção dos objetos movimentam relações diversas entre os indivíduos)*. A partir dessa identificação, é preciso entender que a oração adjetiva é introduzida por **pronome relativo**, que é um termo essencialmente anafórico e que retoma um substantivo ou um termo de caráter pronominal. É importante saber, também, que o pronome relativo possui função sintática dentro do período, de modo que a identificação da sua função sintática pode ser facilitada pela colocação do referente (termo a que ele se refere) em seu lugar. Na substituição, teríamos:

"Os objetos nos cercam". Isso mostra que, no momento da troca, a expressão *os objetos* está assumindo a função de sujeito na oração, em que a função sintática do pronome relativo será a de sujeito da oração subordinada adjetiva. Lembre-se de que muitos pensam que a função sintática do pronome relativo será a mesma do seu referente, e isso é um erro muito comum. Faça a substituição e analise a função do termo no lugar do *que*. A partir da identificação da função do termo no lugar do pronome relativo, você terá a função do próprio pronome relativo.

GABARITO: ERRADO.

TEXTO DE APOIO PARA AS QUESTÕES A SEGUIR.

Resta agora examinar de que modo um príncipe deva comportar-se para com os súditos e os amigos. Ciente de que inúmeros autores já trataram desse mesmo argumento, temo, ao retomá-lo, ser considerado presunçoso, principalmente porque me afasto dos critérios que eles adotaram. Mas, sendo meu intento escrever coisa útil a quem a <u>entenda</u>, pareceu-me mais <u>conveniente</u> ir direto à verdade que recorrer à fantasia. (...) É inevitável que um homem desejoso de bem entre tantos que são maus acabe por perder-se. Faz-se, <u>pois</u>, necessário que o príncipe, para continuar no poder, aprenda a não ser bom e siga ou não essa regra conforme a necessidade.

Deixando, <u>pois</u>, de parte as fantasias que têm sido ditas sobre os príncipes e discorrendo acerca da verdade, sustento que os homens dos quais se fala – sobretudo os príncipes, por estarem mais no alto – são julgados por certas qualidades que os fazem merecedores de louvor ou censura. Isto é, alguns são considerados liberais, outros miseráveis; diz-se de alguns que são pródigos, de outros que são rapaces, piedosos ou cruéis, leais ou perjuros, ferozes e audazes ou efeminados e medrosos, religiosos ou descrentes, e assim por diante. Todos reconhecerão,

Alexandre Soares e Rachel Ribeiro

bem o sei, que coisa mui digna de louvor seria, entre as qualidades mencionadas, que um príncipe possuísse apenas as consideradas boas. Mas, dado que a condição humana o impede, ele precisa ser prudente a ponto de saber fugir <u>à infâmia</u> daqueles vícios, que acabariam por lhe arrebatar o poder. Deve guardar-se, se possível, dos que disso não chegam a ameaçá-lo; mas, sendo impossível, poderá entregar-se a eles sem grandes preocupações. Nem tenha escrúpulos de incorrer na infâmia daqueles defeitos sem os quais dificilmente conseguiria salvar seu Estado. Porque, bem consideradas as coisas, qualidades há com aparência de virtude que conduziriam o príncipe à ruína, e qualidades com aparência de vício que lhe assegurariam, ao contrário, sua segurança e bem-estar.

MAQUIAVEL, Nicolau. **O príncipe**. São Paulo: Penguin, 2010. (Adaptado)

31. **(AUTOR – 2021)** A forma verbal "entenda" exige dois complementos verbais: "a quem", objeto indireto, e "a", objeto direto.

Certo ( )   Errado ( )

No contexto, o verbo *entenda* é transitivo direto e seu complemento (objeto direto) é *a* (a entenda – entenda coisa útil). O verbo *escrever* possui dois complementos, sendo *coisa útil*, o objeto direto, e *a quem a entenda*, o objeto indireto.

GABARITO: ERRADO.

32. **(AUTOR – 2021)** O termo "conveniente" é núcleo predicativo de um complemento verbal oracional.

Certo ( )   Errado ( )

Analisando o trecho na ordem direta: ir direto à verdade que recorrer à fantasia pareceu-me mais conveniente. *Conveniente* é predicativo do sujeito oracional.

GABARITO: ERRADO.

33. **(AUTOR – 2021)** O vocábulo "pois", tem caráter conclusivo, podendo, em ambas as ocorrências, ser substituído por *portanto*.

Certo ( )   Errado ( )

O conectivo *pois* quando estiver deslocado, ou seja, depois do verbo, tem valor conclusivo, podendo ser substituído por *portanto, por conseguinte, logo etc.*

GABARITO: CERTO.

34. **(AUTOR – 2021)** A substituição de "sido ditas" por "dito" não prejudicaria a correção gramatical nem o sentido geral da passagem.

Certo ( )   Errado ( )

"Deixando, pois, de parte as fantasias que têm sido ditas sobre os príncipes e discorrendo acerca da verdade...", o agente da ação está indeterminado (tem sido dita por quem? Por alguém); e, quando faz a substituição por "têm dito", o agente da ação continua indeterminado, "as fantasias que têm dito" sobre os príncipes (quem tem dito? Alguém.)

GABARITO: CERTO.

35. **(AUTOR – 2021)** O pronome "se" indetermina o sujeito da forma verbal "diz".

Certo (   )   Errado (   )

O pronome *se* é uma partícula apassivadora. "diz-se de alguns que são pródigos" → diz-se de alguns isso → isso é dito de alguns.

GABARITO: ERRADO.

TEXTO DE APOIO PARA AS QUESTÕES A SEGUIR:

Colonialismo

Se, durante os séculos XVI a XVIII, os interesses comerciais europeus haviam levado países como Portugal, Espanha, França e Inglaterra a explorar economicamente o continente americano, no século XIX foi a busca por novos mercados consumidores e por matérias-primas de baixo custo, em decorrência da Revolução Industrial, o que levou as nações europeias a voltarem-se para as regiões da África e da Ásia. Foi, portanto, durante o século XIX e início do século XX, que assistimos à dominação política e econômica de países considerados economicamente subdesenvolvidos pelas grandes potências da Europa.

A França foi a pioneira na dominação do continente africano. A Inglaterra, no entanto, consagrada como grande potência marítima desde a queda de Napoleão, rapidamente assumiu a liderança da colonização.

Alemanha, Itália, Espanha, Portugal e Bélgica também empreenderam áreas de dominação no continente. Chegaram a estabelecer regras de partilha para a ocupação de novos territórios na costa ocidental africana a partir de meados da década de 80 do século XIX, por meio da resolução firmada entre os países europeus durante a Conferência de Berlim.

Na Ásia, a Inglaterra adotou uma política empenhada na conquista da Índia, que passou ao seu domínio após a Guerra dos Cipaios (1857-1858). Como garantiam o domínio sobre a Índia, os ingleses não se opuseram à penetração francesa na Ásia, particularmente no território da Indochina. Embora o Leste Asiático tenha se mantido independente, a China (com a Primeira Guerra do Ópio, de 1839 a 1842) e o Japão (com a ameaça naval do Comodoro Perry, em 1854) foram obrigados a abrir seus portos aos europeus, dando-lhes diversas vantagens comerciais. Às vésperas da Primeira Guerra Mundial, a China se via imersa em uma crise política. Vários territórios asiáticos e africanos sofriam influência inglesa e francesa, e a Coreia havia sido anexada pelo Japão em 1910 — país que, a partir dos anos 30 do século XX, aumentou consideravelmente seu poder sobre o continente.

Após a Segunda Guerra Mundial, os movimentos nacionalistas e independentistas que vinham se firmando desde o período entre-guerras ganharam força tanto na África quanto na Ásia. A luta contra o colonialismo britânico na Índia de Gandhi, com o movimento de resistência passiva não violenta, terminou com a independência, em 1947, mas foi seguida de violentos conflitos étnicos, principalmente em virtude de diferenças religiosas entre hinduístas e muçulmanos. A ocupação japonesa na Ásia favorecia a manifestação do nacionalismo, ao mesmo tempo em que as ideias revolucionárias de Marx e Engels ganhavam força.

O processo que levou à partilha colonial de regiões africanas e asiáticas, criando países fictícios, culminou em longas batalhas por independência. Gerou, também, como consequência, movimentos separatistas, conflitos étnicos e religiosos, e guerras civis, com reflexos que perduram até os dias de hoje.

ACERVO OESP. Colonialismo. **O Estado de S.Paulo**, publicado em: 28 dez. 2011. Disponível em: <https://acervo.estadao.com.br/noticias/topicos,colonialismo,872,0.htm> . Acesso em: 9 dez. 2020. (Adaptado).

Alexandre Soares e Rachel Ribeiro

LÍNGUA PORTUGUESA

36. **(CESPE – 2012 – PC/AL – DELEGADO DE POLÍCIA)** O trecho "os movimentos nacionalistas e independentistas" exerce a função de sujeito da locução verbal "vinham-se firmando".

Certo ( )   Errado ( )

A oração subordinada adjetiva restritiva *(que vinham se firmando)* é introduzida por pronome relativo, de modo que faz referência a um termo mencionado anteriormente *(os movimentos nacionalistas e independentistas)*. O importante é observar que o pronome relativo possui função sintática dentro da oração, e a sua identificação pode ser facilitada pela colocação do referente no lugar do pronome relativo para observar a função sintática do novo período.

"Os movimentos nacionalistas e independentistas vinham se firmando". Nesse caso, observe que o trecho colocado no lugar do pronome relativo exerce a função de sujeito na oração. Dessa forma, o pronome relativo *que* será classificado como sujeito da oração subordinada adjetiva restritiva da qual ele faz parte, o que caracteriza o item como errado.

GABARITO: ERRADO.

37. **(CESPE – 2012 – PC/AL – DELEGADO DE POLÍCIA)** A palavra "consagrada" estabelece relação de concordância com a palavra "Inglaterra".

Certo ( )   Errado ( )

A concordância é feita por estrita observância à palavra *Inglaterra* que apresenta gênero feminino e singular, de modo que o particípio *consagrada* faz parte da locução que tem a forma *foi* implícita.

"A França foi a pioneira na dominação do continente africano. A Inglaterra, no entanto, foi consagrada como grande potência marítima desde... "

A partir dessa análise, observe que a expressão *Inglaterra* funciona como sujeito paciente, obrigando a concordância.

GABARITO: CERTO.

38. **(CESPE – 2012 – PC/AL – DELEGADO DE POLÍCIA)** O termo "pelas grandes potências da Europa" exerce a função de agente da passiva da oração cujo núcleo é "subdesenvolvidos".

Certo ( )   Errado ( )

Embora o termo seja considerado, sintaticamente, como agente da passiva, o núcleo da oração que o solicita é *considerados.* A oração é de difícil observância, pois se trata de uma oração subordinada adjetiva restritiva reduzida de particípio. Além disso, é preciso entender que se trata de uma voz passiva analítica e que o agente da passiva é o termo que realiza a ação dentro da construção passiva. A estrutura pode ser definida dessa forma:

Sujeito paciente + Locução verbal (verbo ser + verbo principal no particípio passado) + agente da passiva. Para facilitar a observação do período, é necessário desenvolver a oração para retirar da forma reduzida de particípio.

"... assistimos à dominação política e econômica de países / **que eram considerados** economicamente subdesenvolvidos **pelas grandes potências da Europa.**"

O pronome relativo *que* assume a função de sujeito paciente.

Eram considerados: verbo ser + verbo principal no particípio passado.

Pelas grandes potências da Europa: agente da passiva do núcleo **considerados**.

GABARITO: ERRADO.

39. **(CESPE – 2012 – PC/AL – DELEGADO DE POLÍCIA)** O elemento "pelo", em "a Coreia havia sido anexada pelo Japão", poderia ser corretamente substituído por "ao".

Certo ( )   Errado ( )

Embora o enunciado apresente significativa mudança de sentido na troca da estrutura, não fez nenhuma alusão a ela. Ao observar a possibilidade de escrita dentro da coerência textual, é possível verificar que não há qualquer empecilho gramatical para essa mudança.

GABARITO: CERTO.

40. **(CESPE – 2012 – PC/AL – DELEGADO DE POLÍCIA)** A locução verbal "vinham se firmando" poderia ser substituída, mantendo-se o sentido original e a correção gramatical do texto, por **tinham se firmado**, como no par **vêm se firmando/têm-se firmado**.

Certo ( )   Errado ( )

Há alteração no sentido original do período, pois a locução *vinham se firmando* apresenta uma ideia de continuidade, de uma ação que começou no passado e sofreu um processo de desenvolvimento. A locução *tinham se firmado*, entretanto, apresenta característica de conclusão da ação. A substituição apresenta que a ação que ocorre aos poucos "vinham se firmando" para uma ação que ocorre de uma só vez "tinham se firmado".

GABARITO: ERRADO.

O filme Branca de Neve e o Caçador deveria chamar-se "Ravenna, a rainha má". Interpretada pela atriz Charlize Theron, a mãe-madrasta-bruxa da princesa é o mais interessante do filme, assim como as questões tão atuais **que** ela nos traz. E a bela Charlize faz uma rainha inesquecível. **Para** não envelhecer, essa vilã dos contos de fadas ultrapassa todos os limites e quebra todos os interditos. Uma mulher da era a.CP (antes da cirurgia plástica), Ravenna suga a alma, a juventude e a beleza das adolescentes e devora corações puros, que arranca com suas unhas, enquanto chafurda na amargura. O filme, para quem não sabe e não viu, busca resgatar o conteúdo terrorífico das origens dos contos de fadas. Tudo o que hoje se conhece com esse nome foi um dia histórias para adultos, nas quais canibalismo e incesto eram ingredientes garantidos. Mantidas vivas pela tradição oral dos camponeses medievais, as histórias eram contadas para entreter, mas não só. Os contos nasceram e permaneceram como uma forma de lidar com os riscos da vida real, em um tempo em que os lobos uivavam do lado de fora e também do lado de dentro, menos contidos pela cultura do que hoje.

Depois, a partir do final do século XVII, com Charles Perrault, culminando no século XIX, com os Irmãos Grimm, os contos foram compilados, escritos e depurados como histórias para crianças. Nós, que nascemos no século XX, fomos alimentados por versões muito mais suaves e palatáveis a uma época sensível, em que os pequenos são vistos como o receptáculo tanto da inocência quanto do futuro, que, portanto, precisam ser protegidos dos males do mundo e de seus semelhantes, assim como convencidos de que sua "natureza" é boa e pura. Ainda que conheçamos, por experiência própria, que o pior também nos habita desde muito, muito cedo. E seria melhor para todos – e também para a vida em sociedade – poder olhar para ele de frente.

BRUM, Elaine. A rainha má e o terror de envelhecer. Publicado em: 11 jun. 2012. Disponível em: <http://elianebrum.com/opiniao/colunas-na-epoca/a-rainha-ma-e-o-terror-de-envelhecer/> . Acesso em: 9 dez. 2020. (Adaptado).

41. **(CESPE – 2012 – PC/AL – DELEGADO DE POLÍCIA)** Sem prejuízo do sentido original do texto, o período "E seria melhor para todos – e também para a vida em sociedade – poder olhar para ele de frente" poderia ser reescrito da seguinte forma: "E seria melhor para que todos pudessem olhar para ele de frente, inclusive para que se vivesse em sociedade".

Certo ( )   Errado ( )

Alexandre Soares e Rachel Ribeiro

LÍNGUA PORTUGUESA

Na mudança proposta pela questão, o termo *todos* está funcionando como sujeito do verbo *pudessem* (para que **todos** *pudessem* olhar para ele de frente...), o que acarreta mudança em relação à ideia original do texto. Além disso, a inserção da locução conjuntiva *para que* traz uma ideia de finalidade (*com a finalidade de que, a fim de que*), a qual não é observada no texto original.

GABARITO: ERRADO.

42. **(CESPE – 2012 – PC/AL – DELEGADO DE POLÍCIA - ADAPTADA)** O pronome "que", que está destacado no texto, refere-se a "Charlize Theron".

Certo ( )   Errado ( )

O pronome relativo *que* faz referência à expressão *as questões tão atuais*.

GABARITO: ERRADO.

43. **(CESPE – 2012 – PC/AL – DELEGADO DE POLÍCIA)** A preposição "Para" (destacado no texto), que expressa uma ideia de finalidade, poderia ser corretamente substituída por **Com o intuito de** ou por **A fim de.**

Certo ( )   Errado ( )

A preposição introduz o seguimento *para não envelhecer* que pode ser alterado para *com o intuito de não envelhecer* ou *a fim de não envelhecer*. O que ocorreu foi a troca da preposição por locuções conjuntivas com ideia de finalidade.

GABARITO: CERTO.

44. **(CESPE – 2012 – PC/AL – DELEGADO DE POLÍCIA)** Os trechos "chamar-se" e "se conhece" poderiam ser corretamente substituídos por **ser chamado** e **é conhecido**, respectivamente.

Certo ( )   Errado ( )

A questão aborda a passagem da voz passiva sintética (verbo + partícula apassivadora *se*) para a voz passiva analítica (verbo auxiliar + verbo principal no particípio passado). A partícula *se* será considerada *apassivadora* quando estiver ligada ao verbo **transitivo direto** ou ao verbo **transitivo direto e indireto**. Entende-se que, no trecho, estamos diante da voz passiva sintética, pois os verbos *chamar* e *conhecer* são transitivos diretos. Na transposição para a voz passiva analítica, o verbo *ser* será inserido na construção e teremos a seguinte estrutura:

O filme Branca de Neve e o Caçador deveria **ser chamado** "Ravenna, a rainha má".

Tudo o que hoje é conhecido com esse nome foi um dia histórias para adultos.

As duas construções apresentam os respectivos sujeitos pacientes:

O filme: deveria ser chamado.

Tudo: é conhecido.

GABARITO: CERTO.

Como se pode imaginar, não foi o latim clássico, dos grandes escritores romanos e latinos e falado pelas classes romanas mais abastadas, que penetrou na Península Ibérica e nos demais espaços conquistados pelo Império Romano. Foi o latim popular, falado pelas tropas invasoras, que fez esse papel. Essa variante vulgar sobrepôs-se às línguas dos povos dominados e com elas caldeou-se, dando origem aos dialetos que viriam a se chamar genericamente de romanços ou romances (do latim *romanice*, isto é, à moda dos romanos).

No século V d.C., o Império Romano ruiu e os romanços passaram a diferenciar-se cada vez mais, dando origem às chamadas línguas neolatinas ou românicas: francês, provençal, espanhol, português, catalão, romeno, rético, sardo etc. Séculos mais tarde, Portugal fundou-se como nação, ao mesmo tempo em que o português ganhou seu estatuto de língua, da seguinte forma: enquanto Portugal estabelecia as suas fronteiras no século XIII, o galego-português patenteava-se em forma literária.

Cerca de três séculos depois, Portugal lançou-se em uma expansão de conquistas que, à imagem do que Roma fizera, **levou** a língua portuguesa a remotas regiões: Guiné-Bissau, Angola, Moçambique, Cingapura, Índia e Brasil, para citar uns poucos exemplos em três continentes. Muito mais tarde, essas colônias tornaram-se independentes — o Brasil no século XIX, as demais no século XX —, mas a língua de comunicação foi mantida e é hoje oficial em oito nações independentes: Brasil, Portugal, Angola, Moçambique, Cabo Verde, Guiné-Bissau, São Tomé e Príncipe e Timor-Leste.

AZEVEDO, José Carlos de (coord.). **Escrevendo pela nova ortografia**: como usar as regras do Novo Acordo Ortográfico da Língua Portuguesa. Instituto Antônio Houaiss. São Paulo: Publifolha, 2008, p. 16-7 (Adaptado).

45. **(CESPE – 2018 – POLÍCIA FEDERAL – ESCRIVÃO DE POLÍCIA FEDERAL)** A correção gramatical e a coerência do texto seriam preservadas caso a forma verbal "levou" fosse substituída por **levaram**.

Certo ( )   Errado ( )

O trecho "uma expansão de conquistas" apresenta um núcleo que está flexionado no singular (*uma expansão*) e uma expressão particularizadora que está flexionada no plural (*de conquistas*). O verbo *levar* faz parte de uma oração subordinada adjetiva restritiva (*que levou a língua portuguesa a remotas regiões...*), introduzida pelo pronome relativo *que*. Observe que no período, o pronome relativo exerce a função sintática, que pode ser descoberta pela troca do pronome pelo seu referente. O referente do pronome relativo, no trecho, é *uma expansão de conquistas*, logo, na substituição teríamos a seguinte estrutura:

Uma expansão de conquistas levou/levaram...

As duas formas verbais estão corretas, porque é possível usar a conjugação *levou* para concordar com "uma expansão" ou usar a conjugação *levaram* para concordar com "de conquistas".

GABARITO: CERTO.

No fim do século XVIII e começo do XIX, a despeito de algumas grandes fogueiras, a melancólica festa de punição de condenados foi-se extinguindo. Em algumas dezenas de anos, desapareceu o corpo como alvo principal da repressão penal: o corpo supliciado, esquartejado, amputado, marcado simbolicamente no rosto ou no ombro, exposto vivo ou morto, dado como espetáculo. Ficou a suspeita de que tal rito que dava um "fecho" ao crime mantinha com ele afinidades espúrias: igualando-o, ou mesmo ultrapassando-o em selvageria, <u>acostumando os espectadores a uma ferocidade de que todos queriam vê-los afastados</u>, mostrando-lhes a frequência dos crimes, fazendo o carrasco se parecer com criminoso, os juízes com assassinos, invertendo no último momento os papéis, fazendo do supliciado um objeto de piedade e de admiração.

A punição vai-se tornando a parte mais velada do processo penal, provocando várias consequências: deixa o campo da percepção quase diária e entra no da consciência abstrata; sua eficácia é atribuída à sua fatalidade, não à sua intensidade visível; a certeza de ser punido é que deve desviar o homem do crime, e não mais o abominável teatro.

Sob o nome de crimes e delitos, são sempre julgados corretamente os objetos jurídicos definidos pelo Código. **Porém,** julgam-se também as paixões, os instintos, as anomalias, as enfermidades, as inadaptações, os efeitos de meio ambiente ou de hereditariedade. Punem-

LÍNGUA PORTUGUESA

se as agressões, mas, por meio delas, as agressividades, as violações e, ao mesmo tempo, as perversões, os assassinatos que são, também, impulsos e desejos. Dir-se-ia que não são eles que são julgados; se são invocados, é para explicar os fatos a serem julgados e determinar até que ponto a vontade do réu estava envolvida no crime. As sombras que se escondem por trás dos elementos da causa é que são, na realidade, julgadas e punidas.

O juiz de nossos dias — magistrado ou jurado — faz outra coisa, bem diferente de "julgar". E ele não julga mais sozinho. Ao longo do processo penal, e da execução da pena, prolifera toda uma série de instâncias anexas. Pequenas justiças e juízes paralelos se multiplicaram em torno do julgamento principal: peritos psiquiátricos ou psicológicos, magistrados da aplicação das penas, educadores, funcionários da administração penitenciária fracionam o poder legal de punir. Dir-se-á, **no entanto**, que nenhum deles partilha realmente do direito de julgar; os peritos não intervêm antes da sentença para fazer um julgamento, mas para esclarecer a decisão dos juízes. Todo o aparelho que se desenvolveu há anos, em torno da aplicação das penas e de seu ajustamento aos indivíduos, multiplica as instâncias da decisão judiciária, prolongando-a muito além da sentença.

FOUCAULT, Michel. Tradução de Raquel Ramalhete. **Vigiar e punir**: nascimento da prisão.
Petrópolis, Vozes, 1987, p. 8-26 (Adaptado).

46. **(CESPE – 2018 – POLÍCIA FEDERAL – ESCRIVÃO DE POLÍCIA FEDERAL - ADAPTADA)** A substituição de "**Porém**", destacado no texto, por "Entretanto" manteria a correção gramatical e os sentidos originais do texto.

Certo ( )   Errado ( )

As duas conjunções são classificadas como coordenativas adversativas, ou seja, a alteração não implica mudanças gramaticais ou em relação ao sentido do texto.

GABARITO: CERTO.

47. **(CESPE – 2018 – POLÍCIA FEDERAL – ESCRIVÃO DE POLÍCIA FEDERAL – ADAPTADA)** A locução "no entanto", em destaque no texto, introduz no período uma ideia de conclusão; por isso, sua substituição por "portanto" preservaria a correção gramatical e as relações de sentido originais do texto.

Certo ( )   Errado ( )

A locução *no entanto* apresenta a ideia de adversidade, ou seja, não pode ser substituído por *portanto*.

GABARITO: ERRADO.

48. **(CESPE – 2018 – POLÍCIA FEDERAL – ESCRIVÃO DE POLÍCIA FEDERAL - ADAPTADA)** A supressão da preposição "de" empregada logo após "ferocidade", no trecho "acostumando os espectadores a uma ferocidade de que todos queriam vê-los afastados", sublinhado no texto, manteria a correção gramatical do texto.

Certo ( )   Errado ( )

A preposição *de* é obrigatória no período por causa do termo *afastados* que rege a preposição. Quem quer ver alguém afastado... quer ver alguém afastado **de** algo. Como temos um pronome relativo no período (*que*), a preposição é colocada imediatamente antes do pronome relativo.

GABARITO: ERRADO.

O que temos em jogo com o poder simbólico é a imposição de um modo de apreensão do mundo social que configura a "naturalização" de uma ordem social vigente. Podemos nos questionar a serviço de quem está o poder. Quem são os excluídos pelo poder? O poder simbólico é uma forma transformada ou mascarada de outras formas de poder, notadamente o poder econômico e o político; todavia não se trata simplesmente de uma dominação estritamente consciente, maniqueísta ou intencional. Ele frequentemente é ignorado e apreendido como arbitrário por quem **o** exerce.

HAESBAERT, Rogério e BÁRBARA, Marcelo de Jesus Santa. Identidade e migração em áreas fronteiriças. Disponível em: <file:///C:/Users/Samsung/Downloads/13398-Texto%20do%20Artigo-52746-1-10-20090910.pdf>. Acesso em: 9 dez. 2020. (Adaptado).

49. **(CESPE – 2018 – PC/SE – DELEGADO DE POLÍCIA - ADAPTADA)** Acerca dos sentidos e de aspectos linguísticos do texto precedente, julgue o item a seguir.

Trecho de apoio: "A existência da polícia se justifica pela imprescindibilidade dessa agência de segurança para a viabilidade do poder de coerção estatal. Em outras palavras, como atestam clássicos do pensamento político, a sua ausência culminaria na impossibilidade de manutenção de relações pacificadas. "

O termo "como" estabelece uma comparação de igualdade entre o que se afirma no primeiro período do texto e a informação presente na oração "a sua ausência culminaria na impossibilidade de manutenção de relações pacificadas"

Certo ( )   Errado ( )

A palavra "como" é uma conjunção e tem a função de ligar as orações no período em que se insere, e não com as ideias do período anterior. Além disso, expressa a ideia de conformidade. A letra "e" pode ser substituída por: *segundo, conforme, de acordo com, consoante*.

GABARITO: ERRADO.

50. **(CESPE – 2018 – PC/SE – DELEGADO DE POLÍCIA)** Com relação aos sentidos e aspectos linguísticos do texto precedente, julgue o item que se segue.

Trecho de apoio: "O Departamento de Atendimento a Grupos Vulneráveis (DAGV) da Polícia Civil de Sergipe atende a um público específico, que frequentemente se torna vítima de diversos tipos de violência.

A correção gramatical e o sentido do texto seriam preservados se, no trecho "a um público específico" (linhas 2 e 3), a preposição "a" fosse suprimida.

O verbo "atender" poder vir acompanhado ou não de preposição. As duas formas são aceitas pela norma culta: *Atender a alguém ou a alguma coisa / atender alguém ou atender alguma coisa. O médico atende (a)os pacientes naquele pavilhão. Desta vez atendeu (a)os conselhos dos amigos. Atendeu (a)o telefone.*

GABARITO: CERTO.

LÍNGUA PORTUGUESA

51. **(CESPE – 2018 – PC/SE – DELEGADO DE POLÍCIA– ADAPTADA)** Com relação aos sentidos e aspectos linguísticos do texto precedente, julgue o item que se segue.

Trecho de apoio: "Agentes e delegados de atendimento a grupos vulneráveis realizam atendimento às vítimas, centralizam procedimentos relativos a crimes contra o público vulnerável registrados em outras delegacias, abrem inquéritos e termos circunstanciados e fazem investigações de queixas."

Os termos "a crimes contra o público" e "de queixas" complementam, respectivamente, os termos "relativos" e "investigações".

Os termos "a crimes contra o público" e "de queixas" exercem a função de complemento nominal dos termos que os antecedem (relativos e investigações). O complemento nominal pode referir-se a substantivos abstratos, adjetivos ou advérbios, sempre por meio de preposição. Além disso, representa alvo da declaração expressa por um nome, ou seja, tem valor paciente. Relativos – adjetivo/ a crimes – complemento nominal; investigações – substantivo abstrato / de queixas – complemento nominal (paciente – as queixas são investigadas).

GABARITO: CERTO.

52. **(CESPE – 2018 – PC/MA – DELEGADO DE POLÍCIA CIVIL)** Julgue os itens que se seguem, acerca dos aspectos linguísticos do seguinte período do texto: "Porém, o sentido do discurso, a ideologia que o alimenta, precisa impregná-lo de palavras e conceitos que anunciem os valores humanos que decantam a paz, que lhe proclamam e promovem" (linhas 31 a 34).

I. O termo "o sentido do discurso" exerce função de sujeito da forma verbal "precisa".

II. O verbo **decantar** foi empregado no sentido de **purificar**.

III. O pronome "que" possui o mesmo antecedente nas três ocorrências no trecho "precisa impregná-lo de palavras e conceitos que anunciem os valores humanos que decantam a paz, que lhe proclamam e promovem".

Assinale a opção correta.

a) Apenas o item I está certo.

b) Apenas o item II está certo.

c) Apenas os itens I e II estão certos.

d) Apenas os itens I e III estão certos.

e) Todos os itens estão certos.

I: Quem precisa impregná-lo? O sentido do discurso. Na passagem, "Porém, o sentido do discurso, a ideologia que o alimenta, precisa impregná-lo", há um trecho intercalado entre o sujeito e o verbo (a ideologia que o alimenta), que tem a função de explicar o que foi apresentado anteriormente (sentido do discurso = ideologia que alimenta o discurso).

II: "Decantar" está emprego no sentido de "cantar", "enaltecer".

III: O primeiro "que" retoma "palavras e conceito"; o segundo "que" retoma "valores humanos"; o terceiro "que" retoma "valores humanos". Observe que os verbos "proclamam" e "promovem" estão no plural, então o pronome "que" não pode estar retomando "paz". *Quem proclama e promove a paz? Os valores humanos.*

GABARITO: A.

53. **(CESPE – 2017 – PJC/MT – DELEGADO DE POLÍCIA SUBSTITUTO)** A correção gramatical do seria mantida caso:

I. o termo "sob" fosse substituído por **em**.

Trecho de apoio: "A injustiça (...) promove a desonestidade, a venalidade, a relaxação; insufla a cortesania, a baixeza, sob todas as suas formas."

II. a forma verbal "ver", em todas as suas ocorrências no segundo parágrafo, fosse flexionada no plural — **verem**.

Trecho de apoio: "De tanto ver triunfar as nulidades, de tanto ver prosperar a desonra, de tanto ver crescer a injustiça, de tanto ver agigantarem-se os poderes nas mãos dos maus, o homem chega a desanimar da virtude, a rir-se da honra, a ter vergonha de ser honesto."

III. a forma verbal "é" fosse suprimida.

Trecho de apoio: "E, nesse esboroamento da justiça, a mais grave de todas as ruínas é a falta de penalidade aos criminosos confessos, **é** a falta de punição quando ocorre um crime de autoria incontroversa ..."

IV. o acento indicativo de crase em "à opinião pública" fosse suprimido.

Trecho de apoio: "a falta de punição quando ocorre um crime de autoria incontroversa, mas ninguém tem coragem de apontá-la à opinião pública, de modo que a justiça possa exercer a sua ação saneadora e benfazeja."

Estão certos apenas os itens

a) I e II.

b) I e III.

c) II e IV.

d) III e IV.

e) I, II e III.

I: Não ocorre incorreção gramatical já que a substituição da preposição "sob" pela preposição "em" mantém a mesma estrutura morfossintática.

II: Quem vê é o homem, então o verbo não pode ser flexionado no plural. "De tanto (o homem) ver triunfar as nulidades, de tanto (o homem) ver prosperar a desonra, de tanto (o homem) ver crescer a injustiça, de tanto (o homem) ver agigantarem-se os poderes nas mãos dos maus, o homem chega a desanimar da virtude, a rir-se da honra, a ter vergonha de ser honesto."

III: O verbo "é" pode ser suprimido, porque na oração anterior esse verbo já foi apresentado para enfatizar a ideia. Por isso, a supressão não acarreta incorreção gramatical.

IV: Observe: ninguém tem coragem de apontá-la à opinião pública / ninguém tem coragem de apontá-la ao julgamento público. O verbo "apontar" está empregado no sentido de "indicar", "mostrar" e, nesse caso, é transitivo direto e indireto. Apontar alguma coisa a alguém. O pronome "la" exerce função de objeto direto e "à opinião pública" exerce função de objeto indireto.

GABARITO: B.

LÍNGUA PORTUGUESA

54. **(CESPE – 2018 – PC/MA – DELEGADO DE POLÍCIA CIVIL)** No texto, em "É, então, no entrelaçamento 'paz – desenvolvimento – direitos humanos – democracia' que podemos vislumbrar a educação para a paz", o vocábulo "então" expressa uma ideia de

a) conclusão.

b) finalidade.

c) comparação.

d) causa.

e) oposição.

A: então, por isso, portanto, assim, por conseguinte.

B: a fim de que, para que

C: como, tal qual, mais (do) que, menos (do) que

D: pois, porque, já que, visto que, porquanto

E: mas, porém, contudo, todavia, no entanto, entretanto

GABARITO: A.

55. **(CESPE – 2017 – PJC-/MT – DELEGADO DE POLÍCIA SUBSTITUTO)** Sem prejuízo para a coerência e para a correção gramatical do texto, a conjunção "Quando" poderia ser substituída por

Trecho de apoio: "Quando os descaminhos não conduzirem a isso, competirá ao homem transformar a lei na vida mais digna para que a convivência política seja mais fecunda e humana."

a) Se.

b) Caso.

c) À medida que.

d) Mesmo se.

e) Apesar de

A conjunção "quando" expressa a ideia primária de tempo. Entre as alternativas, não há nenhuma conjunção ou locução que expresse a ideia. Tal conjunção, atrelada ao verbo no modo subjuntivo (conduzirem), traz consigo também a ideia de hipótese ou possibilidade, ou seja, uma ideia secundária de condição. Nas alternativas "a" e "b", há conjunções condicionais, mas somente a conjunção "se" pode ser empregada com o verbo no futuro do subjuntivo (se conduzirem). A conjunção "caso" deve ser empregada com o verbo no presente ou no pretérito imperfeito do modo subjuntivo (caso conduza ou caso conduzisse). Na alternativa "c", a locução conjuntiva "à medida que" expressa a ideia de proporção, então não pode substituir a conjunção "quando". Nas alternativas "d" e "e" há ideia de concessão.

GABARITO: A.

56. **(CESPE – 2018 – PC/SE – DELEGADO DE POLÍCIA – ADAPTADA)** Acerca dos sentidos e de aspectos linguísticos do texto precedente, julgue o item a seguir.

Trecho de apoio: "Para que a atuação policial ocorra dentro dos parâmetros democráticos, é essencial que haja a implementação de um modelo de policiamento que corresponda aos preceitos constitucionais, promovendo-se o equilíbrio entre os pressupostos de liberdade e segurança."

A oração "que haja a implementação de um modelo de policiamento" tem a função de qualificar o adjetivo que a antecede: "essencial".

Certo ( )   Errado ( )

A oração destacada é classificada como subordinada substantiva, pois é introduzida pela conjunção integrante "que" (é essencial que haja a implementação de um modelo de policiamento / é essencial isso). A oração exerce a função de sujeito do verbo "é" (oração subordinada substantiva subjetiva), tem a função de qualificar o termo antecedente e é classificada como subordinada adjetiva (introduzida por pronome relativo). Esse tipo de oração qualifica um substantivo (ou termo equivalente – pronome), nunca um adjetivo. Exemplo: *Encontrei o documento que procurava*. A oração destacada qualifica o substantivo "documento", e é classificada como oração subordinada adjetiva.

GABARITO: ERRADO.

57. **(CESPE – 2017 – PJC/MT – DELEGADO DE POLÍCIA SUBSTITUTO – ADAPTADA)** No segundo parágrafo do texto CG1A1CCC, o elemento "se" foi empregado em "rir-se" para indicar.

Trecho de apoio: "De tanto ver triunfar as nulidades, de tanto ver prosperar a desonra, de tanto ver crescer a injustiça, de tanto ver agigantarem-se os poderes nas mãos dos maus, o homem chega a desanimar da virtude, a rir-se da honra, a ter vergonha de ser honesto."

a) realce.

b) reciprocidade.

c) apassivação.

d) reflexividade.

e) indefinição.

A: Uma partícula ou expressão expletiva (ou de realce) tem o papel de realçar ou enfatizar um vocábulo ou um segmento da frase. Nunca exerce a função sintática e pode ser suprimida da frase, sem prejuízo sintático ou semântico. Os pronomes oblíquos átonos *me, te, se, nos, vos* podem exercer esse papel. No contexto, a pronome "se" pode ser suprimido sem comprometer a correção gramatical e o sentido (homem chega a desanimar da virtude, a rir da honra).

B: O pronome "se" exercerá esse papel quando os sujeitos praticam e sofrem a ação reciprocamente (eles se olharam – olharam uns aos outros).

C: O pronome "se" exercerá esse papel quando acompanhar o verbo transitivo direto ou transitivo direto e indireto; além disso, o sujeito sofrerá a ação (comprou-se a casa foi a casa foi comprada).

D: O pronome "se" exercerá esse papel quando o sujeito pratica e sofre a ação (ela se feriu com a faca).

E: O pronome "se" exercerá esse papel quando o sujeito estiver indeterminado (precisa-se de funcionários).

GABARITO: A.

58. **(CESPE – 2018 – PC/SE – DELEGADO DE POLÍCIA – ADAPTADA)** Acerca dos sentidos e de aspectos linguísticos do texto precedente, julgue o item a seguir.

A eliminação da vírgula logo após "legais" prejudicaria a correção gramatical do texto.

Trecho de apoio: "Devido a seu protagonismo e sua importância na organização e garantia da reprodução das normas legais, o Estado democrático não pode abdicar dessa instituição."

Certo ( )   Errado ( )

LÍNGUA PORTUGUESA

A vírgula é obrigatória no período em que se insere, porque isola um adjunto adverbial extenso. Sempre que o adjunto adverbial extenso estiver anteposto ao verbo (pode abdicar), a vírgula será obrigatória.

GABARITO: CERTO.

59. **(CESPE – 2017 – PJC/MT – DELEGADO DE POLÍCIA SUBSTITUTO)** A correção e o sentido do texto seriam preservados caso se inserisse uma vírgula logo após

a) "Mais" (linha 12).

Trecho de apoio: "Mais valeria que a vida atravessasse as páginas da Lei Maior a se traduzir em palavras que fossem apenas a revelação da justiça."

Trecho de apoio: "digna" (linha 15).

b) "homem" (linha 3).

Trecho de apoio: "O homem é inteiro em sua dimensão plural e faz-se único em sua condição social."

c) "Igual" (linha 4).

Trecho de apoio: ""Igual em sua humanidade, o homem desiguala-se, singulariza-se em sua individualidade."

d) "fraternização" (linha 6)

Trecho de apoio: ""O direito é o instrumento da fraternização racional e rigorosa."

A: No trecho, "mais" é um advérbio que modifica o verbo "valeria". O emprego da vírgula acarretaria uma quebra na estrutura da frase, tornando o trecho sem sentido.

B: A vírgula é opcional, pois está isolando a oração principal da oração subordinada adverbial final (introduzida pela locução conjuntiva "para que"). Esta vírgula só se torna obrigatória quando a oração subordinada adverbial está anteposta à principal.

C: Não se separa o sujeito (o homem) do verbo (é) com vírgula.

D: O emprego da vírgula acarretaria uma incoerência, pois "igual" está atrelado a "em sua humanidade" e fazendo oposição a "o homem se desiguala em sua individualidade", ou seja, ele se iguala na humanidade e se desiguala na individualidade. O emprego da vírgula intercalaria "em sua humanidade", produzindo o seguinte efeito de sentido: "igual o homem se desiguala".

E: Com emprego da vírgula, os termos "racional e rigorosa" passariam a ter caráter explicativo em relação ao termo "fraternização". Sem as vírgulas, possuem caráter restritivo em relação ao termo "fraternização". Funcionam como as orações adjetivas (restritivas e explicativas).

GABARITO: B.

TEXTO DE APOIO PARA AS QUESTÕES A SEGUIR:

No dia 3 de julho de 1950, a Coreia do Norte atacou e tomou Seul, a capital do Sul. Começava ali uma guerra que opunha os povos de um país dividido, com os Estados Unidos

da América de um lado e a China e a União das Repúblicas Socialistas Soviéticas do outro. O conflito durou cerca de três anos e terminou com o país ainda dividido ao meio. O saldo? Três milhões e meio de mortos.

Recentemente, a Coreia do Norte, mais uma vez, atacou seus irmãos do Sul. Mesmo 65 anos depois do fim da Segunda Guerra Mundial e do rateio do mundo entre comunistas e capitalistas, os coreanos seguem presos aos dogmas de seus governos. O bombardeio ordenado por **Pyongyang** atingiu uma ilha do país vizinho, **matou** duas pessoas e **feriu** pelo menos dezoito. A justificativa do Norte foram manobras supostamente feitas pelos sulistas em águas sob sua jurisdição.

A tensão na fronteira é grande. O governo de Seul ameaça com uma retaliação que pode desencadear um confronto de proporções catastróficas, não só para os coreanos de ambos os lados, mas para todo o planeta.

Jornal do Brasil, publicado em 24 nov. 2010 (Adaptado).

60. **(CESPE – 2011 – PC/ES – AUXILIAR DE PERÍCIA MÉDICO-LEGAL - ADAPTADA)** O núcleo do sujeito das formas verbais "matou" e "feriu" é "Pyongyang", que estão destacados no texto.

Certo (   )   Errado (   )

O núcleo das formas verbais é *bombardeio*.

O bombardeio matou duas pessoas.

O bombardeio feriu pelo menos dezoito.

GABARITO: ERRADO.

61. **(CESPE – 2011 – PC/ES – AUXILIAR DE PERÍCIA MÉDICO-LEGAL)** A forma verbal "foram" (sublinhada) exemplifica um caso em que o verbo está no plural porque concorda com o predicativo.

Certo (   )   Errado (   )

O verbo "ser" é um dos verbos de ligação mais utilizados, em concurso, e a sua concordância apresenta algumas peculiaridades. No texto, trata-se de um verbo de ligação e um predicativo. O verbo "ser" pode concordar com o sujeito ou com o predicativo, como está sendo abordado na questão.

A justificativa do Norte (sujeito) foram (verbo de ligação) manobras (predicativo). Repare que o predicativo está no plural e o sujeito está no singular. A concordância do verbo "ser" é feita com o predicativo, quando houver uma pessoa, ou seja, uma expressão que faça referência a seres. Quando isso não ocorrer, a concordância pode ser com o sujeito ou predicativo.

A solução (sujeito) são (verbo de ligação) os alunos (predicativo sendo representado por pessoa). Aqui há concordância com o predicativo.

A solução (sujeito) é (verbo de ligação) as respostas (predicativo não sendo representado por pessoa). Aqui pode haver a concordância com o sujeito ou predicativo.

GABARITO: CERTO.

62. **(CESPE – 2011 – PC/ES – AUXILIAR DE PERÍCIA MÉDICO-LEGAL)** A expressão "a capital do Sul" vem antecedida de vírgula porque se trata de um vocativo.

Certo (   )   Errado (   )

A expressão vem antecedida de vírgula por se tratar de um aposto explicativo.

GABARITO: ERRADO.

63. **(CESPE – 2011 – PC/ES – Auxiliar de Perícia Médico-legal)** A presença da preposição a em "aos dogmas" (linhas 11-12) decorre da regência da forma verbal "seguem" (linha 11), que exige complemento regido por essa preposição.

Certo (   )   Errado (   )

A preposição *a* decorre por conta do adjetivo *preso*. Quem segue preso, segue preso *a* alguma coisa. No caso do texto, *aos dogmas*.

GABARITO: ERRADO.

LÍNGUA PORTUGUESA

TEXTO DE APOIO PARA AS QUESTÕES A SEGUIR:

A figura do jovem revoltado precisa ser reexaminada. Seu comportamento não se explica pela fome nem pela miséria absoluta. Pelos seus próprios

depoimentos, recolhidos em conversas fora dos inquéritos policiais, um grande móvel para sua adesão ao crime do tráfico de drogas é o enriquecimento rápido. Após a gradual conversão aos valores da violência e da nova organização criminosa montada no uso constante da arma de fogo, esse jovem descobre os prazeres da vida de rico e com ela se identifica. Seu consumo passa a ser uma cópia exagerada, orgiástica, do que entende ser o luxo do rico: muita roupa, carros, mulheres, uísque (bebida de "bacana") e muita cocaína (coisa de gente fina). No entanto, é um iludido: com o ganhar fácil, porque seu consumo orgiástico, excessivo, o deixa sempre de bolso vazio, a repetir compulsivamente o ato criminoso; com o poder da arma de fogo, que o deixa viver por instantes um poder absoluto sobre suas vítimas, mas que acaba colocando-o na mesma posição diante dos quadrilheiros e policiais mais armados do que ele; com a possibilidade, enfim, de que, apesar de jovem e pobre, vai "se dar bem" e sair dessa vida de perigos e medos.

É possível afirmar que, ao contrário do que se diz, a criminalidade violenta diminui, a médio e longo prazos, a renda familiar dos pobres. O crime organizado, por suas características empresariais ilegais, é altamente concentrador de renda. Não sofre nenhum tipo de limitação das leis de mercado, de preços ajustados, de salários mínimos estipulados, de direitos trabalhistas para os seus peões. O crime organizado trafega nos preços cartelizados e na punição com a morte daqueles que ousam desobedecer à ordem e à vontade do chefe ou simplesmente denunciá-lo. Os pequenos traficantes da favela, apesar de todo o aparato militar, na verdade, estão ajudando a enriquecer aqueles que controlam o tráfico de drogas em toneladas e o contrabando de armas, o receptador, o funcionário público corrupto, o advogado criminal, e assim por diante. Pouquíssimos jovens saídos das camadas pobres conseguem se estabelecer, mas todos contribuem para enriquecer outros personagens que continuam nas sombras e que são os principais beneficiários das cifras da criminalidade. Os efeitos da guerra clandestina já se fazem sentir na população que abriga os bandidos identificados como tal: como as mortes violentas atingem principalmente homens jovens em idade produtiva, as famílias se veem privadas daqueles que seriam os mais importantes contribuintes para a renda familiar.

ZALUAR, Alba. **Integração perversa**: pobreza e tráfico de drogas. Rio de Janeiro: FGV, 2004, p. 65-66 (Adaptado).

64. **(CESPE – 2012 – PC/AL – AGENTE DE POLÍCIA)** O trecho do texto composto pelo segundo e pelo terceiro períodos do segundo parágrafo do texto poderia, sem prejuízo do seu sentido original, ser reescrito da seguinte forma: O crime organizado é altamente concentrador de renda, porquanto apresenta características empresariais ilegais: não sofre nenhum tipo de limitação das leis de mercado, de preços ajustados, de salários mínimos estipulados, de direitos trabalhistas para os seus peões.

Certo ( )   Errado ( )

O crime organizado, por suas características empresariais ilegais, é altamente concentrador de renda. Não sofre nenhum tipo de limitação das leis de mercado, de preços ajustados, de salários mínimos estipulados, de direitos trabalhistas para os seus peões.

A relação de sentido entre os períodos é de explicação. No terceiro período, apresenta-se a explicação para o crime organizado ser altamente concentrador de renda.

GABARITO: ERRADO.

65. **(CESPE – 2012 – PC/AL – AGENTE DE POLÍCIA)** Os elementos que compõem a enumeração no trecho "o tráfico de drogas em toneladas e o contrabando de armas, o receptador, o funcionário público corrupto, o advogado criminal" complementam o sentido da forma verbal "controlam"

Certo ( )   Errado ( )

Complementam o sentido do verbo *enriquecer*. Quem enriquece... enriquece alguém (*aqueles que controlam o tráfico de drogas em toneladas e o contrabando de armas, o receptador, o funcionário público corrupto, o advogado criminal...*)

GABARITO: ERRADO.

66. **(CESPE – 2012 – PC/AL – AGENTE DE POLÍCIA)** Sem prejuízo da correção gramatical do texto e do seu sentido original, o trecho "com a possibilidade, enfim, de que" poderia ser substituído por e, enfim, por que possivelmente.

Certo ( )   Errado ( )

"... com a possibilidade, enfim, de que, apesar de jovem e pobre, vai "se dar bem" e sair dessa vida de perigos e medos". A construção prejudica, consideravelmente, a estrutura sintática, pois a conjunção "e" acrescenta uma soma que não ocorre no período original naquele momento. O acréscimo ocorre depois com o fato de "sair dessa vida de perigos e medos".

GABARITO: ERRADO.

67. **(CESPE – 2012 – PC/AL – AGENTE DE POLÍCIA)** O texto defende que a fome e a miséria não têm relação com o comportamento do jovem que se envolve com o tráfico de drogas.

Certo ( )   Errado ( )

"seu comportamento não se explica pela fome nem pela miséria absoluta. Pelos seus próprios depoimentos, recolhidos em conversas fora dos inquéritos policiais, um grande móvel para sua adesão ao crime do tráfico de drogas é o enriquecimento rápido." O trecho evidencia que o comportamento **não se explica**, mas não afirma que não há relação. Além disso, um grande motivo para a sua adesão ao crime é o enriquecimento rápido, ou seja, o jovem obviamente quer sair de uma situação de maior vulnerabilidade financeira, o que demonstra relação com a miséria.

GABARITO: ERRADO.

68. **(CESPE – 2012 – PC/AL – AGENTE DE POLÍCIA)** Infere-se da leitura do texto que, se o jovem traficante não cometesse os excessos relatados, suas expectativas de mudança de vida poderiam se concretizar, e ele deixaria de ser "um iludido".

Certo ( )   Errado ( )

"No entanto, é um iludido: com o ganhar fácil, porque seu consumo orgiástico, excessivo, o deixa sempre de bolso vazio, a repetir compulsivamente o ato criminoso; com o poder da arma de fogo, que o deixa viver por instantes um poder absoluto sobre suas vítimas, mas que acaba colocando-o na mesma posição diante dos quadrilheiros e policiais mais armados do que ele; com a possibilidade, enfim, de que, apesar de jovem e pobre, vai "se dar bem" e sair dessa vida de perigos e medos." O trecho evidencia que o autor já afirma que o jovem é um iludido logo nas primeiras palavras. Depois, aponta que ele acaba se iludindo de modo sequencial. Não podemos concluir com a leitura do texto que haveria a possibilidade de mudança de vida.

GABARITO: ERRADO.

LÍNGUA PORTUGUESA

69. **(CESPE – 2012 – PC/AL – AGENTE DE POLÍCIA)** Segundo o texto, jovens advindos das classes sociais mais baixas raramente conseguem se estabelecer porque são assassinados ou perseguidos por aqueles que controlam o tráfico em grande escala.

Certo ( )   Errado ( )

"O crime organizado trafega nos preços cartelizados e na punição com a morte daqueles que ousam desobedecer à ordem e à vontade do chefe ou simplesmente denunciá-lo." "(...) todos contribuem para enriquecer outros personagens que continuam nas sombras e que são os principais beneficiários das cifras da criminalidade." Podemos observar dois níveis de escalas de controle do tráfico: quem controla em pequena escala que são considerados "chefes" da própria organização criminosa e aqueles que controlam em grande escala e são os principais beneficiários desse lucro da criminalidade. Percebemos que aqueles que controlam o tráfico em grande escala permanecem nas sombras, o que permite entender que não é esse nível que assassina ou persegue os jovens mencionados.

GABARITO: ERRADO.

70. **(CESPE – 2012 – PC/AL – AGENTE DE POLÍCIA)** De acordo com o texto, em geral, a prática do crime mencionado afeta negativamente a renda da família do jovem criminoso porque a morte desse jovem em virtude do envolvimento com o crime reduz o número de pessoas economicamente ativas por família.

Certo ( )   Errado ( )

"como as mortes violentas atingem principalmente homens jovens em idade produtiva, as famílias se veem privadas daqueles que seriam os mais importantes contribuintes para a renda familiar." A perda desses jovens acarreta um prejuízo para as famílias, pois eles seriam potenciais arrecadadores de ganhos financeiros.

GABARITO: CERTO.

71. **(CESPE – 2012 – PC/AL – AGENTE DE POLÍCIA)** É possível identificar, no texto, uma estrutura dissertativa, com a defesa de ideias relacionadas à causa do comportamento do jovem criminoso e às consequências desse comportamento na vida financeira de sua família, adicionada de argumentação que visa sustentar os pontos de vista apresentados.

Certo ( )   Errado ( )

A estrutura dissertativa é aquela baseada na defesa de um ponto de vista que é sustentado por argumentos e opiniões. O texto busca defender a tese de que os jovens entram na criminalidade buscando uma vida de dinheiro e lazer. Além disso, ele apresenta as consequências como perseguições e assassinatos desses mesmos adolescentes, de modo que essa morte precoce prejudica os potenciais ganhos financeiros que poderiam ser obtidos por eles. Observando essa estrutura, podemos afirmar que há uma dissertação com a finalidade de defender um ponto de vista sobre um determinado assunto.

GABARITO: CERTO.

TEXTO DE APOIO PARA AS QUESTÕES A SEGUIR:

Na cidade do Rio de Janeiro, são registrados, em média, 5.200 casos de desaparecimento por ano. Alguns dos desaparecidos voltam para casa dias depois; outros, para

desespero dos familiares, são encontrados mortos — em ocorrências que variam de acidentes, como atropelamento ou afogamento, a assassinatos.

Centenas de casos, no entanto, ficam sem solução. Uma policial civil resolveu investigá-los formalmente. Foram avaliados cerca de duzentos casos não solucionados de

desaparecimento, ocorridos entre janeiro de 2010 e dezembro de 2010. "A falta de materialidade do corpo difere o desaparecimento de qualquer outro crime, o que dificulta imensamente a investigação", explica a policial.

De fato, o desaparecimento é tão diferente de outros crimes que nem se encaixa nessa categoria — ou seja, não é tipificado no Código Penal. Quando a família vai fazer o registro de **ocorrência**, o caso é tratado apenas como "fato atípico", uma espécie de acontecimento administrativo.

A consequência desse tipo de registro não é das melhores, afirma a policial. "O tratamento destinado à maioria dos casos de desaparecimento não é prioritário; afinal, não se

trata da investigação de um crime. Entre apurar um crime e um fato atípico, na lógica policial, é preferível apurar o primeiro." A policial civil defende que não apenas seja revisto o tipo de registro atribuído ao desaparecimento, mas também que o próprio inquérito seja realizado com mais atenção pelos policiais. "Em 45% dos casos, por exemplo, não se informa seo desaparecido tem ou não algum problema mental", diz. "É uma omissão muito grande não se preocupar em colocar esse dado na ocorrência, pois ele constitui informação essencial", ressalta.

CAMELO, Thiago . **Desaparecidos sociais**. Publicado em: 18 set. 2012. Disponível em: <https://cienciahoje.org.br/desapareci-dos-sociais/>. Acesso em: 10 dez. 2020. (Adaptado).

72. **(CESPE – 2012 – PC/AL – AGENTE DE POLÍCIA - ADAPTADA)** Seriam mantidos o sentido original do texto e a sua correção gramatical, caso a preposição de fosse inserida logo após a forma verbal 'difere' (sublinhado no texto).

Certo ( )   Errado ( )

O verbo *diferir* é, em regra, transitivo indireto *(uma coisa difere de outra)*. Entretanto, em alguns casos, ele pode ser *transitivo direto e indireto*. Quem difere... difere algo (objeto direto) *de* alguma coisa (objeto indireto). O texto traz o seguinte exemplo:

"A falta de materialidade do corpo (sujeito) difere (VTDI) o desaparecimento (OD) de qual-quer outro crime (OI) ...". A partir dessa análise, podemos entender que a inserção da pre-posição *de* logo após o verbo acarretaria prejuízo à estrutura sintática, pois o objeto direto, em regra, não traz preposição.

GABARITO: ERRADO.

73. **(CESPE – 2012 – PC/AL – AGENTE DE POLÍCIA- ADAPTADA)** A supressão da vírgula empregada logo após "ocorrência" (em destaque no texto) prejudicaria a correção gramatical do texto.

Certo ( )   Errado ( )

A vírgula separa um adjunto adverbial longo que está deslocado para o início do período: *"Quando a família vai fazer o registro de ocorrência"*. Nesses casos, a vírgula é obrigatória.

GABARITO: CERTO.

74. **(CESPE – 2012 – PC/AL – AGENTE DE POLÍCIA)** De acordo com o texto, desaparecimento é o tipo de crime mais difícil de ser investigado, pela falta de materialidade do corpo.

Certo ( )   Errado ( )

"De fato, o desaparecimento é tão diferente de outros crimes **que nem se encaixa nessa categoria** — ou seja, **não é tipificado** no Código Penal." O próprio texto já traz uma afirmação

LÍNGUA PORTUGUESA

de que o desaparecimento não é crime. Isso ocorre exatamente quando ele diz que não é tipificado no Código Penal nem se encaixa nessa categoria (categoria de crime).

GABARITO: ERRADO.

Em alguns países, as porcentagens de ingresso de mulheres na força policial vêm se incrementando consideravelmente nos últimos tempos. Na Alemanha, esse índice fica entre 40% e 50%. Ainda assim, não podemos falar de uma autêntica representatividade feminina na polícia, pois, em outros países onde ela é também elevada, os percentuais chegam a apenas 20%. No caso das polícias metropolitanas de Londres, da Inglaterra e de Gales, por exemplo, a participação das mulheres é de 14%; na Grécia e na Estônia, de 15%.

No Brasil, a concentração de entrada das mulheres na polícia deu-se na década de 80 do século passado, coincidindo com um momento de crise da própria instituição policial, que, por sua vez, refletia uma crise mais ampla do modo de organização do trabalho nas sociedades contemporâneas. O trabalho policial, que vinha sendo visto, necessariamente, como uma ocupação masculina, passa desde então por mudanças, na medida em que entram em crise valores característicos da organização, como a força física e a identificação tradicional com a figura masculina. Passou-se a buscar outros valores condizentes com a realidade atual, como a inteligência, a capacidade de resolução de conflitos, a inovação e o trabalho em equipe.

CALAZANS, Márcia Esteves de. **Mulheres no policiamento ostensivo e a perspectiva de uma segurança cidadã**. Publicado em jan./mar. 2004. Disponível em: < https://www.scielo.br/scielo.php?script=sci_arttext&pid=S0102-88392004000100017>. Acesso em: 10 dez. 2020. (Adaptado).

75. **(CESPE – 2012 – PC/AL – AGENTE DE POLÍCIA)** O pronome "que", que está sublinhado no texto faz referência à "crise da própria instituição policial".

Certo ( )   Errado ( )

A expressão *que* é classificada como pronome relativo (pode ser substituída por *o qual, a qual, os quais, as quais*), de modo que é um termo essencialmente anafórico (retoma uma palavra ou uma expressão anteriormente mencionada).

GABARITO: CERTO.

O filme sobre a vida de Vinicius de Moraes me fez pensar sobre a necessidade que temos de recuperar a leveza.

Vinicius, por exemplo, era leve, tão leve que chegava a ser leviano na gravidade de suas paixões. Tom Jobim era leve. Vinicius e Jobim eram **leves e engraçados**. Ser leve e engraçado era uma característica daquela geração. Você podia estar com o Hélio Pellegrino que, sendo analista, hora nenhuma nos passava a ideia de que estava analisando nossas neuroses, não estava ali para julgar ninguém.

Com isto, as crônicas refletiam a leveza da vida. Não que não houvesse drama e tragédia, mas as pessoas não eram baixo-astral nem a crônica era, como nos dias atuais, uma coisa chata e pesada.

Também com um presidente leve como o Juscelino, que de tão leve vivia valsando e que botou em aviões uma cidade inteira, levando-a para o Planalto Central, com ele **tudo ficava mais fácil e mais leve**.

SANT'ANNA, Affonso Romano de. **Tempo de delicadeza**. São Paulo: L&PM, 2007, p. 73-75 (Adaptado).

76. **(CESPE – 2012 – PC/AL – ESCRIVÃO DE POLÍCIA)** Sem prejuízo para a correção gramatical ou para a coerência do texto, a oração "sendo analista" (sublinhado no texto) poderia ser reescrita, mantendo-se as vírgulas que a isolam, da seguinte forma: embora fosse analista.

Certo ( )   Errado ( )

A reescrita sugere a inserção do conectivo *embora* que é classificado como conjunção subordinada adverbial concessiva, isto é, traz consigo a semântica de oposição e pode ser substituído – sem prejuízo do sentido – por *mesmo que, ainda que, apesar de*. Essa colocação se torna possível, pois, no texto, o autor menciona que Pellegrino era analista, mas não analisava o comportamento de ninguém. Isso mostra clara a oposição de ideias, pois podemos entender que a pessoa que é analista tem como função o ato de analisar, logo, um analista não analisar apresenta uma semântica de oposição, a qual é muito bem evidenciada pela conjunção concessiva.

GABARITO: CERTO.

77. **(CESPE – 2012 – PC/AL – ESCRIVÃO DE POLÍCIA)** O termo "leves e engraçados" desempenha, na oração em que se insere, a mesma função sintática que "mais fácil e mais leve" na oração "tudo ficava mais fácil e mais leve" .

Certo ( )   Errado ( )

É possível observar que as duas orações apresentam verbo de ligação.

Vinicius e Jobim eram leves e engraçados.

Tudo ficava mais fácil e mais leve.

Ao observar que uma oração apresenta um verbo de ligação, observe que é comum a presença de um predicativo. Na primeira passagem, os termos *leves* e *engraçados* são predicativos do sujeito composto *Vinicius* e *Jobim* e possuem como verbo a forma *eram* do verbo *ser* (principal verbo de ligação). No segundo exemplo, as palavras *fácil* e *leve* funcionam como predicativo do sujeito simples *tudo* e possuem como verbo a forma *ficava* do verbo ficar. Nesse caso, os dois períodos apresentam a mesma estrutura **sujeito + verbo de ligação + predicativo.**

GABARITO: CERTO.

78. **(CESPE – 2012 – PC/AL – ESCRIVÃO DE POLÍCIA)** Na linha 16, a expressão "com ele", empregada como recurso expressivo de repetição, pode ser suprimida do período sem prejuízo sintático ou semântico para o texto.

Certo ( )   Errado ( )

Também com um presidente leve como o Juscelino, que de tão leve vivia valsando e que botou em aviões uma cidade inteira, levando-a para o Planalto Central, com ele tudo ficava mais fácil e mais leve.

Também com um presidente leve como Juscelino tudo ficava mais fácil. A expressão "com ele" tem valor essencialmente estilístico, de modo que pode ser retirado sem problema.

GABARITO: CERTO.

LÍNGUA PORTUGUESA

O que é inovação para você?

A palavra inovação "está na moda e isso é um problema, porque tudo vira inovação", diz o presidente da agência de publicidade Santa Clara.

Há "exageros na publicidade" quando se fala nesse tema, afirma o coordenador do centro de inovação e criatividade da ESPM. "Inovação é só o que tira do conforto, muda algo com que você já está acostumado", define ele.

Segundo sondagem da Agência Brasileira de Desenvolvimento Industrial, no segundo semestre de 2012, 55% das empresas brasileiras realizaram algumas mudanças em seus produtos ou processos. No começo de 2010, esse percentual era de 71,4%.

Para a agência, incertezas em relação ao futuro da economia global fazem que empresários adiem as decisões em relação a mudanças.

O estudo é realizado apenas com grandes companhias brasileiras, mas as pequenas empresas costumam acompanhar as tendências das grandes, afirma a diretora da agência. "É um processo criativo que dá origem a novo produto ou incorpora ao já existente atributos até então desconhecidos. Inovar também é renovar. E inovar cabe não só aos produtos, mas ao método."

GUTIERREZ, Felipe. **Folha de S.Paulo**, 30 set. 2012 (Adaptado).

79. **(CESPE – 2012 – PC/AL – ESCRIVÃO DE POLÍCIA)** O segundo parágrafo do texto poderia ser corretamente reescrito da seguinte forma: Existe "exageros na publicidade" quando se menciona esse assunto, diz o coordenador do centro de inovação e criatividade da ESPM: "inovação é só aquilo que elimina conforto, altera algo com que a pessoa já esteja acostumado", define ele.

Certo ( )   Errado ( )

Na passagem proposta pela questão, a troca do verbo *haver* "há 'exageros na publicidade' quando se fala desse tema..." pelo verbo *existir* – **sem a concordância do verbo com o sujeito** *exageros na publicidade* – acarreta grande prejuízo gramatical à estrutura sintática. O verbo *haver*, no sentido de existir, é um verbo impessoal e deve ficar na terceira pessoa do singular. Entretanto, o verbo *existir* é pessoal e deve fazer concordância com o sujeito em número e em pessoa. A construção com a correta escrita tem a seguinte estrutura:

Existem "exageros na publicidade" quando se fala nesse tema...

GABARITO: ERRADO.

80. **(CESPE – 2012 – PC/AL – ESCRIVÃO DE POLÍCIA)** Mantendo-se a correção gramatical do texto, o trecho 'É um processo criativo que dá origem a novo produto ou incorpora ao já existente atributos até então desconhecidos' (linhas 20-22) poderia, sem prejuízo do seu sentido original, ser reescrito da seguinte maneira: É ao processo criativo que dão origem a novos produtos, não incorporando novidade aos já existentes.

Certo ( )   Errado ( )

Há problema na reescrita do texto sugerido pela questão, pois a expressão é um processo criativo aparece preposicionada "é ao processo criativo que dá origem..." o que evidencia um erro, pois essa passagem funciona como sujeito do período o qual será retomado pelo pronome relativo *que*. O núcleo do sujeito, na língua portuguesa, não pode vir preposicionado. Além disso, há mudança no sentido original, pois o acréscimo da preposição faz com que o *processo criativo* seja paciente, o que não é a ideia original, pois é o próprio processo criativo que dá origem, ou seja, ele atua como agente.

GABARITO: ERRADO.

Não é segredo que a atividade física produz inúmeros benefícios para o corpo, e, agora, a ciência reuniu provas suficientes para adicionar um novo e poderoso efeito à sua lista de ações positivas: o aprimoramento do cérebro. As mais recentes descobertas indicam que a prática regular de exercícios ajuda a pensar com mais clareza, melhora a memória e proporciona um grande ganho na aprendizagem. Novos estudos sugerem que as mudanças podem ser ainda maiores, alterando a própria estrutura do órgão ao incentivar o nascimento e o desenvolvimento de neurônios.

Essas conclusões acabam de ser divulgadas nos Estados Unidos da América por uma das mais renomadas cientistas no campo da neurogênese, Henriette van Praag (Ph.D.), do Laboratório de Neurociências do Instituto Nacional de Saúde dos Estados Unidos da América. Em estudos com ressonância magnética feitos em indivíduos, foi possível também observar que quem se exercita regularmente produz uma intensa atividade no hipocampo. Essa região do cérebro está relacionada à memória e à aprendizagem, e lá estão armazenadas as células-tronco que darão origem aos novos neurônios.

TARANTINO, Mônica e OLIVEIRA, Monique. Aumente o poder do cérebro com exercícios. Publicado em: Disponível em: 21 set. 2012. < https://istoe.com.br/239697_AUMENTE+O+PODER+DO+CEREBRO+COM+EXER-CICIOS/>. Acesso em: 10 dez. 2020. (Adaptado).

81. **(CESPE – 2012 – PC/AL – ESCRIVÃO DE POLÍCIA)** O segmento "do cérebro" (sublinhada) poderia ser corretamente substituído, sem prejuízo para a correção gramatical ou a coerência do texto, pela forma adjetiva cerebral.

Certo ( )   Errado ( )

A forma *do cérebro* é classificada morfologicamente como *locução adjetiva* (preposição + substantivo) e exerce a função de adjunto adnominal do substantivo *região*. A substituição pelo adjetivo *cerebral* não provoca problemas em relação à sintaxe ou em relação ao sentido, pois há perfeita relação entre a locução adjetiva e o adjetivo que também exercerá a função de adjunto adnominal.

GABARITO: CERTO.

Em cada um dos itens seguintes são apresentados trechos adaptados de reportagens jornalísticas. Julgue-os em relação à grafia e acentuação gráfica das palavras e a aspectos morfossintáticos e textuais, como emprego e colocação de vocábulos, concordância e regência nominal e verbal, pontuação e coerência.

82. **(CESPE – 2012 – PC/AL – ESCRIVÃO DE POLÍCIA)** Consta do inquérito policial que, após trocarem tiros com membros de uma guarnição da Polícia Militar, os acusados, todos menores, fugiram em uma lancha e passaram a ser perseguidos por um helicóptero da polícia, quando perderam o controle da embarcação, que virou. Os jovens, cuja identidade não foi revelada, já tinham sido acusados de intimidação.

Certo ( )   Errado ( )

O trecho apresenta uma série de pontuações que são importantes para o bom funcionamento sintático:

Adjunto adverbial deslocado: "após trocarem tiros com membros..."

Aposto: "todos menores"

Oração subordinada adverbial: "quando perderam o controle da embarcação"

Oração subordinada adjetiva explicativa: "que virou"

Oração subordinada adjetiva explicativa: "cuja identidade não foi revelada"

Todas as pontuações estão corretas, portanto, o trecho não possui erros gramaticais.

GABARITO: CERTO.

LÍNGUA PORTUGUESA

A previsão de asfaltamento de rodovias na região amazônica estimulará ainda mais a expansão da fronteira agrícola e a da exploração madeireira, o que poderá acarretar conversão de florestas em pastagens e áreas agrícolas, e, consequentemente, profunda perda do patrimônio genético de vários ecossistemas da Amazônia — ainda pouco conhecido — e redução regional das chuvas, com resultante aumento da flamabilidade de suas paisagens e extensiva savanização. Somam-se a isso as contribuições dessas mudanças para o aquecimento global, tendo em vista que o desmatamento representa, hoje, cerca de 75% das emissões de gás carbônico brasileiras, e suas conexões climáticas — alterações no clima de outras regiões —, como a diminuição de chuvas no Sudeste brasileiro e o agravamento do período de estiagem no meio-oeste americano. Por conseguinte, grandes mudanças na cobertura florestal têm importantes implicações quanto à perda de biodiversidade e à prosperidade da sociedade da Amazônia, a longo prazo. Nessa perspectiva, um importante desafio para a comunidade científica consiste em simular os efeitos da infraestrutura de transporte nos padrões regionais de mudanças de uso e cobertura do solo. A avaliação dos impactos indiretos dessas mudanças é de particular interesse tanto para planejadores regionais como para cientistas que estudam as mudanças climáticas. O desenho de uma estratégia de conservação para a floresta amazônica dependerá do rápido avanço na nossa compreensão das conexões da floresta com seus ecossistemas nativos e vida silvestre, clima regional, em conjunto com a economia e com o bem-estar da sociedade local.

SOARES-FILHO, Britaldo Silveira *et al.* Cenários de desmatamento para a Amazônia. Publicado em: maio/jun. 2005. Disponível em: < https://www.scielo.br/scielo.php?script=sci_arttext&pid=S0103-40142005000200008&lang=es >. Acesso em: 10 dez. 2020. (Adaptado)

83. **(CESPE – 2012 – CONHECIMENTO BÁSICO – PRF – POLICIAL RODOVIÁRIO FEDERAL)** A correção gramatical e o sentido do texto seriam mantidos caso o trecho "o que poderá acarretar conversão de florestas em pastagens e áreas agrícolas" fosse reescrito da seguinte forma: acarretando que os pastos cultivados e a agricultura convertam as florestas.

Certo ( )   Errado ( )

Na proposta de reescrita, a substituição de "poderá acontecer" por "acarretando" apresenta problema, pois *aquela* apresenta uma ideia de possibilidade, evidenciada pelo verbo auxiliar "poderá", e esta mostra, a partir do uso do gerúndio " acarretando", que o fato produziu efeitos.

GABARITO: ERRADO.

84. **(CESPE – 2012 – PRF – POLICIAL RODOVIÁRIO FEDERAL)** Sem contrariar o sentido do texto e a norma gramatical, o trecho "Nessa perspectiva, (...) cobertura do solo" (linhas 18-21) poderia ser assim reescrito: Nessa perspectiva, distingue-se, na comunidade científica, o desafio da simulação dos efeitos da infraestrutura de transporte nos padrões regionais de mudanças de uso e cobertura do solo, como importante desafio.

Certo ( )   Errado ( )

"Nessa perspectiva, um importante desafio para a comunidade científica consiste em simular os efeitos da infraestrutura de transporte nos padrões regionais de mudanças de uso e cobertura do solo."

Na reescrita, alterou o verbo "consistir" pelo verbo "distinguir" o que altera profundamente o sentido do texto, pois distinguir significa *diferenciar*, e não coloca que a comunidade científica distingue.

GABARITO: ERRADO.

85. **(CESPE – 2012 – CONHECIMENTO BÁSICO – PRF – POLICIAL RODOVIÁRIO FEDERAL)** Seriam mantidos a correção e o sentido do texto se o trecho "para cientistas que estudam as mudanças climáticas" fosse reescrito da seguinte forma: para pesquisadores que investigam as alterações do clima.

Certo ( )   Errado ( )

A proposta apresentada mantém a mesma estrutura sintática e o sentido do trecho original. O texto traz: *para cientistas que estudam as mudanças climáticas*. É possível observar uma oração subordinada adjetiva restritiva (que estudam as mudanças climáticas) que também aparece na proposta (que investigam as alterações do clima). Há uma manutenção de verbo transitivo direto (estudam) e objeto direto (as mudanças climáticas) do texto para a nova estrutura: *pesquisadores que investigam* (VTD) *as alterações do clima* (OD). Além disso, o novo trecho apresenta uma locução adjetiva *do clima* que estabelece relação com o adjetivo *climáticas* do trecho original, ambas funcionando como adjunto adnominal.

GABARITO: CERTO.

86. **(CESPE – 2012 – PRF – POLICIAL RODOVIÁRIO FEDERAL)** Seriam mantidos a correção gramatical e o sentido do texto caso o trecho "é de particular interesse tanto para planejadores regionais como para cientistas" fosse reestruturado do seguinte modo: são particularmente interessantes para planejadores regionais tanto como cientistas.

Certo ( )   Errado ( )

A avaliação dos impactos indiretos dessas mudanças é de particular interesse tanto para planejadores regionais como para cientistas que estudam as mudanças climáticas.

A reescrita deveria ter a preposição "para" em "tanto como para cientistas". A ausência da preposição "para" prejudica a estruturação sintática na ideia original proposta.

GABARITO: ERRADO.

87. **(CESPE – 2012 – PRF - POLICIAL RODOVIÁRIO FEDERAL)** O trecho "em conjunto com a economia e com o bem-estar da sociedade local" é complemento do termo nominal "compreensão".

Certo ( )   Errado ( )

O desenho de uma estratégia de conservação para a floresta amazônica dependerá do rápido avanço na nossa compreensão das conexões da floresta com seus ecossistemas nativos e vida silvestre, clima regional, em conjunto com a economia e com o bem-estar da sociedade local.

O termo compreensão tem como complemento a expressão "das conexões". O trecho "em conjunto com a economia e com o bem-estar da sociedade local" funciona como uma expressão adverbial de modo.

GABARITO: ERRADO.

88. **(CESPE – 2012 – PRF – POLICIAL RODOVIÁRIO FEDERAL)** O período "Por conseguinte, (...) a longo prazo" estaria igualmente correto se a expressão adverbial "a longo prazo" fosse deslocada para o início desse período, da seguinte maneira: A longo prazo, por conseguinte, (...).

Certo ( )   Errado ( )

LÍNGUA PORTUGUESA

"Por conseguinte, grandes mudanças na cobertura florestal têm importantes implicações quanto à perda de biodiversidade e à prosperidade da sociedade da Amazônia, a longo prazo."

Na reescrita, haveria mudança no sentido original, pois o adjunto adverbial "a longo prazo" mostra que a perda da diversidade e a prosperidade da sociedade da Amazônia seriam a longo prazo por conta das mudanças na cobertura florestal. Ao colocar o adjunto adverbial no início do período, essa perspectiva é desfeita, pois "a longo prazo, mudanças na cobertura florestal ..." traz a ideia temporal associada às grandes mudanças e isso gera uma dificuldade de entendimento em relação à ação que aconteceria a longo prazo.

GABARITO: ERRADO.

Se você quiser, compre um carro; é um conforto admirável. Mas não o faça sem conhecimento de causa, a fim de evitar desilusões futuras. Desde que o compra, o carro passa

a interessar aos outros, muito mais que a você mesmo. É uma espécie de indústria às avessas, na qual você monta um engenho não para obter lucros, mas para distribuir seu dinheiro.

Já na compra do carro, você contribui para uma infinidade de setores produtivos, que podemos encolher, ao máximo, nos seguintes itens: a indústria automobilística propriamente dita; os vendedores de automóveis; a siderurgia; a petroquímica; as fábricas de pneus e as de artefatos de borracha; as fábricas de plásticos, couros, tintas etc.; as fábricas de rolamentos e outras autopeças; as fábricas de relógios, rádios etc.; as indústrias de petróleo e muitos de seus derivados; as refinarias; os distribuidores de gasolina, as oficinas mecânicas. Seu automóvel é de fato uma sociedade anônima, da qual todos lucram, menos você. Ao comprar um carro, você entrou na órbita de toda essa gente; até ontem, você estava fora do alcance delas. Como proprietário de automóvel, você ainda terá relações com outras pessoas: com os colegas motoristas, que preferem bater no seu para-lama a dar uma marcha à ré de meio metro; com os pedestres e ciclistas imprudentes; com as crianças diabólicas que riscam sua pintura, sobretudo quando o carro está novinho em folha; com os sujeitos que só dirigem de farol alto; com os **barbeiros** de qualidades diversas; com a juventude desviada; com parentes e amigos, que o consideram um sujeito excelente ou ordinário, conforme sua subserviência à necessidade deles; com ladrões etc. Poderia escrever páginas sobre o automóvel que você comprou ou vai comprar, mas fico por aqui: tenho de tomar um táxi e ir à oficina ouvir do mecânico que o meu carro não está pronto. De qualquer forma, não desanime com minha crônica: vale a pena ter carro, pois, ser pedestre, embora mais tranquilo e mais barato, é ainda

mais chato. A não ser que você tenha chegado, com Pascal, à suprema descoberta: a de que todos os males do homem se devem ao fato de ele não ficar quietinho no quarto.

CAMPOS, Paulo Mendes. Automóvel: sociedade anônima. *In*: **Supermercado**.
Rio de Janeiro, Tecnoprint, 1976, p. 99-102 (Adaptado).

89. **(CESPE – 2012 – PRF – POLICIAL RODOVIÁRIO FEDERAL)** A pontuação empregada no texto permaneceria correta e não haveria mudança nos sentidos se o trecho "setores produtivos, que podemos encolher, ao máximo, nos seguintes itens" fosse reescrito da seguinte forma: setores produtivos que podemos encolher, ao máximo nos seguintes itens.

Certo (   )   Errado (   )

A proposta apresentada para a reescrita do trecho original altera o sentido no que diz respeito às orações subordinadas adjetivas. No trecho original, a oração ", *que podemos encolher,*" é subordinada adjetiva explicativa, o que pode ser identificado pela presença das vírgulas. Essa oração explicativa apresenta uma informação adicional em relação ao termo referente a que se liga, apresentando uma ampliação. Na reescrita, a retirada das vírgulas marcam a oração adjetiva explicativa, fazendo com que se torne uma adjetiva restritiva, isto é, agora não possuímos mais uma ampliação do termo a que se refere, mas podemos observar uma restrição, uma particularização, o que acarreta profunda mudança de sentido. Além disso, a expressão *ao máximo* deveria estar entre vírgulas, já que se trata de uma locução adverbial deslocada dentro do período.

GABARITO: ERRADO.

90. **(CESPE – 2012 – PRF – POLICIAL RODOVIÁRIO FEDERAL)** No período "Mas não o faça sem conhecimento de causa", o elemento "o", que estabelece coesão com os períodos anteriores, marca a elipse do sintagma nominal "um carro"

Certo ( )   Errado ( )

O elemento "o" marca a não repetição da ação de comprar um carro, que é retomada para que seja feita com conhecimento de causa.

GABARITO: ERRADO.

91. **(CESPE – 2012 – PRF – POLICIAL RODOVIÁRIO FEDERAL)** Estaria mantida a correção gramatical do texto caso a oração "a fim de evitar desilusões futuras" fosse substituída pela seguinte: a fim de se evitarem desilusões futuras.

Certo ( )   Errado ( )

É preciso observar que a expressão "desilusões futuras" funciona como sujeito do verbo "evitar". O que deve ser evitado? Desilusões futuras. Nesse caso, a reescrita apresenta a partícula "se" que é um pronome apassivador, pois está ligado a um verbo transitivo direto (evitar) e há uma flexão do infinitivo "evitarem" para concordar com o sujeito "desilusões futuras". Transpondo para a voz passiva analítica e desenvolvendo a oração, temos:

A fim de que desilusões futuras sejam evitadas.

GABARITO: CERTO.

92. **(CESPE – 2012 – PRF – POLICIAL RODOVIÁRIO FEDERAL)** A coesão e os sentidos do texto seriam mantidos caso o trecho "tenho de tomar um táxi e ir à oficina" fosse substituído por tenho de tomar um táxi e de ir à oficina ou por tenho de tomar um táxi e tenho de ir à oficina.

Certo ( )   Errado ( )

Na construção proposta, há alteração de sentido em relação ao trecho original, pois o autor quer dizer que precisa pegar um táxi **com a finalidade de** ir à oficina, ou seja, a ação de ir à oficina é uma finalidade de pegar o táxi. Nas propostas de reescrita, entende-se que são duas ações independentes, isto é, a ação de pegar um táxi pode não ser para ir à oficina, o que será feito em outro momento distinto.

GABARITO: ERRADO.

93. **(CESPE – 2012 – PRF – POLICIAL RODOVIÁRIO FEDERAL)** Seriam mantidos os sentidos e a correção gramatical da oração iniciada por "Desde que", se a forma verbal "compra", nessa mesma linha, fosse substituída por compre.

Certo ( )   Errado ( )

A locução conjuntiva *desde que* pode assumir o valor temporal ou condicional, que dependerá do verbo com o qual se relaciona. Quando o *desde que* estiver acompanhado de um

LÍNGUA PORTUGUESA

verbo no **indicativo**, teremos o valor temporal. Entretanto, com a presença de um verbo no **subjuntivo**, teremos o valor condicional. **Desde que o compra** (indicativo) ... **(tempo) / desde que o compre** (subjuntivo) ... **(condição)**

GABARITO: ERRADO.

94. **(CESPE – 2012 – PRF – POLICIAL RODOVIÁRIO FEDERAL)** No trecho "à suprema descoberta: a de que todos os males do homem", o elemento "a" exerce a função de aposto.

Certo ( )   Errado ( )

A não ser que você tenha chegado, com Pascal, à suprema descoberta: a de que todos os males do homem se devem ao fato de ele não ficar quietinho no quarto.

O termo "a" exerce a função de aposto, pois amplia qual foi a descoberta, termo que aparece elíptico no trecho. "... à suprema descoberta: a descoberta de que todos ...", logo, o termo "a" funciona como aposto.

GABARITO: CERTO.

95. **(CESPE – 2012 – PRF – POLICIAL RODOVIÁRIO FEDERAL)** Os sentidos do texto e a sua correção gramatical seriam mantidos caso o trecho "Como proprietário (...) meio metro" fosse reescrito da seguinte forma: Como proprietário de automóvel, outras pessoas, com os colegas motoristas, que preferem bater no seu para-lama, a dar uma marcha à ré de meio metro, ainda terão relações com você.

Certo ( )   Errado ( )

"Como proprietário de automóvel, você ainda terá relações com outras pessoas: com os colegas motoristas, que preferem bater no seu para-lama a dar uma marcha à ré de meio metro."

O trecho inicial apresenta os dois-pontos que elucida, logo após quem são as pessoas com as quais as relações serão estabelecidas. Na reescrita, seria correto: "... de automóvel, outras pessoas, como os colegas motoristas...". Além disso, não há motivos para a vírgula após para-lama, pois está separando os complementos do verbo *preferir*.

GABARITO: ERRADO.

A Constituição Federal de 1988, com fundamento na prerrogativa do Estado de prover a segurança pública e fazer cumprir a lei, exercida para a manutenção da ordem pública e da incolumidade das pessoas e do patrimônio, estabelece, em seu art. 144, cinco instituições policiais como responsáveis pela execução da lei: polícia federal, polícia rodoviária federal, polícia ferroviária federal, polícias civis e polícias militares e corpos de bombeiros militares. Dessas, as três primeiras são organizadas e mantidas pela União e as duas últimas são subordinadas aos governos estaduais e distrital. Assim, quando infrações penais afetam bens, serviços e interesses da União, as forças policiais federais realizam as funções que lhes são delegadas pela Constituição Federal de 1988. Nos demais casos, as forças policiais estaduais e distrital empreendem essas atividades, no âmbito de sua competência.

Disponível em: <www.advogado.adv.br>. Acesso em: 8 nov. 2012 (Adaptado).

96. **(CESPE – 2012 – PRF – POLICIAL RODOVIÁRIO FEDERAL)** Haveria manutenção da correção gramatical e dos sentidos originais do texto caso se substituísse a expressão "aos governos estaduais e distrital" por ao governo estadual e distrital.

Certo ( )   Errado ( )

Há problema no sentido da construção, pois a expressão plural "aos governos estaduais" faz referência a mais de um governo, entretanto, a construção "ao governo estadual e distrital" refere-se a somente um governo.

GABARITO: ERRADO.

97. **(CESPE – 2012 – PRF – POLICIAL RODOVIÁRIO FEDERAL)** A expressão "infrações penais" exerce a função de complemento da forma verbal "afetam".

Certo ( )   Errado ( )

A expressão *infrações penais* funciona como sujeito da forma verbal *afetam*.

GABARITO: ERRADO.

98. **(CESPE – 2012 – PRF – POLICIAL RODOVIÁRIO FEDERAL)** Estaria mantida a correção gramatical do texto caso o trecho "quando infrações penais afetam bens, serviços e interesses da União" fosse reescrito da seguinte forma: quando bens, serviços e interesses da União são atingidos por infrações penais.

Certo ( )   Errado ( )

Não há problema na reescrita. É importante observar que a questão não mencionou alteração em relação ao sentido, o comando menciona, apenas, correção gramatical. No primeiro exemplo, os termos **bens, serviços e interesses da união** são complementos (objeto direto) do verbo *afetar*. No exemplo seguinte, essas mesmas expressões formam o sujeito paciente da locução *são atingidos*, isto é, temos uma oração na voz passiva analítica (verbo auxiliar (ser) + verbo principal no particípio passado (atingido) + agente da passiva (por infrações penais). Não há problema algum com a correção gramatical da nova proposta.

GABARITO: CERTO.

99. **(CESPE – 2012 – PRF – POLICIAL RODOVIÁRIO FEDERAL)** A inserção do segmento que é imediatamente antes da expressão "exercida" preservaria a correção gramatical do texto.

Certo ( )   Errado ( )

A correção é preservada, pois acrescentam-se o pronome relativo "que" (a qual) e o verbo de ligação (é), colocando explícitos todos os elementos formadores da oração subordinada adjetiva.

"... e fazer cumprir a lei, **que (a qual = a lei)** é exercida para a manutenção da ordem pública e da incolumidade das pessoas e do patrimônio..."

GABARITO: CERTO.

LÍNGUA PORTUGUESA

Leio que a ciência deu agora mais um passo definitivo. É claro que o definitivo da ciência é transitório, e não por deficiência da ciência (é ciência demais), que se supera a si mesma a cada dia... Não indaguemos para que, já que a própria ciência não o faz — o que, aliás, é a mais moderna forma de objetividade de que dispomos.

Mas vamos ao definitivo transitório. Os cientistas afirmam que podem realmente construir agora a bomba limpa. Sabemos todos que as bombas atômicas fabricadas até hoje são sujas (aliás, imundas**) porque**, depois que explodem, deixam vagando pela atmosfera o já famoso e temido estrôncio 90. Ora, isso é desagradável: pode mesmo acontecer que o próprio país que lançou a bomba venha a sofrer, a longo prazo, as consequências mortíferas da proeza. O que é, sem dúvida, uma sujeira.

Pois bem, essas bombas indisciplinadas, mal-educadas, serão em breve substituídas pelas bombas *n*, que cumprirão sua missão com lisura: destruirão o inimigo, sem riscos para o atacante. Trata-se, portanto, de uma fabulosa conquista, não?

> GULLAR, Ferreira. Maravilha. *In*: **A estranha vida banal**. Rio de Janeiro: José Olympio, 1989, p. 109.

100. **(CESPE – 2013 – PRF – POLICIAL RODOVIÁRIO FEDERAL)** A oração introduzida por "porque" (destacada no texto) expressa a razão de as bombas serem sujas.

Certo ( )   Errado ( )

O conectivo *porque* apresenta uma justificativa para as bombas serem sujas, o que na prática ocorre pela liberação do estrôncio 90. Dessa forma, podemos observar que se trata de uma oração subordinada adverbial causal, já que apresenta a **causa** das bombas serem sujas.

GABARITO: CERTO.

101. **(CESPE – 2013 – PRF – POLICIAL RODOVIÁRIO FEDERAL)** Mantendo-se a correção gramatical e a coerência do texto, a conjunção "e", em "e não por deficiência da ciência", poderia ser substituída por *mas*.

Certo ( )   Errado ( )

A conjunção *e* no texto apresenta valor de oposição, visto que liga ideias que são colocadas em lados semânticos opostos. Uma dica importante para identificar essa possibilidade é observar a presença da vírgula antes da conjunção. Se a conjunção *e* apresentar valor adversativo, teremos a vírgula antes do conector.

GABARITO: CERTO.

102. **(CESPE – 2013 – PRF – POLICIAL RODOVIÁRIO FEDERAL)** Tendo a oração "que se supera a si mesma a cada dia" caráter explicativo, o vocábulo "que" poderia ser corretamente substituído por pois ou porque, sem prejuízo do sentido original do período.

Certo ( )   Errado ( )

O conector *que* não é, nesse caso, conjunção explicativa. Essa expressão é classificada como **pronome relativo** e retoma o termo *ciência*.

GABARITO: ERRADO.

Todos nós, homens e mulheres, adultos e jovens, passamos boa parte da vida tendo de optar entre o certo e o errado, entre o bem e o mal. Na realidade, entre o que consideramos bem e o que consideramos mal. Apesar da longa permanência da questão, o que se considera certo e o que se considera errado muda ao longo da história e ao redor do globo terrestre.

Ainda hoje, em certos lugares, a previsão da pena de morte autoriza o Estado a matar em nome da justiça. Em outras sociedades, o direito à vida é inviolável e nem o Estado nem ninguém tem o direito de tirar a vida alheia. Tempos atrás era tido como legítimo espancarem-se mulheres e crianças, escravizarem-se povos. Hoje em dia, embora ainda se saiba de casos de espancamento de mulheres e crianças, de trabalho escravo, esses comportamentos são publicamente condenados na maior parte do mundo.

Mas a opção entre o certo e o errado não se coloca apenas na esfera de temas polêmicos que atraem os holofotes da mídia. Muitas e muitas vezes é na solidão da consciência de cada um de nós, homens e mulheres, pequenos e grandes, que certo e errado se enfrentam.

E a ética é o domínio desse enfrentamento.

LAJOLO, Marisa. Entre o bem e o mal. *In*: **Histórias sobre a ética**. 5. ed. São Paulo: Ática, 2008 (Adaptado).

103. **(CESPE – 2013 – PRF – POLICIAL RODOVIÁRIO FEDERAL)** O trecho "Tempos atrás era tido como legítimo espancarem-se mulheres e crianças, escravizarem-se povos" poderia ser corretamente reescrito da seguinte forma: Há tempos, considerava-se legítimo que se espancassem mulheres e crianças, que se escravizassem povos.

Certo ( )   Errado ( )

A única troca que ocorreu na questão foi a retirada dos verbos que estavam reduzidos sob a forma de infinitivo (espancarem-se e escravizarem-se) para o formato de orações desen-volvidas. Podemos entender da seguinte maneira:

Era tido como legítimo isso (espancarem-se mulheres e crianças) e isso (escravizarem-se povos).

Trecho modificado pode ser entendido assim: *Considerava-se legítimo isso (que se espan-cassem mulheres e crianças) e isso (que se escravizassem povos).*

GABARITO: CERTO.

104. **(CESPE – 2013 – PRF – POLICIAL RODOVIÁRIO FEDERAL)** Dado o fato de que nem equivale a e não, a supressão da conjunção "e" empregada logo após "inviolável", na linha 10, manteria a correção gramatical do texto.

Certo ( )   Errado ( )

A questão afirma que poderia ser retirada a conjunção "e" com a manutenção da correção gramatical. Essa conjunção, na verdade, une a oração anterior à oração coordenada sindética alternativa ("nem o Estado nem ninguém tem o direito de tirar a vida alheia."). A retirada da conjunção faz com que a oração fique sem sentido, exigindo, então, uma vírgula antes do primeiro "nem", para indicar separação entre as orações.

GABARITO: ERRADO.

LÍNGUA PORTUGUESA

105. **(CESPE – 2013 – PRF – POLICIAL RODOVIÁRIO FEDERAL)** SEM prejuízo para o sentido original do texto, o trecho "esses comportamentos são publicamente condenados na maior parte do mundo" poderia ser corretamente reescrito da seguinte forma: publicamente, esses comportamentos consideram-se condenados em quase todo o mundo.

Certo ( )   Errado ( )

A nova possibilidade de escrita apresenta erro quanto ao sentido do texto. O advérbio "publicamente" altera o sentido do termo "condenados", pois mostra a forma como eles serão condenados, ou seja, serão condenados de forma pública, para que o público veja. Na reescrita, o "publicamente" aparece isolado, o que mostra que independentemente do ato, todos os tipos de comportamentos são voltados para o público, o que não tem relação com o texto. Além disso, podemos observar erro em relação ao verbo. No trecho original, não se consegue definir o sujeito da oração, mas constata-se que se trata de uma oração na voz passiva, pois os comportamentos serão condenados por "alguém". Na nova proposta, o uso do verbo seguido do pronome "se" como um verbo reflexivo, isto é, os comportamentos têm a ação de se considerarem condenados, o que não corresponde ao original.

GABARITO: ERRADO.

106. **(CESPE – 2013 – PRF – POLICIAL RODOVIÁRIO FEDERAL)** No trecho "o que consideramos bem" (linhas 3-4), o vocábulo "que" classifica-se como pronome e exerce a função de complemento da forma verbal "consideramos".

Certo ( )   Errado ( )

O pronome relativo retoma o termo anterior que, neste caso, é o termo "o". É importante analisarmos o verbo, pois podemos perceber que ele é transitivo direto, ou seja, exige complemento sem preposição. O complemento do verbo é o termo "o". O termo "bem" é predicativo do objeto direto, no caso, o próprio "o".

GABARITO: CERTO.

107. **(CESPE – 2018 – PC/SE – DELEGADO DE POLÍCIA)**

A existência da polícia se justifica pela imprescindibilidade dessa agência de segurança para a viabilidade do poder de coerção estatal. Em outras palavras, como atestam clássicos do pensamento político, a sua ausência culminaria na impossibilidade de manutenção de relações pacificadas. Devido a seu protagonismo e sua importância na organização e garantia da reprodução das normas legais, o Estado democrático não pode abdicar dessa instituição.

Para que a atuação policial ocorra dentro dos parâmetros democráticos, é essencial que haja a implementação de um modelo de policiamento que corresponda aos preceitos constitucionais, promovendo-se o equilíbrio entre os pressupostos de liberdade e segurança.

No que tange às organizações policiais, falar em participação na segurança pública envolve, necessariamente, a discussão sobre o desenvolvimento do policiamento comunitário, o único modelo de policiamento que define a participação social como um de seus componentes centrais. Para analisar essa participação, é preciso verificar se a ação promovida pelo modelo de policiamento comunitário é efetiva como ferramenta de controle social legítimo da atividade policial e se ela produz uma participação equânime.

JUNIOR, Almir de Oliveira (org.). **Instituições participativas no âmbito da segurança pública**: programas impulsionados por instituições policiais. Rio de Janeiro: IPEA, 2016, p. 13 (Adaptado).

A correção gramatical e os sentidos do texto serão preservados caso se reescreva o último período do texto da seguinte forma: Para analisar essa participação, é preciso verificar se ela funciona como controle social legítimo da atividade policial e se acaso ela produz uma participação equânime.

Certo ( )   Errado ( )

Os sentidos do texto não seriam preservados. O pronome "ela" está retomando "a participação", e não mais "a ação promovida pelo modelo de policiamento comunitário". Na passagem original, "a ação promovida pelo modelo de policiamento comunitário" precisa ser verificada. Na reescritura, ela (a participação social) precisa ser verificada.

GABARITO: ERRADO.

108. **(CESPE – 2018 – PC/SE – DELEGADO DE POLÍCIA)** Acerca dos sentidos e de aspectos linguísticos do texto precedente, julgue o item a seguir.

Trecho de apoio: "A existência da polícia se justifica pela imprescindibilidade dessa agência de segurança para a viabilidade do poder de coerção estatal. Em outras palavras, como atestam clássicos do pensamento político, a sua ausência culminaria na impossibilidade de manutenção de relações pacificadas. Devido a seu protagonismo e sua importância na organização e garantia da reprodução das normas legais, o Estado democrático não pode abdicar dessa instituição."

A expressão "a polícia" presente em "da polícia" é retomada, ao longo do primeiro parágrafo do texto, por meio das expressões "dessa agência de segurança", "sua", "seu", "sua" e "dessa instituição".

Certo ( )   Errado ( )

A coesão referencial é aquela que cria um sistema de relações entre as palavras e expressões de um texto, permitindo ao leitor identificar os termos a que se referem. Trata-se de um recurso coesivo que ocorre quando um termo ou expressão que já foi citado no texto é retomado por meio de outro termo que o substitui. O que foi mencionado anteriormente é chamado de referente textual. Na passagem destacada, o referente é o termo "a polícia", que é retomado pelas expressões "dessa agência de segurança" (linha 1 e 2), "sua" (linha 3), "seu" (linha 4), "sua" (linha 4) e "dessa instituição" (linha 5).

GABARITO: CERTO.

109. **(CESPE – 2018 – PC/SE – DELEGADO DE POLÍCIA)** No verso "Às vezes é ela quem diz" (v.2), a supressão de "é" e "quem" prejudicaria a coerência do trecho.

Certo ( )   Errado ( )

Não prejudicaria a correção gramatical, porque é uma expressão expletiva (ou de realce). Expressão expletiva é uma locução que serve para realçar um segmento da frase; ela pode ser suprimida sem prejuízo sintático ou semântico. *"Às vezes é ela quem diz"/" Às vezes ela diz".*
GABARITO: ERRADO.

LÍNGUA PORTUGUESA

110. **(CESPE – 2017 – PJC/MT – DELEGADO DE POLÍCIA SUBSTITUTO)** No último parágrafo do texto, a forma pronominal "la", em "apontá-la", retoma

Trecho de apoio: "E, nessa destruição geral das nossas instituições, a maior de todas as ruínas, Senhores, é a ruína da justiça, corroborada pela ação dos homens públicos. E, nesse esboroamento da justiça, a mais grave de todas as ruínas é a falta de penalidade aos criminosos confessos, é a falta de punição quando ocorre um crime de autoria incontroversa, mas ninguém tem coragem de apontá-**la** à opinião pública, de modo que a justiça possa exercer a sua ação saneadora e benfazeja."

a) "a ruína da justiça".

b) "autoria incontroversa".

c) "ação dos homens públicos".

d) "falta de punição".

e) "a mais grave de todas as ruínas".

O pronome oblíquo "la" retoma "autoria incontroversa". Observe o trecho: "é a falta de punição quando ocorre um crime de autoria incontroversa, mas ninguém tem coragem de apontá-la (apontar a autoria incontroversa) à opinião pública".
GABARITO: B.

As perícias médico-legais relacionadas ao fato tanatológico comportam sempre forte impregnação cronológica.

A definição cronológica da morte, isto é, a determinação do momento em que ela ocorreu, é de extrema importância. Em termos jurídicos, é bastante relevante a determinação do momento de ocorrência do êxito letal ou de seu relacionamento com eventos não ligados diretamente a ele — como no caso, por exemplo, dos problemas sucessórios surgidos na comoriência. Também na área do direito penal, sobretudo quando se lida com mortes presumivelmente criminosas, a fixação do momento da morte tem especial importância, pois pode ajudar a esclarecer os fatos e a apontar autorias.

Por outro lado, os progressos da ciência médica têm tornado imperioso que o momento do óbito seja estabelecido com o máximo rigor. De fato, a problemática ligada à separação de partes cadavéricas destinadas a transplantes em vivos exige que sua retirada seja feita em condições de aproveitamento útil, o que impõe, em muitos casos, que esse procedimento seja feito em prazos curtos, iniciados com o momento da morte. É importante, pois, que o médico estabeleça o momento de ocorrência do êxito letal com a maior precisão possível.

Estabelecer o momento da morte é situá-la no tempo e, para situar um acontecimento no tempo, é preciso que se tenha um conceito claro do que seja tempo. Fugindo das conceituações matemáticas ou filosóficas de tempo, pragmaticamente aceitamos a conceituação popular de tempo, isto é, a grandeza que se mede em minutos, horas, dias, meses ou anos. Essa tomada de posição, embora simplista e empírica, é a única que se nos afigura capaz de contribuir para a solução do problema tanatognóstico e, consequentemente, do da conceituação do momento da morte.

Estando a medicina legal a serviço do direito e as conceituações jurídicas estando frequentemente ligadas às noções temporais, compreende-se que se deva esperar da medicina legal uma função cronodiagnóstica. Os critérios cronológicos não se limitam a classificar os fatos em anteriores ou posteriores; vão mais longe. É preciso medir o tempo que separa dois eventos, pois, como afirma Bertrand Russel, só podemos afirmar que conhecemos um fenômeno quando somos capazes de medi-lo, e o conceito de morte está intimamente ligado ao conceito de tempo.

MARLET, José Maria. **Conceitos médico-legal e jurista de morte**. Disponível em: < http://www.revistajustitia.com.br/revistas/37756a.pdf >. Acesso em: 10 dez. 2020. (Adaptado).

111. **(CESPE – 2016 – POLÍCIA CIENTÍFICA/PE – PERITO PAPILOSCOPISTA E AUXILIAR)** No texto a conjunção "pois" (linha22) introduz, no período em que ocorre, uma ideia de
a) conclusão.
b) explicação.
c) causa.
d) finalidade.
e) consequência.

"É importante, pois, que o médico estabeleça o momento de ocorrência do êxito letal com a maior precisão possível." A conjunção "pois" apresenta a semântica de conclusão quando está deslocada na oração, ou seja, a conjunção não inicia a oração. Observe que quem está iniciando a oração é o verbo "ser" na forma "É". A partir desse raciocínio, podemos observar que o "pois" está com o mesmo valor semântico de "portanto", "logo", entre outros conectores conclusivos.

GABARITO: A.

112. **(CESPE – 2016 – POLÍCIA CIENTÍFICA/PE – PERITO PAPILOSCOPISTA E AUXILIAR)** No texto, a partícula "se", em "a grandeza que se mede em minutos, horas, dias, meses ou anos" (linhas 30 e 31), classifica-se como
a) parte integrante de verbo.
b) pronome reflexivo recíproco.
c) pronome apassivador.
d) palavra expletiva.
e) índice de indeterminação do sujeito.

É importante observarmos que o período possui um pronome relativo (*que*) o qual retoma a expressão "grandeza". Para melhor compreensão, colocaremos o substantivo "grandeza" no lugar do pronome relativo, de modo que teremos a seguinte reescrita:

"Mede-se a grandeza...". – Quando aparecer a partícula "se" associada a um verbo transitivo direto (medir) ou a um verbo transitivo direto e indireto, ela será chamada de "pronome apassivador", transformando a oração em voz passiva sintética. Para conferirmos se a construção está mesmo na voz passiva, passaremos o trecho para a voz passiva analítica, ou seja, com a presença do verbo auxiliar (ser), de modo que teremos: "a grandeza é medida".

GABARITO: C.

Ações e limites

Quem nunca ouviu a frase "Conte até dez antes de agir"? Não é comum que se respeite esse conselho, somos tentados a dar livre vasão aos nossos impulsos, mas a recomendação tem sua utilidade: dez segundos são um tempo precioso, podem ser a diferença entre o ato irracional e a prudência, entre o abismo e a ponte para um outro lado. Entre as pessoas, como entre os grupos ou grandes comunidades, pode ser necessário abrir esse momento de reflexão e diplomacia, que antecede e costuma evitar os desastres irreparáveis.

Tudo está em reconhecer os limites, os nossos e os alheios. Desse reconhecimento difícil depende nossa humanidade. Dar a si mesmo e ao outro um tempo mínimo de consideração e análise, antes de irromper em fúria sem volta, é parte do esforço civilizatório que combate

LÍNGUA PORTUGUESA

a barbárie. A racionalidade aceita e convocada para moderar o tumulto passional dificilmente traz algum arrependimento. Cansamo-nos de ouvir: "Eu não sabia o que estava fazendo naquela hora". Pois os dez segundos existem exatamente para nos dar a oportunidade de saber.

O Direito distingue, é verdade, o crime praticado sob "violenta emoção" daquele "friamente premeditado". Há, sim, atenuantes para quem age criminosamente sob o impulso do ódio. Mas melhor seria se não houvesse crime algum, porque alguém se convenceu da importância de contar até dez.

Décio de Arruda Tolentino (inédito)

113. **(CESPE – 2019 – PRF – POLICIAL RODOVIÁRIO FEDERAL)** No que se refere aos sentidos e às construções linguísticas do texto precedente, julgue o item a seguir.

A correção gramatical do texto seria mantida, mas seu sentido seria alterado, caso o trecho "que se infiltra no ambiente no qual dormimos" fosse isolado por vírgulas.

Trecho de apoio: "Nos humanos, o excesso de luz urbana que se infiltra no ambiente no qual dormimos pode reduzir drasticamente os níveis de melatonina, que regula o nosso ciclo de sono-vigília."

Certo ( )   Errado ( )

O trecho destacado é introduzido por um pronome relativo "que" (= a qual). Esse pronome introduz uma oração subordinada adjetiva, que pode ser classificada como explicativa (quando isolada por vírgulas) ou restritiva (quando não isolada por vírgulas). Caso o trecho fosse isolado por vírgulas, deixaria de ter uma ideia restritiva e passaria a ter uma ideia explicativa. A correção gramatical seria mantida, mas o sentido seria alterado.

GABARITO: CERTO.

114. **(CESPE – 2018 – POLÍCIA FEDERAL – AGENTE DE POLÍCIA FEDERAL)** Julgue o seguinte item, relativo aos sentidos e aos aspectos linguísticos do texto.

A supressão da vírgula empregada logo após a palavra "algum" manteria a correção gramatical do texto.

Trecho de apoio: "–Você está enganado. Conheço-o bem. E ambas as coisas. Como poeta e matemático, raciocinaria bem; como mero matemático, não raciocinaria de modo algum, e ficaria, assim, à mercê do delegado."

Certo ( )   Errado ( )

A vírgula empregada antes da conjunção "e" pode ser suprimida porque o sujeito das duas orações é o mesmo.

GABAIRTO: CERTO.

115. **(CESPE – 2018 – POLÍCIA FEDERAL – AGENTE DE POLÍCIA FEDERAL)** Julgue o seguinte item, relativo aos sentidos e aos aspectos linguísticos do texto.

Feitas as devidas alterações de maiúsculas e minúsculas, o ponto e vírgula empregado logo após "bem" poderia ser corretamente substituído por ponto final.

Trecho de apoio: "— Você está enganado. Conheço-o bem. E ambas as coisas. Como poeta e matemático, raciocinaria bem; como mero matemático, não raciocinaria de modo algum, e ficaria, assim, à mercê do delegado."

Certo ( )   Errado ( )

O sinal de ponto e vírgula é empregado quando se deseja dar uma pausa maior que a virgula. Na passagem, o sinal de ponto e vírgula poderia ser substituído por ponto (indicando uma pausa maior) já que o ponto e vírgula está isolando trechos independentes.

GABARITO: CERTO.

116. **(CESPE – 2018 – POLÍCIA FEDERAL – AGENTE DE POLÍCIA FEDERAL)** No que se refere aos sentidos e aos aspectos linguísticos do texto apresentado, julgue o item seguinte.

A inserção de uma vírgula imediatamente após a palavra "Assim" (l.2) alteraria os sentidos do texto.

Trecho de apoio: "Imagine uma operação de busca na selva. Sem mapas, binóculos ou apoio logístico; somente com um facão. Assim eram feitas as operações de combate à pornografia infantil pela Polícia Federal até o dia em que peritos criminais federais desenvolveram, no estado de Mato Grosso do Sul, o Nudetective."

Certo ( )   Errado ( )

No texto, a palavra "assim" é um advérbio e expressa a ideia de modo (= dessa maneira). A inserção da vírgula alteraria o sentido dessa palavra, pois passaria a expressar uma conclusão e passaria a ser classificada como conjunção.

GABARITO: CERTO.

117. **(CESPE – 2018 – POLÍCIA FEDERAL – PAPILOSCOPISTA POLICIAL FEDERAL)** Texto associado.

No que se refere aos aspectos linguísticos do texto 14A15AAA, julgue o item que segue.

No fragmento "Em graus diferentes, todos fazemos parte dessa aventura, todos podemos compartilhar (...)" as vírgulas poderiam ser substituídas por travessões, sem prejuízo gramatical para o texto.

Trecho de apoio: "Em graus diferentes, todos fazemos parte dessa aventura, todos podemos compartilhar o êxtase que surge a cada nova descoberta; se não por intermédio de nossas próprias atividades de pesquisa, ao menos ao estudarmos as ideias daqueles que expandiram e expandem as fronteiras do conhecimento com sua criatividade e coragem intelectual."

Certo ( )   Errado ( )

As vírgulas podem ser substituídas por travessões ou por parênteses quando ambas estiverem fazendo o mesmo papel, ou seja, quando as duas estiverem intercalando termos ou oração. Na passagem, a primeira virgula não exerce a mesma função da segunda, por isso não pode haver a substituição por travessões. A primeira está isolando o adjunto adverbial deslocado "em graus diferentes" A segunda está separando orações coordenadas assindéticas.

GABARITO: ERRADO.

118. **(CESPE – 2018 – POLÍCIA FEDERAL – ESCRIVÃO DE POLÍCIA FEDERAL)** A respeito das ideias e dos aspectos linguísticos do texto 13A1AAA, julgue o próximo item.

Sem prejuízo para o sentido original e a correção gramatical do texto, a oração "se são invocados" poderia ser deslocada para logo após a palavra "crime" (l.31), desde que estivesse isolada por vírgulas.

Trecho de apoio: "Dir-se-ia que não são eles que são julgados; se são invocados, é para explicar os fatos a serem julgados e determinar até que ponto a vontade do réu estava envolvida no crime."

Certo ( )   Errado ( )

Caso a oração fosse deslocada para depois da palavra "crime", não poderia ficar isolada por vírgulas, pois não se emprega vírgula antes de ponto final.

GABARITO: ERRADO.

119. **(CESPE – 2018 – POLÍCIA FEDERAL – ESCRIVÃO DE POLÍCIA FEDERAL)** Com relação às ideias e aos aspectos linguísticos do texto precedente, julgue o item seguinte.

A correção do texto seria mantida se as vírgulas que isolam o trecho "dos grandes escritores romanos e latinos e falado pelas classes romanas mais abastadas" (l. 2 e 3) fossem substituídas por travessões.

Trecho de apoio: "Como se pode imaginar, não foi o latim clássico, dos grandes escritores romanos e latinos e falado pelas classes romanas mais abastadas, que penetrou na Península Ibérica e nos demais espaços conquistados pelo Império Romano."

Certo ( )   Errado ( )

As duas vírgulas estão exercendo o mesmo papel: isolar trecho nominal explicativo. Por isso, ambas podem ser substituídas por travessões ou parênteses.

GABARITO: CERTO.

120. **(CESPE – 2018 – POLÍCIA FEDERAL – PERITO CRIMINAL FEDERAL)** Considerando os sentidos e os aspectos linguísticos do texto CB1A1AAA, bem como o disposto no Manual de Redação da Presidência da República, julgue o item que segue.

Os dois-pontos subsequentes a "técnicas científicas" (l.27) e "relatou" (l.41) foram, ambos, empregados com o objetivo de introduzir um trecho que apresenta um esclarecimento.

Trecho de apoio: "Os programas de investigação criminal de ficção não reproduzem corretamente o que ocorre na vida real quando o assunto são as técnicas científicas: um cientista forense da Universidade de Maryland estima que cerca de 40% do que é mostrado no CSI não existe."

'Esse desencontro entre ficção e realidade pode acarretar consequências bizarras. Em Knoxville, Tennessee, um policial relatou: "Estou com um homem cujo carro foi roubado. Ele viu uma fibra vermelha no banco traseiro e quer que eu descubra de onde ela veio, em que loja foi comprada e qual cartão de crédito foi usado'."

Certo ( )   Errado ( )

O primeiro sinal de dois pontos foi empregado para introduzir um esclarecimento, uma comprovação da ideia anterior; o segundo, para introduzir o discurso direto. Comprova isto o emprego das aspas.

GABARITO: ERRADO.

121. **(CESPE – PC/SE – 2018 – DELEGADO DE POLÍCIA)** Acerca dos sentidos e de aspectos linguísticos do texto precedente, julgue o item a seguir.

A eliminação da vírgula logo após "legais" (l.8) prejudicaria a correção gramatical do texto.

Trecho de apoio: "Devido a seu protagonismo e sua importância na organização e garantia da reprodução das normas legais, o Estado democrático não pode abdicar dessa instituição."

Certo ( )   Errado ( )

A vírgula é obrigatória no período em que se insere porque isola um adjunto adverbial extenso. Sempre que o adjunto adverbial extenso estiver anteposto ao verbo (pode abdicar), a vírgula será obrigatória.

GABARITO: CERTO.

122. **(CESPE – PC/BA – 2018 – DELEGADO DE POLÍCIA)** Considerando as regras de pontuação de acordo com a norma-padrão, assinale a alternativa em que um trecho do texto está corretamente reescrito.

a) Essa potência vem – entre outros aspectos – do tanto que a literatura exige, de nós leitores.

b) Não falo do esforço de compreender um texto nem da atenção, que as histórias e os poemas, exigem de nós. Embora sejam incontornáveis, também.

c) A literatura para além do prazer intelectual (inegável); oferece algo diferente.

d) A resposta está (como já evoquei mais acima) na potência guardada pela ficção, e pela poesia, para disparar a imaginação.

e) Mas afinal o que é, a imaginação? Essa noção tão corriqueira, e sobre a qual refletimos, tão pouco?

A: Essa potência vem – entre outros aspectos – do tanto que a literatura exige, de nós leitores. – A vírgula está separando o verbo de seu complemento.

B: Não falo do esforço de compreender um texto nem da atenção, que as histórias e os poemas, exigem de nós. Embora sejam incontornáveis, também. – A segunda vírgula está separando o sujeito do verbo.

C: A literatura para além do prazer intelectual (inegável); oferece algo diferente. – O sinal de ponto e vírgula está separando sujeito do verbo.

D: A resposta está (como já evoquei mais acima) na potência guardada pela ficção, e pela poesia, para disparar a imaginação. – As vírgulas isolando "e pela poesia" têm a intenção de enfatizar essa passagem.

E: Mas afinal o que é, a imaginação? Essa noção tão corriqueira, e sobre a qual refletimos, tão pouco? – A primeira vírgula está separando o verbo de ligação do predicativo do sujeito.

GABARITO: D.

123. **(CESPE - 2017 - PJC/MT – DELEGADO DE POLÍCIA SUBSTITUTO - ADAPTADA)** A correção e o sentido do texto CG1A1AAA seriam preservados caso se inserisse uma vírgula logo após:

A valorização do direito à vida digna preserva as duas faces do homem: a do indivíduo e a do ser político; a do ser em si e a do ser com o outro. O homem é inteiro em sua dimensão plural e faz-se único em sua condição social. Igual em sua humanidade, o homem desiguala-se, singulariza-se em sua individualidade. O direito é o instrumento da fraternização racional e rigorosa.

O direito à vida é a substância em torno da qual todos os direitos os direitos se conjugam, se desdobram, se somam parar que o sistema fique mais e mais próximo da ideia concretizável de justiça social.

Mais valeria que a vida atravessasse as páginas da Lei Maior a se traduzir em palavras que fossem apenas a revelação da justiça. Quando os descaminhos não conduzirem a isso, competirá ao homem transformar a lei na vida mais digna para que a convivência política seja mais fecunda e humana.

Cármen Lúcia Antunes Rocha. Comentário ao artigo 3º. In: 50 anos de Declaração Universal dos Direitos Humanos 1948-1998: conquistas e desafios. Brasília: OAB, Comissão Nacional de Direitos Humanos, 1998, p. 50-1 (com adaptações).

LÍNGUA PORTUGUESA

a) "Mais".

Trecho de apoio: "Mais valeria que a vida atravessasse as páginas da Lei Maior a se traduzir em palavras que fossem apenas a revelação da justiça."

b) "digna".

c) "homem".

Trecho de apoio: "O homem é inteiro em sua dimensão plural e faz-se único em sua condição social."

d) "Igual".

Trecho de apoio: ""Igual em sua humanidade, o homem desiguala-se, singulariza-se em sua individualidade."

e) "fraternização" (l.6)

Trecho de apoio: "O direito é o instrumento da fraternização racional e rigorosa."

A: "Mais" (l.12). – No trecho, "mais" é um advérbio que modifica o verbo "valeria". O emprego da vírgula acarretaria uma quebra na estrutura da frase, tornando o trecho sem sentido.

B: "digna" (l.15). – A vírgula é opcional, pois está isolando a oração principal da oração subordinada adverbial final (introduzida pela locução conjuntiva "para que"). Tal vírgula só se torna obrigatória quando a oração subordinada adverbial está anteposta à principal.

C: "homem" (l.3). – Não se separa o sujeito (o homem) do verbo (é) com vírgula.

D: "Igual" (l.4). – O emprego da vírgula acarretaria uma incoerência, pois "igual" está atrelado à "em sua humanidade" e fazendo oposição à "o homem se desiguala em sua individualidade", ou seja, ele se iguala na humanidade e se desiguala na individualidade. O emprego da vírgula intercalaria "em sua humanidade" produzindo o seguinte efeito de sentido: "igual o homem se desiguala".

E: "fraternização" (l.6) – Com emprego da vírgula, os termos "racional e rigorosa" passariam a ter caráter explicativo em relação ao termo "fraternização". Sem as vírgulas, possuem caráter restritivo e relação ao termo "fraternização". Funcionam tal qual as orações adjetivas (restritivas e explicativas).

GABARITO: B.

124. **(CESPE – 2017 – PC/GO – DELEGADO DE POLÍCIA SUBSTITUTO)** A correção gramatical e o sentido original do texto CB1A2AAA seriam preservados, se, no trecho 'Quando se trata de crianças e adolescentes, há um agravante, pois, no art. 241 do Estatuto da Criança e do Adolescente, é qualificada como crime grave a divulgação de fotos, gravações ou imagens de crianças ou adolescentes' (l. 11 a 15),

a) fosse inserida uma vírgula imediatamente após a expressão 'crime grave'.

b) a vírgula imediatamente após a expressão 'crianças e adolescentes' fosse eliminada.

c) o trecho 'Quando se trata (...) pois, no art. 241' fosse reescrito da seguinte forma: **Há um agravante, quando se trata de crianças e adolescentes, pois, no artigo 241.**

d) a vírgula imediatamente após o vocábulo 'pois' fosse eliminada.

e) o trecho 'Quando se trata (...) pois, no art. 241' fosse reescrito da seguinte forma: **Há um agravante quando se trata de crianças e adolescentes. Pois, no art. 241.**

A: Fosse inserida uma vírgula imediatamente após a expressão "crime grave". – O trecho depois de "crime grave" exerce a função de sujeito da oração, então não pode ser separado do restante da frase (predicado) com vírgula mesmo estando na ordem inversa.

B: A vírgula imediatamente após a expressão "crianças e adolescentes" fosse eliminada. – A vírgula é obrigatória porque a primeira oração (subordinada adverbial temporal) está anteposta à oração principal.

C: O trecho "Quando se trata (...) pois, no art. 241" fosse reescrito da seguinte forma: **Há um agravante, quando se trata de crianças e adolescentes, pois, no artigo 241.** – A primeira vírgula está sendo empregada para separar a oração principal da oração subordinada adverbial temporal (facultativa); a segunda é obrigatória em razão da conjunção explicativa "pois"; a terceira é obrigatória porque está combinada com a seguinte intercalando o adjunto adverbial "no art. 241 do Estatuto da Criança e do Adolescente".

D: A vírgula imediatamente após o vocábulo "pois" fosse eliminada. – A vírgula é obrigatória antes das conjunções explicativas.

E: O trecho "Quando se trata (...) pois, no art. 241" fosse reescrito da seguinte forma: **Há um agravante quando se trata de crianças e adolescentes. Pois, no art. 241.** – A conjunção "pois" não inicia período.

GABARITO: C.

125. **(CESPE – 2016 – POLÍCIA CIENTÍFICA/PE – PERITO CRIMINAL E MÉDICO – CONHECIMENTOS GERAIS)**

No texto CG1A1AAA, o sinal de dois-pontos empregado logo após 'incontornável' (l.8) introduz:

Trecho de apoio: 'O dilema com que se defronta o mundo é "claro, aterrador e incontornável: poremos fim à espécie humana ou a humanidade renunciará à guerra?"'

a) uma expressão que o autor desejou realçar.

b) uma enumeração.

c) uma citação.

d) um esclarecimento acerca do que foi enunciado anteriormente no período.

e) uma exemplificação.

O sinal de dois-pontos pode introduzir, em geral, uma enumeração, uma citação, uma explicação, um escurecimento, um resumo, um discurso direto. Na passagem destacada, tem a função de introduzir um esclarecimento acerca da afirmação anterior (dilema claro, aterrador e incontornável).

GABARITO: D.

126. **(CESPE – 2016 – POLÍCIA CIENTÍFICA/PE – PERITO PAPILOSCOPISTA E AUXILIAR – CONHECIMENTOS GERAIS)**

As perícias médico-legais relacionadas ao fato tanatológico comportam sempre forte impregnação cronológica.

A definição cronológica da morte, isto é, a determinação do momento em que ela ocorreu, é de extrema importância. Em termos jurídicos, é bastante relevante a determinação do momento de ocorrência do êxito letal ou de seu relacionamento com eventos não ligados diretamente a ele — como no caso, por exemplo, dos problemas sucessórios surgidos na comoriência. Também na área do direito penal, sobretudo quando se lida com mortes presumivelmente criminosas, a

LÍNGUA PORTUGUESA

fixação do momento da morte tem especial importância, pois pode ajudar a esclarecer os fatos e a apontar autorias.

Por outro lado, os progressos da ciência médica têm tornado imperioso que o momento do óbito seja estabelecido com o máximo rigor. De fato, a problemática ligada à separação de partes cadavéricas destinadas a transplantes em vivos exige que sua retirada seja feita em condições de aproveitamento útil, o que impõe, em muitos casos, que esse procedimento seja feito em prazos curtos, iniciados com o momento da morte. É importante, pois, que o médico estabeleça o momento de ocorrência do êxito letal com a maior precisão possível.

Estabelecer o momento da morte é situá-la no tempo e, para situar um acontecimento no tempo, é preciso que se tenha um conceito claro do que seja tempo. Fugindo das conceituações matemáticas ou filosóficas de tempo, pragmaticamente aceitamos a conceituação popular de tempo, isto é, a grandeza que se mede em minutos, horas, dias, meses ou anos. Essa tomada de posição, embora simplista e empírica, é a única que se nos afigura capaz de contribuir para a solução do problema tanatognóstico e, consequentemente, do da conceituação do momento da morte.

Estando a medicina legal a serviço do direito e as conceituações jurídicas estando frequentemente ligadas às noções temporais, compreende-se que se deva esperar da medicina legal uma função cronodiagnóstica. Os critérios cronológicos não se limitam a classificar os fatos em anteriores ou posteriores; vão mais longe. É preciso medir o tempo que separa dois eventos, pois, como afirma Bertrand Russel, só podemos afirmar que conhecemos um fenômeno quando somos capazes de medi-lo, e o conceito de morte está intimamente ligado ao conceito de tempo.

José Maria Marlet. Conceitos médico-legal e jurista de morte. Internet: <www.revistajustitia.com.br> (com adaptações)

Seriam mantidos o sentido original e a correção gramatical do texto caso fosse inserida uma vírgula imediatamente após a palavra

a) "única" (l.32).

b) "classificar" (l.39).

c) "morte" (l.12).

d) "letal" (l.23).

e) "preciso" (l.26).

A: "única" (l.32). – O sentido seria alterado porque a palavra "que" é um pronome relativo e está introduzindo uma oração subordinada adjetiva restritiva. O emprego da vírgula tornaria tal oração explicativa.

B: "classificar" (l.39). – Não se separa o verbo de seu complemento com vírgula.

C: "morte" (l.12). – Não se separa o sujeito do verbo com vírgula.

D: "letal" (l.23). – O emprego da vírgula é facultativo porque o adjunto adverbial não está deslocado.

E: "preciso" (l.26). – Não se separa o sujeito (oracional) do predicado com vírgula. Em outras palavras, não se separa a oração principal da oração subordinada substantiva com vírgula. A palavra "que" é uma conjunção integrante.

GABARITO: D.

127. (CESPE – 2016 – PC/PE – AGENTE DE POLÍCIA)

O crime organizado não é um fenômeno recente.

Encontramos indícios dele nos grandes grupos contrabandistas do antigo regime na Europa, nas atividades dos piratas e corsários e nas grandes redes de receptação da Inglaterra do século XVIII. A diferença dos nossos dias é que as organizações criminosas se tornaram mais precisas, mais profissionais.

Um erro na análise do fenômeno é a suposição de que tudo é crime organizado. Mesmo quando se trata de uma pequena apreensão de crack em um local remoto, alguns órgãos da imprensa falam em crime organizado. Em muitos casos, o varejo do tráfico é um dos crimes mais desorganizados que existe. É praticado por um usuário que compra de alguém umas poucas pedras de crack e fuma a metade. Ele não tem chefe, parceiros, nem capital de giro. Possui apenas a necessidade de suprir o vício. No outro extremo, fica o grande traficante, muitas vezes um indivíduo que nem mesmo vê a droga. Só utiliza seu dinheiro para financiar o tráfico ou seus contatos para facilitar as transações. A organização criminosa envolvida com o tráfico de drogas fica, na maior parte das vezes, entre esses dois extremos. É constituída de pequenos e médios traficantes e uns poucos traficantes de grande porte.

Nas outras atividades criminosas, a situação é a mesma. O crime pode ser praticado por um indivíduo, uma quadrilha ou uma organização. Portanto, não é a modalidade do crime que identifica a existência de crime organizado.

Guaracy Mingardi. Inteligência policial e crime organizado. In: Renato Sérgio de Lima e Liana de Paula (Orgs.). Segurança pública e violência: o Estado está cumprindo seu papel? São Paulo: Contexto, 2006, p. 42 (com adaptações).

No texto CG1A01AAA, isola um trecho de natureza explicativa a vírgula empregada logo após:

a) "traficante" (l.17).

b) "vezes" (l.21).

c) "indivíduo" (l.24).

d) "remoto" (l.10).

e) "casos" (l.12).

A: "traficante" (l.17). – O trecho "muitas vezes um indivíduo que nem mesmo vê a droga" tem a função de explicar a palavra "traficante".

B: "vezes" (l.21). – A vírgula foi empregada para intercalar o adjunto adverbial "na maior parte das vezes".

C: "indivíduo" (l.24). – A vírgula foi empregada para separa elementos com a mesma função sintática (enumeração).

D: "remoto" (l.10). – Separa a oração subordinada adverbial anteposta à principal.

E: "casos" (l.12). – Isolar adjunto adverbial extenso deslocado.

GABARITO: A.

LÍNGUA PORTUGUESA

128. **(CESPE – 2017 – PJC/MT – DELEGADO DE POLÍCIA SUBSTITUTO)** No segundo parágrafo do texto CG1A1CCC, o elemento "se" foi empregado em "rir-se" para indicar

Trecho de apoio: "De tanto ver triunfar as nulidades, de tanto ver prosperar a desonra, de tanto ver crescer a injustiça, de tanto ver agigantarem-se os poderes nas mãos dos maus, o homem chega a desanimar da virtude, a rir-se da honra, a ter vergonha de ser honesto."

a) realce.

b) reciprocidade.

c) apassivação.

d) reflexividade.

e) indefinição.

A: Uma partícula ou expressão expletiva (ou de realce) tem o papel de realçar ou enfatizar um vocábulo ou um segmento da frase. Nunca exerce função sintática e pode ser suprimida da frase sem prejuízo sintático ou semântico. Os pronomes oblíquos átonos ME, TE, SE, NOS, VOS podem exercer esse papel. No contexto, o pronome "se" pode ser suprimido sem comprometer a correção gramatical e o sentido (homem chega a desanimar da virtude, a rir da honra).

B: reciprocidade. – O pronome "se" exercerá esse papel quando os sujeitos praticam e sofrem a ação reciprocamente (eles se olharam – olharam uns aos outros).

C: apassivação. – O pronome "se" exercerá esse papel quando acompanhar verbo transitivo direto ou transitivo direto e indireto; além disso, o sujeito sofrerá a ação (comprou-se a casa foi a casa foi comprada).

D: reflexividade. – O pronome "se" exercerá esse papel quando o sujeito pratica e sofre a ação (ela se feriu com a faca).

E: indefinição. – O pronome "se" exercerá esse papel quando o sujeito estiver indeterminado (precisa-se de funcionários).

GABARITO: A.

129. **(CESPE – 2016 – POLÍCIA CIENTÍFICA/PE – CONHECIMENTOS GERAIS – PERITO PAPILOSCOPISTA E AUXILIAR)** No texto CG1A01AAA, a partícula "se", em "a grandeza que se mede em minutos, horas, dias, meses ou anos" (l. 30 e 31), classifica-se como:

a) parte integrante de verbo.

b) pronome reflexivo recíproco.

c) pronome apassivador.

d) palavra expletiva.

e) índice de indeterminação do sujeito.

A partícula "se" é classificada como partícula apassivadora. Tal partícula exerce esse papel quando acompanha verbo transitivo direto ou transitivo direto e indireto; além disso, o sujeito sofre a ação (a grandeza que é medida em minutos).

A: parte integrante de verbo – Acompanha verbo pronominais.

B: pronome reflexivo recíproco. – O sujeito pratica e sofre a ação.

C: pronome apassivador.

D: palavra expletiva. – Pode ser suprimida da frase sem prejuízo sintático ou semântico.

E: índice de indeterminação do sujeito. Acompanha verbo transitivo indireto, intransitivo ou de ligação.

GABARITO: C.

130. (CESPE – 2016 – PC/PE – AGENTE DE POLÍCIA)

Não são muitas as experiências exitosas de políticas públicas de redução de homicídios no Brasil nos últimos vinte anos, e poucas são aquelas que tiveram continuidade. O Pacto pela Vida, política de segurança pública implantada no estado de Pernambuco em 2007, é identificado como uma política pública exitosa.

O Pacto Pela Vida é um programa do governo do estado de Pernambuco que visa à redução da criminalidade e ao controle da violência. A decisão ou vontade política de eleger a segurança pública como prioridade é o primeiro marco que se deve destacar quando se pensa em recuperar a memória dessa política, sobretudo quando se considera o fato de que o tema da segurança pública, no Brasil, tem sido historicamente negligenciado. Muitas autoridades públicas não só evitam associar-se ao assunto como também o tratam de modo simplista, como uma questão que diz respeito apenas à polícia.

O Pacto pela Vida, entendido como um grande concerto de ações com o objetivo de reduzir a violência e, em especial, os crimes contra a vida, foi apresentado à sociedade no início do mês de maio de 2007. Em seu bojo, foram estabelecidos os principais valores que orientaram a construção da política de segurança, a prioridade do combate aos crimes violentos letais intencionais e a meta de reduzir em 12% ao ano, em Pernambuco, a taxa desses crimes.

Desse modo, definiu-se, no estado, um novo paradigma de segurança pública, que se baseou na consolidação dos valores descritos acima (que estavam em disputa tanto do ponto de vista institucional quanto da sociedade), no estabelecimento de prioridades básicas (como o foco na redução dos crimes contra a vida) e no intenso debate com a sociedade civil. A implementação do Pacto Pela Vida foi responsável pela diminuição de quase 40% dos homicídios no estado entre janeiro de 2007 e junho de 2013.

> José Luiz Ratton *et al*. O Pacto Pela Vida e a redução de homicídios em Pernambuco.
> Rio de Janeiro: Instituto Igarapé, 2014. Internet: <https://igarape.org.br> (com adaptações)

No texto, a partícula "se" foi empregada para indeterminar o sujeito em

a) "se pensa".

b) "se considera".

c) "associar-se".

d) "definiu-se".

e) "se deve destacar".

A: "se pensa" (l.11). – O pronome indeterminador do sujeito acompanha verbo transitivo indireto, intransitivo ou de ligação.

B: "se considera" (l.12). – Partícula apassivadora, pois acompanha verbo transitivo direto (o fato é considerado).

C: "associar-se" (l.15). – Pronome reflexivo – associar a si mesmas.

D: "definiu-se" (l.25). – Partícula apassivadora pois acompanha verbo transitivo direto (um novo paradigma foi definido).

LÍNGUA PORTUGUESA

E: "se deve destacar" (l.11). – Partícula apassivadora pois acompanha verbo transitivo direto (o primeiro marco que deve ser destacado).

GABARITO: A.

131. **(CESPE - 2014 - POLÍCIA FEDERAL - AGENTE ADMINISTRATIVO)** A partícula "se" é empregada para indeterminar o sujeito.

Trecho de apoio: "Do ponto de vista global, notou-se que a quebra da ordem foi provocada em situações diversas e ora tornou mais graves as distorções do direito, ora espalhou a insegurança coletivamente."

    Certo ( ) Errado ( )

Em "..., notou-se que a quebra da ordem...", o termo "se" é pronome apassivador, visto que a oração está na voz passiva pronominal, sendo o sujeito oracional. A partícula apassivadora acompanha verbo transitivo direto ou transitivo direto e indireto. Notou-se que a quebra da ordem / foi notado que a quebra da ordem...

Vale ressaltar que o pronome indeterminador do sujeito acompanha verbo transitivo indireto, intransitivo e de ligação.

GABARITO: ERRADO.

132. **(AUTOR - 2021)** Nos trechos "adicionou-se" e "se diz", a partícula "se" classifica-se como pronome apassivador.

Trecho de apoio: "Depois de uma discussão, adicionou-se um parágrafo em que se diz que, nessa situação, se houver conflito de interesses com os pais, as pacientes receberão auxílio jurídico."

    Certo ( ) Errado ( )

Em "adicionou-se", a partícula "se" é classificada como partícula apassivadora, já que acompanha verbo transitivo direto e é possível a transposição para a voz passiva analítica (adicionou-se um parágrafo = um parágrafo foi adicionado). Em "se diz", a partícula "se" também é apassivadora, pelo mesmo motivo (se diz = é dito ...).

GABARITO: CERTO.

133. **(AUTOR - 2021)** Em "Registram-se 153 ocorrências de crimes eleitorais por todo o Brasil.", o emprego do pronome "se" indica que não existe um agente responsável pela ação de registrar.

    Certo ( ) Errado ( )

Na passagem, a partícula "se" foi empregada para apassivar a ação verbal, ou seja, como partícula apassivadora. Comprova isso a presença de verbo transitivo direto e a possibilidade de transposição para voz passiva analítica (registraram-se = foram registradas 153 ocorrências). Essa partícula é empregada para apassivar o verbo (pôr o verbo na voz passiva sintética) e indeterminar o agente da ação verbal. Então, não se pode afirmar que não existe um agente responsável pela ação de registrar. Esse agente existe, mas não é possível identificar, determinar.

GABARITO: ERRADO.

134. **(AUTOR - 2021)** Revelaram-se novos trechos de conversas telefônicas do jogador Robinho gravadas com autorização judicial. A Corte de Apelação de Milão confirmou a condenação do jogador Robinho e de seu amigo Ricardo Falco pelo crime de violência sexual de grupo contra uma mulher albanesa, em 2013. O tribunal, a segunda instância da Justiça italiana, também referendou a pena de nove anos de prisão. Em um dos trechos divulgados, Robinho aconselha Ricardo Falco a voltar ao Brasil para se livrar da prisão.

A respeito dos aspectos linguísticos do texto, julgue o próximo item.

Nos trechos "revelaram-se" e "se livrar", a partícula "se" recebe classificações distintas.

Certo (   )   Errado (   )

Na primeira ocorrência, a partícula "se" é empregada como partícula apassivadora, pois acompanha verbo transitivo direto e é possível a transposição para a voz passiva analítica (revelaram-se = foram revelados). Na segunda ocorrência, é classificada como parte integrante do verbo, já que o verbo "revelar-se" é pronominal nesse contexto.

GABARITO: CERTO.

135. **(AUTOR - 2021)** Na manhã de sábado passado, Deise Gouveia subia uma via da Fazendinha, comunidade do Complexo do Alemão. Copo de cerveja na mão, tentou se escorar no que supunha parede ou muro, mas era porta entreaberta. Rolou escada abaixo, adentrou a sala simples de Paula, mais de metro abaixo do nível da rua.

A partícula "se", empregada em "se escorar", poderia ser suprimida sem prejudicar o sentido e a correção gramatical, tendo em vista que foi empregada para efeitos de realce.

Certo (   )   Errado (   )

A partícula "se", no trecho, é parte integrante do verbo, pois o verbo "escorar-se" é pronominal. Então, não pode ser suprimido pois acarretaria incorreção gramatical.

GABARITO: ERRADO.

136. **(AUTOR - 2021)** Do alto do morro, vários moradores são vistos compartilhando o pouco que têm.

Sem prejuízo da correção gramatical e do sentido original do texto, o trecho "são vistos" poderia ser substituído por "se veem".

Certo (   )   Errado (   )

A substituição de "são vistos" por "veem-se" não prejudicaria a correção gramatical, mas alteraria o sentido original do texto. Em "vários moradores são vistos", o verbo se encontra na voz passiva, ou seja, o sujeito (vários moradores) sofre a ação verbal. Em "vários moradores se veem", a ideia passa a ser reflexiva, ou seja, o sujeito pratica e sofre a ação.

GABARITO: ERRADO.

137. **(AUTOR - 2021)** No trecho "ele se chegou de mansinho, falando baixinho, pedindo carinho", o elemento "se" foi empregado para indicar

a) realce.

b) reciprocidade.

c) apassivação.

LÍNGUA PORTUGUESA

d) reflexividade.
e) indefinição.

Uma partícula ou expressão expletiva (ou de realce) tem o papel de realçar ou enfatizar um vocábulo ou um segmento da frase. Nunca exerce função sintática e pode ser suprimida da frase sem prejuízo sintático ou semântico. Os pronomes oblíquos átonos ME, TE, SE, NOS, VOS podem exercer esse papel. No contexto, a pronome "se" pode ser suprimido sem comprometer a correção gramatical e o sentido (ele chegou de mansinho).

B: reciprocidade. – o pronome "se" exercerá esse papel quando os sujeitos praticam e sofrem a ação reciprocamente.

C: apassivação. – o pronome "se" exercerá esse papel quando acompanhar verbo transitivo direto ou transitivo direto e indireto; além disso, o sujeito sofrerá a ação.

D: reflexividade. – o pronome "se" exercerá esse papel quando o sujeito pratica e sofre a ação.

E: indefinição. – o pronome "se" exercerá esse papel quando o sujeito estiver indeterminado.

GABARITO: A.

138. **(AUTOR - 2021)**
A onda de polarização que varre as relações, sejam elas particulares ou institucionais, põe em xeque um tema que, por si só, deveria ser unânime: os direitos humanos. Poucas vezes se viram tantas violações, de todos os tipos e em todas as áreas. Ao mesmo tempo, é difícil recordar algum momento em que direitos básicos, como o acesso à saúde ou mesmo a vida, tenham sido tão questionados. Em vez de instrumentalizar garantias, ainda se discute quem faz jus a esse direito.

Rodrigo Berthone

No texto, a partícula "se", em todas as suas ocorrências, foi empregada para indeterminar o sujeito das orações em que ocorre.

Certo ( )   Errado ( )

Em ambas as ocorrências, a partícula "se" foi empregada como partícula apassivadora. Tanto o verbo "viram" quanto o verbo "discute" são transitivos diretos, o que afasta a possibilidade de a partícula "se" ser pronome indeterminador do sujeito como afirma o comentário acima. Também rechaça essa possibilidade a flexão do verbo no plural, pois o pronome indeterminador acompanha, necessariamente, verbo no singular. Se viram tantas violações = foram vistam várias violações / se discute isso = é discutido isso.

GABARITO: ERRADO.

139. **(AUTOR - 2021)** Depois de grandes nomes do futebol mundial, famosos, amigos e familiares, só faltava ela, a bola. O canal argentino TyC Sports divulgou nesta sexta-feira um vídeo emocionante em que a bola "se despede" de Diego Armando Maradona, que faleceu no dia 25 de novembro, aos 60 anos.

No trecho, o pronome "se" indica que o sujeito dessa forma verbal é indeterminado.

Certo ( )   Errado ( )

O sujeito da forma verbal "despe-se" é "bola", então não se pode afirmar que a partícula "se" é pronome indeterminador do sujeito. Tal partícula é classificada como parte integrante do verbo, pois tal verbo, nesse contexto, é pronominal.

GABARITO: ERRADO.

140. **(CESPE - 2018 - POLÍCIA FEDERAL - AGENTE DE POLÍCIA FEDERAL)** Julgue o seguinte item, relativo aos sentidos e aos aspectos linguísticos do trecho.

No trecho "ao procurar alguma coisa que se ache escondida", o pronome "que" exerce a função de complemento da forma verbal "ache".

Certo ( )   Errado ( )

A palavra "que" é pronome relativo e retoma o termo antecedente "coisa". Tal pronome exerce a função sintática de sujeito da forma verbal "ache" (transitivo direto), que está acompanhada da partícula apassivadora "se". Coisa que seja achada escondida.

GABARITO: ERRADO.

141. **(CESPE - 2018 - POLÍCIA FEDERAL - PAPILOSCOPISTA POLICIAL FEDERAL – ADAPTADA)** No que se refere aos aspectos linguísticos do trecho, julgue o item que segue.

Feito o devido ajuste de inicial maiúscula, a locução "É ... que", por ser puramente de realce nesse caso, poderia ser suprimida do trecho "É a persistência do mistério que nos inspira a criar", sem comprometer a clareza nem a correção gramatical do texto.

Certo ( )   Errado ( )

A expressão expletiva (ou de realce) tem o papel de realçar ou enfatizar um vocábulo ou um segmento da frase. Ela nunca exerce função sintática. Pode ser suprimida (retirada) da frase sem prejuízo sintático ou semântico. Veja: "É a persistência do mistério que nos inspira a criar" / "A persistência do mistério nos inspira a criar". A supressão de "é que" não acarreta alteração no sentido nem na estrutura da frase, por isso é classificada como expletiva.

GABARITO: CERTO.

142. **(CESPE - 2013 - PC/DF - ESCRIVÃO DE POLÍCIA)** Julgue os itens que se seguem, relativos às ideias e estruturas linguísticas do texto acima.

"que" é elemento de coesão empregado em referência a "autenticidade [humana]" e "individualidade humana", razão por que a forma verbal "expressam" está flexionada no plural.

Trecho de apoio: "Diversidade é a semente inesgotável da autenticidade e da individualidade humana, que se expressam na subjetividade da liberdade pessoal."

Certo ( )   Errado ( )

A palavra "que", no trecho, é pronome relativo (= as quais). Tal pronome tem a função de retomar o termo antecedente (coesão referencial) e introduzir uma oração subordinada adjetiva (coesão sequencial). Na passagem destacada, está retomando os termos antecedentes "autenticidade" e "individualidade humana", por isso o verbo "expressam" está flexionado no plural. O que se expressa na subjetividade da liberdade pessoal? A autenticidade e a individualidade humana se expressam na subjetividade da liberdade pessoal.

GABARITO: CERTO.

LÍNGUA PORTUGUESA

143. **(AUTOR – 2021)** Dentre as ocorrências da palavra "que", em destaque nos trechos a seguir, todas são classificadas como pronome relativo, EXCETO

a) Ficaram claros os benefícios que são gerados pela vacinação.

b) Pesquisas que demonstrem a importância da vacina para a população serão divulgadas.

c) Foi criada a vacina, que pode ser aplicada em diferentes casos médicos, com grandes melhorias para os pacientes.

d) Ficou comprovado que as pessoas que receberam a vacina ficaram imunes ao vírus.

e) Ficou comprovado que as famílias que receberam a vacina ficaram imunes ao vírus.

A: Ficaram claros os benefícios que são gerados pela vacinação. – pronome relativo (= os quais)

B: Pesquisas que demonstrem a importância da vacina para a população serão divulgadas. – pronome relativo (=as quais)

C: Foi criada a vacina, que pode ser aplicada em diferentes casos médicos, com grandes melhorias para os pacientes. – pronome relativo (=a qual)

D: Ficou comprovado que as pessoas que receberam a vacina ficaram imunes ao vírus. – pronome relativo (=as quais)

E: Ficou comprovado que as famílias que receberam a vacina ficaram imunes ao vírus. – conjunção integrante (= isso). Ficou comprovado isso.

GABARITO: E.

144. **(AUTOR – 2021)** Leia o trecho a seguir:

Foucault, filósofo **que** (1) morreu em 1984, dizia **que** (2) evidências que poderiam ser destruídas se soubéssemos como foram produzidas historicamente.

Os elementos linguísticos 1 e 2

a) pertencem à mesma classe gramatical e introduzem, respectivamente, uma oração subordinada substantiva e uma oração subordinada adjetiva.

b) pertencem à mesma classe gramatical, mas introduzem orações de função sintática distintas.

c) pertencem a classes gramaticais distintas e introduzem, respectivamente, uma oração subordinada adjetiva e uma oração subordinada substantiva.

d) pertencem a classes gramaticais distintas, mas introduzem orações de mesma função sintática.

O primeiro "que" é um pronome relativo e retoma o termo filósofo (=o qual). Tal pronome introduz uma oração subordinada adjetiva. Essas orações exercem função de adjunto adnominal do substantivo antecedente. O segundo "que" é uma conjunção integrante e introduz uma oração subordinada substantiva que exerce, no contexto função sintática de objeto direto. "Foucault dizia isso."

A: pertencem à mesma classe gramatical e introduzem, respectivamente, uma oração subordinada substantiva e uma oração subordinada adjetiva. – errado: classe gramaticais diferentes – pronome relativo (oração subordinada adjetiva) e conjunção integrante (oração subordinada substantiva).

B: pertencem à mesma classe gramatical, mas introduzem orações de função sintática distintas. – errado: classe gramaticais diferentes – pronome relativo (oração subordinada

adjetiva – adjunto adnominal) e conjunção integrante (oração subordinada substantiva objetiva indireta).

C: pertencem a classes gramaticais distintas e introduzem, respectivamente, uma oração subordinada adjetiva e uma oração subordinada substantiva. – certo

D: pertencem a classes gramaticais distintas, mas introduzem orações de mesma função sintática. errado: classe gramaticais diferentes – pronome relativo (oração subordinada adjetiva – adjunto adnominal) e conjunção integrante (oração subordinada substantiva objetiva indireta).

GABARITO: C.

145. **(AUTOR – 2021)** Assinale a alternativa na qual a palavra "que" não esteja empregada como pronome relativo.

a) O sujeito <u>que</u> foi condenado já tinha muitas passagens pela polícia.

b) Acreditava <u>que</u> não seria condenado a tantos anos de prisão.

c) Ele não entendia o <u>que</u> o juiz o promotor relatava durante o processo.

d) Procurava argumentos <u>que</u> justificassem a atitude cruel.

e) Ele havia matado a amiga <u>que</u> conhecera na adolescência.

A: O sujeito <u>que</u> foi condenado já tinha muitas passagens pela polícia. – pronome relativo (= o qual)

B: Acreditava <u>que</u> não seria condenado a tantos anos de prisão. – conjunção integrante (acreditava nisso).

C: Ele não entendia o <u>que</u> o juiz o promotor relatava durante o processo. – pronome relativo. Ele não entendia aquilo o qual o juiz o promotor relatava durante o processo.

D: Procurava argumentos <u>que</u> justificassem a atitude cruel. – pronome relativo (= os quais)

E: Ele havia matado a amiga <u>que</u> conhecera na adolescência. – pronome relativo (=a qual).

GABARITO: B.

146. **(AUTOR – 2021)** Ele está vendo, neste momento, mais máscara para pessoas <u>que</u> estão indo viajar ou indo para aeroportos e rodoviárias.

É correto afirmar que a partícula "que" destacada introduz uma:

a) Oração subordinada substantiva objetiva direta.

b) Oração subordinada substantiva completiva nominal.

c) Oração subordinada adjetiva restritiva.

d) Oração subordinada adjetiva explicativa.

A palavra "que" é um pronome relativo, pois pode ser substituída por "as quais". Esse pronome introduz oração subordinada adjetiva, que pode ser restritiva (sem vírgula) ou explicativa (com vírgula). Na passagem, tal oração é adjetiva restritiva, pois não há vírgula antes do pronome relativo.

As orações subordinadas substantivas são introduzidas por conjunção integrante e podem ser substituídas pela palavra "isso".

GABARITO: C.

LÍNGUA PORTUGUESA

147. **(AUTOR– 2021)** Na passagem "Ela que organiza tudo sempre.", é correto afirmar que a partícula "que" destacada exerce função morfológica de:

a) Preposição.

b) Conjunção integrante.

c) Pronome relativo.

d) Substantivo.

e) Partícula expletiva.

A: Preposição. – pode ser substituída por "de" (tenho que fazer / tenho de fazer)

B: Conjunção integrante. – introduz oração subordinada substantiva, que pode ser substituída pela palavra "isso".

C: Pronome relativo. – pode ser substituído por "o qual", "a qual", "os quais", "as quais".

D: Substantivo. – vem precedido de artigo.

E: Partícula expletiva. – pode ser suprimida sem alterar o sentido e a estrutura da frase. "Ela organiza tudo sempre."

GABARITO: E.

148. **(AUTOR – 2021)**

Os médicos estão fazendo a autópsia

Dos desiludidos que se mataram

Que grande coração eles possuiam

Viscéras imensas, tripas sentimentais

E um estômago cheio de poesia.

Carlos Drummond de Andrade

Acerca do poema de Drummond, analise as assertivas a seguir.

I. Nas duas ocorrências, a palavra "que" tem a mesma classificação

II. Na primeira ocorrência, a palavra "que" é pronome relativo.

III. Na primeira ocorrência a palavra "que" exerce função sintática de sujeito.

Assinale a alternativa correta:

a) Somente a I está correta.

b) Somente a II está correta.

c) I e III estão corretas.

d) II e III estão corretas.

e) I, II e III estão corretas.

I: Nas duas ocorrências, a palavra "que" tem a mesma classificação. – o primeiro "que" é pronome relativo (=os quais), o segundo é advérbio que modifica o adjetivo "grande".

II: Na primeira ocorrência, a palavra "que" é pronome relativo. – pronome relativo (=os quais)

III: Na primeira ocorrência a palavra "que" exerce função sintática de sujeito. – certo: o pronome relativo "que" substitui o termo antecedente "desiludidos" e exerce a função de sujeito da forma verbal "mataram".

GABARITO: D.

149. **(AUTOR– 2021)**

Beijo-flor

O beijo é flor no canteiro ou desejo na boca?

Tanto beijo nascendo e colhido na calma do jardim nenhum beijo beijado (como beijar o beijo?) na boca das meninas e é lá que eles estão suspensos invisíveis.

Carlos Drummond de Andrade

No que se refere aos sentidos e às construções linguísticas do texto precedente, julgue o item a seguir.

Por ser puramente de realce, a expressão "é ... que" poderia ser suprimida do trecho "na boca das meninas e é lá que eles estão suspensos invisíveis" sem comprometer a clareza nem a correção gramatical do texto.

Certo ( )   Errado ( )

A expressão "é que" é expletiva e pode ser suprimida do trecho sem prejuízo à correção gramatical e à estrutura morfossintática da frase. Veja: "na boca das meninas e lá eles estão suspensos invisíveis.

GABARITO: CERTO.

150. **(AUTOR– 2021)** Assinale a alternativa na qual o vocábulo "que" exerce função sintática diferente dos demais:

a) Aconselhou os usuários sobre as melhores práticas <u>que</u> agora são comuns nas redes sociais.

b) Ela não é a única influenciadora <u>que</u> ficou desiludida com o que ela chama de "performance" da indústria.

c) Ela não é a única influenciadora que ficou desiludida com o <u>que</u> ela chama de "performance" da indústria.

d) Um tipo de fadiga <u>que</u> afeta não apenas os influenciadores, mas as marcas e os consumidores.

e) Consumidores ficam céticos em relação a muitos dos posts patrocinados <u>que</u> bagunçam seus feeds.

A questão questiona a função sintática do pronome relativo.

A: Aconselhou os usuários sobre as melhores práticas <u>que</u> agora são comuns nas redes sociais. – o pronome relativo exerce a função de sujeito da forma verbal "são". O que são comuns? As melhores práticas. Tal trecho está sendo substituído pelo pronome relativo "que", por isso exerce a função de sujeito.

B: Ela não é a única influenciadora <u>que</u> ficou desiludida com o que ela chama de "performance" da indústria. - o pronome relativo exerce a função de sujeito da forma verbal "ficou". Quem ficou desiludida? A influenciadora. Tal palavra está sendo substituída pelo pronome relativo "que", por isso exerce a função de sujeito.

C: Ela não é a única influenciadora que ficou desiludida com o <u>que</u> ela chama de "performance" da indústria. – o pronome relativo exerce a função sintática de objeto direto da forma verbal "chama". Ela chama "aquilo" (o) de performance. O pronome demonstrativo "o" (aquilo) está sendo substituído pelo pronome relativo "que", por isso exerce a função de objeto direto.

LÍNGUA PORTUGUESA

D: Um tipo de fadiga que afeta não apenas os influenciadores, mas as marcas e os consumidores. - o pronome relativo exerce a função de sujeito da forma verbal "afeta". Quem afeta os influenciadores? A fadiga. Tal palavra está sendo substituída pelo pronome relativo "que", por isso exerce a função de sujeito.

E: Consumidores ficam céticos em relação a muitos dos posts patrocinados que bagunçam seus feeds. - o pronome relativo exerce a função de sujeito da forma verbal "ficou". Quem bagunça seus feeds? Os posts patrocinados. Tal expressão está sendo substituída pelo pronome relativo "que", por isso exerce a função de sujeito.

GABARITO: C.

151. (AUTOR – 2021) Das opções abaixo, uma apresenta um vocábulo "que" destacado com classificação DIFERENTE das demais; assinale-a:

a) Mulher adora que verbalizem seus atributos.
b) Diga que ela é uma mulher inteligente.
c) Mas não pense que já conquistou.
d) Diga que ela cozinha melhor que a sua mãe.
e) Fale que ela tem uma voz que faz você pensar obscenidades.

A: Mulher adora que verbalizem seus atributos. - conjunção integrante: Mulher adora isso.
B: Diga que ela é uma mulher inteligente. - conjunção integrante: Diga isso.
C: Mas não pense que já conquistou. – conjunção integrante: Mas não pense isso.
D: Diga que ela cozinha melhor que a sua mãe. - conjunção integrante: Diga isso.
E: Fale que ela tem uma voz que faz você pensar obscenidades. – pronome relativo: ela tem uma voz a qual faz você pensar obscenidades.

GABARITO: E.

152. (AUTOR– 2021)

Tem gente que esquece que você não precisa diminuir o outro para crescer. Uma pessoa humilde é aquela que não diminui o outro para crescer, há pessoas que são tão arrogantes que elas só conseguem se elevar se ela diminuir a outra pessoa, e há pessoas inteligentes que crescem junto com o outro.

Mario Sergio Cortella

As palavras destacadas na passagem são classificadas, respectivamente, como:

a) Pronome relativo – conjunção integrante – partícula expletiva
b) Conjunção integrante – pronome relativo – conjunção consecutiva
c) Pronome relativo – partícula expletiva – conjunção integrante.
d) Conjunção integrante – pronome relativo – pronome relativo

O primeiro "que" é conjunção integrante, pois introduz uma oração subordinada substantiva, que pode ser substituída por "isso" (esquece isso). O segundo "que" é pronome relativo (=a qual), pois substitui o termo antecedente "aquela" e introduz uma oração subordinada adjetiva. O terceiro "que" é conjunção consecutiva, pois introduz uma oração (adverbial) com ideia de consequência. Confirma esta classifica a presença da palavra "tão" na primeira oração (tão... que, tal... que, tanto... que, tamanho... que).

GABARITO: B.

A vida humana só viceja sob algum tipo de luz, de preferência a do sol, tão óbvia quanto essencial. Somos animais diurnos, por mais que boêmios da pá virada e vampiros em geral discordem dessa afirmativa. Poucas vezes a gente pensa nisso, do mesmo jeito que devem ser poucas as pessoas que acordam se sentindo primatas, mamíferos ou terráqueos, outros rótulos que nos cabem por força da natureza das coisas.

A humanidade continua se aperfeiçoando na arte de afastar as trevas noturnas de todo hábitat humano. Luz soa para muitos como sinônimo de civilização, e pode-se observar do espaço o mapa das desigualdades econômicas mundiais desenhado na banda noturna do planeta. A parcela ocidental do hemisfério norte é, de longe, a mais iluminada.

Dispor de tanta luz assim, porém, tem um custo ambiental muito alto, avisam os cientistas. Nos humanos, o excesso de luz urbana que se infiltra no ambiente no qual dormimos pode reduzir drasticamente os níveis de melatonina, que regula o nosso ciclo de sono-vigília.

Mesmo assim, sinto uma alegria quase infantil quando vejo se acenderem as luzes da cidade. E repito para mim mesmo a pergunta que me faço desde que me conheço por gente: quem é o responsável por acender as luzes da cidade? O mais plausível é imaginar que essa tarefa caiba a sensores fotoelétricos espalhados pelos bairros. Mas e antes dos sensores, como é que se fazia?

Imagino que algum funcionário trepava na antena mais alta no topo do maior arranha-céu e, ao constatar a falência da luz solar, acionava um interruptor, e a cidade toda se iluminava.

Não consigo pensar em um cargo público mais empolgante que o desse homem. Claro que o cargo, se existia, já foi extinto, e o homem da luz já deve ter se transferido para o mundo das trevas eternas.

MORAES, Reinaldo. **Luz! Mais luz**. Disponível em: <https://www.nexojornal.com.br/colunistas/2016/Luz-Mais-luz>. Acesso em: 8 dez. 2020. (Adaptado).

153. **(CESPE – 2019 – PRF – POLICIAL RODOVIÁRIO FEDERAL)** Infere-se do primeiro parágrafo do texto que "boêmios da pá virada e vampiros" diferem biologicamente dos seres humanos em geral, os quais tendem a desempenhar a maior parte de suas atividades durante a manhã e à tarde.

Certo ( )   Errado ( )

O primeiro parágrafo do texto **não** apresenta argumentos baseados em premissas biológicas. O texto menciona que há uma discordância apenas entre os seres humanos e os boêmios da pá virada e vampiros.

GABARITO: ERRADO.

154. **(CESPE – 2019 – PRF – POLICIAL RODOVIÁRIO FEDERAL)** É correto inferir do trecho "o homem da luz já deve ter se transferido para o mundo das trevas eternas" (linhas 34 e 35) que provavelmente o funcionário responsável pelo acionamento da iluminação urbana já morreu.

Certo ( )   Errado ( )

O verbo *inferir* pede que tenha uma dedução a partir do texto. Nesses casos, é importante buscar pistas textuais para chegar à informação proposta. O texto aborda um cargo que **já foi extinto** há muito tempo, o que leva a crer que o funcionário tenha morrido por se tratar de uma ocupação muito antiga. Além disso, há duas figuras que ajudam a chegar a esse entendimento. A metáfora a qual ocorre quando o texto fala que o homem da luz já deve ter se transferido para o mundo das trevas, ou seja, há

LÍNGUA PORTUGUESA

uma linguagem conotativa (sentido figurado), pois não existe a possibilidade dessa transferência dentro de um sentido real. Além dessa, há um eufemismo (figura utilizada para suavizar uma informação) para a morte, pois o mesmo trecho onde está presente a metáfora é uma suavização para a ideia da morte.

GABARITO: CERTO.

Na Idade Média, durante o período feudal, o príncipe era detentor de um poder conhecido como *jus politiae* — direito de polícia —, que designava tudo o que era necessário à boa ordem da sociedade civil sob a autoridade do Estado, em contraposição à boa ordem moral e religiosa, de competência exclusiva da autoridade eclesiástica.

Atualmente, no Brasil, por meio da Constituição Federal de 1988, das leis e de outros atos normativos, é conferida aos cidadãos uma série de direitos, entre os quais os direitos à liberdade e à propriedade, cujo exercício deve ser compatível com o bem-estar social e com as normas de direito público. Para tanto, essas normas especificam limitações administrativas à liberdade e à propriedade, de modo que, a cada restrição de direito individual — expressa ou implícita na norma legal —, corresponde equivalente poder de polícia administrativa à administração pública, para torná-la efetiva e fazê-la obedecida por todos.

Disponível em: <www.ambito-juridico.com.br> (Adaptado).

155. **(CESPE – 2016 – PC/GO - CONHECIMENTOS BÁSICOS – INVESTIGADOR DE POLÍCIA)** De acordo com o texto,

a) poder de polícia refere-se à faculdade de que dispõe a administração pública para tornar efetiva e fazer obedecida cada restrição de direitos e liberdades individuais, em consonância com o bem-estar social.

b) a autoridade administrativa, sob a invocação do poder de polícia, poderá anular as liberdades públicas ou aniquilar os direitos fundamentais do indivíduo previstos na Constituição Federal de 1988.

c) o fato de a Constituição, as leis e outros atos normativos conferirem aos cidadãos os direitos à liberdade e à propriedade pressupõe a existência de direito público subjetivo absoluto no Estado moderno, desde que seja respeitada a boa ordem da sociedade civil.

d) o mecanismo denominado como poder de polícia, usado pela administração pública para deter os abusos no exercício do direito individual, é restrito à atuação da administração no âmbito federal.

e) o denominado *jus politiae* que o príncipe detinha na Idade Média equivale, nos dias atuais, ao poder de polícia conferido à administração pública.

A: *"Para tanto, essas normas especificam limitações administrativas à liberdade e à proprie-dade, de modo que, a cada restrição de direito individual — expressa ou implícita na norma legal —, corresponde equivalente poder de polícia administrativa à administração pública, para torná-la efetiva e fazê-la obedecida por todos."* O trecho do texto evidencia que cabe ao poder de polícia fazer valer as normas que são garantidas na Constituição.

B: A ideia não é usar o poder de polícia para aniquilar os direitos fundamentais do indivíduo, mas fazer com que as garantias sejam respeitadas, garantindo o bem-estar social.

C: Não há existência de direito público subjetivo, ou seja, baseado no homem. Esse direito é baseado na Constituição, de modo que é caracterizado como objetivo.

D: O texto não faz essa restrição em relação ao âmbito federal.

E: Esse trecho evidencia que, na Idade Média, isso era restrito à autoridade eclesiástica, o que apresenta uma diferença significativa em relação aos dias atuais.

GABARITO: A.

As atividades pertinentes ao trabalho relacionam-se intrinsecamente com a satisfação das necessidades dos seres humanos — alimentar-se, proteger-se do frio e do calor, ter o que calçar etc. Estas colocam os homens em uma relação de dependência com a natureza, pois no mundo natural estão os elementos que serão utilizados para atendê-las.

Se prestarmos atenção à nossa volta, perceberemos que quase tudo que vemos existe em razão de atividades do

trabalho humano. Os processos de produção dos objetos que nos cercam movimentam relações diversas entre os indivíduos, assim como a organização do trabalho alterou-se bastante entre diferentes sociedades e momentos da história.

De acordo com o cientista social norte-americano Marshall Sahlins, nas sociedades tribais, o trabalho geralmente não tem a mesma concepção que vigora nas sociedades industrializadas. Naquelas, o trabalho está integrado a outras dimensões da sociabilidade — festas, ritos, artes, mitos etc. —, não representando, assim, um mundo à parte.

Nas sociedades tribais, o trabalho está em tudo, e praticamente todos trabalham. Sahlins propôs que tais sociedades fossem conhecidas como "sociedades de abundância" ou "sociedades do lazer", pelo fato de que nelas a satisfação das necessidades básicas sociais e materiais se dá plenamente.

MELLO, Thiago de. **Trabalho**. Disponível em: <http://educacao.globo.com/sociologia/assunto/conflitos-e-vida-em-socie-dade/trabalho.html>. Acesso em: 8 dez. 2020. (Adaptado).

156. **(CESPE – 2019 – PRF – POLICIAL RODOVIÁRIO FEDERAL)** Conclui-se do texto que, devido à abundância de recursos, nas sociedades tribais os indivíduos não têm necessidade de separar as práticas laborais das outras atividades sociais.

Certo ( )   Errado ( )

A leitura dos dois últimos parágrafos ajuda a caracterizar essa alternativa como incorreta. O autor diz que por conta da não separação do trabalho em relação ao lazer, as sociedades tribais são conhecidas como "sociedades de abundância" ou "sociedades do lazer". A assertiva propõe que devido à abundância de recursos as sociedades são conhecidas por esse nome, o que apresenta erro segundo à proposta original do texto.

"Nas sociedades tribais, o trabalho está em tudo, e praticamente todos trabalham. Sahlins propôs que as sociedades fossem conhecidas como "sociedades de abundância" ou "sociedades do lazer", **pelo fato de que nelas a satisfação das necessidades básicas sociais e materiais se dá plenamente.**"

GABARITO: ERRADO.

O nome é o nosso rosto na multidão de palavras. Delineia os traços da imagem que fazem de nós, embora não do que somos (no íntimo). Alguns escondem seus donos, outros lhes põem nos olhos um azul que não possuem. Raramente coincidem, nome e pessoa. Também há rostos quase idênticos, e os nomes de quem os leva (pela vida afora) são completamente díspares, nenhuma letra se igualando a outra.

LÍNGUA PORTUGUESA

O do autor deste texto é um nome simples, apostólico, advindo do avô. No entanto, o sobrenome, pelo qual passou a ser reconhecido, é incomum. Sonoro, hispânico. Com uma combinação incomum de nome e sobrenome, difícil seria encontrar um homônimo. Mas eis que um surgiu, quando ele andava pelos vinte anos. E continua, ao seu lado, até agora — sombra amiga.

Impossível não existir aqui ou ali alguma confusão entre eles, um episódio obscuro que, logo, viria às claras com a real justificativa: esse não sou eu. Houve o caso da mulher que telefonou para ele, esmagando-o com impropérios por uma crítica feita no jornal pelo outro, sobre um célebre arquiteto, de quem ela era secretária.

CARRASCOZA, João Anzanello. **Homônimo**. *In*: **Diário das Coincidências**. São Paulo: Objetiva, p. 52 (Adaptado).

157. **(CESPE – 2019 – PRF – POLICIAL RODOVIÁRIO FEDERAL)** A afirmação de que alguns nomes põem nos olhos de seus donos "um azul que não possuem" (linhas 4 e 5) contradiz a ideia de que os nomes definem não as qualidades reais de cada um, mas o modo como os outros o veem.

Certo ( )   Errado ( )

O enunciado diz que a afirmação contradiz uma ideia já mostrada no texto.

Alguns escondem seus donos, **outros lhes põem nos olhos um azul que não possuem**. Raramente coincidem, nome e pessoa. Também há rostos quase idênticos, e os nomes de quem os leva (pela vida afora) são completamente díspares, nenhuma letra se igualando a outra.

Podemos observar que não há contradição no que é afirmado no texto. Ao afirmar que o olhos põem um azul que os indivíduos não possuem, ele quer dizer que os nomes apresentam características que não são observadas efetivamente em uma pessoa, o que invalida a alternativa por não contradizer, mas por reafirmar.

GABARITO: ERRADO.

158. **(CESPE – 2019 – PRF – POLICIAL RODOVIÁRIO FEDERAL)** A informação apresentada pela oração "nenhuma letra se igualando a outra" (linhas 7 e 8) é redundante em relação à informação apresentada na oração imediatamente anterior, servindo para reforçar-lhe o sentido.

Certo ( )   Errado ( )

"Também há rostos quase idênticos, e os nomes de quem os leva (pela vida afora) são completamente díspares, nenhuma letra se igualando a outra."

O termo "díspares" significa diferente, ou seja, rostos e nomes são diversos. Depois o autor menciona que nenhuma letra se iguala a outra, repete a mesma ideia sobre diferença, o que caracteriza redundância. O importante é observar que a redundância pode ser benéfica como apresentada no texto, de modo que ela é usada para reforçar uma ideia. Entretanto, esse recurso deve ser evitado em textos dissertativos por ser prejudicial à estrutura.

GABARITO: CERTO.

159. **(CESPE – 2019 – PRF – POLICIAL RODOVIÁRIO FEDERAL)** Infere-se que o autor do texto é espanhol.

Certo ( )   Errado ( )

O termo "inferir" não traz uma informação explícita, de modo que a resposta vai ter subentendida no texto.

"O do autor deste texto é um nome simples, apostólico, advindo do avô. No entanto, o sobrenome, pelo qual passou a ser reconhecido, é incomum. Sonoro, hispânico. Com uma combinação incomum de nome e sobrenome, difícil seria encontrar um homônimo. Mas eis que um surgiu, quando ele andava pelos vinte anos. E continua, ao seu lado, até agora — sombra amiga."

Apesar do texto afirmar que o sobrenome do autor ser hispânico, isso não pode ser atribuído de modo categórico ao autor como o texto faz. Ocorre uma extrapolação ao afirmar que o autor é espanhol.

GABARITO: ERRADO.

Não são muitas as experiências exitosas de políticas públicas de redução de homicídios no Brasil nos últimos vinte anos, e poucas são aquelas que tiveram continuidade. O Pacto pela Vida, política de segurança pública implantada no estado de Pernambuco em 2007, é identificado como uma política pública exitosa.

O Pacto Pela Vida é um programa do governo do estado de Pernambuco que visa à redução da criminalidade e ao controle da violência. A decisão ou vontade política de eleger a segurança pública como prioridade é o primeiro marco que se deve destacar quando se pensa em recuperar a memória dessa política, sobretudo quando se considera o fato de que o tema da segurança pública, no Brasil, tem sido historicamente negligenciado. Muitas autoridades públicas não só evitam associar-se ao assunto como também o tratam de modo simplista, como uma questão que diz respeito apenas à polícia. O Pacto pela Vida, entendido como um grande concerto de ações com o objetivo de reduzir a violência e, em especial, os crimes contra a vida, foi apresentado à sociedade no início do mês de maio de 2007. Em seu bojo, foram estabelecidos os principais valores que orientaram a construção da política de segurança, a prioridade do combate aos crimes violentos letais intencionais e a meta de reduzir em 12% ao ano, em Pernambuco, a taxa desses crimes.

Desse modo, definiu-se, no estado, um novo paradigma de segurança pública, que se baseou na consolidação dos valores descritos acima (que estavam em disputa tanto do ponto de vista institucional quanto da sociedade), no estabelecimento de prioridades básicas (como o foco na redução dos crimes contra a vida) e no intenso debate com a sociedade civil. A implementação do Pacto Pela Vida foi responsável pela diminuição de quase 40% dos homicídios no estado entre janeiro de 2007 e junho de 2013.

RATTON, José Luiz *et al*. **O pacto pela vida e a redução de homicídios em Pernambuco**. Rio de Janeiro: Instituto Igarapé, 2014. Disponível em: <https://igarape.org.br> (Adaptado).

160. **(CESPE – 2016 – PC/PE - CONHECIMENTOS GERAIS – INVESTIGADOR DE POLÍCIA)** O Pacto pela Vida é caracterizado no texto como uma política exitosa porque

a) teve como objetivos a redução da criminalidade e o controle da violência no estado de Pernambuco.

b) tratou a questão da violência como um problema social complexo e inaugurou uma estratégia de contenção desse problema compatível com sua complexidade.

c) definiu, no estado de Pernambuco, um novo paradigma de segurança pública, embasado em uma rede de ações de combate e de repressão à violência.

d) foi fruto de um plano acertado que elegeu a área da segurança pública como prioridade.

e) resultou em uma redução visível no número de crimes contra a vida no estado de Pernambuco.

A: Essa informação é passível de ser inferida, ou seja, deduzida, entretanto, o texto não mostra a comprovação desses fatores como êxito.

B: Essa informação é passível de ser inferida, ou seja, deduzida, entretanto, o texto não mostra a comprovação desses fatores como êxito.

LÍNGUA PORTUGUESA

C: Não há exemplificação, em nenhum momento, de quais foram as ações de combate e de repressão à violência.

D: Essa informação é passível de ser inferida, ou seja, deduzida, entretanto, o texto não mostra a comprovação desses fatores como êxito.

E: Essa informação está explícita no texto e é um fator que comprova o êxito do programa: *"A implementação do Pacto Pela Vida foi responsável pela diminuição de quase 40% dos homicídios no estado entre janeiro de 2007 e junho de 2013"*.

GABARITO: E.

O crime organizado não é um fenômeno recente. Encontramos indícios dele nos grandes grupos contrabandistas do antigo regime na Europa, nas atividades dos piratas e corsários e nas grandes redes de receptação da Inglaterra do século XVIII. A diferença dos nossos dias é que as organizações criminosas se tornaram mais precisas, mais profissionais.

Um erro na análise do fenômeno é a suposição de que tudo é crime organizado. Mesmo quando se trata de uma pequena apreensão de *crack* em um local remoto, alguns órgãos da imprensa falam em crime organizado. Em muitos casos, o varejo do tráfico é um dos crimes mais desorganizados que existe. É praticado por um usuário que compra de alguém umas poucas pedras de *crack* e fuma a metade. Ele não tem chefe, parceiros, nem capital de giro. Possui apenas a necessidade de suprir o vício. No outro extremo, fica o grande traficante, muitas vezes um indivíduo que nem mesmo vê a droga. Só utiliza seu dinheiro para financiar o tráfico ou seus contatos para facilitar as transações. A organização criminosa envolvida com o tráfico de drogas fica, na maior parte das vezes, entre esses dois extremos. É constituída de pequenos e médios traficantes e uns poucos traficantes de grande porte.

Nas outras atividades criminosas, a situação é a mesma. O crime pode ser praticado por um indivíduo, uma quadrilha ou uma organização. Portanto, não é a modalidade do crime que identifica a existência de crime organizado.

MINGARDI, Guaracy. Inteligência policial e crime organizado. *In:* LIMA, Renato Sérgio de e PAULA, Liana de (orgs.). **Segurança pública e violência**: o Estado está cumprindo seu papel? São Paulo: Contexto, 2006, p. 42 (Adaptado).

161. (CESPE – 2016 – PC/PE- CONHECIMENTOS GERAIS – INVESTIGADOR DE POLÍCIA) De acordo com o texto,

a) poucas são as modalidades de crime que podem ser tipificadas como crime organizado.

b) nem sempre o que o senso comum supõe ser crime organizado é de fato crime organizado.

c) há registros da associação de pessoas para o cometimento de crimes desde a Antiguidade.

d) as primeiras organizações criminosas estruturavam-se de modo totalmente impreciso e amador, em comparação com as organizações criminosas da atualidade.

e) o conceito da expressão crime organizado foi distorcido porque a imprensa passou a empregá-la para tratar de qualquer crime que envolva entorpecentes.

A: O texto não afirma o fato de que há poucas modalidades de crime organizado. Ele apenas mostra, por meio de exemplos, como algumas são categorizadas de forma errônea.

B: Essa é a tese do autor presente no texto, ou seja, de que há um equívoco grande no julgamento do que seja realmente um crime organizado. A informação está presente no seguinte trecho: *"Um erro na análise do fenômeno é a suposição de que tudo é crime organizado"*.

C: "Encontramos indícios dele nos grandes grupos contrabandistas do antigo regime na Europa, nas atividades dos piratas e corsários e nas grandes redes de receptação da Inglaterra

80

do século XVIII." Esse trecho evidencia que não há registros, mas **indícios** dessa prática na antiguidade.

D: "A diferença dos nossos dias é que as organizações criminosas se tornaram mais precisas, mais profissionais." O texto não faz qualquer atribuição de juízo de valor às organizações criminosas do passado. Ele apenas diz que as de hoje são mais profissionais.

E: "Um erro na análise do fenômeno é a suposição de que tudo é crime organizado. Mesmo quando se trata de uma pequena apreensão de crack em um local remoto, alguns órgãos da imprensa falam em crime organizado." O erro da alternativa é afirmar que a imprensa passou a ter tal atitude, já que, na verdade, foram **alguns** órgãos da imprensa.

GABARITO: B.

Em julho de 1955, Bertrand Russell e Albert Einstein lançaram um inusitado apelo aos povos do mundo, pedindo-lhes que "pusessem de lado" seus fortes sentimentos a respeito de uma série de questões e se vissem "exclusivamente como membros de uma espécie biológica que traz consigo uma história extraordinária e cujo desaparecimento ninguém pode desejar". O dilema com que se defronta o mundo é "claro, aterrador e incontornável: poremos fim à espécie humana ou a humanidade renunciará à guerra?"

O mundo não renunciou à guerra. Muito pelo contrário. Hoje, a potência mundial hegemônica se dá o direito de fazer a guerra ao seu arbítrio, segundo uma doutrina de "autodefesa antecipada" sem limites conhecidos. Com uma postura essencialmente farisaica, os Estados Unidos da América (EUA) são implacáveis na imposição do direito internacional e de tratados e regras da ordem mundial aos outros países, mas rejeitam-nos como irrelevantes quando se trata de si mesmos — uma prática antiga, levada a limites inauditos pelos governos de Reagan e Bush II.

CHOMSKY, Noam. Estados fracassados: o abuso do poder e o ataque à democracia.
Rio de Janeiro: Bertrand Brasil, 2009 (Adaptado).

162. **(CESPE – 2016 – POLÍCIA CIENTÍFICA/PE – PERITO CRIMINAL E MÉDICO)** De acordo com o texto,

a) os tratados e os acordos mundiais são irrelevantes na busca da superação da prática da guerra.

b) os EUA mostram coerência, pois praticam aquilo que propõem para outras nações.

c) a guerra justifica-se pelo arbítrio das nações e suas doutrinas de "autodefesa antecipada".

d) o descumprimento de regras mundiais passou a ser uma prática adotada pelos EUA a partir dos governos de Reagan e Bush II.

e) a preocupação manifestada no apelo de Bertrand Russell e de Albert Einstein, em meados do século passado, era de cunho supranacional.

A: "Os Estados Unidos da América são implacáveis na imposição do direito internacional e de tratados e regras da ordem mundial aos outros países, **mas rejeitam-nos como irrelevantes** quando se trata de si mesmos...". A ideia de ser irrelevante é atribuída aos tratados quando se trata dos Estados Unidos cumprirem, mas não há uma generalização em relação a eles.

B: "Os Estados Unidos da América são implacáveis na imposição do direito internacional e de tratados e regras da ordem mundial aos outros países, mas rejeitam-nos como irrelevantes quando se trata de si mesmos...". Não há coerência por parte dos Estados Unidos, pois eles impõem, mas não seguem quando a norma recai sobre eles.

C: "Hoje, a potência mundial hegemônica se dá o direito de fazer a guerra ao seu arbítrio, segundo uma doutrina de 13 "autodefesa antecipada". O autor menciona que os Estados Unidos possuem essa atitude e não é um arbítrio das nações.

LÍNGUA PORTUGUESA

D: O texto propõe uma perspectiva para os dois presidentes (Reagan e Bush II) somente. A expressão "a partir dos" evidencia o erro.

E: Supranacional significa para além das fronteiras de uma nação, de modo que é apresentada, no texto, na função de englobar todo o planeta.

GABARITO: E.

Eu tinha muito orgulho daquela espada dourada, não mais de dois centímetros, espetada na gola da camisa do colégio. Na minha turma da quarta série primária, era a única.

Não me lembro que houvesse outras como ela entre os meus colegas da escola. Não do meu candidato. O broche que algumas crianças usavam trazia uma pequena vassoura. E era do "meu" adversário.

Porque aqueles símbolos, diminutos, eram tão fortes, talvez explique o fato de que — até muito tempo depois da tristeza e perplexidade que senti na derrota de Lott diante de Jânio Quadros —, quando pensava naquela que foi a minha "primeira" campanha, eu lembrasse dela, basicamente, como uma eleição na qual minha espada havia sido, inexplicavelmente, derrotada por uma vassoura.

Aquele ano marcaria o despertar do meu interesse pela política.

LAVAREDA, Antônio. **Emoções ocultas e estratégias eleitorais**. Rio de Janeiro: Objetiva, 2009 (Adaptado).

163. **(CESPE – 2016 – POLÍCIA CIENTÍFICA/PE – PERITO CRIMINAL E MÉDICO)** Com relação ao texto CG1A1BBB e às ideias nele presentes, assinale a opção correta.

a) A maioria das crianças do colégio tinha preferência pelo candidato Lott.

b) O texto apresenta características típicas do gênero relato.

c) A vassoura representa, no texto, a candidatura de Lott.

d) O texto é predominantemente argumentativo.

e) No texto, o narrador descreve as emoções que teve ao votar pela primeira vez em eleições oficiais.

A: "O broche que algumas crianças usavam trazia uma pequena vassoura. E era do "meu" adversário." Esse trecho evidencia que o broche com a vassoura fazia referência a Jânio Quadros, candidato que venceu a eleição. Além disso, o autor não observa que não havia outros broches como o dele (espada).

B: O relato pessoal mostra um acontecimento e as informações acerca deste.

C: A vassoura representa Jânio Quadros. Lott era representado pela espada.

D: O texto apresenta características de relato, de modo que não há uma tese defendida, ou seja, não há uma opinião sobre um determinado assunto.

E: O texto não mostra essa informação. É um relato de um fato que ocorreu na quarta-série.

GABARITO: B.

164. **(CESPE – 2018 – PC/SE – DELEGADO DE POLÍCIA)** Com relação aos sentidos e a aspectos linguísticos do texto precedente, julgue o item que se segue.

O Departamento de Atendimento a Grupos Vulneráveis (DAGV) da Polícia Civil de Sergipe atende a um público específico, que frequentemente se torna vítima de diversos tipos de violência. Idosos, homossexuais, mulheres, crianças e adolescentes têm recebido atenção constante no DAGV, onde o atendimento ganha força e se especializa diariamente.

A unidade surgiu como delegacia especializada em setembro de 2004. Agentes e delegados de atendimento a grupos vulneráveis realizam atendimento às vítimas, centralizam procedimentos relativos a crimes contra o público vulnerável registrados em outras delegacias, abrem inquéritos e termos circunstanciados e fazem investigações de queixas.

Predomina no texto a tipologia narrativa, a qual é adequada ao propósito comunicativo de apresentar ao leitor um relato linear e objetivo da história do DAGV desde o seu surgimento até os dias atuais.

Certo ( )   Errado ( )

O texto é predominantemente dissertativo-expositivo, já que a intenção é informar o leitor sobre as atividades do Departamento de Atendimento a Grupos Vulneráveis. Não se pode afirmar que é narrativo, pois é necessária a presença de personagem, enredo, predominância de verbo no pretérito, sequência de ações e acontecimento.

GABARITO: ERRADO.

165.   (CESPE – 2018 – PC/SE – DELEGADO DE POLÍCIA)

O Departamento de Atendimento a Grupos Vulneráveis (DAGV) da Polícia Civil de Sergipe atende a um público específico, que frequentemente se torna vítima de diversos tipos de violência. Idosos, homossexuais, mulheres, crianças e adolescentes têm recebido atenção constante no DAGV, onde o atendimento ganha força e se especializa diariamente.

A unidade surgiu como delegacia especializada em setembro de 2004. Agentes e delegados de atendimento a grupos vulneráveis realizam atendimento às vítimas, centralizam procedimentos relativos a crimes contra o público vulnerável registrados em outras delegacias, abrem inquéritos e termos circunstanciados e fazem investigações de queixas.

De acordo com o segundo período do texto, o DAGV é um espaço destinado a alojar grupos vulneráveis, como idosos, homossexuais, mulheres, crianças e adolescentes, dando-lhes refúgio e proteção constante.

Certo ( )   Errado ( )

De acordo com o segundo período do texto, o DAGV é um espaço destinado ao atendimento a grupos vulneráveis, ou seja, os agentes e delegados "realizam atendimento às vítimas, centralizam procedimentos relativos a crimes contra o público vulnerável registrados em outras delegacias, abrem inquéritos e termos circunstanciados e fazem investigações de queixas." Não é um local para alojar esses grupos nem dar refúgio e proteção constante, e sim para atendimento.

GABARITO: ERRADO.

166.   (CESPE – 2018 – PC/SE – DELEGADO DE POLÍCIA)

(...)

Às vezes eu falo com a vida

Às vezes é ela quem diz

Qual a paz que eu não quero

Conservar para tentar ser feliz

As grades do condomínio

São para trazer proteção

Mas também trazem a dúvida

Se é você que está nessa prisão

LÍNGUA PORTUGUESA

Me abrace e me dê um beijo

Faça um filho comigo

Mas não me deixe sentar

Na poltrona no dia de domingo.

(...)

O RAPPA. Minha Alma (A Paz Que Eu Não Quero). In: Álbum Lado B Lado A. Warner Music Group, 1999 (Adaptado).

No trecho apresentado, a associação de "As grades do condomínio" (linha 5) com as palavras "proteção" (linha 6) e "prisão" (linha 8) remete a uma solução encontrada pelos cidadãos que, para se proteger da violência, se privam de sua liberdade, tornando-se prisioneiros em seus lares.

Certo ( )   Errado ( )

Essas palavras pertencem ao mesmo campo lexical, ou seja, a mesma área do conhecimento: grades, proteção, prisão. Ao mesmo tempo que remetem a proteção dos indivíduos, referem-se também a ideia de prisão (privação da liberdade).

GABARITO: CERTO.

Texto CB1A1AAA

A diferença básica entre as polícias civil e militar é a essência de suas atividades, pois assim desenhou o constituinte original: a Constituição da República Federativa do Brasil de 1988 (CF), em seu art. 144, atribui à polícia federal e às polícias civis dos estados as funções de polícia judiciária — de natureza essencialmente investigatória, com vistas à colheita de provas e, assim, à viabilização do transcorrer da ação penal — e a apuração de infrações penais.

Enquanto a polícia civil descobre, apura, colhe provas de crimes, propiciando a existência do processo criminal e a eventual condenação do delinquente, a polícia militar, fardada, faz o patrulhamento ostensivo, isto é, visível, claro e perceptível pelas ruas. Atua de modo preventivo-repressivo, mas não é seu mister a investigação de crimes. Da mesma forma, não cabe ao delegado de polícia de carreira e a seus agentes sair pelas ruas ostensivamente em patrulhamento. A própria comunidade identifica na farda a polícia repressiva; quando ocorre um crime, em regra, esta é a primeira a ser chamada. Depois, havendo prisão em flagrante, por exemplo, atinge-se a fase de persecução penal, e ocorre o ingresso da polícia civil, cuja identificação não se dá necessariamente pelos trajes usados.

Guilherme de Souza Nucci. Direitos humanos versus segurança pública.
Rio de Janeiro: Forense, 2016, p. 43 (com adaptações).

167. **(CESPE – 2017 – PC/GO – DELEGADO DE POLÍCIA SUBSTITUTO)** O texto CB1A1AAA é predominantemente

a) injuntivo.

b) narrativo.

c) dissertativo.

d) exortativo.

e) descritivo.

Quando falamos em texto dissertativo, não necessariamente faremos referência ao tipo argumentativo da dissertação. O texto dissertativo expositivo ou argumentativo busca defender uma opinião por meio de argumentos que serão usados no convencimento do leitor, e tem a

84

função de transmitir uma informação sobre determinado assunto, ou seja, expõe uma ideia para o leitor. É possível que haja uma insinuação opinativa no texto expositivo, entretanto, o objetivo principal é falar sobre determinado tema.

Injuntivo: texto que traz a predominância de verbos no imperativo (receitas).

Narrativo: texto que mostra um enredo, ou seja, uma história.

Exortativo: é um texto injuntivo com apelo, ou seja, uma convocação.

Descritivo: é o texto que dá características físicas ou psicológicas.

GABARITO: C.

Considerando os sentidos e os aspectos linguísticos do texto CB1A1AAA, bem como o disposto no **Manual de Redação da Presidência da República**, julgue o item que segue.

168. **(CESPE – 2018 – POLÍCIA FEDERAL – PERITO CRIMINAL FEDERAL)** SERIAM mantidos os sentidos originais do trecho "o que ela é capaz, ou não, de realizar" (linha 3), caso a expressão "ou não" fosse deslocada para logo depois da forma verbal "é" — escrevendo-se **o que ela é, ou não, capaz de realizar** — ou para o final do período — escrevendo-se **o que ela é capaz de realizar, ou não**.

Certo ( )   Errado ( )

Precisamos tomar muito cuidado com as expressões que apresentam a semântica da negação dentro das construções de um texto. O enunciado trouxe possibilidades de deslocamento em relação à expressão "ou não", de modo que precisamos analisar cada um para enxergarmos mudança de sentido.

"O que ela é capaz, ou não, de realizar." Observamos que a ideia da negação recai sobre a perspectiva da capacidade. Nesse caso, entendemos que ela pode ou não ser capaz de realizar algo.

"O que ela é, ou não, capaz de realizar." Podemos observar que a ideia da negação continua sobre a perspectiva da capacidade. Logo, entendemos que ela é ou não é capaz de realigar algo.

"O que ela é capaz de realizar, ou não." Nesse exemplo, houve mudança no sentido, pois a ideia da negação recaiu sobre a ação de realizar, ou seja, sabemos que ela é capaz, mas não sabemos se ela irá ou não realizar.

GABARITO: ERRADO.

169. **(CESPE – 2017 – PJC/MT – DELEGADO DE POLÍCIA SUBSTITUTO)**

A injustiça, Senhores, desanima o trabalho, a honestidade, o bem; cresta em flor os espíritos dos moços, semeia no coração das gerações que vêm nascendo a semente da podridão, habitua os homens a não acreditar senão na estrela, na fortuna, no acaso, na loteria da sorte; promove a desonestidade, a venalidade, a relaxação; insufla a cortesania, a baixeza, sob todas as suas formas.

De tanto ver triunfar as nulidades, de tanto ver prosperar a desonra, de tanto ver crescer a injustiça, de tanto ver agigantarem-se os poderes nas mãos dos maus, o homem chega a desanimar da virtude, a rir-se da honra, a ter vergonha de ser honesto. E, nessa destruição geral das nossas instituições, a maior de todas as ruínas, Senhores, é a ruína da justiça, corroborada pela ação dos homens públicos.

LÍNGUA PORTUGUESA

E, nesse esboroamento da justiça, a mais grave de todas as ruínas é a falta de penalidade aos criminosos confessos, é a falta de punição quando ocorre um crime de autoria incontroversa, mas ninguém tem coragem de apontá-la à opinião pública, de modo que a justiça possa exercer a sua ação saneadora e benfazeja.

BARBOSA, Rui. **Obras completas de Rui Barbosa**. vol. XLI. 1914. Disponível em: < http://www.casaruibarbosa.gov.br/rbon-line/obrasCompletas.htm>. Acesso em: 12 dez. 2020. (Adaptado).

No que se refere ao gênero textual, o texto CG1A1CCC classifica-se como

a) resenha.

b) discurso.

c) verbete.

d) notícia.

e) relato histórico.

A: resenha: análise crítica ou informativa de alguma coisa.

B: discurso: o início do texto em que Rui Barbosa se dirige ao público. "A injustiça, Senhores, desanima o trabalho, a honestidade, o bem..."

C: verbete: nota ou comentário que foi registrado em dicionários, glossários e enciclopédias.

D: notícia: informação a respeito de acontecimento.

E: relato histórico: exposição escrita ou oral sobre um acontecimento histórico; narração de um fato histórico.

GABARITO: B.

Muitos acreditam que chegamos à velhice do Estado nacional. Desde 1945, dizem, sua soberania foi ultrapassada pelas redes transnacionais de poder, especialmente as do

capitalismo global e da cultura pós-moderna. Alguns pós-modernistas levam mais longe a argumentação, afirmando que isso põe em risco a certeza e a racionalidade da civilizaçãomoderna, entre cujos esteios principais se insere a noção segura e unidimensional de soberania política absoluta, inserida no conceito de Estado nacional. No coração histórico da sociedade moderna, a Comunidade Europeia (CE) supranacional parece dar especial crédito à tese de que a soberania político-nacional vem fragmentando-se. Ali, tem-se às vezes anunciado a morte efetiva do Estado nacional, embora, para essa visão, uma aposentadoria oportuna talvez fosse a metáfora mais adequada. O cientista político Phillippe Schmitter argumentou que, embora a situação europeia seja singular, seu progresso para além do Estado nacional tem uma pertinência mais genérica, pois "o contexto contemporâneo favorece sistematicamente a transformação dos Estados em *confederatii*, *condominii* ou *federatii*, numa variedade de contextos".

É verdade que a CE vem desenvolvendo novas formas políticas, que trazem à memória algumas formas mais antigas, como lembra o latim usado por Schmitter. Estas nos obrigam a rever nossas ideias do que devem ser os Estados contemporâneos e suas inter-relações. De fato, nos últimos 25 anos, assistimos a reversões neoliberais e transnacionais de alguns poderes de Estados nacionais. No entanto, alguns de seus poderes continuam a crescer. Ao longo desse mesmo período recente, os Estados regularam cada vez mais as esferas privadas íntimas do ciclo de vida e da família. A regulamentação estatal das relações entre homens e mulheres, da violência familiar, do cuidado com os filhos, do aborto e de hábitos pessoais que costumavam ser considerados particulares, como o fumo, continua a crescer. A política estatal de proteção ao consumidor e ao meio ambiente continua a proliferar. Tudo indica que o enfraquecimento do Estado nacional da Europa

Ocidental é ligeiro, desigual e singular. Em partes do mundo menos desenvolvido, alguns aspirantes a Estados nacionais também estão fraquejando, mas por razões diferentes, essencialmente "pré-modernas". Na maior parte do mundo, os Estados nacionais continuam a amadurecer ou, pelo menos, estão tentando fazê-lo. A Europa não é o futuro do mundo. Os Estados do mundo são numerosos e continuam variados, tanto em suas estruturas atuais quanto em suas trajetórias.

MANN, Michael. Estados nacionais na Europa e noutros continentes: diversificar, desenvolver, não morrer. *In*: BALAKRISH-NAN, Gopal. **Um mapa da questão nacional**. Vera Ribeiro (Trad.). Rio de Janeiro: Contraponto, 2000, p. 311-4 (Adaptado).

A natureza jamais vai deixar de nos surpreender. As teorias científicas de hoje, das quais somos justamente orgulhosos, serão consideradas brincadeira de criança por futuras gerações de cientistas. Nossos modelos de hoje certamente serão pobres aproximações para os modelos do futuro. No entanto, o trabalho dos cientistas do futuro seria impossível sem o nosso, assim como o nosso teria sido impossível sem o trabalho de Kepler, Galileu ou Newton. Teorias científicas jamais serão a verdade final: elas irão sempre evoluir e mudar, tornando-se progressivamente mais corretas e eficientes, sem chegar nunca a um estado final de perfeição. Novos fenômenos estranhos, inesperados e imprevisíveis irão sempre desafiar nossa imaginação. Assim como nossos antepassados, estaremos sempre buscando compreender o novo. E, a cada passo dessa busca sem fim, compreenderemos um pouco mais sobre nós mesmos e sobre o mundo a nossa volta.

Em graus diferentes, todos fazemos parte dessa aventura, todos podemos compartilhar o êxtase que surge a cada nova descoberta; se não por intermédio de nossas próprias atividades de pesquisa, ao menos ao estudarmos as ideias daqueles que expandiram e expandem as fronteiras do conhecimento com sua criatividade e coragem intelectual. Nesse sentido, você, eu, Heráclito, Copérnico e Einstein somos todos parceiros da mesma dança, todos dançamos com o Universo. É a persistência do mistério que nos inspira a criar.

GLEISER, Marcelo. **A dança do un**iverso: dos mitos de criação ao Big-Bang. São Paulo: Companhia das Letras, 2006, p. 384-5 (Adaptado).

170. **(CESPE – 2018 – POLÍCIA FEDERAL – PAPILOSCOPISTA)** Da afirmação "Nossos modelos de hoje certamente serão pobres aproximações para os modelos do futuro" (linhas 4 a 6) deduz-se que os modelos científicos de antigamente têm pouca importância para os estudos atuais.

Certo ( )   Errado ( )

É importante observar que os estudos que são possíveis hoje são desenvolvimentos de estudos passados, entretanto, se observarmos uma perspectiva de cem anos atrás, não seria possível inferir, por exemplo, que seria possível pagar uma conta usando o celular. Seguindo esse pensamento, se projetarmos daqui a cem anos, são inimagináveis as coisas que poderão ser feitas com a tecnologia que foi iniciada neste século. A afirmação do texto que comprova esse raciocínio é:

"No entanto, o trabalho dos cientistas **do futuro seria impossível** sem o nosso, assim como o **nosso teria sido impossível** sem o trabalho de Kepler, Galileu ou Newton." A partir desses raciocínios, podemos inferir que a afirmação está errada, pois os estudos de antigamente são fundamentais.

GABARITO: ERRADO.

LÍNGUA PORTUGUESA

171. **(CESPE – 2018 – POLÍCIA FEDERAL – PAPILOSCOPISTA)** Dada a sequência lógica do texto, é correto afirmar que os trechos "Novos fenômenos estranhos, inesperados e imprevisíveis irão sempre desafiar nossa imaginação" (linhas 12 e 13) e "E, a cada passo dessa busca sem fim, compreenderemos um pouco mais sobre nós mesmos e sobre o mundo a nossa volta" (linhas 15 a 17) são usados como argumentos para reforçar a ideia do primeiro período do texto.

Certo ( )   Errado ( )

Por se tratar de um texto argumentativo, é importante observar que há presença de **tese** e **argumentos**. Nesse sentido, é preciso reconhecer a tese e os argumentos utilizados para responder a alternativa.

Tese: "A natureza jamais vai deixar de nos surpreender." É possível identificar esse trecho como tese, pois ele marca a opinião do autor, ou seja, evidencia um posicionamento acerca do assunto abordado.

Os argumentos que confirmam essa tese são:

"Novos fenômenos estranhos, inesperados e imprevisíveis irão sempre desafiar nossa imaginação." Essa passagem demonstra plena concordância com a tese do primeiro período, pois a natureza sempre surpreende.

"E, a cada passo dessa busca sem fim, compreenderemos um pouco mais sobre nós mesmos e sobre o mundo a nossa volta." Vamos repetir a mesma estratégia de utilizar um conector explicativo para observar se há relação entre a tese e o argumento. "A natureza jamais vai deixar de nos surpreender, **porque** e a cada passo dessa busca sem fim, compreenderemos um pouco mais sobre nós mesmos e sobre o mundo a nossa volta." Observe que não há coesão nem coerência da passagem em relação à tese, o que mostra que a assertiva está errada.

GABARITO: ERRADO.

172. **(CESPE – 2018 – POLÍCIA FEDERAL – PAPILOSCOPISTA)** No último parágrafo, o autor inclui a si mesmo, junto com Kepler, Galileu, Newton, Heráclito, Copérnico e Einstein, entre os cientistas que expandiram as fronteiras do conhecimento.

Certo ( )   Errado ( )

"Nesse sentido, você, eu, Heráclito, Copérnico e Einstein somos todos parceiros da mesma dança, todos dançamos com o Universo. É a persistência do mistério que nos inspira a criar." O autor não se coloca de forma única no mesmo nível dos outros cientistas. Ele coloca todos os indivíduos, os quais são capazes de produzir, pois estão observando as mudanças do universo e participando "da mesma dança".

"Em graus diferentes, **todos fazemos parte dessa aventura, todos podemos compartilhar o êxtase que surge a cada nova descoberta**; se não por intermédio de nossas próprias atividades de pesquisa, ao menos ao **estudarmos** as ideias daqueles que expandiram e expandem as fronteiras do conhecimento com sua criatividade e coragem intelectual."

GABARITO: ERRADO.

173. **(CESPE – 2018 – POLÍCIA FEDERAL – PAPILOSCOPISTA)** Para o autor, compreender o novo implica conhecer mais o ser humano e a natureza que o rodeia.

Certo ( )   Errado ( )

"Novos fenômenos estranhos, inesperados e imprevisíveis irão sempre desafiar nossa imaginação. Assim como nossos antepassados, estaremos sempre buscando compreender o novo. E, a cada passo dessa busca sem fim, compreenderemos um pouco mais sobre nós mesmos e sobre o mundo a nossa volta."

Esse trecho evidencia o conhecimento do novo, resulta em um conhecimento maior do indivíduo e do mundo que o rodeia, logo, a alternativa se torna correta.

GABARITO: CERTO.

174. (CESPE – 2018 – POLÍCIA FEDERAL – PAPILOSCOPISTA) Conclui-se do texto que as teorias científicas sempre contribuem para a evolução, mas nem sempre permitem apresentar dados precisos, uma vez que a natureza está em constante estado de transformação.

Certo ( )   Errado ( )

"Teorias científicas jamais serão a verdade final: elas irão sempre evoluir e mudar...". Essa parte do texto evidencia a característica de que as teorias científicas evoluem, de modo que essa evolução acontece de um modo geral.

"tornando-se progressivamente mais corretas e eficientes, sem chegar nunca a um estado final de perfeição." Esse trecho evidencia o caráter não conclusivo das teorias científicas, ou seja, não permitem apresentar dados precisos.

"A natureza jamais vai deixar de nos surpreender."

"Novos fenômenos estranhos, inesperados e imprevisíveis irão sempre desafiar nossa imaginação." Temos o caráter transitório da natureza, isto é, ela sempre está mudando.

GABARITO: CERTO.

O que tanta gente foi fazer do lado de fora do tribunal onde foi julgado um dos mais famosos casais acusados de assassinato no país? Torcer pela justiça, sim: as evidências permitiam uma forte convicção sobre os culpados, muito antes do encerramento das investigações. Contudo, para torcer pela justiça, não era necessário acampar na porta do tribunal, de onde ninguém podia pressionar os jurados. Bastava fazer abaixo-assinados via Internet pela condenação do pai e da madrasta da vítima. O que foram fazer lá, ao vivo? Penso que as pessoas não torceram apenas pela condenação dos principais suspeitos. Torceram também para que a versão que inculpou o pai e a madrasta fosse verdadeira.

O relativo alívio que se sente ao saber que um assassinato se explica a partir do círculo de relações pessoais da vítima talvez tenha duas explicações. Primeiro, a fantasia de que em nossas famílias isso nunca há de acontecer. Em geral temos mais controle sobre nossas relações íntimas que sobre o acaso dos maus encontros que podem nos vitimar em uma cidade grande. Segundo, porque o crime familiar permite o lenitivo da construção de uma narrativa. Se toda morte violenta, ou súbita, nos deixa frente a frente com o real traumático, busca-se a possibilidade de inscrever o acontecido em uma narrativa, ainda que terrível, capaz de produzir sentido para o que não tem tamanho nem nunca terá, o que não tem conserto nem nunca terá, o que não faz sentido.

KHEL, Maria Rita. A morte do sentido. Disponível em: <www.mariaritakehl.psc.br> (Adaptado).

175. (CESPE – 2013 – POLÍCIA FEDERAL – ESCRIVÃO DA POLÍCIA FEDERAL) De natureza indagativa, o texto coteja o comportamento do povo diante de determinados julgamentos. Em relação a uns, o povo se mobiliza ruidosamente; a outros, manifesta completo desinteresse.

Certo ( )   Errado ( )

O texto não apresenta uma natureza indagativa, pois se trata de um texto argumentativo, defendendo uma tese, ou seja, uma opinião. O autor defende um ponto de vista com base

LÍNGUA PORTUGUESA

em uma opinião dele sobre a ação das pessoas que foram até o julgamento. A ideia do texto é não indagar, mas argumentar.

GABARITO: ERRADO.

176. **(CESPE – 2013 – POLÍCIA FEDERAL – ESCRIVÃO DA POLÍCIA FEDERAL)** O trecho "o que não tem tamanho nem nunca terá, o que não tem conserto nem nunca terá, o que não faz sentido" (linhas 24-25) evoca o sentimento de revolta das famílias vítimas de violência urbana.

Certo ( )   Errado ( )

Esse trecho tem relação com as mortes súbitas e violentas. Quando se fala em mortes súbitas e violentas, não há como se medir ou consertar esse fato, não faz sentido um crime violento ou uma morte súbita. A partir desse entendimento, o comentário da questão está equivocado, pois ele relaciona essa ideia a um outro contexto do texto.

GABARITO: ERRADO.

O processo penal moderno, tal como praticado atualmente nos países ocidentais, deixa de centrar-se na finalidade meramente punitiva para centrar-se, antes, na finalidade investigativa. O que se quer dizer é que, abandonado o sistema inquisitório, em que o órgão julgador cuidava também de obter a prova da responsabilidade do acusado (que consistia, a maior parte das vezes, na sua confissão), o que se pretende no sistema acusatório é submeter ao órgão julgador provas suficientes ao esclarecimento da verdade.

Evidentemente, no primeiro sistema, a complexidade do ato decisório haveria de ser bem menor, uma vez que a condenação está atrelada à confissão do acusado. Problemas de consciência não os haveria de ter o julgador pela decisão em si, porque o seu veredito era baseado na contundência probatória do meio de prova "mais importante" — a confissão. Um dos motivos pelos quais se pôs em causa esse sistema foi justamente a questão do controle da obtenção da prova: a confissão, exigida como prova plena para a condenação, era o mais das vezes obtida por meio de coações morais e físicas.

Esse fato revelou a necessidade, para que haja condenação, de se proceder à reconstituição histórica dos fatos, de modo que se investigue o que se passou na verdade e se a prática do ato ilícito pode ser atribuída ao arguido, ou seja, a necessidade de se restabelecer, tanto quanto possível, a verdade dos fatos, para a solução justa do litígio. Sendo esse o fim a que se destina o processo, é mediante a instrução que se busca a mais perfeita representação possível dessa verdade.

NEVES, Getúlio Marcos Pereira. Valoração da prova e livre convicção do juiz. *In*: **Jus Navigandi**, Teresina, ano 9, n.º 401, ago./2004 (Adaptado).

177. **(CESPE – 2013 – POLÍCIA FEDERAL – ESCRIVÃO DA POLÍCIA FEDERAL)** Infere-se do emprego das expressões "tanto quanto possível" (linha 24) e "a mais perfeita representação possível" (linha 27) que a instrução processual nem sempre consegue retratar com absoluta exatidão o que aconteceu na realidade dos fatos.

Certo ( )   Errado ( )

Essas expressões evidenciam que há uma tentativa de se aproximar – **dentro do possível** – do que se aconteceu na realidade dos fatos, entretanto, não, de fato, uma exatidão apresentada pelas instruções processuais e essas expressões evidenciam esse caráter.

GABARITO: CERTO.

178. **(CESPE – 2013 – POLÍCIA FEDERAL – ESCRIVÃO DA POLÍCIA FEDERAL)** Depreende-se do texto que é praticado atualmente, ao menos nos países ocidentais, um método investigativo no qual a contundência probatória da confissão é suficiente para ensejar a condenação do arguido.

Certo ( )   Errado ( )

"Um dos motivos pelos quais se pôs em causa esse sistema foi justamente a questão do controle da obtenção da prova: a confissão, exigida como prova plena para a condenação, era o mais das vezes obtida por meio de coações morais e físicas. Esse fato revelou a necessidade, para que haja condenação, de se proceder à reconstituição histórica dos fatos, de modo que se investigue o que se passou na verdade..." Esse trecho evidencia exatamente o contrário em relação ao que é proposto pela alternativa, ou seja, a confissão não é suficiente para ensejar a condenação, pois ela pode ocorrer sob forte ameaça.

GABARITO: ERRADO.

179. **(CESPE – 2013 – POLÍCIA FEDERAL – ESCRIVÃO DA POLÍCIA FEDERAL)** A argumentação do autor centra-se nessas duas ideias: condenação da imputação da pena baseada na confissão do acusado e valorização da instrução processual na busca de provas suficientes para uma solução justa do litígio.

Certo ( )   Errado ( )

"Um dos motivos pelos quais se pôs em causa esse sistema foi justamente a questão do controle da obtenção da prova: a confissão, exigida como prova plena para a condenação, era o mais das vezes obtida por meio de coações morais e físicas. Esse fato revelou a necessidade, para que haja condenação, de se proceder à reconstituição histórica dos fatos, de modo que se investigue o que se passou na verdade..." A alternativa já inicia com um posicionamento equivocado, pois, no texto, não há uma condenação, visto que a confissão é importante na instrução processual, mas o autor **constata** que essa confissão poderia ser fundamentada com base em coação e, portanto, faz-se necessária a reunião de provas e reconstituições para não prejudicar quem está sendo acusado. Portanto, alternativa errada, pois não há uma **condenação**. O autor **constata**.

GABARITO: ERRADO.

180. **(CESPE – 2018 – PC/SE – DELEGADO DE POLÍCIA)** Com relação aos sentidos e a aspectos linguísticos do texto precedente, julgue o item que se segue.

O Departamento de Atendimento a Grupos Vulneráveis (DAGV) da Polícia Civil de Sergipe atende a um público específico, que frequentemente se torna vítima de diversos tipos de violência. Idosos, homossexuais, mulheres, crianças e adolescentes têm recebido atenção constante no DAGV, onde o atendimento ganha força e se especializa diariamente.

A unidade surgiu como delegacia especializada em setembro de 2004. Agentes e delegados de atendimento a grupos vulneráveis realizam atendimento às vítimas, centralizam procedimentos relativos a crimes contra o público vulnerável registrados em outras delegacias, abrem inquéritos e termos circunstanciados e fazem investigações de queixas.

Internet (com adaptações).

Predomina no texto a tipologia narrativa, a qual é adequada ao propósito comunicativo de apresentar ao leitor um relato linear e objetivo da história do DAGV desde o seu surgimento até os dias atuais.

Certo ( )   Errado ( )

LÍNGUA PORTUGUESA

O texto é predominantemente dissertativo-expositivo, já que a intenção é informar o leitor sobre as atividades do Departamento de Atendimento a Grupos Vulneráveis. Não se pode afirmar que é narrativo, pois, para tal, é necessária a presença de personagem, enredo, predominância de verbo no pretérito, sequência de ações e acontecimento.

GABARITO: ERRADO.

181. **(CESPE – 2018 – POLÍCIA FEDERAL – AGENTE DE POLÍCIA FEDERAL)**

— A polícia parisiense — disse ele — é extremamente hábil à sua maneira. Seus agentes são perseverantes, engenhosos, astutos e perfeitamente versados nos conhecimentos que seus deveres parecem exigir de modo especial. Assim, quando o delegado G... nos contou, pormenorizadamente, a maneira pela qual realizou suas pesquisas no Hotel D..., não tive dúvida de que efetuara uma investigação satisfatória (...) até o ponto a que chegou o seu trabalho.

— Até o ponto a que chegou o seu trabalho? — perguntei.

— Sim — respondeu Dupin. — As medidas adotadas não foram apenas as melhores que poderiam ser tomadas, mas realizadas com absoluta perfeição. Se a carta estivesse depositada dentro do raio de suas investigações, esses rapazes, sem dúvida, a teriam encontrado.

Ri, simplesmente — mas ele parecia haver dito tudo aquilo com a máxima seriedade.

— As medidas, pois — prosseguiu —, eram boas em seu gênero, e foram bem executadas: seu defeito residia em serem inaplicáveis ao caso e ao homem em questão. Um certo conjunto de recursos altamente engenhosos é, para o delegado, uma espécie de leito de Procusto, ao qual procura adaptar à força todos os seus planos. Mas, no caso em apreço, cometeu uma série de erros, por ser demasiado profundo ou demasiado superficial. (...) E, se o delegado e toda a sua corte têm cometido tantos enganos, isso se deve (...) a uma apreciação inexata, ou melhor, a uma não apreciação da inteligência daqueles com quem se metem. Consideram engenhosas apenas as suas próprias ideias e, ao procurar alguma coisa que se ache escondida, não pensam senão nos meios que eles próprios teriam empregado para escondê-la. Estão certos apenas num ponto: naquele em que sua engenhosidade representa fielmente a da massa; mas, quando a astúcia do malfeitor é diferente da deles, o malfeitor, naturalmente, os engana. Isso sempre acontece quando a astúcia deste último está acima da deles e, muito frequentemente, quando está abaixo. Não variam seu sistema de investigação; na melhor das hipóteses, quando são instigados por algum caso insólito, ou por alguma recompensa extraordinária, ampliam ou exageram os seus modos de agir habituais, sem que se afastem, no entanto, de seus princípios. (...) Você compreenderá, agora, o que eu queria dizer ao afirmar que, se a carta roubada tivesse sido escondida dentro do raio de investigação do nosso delegado — ou, em outras palavras, se o princípio inspirador estivesse compreendido nos princípios do delegado —, sua descoberta seria uma questão inteiramente fora de dúvida. Este funcionário, porém, se enganou por completo, e a fonte remota de seu fracasso reside na suposição de que o ministro é um idiota, pois adquiriu renome de poeta. Segundo o delegado, todos os poetas são idiotas — e, neste caso, ele é apenas culpado de uma non distributio medii, ao inferir que todos os poetas são idiotas.

— Mas ele é realmente poeta? — perguntei. — Sei que são dois irmãos, e que ambos adquiriram renome nas letras. O ministro, creio eu, escreveu eruditamente sobre o cálculo diferencial. É um matemático, e não um poeta.

— Você está enganado. Conheço-o bem. E ambas as coisas. Como poeta e matemático, raciocinaria bem; como mero matemático, não raciocinaria de modo algum, e ficaria, assim, à mercê do delegado.

— Você me surpreende — respondi — com essas opiniões, que têm sido desmentidas pela voz do mundo. Naturalmente, não quererá destruir, de um golpe, ideias 64 amadurecidas durante tantos séculos. A razão matemática é há muito considerada como a razão par excellence.

Edgar Allan Poe. A carta roubada. In: *Histórias extraordinárias. Victor Civita, 1981. Tradução de Brenno Silveira e outros*

No que se refere à tipologia e aos sentidos do texto 12A1AAA, julgue o próximo item.

O primeiro parágrafo do texto é predominantemente descritivo, pois apresenta as características da "polícia parisiense".

Certo ( )   Errado ( )

No primeiro parágrafo, afirma-se que a polícia parisiense é hábil. Em seguida, há uma descrição dos agentes ("Seus agentes são perseverantes, engenhosos, astutos e perfeitamente versados nos conhecimentos que seus deveres parecem exigir de modo especial"). Então, não há o predomínio da descrição das características da polícia parisiense. Além disso, para se afirmar que há predomínio, a maior parte do parágrafo deveria ser descritiva, o que também não ocorre. Na outra metade, há uma narração de um fato. Então, não há predomínio de um tipo sobre o outro.

GABARITO: ERRADO.

182. (CESPE – 2017 – PJC/MT – DELEGADO DE POLÍCIA SUBSTITUTO)

A injustiça, Senhores, desanima o trabalho, a honestidade, o bem; cresta em flor os espíritos dos moços, semeia no coração das gerações que vêm nascendo a semente da podridão, habitua os homens a não acreditar senão na estrela, na fortuna, no acaso, na loteria da sorte; promove a desonestidade, a venalidade, a relaxação; insufla a cortesania, a baixeza, sob todas as suas formas.

De tanto ver triunfar as nulidades, de tanto ver prosperar a desonra, de tanto ver crescer a injustiça, de tanto ver agigantarem-se os poderes nas mãos dos maus, o homem chega a desanimar da virtude, a rir-se da honra, a ter vergonha de ser honesto. E, nessa destruição geral das nossas instituições, a maior de todas as ruínas, Senhores, é a ruína da justiça, corroborada pela ação dos homens públicos.

E, nesse esboroamento da justiça, a mais grave de todas as ruínas é a falta de penalidade aos criminosos confessos, é a falta de punição quando ocorre um crime de autoria incontroversa, mas ninguém tem coragem de apontá-la à opinião pública, de modo que a justiça possa exercer a sua ação saneadora e benfazeja.

Rui Barbosa. *Obras completas de Rui Barbosa*. Vol. XLI. 1914. Internet (com adaptações).

No que se refere ao gênero textual, o texto CG1A1CCC classifica-se como:

a) resenha.

b) discurso.

c) verbete.

d) notícia.

e) relato histórico.

A: Resenha. Análise crítica ou informativa de alguma coisa.

B: Discurso. Ilustra isso o início do texto em que Rui Barbosa se dirige ao público. "A injustiça, Senhores, desanima o trabalho, a honestidade, o bem..."

C: Verbete. Nota ou comentário que foi registrado em dicionários, glossários e enciclopédias.

LÍNGUA PORTUGUESA

D: Notícia. – Informação a respeito de acontecimentos.

E: Relato histórico. Exposição escrita ou oral sobre um acontecimento histórico; narração de um fato histórico.

GABARITO: B.

183. **(CESPE – 2017 – PC/GO – DELEGADO DE POLÍCIA SUBSTITUTO)**

Texto CB1A1AAA

A diferença básica entre as polícias civil e militar é a essência de suas atividades, pois assim desenhou o constituinte original: a Constituição da República Federativa do Brasil de 1988 (CF), em seu art. 144, atribui à polícia federal e às polícias civis dos estados as funções de polícia judiciária — de natureza essencialmente investigatória, com vistas à colheita de provas e, assim, à viabilização do transcorrer da ação penal — e a apuração de infrações penais.

Enquanto a polícia civil descobre, apura, colhe provas de crimes, propiciando a existência do processo criminal e a eventual condenação do delinquente, a polícia militar, fardada, faz o patrulhamento ostensivo, isto é, visível, claro e perceptível pelas ruas. Atua de modo preventivo-repressivo, mas não é seu mister a investigação de crimes. Da mesma forma, não cabe ao delegado de polícia de carreira e a seus agentes sair pelas ruas ostensivamente em patrulhamento. A própria comunidade identifica na farda a polícia repressiva; quando ocorre um crime, em regra, esta é a primeira a ser chamada. Depois, havendo prisão em flagrante, por exemplo, atinge-se a fase de persecução penal, e ocorre o ingresso da polícia civil, cuja identificação não se dá necessariamente pelos trajes usados. Guilherme de Souza Nucci. Direitos humanos versus segurança pública. Rio de Janeiro: Forense, 2016, p. 43 (com adaptações).

O texto CB1A1AAA é predominantemente:

a) injuntivo.

b) Narrativo.

c) dissertativo.

d) exortativo.

e) descritivo.

A: injuntivo. – Exprime uma ordem ao interlocutor para executar ou não uma determinada ação (instruções).

B: Narrativo. – Conta uma história.

C: dissertativo. – Discute ideias de modo expositivo ou argumentativo. O texto em análise é dissertativo-expositivo, pois tem a intenção de informar, não de convencer o leitor.

D: exortativo. – Textos exortativos correspondem a um tipo de discurso comportamental com a função de modificar o comportamento dos seus leitores, influenciando-os no sentido de os leitores virem a fazer algo ou a deixarem de fazer algo.

E: descritivo. – Descreve algo, alguém situação, sem sequência cronológica.

GABARITO: C.

184. **(CESPE – 2016 – POLÍCIA CIENTÍFICA/PE – PERITO CRIMINAL E MÉDICO – CONHECIMENTOS GERAIS – ADAPTADA)**

Eu tinha muito orgulho daquela espada dourada, não mais de dois centímetros, espetada na gola da camisa do colégio. Na minha turma da quarta série primária, era a única. Não me lembro que houvesse outras como ela entre os meus colegas da escola. Não do meu candidato. O broche que algumas crianças usavam trazia uma pequena vassoura. E era do "meu" adversário.

Porque aqueles símbolos, diminutos, eram tão fortes, talvez explique o fato de que — até muito tempo depois da tristeza e perplexidade que senti na derrota de Lott diante de Jânio Quadros —, quando pensava naquela que foi a minha "primeira" campanha, eu lembrasse dela, basicamente, como uma eleição na qual minha espada havia sido, inexplicavelmente, derrotada por uma vassoura. Aquele ano marcaria o despertar do meu interesse pela política.

Antônio Lavareda. *Emoções ocultas e estratégias eleitorais. Rio de Janeiro: Objetiva, 2009 (com adaptações)*

Com relação ao texto CG1A1BBB e às ideias nele presentes, julgue o item subsequente.

O texto é predominantemente argumentativo.

Certo ( )   Errado ( )

O relato pessoal é um gênero textual que apresenta uma narração sobre um fato ou acontecimento marcante da vida de uma pessoa. Nesse texto, podem se sentidos as emoções e os sentimentos expressos pelo narrador.

Características

As principais características do relato pessoal são: textos narrados em 1ª pessoa; verbos no presente e em grande parte no pretérito (passado), caráter subjetivo, experiências pessoais, presença de emissor e receptor. Pode-se, então, classificar esse texto como narrativo.

GABARITO: ERRADO.

185. **(CESPE – 2014 – POLÍCIA FEDERAL – AGENTE DE POLÍCIA FEDERAL)**

O tráfico internacional de drogas começou a desenvolver-se em meados da década de 70, tendo tido o seu boom na década de 80. Esse desenvolvimento está estreitamente ligado à crise econômica mundial. O narcotráfico determina as economias dos países produtores de coca e, ao mesmo tempo, favorece principalmente o sistema financeiro mundial. O dinheiro oriundo da droga corresponde à lógica do sistema financeiro, que é eminentemente especulativo. Este necessita, cada vez mais, de capital "livre" para girar, e o tráfico de drogas promove o "aparecimento mágico" desse capital que se acumula de modo rápido e se move velozmente.

A América Latina participa do narcotráfico na qualidade de maior produtora mundial de cocaína, e um de seus países, a Colômbia, detém o controle da maior parte do tráfico internacional. A cocaína gera "dependência" em grupos econômicos e até mesmo nas economias de alguns países, como nos bancos da Flórida, em algumas ilhas do Caribe ou nos principais países produtores — Peru, Bolívia e Colômbia, para citar apenas os casos de maior destaque. Na Bolívia, os lucros com o narcotráfico chegam a US$ 1,5 bilhão contra US$ 2,5 bilhões das exportações legais. Na Colômbia, o narcotráfico gera de US$ 2 a 4 bilhões, enquanto as exportações oficiais geram US$ 5,25 bilhões. Nesses países, a corrupção é generalizada. Os narcotraficantes controlam o governo, as forças armadas, o corpo diplomático e até as unidades encarregadas do combate ao tráfico. Não há setor da sociedade que não tenha ligação com os traficantes e até mesmo a Igreja recebe contribuições destes.

Osvaldo Coggiola. O comércio de drogas hoje. In: *Olho da História, nº 4. Internet: (com adaptações).*

Julgue o próximo item, referente aos sentidos do texto acima.

LÍNGUA PORTUGUESA

O texto, que se classifica como dissertativo, expõe a articulação entre o tráfico internacional de drogas e o sistema financeiro mundial.

Certo ( )   Errado ( )

O texto se classifica como dissertativo (expositivo), pois discute ideias de modo objetivo. A intenção não é convencer o leitor (argumentação), não é relatar um episódio (narração) ou descrever algo (descrição), e sim apresentar uma informação: comércio de drogas.

GABARITO: CERTO.

186. **(CESPE – 2014 – POLÍCIA FEDERAL – AGENTE DE POLÍCIA FEDERAL)**

Imigrantes ilegais, os homens e as mulheres vieram para Prato, na Itália, como parte de snakebodies liderados por snakeheads na Europa. Em outras palavras, fizeram a perigosa viagem da China por trem, caminhão, a pé e por mar como parte de um grupo pequeno, aterrorizado, que confiou seu destino a gangues chinesas que administram as maiores redes de contrabando de gente no mundo. Nos locais em que suas viagens começaram, havia filhos, pais, esposas e outros que dependiam deles para que enviassem dinheiro. No destino, havia paredes cobertas com anúncios de mau gosto de empregos que representavam a esperança de uma vida melhor.

Pedi a um dos homens ao lado da parede que me contasse como tinha sido sua viagem. Ele objetou. Membros do snakebody têm de jurar segredo aos snakeheads que organizam sua viagem. Tive de convencê-lo, concordando em usar um nome falso e camuflar outros aspectos de sua jornada. Depois de uma série de encontros e entrevistas, pelos quais paguei alguma coisa, a história de como Huang chegou a Prato emergiu lentamente.

James Kynge. A China Sacode o Mundo. São Paulo: Globo, 2007 (com adaptações).

O texto é narrativo e autobiográfico, o que se evidencia pelo uso da primeira pessoa do singular no segundo parágrafo, quando é contado um fato acontecido ao narrador.

Certo ( )   Errado ( )

O texto é narrativo, pois relata a ida de imigrantes ilegais para a Itália. Contudo, não se pode afirmar que é autobiográfico, pois o narrador não conta própria história.

GABARITO: ERRADO.

187. **(CESPE – 2018 – POLÍCIA FEDERAL – AGENTE DE POLÍCIA FEDERAL)** Considerando o fragmento de texto apresentado, julgue o seguinte item, de acordo com o disposto no Manual de Redação da Presidência da República (MRPR).

A concisão é uma qualidade da redação oficial que atende ao princípio da economia linguística, segundo o qual se deve reduzir ao mínimo de palavras possível o conteúdo a ser comunicado, evitando-se redundâncias ou trechos inúteis.

Certo ( )   Errado ( )

Segundo o Manual de Redação da Presidência da República, a concisão é antes uma qualidade do que uma característica do texto oficial. Conciso é o texto que consegue transmitir o máximo de informações com o mínimo de palavras. Não se deve, de forma alguma, entendê-la como economia de pensamento, isto é, não se deve eliminar passagens substanciais do texto com o único objetivo de reduzi-lo em tamanho. Trata-se, exclusivamente, de excluir palavras inúteis, redundâncias e passagens que nada acrescentem ao que já foi dito.

GABARITO: CERTO.

188. **(CESPE – 2018 – POLÍCIA FEDERAL – AGENTE DE POLÍCIA FEDERAL)** Considerando o fragmento de texto apresentado, julgue o seguinte item, de acordo com o disposto no Manual de Redação da Presidência da República (MRPR).

Embora estabeleça parâmetros para o uso da língua em redações oficiais, o MRPR rejeita a adoção de um padrão de escrita baseado em uma linguagem administrativa específica, alheia à evolução natural da língua.

Certo ( )   Errado ( )

Segundo o Manual de Redação da Presidência da República, não existe propriamente um padrão oficial de linguagem, o que há é o uso da norma padrão nos atos e nas comunicações oficiais. É claro que haverá preferência pelo uso de determinadas expressões, ou será obedecida certa tradição no emprego das formas sintáticas, mas isso não implica, necessariamente, que se consagre a utilização de uma forma de linguagem burocrática. O jargão burocrático, como todo jargão, deve ser evitado, pois terá sempre sua compreensão limitada.

GABARITO: CERTO.

189. **(CESPE – 2018 – POLÍCIA FEDERAL – AGENTE DE POLÍCIA FEDERAL)** Considerando o fragmento de texto apresentado, julgue o seguinte item, de acordo com o disposto no Manual de Redação da Presidência da República (MRPR).

A redação dos atos normativos deve permitir que cada cidadão, a partir de suas condições próprias de leitura, atribua ao texto legal sua própria interpretação.

Certo ( )   Errado ( )

Segundo o Manual de Redação da Presidência da República, a clareza deve ser a qualidade básica de todo texto oficial. Pode-se definir como claro aquele texto que possibilita imediata compreensão pelo leitor. Não se concebe que um documento oficial ou um ato normativo de qualquer natureza seja redigido de forma obscura, que dificulte ou impossibilite sua compreensão. A transparência é requisito do próprio Estado de Direito: é inaceitável que um texto oficial ou um ato normativo não seja entendido pelos cidadãos. O princípio constitucional da publicidade não se esgota na mera publicação do texto, estendendo-se, ainda, à necessidade de que o texto seja claro. Então, todos os cidadãos devem ter a mesma interpretação do texto legal.

GABARITO: ERRADO.

190. **(CESPE – 2014 – POLÍCIA FEDERAL – AGENTE DE POLÍCIA FEDERAL)** Com referência à adequação da linguagem ao tipo de documento e à adequação do formato do texto ao gênero, julgue o seguinte item.

O fecho "Respeitosamente", por sua formalidade e impessoalidade, pode ser empregado em qualquer tipo de expediente, independentemente do seu subscritor e do seu destinatário.

Certo ( )   Errado ( )

O fecho "respeitosamente" deve ser empregado para autoridades de hierarquia superior a do remetente, inclusive o Presidente da República. Então, deve ser levado em consideração o cargo de quem assina o expediente (subscritor) e do seu destinatário.

GABARITO: ERRADO.

LÍNGUA PORTUGUESA

191. **(CESPE – 2014 – POLÍCIA FEDERAL – AGENTE DE POLÍCIA FEDERAL)** Com referência à adequação da linguagem ao tipo de documento e à adequação do formato do texto ao gênero, julgue o seguinte item. A identificação do signatário em expediente não remetido pelo presidente da República deve ser feita pelo nome e pelo cargo da autoridade expedidora do documento.

Certo ( )   Errado ( )

Excluídas as comunicações assinadas pelo Presidente da República, todas as demais comunicações oficiais devem informar o nome e o cargo.

GABARITO: CERTO.

192. **(CESPE – 2014 – POLÍCIA FEDERAL – AGENTE DE POLÍCIA FEDERAL)** Julgue o item que segue, relativo a aspectos gerais da redação oficial.
As comunicações oficiais podem ser remetidas em nome do serviço público ou da pessoa que ocupa determinado cargo dentro do serviço público.

Certo ( )   Errado ( )

Segundo o Manual de Redação da Presidência da República, no caso da redação oficial, quem comunica é sempre o serviço público (este/esta ou aquele/aquela Ministério, Secretaria, Departamento, Divisão, Serviço, Seção), e não a pessoa que ocupa determinado cargo dentro do serviço público.

GABARITO: ERRADO.

193. **(AUTOR - 2021)** Com base no Manual de Redação da Presidência da República, julgue o próximo item. Entre os documentos oficiais, o e-mail é o que apresenta maior flexibilidade formal, uma vez que, nesse tipo de comunicação, se admite o uso de fechos como "abraços" e "saudações".

Certo ( )   Errado ( )

Conforme o Manual de Redação da Presidência da República, com o uso do e-mail, popularizou-se o uso de abreviações como "Att." e de outros fechos, como "Abraços", "Saudações", que, apesar de amplamente usados, não são fechos oficiais e, portanto, não devem ser utilizados em e-mails profissionais.

GABARITO: ERRADO.

194. **(AUTOR - 2021)** Com base no Manual de Redação da Presidência da República, julgue o próximo item. O correio eletrônico, em algumas situações, aceita uma saudação inicial, um fecho e uma linguagem menos formais.

Certo ( )   Errado ( )

Segundo o Manual de Redação da Presidência da República, o correio eletrônico, em algumas situações, aceita uma saudação inicial e um fecho menos formais. No entanto, a linguagem do texto dos correios eletrônicos deve ser formal, como a que se usaria em qualquer outro documento oficial.

GABARITO: ERRADO.

195. **(AUTOR - 2021)** Com base no Manual de Redação da Presidência da República, julgue o próximo item. O texto de um documento oficial, em casos de encaminhamento de documentos, deve seguir a estrutura padronizada de introdução, desenvolvimento e conclusão.

Certo ( )   Errado ( )

Segundo o Manual de Redação da Presidência da República, nos casos em que não seja usado para encaminhamento de documentos, o expediente deve conter introdução, desenvolvimento e conclusão. Quando forem usados para encaminhamento de documentos, a estrutura é modificada, deve haver introdução e o desenvolvimento só existirá se o autor da comunicação desejar fazer algum comentário a respeito do documento que encaminha.

GABARITO: ERRADO.

196. **(AUTOR - 2021)** Com base no Manual de Redação da Presidência da República, julgue o próximo item.

O MRPR prevê somente dois fechos diferentes para as modalidades de comunicação oficial entre autoridades da administração pública: Respeitosamente, caso o destinatário seja autoridade de hierarquia superior à do remetente; e Atenciosamente, caso o destinatário seja autoridade de mesma hierarquia ou de hierarquia inferior à do remetente. Esses fechos devem ser empregados também nas comunicações dirigidas a autoridades estrangeiras.

Certo ( )   Errado ( )

Segundo o Manual de Redação da Presidência da República, ficam excluídas dessa fórmula as comunicações dirigidas a autoridades estrangeiras que atendam a rito e tradição próprios.

GABARITO: ERRADO.

197. **(AUTOR – 2021)** Com base no Manual de Redação da Presidência da República, julgue o próximo item.

Os documentos oficiais podem ser identificados de acordo com o número de órgãos que enviam e recebem o mesmo expediente: circular (quando mais de um órgão envia o mesmo expediente para mais de um órgão receptor); conjunto (quando mais de um órgão envia, conjuntamente, o mesmo expediente para um único órgão receptor) e conjunto circular (quando mais de um órgão envia, conjuntamente, o mesmo expediente para mais de um órgão receptor).

Certo ( )   Errado ( )

De acordo com o Manual de Redação da Presidência da República, os documentos oficiais podem ser identificados de acordo com algumas possíveis variações:

A: [NOME DO EXPEDIENTE] + CIRCULAR – Quando um órgão envia o mesmo expediente para mais de um órgão receptor.

B: [NOME DO EXPEDIENTE] + CONJUNTO – Quando mais de um órgão envia, conjuntamente, o mesmo expediente para um único órgão receptor.

C: [NOME DO EXPEDIENTE] + CONJUNTO CIRCULAR – Quando mais de um órgão envia, conjuntamente, o mesmo expediente para mais de um órgão receptor.

GABARITO: CERTO.

198. **(AUTOR– 2021)** Com base no Manual de Redação da Presidência da República, julgue o próximo item.

O expediente denominado ofício é apropriado como forma de comunicação entre unidades administrativas de um mesmo órgão ou de órgão diferentes.

Certo ( )   Errado ( )

Ofício é um expediente remetido por Ministros de Estado para autoridades de mesma hierarquia; para e pelas demais autoridades; entre unidades administrativas de um mesmo órgão.

GABARITO: CERTO.

LÍNGUA PORTUGUESA

Por obrigação profissional, vivo metido no meio de pessoas de sucesso, marcadas pela notável superação de limites. Vejo como o brilho provoca a ansiedade do reconhecimento permanente. Aplauso vicia. Arriscando-me a fazer psicologia de botequim, frase de livro de auto-ajuda ou reflexões vulgares da meia-idade, exponho uma desconfiança: o adulto que gosta de brincar e não faz sucesso tem, em contrapartida, a magnífica chance de ser mais feliz, livre do vício do aplauso, mais próximo das coisas simples. O problema é que parece ridículo uma escola informar aos pais que mais importante do que gerar bons profissionais, máquinas de produção, é fazer pessoas felizes por serem o que são e gostarem do que gostam.

DIMENSTEIN, Gilberto. O direito de brincar. *In*: **Folha de S. Paulo**, 2 nov.2001, p. C8 (Adaptado)

199. **(CESPE – 2004 – PRF – POLICIAL RODOVIÁRIO FEDERAL)** A direção argumentativa do texto defende a idéia de que o indivíduo tem chance de ser mais feliz quando persegue e alcança o sucesso, já que supera seus limites e os dos outros.

Certo ( )   Errado ( )

"exponho uma desconfiança: o adulto que gosta de brincar e não faz sucesso tem, em contrapartida, a magnífica chance de ser mais feliz, livre do vício do aplauso, mais próximo das coisas simples." Esse trecho mostra exatamente o contrário em relação à afirmativa da questão. O autor apresenta a linha argumentativa de que quanto mais o ser humano se afasta do vício do aplauso e do sucesso, mais ele tem probabilidades de ser feliz.

GABARITO: ERRADO.

As ações de respeito para com os pedestres — Motorista, ao primeiro sinal do entardecer, acenda os faróis. Procure não usar a meia-luz.

— Não use faróis auxiliares na cidade. — Nas rodovias, use sempre os faróis ligados. Isso evita 50% dos atropelamentos. Seu carro fica mais visível aos pedestres — Sempre, sob chuva ou neblina, use os faróis acesos. — Ao se aproximar de uma faixa de pedestres, reduza a velocidade e preste atenção. O pedestre tem a preferência na passagem. — Motorista, atrás de uma bola vem sempre uma criança. — Nas rodovias, não dê sinal de luz quando verificar um trabalho de radar da polícia. Você estará ajudando um motorista irresponsável, que trafega em alta velocidade, a não ser punido. Esse motorista, não sendo punido hoje, poderá causar uma tragédia no futuro.

— Não estacione nas faixas de pedestres.

Disponível em: <http://www.pedestres.cjb.net>. (Adaptado).

Considerando o texto, julgue o item a seguir.

200. **(CESPE – 2002 – PRF – POLICIAL RODOVIÁRIO FEDERAL)** Embora o vocativo "Motorista" esteja explícito apenas em dois tópicos do texto, o emprego dos tempos verbais indica que está subentendido em todos os demais.

Certo ( )   Errado ( )

É importante observar que o vocativo é utilizado para "chamar" uma pessoa dentro do texto. A questão aborda os tempos verbais, os quais estão no modo imperativo, evidenciando uma ordem que é dada ao motorista (vocativo), ainda que ele não esteja presente.

Motorista, ao primeiro sinal do entardecer, acenda, motorista, os faróis. Procure, **motorista**, não usar a meia-luz.

- Não use**, motorista,** faróis auxiliares na cidade.

GABARITO: CERTO.

100

INFORMÁTICA

JOÃO PAULO COLET ORSO

INFORMÁTICA

1. **(CESPE – 2018 – POLÍCIA FEDERAL – AGENTE DE POLÍCIA FEDERAL)** Marta utiliza uma estação de trabalho que executa o sistema operacional Windows 10 e está conectada à rede local da empresa em que ela trabalha. Ela acessa usualmente os sítios da intranet da empresa e também sítios da internet pública. Após navegar por vários sítios, Marta verificou o histórico de navegação e identificou que um dos sítios acessados com sucesso por meio do protocolo HTTP tinha o endereço 172.20.1.1.

Tendo como referência essa situação hipotética, julgue o item a seguir.

WHOIS é o serviço que permite a consulta direta dos endereços IPv4 dos sítios visitados por Marta, a partir das URLs contidas no seu histórico de navegação.

Certo ( )   Errado ( )

Whois é um serviço que permite identificar a quem pertence um site, é possível utilizar o serviço do próprio Registro.br pelo endereço https://registro.br/tecnologia/ferramentas/whois/. Ao digitar o endereço do site, serão apresentados os seguintes dados, conforme o exemplo para o site do alfaconcursos.com.br, o serviço responsável por identificar qual é o endereço IP do servidor que contém um site informado em uma URL é o serviço de DNS. Contudo, tanto o Whois como o DNS não observarão o histórico do navegador.

Domínio **alfaconcursos.com.br**

TITULAR	JAFAR SISTEMA DE ENSINO E CURSOS LIVRES S/A
DOCUMENTO	15.794.426/0001-31
RESPONSÁVEL	JAVERT GUIMARÃES FALCO
PAÍS	BR
CONTATO DO TITULAR	JSECL
CONTATO TÉCNICO	TEACO16
SERVIDOR DNS	ns-1469.awsdns-55.org ⌄
SERVIDOR DNS	ns-171.awsdns-21.com ⌄
SERVIDOR DNS	ns-1897.awsdns-45.co.uk ⌄
SERVIDOR DNS	ns-530.awsdns-02.net ⌄
SACI	Sim
CRIADO	23/10/2011 #8939735
EXPIRAÇÃO	23/10/2028
ALTERADO	03/10/2018
STATUS	Publicado

GABARITO: ERRADO.

2. **(CESPE – 2014 – POLÍCIA FEDERAL – AGENTE DE POLÍCIA FEDERAL)** Embora apresentem abrangência ampla e sejam utilizadas para interligar cidades distintas, as redes MAN (metropolitan area network) não utilizam tecnologias de transmissão sem fio.

Certo ( )   Errado ( )

As redes são descritas pela sua abrangência, assim uma LAN é uma rede local, uma MAN uma rede metropolitana e a WAN é a própria internet em termos de alcance. Ao determinar

que uma rede é constituída por tecnologias wireless (sem fio), elas podem receber a letra W como inicial, assim temos WLAN e WMAN, é um tanto quanto pretencioso se pensar em uma WWAN, pois seria necessário possibilitar a conexão na mesma rede de qualquer dispositivo do mundo.

GABARITO: ERRADO.

3.   **(CESPE – 2018 – POLÍCIA FEDERAL – AGENTE DE POLÍCIA FEDERAL)** Acerca de redes de comunicação, julgue o item a seguir.

A conexão de sistemas como TVs, laptops e telefones celulares à internet, e também entre si, pode ser realizada com o uso de comutadores (switches) de pacotes, os quais têm como função encaminhar a um de seus enlaces de saída o pacote que está chegando a um de seus enlaces de entrada.

Certo ( )   Errado ( )

A principal função dos switches é trabalhar com o encaminhamento de pacotes de enlace, isso os roteadores embora tenham funções maiores, também realizam encaminhamento de pacotes.

GABARITO: CERTO.

4.   **(CESPE – 2018 – POLÍCIA FEDERAL – AGENTE DE POLÍCIA FEDERAL)** Julgue o item subsequente, relativo a redes de computadores.

As redes de computadores podem ser classificadas, pela sua abrangência, em LAN (local area network), MAN (metropolitan area network) e WAN (wide area network).

Certo ( )   Errado ( )

De modo geral, devemos considerar apenas essas três classificações de abrangência de uma rede. Para considerar uma CAN ou uma RAN, devemos encontrar os termos citados na questão, de igual modo temos a PAN que normalmente é apresentada em questões de cunho direto. Assim, em termos de dimensão partindo da menor até a maior podemos listar: PAN, LAN, CAN, MAN, RAN, WAN.

GABARITO: CERTO.

5.   **(CESPE – 2018 – POLÍCIA FEDERAL – AGENTE DE POLÍCIA FEDERAL)** Acerca de redes de comunicação, julgue o item a seguir.

Situação hipotética: múltiplos hospedeiros devem ser conectados a LANs sem fio, a redes por satélite e a redes de fibra (HFC). Para isso, deve-se escolher entre dois tipos de canais distintos, em função das características da camada de enlace: difusão (broadcast) ou ponto a ponto. Assertiva: nessa situação, deve-se fazer a conexão dos hospedeiros por meio de difusão.

Certo ( )   Errado ( )

A questão apresenta três formas de conexão de rede das quais duas são sem fio (lan sem fio e a por satélite), neste caso utilizando como referência de Transmissão um modo Broadcast, de tal forma que quem estiver no alcance de sinal irá recebê-lo mesmo que não seja o destino do sinal. E também apresenta um modo de conexão cabeado de forma híbrida com fibra em cabo coaxial (HFC), a rede cabeada por sua vez utilizaria o modo ponto a ponto, porém,

INFORMÁTICA

como a questão coloca a necessidade de escolher entre o ponto a ponto e broadcast, sendo de forma que o modo escolhido será o mesmo para os três. Então o único possível ao modo é Broadcast uma vez que o ponto a ponto se torna inviável num ambiente sem fio.

GABARITO: CERTO.

6. **(CESPE – 2018 – POLÍCIA FEDERAL – ESCRIVÃO DE POLÍCIA FEDERAL)** Uma empresa tem unidades físicas localizadas em diferentes capitais do Brasil, cada uma delas com uma rede local, além de uma rede que integra a comunicação entre as unidades. Essa rede de integração facilita a centralização do serviço de e-mail, que é compartilhado para todas as unidades da empresa e outros sistemas de informação.

Tendo como referência inicial as informações apresentadas, julgue o item subsecutivo.

Se as redes locais das unidades da empresa estiverem interligadas por redes de operadoras de telecomunicação, então elas formarão a WAN (wide area network) da empresa.

Certo ( )   Errado ( )

Para responder essa questão é necessário que leia atentamente o texto de apoio que menciona uma empresa com diferentes unidades físicas, localizadas em diferentes capitais do país, levando justamente a interpretação de que são sedes distantes umas das outras, portanto, não é viável classificar como uma rede MAN (metropolitana) a qual tem alcance de uma cidade, quando muito, de uma região metropolitana, não muito menos classificar como uma rede local, desse modo sobre apenas a rede de largo alcance (WAN). Por ser um investimento de alto custo, é muito comum que as empresas que necessitem realizar a conexão utilizem-se de links privados (links dedicados para uso exclusivo) contratados de provedores de serviços de internet (ISPs), que já possuem cabeamento em grande extensão territorial.

GABARITO: CERTO.

7. **(CESPE – 2018 – POLÍCIA FEDERAL – ESCRIVÃO DE POLÍCIA FEDERAL)** Uma empresa tem unidades físicas localizadas em diferentes capitais do Brasil, cada uma delas com uma rede local, além de uma rede que integra a comunicação entre as unidades. Essa rede de integração facilita a centralização do serviço de e-mail, que é compartilhado para todas as unidades da empresa e outros sistemas de informação.

Tendo como referência inicial as informações apresentadas, julgue o item subsecutivo.

Para viabilizar a comunicação de dados entre as unidades da empresa, podem ser utilizados serviços de interconexão com roteadores providos por operadoras de telecomunicação.

Certo ( )   Errado ( )

É uma prática bastante comum o uso de serviços terceirizados de provedores de internet para conectar filiais de empresas, por meio do chamado link dedicado, basicamente é pago um aluguel pelo uso do cabeamento de um provedor de internet.

GABARITO: CERTO.

8. **(CESPE – 2018 – POLÍCIA FEDERAL – ESCRIVÃO DE POLÍCIA FEDERAL)** Uma empresa tem unidades físicas localizadas em diferentes capitais do Brasil, cada uma delas com uma rede local, além de uma rede que integra a comunicação entre as unidades. Essa rede de integração facilita a centralização do serviço de e-mail, que é compartilhado para todas as unidades da empresa e outros sistemas de informação.

Tendo como referência inicial as informações apresentadas, julgue o item subsecutivo.

O padrão IEEE 802.11g permite que as redes locais das unidades da empresa operem sem cabeamento estruturado nos ambientes físicos e com velocidade mínima de 200 Mbps.

Certo ( )   Errado ( )

A tabela a seguir ilustra parte das propriedades que precisam ser conhecidas sobre os padrões WiFi da IEEE.

Padrão IEEE	802.11a	802.11b	802.11g	802.11n	802.11ac	802.11ax
Lançamento	1999	1999	2003	2009	2013	2019
Frequência	5 GHz	2.4 GHz	2.4 GHz	2.4 / 5GHz	5 GHz	2.4 / 5 GHz
Bandwidth (largura de banda por canal)	22 MHz	20 MHz	20 MHz	20/40 MHz	20/40/80/160 MHz	20/40/80/160 MHz
Taxa máxima de transmissão	54 Mbps	11 Mbps	54 Mbps	450 Mbps	6,9 Gbps	9,6 Gbps
Alcance (interno)	35m	35m	70m	70m	35m	

GABARITO: ERRADO.

9. **(CESPE – 2018 – POLÍCIA FEDERAL – ESCRIVÃO DE POLÍCIA FEDERAL)** Uma empresa tem unidades físicas localizadas em diferentes capitais do Brasil, cada uma delas com uma rede local, além de uma rede que integra a comunicação entre as unidades. Essa rede de integração facilita a centralização do serviço de e-mail, que é compartilhado para todas as unidades da empresa e outros sistemas de informação.

Tendo como referência inicial as informações apresentadas, julgue o item subsecutivo.

Em uma rede local que possui a topologia estrela, podem ser utilizados switches para integrar a comunicação entre os computadores.

Certo ( )   Errado ( )

Observe a ideia da topologia estrela: pauta-se em ter um nó central de rede que distribuirá a comunicação de rede entre outros equipamentos finais. É importante observar o que é um hub (na sua concepção original): ele promove uma topologia física em estrela, porém, em termos de topologia lógica, trata-se de um barramento.

GABARITO: CERTO.

João Paulo Colet Orso

INFORMÁTICA

10. **(CESPE – 2019 – PRF – POLICIAL RODOVIÁRIO FEDERAL)** Julgue o item subsequente, a respeito de conceitos e modos de utilização de tecnologias, ferramentas, aplicativos e procedimentos associados à internet.

Por meio de uma aplicação de acesso remoto, um computador é capaz de acessar e controlar outro computador, independentemente da distância física entre eles, desde que ambos os computadores estejam conectados à internet.

Certo ( )   Errado ( )

Questão que gera um pouco de confusão por utilizar a ideia de independente distância física, o que pode levar a pensar em uma rede de curto alcance que não necessitaria da internet, por outro lado, o uso independente também pode considerar uma rede de grande distância, em que a internet seria a alternativa mais viável. Deste modo, a forma que complementa de maneira mais ampla a ideia de acesso remoto, independentemente da distância utilizada é a internet. Com ela, o acesso remoto pode ser feito por computadores próximos, um ao lado do outro, por exemplo, bem como a computadores do outro lado do mundo.

GABARITO: CERTO.

11. **(CESPE – 2019 – PRF – POLICIAL RODOVIÁRIO FEDERAL)** Com relação a redes de computadores, julgue o item a seguir.

No fluxo de pacotes em uma rede de computadores, a qualidade de serviço é determinada pelos parâmetros relacionados a propagação, recuperação, interferência e perda de dados.

Certo ( )   Errado ( )

Primeiramente, entender o fluxo de pacotes é importante para outras questões futuras, pois estamos tratando da necessidade da aplicação. Desse modo, na perspectiva de camadas de rede, estamos observando as necessidades das camadas de mais alto nível, considerando a forma como as de baixo nível se comportam. O fluxo de pacotes é estabelecido dentro de uma conexão TCP, que envia uma série de pacotes enumerados para garantir a entrega em ordem, dentro da conexão.

A Qualidade de Serviço (QoS) dever ser analisada, ela pode ser considerada na perspectiva de baixo nível (na camada de enlace) ao criar canais de comunicação com garantia de velocidade, ou ser observada acima da camada de rede, uma vez que a tecnologia empregada, inicialmente, na concepção da internet não visou a qualidade, mas sim a velocidade (essa é uma importante característica para comparar os modelos de rede datagrama e comutação de circuitos).

Tanenbaum apresenta 4 parâmetros principais para determinar a Qualidade de Serviço: largura de banda, atraso, flutuação e perda. Embora seja um universo ainda em estudo, leve essa base para provas.

GABARITO: ERRADO.

12. **(CESPE – 2018 – POLÍCIA FEDERAL – PERITO CRIMINAL FEDERAL – CONHECIMENTOS BÁSICOS – TODAS AS ÁREAS)** Julgue o item subsecutivo a respeito de redes de computadores e conceitos de proteção e segurança.

Por meio de uma LAN sem fio embasada na tecnologia IEEE 802.11, é possível que os usuários transmitam (e recebam) pacotes para (e de) um ponto de acesso conectado a uma rede de computadores com fio conectada à internet.

Certo ( )   Errado ( )

A questão parece até estranha de tão simples e direta em relação a ideia básica de ter uma rede sem fio pela qual o usuário poderá estar acessando conteúdos via internet, basicamente a versão descreve o cenário que a maioria das pessoas tem em casa.

GABARITO: CERTO.

13. **(CESPE – 2010 – ABIN – OFICIAL TÉCNICO DE INTELIGÊNCIA – ÁREA DE DIREITO)** A troca de mensagens eletrônicas entre cidades geograficamente distantes não pode ser realizada por meio de uma intranet, em razão das características dos protocolos de e-mail usados em uma rede corporativa.

Certo ( )   Errado ( )

'Uma coisa não tem relação com a outra'. A amplitude de uma intranet depende dos dispositivos usados para sua concepção, bem como configurações de VPNs, contudo, nenhuma dessas definições afeta o serviço de e-mail.

GABARITO: ERRADO.

14. **(CESPE – 2013 – POLÍCIA FEDERAL – ESCRIVÃO DA POLÍCIA FEDERAL)** Considere que, visando reduzir o volume de tráfego internet em uma rede corporativa, a administração da rede tenha instalado um sistema de proxy transparente. Nessa situação, tal proxy não contribuirá para o aumento da anonimidade.

Certo ( )   Errado ( )

O Proxy pode reescrever o endereço IP visível para a internet usando a tabela NAT. O fato do proxy ser transparente significa que o usuário não sabe que proxy está entre ele e a internet. Além disso, o proxy armazena dados na rede interna, evitando muitas vezes que o usuário necessite se conectar à internet para ter acesso aos dados.

GABARITO: ERRADO.

15. **(CESPE – 2012 – POLÍCIA FEDERAL – PAPILOSCOPISTA DA POLÍCIA FEDERAL)** Tanto no sistema operacional Windows quanto no Linux, cada arquivo, diretório ou pasta encontra-se em um caminho, podendo cada pasta ou diretório conter diversos arquivos que são gravados nas unidades de disco nas quais permanecem até serem apagados. Em uma mesma rede é possível haver comunicação e escrita de pastas, diretórios e arquivos entre máquinas com Windows e máquinas com Linux.

Certo ( )   Errado ( )

A rede usa protocolos que são independentes dos sistemas operacionais usados, mas o compartilhamento de arquivos é possível graças à existência do Samba, que é um Servidor responsável por tornar possível que Windows e Linux entendam suas diferentes formas de tratar os arquivos.

GABARITO: CERTO.

16. **(CESPE – 2010 – ABIN – OFICIAL TÉCNICO DE INTELIGÊNCIA – ÁREA DE SUPORTE A REDE DE DADOS)** O conteúdo web acessado pelos funcionários de uma empresa a partir da rede corporativa pode ser filtrado por meio da configuração de um servidor proxy, com base em listas de liberação e listas de bloqueio de acesso.

Certo ( )   Errado ( )

A principal função do Proxy é fazer cache de rede, mas pode ser usado para controle de acesso como autenticação.

GABARITO: CERTO.

João Paulo Colet Orso

INFORMÁTICA

17. **(CESPE – 2010 – ABIN – OFICIAL TÉCNICO DE INTELIGÊNCIA – ÁREA DE TECNOLOGIA DA INFORMAÇÃO)** A detecção de intrusão pode ser realizada por meio do uso de honeypots, técnica que atrai o atacante para um ambiente não crítico, onde há informações falsas e aparentemente valiosas, encorajando-o a permanecer nesse ambiente o tempo suficiente para que os administradores possam registrar e rastrear seu comportamento.

Certo ( )   Errado ( )

Os honeypots (pote de mel) são uma forma de armadilha para invasores de redes que os distraem por um tempo. Além de proteger o ambiente real, um honeypot permite induzir o invasor a baixar dados, imaginando estar roubando dados importantes, mas é levado a baixar vírus ou aplicativos que facilitem o seu rastreamento.

GABARITO: CERTO.

18. **(AUTOR – 2021)** A respeito de redes de computadores e ambientes Windows e Linux julgue os itens a seguir.

Certo ( )   Errado ( )

Os roteadores são equipamentos especializados fundamentais para o funcionamento da internet. São eles que decidem qual caminho o tráfego de informações deve seguir, facilitando bastante a configuração de uma rede.

São os roteadores que fazem grande parte do trabalho de enviar uma mensagem de um computador a outro, e são peças essenciais para que a mensagem trafegue entre redes em vez de dentro delas. Para estabelecer uma rota a ser seguida, o roteador consulta uma tabela interna de rotas, que pode ser estática ou dinâmica, contendo as informações sobre a rede.

GABARITO: CERTO.

19. **(AUTOR – 2021)** A topologia em estrela utiliza um nó central (comutador ou switch) para chavear e gerenciar a comunicação entre as estações. É essa unidade central que vai determinar a velocidade de transmissão, como também converter sinais transmitidos por protocolos diferentes.

Certo ( )   Errado ( )

Em ambientes de redes privadas, as topologias de estrela e estrela estendida são as mais comuns por serem mais simples de gerenciar. A internet usa a topologia de malha.

GABARITO: CERTO.

20. **(AUTOR – 2021)** Numa rede de computadores IPv4, um sinal de broadcast é um aviso enviado simultaneamente para todos os micros da rede.

Certo ( )   Errado ( )

Existem vários exemplos de sinais de broadcast, como os avisos de colisões de pacotes enviados pelas placas ou (numa rede onde é usado um servidor DHCP e as estações são configuradas para obter os endereços IP automaticamente) os sinais enviados pelas estações quando se conectam à rede para entrar em contato com o servidor DHCP. Todas as estações recebem esse sinal, mas apenas o servidor DHCP responde.

GABARITO: CERTO.

21. **(AUTOR – 2021)** Em uma rede de computadores de pequeno porte o gateway pode ser um PC com duas (ou mais) placas de rede, ou um dispositivo dedicado, utilizado para unir duas redes.

Certo ( )   Errado ( )

Existem vários usos possíveis, desde interligar duas redes que utilizam protocolos diferentes, até compartilhar a conexão com a internet entre várias estações.

GABARITO: CERTO.

22. **(AUTOR – 2021)** A infraestrutura da internet é composta por dispositivos físicos, como roteadores, concentradores, modems, sistemas telefônicos e meios de transmissão, ISPs, e também por um conjunto de protocolos, como o TCP-IP.

Certo ( )   Errado ( )

A questão cita alguns dos dispositivos encontrados em redes. Roteador: responsável por conectar diferentes redes e também por definir as melhores rotas para o tráfego de informações; Modems: responsável pela conversão dos sinais elétricos; ISP: provedores de acesso à internet; TCP/IP conjunto, ou também chamada de família de protocolos.

GABARITO: CERTO.

23. **(CESPE – 2014 – ICMBIO – NÍVEL MÉDIO)** Uma rede de dados, assim como os softwares, tem a função de transmitir informações e processá-las.

Certo ( )   Errado ( )

Uma rede conecta dispositivos para a troca de informações entre esses. Ela não processa as informações, pois isso cabe aos aplicativos junto aos computadores.

GABARITO: ERRADO.

24. **(CESPE – 2014 – CÂMARA DOS DEPUTADOS – TÉCNICO LEGISLATIVO)** Quando possível, deve-se optar por conexão à rede sem fio, a qual não é vulnerável a técnicas de invasão e representa o meio de acesso à internet mais popular e seguro.

Certo ( )   Errado ( )

Uma rede cabeada, de certo modo, pode ser dita mais segura, pois é mais fácil controlar visualmente se alguém não autorizado está se conectando a ela. Já um ambiente sem fio é mais complicado, além de que se torna fácil para algum usuário mal intencionado criar uma rede falsa na expectativa de capturar dados dos usuários que tentarem se conectar a ela.

GABARITO: ERRADO.

25. **(CESPE – 2014 – FUB – TODOS OS CARGOS)** Tanto o Ping quanto o Traceroute são ferramentas utilizadas na sondagem de uma rede de computadores.

Certo ( )   Errado ( )

O comando ping de ping pong é usado para teste de conexão. Ele utiliza o protocolo ICMP para verificar se o host do endereço de rede pretendido está disponível. Já o Tracert é usado para mapear os roteadores pelos quais um pacote passa.

GABARITO: CERTO.

INFORMÁTICA

26. **(CESPE – 2014 – FUB – TODOS OS CARGOS)** Diversas tecnologias estão envolvidas na ligação de computadores em redes, o que gera uma pluralidade de combinações de redes.

Certo ( )   Errado ( )

Um ambiente de rede é um local miscigenado no qual encontramos, além de plataformas de software diferentes, também hardware diferentes, mas uma vez que usam os mesmos protocolos, conseguem se comunicar tranquilamente.

GABARITO: CERTO.

27. **(CESPE – 2014 – CADE – NIVEL MÉDIO)** Tamanho físico, tecnologia de transmissão e topologia são critérios utilizados para classificar as redes de computadores.

Certo ( )   Errado ( )

Classificam-se as redes de acordo com sua geografia: tipo de sinal e organização topológica.

GABARITO: CERTO.

28. **(CESPE – 2014 – CADE – NIVEL MÉDIO)** Para que uma rede de computadores seja classificada de acordo com o modelo cliente-servidor, faz-se necessário que tanto o cliente quanto o servidor estejam fisicamente no mesmo local.

Certo ( )   Errado ( )

Eles têm de estar acessíveis pela rede lógica, do contrário isso inviabilizaria grande parte da própria internet.

GABARITO: ERRADO.

29. **(CESPE – 2013 – TRT/17ª REGIÃO – TODOS OS CARGOS)** Uma rede bluetooth possui alcance ilimitado e possibilita a conexão de componentes a um computador sem a utilização de fios.

Certo ( )   Errado ( )

O alcance da tecnologia Bluetooth é limitado, assim como a Wi-fi. A tecnologia Bluetooth possui três classes que, entre outras coisas, são definidas pelo alcance: Classe 1 – alcance de até 100 metros; Classe 2 – alcance de até 10 metros, esse é o padrão usado nos dispositivos portáteis; Classe 3 – alcance de 1 metro.

GABARITO: ERRADO.

30. **(CESPE – 2013 – STF – ANALISTA JUDICIÁRIO – ÁREA ADMINISTRATIVA)** Tanto no caso do servidor web como no do servidor de correio eletrônico, é necessário haver um serviço DNS para converter nomes em endereços IPs.

Certo ( )   Errado ( )

O DNS é o responsável por traduzir os domínios nos respectivos endereços IPs dos servidores. Uma vez que se trabalhe com domínio, o DNS se faz necessário.

GABARITO: CERTO.

31. **(CESPE – 2018 – POLÍCIA FEDERAL – AGENTE DE POLÍCIA FEDERAL)** Marta utiliza uma estação de trabalho que executa o sistema operacional Windows 10 e está conectada à rede local da empresa em que ela trabalha. Ela acessa usualmente os sítios da intranet da empresa e também sítios da internet pública. Após navegar por vários sítios, Marta verificou o histórico de navegação e identificou

que um dos sítios acessados com sucesso por meio do protocolo HTTP tinha o endereço 172.20.1.1. Tendo como referência essa situação hipotética, julgue o item a seguir.

Por meio do serviço de proxy para rede local, Marta poderá acessar, a partir da sua estação de trabalho, tanto os sítios da intranet quanto os sítios da internet pública.

Certo ( )   Errado ( )

Primeiramente, a questão diz que existe acesso a conteúdos da internet, assim como conteúdos da intranet. Para que isso seja possível em um cenário em que existe um servidor de proxy, é necessário que ele esteja com as conexões direcionadas, as portas 80, 8080, 443 e 8443 estejam liberadas, uma vez que o conteúdo passa por ele. Um servidor de proxy que tem por finalidade principal fazer cache de rede, contudo, como a maioria dos conteúdos, atualmente, são transmitidos de forma criptografada. Tal recurso tem deixado de ser funcional, passando o proxy a ser utilizado para as suas outras atividades, como autenticação e firewall de conteúdo.

GABARITO: CERTO.

32. **(CESPE – 2018 – POLÍCIA FEDERAL – AGENTE DE POLÍCIA FEDERAL)** Marta utiliza uma estação de trabalho que executa o sistema operacional Windows 10 e está conectada à rede local da empresa em que ela trabalha. Ela acessa usualmente os sítios da intranet da empresa e também sítios da internet pública. Após navegar por vários sítios, Marta verificou o histórico de navegação e identificou que um dos sítios acessados com sucesso por meio do protocolo HTTP tinha o endereço 172.20.1.1. Tendo como referência essa situação hipotética, julgue o item a seguir.

O endereço 172.20.1.1 identificado por Marta é o endereço IPv4 de um servidor web na internet pública

Certo ( )   Errado ( )

Questão que exige muita atenção, pois lista uma faixa de endereços IPv4 privada pouco utilizada. É necessário conhecer as seguintes faixas de endereços IPs privados, ou seja, que não estão disponíveis para uso na internet:

10.0.0.0 a 10.255.255.255 » intranet

127.0.0.0 a 127.255.255.255 » localhost

172.16.0.0 a 172.31.255.255 » intranet

192.168.0.0 a 192.168.255.255 » intranet.

GABARITO: ERRADO.

33. **(CESPE – 2018 – POLÍCIA FEDERAL – ESCRIVÃO DE POLÍCIA FEDERAL)** Acerca das características de internet, intranet e rede de computadores, julgue o próximo item.

A internet pode ser dividida em intranet, restrita aos serviços disponibilizados na rede interna de uma organização, e extranet, com os demais serviços (exemplo: redes sociais e sítios de outras organizações).

Certo ( )   Errado ( )

Atualmente podemos dizer que a internet pode ser dividida em web: que possui o conteúdo navegável, ou seja, aquele que os motores de buscas tradicionais apresenta por meio dos navegadores tradicionais; deepweb: que corresponde à maior parte da própria internet, atribuímos a deepweb a infraestrutura base e todos os serviços necessários para que a web em si possa funcionar, como servidores de e-mail, servidores de banco de dados, de

INFORMÁTICA

processamento é armazenamento, entre inúmeros outros, de modo geral não olhamos para o conteúdo da deepweb, porém faz parte da rede e algumas estruturas foram disponibilizadas por meio dela, utilizando protocolos não convencionais. Ao usar o navegador TOR (The Onion Rings), é possível acessar parte do conteúdo da deepweb disponibilizado pela "rede" TOR. Existem outras ferramentas, contextos e protocolos que também são utilizados nesse segmento da internet, o objetivo principal é justamente obscurecer as informações da maioria dos usuários e, desse modo, não chamar tanta atenção assim. Outra parte que podemos observar é a **Dark web:** que são escondidos os conteúdos mais profundos dentro da internet. Com isso, observa-se que a intranet não é uma parte da internet, mas sim uma rede paralela que pode ou não estar conectada à rede mundial.

GABARITO: ERRADO.

34. **(CESPE – 2018 – POLÍCIA FEDERAL – ESCRIVÃO DE POLÍCIA FEDERAL)** Acerca das características de internet, intranet e rede de computadores, julgue o próximo item.

A internet e a intranet, devido às suas características específicas, operam com protocolos diferentes, adequados a cada situação.

Certo ( )   Errado ( )

Tanto a internet como a intranet utilizam os mesmos padrões de tecnologia e protocolos, o que muda é o seu uso: se de modo aberto ao público, nesse caso, a internet; ou de maneira mais restrita ao ambiente empresarial, nesse contexto, a intranet.

GABARITO: ERRADO.

35. **(CESPE – 2013 – DEPEN – AGENTE PENITENCIÁRIO)** A velocidade de acesso à internet depende da ferramenta de navegação e do sistema operacional que estão sendo utilizados; o navegador Microsoft Internet Explorer, por exemplo, é acessado mais rapidamente em ambiente Windows.

Certo ( )   Errado ( )

O principal fator de velocidade é o canal liberado para uso pelo provedor de acesso. Os browsers até podem obter maior eficiência em determinadas situações, mas não são fatores que pesam na velocidade de acesso à internet. Outro fator que determina a velocidade na transmissão dos dados é a outra ponta, pois não adianta o cliente ter capacidade de download de 15MB se o servidor consegue enviar somente a velocidade de 5MB.

GABARITO: ERRADO.

36. **(CESPE – 2009 – POLÍCIA FEDERAL – AGENTE DE POLÍCIA FEDERAL)** As intranets, por serem redes com acesso restrito aos usuários de empresas, não utilizam os mesmos protocolos de comunicação usados na internet, como o TCP- IP.

Certo ( )   Errado ( )

Internet e intranet são redes, portanto, usam os mesmos padrões e tecnologias. Elas se diferem apenas por uma ser pública e a outra de acesso restrito (privado).

GABARITO: ERRADO.

37. **(AUTOR – 2021)** Extranet é um dos tipos de rede utilizada para a comunicação e acesso de recursos entre as filiais, fornecedores, cliente, com alto nível de confiabilidade. Para que seja possível a troca de informações e arquivos de qualquer parte do mundo, basta que essas unidades de comunicação autorizadas (servidores, computadores) estejam conectadas entre si para que a comunicação se estabeleça.

Certo ( )   Errado ( )

Um extranet é sim um tipo de rede que, geralmente, é utilizada para a comunicação e para acessar recursos entre as filiais, fornecedores, cliente com alto nível de confiabilidade, além de permitir a troca de informações e arquivos de qualquer parte do mundo, basta que essas unidades de comunicação (servidores, computadores) estejam conectadas entre si para que a comunicação se estabeleça. É a rede. A conexão para comunicação é possível utilizando como meios de comunicação cabos (cabo de rede, cabo coaxial, fibra óptica) e também utilizando a internet, sendo essa a mais usada e indicada para estabelecer esse tipo de formação de rede. Quando utilizamos a internet para conectar duas ou mais intranets, estabelecemos a chamada VPN – Virtual Private Network (rede virtual Privada). -Internet significa rede mundial de computadores, palavra inglesa Int, abreviação de international (internacional) e Net, abreviação de network (rede), que também aparece em concursos públicos pelo sinó- nimo de WWW World Wide web (rede mundial de computador). Intranet é "uma rede local de computadores, circunscrita aos limites internos de uma instituição", ou de outra forma, podemos dizer que intranet é uma rede particular de uma empresa. Tem como principal característica ser uma rede privada, mas são utilizados os mesmos programas e protocolos de comunicação empregados na internet. Podemos dizer também que Intranet é uma rede empresarial ou também chamada de rede corporativa, portanto, possui controles de acessos rigorosos, como por exemplo, senhas de acesso.

GABARITO: CERTO.

38. **(AUTOR – 2021)** A internet utiliza o modelo de comunicação Cliente-Servidor, modelo no qual a comunicação se baseia em um host chamado cliente que solicita conteúdo a um servidor que responde a solicitação. Uma vez que o modelo cliente-servidor é utilizado há um servidor central para a internet.

Certo ( )   Errado ( )

Embora o modelo Cliente-servidor seja centralizado no servidor, e a internet usa como padrão, essa tem um ambiente distribuído, composto por vários servidores e não há um servidor central.

GABARITO: ERRADO.

39. **(AUTOR – 2021)** Com base nos conceitos sobre internet, intranet e VPN julgue o que se segue.

Um escrivão de Polícia Federal utiliza um sistema para consulta dos procurados pela Polícia Federal, esse sistema é acessado pelo agente usando o navegador do computador do posto policial, ao conectar seu celular a wi-fi do posto o agente também consegue acessar o sistema pelo seu celular. Um dia em sua folga o agente avistou um indivíduo em um shopping que o fez lembrar de um procurado, porém para ter certeza tentou acessar o sistema da PF de seu celular, contudo não conseguiu acessar obtendo como resposta endereço inválido. Diante da situação pode-se concluir que o sistema está disponível apenas na intranet da Polícia Federal.

Certo ( )   Errado ( )

INFORMÁTICA

A intranet é o ambiente de rede interno e privado, de modo que o acesso aos recursos disponibilizados nesse local tem entrada restrita. Uma vez sendo um sistema web, ainda pode ser tomado como um SaaS em nuvem privada. Use sempre a regra: se é possível acessar de qualquer lugar, com qualquer dispositivo com acesso à internet, então significa que está disponível na internet; porém, se for necessário estar fisicamente dentro da empresa ou for possível realizar o acesso estando fora da empresa, mas usando um dispositivo específico, então se trata de intranet e o dispositivo específico está ligado a essa intranet, por meio de uma VPN.

GABARITO: CERTO.

40. **(AUTOR – 2021)** Com base nos conceitos e definições de internet, intranet, extranet e VPN julgue se corretas as questões a seguir.

Para acessar externamente uma intranet corporativa não há necessidade de usar recursos de segurança uma vez que a intranet é um ambiente de acesso restrito e protegido por vários recursos de segurança como o Firewall.

Certo ( )   Errado ( )

Para estabelecer uma VPN é usado um túnel de criptografia, ou seja, um recurso para manter a segurança da rede que está sendo acessada por meio da internet (que é considerada uma rede não segura).

GABARITO: ERRADO.

41. **(CESPE – 2012 – PC/AL – AGENTE DE POLÍCIA)** Na realização de pesquisa de determinado assunto no sítio de buscas Google, as aspas indicam ao buscador que o assunto descrito fora das aspas deve ser considerado na pesquisa e o assunto descrito entre as aspas deve ser desconsiderado.

Certo ( )   Errado ( )

As aspas duplas indicam que só devem ser listados links de páginas que contenham exatamente o mesmo texto descrito entre as aspas. Para não exibir páginas com determinado texto, deve-se usar o sinal de menos (-) antes da palavra.

GABARITO: ERRADO.

42. **(CESPE – 2009 – POLÍCIA FEDERAL – AGENTE DE POLÍCIA)** O Google é um instrumento de busca que pode auxiliar a execução de diversas atividades, como, por exemplo, pesquisas escolares.

Certo ( )   Errado ( )

Questão simples que aborda a funcionalidade do motor de busca do Google. Além do Google, o Bing e o Yahoo Cadê são outros grandes motores de busca, na China o Baidu é o maior motor de busca, podendo ser equiparado como o "Google chinês".

GABARITO: CERTO.

43. **(CESPE – 2008 – INSS – TÉCNICO DO SEGURO SOCIAL)** O URL www.google.com identifica a página da web do serviço conhecido como enciclopédia livre, no qual colaboradores voluntários de todo o mundo escrevem e submetem artigos sobre determinado tema. Esses artigos são revisados por outros colaboradores voluntários e, finalmente, são aprovados para publicação online. Essa enciclopédia livre pode ser acessada de forma gratuita por qualquer usuário com acesso à internet.

Certo ( )   Errado ( )

Enciclopédia livre é a Wikipédia, o Google é um motor de busca.

GABARITO: ERRADO.

44. **(CESPE – 2014 – ANTAQ – TODOS OS CARGOS)** O Facebook, sítio de serviço de rede de propriedade do governo dos Estados Unidos da América, permite a interação online entre pessoas.

Certo ( )   Errado ( )

Facebook não pertence ao governo, mas sim a uma empresa privada.

GABARITO: ERRADO.

45. **(CESPE – 2015 – TRE/GO – TÉCNICO JUDICIÁRIO – ÁREA ADMINISTRATIVA)** A Big Data pode ser utilizada na EAD para se entender as preferências e necessidades de aprendizagem dos alunos e, assim, contribuir para soluções mais eficientes de educação mediada por tecnologia.

Certo ( )   Errado ( )

Big Data (megadados) é uma estrutura similar, mas diferente, a um Datawharehouse, sua finalidade é a manipulação de um grande volume de dados variáveis de valor e com grande velocidade, buscando a veracidade da informação. Quanto mais dados, mais fácil se torna tomar decisões e mais precisas elas são, esses são alguns dos aspectos estudados pelo BI (Bussines Intelligence).

GABARITO: CERTO.

46. **(CESPE – 2018 – POLÍCIA FEDERAL – AGENTE DE POLÍCIA FEDERAL)** Marta utiliza uma estação de trabalho que executa o sistema operacional Windows 10 e está conectada à rede local da empresa em que ela trabalha. Ela acessa usualmente os sítios da intranet da empresa e também sítios da internet pública. Após navegar por vários sítios, Marta verificou o histórico de navegação e identificou que um dos sítios acessados com sucesso por meio do protocolo HTTP tinha o endereço 172.20.1.1.

A despeito das configurações dos ativos de segurança corporativos e do serviço de firewall instalado na estação de trabalho, Marta poderá acessar remotamente sua estação de trabalho usando a Conexão de Área de Trabalho Remota, a partir de outra estação conectada à internet.

Certo ( )   Errado ( )

Questão já começa com a maldade do emprego da palavra 'despeito' que representa a ideia de contrário às configurações, por padrão em ambientes de redes domésticas, a conexão de área de trabalho remota é liberada no firewall. Já em ambientes corporativos, é comum que tal funcionalidade seja gerenciada, isto é, existe a possibilidade de configurar em nível de gerência de rede. Por padrão as configurações do firewall do Windows, também conhecido como firewall de host, que permitem a conexão de área de trabalho remota.

GABARITO: ERRADO.

47. **(CESPE – 2018 – POLÍCIA FEDERAL – AGENTE DE POLÍCIA FEDERAL)** Marta utiliza uma estação de trabalho que executa o sistema operacional Windows 10 e está conectada à rede local da empresa em que ela trabalha. Ela acessa usualmente os sítios da intranet da empresa e também sítios da internet pública. Após navegar por vários sítios, Marta verificou o histórico de navegação e identificou que um dos sítios acessados com sucesso por meio do protocolo HTTP tinha o endereço 172.20.1.1.

INFORMÁTICA

Tendo como referência essa situação hipotética, julgue o item a seguir.

O sistema operacional utilizado na estação de trabalho de Marta inclui nativamente a plataforma Windows Defender, composta por ferramentas antivírus e de firewall pessoal, entre outras.

Certo ( )   Errado ( )

Uma das novidades apresentadas pelo Windows 10 em relação ao Windows 7 é a presença do Windows defender, na versão do Windows 7 ou Windows defender era apenas um antispyware, e era possível instalar o Microsoft Security Essentials como antivírus, já no Windows 10 ou Microsoft Windows defender incorporou o Microsoft Security Essentials, passando assim a se tornar um antivírus além de antispyware. Atualmente, na versão do Windows 10, é possível também estar dentro da central de segurança do Windows ou Windows defender firewall.

GABARITO: CERTO.

48. **(CESPE – 2018 – POLÍCIA FEDERAL – ESCRIVÃO DE POLÍCIA FEDERAL)** Acerca de redes de computadores e segurança, julgue o item que segue.

Um firewall implementa uma política de controle de comportamento para determinar que tipos de serviços de internet podem ser acessados na rede.

Certo ( )   Errado ( )

Tradicionalmente, o firewall não implementa políticas de padrão de comportamento, ele pode ser utilizado para detectar, identificar e analisar esses elementos, mas não opera diretamente com restrições baseadas no comportamento esperado. De modo geral, é simples um firewall possuir regras pré-estabelecidas, como acesso a determinado conteúdo, serviço ou protocolo.

GABARITO: ERRADO.

49. **(CESPE – 2018 – POLÍCIA FEDERAL – PERITO CRIMINAL FEDERAL – CONHECIMENTOS BÁSICOS – TODAS AS ÁREAS)** Julgue o item subsecutivo a respeito de redes de computadores e conceitos de proteção e segurança.

Um firewall é uma combinação de hardware e software que isola da internet a rede interna de uma organização, permitindo o gerenciamento do fluxo de tráfego e dos recursos da rede e o controle, pelo administrador de rede, do acesso ao mundo externo.

Certo ( )   Errado ( )

Firewall pode ser apresentado apenas como software, ou apenas como hardware, como uma coisa ou outra ou, ainda, como as duas coisas ao mesmo tempo. Sua finalidade é monitorar o perímetro de uma rede, ou seja, aquilo que entra e também aquilo que sai, isso num contexto de firewall de rede. Se analisarmos um firewall de host (como o firewall Windows), a sua finalidade é monitorar aquilo que entra e sai do computador pela comunicação de rede. É possível utilizar o firewall para delimitar que tipo de conteúdo pode ou não ser acessado, bem como serviços e protocolos.

GABARITO: CERTO.

50. **(AUTOR – 2021)** A respeito de segurança de redes em ambientes Windows e Linux, julgue o que se segue.

São funcionalidades específicas e intrínsecas ao Firewall: controle de acesso, controle do tráfego, proteção de portas e filtragem de pacotes.

Certo ( )   Errado ( )

Atualmente conhecido como o firewall tradicional, um firewall com inspeção de estado permite ou bloqueia tráfego de acordo com o estado, a porta e o protocolo. Ele monitora toda atividade, desde o momento em que uma conexão é aberta até que ela seja fechada. As decisões de filtragem são tomadas de acordo com as regras definidas pelo administrador e com o contexto, o que significa o uso de informações de conexões e pacotes anteriores que pertencem à mesma conexão. (https://www.cisco.com/c/en/us/products/security/firewalls/what-is-a-firewall.html?dtid=osscdc000283 tipos de firewall)

GABARITO: CERTO.

51. **(AUTOR – 2021)** A respeito de segurança de redes em ambientes Windows e Linux, julgue o que se segue.

O Firewall do Windows ajuda a impedir que hackers ou softwares mal-intencionados obtenham acesso ao PC do usuário por meio da internet ou de uma rede local e por isso deve estar sempre ativo.

Certo ( )   Errado ( )

Esse é o texto do próprio Firewall do Windows. A recomendação de segurança é sempre manter os Firewalls ativos, embora constantemente sejam descobertas falhas que são usadas para burlá-los. Por isso, é importante manter o computador sempre atualizado.

GABARITO: CERTO.

52. **(AUTOR – 2021)** São funcionalidades específicas e intrínsecas ao Firewall: controle de acesso, controle do tráfego, proteção de portas, eliminação de malwares e filtragem de pacotes.

Certo ( )   Errado ( )

Embora existam no mercado alguns Firewalls com capacidade de identificar os tipos de ataques e malwares, a fim de oferecer maior segurança ao ambiente de redes, não é sua função "conceitual" e intrínseca eliminar malwares.

GABARITO: ERRADO.

53. **(AUTOR – 2021)** É uma funcionalidade de um firewall pessoal alertar ao usuário quando este está acessando uma página suspeita de ser falsa.

Certo ( )   Errado ( )

Não compete ao firewall avaliar a veracidade do conteúdo ou do site acessado. A princípio, o firewall avalia se a comunicação está de acordo com as regras e protocolos de rede.

GABARITO: ERRADO.

54. **(AUTOR – 2021)** A função básica de um firewall é controlar o tráfego de entrada ou de saída de um computador ou rede.

Certo ( )   Errado ( )

O firewall do Windows é um exemplo de firewall que monitora as comunicações de rede do computador. O IPTables é um exemplo de firewall de rede que monitora a comunicação da rede.

GABARITO: CERTO.

INFORMÁTICA

55. **(AUTOR – 2021)** Um firewall é responsável de monitorar as portas de comunicação do computador, de tal modo que se um malware tentar passar pela porta USB o firewall deve bloqueá-lo e alertar o usuário.

Certo ( )   Errado ( )

O firewall monitora a rede, a conexão USB, embora use o termo porta USB, não é um meio de rede de comunicação. As portas que o firewall monitora são as dos protocolos TCP e UDP.

GABARITO: ERRADO.

56. **(AUTOR – 2021)** Os firewalls ajudam a impedir que crackers ou softwares mal-intencionados obtenham acesso ao seu computador por meio de uma rede ou da internet. Os firewalls de software dispensam a instalação de antivírus no mesmo computador, pois bloqueiam automaticamente arquivos suspeitos recebidos pela rede.

Certo ( )   Errado ( )

O firewall atua em conjunto com os antivírus, pois ele monitora apenas o que passa pela rede, comparando os dados recebidos com as diretivas de segurança e liberam ou bloqueiam os pacotes.

GABARITO: ERRADO.

57. **(CESPE – 2008 – PC/TO – DELEGADO DE POLÍCIA)** O firewall é o dispositivo que permite a conexão com a internet, uma vez que é responsável pela conversão do sinal analógico em sinal digital.

Certo ( )   Errado ( )

Quem converte sinal de analógico (demodularizado) para um sinal digital (modular) é o MODEM. Porém, tanto o firewall como um modem pode ser o gateway de uma rede.

GABARITO: ERRADO.

58. **(CESPE – 2011 – PC/ES – TODOS OS CARGOS)** Se, ao acessar um endereço da internet, o sítio correspondente mostrar-se inacessível, esse problema poderá estar relacionado com o filtro de pacotes utilizado pelo administrador da rede para aumentar a segurança do ambiente.

Certo ( )   Errado ( )

Esse filtro pode ser feito utilizando um firewall, como também um servidor proxy. O filtro nada mais é do que uma configuração de regras de bloqueio, os bloqueios podem ser realizados diretamente às portas, como protocolos, serviços ou mesmo por análise de parte do conteúdo.

GABARITO: CERTO.

59. **(CESPE – 2014 – CÂMARA DOS DEPUTADOS – AGENTE DE POLÍCIA LEGISLATIVA)** Quando acionado, o Firewall do Windows, software fundamental para auxiliar no controle de acesso ao computador do usuário, impede o acesso a todas as fontes externas conectadas ao computador, sendo possível configurar exceções.

Certo ( )   Errado ( )

O firewall não controla o acesso ao computador, para isso se usa o login, claro que o fire-wall monitora os acessos remotos. Além disso, o firewall do Windows por padrão permite acessos de conteúdos externos, não é necessário que o usuário o configure, apesar de ser possível configurá-lo.

GABARITO: ERRADO.

60. **(CESPE – 2014 – POLÍCIA FEDERAL – CONHECIMENTOS BÁSICOS)** A ativação do firewall do Windows impede que e-mails com arquivos anexos infectados com vírus sejam abertos na máquina do usuário.

Certo ( )   Errado ( )

> **Um firewall não tem a capacidade de avaliar o conteúdo de um arquivo. É de competência do Firewall monitorar a rede e verificar se o que está passando por ela está em desacordo com as regras estabelecidas.**
>
> **GABARITO: ERRADO.**

61. **(CESPE – 2018 – POLÍCIA FEDERAL – AGENTE DE POLÍCIA FEDERAL)** Os gestores de determinado órgão público decidiram adotar a computação em nuvem como solução para algumas dificuldades de gerenciamento dos recursos de tecnologia da informação. Assim, para cada contexto, análises devem ser realizadas a fim de compatibilizar os recursos de gerenciamento e segurança com os modelos técnicos de contratação.

Considerando essas informações, julgue o seguinte item.

Um estudo técnico de viabilidade e um projeto de re-hosting em computação em nuvem IaaS é indicado para as aplicações legadas do órgão que tenham sido originalmente desenvolvidas para mainframe.

Certo ( )   Errado ( )

> **É natural da tecnologia se tornar defasada com o passar do tempo, essa é uma preocupação constante do universo tecnológico, a obsolescência tanto de hardware como o software ou mesmo técnicas. Para isso é importante realizar a migração de uma tecnologia antiga para uma nova de tal modo que as funções continuem sendo ofertadas de igual maneira, acrescida, ainda, dos seguintes benefícios: aumentar os ganhos em desempenhos; aquisição de novos recursos e ferramentas; simplificar a operação e manutenção.**
>
> **GABARITO: CERTO.**

62. **(CESPE – 2018 – POLÍCIA FEDERAL – AGENTE DE POLÍCIA FEDERAL)** Os gestores de determinado órgão público decidiram adotar a computação em nuvem como solução para algumas dificuldades de gerenciamento dos recursos de tecnologia da informação. Assim, para cada contexto, análises devem ser realizadas a fim de compatibilizar os recursos de gerenciamento e segurança com os modelos técnicos de contratação.

Considerando essas informações, julgue o seguinte item.

Se, para enviar e receber e-mails sem precisar gerenciar recursos adicionais voltados ao software de e-mail e sem precisar manter os servidores e sistemas operacionais nos quais o software de e-mail estiver sendo executado, os gestores optarem por um serviço de e-mail em nuvem embasado em webmail, eles deverão contratar, para esse serviço, um modelo de computação em nuvem do tipo plataforma como um serviço (PaaS).

Certo ( )   Errado ( )

> **Questão um tanto capciosa, mas que propõem a implantação de um serviço que não há presente trabalho na sua implantação pela instituição, de tal modo que bastaria criar as contas dos usuários e o serviço estaria apto para uso, devidamente configurado. O perigo da questão encontra assim nos termos utilizados como não precisar manter os servidores dos sistemas**

INFORMÁTICA

operacionais, essa expressão diz justamente que a contratação de IaaS não é viável, uma vez que o contratante teria de instalar o sistema e configurar todo ele. Também é sugerido que uma solução PaaS não é viável, por isso deseja-se algo que não seja necessário gerenciar seus recursos adicionais, como configurações de serviço em outros elementos. Desse modo, resta apenas o SaaS, em que o contratante basicamente apenas utiliza o serviço pronto.

GABARITO: ERRADO.

63. **(CESPE – 2018 – POLÍCIA FEDERAL – AGENTE DE POLÍCIA FEDERAL)** Os gestores de determinado órgão público decidiram adotar a computação em nuvem como solução para algumas dificuldades de gerenciamento dos recursos de tecnologia da informação. Assim, para cada contexto, análises devem ser realizadas a fim de compatibilizar os recursos de gerenciamento e segurança com os modelos técnicos de contratação.

Considerando essas informações, julgue o seguinte item.

Para o armazenamento de dados de trabalho dos colaboradores desse órgão público, incluindo-se documentos, imagens e planilhas, e para o uso de recursos de rede compartilhados, como impressoras e computadores, seria adequado contratar o modelo de computação em nuvem denominado infraestrutura como um serviço (IaaS).

Certo ( )   Errado ( )

Outra questão que apresenta uma certa falha na maneira como apresenta os termos, note que há uma ênfase no hardware, em destaque impressoras, que teve por intervenção na questão induzir, justamente, a necessidade de contratar uma infraestrutura, porém, impressoras não são exatamente a melhor estrutura para representar isso, uma vez que ao contratar uma infraestrutura como serviço, ela não fica na instituição e sim fora dela, o que não faria muito sentido para impressoras utilizadas para a impressão de documentos dentro da instituição.

GABARITO: CERTO.

64. **(CESPE – 2018 – POLÍCIA FEDERAL – ESCRIVÃO DE POLÍCIA FEDERAL)** Julgue o seguinte item, a respeito da computação em nuvem e da teoria geral de sistemas (TGS).

Em função da necessidade de acionamento de fornecedores, a computação em nuvem demora mais que a computação tradicional para colocar novas aplicações em execução.

Certo ( )   Errado ( )

Pelo contrário, a computação em nuvem é muito mais dinâmica, elástica e simples de ser usada que a implantação física local de sistemas, é sempre importante ou você vai um ambiente corporativo no qual seria necessário instalar em vários computadores uma solução, em comparação na computação em nuvem bastaria subir o serviço do servidor e as estações de trabalho local acessariam a esse serviço, tornando muito mais simples o processo de implantação.

GABARITO: ERRADO.

65. **(CESPE – 2018 – POLÍCIA FEDERAL – ESCRIVÃO DE POLÍCIA FEDERAL)** Julgue o seguinte item, a respeito da computação em nuvem e da teoria geral de sistemas (TGS).

Na computação em nuvem, elasticidade é a capacidade de um sistema de se adaptar a uma variação na carga de trabalho quase instantaneamente e de forma automática.

Certo ( )   Errado ( )

A computação na nuvem é vista como dinâmica e elástica. Uma vez previsto é acordado em contrato, é possível ampliar as condições e recursos dos serviços ofertados para atender uma alta demanda, bem como é possível reduzir caso esteja superdimensionado.

GABARITO: CERTO.

66. **(CESPE – 2019 – PRF – POLICIAL RODOVIÁRIO FEDERAL)** A respeito de computação em nuvem, julgue o próximo item.

A computação em nuvem do tipo software as a service (SaaS) possibilita que o usuário acesse aplicativos e serviços de qualquer local usando um computador conectado à internet.

Certo ( )   Errado ( )

Uma das características da computação na forma de software como serviço é basicamente pagar e utilizar, sem a necessidade de desenvolver qualquer solução. Entre as características de computação em nuvem está a necessidade de conexão à internet, outra particularidade importante é a sua independência de sistema operacional ou também chamado de plataforma.

GABARITO: CERTO.

67. **(CESPE – 2018 – POLÍCIA FEDERAL – PERITO CRIMINAL FEDERAL – ÁREA 3)** Julgue o item subsequente, relativo à característica da computação em nuvem (cloud computing).

O modelo PaaS (platform as a service) oferece menos recursos e funcionalidades integradas de segurança, necessitando que o cliente projete e gerencie os sistemas operacionais, aplicativos e dados.

Certo ( )   Errado ( )

Quando se trata de computação em nuvem nós temos os 3 modelos básicos infraestrutura como: serviço (IaaS), plataforma como serviço (PaaS) e software como serviço (SaaS), porém, esses conceitos podem ser ampliados como Banco de dados com o serviço (BaaS), entre outros que possam aparecer, mas, em sua essência, estamos apoiados em cima dos três primeiros citados. Ao contratar um serviço de plataforma, o contratante espera pagar por um ambiente que já esteja pronto, ou seja, um ambiente que já possua sistema operacional instalado, devidamente configurado, atualizado, e presume que o contratado manterá um ambiente seguro. Desse modo, contrário aquilo que é apresentado na questão, tais recursos e funcionalidades são integrados ao serviço contratado de maneira que o cliente não precise ficar gerenciando o sistema operacional do ambiente.

GABARITO: ERRADO.

INFORMÁTICA

68. **(CESPE – 2018 – POLÍCIA FEDERAL – PERITO CRIMINAL FEDERAL – CONHECIMENTOS BÁSICOS – TODAS AS ÁREAS)** Julgue o próximo item, a respeito de computação na nuvem, sistemas de informações e teoria da informação.

Atualmente, as empresas de comércio na internet podem disponibilizar suas aplicações na nuvem, como, por exemplo, na plataforma Azure da Microsoft; da mesma forma, as organizações podem fazer migrar suas aplicações de e-mail para a nuvem. Essas nuvens oferecem ambientes de computação e armazenamento escaláveis, mas, por questões afetas à segurança, impedem o acesso implícito às suas redes privativas de alto desempenho.

Certo ( )   Errado ( )

Ao utilizar um serviço de computação em nuvem, implicitamente o usuário do serviço estará acessando recursos que não estão fisicamente em sua empresa, mas estão na rede física do provedor de serviço.

GABARITO: ERRADO.

69. **(CESPE – 2014 – POLÍCIA FEDERAL – AGENTE DE POLÍCIA)** Entre as desvantagens da computação em nuvem está o fato de as aplicações terem de ser executadas diretamente na nuvem, não sendo permitido, por exemplo, que uma aplicação instalada em um computador pessoal seja executada.

Certo ( )   Errado ( )

O fato de ser executado na nuvem, normalmente é visto como vantagem, pois assim não consome recursos do computador do usuário. Contudo, vários serviços oferecem a opção para download de recursos adicionais (mas vale lembrar que é um opcional).

GABARITO: ERRADO.

70. **(CESPE – 2014 – POLÍCIA FEDERAL – AGENTE DE POLÍCIA FEDERAL)** Na computação em nuvem, diversos computadores são interligados para que trabalhem de modo colaborativo, inclusive aqueles que possuam sistemas operacionais diferentes.

Certo ( )   Errado ( )

Uma das principais características da computação em nuvem é a de ser independente dos sistemas operacionais e dispositivos utilizados pelos usuários, pois, em suma, a computação em nuvem trata-se de um serviço que o usuário acessa na web (internet), normalmente utilizando um browser (navegador).

GABARITO: CERTO.

71. **(CESPE – 2012 – POLÍCIA FEDERAL – PAPILOSCOPISTA)** O Microsoft Office Sky Driver é uma suíte de ferramentas de produtividade e colaboração fornecida e acessada por meio de computação em nuvem (cloud computing).

Certo ( )   Errado ( )

O Skydrive, atualmente chamado de OneDrive, é uma forma de armazenamento de dados na Nuvem, o erro está em usar a expressão DRIVER.

GABARITO: ERRADO.

72. **(CESPE – 2012 – PC/AL – ESCRIVÃO DE POLÍCIA)** O conjunto de ferramentas do Google Docs permite a criação on-line de documentos, planilhas e apresentações.

Certo ( )   Errado ( )

Atualmente, o Goolge Docs faz parte do Google Disco/Drive, ele é um exemplo de Cloud Computing (computação na nuvem), já o Disco/Drive é um exemplo de armazenamento na nuvem (cloud storage). O Docs atua como um serviço na Nuvem que permite, inclusive, o trabalho colaborativo simultâneo.

GABARITO: CERTO.

73. **(AUTOR – 2021)** O sistema Cloud Computing é composto por software e hardware, cujo fim consiste em aprimorar tanto a infraestrutura como os serviços. Acerca do sistema de computação em nuvens julgue o próximo item.

O sistema computacional em nuvem funciona basicamente como um servidor de recursos, que fornece serviços às máquinas nele conectadas, os clientes, para aumentar o desempenho destas máquinas. O serviço em nuvem, além de possibilitar uma infraestrutura computacional completa, processamento, memória, armazenamento, segurança, pode ser oferecido de outras formas, podendo ser apenas um espaço na nuvem para armazenamento de dados, como também um serviço que disponibiliza programas e plataformas de desenvolvimento de software, em que programadores de vários países desenvolvem o mesmo projeto de software, podendo acessar esse projeto de qualquer lugar do mundo em que haja conexão com internet.

Certo ( )   Errado ( )

Para cada tipo de serviço prestado na nuvem existe uma Tipologia de arquitetura denominada. São elas: IaaS - Infrastructure As A Service (Infraestrutura como Serviço), - é quando o usuário faz a contratação de uma infraestrutura pronta, por exemplo de hardware e software ("máquinas virtuais"). Nesse tipo de serviço, o cliente possui controle total sobre os recursos contratados e pode fazer uso desses meios sempre que julgar necessário, bastando apenas uma conexão com a internet. Esse tipo de serviço é bastante utilizado em grandes empresas que precisam de um servidor controlador de acesso ou servidor de segurança, mas que não há necessidade de instalar um computador, servidor, na rede física da empresa, dispensando o uso de servidores locais. Exemplo de empresas que prestam esse tipo de serviço é a Amazon, Google Cloud Platform e a IBM. SaaS - Software As A Service (Software como Serviço). Esse tipo de serviço é muito utilizado para acesso de programas sem que haja necessidade de os mesmos estarem instalados na máquina do usuário, um grande exemplo desse serviço é quando recebemos um e-mail com anexos do tipo .docx ou .pdf e conseguimos abrir o conteúdo desses anexos no próprio navegador de internet sem a necessidade de termos instalado na máquina o aplicativo editor de texto Word ou um leitor de .pdf. Outro serviço muito utilizado na Tipologia SaaS é o de armazenamento de dados na nuvem Cloud Storage (armazenamento em nuvem), em que o usuário contrata um serviço de armazenamento em nuvem e utiliza programas específicos do serviço contratado para gerenciar os arquivos armazenados ou utiliza o próprio navegador de internet para poder acessar seus recursos salvos em nuvem. Exemplo de empresas que prestam esse tipo de serviço é a Dropbox, iCloud, google docs. PaaS– Platforme As A Service (Plataforma como Serviço). O sistema de nuvem da tipologia PaaS é utilizado basicamente para desenvolvimento de software sem que haja necessidade de instalar na

máquina do usuário os programas necessários para isso. Esse tipo de serviço é bastante contratado por empresas de desenvolvimento de software, pois, em grandes projetos, os desenvolvedores podem estar em lugares diferentes do mundo e com isso é possível utilizar sempre o mesmo serviço para continuar o desenvolvimento sem a necessidade de ficar transportando o que já foi programado por todos os lados, já que toda estrutura necessária é disponibilizada na tipologia PaaS.

GABARITO: CERTO.

74. **(AUTOR – 2021)** A respeito dos conceitos de computação na nuvem julgue os itens a seguir.
Um órgão público deseja utilizar uma nuvem privada, para isso adquiriu um conjunto de servidores (Intel) para montar uma infraestrutura de nuvem em sua Intranet na qual será disponibilizado o software como um serviço e, com isso, atender as necessidades da instituição, de tal modo que pode ser acessada, apenas por seus funcionários.

Certo ( )   Errado ( )

Uma nuvem privada é similar à nuvem tradicional, com a diferença que fica limitada (fisicamente) ao ambiente da intranet da empresa e, assim, só pode ser acessada pelos usuários autorizados e que estejam conectados à rede da empresa.

GABARITO: CERTO.

75. **(AUTOR – 2021)** A respeito dos conceitos de computação na nuvem julgue os itens a seguir.
Os recursos computacionais do provedor de nuvem são organizados em um pool para servir múltiplos usuários, usando um modelo multi-inquilino, com diferentes recursos físicos e virtuais, dinamicamente atribuídos e ajustados de acordo com a demanda dos usuários.

Certo ( )   Errado ( )

Pool = conjunto com características e/ou finalidades similares. Na computação em nuvem é comum o uso de servidores virtuais, pois muitas vezes o cliente não demanda de tanto poder computacional para necessitar de um serviço físico dedicado.

GABARITO: CERTO.

76. **(AUTOR – 2021)** Uma nuvem privada consiste na destinação dos recursos de uma infraestrutura de nuvem da internet para atender as necessidades de uma empresa específica, de tal modo que pode ser acessada, apenas por seus funcionários autorizados, de qualquer computador com acesso à internet, desde que o usuário possua login válido.

Certo ( )   Errado ( )

Uma nuvem privada é similar à nuvem tradicional, com a diferença que fica limitada (fisicamente) ao ambiente da intranet da empresa e, assim, só pode ser acessada pelos usuários autorizados e que estejam conectados à rede da empresa.

GABARITO: ERRADO.

77. **(AUTOR – 2021)** Google, Amazon e Microsoft são exemplos de empresas líderes na prestação de serviços em nuvem.

Certo ( )   Errado ( )

Hoje, a Amazon é uma das dominantes no mercado no que tange à hospedagem de serviços em cloud.

GABARITO: CERTO.

78. **(AUTOR – 2021)** O Microsoft Office 365 e o Google Drive são exemplos de soluções de computação na nuvem do tipo PaaS.

Certo ( )   Errado ( )

Office 365 e Google Drive são exemplos de SaaS, ou seja, Software como Serviço. Windows Azure, Chrome OS e EyeOs são exemplos de PaaS, ou seja, plataforma (sistema operacional) como serviço.

GABARITO: ERRADO.

79. **(AUTOR – 2021)** Uma vez que os serviços de nuvem privada se encontram em uma rede protegida e segura não utilizam o protocolo HTTPS quando acessadas por meio de navegadores web, por questões de desempenho.

Certo ( )   Errado ( )

Mesmo estando em uma rede privada, recomenda-se o uso do HTTPS, por questões de segurança, principalmente para a realização de login.

GABARITO: ERRADO.

80. **(AUTOR – 2021)** Um agente penitenciário possui um computador com apenas 3 GB de memória RAM e 500 GB de armazenamento, decide expandir a capacidade do dispositivo usando a computação em nuvem, assim aumentando o poder computacional do seu computador.

Certo ( )   Errado ( )

Até certo ponto pode-se dizer que aumenta a capacidade computacional para realizar uma tarefa, pois ao invés de usar os recursos do computador local para processamento, passa-se a usar a estrutura da nuvem. Em todo caso, a capacidade computacional do computador do usuário não é alterada.

GABARITO: ERRADO.

81. **(AUTOR – 2021)** Um dos fatores que levaram ao grande aumento do uso de soluções na nuvem é a facilidade em compartilhar documentos com outros usuários, mesmo que o acesso a estes ainda não possa ocorrer simultaneamente por mais de um usuário.

Certo ( )   Errado ( )

Os serviços na nuvem ganham adesão principalmente pela capacidade de edição simultânea dos arquivos, e portanto, possibilitam o acesso ao mesmo tempo por mais de um usuário.

GABARITO: ERRADO.

82. **(CESPE – 2018 – POLÍCIA FEDERAL – ESCRIVÃO DE POLÍCIA FEDERAL)** Uma empresa tem unidades físicas localizadas em diferentes capitais do Brasil, cada uma delas com uma rede local, além de uma rede que integra a comunicação entre as unidades. Essa rede de integração facilita a centralização do serviço de e-mail, que é compartilhado para todas as unidades da empresa e outros sistemas de informação.

Tendo como referência inicial as informações apresentadas, julgue o item subsecutivo.

INFORMÁTICA

SMTP é o protocolo utilizado para envio e recebimento de e-mail e opera na camada de aplicação do modelo TCP/IP.

Certo ( )   Errado ( )

Essa é uma das questões mais controversas da prova, uma vez que a banca mudou o gabarito para correto. É importante observar que nem sempre o fato de uma questão ser dada como correta no gabarito de concurso, significa de fato que ela esteja certa ou vice-versa. Deve-se lembrar que em um concurso público o que se tem é o morador que cria as questões e as submete à banca para que sejam utilizadas em provas. A banca utiliza-se dessas questões e após aplicação das provas, abre processo de impetração de recursos. É esse o momento que merece nossa atenção, uma vez que quem entra com recursos, essencialmente, deseja alterar o gabarito em seu benefício, para tanto a pessoa se utiliza dos mais diversos argumentos a fim de convencer o elaborador da questão de que, de fato, o gabarito precisa ser alterado, de tal modo que beneficie a quem impetrou com recurso. Este é um exemplo de questão de que claramente é possível observar esse cenário, pois a ela foi inicialmente dada como errada tal qual tradicionalmente é cobrado e se estuda para as provas de concursos, contudo, alguém discordou da situação em busca de seu benefício e entrou com recurso pedindo a mudança do gabarito para correto. Neste ponto observamos a nova postura que a banca adotou no concurso, em que é necessário também entrar com recursos para manter-se o gabarito. Sendo assim, pouquíssimas pessoas olharam para a questão e viram a necessidade de evitar esse tipo de recurso. Você pode observar essa característica da banca, além da resposta ao recurso impetrado, o Cespe afirmava que de fato o protocolo SMTP é um protocolo da camada de aplicação, que nada foi mencionado e relacionado ao processo em que era utilizado, processo esse que, sem dúvida, é o que você leva em conta ao julgar esse tipo de questão.

Diante de problemas como esse e dos precedentes abertos por essa questão, vamos entender, de fato, como funciona a mecânica dos protocolos de e-mail. Para isso desenvolvi a imagem a seguir:

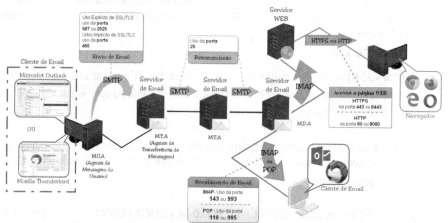

Agora análise a questão de protocolos na seguinte perspectiva: o protocolo é um padrão, isto é, uma regra de comunicação, portanto, é utilizado na troca de informações entre o emissor e o receptor, assim, ao mesmo tempo que alguém executa a ação de enviar de forma ativa, o receptor, utilizará de forma passiva o mesmo protocolo, tratando isso no processo de comunicação emissor receptor. Por outro lado, ao julgar o protocolo de e-mail, estamos analisando a ação executada por uma parte e é nesse momento que observamos o SMTP com o protocolo utilizado para realizar o envio das mensagens de e-mail, uma vez que quem executa é quem desejar enviar mensagem. Já no caso dos protocolos de recebimento, o usuário deverá escolher qual deles atende às suas necessidades, com base em suas características, nessa circunstância, a ação executada será em buscar as mensagens de e-mail, por isso classificamos como protocolos de recebimento os POP e IMAP.

GABARITO: CERTO.

83. **(CESPE – 2014 – POLÍCIA FEDERAL – AGENTE DE POLÍCIA)** Caso deseje imprimir uma lista de mensagens de uma pasta do Mozilla Thunderbird, o usuário deverá selecionar a lista desejada, clicar o menu Arquivo e, em seguida, clicar a opção imprimir.

Certo ( )   Errado ( )

Questão um tanto quanto capciosa, pois o que se deseja imprimir é a lista propriamente dita ou o conteúdo dos e-mails selecionados. Se a referência fosse aos conteúdos, então a questão estaria correta, mas a banca tomou para si a necessidade de imprimir apenas a lista ilustrada na caixa de entrada, como o Mozilla Thunderbird não possui essa opção, a questão se torna errada.

GABARITO: ERRADO.

84. **(CESPE – 2014 – POLÍCIA FEDERAL – AGENTE DE POLÍCIA)** Se um usuário do Mozilla Thunderbird receber e-mail de pessoa cujo nome esteja contido na lista de endereços desse usuário, o endereço de e-mail do remetente não será mostrado ao destinatário.

Certo ( )   Errado ( )

De pronto, não será exibido o endereço de e-mail, mas apenas seu nome cadastrado no catálogo de endereços. Contudo, o usuário pode visualizar o e-mail de seu contato passando o mouse sobre o nome do referido contato.

GABARITO: CERTO.

85. **(AUTOR – 2021)** Para o correto funcionamento de um programa Cliente de e-mail, como o Microsoft Outlook, por exemplo, o usuário deverá configurá-lo com sua conta de e-mail, protocolos, entre outras configurações. Caso o usuário opte pelo protocolo de recebimento IMAP (Internet Message Access Protocol), as mensagens recebidas serão apresentadas apenas no servidor do serviço de e-mail do usuário e não poderão, neste caso, serem baixadas para o computador final.

Certo ( )   Errado ( )

O IMAP - Protocolo de Acesso a Mensagem da Internet - é um protocolo utilizado para recebimento de e-mails, considerado superior em recursos ao protocolo POP, pois as mensagens ficam armazenadas no servidor, empresa contratada, e não são baixadas para o computador. Isso permite ao usuário acessar as mensagens em qualquer máquina, tanto por webmail como por cliente de correio eletrônico. O erro da questão é dizer que o usuário não poderá baixar as mensagens, quando na verdade isso é possível, depende apenas do usuário. O protocolo POP - Post Office Protocol (POP3), protocolo dos Correios é um protocolo utilizado para receber mensagens de e-mail. O POP baixa todas as mensagens contidas numa caixa de correio eletrônico, da empresa servidora, para o computador do usuário.

GABARITO: ERRADO.

INFORMÁTICA

86. **(AUTOR – 2021)** A respeito dos conceitos de correio eletrônico e envio de mensagens julgue o que se segue.

No Microsoft Outlook 2016 é possível utilizar o recurso Regras para mover as mensagens que tenham sido enviadas por um remetente específico para uma pasta ou ser automaticamente excluídos, sem a necessidade de selecionar as referidas mensagens manualmente.

Certo ( )   Errado ( )

O MS Outlook utiliza Regras, enquanto o Thunderbird utiliza-se de filtros para automatizar a organização/separação das mensagens.

GABARITO: CERTO.

87. **(AUTOR – 2021)** A respeito dos conceitos de correio eletrônico e envio de mensagens julgue o que se segue.

Spam são mensagens não indesejadas e enviadas em massa para múltiplas pessoas que, normalmente, possui propagandas desejadas, códigos maliciosos e vírus diversos.

Certo ( )   Errado ( )

Spams podem ser e-mails ou qualquer outro tipo de mensagens não solicitadas, enviadas em massa, que trazem conteúdo não desejado. Atualmente é bastante comum encontrar spams em redes sociais.

GABARITO: ERRADO.

88. **(AUTOR – 2021)** Ao redigir um e-mail para os demais funcionários do setor um escrivão inseriu destinos no campo CCO e CC, porém notou que o número de destinatários em cópia oculta não pode ser superior ao número de destinatários em cópia aberta.

Certo ( )   Errado ( )

A quantidade de destinatários de uma mensagem de e-mail varia de serviço, alguns são inteligentes como o Gmail, que identifica quando um usuário tem uma demanda maior e possibilita que esse envie mensagens a mais destinos em comparação a outros usuários do mesmo serviço.

GABARITO: ERRADO.

89. **(AUTOR – 2021)** Um escrivão possui várias contas de e-mail, entre contas pessoais e funcionais, algumas dessas contas pertencem ao mesmo serviço de e-mail. Além disso, o escrivão precisa trabalhar com estes e-mails simultaneamente abertos, além de agendar envios para horários específicos, com isso o uso de uma ferramenta para gerenciamento dos e-mails é indispensável. Junto com a instalação dessas ferramentas vem a necessidade da configuração dos protocolos de recebimento e envio de mails.

Certo ( )   Errado ( )

Normalmente, os serviços de e-mail utilizam o protocolo SMTP para envio e IMAP para recebimento, o protocolo POP é cada vez menos utilizado. Há também serviços baseados em soluções da Microsoft que utilizam o protocolo Exchange.

GABARITO: CERTO.

90. **(AUTOR – 2021)** No Mozilla Thunderbird 45.7.1 para assinar digitalmente uma mensagem de e-mail é preciso definir pelo menos um certificado pessoal para ser possível usar os recursos de segurança.

Certo ( )   Errado ( )

O Thunderbird pede que o usuário cadastre os dados do seu certificado digital para que possa assinar uma mensagem de e-mail.

GABARITO: CERTO.

91. **(AUTOR – 2021)** O Mozilla Thunderbird 45.7.1, além de possuir o recurso de criar assinaturas personalizadas para uma mensagem de e-mail, permite configurá-las para que sejam adicionadas, automaticamente, a todas as mensagens de saída.

Certo ( )   Errado ( )

É possível criar várias assinaturas de e-mail diferentes, e configurar qual será a padrão para cada e-mail usado para envio. Cuidado para não confundir assinatura de e-mail com assinatura digital, a assinatura de e-mail é o texto que vai no rodapé da mensagem de e-mail, normalmente com o "Att." e os dados do remetente, enquanto a assinatura digital é um recurso de segurança que também pode ser usado em mensagens de e-mail.

GABARITO: CERTO.

92. **(AUTOR – 2021)** No MS Outlook 2016 é possível configurar para que mensagens que tenham sido enviadas por um remetente específico sejam movidas para uma pasta ou ser automaticamente excluídos, por meio do recurso denominado Filtros.

Certo ( )   Errado ( )

O MS Outlook utiliza Regras, enquanto o Thunderbird utiliza-se de filtros para automatizar a organização/separação das mensagens.

GABARITO: ERRADO.

93. **(AUTOR – 2021)** Ao utilizar o Outlook 2016 um agente redigiu uma mensagem de e-mail e a marcou como confidencial junto as opções de propriedade de marcação, assim a mensagem foi enviada ao destino de forma criptografada pelo programa.

Certo ( )   Errado ( )

Ao marcar uma mensagem como confidencial, se o destino usar o Outlook ao abrir a mensagem, ele verá uma notificação logo abaixo aos dados do cabeçalho da mensagem, indicando para que o e-mail seja tratado como Confidencial. Contudo é possível configurar pela opção Configurações de Segurança da janela de Propriedades para que seja criptografada a mensagem, mas de modo separado às marcações.

GABARITO: ERRADO.

94. **(AUTOR – 2021)** No MS Outlook 2016, as novas mensagens de e-mail são formatadas, por padrão, utilizando HTML.

Certo ( )   Errado ( )

A maioria dos serviços e programas de e-mail utiliza-se, por padrão, o HTML no conteúdo das mensagens de e-mail.

GABARITO: CERTO.

INFORMÁTICA

95. **(AUTOR – 2021)** No Mozilla Thunderbird, é possível configurar uma nova conta de e-mail utilizando o protocolo HTTP para acesso a caixa de entrada no servidor de e-mail, assim utilizando o programa para acessar a versão web do serviço de e-mail.

Certo ( )   Errado ( )

Não é possível usar os protocolos HTTP ou HTTPS como métodos de envio ou mesmo recebimento de mensagens de e-mail, nos clientes de e-mail.

GABARITO: ERRADO.

96. **(AUTOR – 2021)** Ao enviar um e-mail usando o MS Outlook 2016 configurado com o protocolo SMTP, a mensagem é enviada diretamente para o destino sem passar por servidores de e-mail, uma vez que o cliente de e-mail possui a capacidade de manipular e-mail com o protocolo específico ao contrário do webmail.

Certo ( )   Errado ( )

As mensagens de e-mail passam pelo servidor do remetente e do serviço de destino, podendo ainda o remetente e o destino usar o mesmo serviço.

GABARITO: ERRADO.

97. **(AUTOR – 2021)** Uma das vantagens no uso do webmail é que as mensagens de e-mail ao serem lidas são salvas no computador usado como forma de backup, oferecendo maior segurança ao usuário.

Certo ( )   Errado ( )

Ao usar o webmail, as mensagens de e-mail estão e permanecem no servidor, elas não são copiadas para o computador.

GABARITO: ERRADO.

98. **(AUTOR – 2021)** O protocolo IMAP4 permite que mensagens armazenadas em um servidor de correio eletrônico sejam acessadas a partir várias máquinas simultaneamente de modo que as mensagens sejam percebidas pelo usuário de forma idêntica.

Certo ( )   Errado ( )

O protocolo IMAP é um protocolo de acesso às mensagens de e-mail que estão no servidor, possibilitando que vários clientes e e-mails configurados com o protocolo IMAP acessem a caixa de entrada simultaneamente, inclusive possibilita o acesso via webmail. Como o protocolo realiza dupla sincronia, o conteúdo visualizado em um computador será o mesmo visualizado por outro.

GABARITO: CERTO.

99. **(CESPE – 2010 – ABIN – OFICIAL TÉCNICO DE INTELIGÊNCIA)** A utilização dos padrões de correio eletrônico implica a geração automática, pelo IMAP (internet message access protocol), de uma assinatura digital, que pode ser verificada pelo destinatário.

Certo ( )   Errado ( )

Para poder assinar digitalmente um documento, é necessário previamente possuir um certificado digital. A configuração para uso da Assinatura é feita na interface, não no protocolo.

GABARITO: ERRADO.

100. **(CESPE – 2000 – POLÍCIA FEDERAL – AGENTE DE POLÍCIA – ADAPTADA)** Atualmente, para que softwares de correios eletrônicos possam funcionar adequadamente, uma versão de um software navegador deverá estar instalada no computador. Dessa forma, o software Outlook Express só pode ser operado adequadamente quando associado ao internet Explorer.

Certo ( )   Errado ( )

Clientes de e-mail são programas específicos e instalados no computador do usuário, para o envio e recebimento de mensagens de e-mail. Para usar um cliente de e-mail não é necessário possuir um browser.

GABARITO: ERRADO.

101. **(CESPE – 2018 – POLÍCIA FEDERAL – AGENTE DE POLÍCIA FEDERAL)** A respeito da utilização de tecnologias, ferramentas, aplicativos e procedimentos associados a internet- intranet, julgue o item seguinte.

Nas aplicações de transferência de arquivos por fluxo contínuo, os dados são transferidos como uma série de blocos precedidos por um cabeçalho especial de controle.

Certo ( )   Errado ( )

No processo de fluxo contínuo, abre-se uma conexão e transmite constantemente os dados, as técnicas mais recentes inclusive utilizam-se dos metadados da abertura da conexão para já enviar parte do conteúdo a ser transmitido.

GABARITO: ERRADO.

102. **(CESPE – 2018 – POLÍCIA FEDERAL – AGENTE DE POLÍCIA FEDERAL)** Julgue o item subsequente, relativo a redes de computadores.

Um protocolo da camada de transporte é implementado no sistema final e fornece comunicação lógica entre processos de aplicação que rodam em hospedeiros diferentes.

Certo ( )   Errado ( )

Os protocolos da camada de transporte são implementados no sistema operacional, portanto, de fato, estão implementados no sistema as finais, ou seja, no equipamento final da comunicação. Enquanto os protocolos da camada de aplicação são implementados pelos aplicativos também no hospedeiro final.

GABARITO: CERTO.

103. **(CESPE – 2018 – POLÍCIA FEDERAL – AGENTE DE POLÍCIA FEDERAL)** Julgue o item subsequente, relativo a redes de computadores.

DNS é um protocolo da camada de aplicação que usa o UDP — com o UDP há apresentação entre as entidades remetente e destinatária da camada de transporte antes do envio de um segmento.

Certo ( )   Errado ( )

Sim, protocolo DNS é um protocolo da camada de aplicação e utiliza na camada de transporte o protocolo UDP, contudo, o protocolo UDP, por sua vez, não estabelece conexão. Com isso, não realiza o processo chamado apresentação entre as entidades comunicantes.

GABARITO: ERRADO.

INFORMÁTICA

104. (CESPE – 2018 – POLÍCIA FEDERAL – ESCRIVÃO DE POLÍCIA FEDERAL) Acerca das características de internet, intranet e rede de computadores, julgue o próximo item.

O modelo de referência de rede TCP/IP, se comparado ao modelo OSI, não contempla a implementação das camadas física, de sessão e de apresentação.

Certo ( )   Errado ( )

Questão um tanto quanto perigosa, uma vez que não deixa de forma explícita qual modelo TCP/IP está sendo utilizado, se de quatro camadas ou de cinco. Dessa forma, precisamos identificar um certo padrão utilizado pela CESPE nas suas últimas provas em que, ao empregar a expressão modelo de referência de rede TCP/IP, ela tem levado em conta o modelo de quatro camadas. Deste modo, ao analisar as quatro camadas do TCP/IP, comparado ao modelo OSI de sete camadas, realmente não encontraremos as denominações de camada física, enlace, apresentação ou sessão.

	OSI		TCP/IP híbrido		TCP/IP
7	Aplicação				
6	Apresentação	5	Aplicação		Aplicação
5	Sessão				
4	Transporte	4	Transporte		Transporte
3	Rede	3	Rede		Internet/rede
2	Enlace	2	Enlace		Interface de rede
1	Física	1	Física		

GABARITO: CERTO.

105. (CESPE – 2018 – POLÍCIA FEDERAL – ESCRIVÃO DE POLÍCIA FEDERAL) Uma empresa tem unidades físicas localizadas em diferentes capitais do Brasil, cada uma delas com uma rede local, além de uma rede que integra a comunicação entre as unidades. Essa rede de integração facilita a centralização do serviço de e-mail, que é compartilhado para todas as unidades da empresa e outros sistemas de informação.

Tendo como referência inicial as informações apresentadas, julgue o item subsecutivo.

Definir os processos de acesso ao meio físico e fornecer endereçamento para a camada de aplicação são funções do controle de acesso ao meio físico (MAC).

Certo ( )   Errado ( )

Primeiro erro da questão é em misturar as camadas de rede, apresentando o que a camada de aplicação estaria conversando diretamente como a camada de enlace, alguns protocolos de controle de acesso ao meio físico são CSMA/CD, CSMA/CA e ALOHA. MAC é o endereço físico de um dispositivo, assim como existe o protocolo de endereçamento MAC.

GABARITO: ERRADO.

106. **(CESPE – 2018 – POLÍCIA FEDERAL – ESCRIVÃO DE POLÍCIA FEDERAL)** Acerca das características de internet, intranet e rede de computadores, julgue o próximo item.

As informações do DNS (domain name system) estão distribuídas em várias máquinas e o tamanho de sua base de dados é ilimitado.

Certo ( )   Errado ( )

Questão também capciosa por conta do uso da palavra ilimitada, em que o mundo certamente deve pensar que a capacidade física de armazenamento de dados é limitada, portanto o serviço seria limitado. Contudo, não é sob está perspectiva que a banca observou o serviço. O serviço DNS é um serviço distribuído, hierárquico e extensível. Desse modo, ele pode ser ampliado à medida da necessidade, o que confere a ele uma capacidade "ilimitada".

GABARITO: CERTO.

107. **(CESPE – 2019 – PRF – POLICIAL RODOVIÁRIO FEDERAL)** Julgue o item subsequente, a respeito de conceitos e modos de utilização de tecnologias, ferramentas, aplicativos e procedimentos associados à internet.

As versões mais modernas dos navegadores Chrome, Firefox e Edge reconhecem e suportam, em instalação padrão, os protocolos de internet FTP, SMTP e NNTP, os quais implementam, respectivamente, aplicações de transferência de arquivos, correio eletrônico e compartilhamento de notícias.

Certo ( )   Errado ( )

O protocolo SMTP é um protocolo usado para envio de e-mail por clientes de e-mail, os navegadores de internet não implementam nesse protocolo. O protocolo NNTP (Network News Tranfer Protocol) "especifica o modo de distribuição, busca, recuperação e postagem de artigos, usando um sistema de transmissão confiável baseado em fluxo. Para clientes de leitura de notícias, o NNTP habilita a recuperação de artigos armazenados em um banco de dados centralizado, permitindo aos assinantes a opção de selecionar somente os artigos nos quais estão interessados" (RFC 3977).

GABARITO: ERRADO.

108. **(CESPE – 2018 – POLÍCIA FEDERAL – PERITO CRIMINAL FEDERAL – ÁREA 3)** Julgue o item que se segue, a respeito de DNS (domain name service).

As atualizações entre servidores DNS utilizam o UDP, enquanto as consultas feitas a servidores DNS utilizam o TCP (ou, opcionalmente, o SCTP).

Certo ( )   Errado ( )

A comunicação entre servidores de DNS é realizada utilizando o protocolo TCP, enquanto as consultas realizadas pelos clientes aos servidores são realizadas utilizando o protocolo UDP.

GABARITO: ERRADO.

109. **(CESPE – 2014 – POLÍCIA FEDERAL – AGENTE DE POLÍCIA)** Os protocolos programas padronizados utilizados para estabelecer comunicação entre computadores e demais dispositivos em rede são específicos para cada sistema operacional.

Certo ( )   Errado ( )

João Paulo Colet Orso

INFORMÁTICA

Os protocolos não são programas, eles são regras de comunicação em rede que padronizam como os dados são trafegados entre os interlocutores, para que, assim, o Firewall possa arbitrar os erros (desrespeitos aos protocolos). Outro ponto indicado na questão é a relação entre protocolos e Sistemas Operacionais, em geral os protocolos são criados para independer do SO usado, sua finalidade é definir a comunicação em rede. Como as redes podem ser constituídas por dispositivos com sistemas diferentes, os protocolos são projetados tomando esse parâmetro de cenário.

GABARITO: ERRADO.

110. **(CESPE – 2009 – POLÍCIA FEDERAL – AGENTE DE POLÍCIA FEDERAL)** A sigla FTP designa um protocolo que pode ser usado para a transferência de arquivos de dados na internet.

Certo ( )   Errado ( )

O File Transfer Protocol, ou seja, o protocolo de transferência de arquivos é usado quando realizamos as operações de Download e Upload, além de poder ser utilizado por aplicativos ClienteFTP para usufruir melhor de suas características.

GABARITO: CERTO.

111. **(CESPE – 2009 – POLÍCIA FEDERAL – AGENTE DE POLÍCIA FEDERAL)** Na tecnologia TCP- IP, usada na internet, um arquivo, ao ser transferido, é transferido inteiro (sem ser dividido em vários pedaços), e transita sempre por uma única rota entre os computadores de origem e de destino, sempre que ocorre uma transmissão.

Certo ( )   Errado ( )

Uma mensagem é dividida tanto pela camada de transporte como pela camada de rede, o protocolo TCP segrega a mensagem em pacotes, enquanto a camada de rede divide em datagramas. Os pacotes podem seguir por rotas distintas até o destino, mas cabe ao TCP controlar para que todos cheguem e em ordem.

GABARITO: ERRADO.

112. **(AUTOR – 2021)** Com o surgimento das redes de computadores, não demorou muito até que alguém pensasse em acessar um computador remotamente, ou seja, que o operador de uma máquina pudesse controlar outra sem estar presente fisicamente. (http://www.tecmundo.com.br/internet/6627-qual-a-diferenca-de-ssh-para-ftp-.htm)

Uma forma de realizar o acesso remoto citado no texto é utilizando o protocolo Telnet, esse protocolo realiza o envio de dados na forma de texto criptografado pela internet que contém inclusive senhas de acesso.

Certo ( )   Errado ( )

O protocolo Telnet, embora seja usado para acesso remoto, está cada vez mais sendo substituído pelo SSH por não oferecer segurança no transporte dos dados. No Telnet até mesmo as senhas são transmitidas em modo texto aberto, sem criptografia.

GABARITO: ERRADO.

113. **(AUTOR – 2021)** Na pilha de protocolos do modelo TCP- IP, os protocolos de transmissão de dados estão na camada de transportes, como por exemplo o protocolo FTP (file transfer protocol). Assim como o TCP, o FTP também ordena os pacotes para enviá-los em ordem e caso ocorra erros de transmissão os pacotes serão retransmitidos pela rede, pois ambos os protocolos são orientados a conexão de dados.

INFO

Certo ( )   Errado ( )

Realmente o protocolo FTP (file transfer protocol) é utilizado em uma troca de informações para que os dados recebidos cheguem em ordem correta e para que os pacotes auferidos com erro sejam retransmitidos (orientados à conexão de dados), mas o protocolo FTP não pertence à camada de transportes igual ao TCP e sim à camada de aplicação, diferente dos outros protocolos de transporte de dados, TCP, UDP, RIP etc.

GABARITO: ERRADO.

114. **(AUTOR – 2021)** Existem duas versões do Protocolo IP, o IPv4 que é formado por 32 bits divididos em 4 grupos de 8 bits e representado em Decimal, e o IPv6 que é formado por 128 bits divididos em 8 grupos de 16 bits e possui representação em Hexadecimal.

Certo ( )   Errado ( )

Uma rede de computadores é criada para o compartilhamento de informações e para que uma rede de computadores seja formada, é necessário que as máquinas a ela conectadas possuam endereços de identificação. O nome dos endereços que cada máquina recebe a ser conectada em uma rede é IP. O protocolo IP "Internet Protocol", traduzido para "Protocolo de Internet", é responsável por conectar um computador em uma rede de computadores, com ou sem conexão com a internet.

Existem dois modelos de Protocolo IP, o IPv4 e o IPv6, e o que precisamos conhecer sobre esses tipos de protocolos é que o endereço IPv4 é formado por 32 bits, divididos em 4 grupos de 8 bits, representado em Decimal – de 0 a 9 -; e o endereço IPv6 é formado por 128 bits, divididos em 8 grupos de 16 bits, representado em Hexadecimal – de 0 a F.

Existe um cálculo lógico para definir o endereço IPv4 de uma máquina na rede de computadores, pois o IPv4 possui 256 endereços disponíveis em cada grupo de sua faixa, que começa do 0 e vai até 255. Como é possível conectar aproximadamente mais de 4,29 bilhões de máquina em uma rede, então é criada sub-redes para facilitar o gerenciamento dessas máquinas.

GABARITO: CERTO.

115. **(AUTOR – 2021)** Com base nos conceitos e definições sobre protocolos, navegação e uso de redes julgue as assertivas a seguir.

O protocolo HTTPS utiliza certificados digitais para assegurar a identidade, tanto do site de destino quanto da origem, caso possua.

Certo ( )   Errado ( )

Caso a outra ponta da conexão não possua certificado, exemplo, usuário doméstico, o navegador gera uma chave se sessão e criptografa com a chave pública do site, mandando para o site esse conteúdo cifrado para que a comunicação seja realizada usando criptografia simétrica com a chave de sessão criada pelo navegador.

GABARITO: CERTO.

INFORMÁTICA

116. **(AUTOR – 2021)** Para oferecer maior comodidade e facilitar a vida do usuário ao navegar pelo conteúdo multimídia da internet e encontrar o conteúdo desejado vários recursos foram criados, entre eles o protocolo SDN que, ao usuário digitar um endereço válido do conteúdo da internet no browser, traduz o nome do site para o respectivo endereço IP.

Certo ( )   Errado ( )

O protocolo responsável pela tradução de nomes de domínio é o DNS. Ele usa a porta 53 do protocolo UDP para tal serviço.

GABARITO: ERRADO.

117. **(AUTOR – 2021)** O protocolo VoIP permite a realização de ligações telefônicas de um computador pela internet para telefones fixos, celulares ou mesmo outro computador.

Certo ( )   Errado ( )

O protocolo de Voz sobre IP possibilita o uso da rede para transmissão de voz. Exemplos de serviços e aplicativos que usam esse protocolo: Skype, Hangouts, Duo, viber, Google Voice, entre outros.

GABARITO: CERTO.

118. **(AUTOR – 2021)** O protocolo FTP permite realizar transferência de arquivos entre diferentes computadores, independente do sistema operacional utilizado.

Certo ( )   Errado ( )

No que tange a redes de computadores e protocolos TCP/IP, esses são independentes dos sistemas operacionais, para que a comunicação em rede possa ocorrer mesmo entre dispositivos com sistemas operacionais diferentes.

GABARITO: CERTO.

119. **(CESPE – 2018 – POLÍCIA FEDERAL – AGENTE DE POLÍCIA FEDERAL)** A respeito da utilização de tecnologias, ferramentas, aplicativos e procedimentos associados a internet- intranet, julgue o item seguinte.

Nas aplicações multimídia, os fluxos de dados podem conter áudio, vídeo e metadados que viabilizam a sincronização de áudio e vídeo. Cada um desses três fluxos pode ser manipulado por diferentes programas, processos ou hardwares, mas, para que os fluxos de dados de determinada aplicação multimídia sejam qualitativamente otimizados na transmissão ou no armazenamento, eles devem ser encapsulados juntos, em um formato de contêiner.

Certo ( )   Errado ( )

Arquivos multimídia, principalmente de vídeo como AVI, MKV e MP4 são na verdade 'contêiners', isto é, são estruturas compostas por mais de uma base, no caso dos formatos citados, além da estrutura de vídeo há também a estrutura de áudio, e a estrutura é de legenda incorporada dentro do mesmo arquivo, de modo similar a um arquivo compactado, tendo dentro de si um arquivo MP3 para cada trilha de áudio e um SRT para cada legenda.

GABARITO: CERTO.

120. **(CESPE – 2018 – POLÍCIA FEDERAL – AGENTE DE POLÍCIA FEDERAL)** A respeito da utilização de tecnologias, ferramentas, aplicativos e procedimentos associados a internet- intranet, julgue o item seguinte.

Nas ferramentas de busca, o indexador é o programa que navega autonomamente pela internet, localizando e varrendo os documentos em busca de palavras-chave para compor a base de dados da pesquisa.

Certo ( )   Errado ( )

Alguns termos importantes em relação ao Google e outros motores de buscas similares, ao publicar um conteúdo no site, é possível criar arquivos que indicam se os motores de busca poderão ou não listar o conteúdo daquelas páginas adicionadas, mas como o Google encontra essas páginas que acabaram de ser publicadas, os motores de busca contam com robozinhos, também chamados de bots de pesquisa que acessam aos servidores disponíveis na internet, varrendo suas pastas compartilhadas em busca de conteúdo a ser indexado, desse modo, temos três nomes importantes: o bote ou Robot, que é o responsável por encontrar as páginas; o farejador, também conhecido como crawler, que olhará dentro do arquivo referente ao site e rastreará todas as suas ligações; ainda temos o indexador, que será o responsável por identificar quais são as palavras-chave dentro do conteúdo e colocá-las junto aos índices de referência para futuras buscas. A busca incessante pelo marketing web faz com que o Google liste a sua página entre as primeiras, com base na relevância de suas palavras-chave, por essa razão, constantemente o Google muda o algoritmo base dos seus indexadores e os mantém sob segredo.

GABARITO: ERRADO.

121. **(CESPE – 2018 – POLÍCIA FEDERAL – ESCRIVÃO DE POLÍCIA FEDERAL)** Acerca das características de internet, intranet e rede de computadores, julgue o próximo item.

URL (uniform resource locator) é um endereço virtual utilizado na web que pode estar associado a um sítio, um computador ou um arquivo.

Certo ( )   Errado ( )

Não é ele é o endereço exato de serviço dentro da rede, seja o endereço exato de um conteúdo (arquivo), endereço de e-mail ou, até mesmo, um endereço IP. Mas é importante destacar que é algo exato, caso esteja escrito errado, não levará a lugar algum ou há um lugar diferente daquele que se esperava chegar.

GABARITO: CERTO.

122. **(CESPE – 2018 – POLÍCIA FEDERAL – ESCRIVÃO DE POLÍCIA FEDERAL)** Julgue o item a seguir, a respeito da teoria da informação e de metadados de arquivos.

Em arquivos no formato XML, as tags não são consideradas metadados.

Certo ( )   Errado ( )

Arquivo XML (linguagem de marcação estendida) é um arquivo que segue a mesma linha de raciocínio de um arquivo HTML. A diferença é que um arquivo HTML se utiliza de TAGs que são reconhecidas pelo navegador e transformadas no conteúdo multimídia que visualizamos ao acessar o site. Deste modo, as TAGs são pré definidas, já no caso de arquivos XML ele explora TAGs não definidas pelo navegador ou pela linguagem HTML, deste modo

João Paulo Colet Orso

INFORMÁTICA

permitindo estender a linguagem de marcação. Portanto, na sua essência, arquivos XML são compostos por inúmeras TAGs. O próprio arquivo XML é visto como um arquivo de metadados.

GABARITO: ERRADO.

123. **(CESPE – 2018 – POLÍCIA FEDERAL – PERITO CRIMINAL FEDERAL - CONHECIMENTOS BÁSICOS – TODAS AS ÁREAS)** Em cada item a seguir, é apresentada uma situação hipotética, seguida de uma assertiva a ser julgada, a respeito de sistemas operacionais, intranet e internet.

Em determinado computador, no histórico de navegação de um usuário do Google Chrome, observou-se que havia, na lista de endereços acessados, mais sítios com endereços iniciados com https:// do que com http://. Nessa situação, com base somente nessa informação, conclui--se que esse usuário acessa mais sítios de intranet do que de internet, uma vez que uma das prerrogativas da intranet é o caráter limitado ao seu acesso.

Certo ( )   Errado ( )

O fato de o usuário ter acessado mais páginas com o protocolo HTTPS indica que a maioria dos conteúdos foi disponibilizado com criptografia. A partir do protocolo, não é possível identificar se essa é uma página da internet ou da intranet.

GABARITO: ERRADO.

124. **(CESPE – 2018 – POLÍCIA FEDERAL – PERITO CRIMINAL FEDERAL – CONHECIMENTOS BÁSICOS – TODAS AS ÁREAS)** Em cada item a seguir, é apresentada uma situação hipotética, seguida de uma assertiva a ser julgada, a respeito de sistemas operacionais, intranet e internet.

Por meio do Google Chrome mais recente, André necessita acessar, a partir do seu dispositivo móvel, os dados armazenados na sua estação de trabalho, referentes à navegação que ele realizou também usando o Google Chrome mais recente. Nessa situação, André terá sucesso se efetuar login no Google Chrome com o mesmo usuário na estação de trabalho e no dispositivo móvel, o que lhe permite ter acesso às senhas, ao histórico e aos favoritos em todos os dispositivos configurados.

Certo ( )   Errado ( )

O Google Chrome permite a utilização de perfis, usando contas do Google para sincronizar os navegadores presentes em dispositivos diferentes, o recurso similar existe no Mozilla Firefox e é chamado de Firefox Sync. Para sincronizar os navegadores, basta que usuário faça o login com a mesma conta nos aplicativos dos diferentes dispositivos, com esse recurso, é possível sincronizar desde histórico de navegação, histórico de busca a Google, Cookies, Cache, senhas armazenadas (memorizar senha), além de dados e cartão de crédito salvos pelo próprio programa.

GABARITO: CERTO.

125. **(CESPE – 2014 – POLÍCIA FEDERAL – AGENTE DE POLÍCIA)** Uma importante funcionalidade do navegador Google Chrome é a capacidade de manter o histórico de páginas visitadas pelo usuário como, por exemplo, páginas de sítios eletrônicos seguros por um período superior ao disponibilizado pelos demais navegadores.

Certo ( )   Errado ( )

A questão enfatiza um programa perante outro, o que na maioria dos casos caracteriza uma questão errada, como está. Além de se observar a alusão ao histórico como uma importante funcionalidade, como se esse fosse muito relevante, pelo contrário, atualmente os internautas buscam cada vez menos deixar o histórico armazenado, ao utilizar recursos como a navegação privativa.

GABARITO: ERRADO.

126. **(AUTOR – 2021)** A respeito dos programas, ferramentas e conceitos de navegação julgue as questões a seguir.
Plug-ins são softwares que, uma vez instalados no servidor da internet, aumentam suas funcionalidades ou recursos.

Certo ( )   Errado ( )

Plug-ins são recursos instalados no aplicativo do computador do usuário e não no servidor.

GABARITO: ERRADO.

127. **(AUTOR – 2021)** O Microsoft Edge é o novo navegador da Microsoft, este navegador vem junto com o Windows 10 em substituição ao Internet Explorer 11 que foi removido do Windows.

Certo ( )   Errado ( )

Tanto o MS Edge como o IE 11 fazem parte do Windows 10, porém o IE não é mais o navegador padrão, esse espaço agora é ocupado pelo Edge.

GABARITO: ERRADO.

128. **(AUTOR – 2021)** No Mozilla Firefox a navegação privativa ao ser utilizada não permite que seja armazenado o endereço do site visitado ao histórico, nem a lista de sites acessados, bem como não guarda os dados de formulários e não permite a utilização de cookies.

Certo ( )   Errado ( )

A navegação privativa (ao final do processo de uso) não guarda dados de navegação: histórico, lista de sites acessados, dados de formulários, cookies e cache. Contudo, enquanto aberta, utiliza cookies e cache, pois do contrário, a navegação seria dificultada, além do fato de muitos sites não funcionarem caso os cookies estejam bloqueados.

GABARITO: ERRADO.

129. **(AUTOR – 2021)** O Firefox Sync funciona armazenando os dados do usuário em servidores da Mozilla e sincronizando-os com os seus computadores e dispositivos. Quando a sincronização é configurada, o usuário digita um endereço de e-mail e senha, a fim de evitar que outras pessoas acessem sua conta.

Certo ( )   Errado ( )

O Firefox usa o recurso Firefox Sync que é similar ao perfil do Google Chrome, a finalidade é sincronizar os dados do navegador, desde o histórico e favoritos até as senhas salvas no navegador. Para tanto, a nuvem da mozilla é utilizada.

GABARITO: CERTO.

INFORMÁTICA

130. **(AUTOR – 2021)** No Google Chrome, caso o usuário clique sobre a guia de uma aba aberta com o botão do meio do mouse (scroll), a aba em questão é aberta em uma janela anônima.

Certo ( )   Errado ( )

Em todos os navegadores, ao clicar com o scroll (rodinha do mouse) sobre uma aba, essa é fechada. O mesmo acontece se for clicado sobre uma janela de um programa, na visualização de sua miniatura sobre a barra de tarefas do Windows ou no task view.

GABARITO: ERRADO.

131. **(AUTOR – 2021)** Para abrir uma janela anônima no Internet Explorer 11 o usuário pode utilizar a combinação de teclas de atalho CTRL + SHIFT + N.

Certo ( )   Errado ( )

O atalho indicado e a nomenclatura usada referem-se ao Google Chrome, no Internet Explorer o nome é Navegação InPrivate (pode ser chamada de privativa) e o atalho é CTRL + SHFT + P.

GABARITO: ERRADO.

132. **(CESPE – 2014 – POLÍCIA FEDERAL – AGENTE ADMINISTRATIVO)** Nas versões recentes do Mozilla Firefox, há um recurso que mantém o histórico de atualizações instaladas, no qual são mostrados detalhes como a data da instalação e o usuário que executou a operação.

Certo ( )   Errado ( )

Sim, existe tal histórico, porém, ele não lista qual foi o usuário que realizou a atualização.

GABARITO: ERRADO.

133. **(CESPE – 2014 – POLÍCIA FEDERAL – AGENTE ADMINISTRATIVO)** No Internet Explorer 10, por meio da opção Sites Sugeridos, o usuário pode registrar os sítios que considera mais importantes e recomendá-los aos seus amigos.

Certo ( )   Errado ( )

Quando você começa a digitar na barra de endereços, o Internet Explorer recomenda automaticamente sites, termos de pesquisa, aplicativos ou dá sugestões de previsão de tempo e finanças. Essas sugestões são baseadas em seu histórico de navegação, pressionamentos de tecla e favoritos para que o navegador mostre resultados que possam ser mais relevantes para você.

GABARITO: ERRADO.

134. **(CESPE – 2012 – POLÍCIA FEDERAL – AGENTE DE POLÍCIA)** Considerando que, para acessar uma página da internet via conexão segura (HTTPS), um usuário tenha ficado em dúvida sobre qual software de navegação escolher, julgue os itens que se seguem.

Se o certificado digital na conexão HTTPS for maior que 1.024 bits, o usuário deverá escolher o Mozilla Firefox ou o Internet Explorer, que suportariam a conexão, pois o Google Chrome trabalha somente com certificados de até 796 bits.

Certo ( )   Errado ( )

Dica: questão que inferioriza um programa diante outro, normalmente está errada. Os navegadores atuais suportam criptografias com chaves muito maiores.

GABARITO: ERRADO.

135. **(CESPE – 2009 – POLÍCIA FEDERAL – AGENTE DE POLÍCIA FEDERAL)** Um cookie é um arquivo passível de ser armazenado no computador de um usuário, que pode conter informações utilizáveis por um website quando este for acessado pelo usuário. O usuário deve ser cuidadoso ao aceitar um cookie, já que os navegadores da web não oferecem opções para excluí-lo.

Certo ( )   Errado ( )

Os navegadores tanto permitem apagar os cookies como possuem a funcionalidade da navegação privativa, que automaticamente apaga os cookies quando tem sua janela fechada.

GABARITO: ERRADO.

136. **(AUTOR – 2021)** No Google Chrome 59.0.3071.115 o atalho CTRL + SHIFT + Delete abre uma nova aba contendo as configurações do programa.

Certo ( )   Errado ( )

A mesma janela é aberta ao inserir chrome://settings/ na barra de endereços do navegador. Também é exibida a janela para limpar os dados de navegação.

GABARITO: CERTO.

137. **(AUTOR – 2021)** Ao realizar login em um site pela primeira vez o navegador solicita ao usuário se ele deseja memorizar a senha para facilitar futuros acessos, caso o usuário opte por salvar a senha é salva nos cookies do navegador, de tal modo que em um acesso futuro o usuário não necessitará inserir novamente a senha.

Certo ( )   Errado ( )

As senhas memorizadas pelos navegadores não são armazenadas nos cookies. Os cookies localizados no navegador são usados pelos sites para identificar perfil do usuário, conteúdo acessado, preferências, carrinho de compras, entre outras informações. Já as senhas memorizadas ficam em uma seção específica de cada navegador.

GABARITO: ERRADO.

138. **(AUTOR – 2021)** Acerca das ferramentas e recursos dos navegadores julgue o que se segue.

Um usuário utilizando um dos principais navegadores de internet (Google Chrome e Mozilla Firefox) fechou sem querer uma aba que estava aberta em uma janela privativa junto a outras duas abas, a fim de reabrir a aba fechada o usuário pode utilizar-se da combinação de teclas de atalho CTRL + SHIFT + T.

Certo ( )   Errado ( )

Na maioria dos navegadores de internet, o atalho CTRL + SHIFT + T tem como finalidade reabrir a última aba fechada. Tal ação é sequencial, ou seja, uma vez reaberta a última aba ao usar o atalho, novamente é reaberta a aba fechada por penúltimo. No caso da questão, a aba fechada é de uma janela privativa, assim, se a janela privativa não for fechada é possível usar o atalho na mesma, porém ao fechar a janela privativa o atalho não terá mais efeito para as abas que estavam abertas na janela privativa.

GABARITO: CERTO.

INFORMÁTICA

139. **(AUTOR – 2021)** Ao utilizar os navegadores de internet se o usuário não quiser que os sites armazenem cookies em seu computador, ele pode bloquear os cookies.

Certo ( )   Errado ( )

Embora o bloqueio de cookies possa impedir que algumas páginas sejam exibidas corretamente, bloquear os cookies aumenta a segurança ao navegar. Também pode aparecer uma mensagem em um site avisando que é preciso permitir os cookies para poder ver esse site.

GABARITO: CERTO.

140. **(AUTOR – 2021)** Para exibir uma página específica no Internet Explorer 11 sempre que uma nova guia for aberta, deve-se acessar a opção Ferramentas para Desenvolvedores, disponibilizada no menu Ferramentas, e, em seguida, realizar as configurações necessárias.

Certo ( )   Errado ( )

Para definir uma ou mais páginas como iniciais, devemos acessar as ferramentas do Internet Explorer e selecionar a opção Opções de Internet, ou abrir a mesma opção pelo Painel de Controle do Windows. A Ferramenta para Desenvolvedores pode ser acessada pelo atalho F12.

GABARITO: ERRADO.

141. **(AUTOR – 2021)** Julgue os itens subsequentes, acerca do sítio de busca Google; dos conceitos de organização e de gerenciamento de arquivos; e dos aplicativos para a segurança da informação.

Embora possua uma enorme quantidade de recursos, o Google não permite a realização de pesquisa de imagens por meio da especificação de um formato de arquivo, impossibilitando, por exemplo, que se pesquisem exclusivamente arquivos com a extensão JPG.

Certo ( )   Errado ( )

Para realizar uma busca por arquivos específicos que possuam o termo desejado, exemplo: **palavra-chave filetype:jpg**.

GABARITO: ERRADO.

142. **(AUTOR – 2021)** Julgue os itens subsequentes, acerca do sítio de busca Google; dos conceitos de organização e de gerenciamento de arquivos; e dos aplicativos para a segurança da informação.

Na utilização do sítio de busca do Google, é possível definir que a busca seja feita apenas em sítios que tenham sido atualizados nas últimas 24 horas.

Certo ( )   Errado ( )

O Google avançou ao ponto de permitir a realização da pesquisa sem usar a base direta do Google, além de permitir a busca por intervalos de datas.

GABARITO: CERTO.

143. **(AUTOR – 2021)** Ao realizar uma busca no Google usando a expressão: **cookies -receita filetype:pdf** serão apresentadas como resultados links para páginas web que apresentem a palavra cookies em seu conteúdo, mas que não possuam a palavra receita e que possuam link para um arquivo pdf.

Certo ( )   Errado ( )

Ao realizar a busca indicada, o Google lista links que levam a arquivos no formato pdf e não páginas web, que contenham a palavra cookies em seu conteúdo ou nome e não possuam a palavra receita.

GABARITO: ERRADO.

144. **(AUTOR – 2021)** Os motores de busca estão cada vez mais "inteligentes" e apresentando resultados mais diretos de tal modo que os usuários não precisam se quer clicar nos links de resultado para obter a informação buscada, como horários de sessões de filmes biografias de atores. O Google oferece ainda o uso do motor de buscas para realizar cálculos matemáticos.

Certo ( )   Errado ( )

O Google possibilita a realização de cálculos básicos e complexos, para acessar a calculadora do Google, basta realizar uma busca usando um cálculo simples como 2+2 e o resultado é exibido junto (dentro) da calculadora que conta com as opções tradicionais de uma calculadora científica.

GABARITO: CERTO.

145. **(AUTOR – 2021)** Ao realizar uma busca no Google usando a expressão: **cookies -receita** serão apresentadas como resultados links para páginas web que apresentem a palavra cookies em seu conteúdo, mas que não possuam a palavra receita.

Certo ( )   Errado ( )

Ao realizar a busca indicada, o Google lista as páginas que contenham a palavra cookies em seu conteúdo ou nome e não possuam a palavra receita, desse modo, fica mais fácil encontrar um resultado mais relevante à pesquisa, uma vez que no exemplo dado, se o usuário pesquisar apenas por cookies, a maioria dos resultados (pelo menos iniciais) seriam de receitas, ao excluir do resultado páginas com essa palavra, a chance de encontrar resultados relativos à cookies de navegadores aumenta consideravelmente.

GABARITO: CERTO.

146. **(CESPE – 2012 – PC/AL – DELEGADO DE POLÍCIA)** O navegador deve ser instalado na máquina do usuário para que os serviços disponíveis na internet sejam acessados remotamente.

Certo ( )   Errado ( )

O browser é o programa padrão para acesso às páginas da internet, ou seja, é a ferramenta que acessa o principal conteúdo da internet. Para tanto são utilizados os protocolos do conjunto TCP/IP como: HTTP e HTTPS, além do FTP e demais usados para recursos mais específicos.

GABARITO: CERTO.

147. **(CESPE – 2012 – POLÍCIA FEDERAL – AGENTE DE POLÍCIA FEDERAL)** Considerando que, para acessar uma página da internet via conexão segura (HTTPS), um usuário tenha ficado em dúvida sobre qual software de navegação escolher, julgue os itens que se seguem.

O Google Chrome, o Mozilla Firefox e o Internet Explorer suportam o uso do protocolo HTTPS, que possibilita ao usuário uma conexão segura, mediante certificados digitais.

Certo ( )   Errado ( )

João Paulo Colet Orso

INFORMÁTICA

Os navegadores atuais suportam nativamente os protocolos da pilha de protocolos TCP/IP relacionados a eles, como HTTPS, HTTP e FTP, entre outros.

GABARITO: CERTO.

148. **(CESPE – 2018 – POLÍCIA FEDERAL – ESCRIVÃO DE POLÍCIA FEDERAL)** A respeito de sistemas operacionais e de aplicativos de edição de textos e planilhas, julgue o item a seguir.

A técnica de swapping consiste em transferir temporariamente um processo da memória para o disco do computador e depois carregá-lo novamente em memória.

Certo ( )   Errado ( )

Também conhecido como área de troca ou memória virtual, a Swap é uma técnica empregada para tentar contornar a falta de memória RAM do computador. Deste modo, quando a memória RAM está sobrecarregada, são retirados os dados menos utilizados dela e colocados na área temporária dentro do HD, utilizando o mesmo formato que estava na memória RAM para facilitar o trânsito de um dispositivo para outro. Conforme for liberado o espaço da memória RAM, os dados que estão na memória virtual são trazidos de volta para a memória RAM.

GABARITO: CERTO.

149. **(CESPE – 2018 – POLÍCIA FEDERAL – PERITO CRIMINAL FEDERAL – ÁREA 3)** No que concerne a sistemas operacionais e tecnologias de virtualização, julgue o item seguinte.

Um sistema operacional classificado como multitarefa é aquele em que vários processos de utilizador (tarefas) estejam carregados em memória; nesse caso, um pode estar ocupando o processador e outros ficam enfileirados, aguardando a sua vez.

Certo ( )   Errado ( )

Um sistema operacional multitarefa é aquele que tem a capacidade de apresentar, após uma sequência de execução de processos, um comportamento como se tivesse executado vários processos em paralelo, ou pelo menos, aparentar ter executado os processos simultaneamente. Uma das características base de um sistema operacional multitarefa é a capacidade de alternar entre as tarefas, realizando pequenos processamentos por vez de cada atividade. Ao se ter apenas um núcleo do processador que efetivamente temos uma tarefa sendo citada por vez, neste caso, enquanto uma tarefa é executada, as demais ficam aguardando na fila pelo seu momento. Já num computador com o processador que possua mais de um núcleo, cada núcleo poderá executar uma tarefa simultânea a outra, mas ainda assim existe alternância entre as tarefas e a Fila de tarefas.

GABARITO: CERTO.

150. **(CESPE – 2018 – POLÍCIA FEDERAL – PERITO CRIMINAL FEDERAL – ÁREA 3)** No que concerne a sistemas operacionais e tecnologias de virtualização, julgue o item seguinte.

Emulador permite a um programa feito para um computador ser executado em outro computador.

Certo ( )   Errado ( )

Emulador é um software, ou até mesmo hardware, o que cria de forma virtual um ambiente similar aquele emulado, um exemplo muito comum disso é a emulação de consoles de videogame antigos, como Atari dentro do Windows ou do Linux. Além de oferecerem a possibilidade de uma gama de entretenimentos, também tem uma importância muito grande no quesito arquivístico, quando simulamos equipamentos mais antigos a fim de evitar a obsolescência de materiais de suporte.

GABARITO: CERTO.

151. **(CESPE – 2018 – POLÍCIA FEDERAL – PERITO CRIMINAL FEDERAL – ÁREA 3)** No que concerne a sistemas operacionais e tecnologias de virtualização, julgue o item seguinte.
Container consiste em um conjunto de processos que, isolados do resto do sistema, são executados a partir de uma imagem distinta, que fornece todos os arquivos necessários a eles.

Certo ( )   Errado ( )

"Um container Linux é um conjunto de um ou mais processos organizados isoladamente do sistema. Todos os arquivos necessários para executá-los são fornecidos por uma imagem distinta. Na prática, os containers Linux são portáteis e consistentes durante toda a migração entre os ambientes de desenvolvimento, teste e produção. Essas características os tornam uma opção muito mais rápida do que os pipelines de desenvolvimento, que dependem da replicação dos ambientes de teste tradicionais. Os containers também são uma parte importante da segurança da TI por conta da popularidade e da facilidade de uso deles." Conforme apresentado no portal da Redhat, os containers permitem um maior controle do ambiente em que será desenvolvido um software. As bibliotecas, dependências de arquivos necessários para que o aplicativo funcione, ficam dentro do contêiner, de tal modo que não afetam as bibliotecas que já estão definidas como padrão do sistema principal. A utilização de contêineres possui o melhor desempenho do que a virtualização direta, uma vez que ela otimiza o espaço de armazenamento, não sendo necessário instalar um novo sistema operacional em um ambiente virtual, pois ela utiliza o mesmo kernel do sistema operacional, porém, com os processos isolados. Isso tudo confere uma maior portabilidade ao contêiner.

GABARITO: CERTO.

152. **(CESPE – 2014 – POLÍCIA FEDERAL – AGENTE DE POLÍCIA FEDERAL)** Comparativamente a computadores com outros sistemas operacionais, computadores com o sistema Linux apresentam a vantagem de não perderem dados caso as máquinas sejam desligadas por meio de interrupção do fornecimento de energia elétrica.

Certo ( )   Errado ( )

Uma dica preciosa para as provas da CESPE: se houver uma comparação em que algum software ou ferramenta é inferiorizado diante de outro, há grandes chances dessa questão estar errada. Como é o caso dessa questão. O núcleo da questão está na afirmação de perda de dados quando o computador for desligado de forma inesperada, assim, o que devemos analisar é que informações serão perdidas. As informações perdidas serão aquelas que ainda não foram salvas em disco rígido, ou seja, que estão apenas na memória RAM que por ser uma memória volátil perde os dados em caso de falta de energia. Portanto, independente do sistema operacional, o resultado seria o mesmo.

GABARITO: ERRADO.

153. **(CESPE – 2014 – POLÍCIA FEDERAL – AGENTE DE POLÍCIA FEDERAL)** Funcionalidades disponibilizadas no aplicativo PuTTY permitem que os usuários acessem um computador com sistema operacional Linux a partir de um computador com sistema Windows, bem como permitem a execução remota de comandos.

Certo ( )   Errado ( )

INFORMÁTICA

O PuTTY é um cliente SSH e Telnet, ou seja, um aplicativo para realizar conexões remotas, utilizando esses protocolos.

GABARITO: CERTO.

154. **(CESPE – 2012 – PC/AL – AGENTE DE POLÍCIA)** Arquivos com extensão do tipo .exe, .com e .bat não podem ser ocultados no sistema operacional.

Certo ( )   Errado ( )

É possível ocultar qualquer tipo de arquivo, nos casos citados, é comum a ocultação de vírus executáveis como forma de disfarçá-los. No Linux, para ocultar um arquivo, basta usar um ponto antes do nome do arquivo.

GABARITO: ERRADO.

155. **(CESPE – 2012 – PC/AL – AGENTE DE POLÍCIA)** Caso o sistema operacional, ao se instalar um hardware em um computador, não reconheça automaticamente esse dispositivo, o problema será sanado ao se instalar o driver correspondente ao dispositivo, o que permitirá que o sistema operacional utilize o hardware em questão.

Certo ( )   Errado ( )

O Sistema Operacional é quem interage com o hardware, logo, ele é quem mais precisa do Driver, pois esse é a informação sobre como o dispositivo funciona.

GABARITO: CERTO.

156. **(CESPE – 2012 – PC/AL – AGENTE DE POLÍCIA)** Ao se ligar um computador convencional, a BIOS (Basic Input Output System), responsável pelos drives do kernel do sistema operacional, carrega o disco rígido e inicia o sistema operacional.

Certo ( )   Errado ( )

O BIOS é o Sistema Básico de Entrada e Saída, ele é responsável pela rotina de inicialização do computador, realizando os testes de compatibilidade e confiabilidade. Kernel é o núcleo do sistema operacional.

GABARITO: ERRADO.

157. **(CESPE – 2012 – PC/AL – AGENTE DE POLÍCIA)** O diretório - dev do Linux é equivalente ao diretório C:\Windows\System32\drivers.

Certo ( )   Errado ( )

O diretório /dev é responsável por armazenar os devices, ou seja, os drivers dos dispositivos, assim como a pasta ..\drivers do Windows.

GABARITO: CERTO.

158. **(CESPE – 2012 – PC/AL – DELEGADO DE POLÍCIA)** No Internet Explorer (IE), por meio da opção Histórico, obtém-se o registro dos acessos já realizados pelos usuários do IE durante determinado período.

Certo ( )   Errado ( )

O histórico registra que página foi aberta e quando foi. Para exibir o histórico basta teclar CTRL + H.

GABARITO: CERTO.

159. **(CESPE – 2010 – ABIN – OFICIAL TÉCNICO DE INTELIGÊNCIA)** Sempre que se procede à instalação do sistema operacional Linux, é necessário definir uma partição no disco rígido destinada à memória virtual, a fim de evitar o comprometimento do correto funcionamento do sistema.

Certo ( )   Errado ( )

A memória virtual é a Swap. É recomendado que se crie uma partição própria para a Área de Troca, mas não obrigatório. No Windows, o usuário é quem tem acesso direto a essa opção, já durante a instalação do Linux, o usuário pode definir se quer criar uma partição de Swap e o seu tamanho.

GABARITO: ERRADO.

160. **(CESPE – 2014 – POLÍCIA FEDERAL – CONHECIMENTOS BÁSICOS)** O DualBoot permite que dois sistemas operacionais sejam instalados e utilizados simultaneamente em uma mesma máquina.

Certo ( )   Errado ( )

Dual boot significa que em um mesmo computador existem dois sistemas operacionais instalados, contudo, o usuário terá de escolher no momento do boot qual dos sistemas irá utilizar, ou seja, não é possível carregar os dois sistemas ao mesmo tempo como sistemas principais. Embora existam as máquinas virtuais, porém, isso já foge ao que os editais propõem.

GABARITO: ERRADO.

161. **(CESPE – 2018 – POLÍCIA FEDERAL – PERITO CRIMINAL FEDERAL – ÁREA 3)** Acerca das técnicas de recuperação de arquivos de um computador, julgue o item subsequente.

O registro do Windows é um arquivo do sistema no qual são guardados todos os usuários dos aplicativos, para o controle do nível de acesso aos respectivos dados.

Certo ( )   Errado ( )

A partir do Windows 95, a Microsoft inseriu no sistema operacional uma espécie de banco de dados central de informações que chamou de registro. Trata-se de um banco de dados hierárquico que simplifica o sistema operacional permitindo que se tornem mais adaptável. Com registro do Windows, armazena-se elementos de configuração do usuário para humanização do sistema operacional, bem como aquelas características compartilhadas entre os vários usuários do sistema. Uma função principal do Registro no Windows 95 foi servir como um repositório central para informações específicas de hardware para uso pela detecção de hardware e componentes do sistema Plug and Play. Contudo, o registro do Windows não possui uma interface tão amigável ao usuário, podendo ser acessado e editado por meio do regedit (Editor de Registro). As configurações mais relevantes e de uma grande necessidade para usuários estão disponíveis por meio do painel de controle, que aos poucos no Windows 10 vem sendo substituído pela central de configurações.

GABARITO: ERRADO.

162. **(CESPE – 2018 – POLÍCIA FEDERAL – PERITO CRIMINAL FEDERAL – CONHECIMENTOS BÁSICOS – TODAS AS ÁREAS)** Em cada item a seguir, é apresentada uma situação hipotética, seguida de uma assertiva a ser julgada, a respeito de sistemas operacionais, intranet e internet.

Depois de fazer login em uma estação de trabalho com Windows 10, o usuário de nome delegado verificou que estava sem acesso de escrita na pasta c:\temp\bo. Uma das possíveis causas seria o fato de o referido usuário não ser o dono da pasta e(ou) não ter acesso específico a ela. Nessa

INFORMÁTICA

situação, o administrador da máquina pode eliminar essa restrição por meio do comando chown +w delegado c:\temp\bo, executado no power shell do sistema operacional, que aceita tanto comandos DOS quanto alguns comandos Linux.

Certo ( )   Errado ( )

O Power Shell dentro do Windows 10 aceita muitos comandos que são tradicionalmente utilizados no Linux, porém, não todos, o comando chown é um exemplo de comando que não é reconhecido pelo Power Shell, isso se deve pelo fato da estrutura de permissões utilizadas no Windows e Linux serem diferentes.

GABARITO: ERRADO.

163. **(CESPE – 2014 – POLÍCIA FEDERAL – AGENTE DE POLÍCIA)** No Windows 8, ao se clicar, com o botão direito do mouse, sobre o nome de um arquivo do PowerPoint e, em seguida, selecionar a opção Mostrar, o referido arquivo será aberto para uma visualização rápida; se, após esse procedimento, qualquer tecla for pressionada, o arquivo será fechado.

Certo ( )   Errado ( )

O Windows 7 já apresentava funcionalidades integradas com o Microsoft Office junto à pré-visualização de um arquivo, já no Windows 8, tal funcionalidade fora melhorada para ser mais intuitiva. Contudo, o que está em exibição é uma apresentação de slides, assim, para finalizá-la é necessário utilizar a tecla ESC, logo, não será qualquer tecla como a questão sugere.

GABARITO: ERRADO.

164. **(CESPE – 2014 – POLÍCIA FEDERAL – AGENTE DE POLÍCIA)** Com relação ao sistema operacional Windows e aos ambientes Microsoft Office e BrOffice, julgue o próximo item.
No Windows Explorer, a ação de renomear um arquivo pode ser realizada por meio da opção Renomear, que é acionada com o botão direito do mouse, bem como por meio de um duplo clique pausado.

Certo ( )   Errado ( )

Duplo clique pausado a que se refere a questão é um clique e depois outro, demorando alguns instantes para realizar o segundo clique, também pode ser realizada a operação por meio do atalho F2.

GABARITO: CERTO.

165. **(CESPE – 2012 – PC/AL –DELEGADO DE POLÍCIA)** A pasta Arquivos de Programas do ambiente Windows é o espaço em que são armazenados os programas instalados de fábrica, sendo esse espaço destinado exclusivamente para o armazenamento desses programas.

Certo ( )   Errado ( )

A maioria dos programas, ao ser instalado, copia seus arquivos necessários para funcionamento na pasta Arquivos de Programas, logo, não são apenas os programas de fábrica.

GABARITO: ERRADO.

166. **(CESPE – 2017 – PM/AL – SOLDADO)** No sistema operacional Windows 8, todo arquivo tem de possuir um nome, e, em uma pasta com arquivos produzidos nesse sistema, cada arquivo deve ter um nome exclusivo.

Certo ( )   Errado ( )

É importante lembrar que a extensão de um arquivo, assim como a pasta (caminho) fazem parte do nome de um arquivo.

GABARITO: CERTO.

167. **(CESPE – 2017 – PM/AL – SOLDADO)** A exclusão de um arquivo eletrônico do computador é permanente, dada a inexistência de programas capazes de recuperar o conteúdo de arquivos apagados.

Certo ( )   Errado ( )

A exclusão de um arquivo envia-o para a lixeira se: o arquivo couber na lixeira, não for de unidades removíveis, não tiver sido excluído permanentemente pelo usuário ou não ter sido excluído de uma pasta da rede. Por outro lado, mesmo o usuário excluindo permanentemente um arquivo, existem programas que auxiliam a restauração desses arquivos caso não tenham sido sobrescritos no dispositivo de armazenamento.

GABARITO: ERRADO.

168. **(AUTOR – 2021)** No Windows 7 é impossível criar uma pasta cujo nome seja **NULL.**

Certo ( )   Errado ( )

É possível criar com o nome NULL, não é possível usar o nome NUL (apenas um L), outro nome reservado é o AUX, assim como, LPT0, LTP1, ..., LPT9, com0, com1, ..., com9. Sempre é pertinente lembrar dos caracteres não permitidos no sistema de arquivos NTFS e FAT (>, <, ?, *, :, /, |, \ e ").

GABARITO: ERRADO.

169. **(AUTOR – 2021)** Com base no MS Windows 10 julgue os próximos itens.

No Windows 10 há um agente digital com a função de ajudar o usuário a realizar tarefas como enviar lembretes com base na hora, em locais ou em pessoas; rastrear pacotes, interesses e voos; enviar e-mails e SMSs; gerenciar o calendário; criar e gerenciar listas; encontrar fatos, arquivos, locais e informações.

Certo ( )   Errado ( )

O Windows 10 apresenta um concorrente ao Siri da Apple e ao Talk do Google, denominado Cortana, atualmente disponível também em português, substitui a ferramenta pesquisar da barra de tarefas do Windows.

GABARITO: CERTO.

170. **(AUTOR – 2021)** O Cortana disponível no Windows 10 com a atualização Creator's está disponível apenas em inglês para comandos de voz, embora o português possa ser usado para comandos de texto, sua versão em português brasileiro é incluída apenas com a atualização Fall Creator's.

Certo ( )   Errado ( )

INFORMÁTICA

Antes mesmo da atualização Creator do Windows 10, o Cortana já conta com o idioma PT BR para ser utilizado nos comandos de voz. Comandos de texto na verdade realizam buscas, não usam o Cortana.

GABARITO: ERRADO.

171. **(AUTOR – 2021)** Em um caso hipotético, José, para garantir a segurança de seus dados pessoais, realiza uma cópia diária dos arquivos em um disco de armazenamento externo ao computador. Suponde que na segunda-feira, primeiro dia da cópia de segurança, José realizou uma cópia completa de seus dados e que de terça-feira até sexta-feira, daquela semana, foram realizadas cópias somente dos arquivos criados ou alterados após a cópia completa de segunda-feira. Seguindo essa situação hipotética, podemos concluir que o tipo de backup adotado por José, de terça-feira até sexta-feira, é válido somente para uma rotina de becape Diferencial.

Certo ( )   Errado ( )

O erro é afirmar que o tipo de cópia apresentado é válido somente para uma rotina do tipo diferencial, sendo que as informações apresentadas se encaixam em uma cópia do tipo incremental também. As informações não foram claras o suficiente para definir qual o tipo de backup que fora adotado, pois ambos os backups são capazes de copiar somente os arquivos que foram criados e alterados desde o último backup. A diferença entre o backup Diferencial e o Incremental é que o primeiro copia os arquivos criados e alterados em todas as rotinas de backups, por não apagar a bandeira (Flag Archive), enquanto o último copiará apenas uma vez o arquivo criado e alterado após a última cópia total, por apagar o atributo de marcação após cada backup.

GABARITO: ERRADO.

172. **(AUTOR – 2021)** Julgue o item que se segue acerca de operações com arquivos e pastas e procedimentos de backup.

Ao realizar um becape incremental, após terem sido realizados um becape normal seguido de dois diferenciais, são copiados os arquivos já salvos no primeiro e no segundo becape diferenciais que ainda não foram excluídos ou alterados antes de realizar o becape incremental.

Certo ( )   Errado ( )

Ao criar ou alterar um arquivo, há uma propriedade que é marcada, ao realizar um backup incremental os arquivos novos ou alterados após o último backup incremental ou completo são salvos. Após realizar um becape incremental e completo os arquivos são desmarcados, mas após um becape diferencial os atributos são mantidos marcados.

GABARITO: CERTO.

173. **(AUTOR – 2021)** Julgue o item que se segue acerca de operações com arquivos e pastas e procedimentos de backup.

Um usuário temendo pela perda de seus dados criou uma conta no OneDrive realizou um backup dos seus arquivos movendo-os de seu computador para o serviço.

Certo ( )   Errado ( )

Para caracterizar um backup , os dados precisam ser armazenados tanto no computador como na nuvem escolhida, pois o backup define-se como cópia de segurança.

GABARITO: ERRADO.

174. **(AUTOR – 2021)** Ao realizar um backup completo de seus arquivos um agente federal pode se tranquilizar, pois seus arquivos ficaram protegidos contra possível malwares ou ataques.

Certo ( )   Errado ( )

O backup é uma cópia de segurança que tem por interesse amenizar estragos e não necessariamente proteger os arquivos.

GABARITO: ERRADO.

175. **(AUTOR – 2021)** Ao realizar um backup incremental são copiados somente arquivos selecionados pelo usuário cujo atributo de arquivo está marcado.

Certo ( )   Errado ( )

Ao criar ou alterar um arquivo, há uma propriedade que é marcada, ao realizar um backup incremental, os arquivos novos ou alterados após o último backup incremental ou completo são salvos. Após realizar um backup incremental e completo os arquivos são desmarcados.

GABARITO: CERTO.

176. **(AUTOR – 2021)** Um usuário copiou todos os arquivos de sua pasta para outro dispositivo a fim de realizar uma cópia de segurança caso o seu computador venha a ter problemas, esse tipo de backup pode ser considerado o normal, uma vez que salvou todos os arquivos.

Certo ( )   Errado ( )

Pode ser considerado um backup de cópia apenas, pois não houve alteração no flagarchive que é usado para a realização de rotinas de backup .

GABARITO: ERRADO.

177. **(AUTOR – 2021)** O Backup Diferencial é aquele que salva os arquivos de forma acumulativa, ou seja, se o arquivo for alterado uma vez e após a realização do backup diferencial ele não tenha sido novamente alterado, esse arquivo será incluído nos próximos backup diferenciais.

Certo ( )   Errado ( )

O backup diferencial salva o que foi alterado desde o último backup completo ou incremental. Logo, o arquivo citado pela questão continuará fazendo parte dos backup diferenciais até que seja feito um completo ou um incremental, pois esses desmarcam o arquivo salvo após salvá-lo.

GABARITO: CERTO.

178. **(AUTOR – 2021)** A equipe de TI da Polícia Rodoviária Federal está configurando a rotina de backup de seu servidor de banco de dados, considerando que o processo de realização de backup precisa ser o mais rápido possível, mesmo que restauração demore, e que a um grande volume de arquivos diferentes é alterado diariamente é mais recomendado que a equipe de TI use uma rotina diária de backup incremental que um backup diferencial.

Certo ( )   Errado ( )

Como muitos arquivos são diferentes, se for realizado o Backup Diferencial, um arquivo alterado em um dia e não no outro teria de ser salvo da mesma forma, o que aumenta a quantidade de arquivos para salvar, assim, o diferencial tem mais chances de demorar mais que o incremental, pois o incremental só salva os arquivos que foram alterados no dia.

GABARITO: CERTO.

João Paulo Colet Orso

INFORMÁTICA

179. **(CESPE – 2014 – POLÍCIA FEDERAL – AGENTE DE POLÍCIA)** Imediatamente após a realização de um backup incremental utilizando-se um software próprio de backup, há expectativa de que esteja ajustado o flag archive de todos os arquivos originais que foram copiados para uma mídia de backup .

Certo ( )   Errado ( )

A palavra ajustado torna a questão confusa para aqueles que sabem mais, pois ela foi empregada na questão com o entendimento de **ser colocado o valor esperado** no flag archive, o que está correto. Após a realização do backup Incremental, o flag archive é marcado como zero, para assim, indicar que o arquivo foi incluído em um backup, quando alteramos o arquivo, esse flag archive é marcado com um. Ao realizar o backup Incremental são armazenados apenas os arquivos marcados com um.

GABARITO: CERTO.

180. **(CESPE – 2012 – PC/AL – DELEGADO DE POLÍCIA)** A cópia de segurança de pastas e arquivos, também denominada backup, deve ser feita com determinada periodicidade, em locais seguros, distintos do local em que os dados foram salvos originalmente, a fim de permitir a recuperação dos dados salvos em caso de perdas.

Certo ( )   Errado ( )

A periodicidade de um backup depende do usuário e a importância do dado para ele, bem como a frequência com que o dado é modificado. Realizar uma cópia dos arquivos para outra pasta dentro do mesmo HD não caracteriza um backup, pois se o HD vier a apresentar defeito, os dados serão perdidos.

GABARITO: CERTO.

181. **(CESPE – 2008 – PC/TO – ESCRIVÃO)** Para se fazer o backup de um arquivo de dados com 500 Mb é suficiente utilizar um CD comercial padrão.

Certo ( )   Errado ( )

O CD convencional possui capacidade de armazenar 700 MB, enquanto um DVD pode armazenar 4,7 GB. Ao realizar um backup não é necessário usar o anterior, independente de qual seja o tipo de backup, pois as indicações para que um arquivo faça ou não parte do backup estão no próprio arquivo a ser salvo.

GABARITO: CERTO.

182. **(CESPE – 2013 – FUB – ASSISTENTE EM ADMINISTRAÇÃO)** Caso um professor queira fazer becape de arquivos diversos de suas aulas em destino seguro, fora do disco rígido de seu computador, e esses arquivos ocupem dois gigabaites de espaço em disco, será recomendável que ele opte pela utilização de um CD, desde que ele grave seus arquivos em seu formato original, ou seja, que não empregue recursos de compressão ou de criptografia de dados.

Certo ( )   Errado ( )

Um DVD seria o recomendado no lugar do CD, pois o DVD-R possui 4,7 GB de capacidade, contra 700 MB do CD-R.

GABARITO: ERRADO.

183. **(CESPE – 2018 – POLÍCIA FEDERAL – ESCRIVÃO DE POLÍCIA FEDERAL)** A respeito de sistemas operacionais e de aplicativos de edição de textos e planilhas, julgue o item a seguir.

Windows e Linux são exemplos de sistemas operacionais de núcleo monolítico, em que um único processo executa as principais funções.

Certo ( )   Errado ( )

Questão apresenta uma das principais características dos sistemas operacionais monolíticos: ter uma única estrutura responsável por controlar os principais processos do sistema, a fim de evitar problemas de segurança e concorrência pelo controle. Linus Torvalds, ao criar o sistema operacional Linux, tomou esse princípio como base, e buscou os principais módulos do kernel do Unix, escreveu todos em um único bloco.

GABARITO: CERTO.

184. **(CESPE – 2018 – POLÍCIA FEDERAL – PERITO CRIMINAL FEDERAL – CONHECIMENTOS BÁSICOS – TODAS AS ÁREAS)** Em cada item a seguir, é apresentada uma situação hipotética, seguida de uma assertiva a ser julgada, a respeito de sistemas operacionais, intranet e internet.

Após verificar que o diretório /var/bo no Linux está sem espaço para novos arquivos, Pedro resolveu mover todos os arquivos e subdiretórios existentes nesse diretório para o diretório /etc/backup/bo localizado em outro disco, também no ambiente Linux. Nessa situação, a partir do diretório raiz do sistema operacional, o comando correto que Pedro deve usar para executar essa tarefa é mv -Rf /var/bo > /etc/backup/bo.

Certo ( )   Errado ( )

Cuidado, pegadinha típica apresentada na questão sobre comandos Linux o uso do sinal >, queira na verdade escrever dentro de um arquivo como resultado de uma operação que se deseja realizar sem, de fato, executar essa operação.

GABARITO: ERRADO.

185. **(CESPE – 2014 – POLÍCIA FEDERAL – AGENTE DE POLÍCIA)** As rotinas de inicialização GRUB e LILO, utilizadas em diversas distribuições Linux, podem ser acessadas por uma interface de linha de comando.

Certo ( )   Errado ( )

Questão capciosa, pois o termo acessado causa dualidade de interpretação. Tais aplicativos são iniciados antes do próprio Sistema Operacional e não são acessados pelo terminal do Linux diretamente, apesar de ser possível sua configuração por meio de tal.

O GRUB pode ser acessado antes do Boot, já o LILO não.

GABARITO: CERTO.

186. **(CESPE – 2014 – MTE – AGENTE ADMINISTRATIVO)** Os ambientes Linux e Windows têm estruturas de diretórios semelhantes, como, por exemplo, o diretório - bin, que no Linux é responsável por manter os principais comandos do sistema.

Certo ( )   Errado ( )

O diretório "/bin" armazena os executáveis de alguns comandos básicos do sistema LINUX, como o su, tar, cat, rm, pwd etc. Já no Windows, a estrutura dos diretórios é diferente, alguns diretórios têm objetivos parecidos, mas a estrutura como um todo é diferente.

GABARITO: ERRADO.

João Paulo Colet Orso

INFORMÁTICA

187. **(CESPE – 2014 – POLÍCIA FEDERAL – AGENTE ADMINISTRATIVO)** No ambiente Linux, é possível utilizar comandos para copiar arquivos de um diretório para um pen drive.

Certo ( )   Errado ( )

Podem-se usar linhas de comando no terminal como cp, ou usar gerenciadores de arquivos com interface gráfica como Konqueror e Nautilus.

GABARITO: CERTO.

188. **(CESPE – 2015 – TRE/GO – ANALISTA JUDICIÁRIO)** No Linux, o comando cd - etc- teste cria o diretório teste dentro do diretório - etc.

Certo ( )   Errado ( )

O comando cd (de change directory) permite navegar entre os arquivos e pastas, no caso, ele abrirá a pasta teste contida na pasta etc. Para criar o diretório, o comando é mkdir (de make directory). Assim seu uso é mkdir /etc/teste.

GABARITO: ERRADO.

189. **(CESPE – 2015 – TRE/GO – ANALISTA JUDICIÁRIO)** No Linux, todo arquivo executável tem como extensão o sufixo .exe.

Certo ( )   Errado ( )

No Linux, os executáveis podem usar a extensão .bin, ou se quer possuir extensão, pois o Linux gerência diferente do Windows seus Executáveis. Vale observar que arquivos .COM e .BAT do Windows também são executáveis e muito explorados por malwares.

GABARITO: ERRADO.

190. **(CESPE – 2011 – CBM-DF – BOMBEIRO)** Em algumas das distribuições do Linux disponíveis na internet, pode-se iniciar o ambiente gráfico por meio do comando startx.

Certo ( )   Errado ( )

O Linux possui o modo texto e o modo gráfico. No modo gráfico, o Servidor X é a estrutura base para que as GUIs (Interfaces Gráficas do Usuário) possam ser utilizadas. O usuário pode ainda alternar entre o ambiente gráfico e de texto por meio dos atalhos Atl + F1 e Alt + F7.

GABARITO: CERTO.

191. **(CESPE – 2014 – POLÍCIA FEDERAL – CONHECIMENTOS BÁSICOS)** Por ser o Linux o kernel, ou seja, o sistema operacional em si, para que ele funcione, será necessária a sua instalação em conjunto com outros aplicativos ou utilitários, especialmente em distribuições como Debian e Ubuntu.

Certo ( )   Errado ( )

As distribuições Linux são como personalizações do sistema, na verdade são estruturas de funcionamento completas para dar suporte aos aplicativos da compilação.

GABARITO: CERTO.

192. **(CESPE – 2013 – SEGESP/AL – TÉCNICO FORENSE)** Em ambiente Linux, o comando **mv** é utilizado para mover ou renomear um ou mais arquivos e diretórios, o que facilita a organização das informações.

Certo ( )   Errado ( )

O comando mv (todo em minúsculo, pois o Linux é Case Sensitive) pode ser usado para renomear um arquivo ou pasta, além de movê-los. O comando rm remove e cp é usado para copiar.

GABARITO: CERTO.

193. **(UFPR – 2019 – UFPR – ASSISTENTE EM ADMINISTRAÇÃO)** Assinale a alternativa que apresenta o comando para criar uma pasta com nome meus trabalhos no sistema operacional UBUNTU versão 14.

a) md meus trabalhos.

b) md \meus trabalhos.

c) mkdir –p /meus/trabalhos.

d) mkdir meus trabalhos.

e) mkdir "meus trabalhos.

O comando mkdir é usado para criar diretórios (make directory), no caso de nomes de pastas que sejam compostos, o nome deve estar entre aspas duplas ou aspas simples.

GABARITO: E.

194. **(FUNCERN – 2019 – PREFEITURA DE JARDIM DE PIRANHAS/RN – AGENTE DE ADMINISTRAÇÃO)** Um aluno do curso de Redes de Computadores está utilizando o sistema operacional Linux Ubuntu 16.04 LTS e precisa utilizar os comandos de visualizar o conteúdo de um arquivo texto e apagá-lo no terminal. Para isso, usou os, respectivamente, os comandos

a) cat e rm.

b) ls e del.

c) cp e rm.

d) cat e del.

O comando cat exibe o conteúdo de um arquivo de texto no terminal, também é possível usar o comando tac para exibir o conteúdo, porém, de forma inversa (imprime da última linha para a primeira). O comando rm remove arquivos, é possível usar o comando rm para excluir diretórios, porém, é necessário usar opções como -f (force) ou -R (Recursive). O comando cp é usado para copiar, enquanto ls lista o conteúdo de um diretório especificado, ou do atual caso não indicado.

GABARITO: A.

195. **(CESPE – 2018 – POLÍCIA FEDERAL – ESCRIVÃO DE POLÍCIA FEDERAL)** A respeito de sistemas operacionais e de aplicativos de edição de textos e planilhas, julgue o item a seguir.

Devido à capacidade ilimitada de linhas de suas planilhas, o aplicativo Excel pode ser utilizado como um banco de dados para tabelas com mais de um milhão de registros.

Certo ( )   Errado ( )

O erro da questão está em apresentar que o Excel possui linhas ilimitada, sendo que, na verdade, cada planilha de Excel desde a versão 2007 até a versão do Office 365 oferece um total de 1.048.576 linhas, no Excel a versão 2003 oferecia um total de 65.536 linhas.

GABARITO: ERRADO.

INFORMÁTICA

196. **(CESPE – 2018 – POLÍCIA FEDERAL – PERITO CRIMINAL FEDERAL –CONHECIMENTOS BÁSICOS – TODAS AS ÁREAS)** Em cada item a seguir, é apresentada uma situação hipotética, seguida de uma assertiva a ser julgada, com relação à edição de textos, planilhas e apresentações.

Com o uso de uma planilha no Microsoft Excel 2016, será realizada a soma de dois valores numéricos advindos de duas planilhas diferentes, mas ambas constantes do mesmo arquivo. A fórmula de soma será inserida na célula A1 da planilha Plan1, e os dados a serem somados estão na célula A1 de Plan2 e na célula A2 de Plan1. Nessa situação, a fórmula correta a ser inserida na célula A1 da planilha Plan1 é =SOMA(Plan2!A1;A2).

Certo ( )   Errado ( )

Primeiro ponto da questão é saber que é possível operar entre valores de planilhas diferentes de um mesmo arquivo, assim como de arquivos distintos, para o primeiro caso basta identificar a qual planilha pertence a célula desejada, caso queira utilizar uma célula que não pertence à planilha ativa, deste modo, ao olhar para uma fórmula identificar que apenas foi apresentado o endereço, daí uma célula sem representar a qual planilha pertence, significa que pertence à planilha atual. Uma característica cobrada, tradicionalmente, nas questões de prova sobre o endereçamento de células de uma planilha é o comparativo implícito entre o Excel é o Calc, o Excel utilizamos o sinal de exclamação para separar o nome da planilha do endereço da célula enquanto o local que utilizamos apenas o ponto.

GABARITO: CERTO.

197. **(CESPE – 2012 – POLÍCIA FEDERAL – AGENTE DE POLÍCIA)** Um usuário que deseja que todos os valores contidos nas células de B2 até B16 de uma planilha Excel sejam automaticamente formatados para o tipo número e o formato moeda (R$) pode fazê-lo mediante a seguinte sequência de ações: selecionar as células desejadas; clicar, na Aba Página Inicial do Excel, a opção Formato de Número de Contabilização; e, por fim, selecionar a unidade monetária desejada.

Certo ( )   Errado ( )

O formato Contábil difere do formato Moeda no alinhamento do R$, que no formato moeda fica junto ao valor, enquanto o contábil mantém o R$ alinhado à esquerda e o valor à direita. A unidade monetária a que se refere a questão é uma dentre: R$ (real), $ (dólar) ou € (euro).

GABARITO: CERTO.

198. **(CESPE – 2012 – POLÍCIA FEDERAL – AGENTE DE POLÍCIA)** Em uma planilha Excel, para somar os valores contidos nas células de B2 até B16 e colocar o resultado na célula B17, é suficiente que o usuário digite, na célula B17, a fórmula =SOMA(B2:B16) e tecle "ENTER"

Certo ( )   Errado ( )

Uma vez usada a palavra suficiente a questão deverá descrever todos os detalhes para realizar o procedimento. O uso de : na função indica um intervalo, ou seja, será realizada a soma de B2 Até B16 inclusive.

GABARITO: CERTO.

199. **(AUTOR – 2021)** A respeito de edição de planilhas e dos programas Libre Office Calc 5 e MS Excel 2016 julgue os próximos itens.

As funções do Libre Office Calc são equivalentes as funções do MS Excel, podendo existir algumas diferentes, porém os resultados para apresentado pelas funções de mesma finalidade e sintaxe são exatamente iguais.

Certo ( )   Errado ( )

Um exemplo simples é a função MODO que no Excel lista o primeiro que mais se repete e no Calc lista o primeiro menor que mais se retoma. Embora existam algumas peculiaridades como essa, os programas procuram usar funções similares, hoje, até mesmo o Google Docs que usava funções somente em inglês, usa com a mesma sintaxe que o Excel.

GABARITO: ERRADO.

200. **(AUTOR – 2021)** A respeito de editores de planilhas do Microsoft Office e Libre Office julgue os itens a seguir.

No Excel 2013 a função PROCV procura um valor na primeira coluna à esquerda de uma tabela e retorna um valor presente na célula da coluna especificada pertencente a mesma linha do valor pesquisado que foi encontrado.

Certo ( )   Errado ( )

A sintaxe da função é =PROCV(<valor_procurado>;<matriz/tabela_pesquisada>;<índice_da_coluna_do resultado>;<valor_opcional_de controle>). Outra função similar é a CORRESP que pesquisa um conteúdo especificado, mas retorna o número da posição relativa do resultado encontrado.

GABARITO: CERTO.

201. **(AUTOR – 2021)** No Excel 2016, é possível usar o recurso Transpor ao colar um trecho de planilha copiado ou recortado, ao invés de usar a função TRANSPOR.

Certo ( )   Errado ( )

O erro está em recortar, uma vez que o recurso Transpor só funciona ao copiar a planilha. A opção para transpor encontra-se disponível na lista de opções de colagem, mas somente se a planilha tiver sido copiada.

GABARITO: ERRADO.

202. **(AUTOR – 2021)** Acerca de editores de Planilha Microsoft Excel e Libre Office Calc julgue os itens a seguir.

Um usuário que utiliza a ferramenta Microsoft Office Excel para a produção de suas planilhas eletrônicas pesquisou sobre uma função que conta o número de células dentro de um intervalo que atendem a uma determinada condição e a inseriu em uma célula digitando =CONTAR.SE(A:A;"=Aprovado").

Certo ( )   Errado ( )

A sintaxe correta da função é =CONT.SE(A:A; "=Aprovado") . Quanto à representação do intervalo A:A ele identifica a coluna A inteira, ou seja, desde A1 até A1048576.

GABARITO: ERRADO.

João Paulo Colet Orso

INFORMÁTICA

203. **(AUTOR – 2021)** Na ferramenta Microsoft Office Excel, foi inserida na célula A1 a seguinte função =SOMA(MÁXIMO(10;30);10;MÍNIMO(11;5)).O resultado obtido será 45.

Certo ( )   Errado ( )

A função máximo retorna o valor mais alto, no caso 30. A função mínimo retorna o valor mais baixo, no caso 5, logo, temos: =Soma(30;10;5), totalizando 45.

GABARITO: CERTO.

204. **(CESPE – 2011 – PC/ES – TODOS OS CARGOS)** Em uma planilha eletrônica, preenchendo-se qualquer valor numérico nas células B3 e B4, o resultado da fórmula =SE(B3>SOMA(B3:B4), OK, NC) será sempre NC.

Certo ( )   Errado ( )

O primeiro passo, antes de avaliar a própria lógica da função, é observar se ela está sintaticamente correta, assim poupamos trabalho em questões como essa que já está errada por não usar as aspas duplas para apresentar os textos OK e NC. Além disso, se o valor de B4 for negativo e B3 positivo, a soma de B3 com B4 será menor que o próprio B3.

GABARITO: ERRADO.

205. **(CESPE – 2014 – POLÍCIA FEDERAL – ENGENHEIRO CIVIL)** No Excel, o comando Classificar de A a Z aplicado a determinada linha de uma planilha ordena os conteúdos das células dessa linha em ordem alfabética da esquerda para a direita.

Certo ( )   Errado ( )

A opção citada pela questão classifica apenas as colunas, para classificar as linhas deve-se usar o comando presente na janela classificar e filtrar, personalizando as opções de acordo com o necessário.

GABARITO: ERRADO.

206. **(CESPE – 2014 – POLÍCIA FEDERAL)** No Excel 2010, por meio do comando =AGREGAR(C5:C10) é possível determinar a quantidade de células, de C5 a C10, que possuem conteúdos numéricos.

Certo ( )   Errado ( )

A função que retorna o número de células cujo conteúdo é numérico é =CONT.NÚM( ). A função AGREGAR existe a partir do Excel 2010, ela permite usar funções que apresentariam erro por falta de parâmetros, como MÍNIMO, MÁXIMO, PERCETIL, MAIOR, MENOR e DESVPAD.

GABARITO: ERRADO.

207. **(CESPE – 2014 – POLÍCIA FEDERAL – AGENTE)** No Microsoft Excel, a opção Congelar Painéis permite que determinadas células, linhas ou colunas sejam protegidas, o que impossibilita alterações em seus conteúdos.

Certo ( )   Errado ( )

A opção congelar painéis não bloqueia a alteração do conteúdo das células, ela apenas fixa linhas e/ou colunas de uma planilha para que fiquem sempre visíveis mesmo quando a barra de rolagem é usada. A intenção dessa ferramenta é deixar os títulos das linhas e colunas aparentes mesmo quando o usuário observe o meio da planilha.

GABARITO: ERRADO.

208. **(CESPE – 2018 – POLÍCIA FEDERAL – ESCRIVÃO DE POLÍCIA FEDERAL)** A respeito de sistemas operacionais e de aplicativos de edição de textos e planilhas, julgue o item a seguir.

No Word, as macros são construídas com o uso da linguagem de programação VBO (Visual Basic for Office).

Certo ( )　　　Errado ( )

Uma das questões mais apelativas em provas de concurso, uma vez que tem apenas uma única letra apresentada na questão, pois a linguagem de programação utilizada da vídeo Microsoft Office para a criação de macros é o visual Basic for Aplication (VBA), logo, o erro está no uso da letra o na sigla VBO. Poderia ser considerada como correta a questão se tivesse dito apenas visual basic, uma vez que o VBA é uma parte do visual basic.

GABARITO: ERRADO.

209. **(CESPE – 2018 – POLÍCIA FEDERAL – PERITO CRIMINAL FEDERAL – CONHECIMENTOS BÁSICOS – TODAS AS ÁREAS)** Em cada item a seguir, é apresentada uma situação hipotética, seguida de uma assertiva a ser julgada, com relação à edição de textos, planilhas e apresentações.

Ao editar um documento utilizando o Microsoft Word 2016, um usuário verificou que estava gastando muito tempo para atualizar manualmente o índice, com títulos e subtítulos e os respectivos números de páginas; isso porque, entre outros fatores, a inserção de novos textos ocorre ao longo de todo o documento, e não apenas ao seu final, o que muda os números das páginas em que se localizam os títulos a serem inseridos no índice. Nessa situação, para resolver o problema, o usuário pode utilizar a ferramenta do Word que permite criar índices automaticamente por meio do uso de estilos, tais como título 1 e título 2.

Certo ( )　　　Errado ( )

Primeiro, cuidado para não confundir "ferramenta do Word que permite criar índices automaticamente" com "ferramenta do Word inserir índices", pois a expressão apresentada pela questão pede ferramenta pela qual seria possível inserir e fazer uso dos índices também conhecidos como sumários. A segunda expressão faz menção à nomenclatura com a qual a ferramenta é apresentada dentro do programa. É muito importante salientar que para utilizar a opção sumário automático presente dentro da aba referências é necessário que estejam sendo utilizados os estilos de título, preferencialmente os de título 1, título 2, título 3 e assim por diante. Uma vez usando os estilos de formatação, a formatação do documento se torna muito mais rápida, dinâmica e organizada.

GABARITO: CERTO.

210. **(CESPE – 2014 – POLÍCIA FEDERAL – AGENTE DE POLÍCIA)** No Word 2013, a partir de opção disponível no menu Inserir, é possível inserir em um documento uma imagem localizada no próprio computador ou em outros computadores a que o usuário esteja conectado, seja em rede local, seja na web.

Certo ( )　　　Errado ( )

O Word 2013 conta com a opção Imagens Online que permite inserir imagens diretamente da web. O Office 2013 melhorou suas funcionalidades de interação com a web presentes no Word 2010, além de acrescer novas funcionalidades como a citada.

GABARITO: CERTO.

João Paulo Colet Orso

INFORMÁTICA

211. **(CESPE – 2014 – POLÍCIA FEDERAL – AGENTE DE POLÍCIA)** Para criar um documento no Word 2013 e enviá-lo para outras pessoas, o usuário deve clicar o menu Inserir e, na lista disponibilizada, selecionar a opção Iniciar Mala Direta.

Certo ( )   Errado ( )

O primeiro erro está em afirmar que a opção mala direta encontra-se na aba Inserir, sendo que ela é localizada nas Correspondências. Outro ponto é a vinculação da opção Mala Direta com o envio do documento para outro usuário, pois essa não é a finalidade da opção. Apesar dos erros citados, a questão faz relembrar a integração do Microsoft Office. Assim, é possível utilizar os recursos do Menu Arquivo para enviar o arquivo em edição por e-mail, de modo que o programa salva automaticamente o arquivo e o coloca como anexo da mensagem, para tanto, o cliente de e-mail padrão é aberto.

GABARITO: ERRADO.

212. **(CESPE – 2014 – POLÍCIA FEDERAL – AGENTE DE POLÍCIA)** No Word 2013, ao se selecionar uma palavra, clicar sobre ela com o botão direito do mouse e, na lista disponibilizada, selecionar a opção Definir, será mostrado, desde que estejam satisfeitas todas as configurações exigidas, um dicionário contendo significados da palavra selecionada.

Certo ( )   Errado ( )

O dicionário de significados foi incluído como novidade na versão 2013 do Microsoft Office. As condições exigidas que a questão cita são: o programa estar corretamente instalado, como estar conectado à internet, uma vez que tal recurso realiza a pesquisa dos significados online.

GABARITO: CERTO.

213. **(AUTOR – 2021)** Sobre edição de texto e o Libre Office Writer 5.0 e posteriores julgue os itens a seguir. O Libre Office Writer 5 possui uma Barra Lateral que possibilita alternar rapidamente entre os estilos de formatação de texto.

Certo ( )   Errado ( )

Além dos estilos de formatação, existem várias ferramentas que podem ser utilizadas, inclusive há formatações de fonte que não constam nas barras de ferramentas.

GABARITO: CERTO.

214. **(AUTOR – 2021)** No Libre Office Writer 5 é possível inserir uma fórmula em uma tabela de tal modo que ela calcula estruturas como média, entre outros cálculos, para isso é possível usar a opção fórmula do menu Tabela como a opção fórmula do menu Inserir.

Certo ( )   Errado ( )

A opção Fórmula do menu Tabela faz o que o texto da questão sugere, ao contrário da opção presente no Menu Inserir → Objeto → Fórmula....

GABARITO: ERRADO.

215. **(CESPE – 2013 – POLÍCIA FEDERAL – ESCRIVÃO DE POLÍCIA)** Título, assunto, palavras-chave e comentários de um documento são metadados típicos presentes em um documento produzido por processadores de texto como o BrOffice e o Microsoft Office.

Certo ( )   Errado ( )

160

Metadados ou metafiles são características, ou também chamadas propriedades de um documento. Dentre as propriedades de um documento de texto encontramos as citadas, como também data de criação, data de modificação, data de Abertura, Autor, Empresa, dentre inúmeras outras.

GABARITO: CERTO.

216. **(CESPE – 2014 – POLÍCIA FEDERAL – CONHECIMENTOS BÁSICOS)** O Microsoft Word apresenta a opção de criar documentos em colaboração, que permite que duas ou mais pessoas possam revisar e alterar um mesmo documento. Para tanto, o Word oferece modos de marcação e destaque para as partes do texto alteradas.

Certo ( )   Errado ( )

O recurso em questão é o Controle de Alteração presente na aba Revisão, ao ativá-lo todas as alterações feitas no documento ficam marcadas, assim, o usuário salva o documento após as sugestões e encaminha para o escritor aceitar ou não as alterações. Embora pareça um recurso novo, o controle de alterações já existe desde versões anteriores a 2003.

GABARITO: CERTO.

217. **(CESPE – 2018 – POLÍCIA FEDERAL – AGENTE DE POLÍCIA FEDERAL)** Julgue o item que se segue, acerca da edição de textos, planilhas e apresentações nos ambientes Microsoft Office e BrOffice. Na versão 2013 do PowerPoint do Microsoft Office Professional, é possível abrir arquivos no formato .odp, do Impress do BrOffice; contudo, não é possível exportar ou salvar arquivos .pptx originais do PowerPoint como arquivos .odp.

Certo ( )   Errado ( )

Tanto no Microsoft Office como no Libre Office é possível utilizar os formatos de ambas as suítes seja para salvar ou abrir arquivos.

GABARITO: ERRADO.

218. **(CESPE – 2012 – POLÍCIA FEDERAL – PAPILOSCOPISTA)** O BrOffice 3, que reúne, entre outros softwares livres de escritório, o editor de texto Writer, a planilha eletrônica Calc e o editor de apresentação Impress, é compatível com as plataformas computacionais Microsoft Windows, Linux e MacOS-X.

Certo ( )   Errado ( )

O BrOffice também pode ser tomado como o LibreOffice, uma vez que o projeto BrOffice foi descontinuado. Os usuários podem utilizar também o Apache Open Office.

GABARITO: CERTO.

219. **(CESPE – 2012 – PC/AL – ESCRIVÃO DE POLÍCIA)** Para iniciar a configuração de um eslaide mestre no aplicativo Impress do BrOffice, deve-se clicar Slide mestre e, em seguida, Formatar.

Certo ( )   Errado ( )

Faltou indicar onde encontrar o slide mestre, no Impress ele é encontrado no Menu Exibir. Vale lembrar que além do slide mestre temos o modo Notas Mestre que é equivalente ao modo Anotações Mestre do PowerPoint.

GABARITO: ERRADO.

INFORMÁTICA

220. **(CESPE – 2018 – POLÍCIA FEDERAL – AGENTE DE POLÍCIA FEDERAL)** Julgue o próximo item, a respeito de proteção e segurança, e noções de vírus, worms e pragas virtuais.

A superexposição de dados pessoais nas redes sociais facilita o furto de identidade ou a criação de identidade falsa com dados da vítima, identidades essas que podem ser usadas para atividades maliciosas tais como a realização de transações financeiras fraudulentas, a disseminação de códigos maliciosos e o envio de mensagens eletrônicas falsas por e-mail ou redes sociais.

Certo ( )   Errado ( )

Um dos elementos de segurança da informação a serem considerados é justamente a quantidade de dados, atualmente exposta nas redes sociais, o que reforça ainda mais a importância de não utilizar dados de caráter pessoal como parte de senhas.

GABARITO: CERTO.

221. **(CESPE – 2018 – POLÍCIA FEDERAL – AGENTE DE POLÍCIA FEDERAL)** Julgue o próximo item, a respeito de proteção e segurança, e noções de vírus, worms e pragas virtuais.

Na autenticação em dois fatores, necessariamente, o primeiro fator de autenticação será algo que o usuário possui — por exemplo, um token gerador de senhas — e o segundo, alguma informação biométrica, como, por exemplo, impressão digital ou geometria da face reconhecida.

Certo ( )   Errado ( )

Autenticação em dois fatores, também conhecida como a autenticação em duas etapas, é baseada em uma informação que o usuário conhece, e teoricamente que só ele deve conhecer, a sua senha e outra informação baseada em algo que ele possua fisicamente consigo, os primeiros usos de autenticação em dois fatores contavam com aparelhos especiais utilizados pelos bancos para gerar esses códigos únicos, alguns bancos imprimiram uma quantidade de códigos de uso único em cartões de visita, em papel mesmo, entregavam seus clientes. Note que esse código, para que funcione corretamente, pode ser utilizado apenas uma vez, pois parte do pressuposto que o usuário utilizará no site correto, uma vez empregado, esse código se torna inválido, evitando assim que caso sejam capturados por spywares não venham a ter utilidade.

Atualmente, com o advento da possibilidade, dez pessoas tem o seu número telefone de maneira mais fixa, graças a portabilidade, passou-se a empregar o uso de SMS novamente para fazer a autenticação em dois fatores.

Ainda existe um aplicativo do Google chamado Google authenticator que pode ser utilizado para simplificar a vida do usuário, ao invés de ter vários aparelhos ou geradores de token utilizar apenas um. Note que, nesse caso, é necessário que o site esteja utilizando o recurso.

GABARITO: ERRADO.

222. **(CESPE – 2018 – POLÍCIA FEDERAL – PERITO CRIMINAL FEDERAL – ÁREA 3)** Julgue o item que se segue, a respeito de DNS (domain name service).

Um tipo de ataque contra o serviço DNS é o pharming, que envolve o redirecionamento do navegador do usuário para sítios falsos por meio da técnica conhecida como envenenamento de cache DNS.

Certo ( )   Errado ( )

Res envenenamento de DNS, ou DNS Poison, ou sequestro de DNS são nomes utilizados para apresentar o pharming, um ataque que consiste em adulterar informações dos servidores de DNS. Em essência, o ataque consiste em alterar os registros de endereço IP vinculados aos domínios dos sites, assim, quando um computador solicita o endereço IP do servidor relacionado a um domínio, ao invés de receber a informação desejada, recebe uma informação adulterada. Esse endereço recebido poderá levar a qualquer outro site, seja uma página falsa ou mesmo alguma contendo malwares.

GABARITO: CERTO.

223. **(CESPE – 2018 – POLÍCIA FEDERAL – PERITO CRIMINAL FEDERAL – ÁREA 3)** Softwares desenvolvidos para a web podem ter diversas vulnerabilidades e cada uma delas pode ser explorada com uma técnica específica. Sendo o ataque bem-sucedido, o atacante tem o controle do sistema. A respeito de características de ataques em software web, julgue o próximo item.

O ataque de sequestro de sessão tem por característica o comprometimento do token de autenticação de um usuário, podendo esse token ser obtido interceptando-se a comunicação ou predizendo-se um token válido.

Certo ( )   Errado ( )

Existem três técnicas de sequestro de seções: forçando uma ID (basicamente um invasor tenta descobrir o ID que está sendo utilizado em uma sessão por força bruta); roubando um ID (o invasor escuta rede para tentar capturar uma ID em uso); Cálculo de ID (como uma força bruta melhorada, o invasor tenta descobrir uma ID por meio de cálculos a partir de outras Ids). Os ataques ainda podem ser de forma ativa ou passiva. Na forma ativa o hacker assume a sessão e se passa pelo usuário para executar transações, enquanto na passiva ele apenas monitora a comunicação entre cliente e servidor.

GABARITO: CERTO.

224. **(CESPE – 2018 – POLÍCIA FEDERAL – PERITO CRIMINAL FEDERAL – ÁREA 3)** Certificação digital é amplamente utilizada na internet e em diversos sistemas. No Brasil, a ICP-Brasil, sob a responsabilidade do ITI, é quem regulamenta e mantém a autoridade certificadora brasileira. A respeito da certificação digital e suas características, julgue o item subsequente.

Certificados digitais possuem campos específicos, os quais podem ser de preenchimento obrigatório ou facultativo, de acordo com a necessidade ou a finalidade de uso do certificado digital.

Certo ( )   Errado ( )

Para visualizar os dados do certificado digital, o usuário pode clicar com o botão direito do mouse sobre o cadeado presente na barra de endereços do navegador, Clicar na opção Certificado buscará os detalhes do certificado, assim poderá listar os dados apresentados pelo certificado. Cada tipo de certificado digital possui dados obrigatórios opcionais, diretamente relacionado ao grau de segurança oferecido.

GABARITO: CERTO.

225. **(CESPE – 2018 – POLÍCIA FEDERAL – PERITO CRIMINAL FEDERAL – ÁREA 3)** Certificação digital é amplamente utilizada na internet e em diversos sistemas. No Brasil, a ICP-Brasil, sob a responsabilidade do ITI, é quem regulamenta e mantém a autoridade certificadora brasileira. A respeito da certificação digital e suas características, julgue o item subsequente.

Assinatura digital é uma técnica que utiliza um certificado digital para assinar determinada informação, sendo possível apenas ao detentor da chave privada a verificação da assinatura.

Certo ( )   Errado ( )

João Paulo Colet Orso

INFORMÁTICA

Assinatura digital utiliza a chave privada do remetente para criptografar um resumo da mensagem enviada, desse modo, somente uma pessoa pode ser autora de tal ação, já no caso de verificação, é necessário utilizar a chave pública do remetente, com isso qualquer um pode receber está mensagem e acessar os seus dados, pois a informação necessária é a chave pública, o que pode ser acessado por qualquer um.

GABARITO: ERRADO.

226. **(CESPE – 2018 – POLÍCIA FEDERAL – PERITO CRIMINAL FEDERAL – ÁREA 3)** Julgue o seguinte item, a respeito dos algoritmos RSA e AES e de noções de criptografia.

O AES e o RSA são sistemas assimétricos e simétricos, respectivamente; o RSA suporta chaves de no máximo 4.096 bites, enquanto o AES trabalha com chaves de no máximo 256 bites.

Certo ( )   Errado ( )

O algoritmo RSA é um algoritmo de criptografia assimétrica, enquanto o algoritmo AES é um algoritmo de criptografia simétrica.

GABARITO: ERRADO.

227. **(AUTOR – 2021)** Com base nos conceitos e princípios de segurança da informação julgue os próximos itens.

Dentre os princípios básicos da segurança da informação encontra-se o princípio da Publicidade que garante que uma informação ou recurso de segurança estará disponível para qualquer usuário.

Certo ( )   Errado ( )

Publicidade não é um princípio de segurança. A disponibilidade é a garantia de acesso, embora a palavra seja estranha à segurança, ela é extremamente importante, pois para que um processo de segurança seja verificado, é necessário que usuário tenha acesso ao recurso de segurança para usá-lo.

GABARITO: ERRADO.

228. **(AUTOR – 2021)** Com base nos conceitos e princípios de segurança da informação julgue os próximos itens.

Dentre os princípios básicos da segurança da informação encontra-se o princípio da Disponibilidade que garante que uma informação ou recurso de segurança estará disponível para qualquer usuário.

Certo ( )   Errado ( )

A disponibilidade é a garantia de acesso, embora a palavra seja estranha à segurança, ela é extremamente importante, pois para que um processo de segurança seja verificado, é necessário que usuário tenha acesso ao recurso de segurança para usá-lo.

GABARITO: CERTO.

229. **(AUTOR – 2021)** Um documento é considerado autêntico quando é possível verificar que sua origem é da fonte real, mesmo que sua integridade esteja comprometida.

Certo ( )   Errado ( )

Para verificar a autenticidade, é necessário que também haja integridade, pois se parte do processo já falhou, não há como verificar o resto.

GABARITO: ERRADO.

230. **(AUTOR – 2021)** O princípio da confidencialidade diz respeito a uma informação estar disponível para apenas um usuário ou grupo específico, utilizando mecanismos de proteção contra acesso por usuários não autorizados.

Certo ( )   Errado ( )

Os mecanismos de proteção citados são criptografias. A confidencialidade é a busca pelo sigilo da informação, ou seja, impedir o acesso à informação (entender seu conteúdo) por terceiros. Vale lembrar que ler é diferente de entender.

GABARITO: CERTO.

231. **(AUTOR – 2021)** Ao se enviar arquivos pela internet o uso de um método de hash permite verificar se o arquivo foi alterado, ou seja, se teve sua integridade violada. Esse método, quando aplicado sobre as informações do arquivo, independente do seu tamanho, gera um resultado único de tamanho fixo. Assim, antes de enviar o arquivo pode-se aplicar esse método no conteúdo do arquivo, gerando um resultado A. Quando o arquivo é recebido pelo destinatário, pode-se aplicar novamente o método gerando um resultado B. Se o resultado A for igual ao resultado B significa que o arquivo está íntegro e não foi modificado; caso contrário, significa que o arquivo teve sua integridade violada.

Certo ( )   Errado ( )

Um exemplo comum é o MD5. Outro caso de uso de hash é no processo da assinatura digital para se verificar a integridade do documento assinado.

GABARITO: CERTO.

232. **(AUTOR – 2021)** Uma assinatura digital permite comprovar que uma informação foi realmente gerada por quem diz tê-la gerado e que ela não foi alterada. Isto equivale a afirmar, respectivamente, que é possível comprovar que uma informação está integra e é autêntica.

Certo ( )   Errado ( )

A ordem do que é garantido está invertido, ou seja, a garantia de não alteração diz respeito à integridade, enquanto a garantia da autoria é tratada como autenticidade.

GABARITO: ERRADO.

233. **(CESPE – 2012 – PC/AL – DELEGADO DE POLÍCIA)** O uso da informação por meio de infraestruturas computacionais apoiadas por redes de computadores de alta velocidade revolucionou o cenário das tecnologias da informação. A realização diária de muitas atividades depende, cada vez mais, das tecnologias da informação. Tendo essas informações como referência inicial, julgue o item a seguir. As assinaturas digitais — uma das ferramentas empregadas para aumentar a segurança em redes por meio da certificação da autenticidade do emissor e do receptor dos dados — podem ser utilizadas tanto por usuários finais de serviços de redes como por servidores de arquivos ou de aplicações.

Certo ( )   Errado ( )

INFORMÁTICA

A assinatura digital garante a Autenticidade e a Integridade dos dados enviados. Vale lembrar que para poder assinar digitalmente um documento é necessário possuir certificado digital.
GABARITO: CERTO.

234. **(CESPE – 2014 – POLÍCIA FEDERAL – AGENTE ADMINISTRATIVO)** Um dos objetivos da segurança da informação é manter a integridade dos dados, evitando-se que eles sejam apagados ou alterados sem autorização de seu proprietário.

Certo ( )   Errado ( )

Os princípios da segurança da informação são: Disponibilidade, Integridade, Confidenciali-dade e Autenticidade. A Integridade, por sua vez, preza por garantir a não alteração.
GABARITO: CERTO.

235. **(CESPE – 2012 – POLÍCIA FEDERAL – PAPILOSCOPISTA)** As senhas, para serem seguras ou fortes, devem ser compostas de pelo menos oito caracteres e conter letras maiúsculas, minúsculas, números e sinais de pontuação. Além disso, recomenda-se não utilizar como senha nomes, sobrenomes, números de documentos, placas de carros, números de telefones e datas especiais.

Certo ( )   Errado ( )

Tal definição é apontada pela ISO 27.001. Logo, existem definições mínimas de segurança. A mesma ISO descreve boas práticas de segurança a serem seguidas. Estão cada vez mais comuns nas provas serem cobrados apontamentos presentes nas ISOs 27.001 e 27.002.
GABARITO: CERTO.

236. **(CESPE – 2012 – POLÍCIA FEDERAL – PAPILOSCOPISTA)** Uma boa prática para a salvaguarda de informações organizacionais é a categorização das informações como, por exemplo, os registros contábeis, os registros de banco de dados e os procedimentos operacionais, detalhando os períodos de retenção e os tipos de mídia de armazenagem e mantendo as chaves criptográficas associadas a essas informações em segurança, disponibilizando-as somente para pessoas autorizadas.

Certo ( )   Errado ( )

Uma questão relacionada ao gerenciamento da informação, que também reforça princípios como das senhas serem de uso pessoal e intransferível.
GABARITO: CERTO.

237. **(CESPE – 2012 – POLÍCIA FEDERAL – PAPILOSCOPISTA)** Os sistemas IDS (intrusion detection system) e IPS (intrusion prevention system) utilizam metodologias similares na identificação de ataques, visto que ambos analisam o tráfego de rede em busca de assinaturas ou de conjunto de regras que possibilitem a identificação dos ataques.

Certo ( )   Errado ( )

Como seus nomes já sugerem, um age na detecção de invasores enquanto tentam realizar a invasão (IDS) e outro age na prevenção contra a invasão, fechando possíveis brechas e plantando armadilhas para possíveis invasores.
GABARITO: CERTO.

238. **(CESPE – 2012 – PC/AL – ESCRIVÃO DE POLÍCIA)** Os phishings, usados para aplicar golpes contra usuários de computadores, são enviados exclusivamente por meio de e-mails. Os navegadores, contudo, têm ferramentas que, algumas vezes, identificam esses golpes.

Certo ( )   Errado ( )

Um phishing é um e-mail ou página falsa que busca capturar dados do usuário e enviar a terceiros. Um phishing não é um malware por não ser um software. Atualmente os browsers possuem filtros antiphishing.

GABARITO: ERRADO.

239. **(AUTOR – 2021)** Cliente e fornecedor precisam trocar informações sigilosas sobre compras e demais serviços que envolvam somente as partes. Para que os dados compartilhados permaneçam em segredo garantindo a confidencialidade da informação, pode ser utilizada a criptográfica com utilização da assinatura digital. Com a utilização desse método criptográfico o criador da mensagem utiliza sua chave privada para criar as cifras criptográficas, enquanto o receptor da mensagem utiliza a chave pública do emissor para decifrar a criptografia.

Certo ( )   Errado ( )

Realmente, uma das formas de criptografia de dados é a utilização da assinatura digital, com a assimetria de chaves - par de chaves. Mas o erro da questão é afirmar que a assinatura digital garante a confidencialidade, sigilo dos dados, entre os envolvidos, quando na verdade esse método garante apenas a Integridade e Autenticidade (Não-Repúdio).

GABARITO: ERRADO.

A respeito de segurança da informação e métodos de proteção e criptografia de dados julgue os itens a seguir.

240. **(AUTOR – 2021)** A criptografia de chave simétrica pode ser usada para garantir a autenticidade de um documento em meio a uma comunicação onde não há contato prévio entre os interlocutores.

Certo ( )   Errado ( )

Para garantir autenticidade, é necessário usar a criptografia de chave assimétrica e mediante uso de certificado digital.

GABARITO: ERRADO.

241. **(AUTOR – 2021)** Uma mensagem cifrada com a chave privada do usuário destinatário de uma comunicação não pode ser aberta por outros usuários, a menos que possuam a chave necessária para isso.

Certo ( )   Errado ( )

Se for usar a chave privada, ela tem de ser do remetente e não do destino.

GABARITO: ERRADO.

INFORMÁTICA

242. **(AUTOR – 2021)** Pedro cifrou uma mensagem com sua chave privada e em seguida cifrou o arquivo obtido com a chave pública de Fabrício. Após realizar as criptografias indicadas Pedro enviou o arquivo cifrado pelas duas chaves para Fabrício, que ao receber usou a chave pública do Pedro para realizar a primeira decriptografia e em seguida usou sua chave privada para decifrar o arquivo resultante.

Certo ( )   Errado ( )

O erro está na ordem em que o documento foi decifrado, pois para abrir era necessário primeiro usar a chave privada de Fabrício e depois usar a Pública do Pedro.

GABARITO: ERRADO.

243. **(AUTOR – 2021)** O WEP de 64 bits, usado em redes wireless pouco protegidas, pode ser quebrado em pouco tempo, caso seja capturado um volume considerável de transmissões usando um sniffer.

Certo ( )   Errado ( )

O pouco tempo citado é em questão de segundos. O WEP é um algoritmo de criptografia ainda usado em conexões wi-fi, é indicada sua substituição pelos algoritmos WPA ou WPA2 que são consideravelmente mais robustos e difíceis de serem quebrados. Um sniffer pode ser definido como um software ou pessoa que escuta a rede, ou seja, que captura todos os dados trafegados pela rede.

GABARITO: CERTO.

244. **(AUTOR – 2021)** A criptografia de chaves pública e privada é denominada criptografia simétrica.

Certo ( )   Errado ( )

A criptografia de chaves pública e privada é a criptografia de chaves assimétricas. A criptografia simétrica é conhecida como criptografia de chave única.

GABARITO: ERRADO.

245. **(AUTOR – 2021)** O recurso que estuda os princípios e técnicas pelas quais a informação pode ser transformada da sua forma original para outra ilegível, com o objetivo de dificultar a leitura de pessoas não autorizadas, denomina-se criptografia.

Certo ( )   Errado ( )

Também definida como "a arte de escrever em códigos", é o processo de transformar um dado/mensagem de modo reversível. Usada principalmente para promover o sigilo de informações, embora também possa ser usada no processo de autenticidade.

GABARITO: CERTO.

246. **(AUTOR – 2021)** No que tange aos conceitos de criptografia de chaves assimétricas e Segurança da Informação julgue o que se segue.

O emissor que deseja envia uma informação sigilosa deve utilizar a chave pública do remetente para cifrar a informação. Para isto é importante que o remetente disponibilize sua chave pública, utilizando, por exemplo, diretórios públicos acessíveis pela internet.

Certo ( )   Errado ( )

Deve ser usada a chave pública do Destinatário. Uma vez que, ao usar a chave pública do remetente para que a mensagem cifrada seja aberta, é necessário usar a chave privada do

remetente, como apenas o dono pode acessar a sua chave privada, não faz sentido usar a chave pública do remetente em uma comunicação.

GABARITO: ERRADO.

247. **(AUTOR – 2021)** Atualmente, para se obter um bom nível de segurança na utilização do método de criptografia de chave única, é aconselhável utilizar chaves de 32 bits, pois por não serem muito grandes favorecem a velocidade da comunicação mantendo a segurança em níveis aceitáveis.

Certo ( )   Errado ( )

Atualmente, para se obter um bom nível de segurança na utilização do método de criptografia de chave única, é aconselhável utilizar chaves de no mínimo 128 bits. E para o método de criptografia de chaves pública e privada, é aconselhável utilizar chaves de 2048 bits, sendo o mínimo aceitável de 1024 bits. Dependendo dos fins para os quais os métodos criptográficos serão utilizados, deve-se considerar a utilização de chaves maiores: 256 ou 512 bits para chave única e 4096 ou 8192 bits para chaves pública e privada.

GABARITO: ERRADO.

248. **(CESPE – 2014 – POLÍCIA FEDERAL – CONHECIMENTOS BÁSICOS – ADAPTADA)** Phishing é um tipo de prática maliciosa que, por meio de uma mensagem de e-mail, solicita informações confidenciais ao usuário, fazendo-se passar por uma entidade confiável conhecida do destinatário.

Certo ( )   Errado ( )

Os phishings do tipo e-mail são os mais antigos, seu objetivo é induzir o usuário a fornecer dados acreditando estar respondendo algo real. São comuns os e-mails sobre declaração de imposto de renda, serviços de e-mail fechando contas, entre outros.

GABARITO: CERTO.

249. **(CESPE – 2018 – POLÍCIA FEDERAL – AGENTE DE POLÍCIA FEDERAL)** Julgue o próximo item, a respeito de proteção e segurança, e noções de vírus, worms e pragas virtuais.

Um ataque de ransomware comumente ocorre por meio da exploração de vulnerabilidades de sistemas e protocolos; a forma mais eficaz de solucionar um ataque desse tipo e recuperar os dados "sequestrados" (criptografados) é a utilização de técnicas de quebra por força bruta da criptografia aplicada.

Certo ( )   Errado ( )

A técnica de força bruta consiste em tentativa e erro até descobrir qual a senha utilizada, porém, no caso de ataques de ransomwares, torna-se praticamente impossível descobrir a senha por meio de tentativa e erro, uma vez que as senhas utilizadas são robustas e de grande complexidade.

GABARITO: ERRADO.

250. **(CESPE – 2018 – POLÍCIA FEDERAL – AGENTE DE POLÍCIA FEDERAL)** Julgue o próximo item, a respeito de proteção e segurança, e noções de vírus, worms e pragas virtuais.

A infecção de um sistema por códigos maliciosos pode ocorrer por meio da execução de arquivos infectados obtidos de anexos de mensagens eletrônicas, de mídias removíveis, de páginas web comprometidas, de redes sociais ou diretamente de outros equipamentos.

Certo ( )   Errado ( )

João Paulo Colet Orso

INFORMÁTICA

Qualquer arquivo ou mesmo site é suscetível a estar contaminado por algum malware, principalmente, no caso, um vírus. Por essa razão, é sempre importante verificar todo o arquivo recebido, mesmo que sejam de Fontes confiáveis, com o antivírus, para então evitar problemas futuros.

GABARITO: CERTO.

251. **(CESPE – 2018 – POLÍCIA FEDERAL – ESCRIVÃO DE POLÍCIA FEDERAL)** Acerca de redes de computadores e segurança, julgue o item que segue.

Uma das partes de um vírus de computador é o mecanismo de infecção, que determina quando a carga útil do vírus será ativada no dispositivo infectado.

Certo ( )   Errado ( )

Podemos dividir o modus operandi de malwares de modo geral em dois: o primeiro modo que é o momento em que ele fará a infecção; e o segundo, o da sua carga útil, nesse caso, essa é a parte na qual o malware realizará, de fato, as suas tarefas para o qual foi desenhado a executar, isto é, de fato a parte do malware que causará danos ao usuário.

GABARITO: ERRADO.

252. **(CESPE – 2018 – POLÍCIA FEDERAL – ESCRIVÃO DE POLÍCIA FEDERAL)** Acerca de redes de computadores e segurança, julgue o item que segue.

Os aplicativos de antivírus com escaneamento de segunda geração utilizam técnicas heurísticas para identificar códigos maliciosos.

Certo ( )   Errado ( )

Podemos classificar as gerações de antivírus da seguinte forma: primeira geração, baseada apenas na assinatura dos malwares; segunda geração, baseada em heurísticas e padrões de comportamento; terceira geração, baseada em inteligência artificial.

GABARITO: CERTO.

253. **(CESPE – 2018 – POLÍCIA FEDERAL – ESCRIVÃO DE POLÍCIA FEDERAL)** Acerca de redes de computadores e segurança, julgue o item que segue.

No processo conhecido como scanning, o worm, em sua fase de propagação, procura outros sistemas para infectar.

Certo ( )   Errado ( )

A etapa de scanning utilizada pelos worms é basicamente o escaneamento da rede por meio do endereçamento IP para identificar quantos e quais dispositivos estão conectados a ele, assim, ele terá novos alvos para se espalhar.

GABARITO: CERTO.

254. **(CESPE – 2018 – POLÍCIA FEDERAL – ESCRIVÃO DE POLÍCIA FEDERAL)** Acerca de redes de computadores e segurança, julgue o item que segue.

Os softwares de spyware têm como principal objetivo adquirir informações confidenciais de empresas e são usados como uma forma de espionagem empresarial.

Certo ( )   Errado ( )

Questão maldosa, pois bate na característica do spyware de forma bem pontual, os programas espiões têm como finalidade roubar dados de usuários, independentemente se são de uma empresa específica ou não. É possível utilizá-los para capturar dados tendo um alvo específico, porém eles foram feitos para o cenário mais genérico. Já num cenário de ataques de phishing, eles acabam recebendo uma nomenclatura específica quando eu tenho um alvo, nesta situação, podemos denominar de spear phishing.

GABARITO: ERRADO.

255. **(CESPE – 2019 – PRF – POLICIAL RODOVIÁRIO FEDERAL)** Acerca de proteção e segurança da informação, julgue o seguinte item.

Programas antispyware usam basicamente mecanismos de análise comportamental, análise heurística e inteligência artificial para detectar software de spyware instalado indevidamente em um sistema.

Certo ( )   Errado ( )

Os programas antispyware não necessitam utilizar técnicas tão robustas como as utilizadas por programas antivírus, uma vez que sua detecção é um pouco mais simples de se realizar.

GABARITO: ERRADO.

256. **(CESPE – 2019 – PRF – POLICIAL RODOVIÁRIO FEDERAL)** Acerca de proteção e segurança da informação, julgue o seguinte item.

No acesso a uma página web que contenha o código de um vírus de script, pode ocorrer a execução automática desse vírus, conforme as configurações do navegador.

Certo ( )   Errado ( )

Um site pode ser definido como um vírus, pois acessar um site é um processo em que executamos um arquivo, o que pode ter uma parte interpretada do lado do servidor e outra no lado do cliente, o conteúdo HTML, CSS é Java script, é executado no lado do cliente, portanto, abrir meu site pode ser classificado com a execução de um programa, e como vírus é um malware que depende de execução, então podemos aplicar a definição de um vírus caso tenha por intenção causar danos. O uso da expressão "execução automática" na questão tem por interesse dissuadir o candidato, uma vez que ela está vinculada à essência citada de executar o site ao abri-lo.

GABARITO: CERTO.

257. **(CESPE – 2018 – POLÍCIA FEDERAL – PERITO CRIMINAL FEDERAL – ÁREA 3)** Julgue o item a seguir, em relação às características de software malicioso.

Formatos comuns de arquivos, como, por exemplo, .docx ou .xlsx, são utilizados como vetor de infecção por ransomware, um tipo de software malicioso que encripta os dados do usuário e solicita resgate.

Certo ( )   Errado ( )

De modo geral, qualquer arquivo pode ser contaminado por um vírus, neste caso, é relevante salientar que um ransomware pode ser um vírus como pode ser um worm, tradicionalmente os invasores vão buscar utilizar arquivos que sejam mais propícios à contaminação, assim como aqueles que têm uma amplitude de uso, deste modo, o público-alvo aumenta.

GABARITO: CERTO.

João Paulo Colet Orso

INFORMÁTICA

258. **(CESPE – 2018 – POLÍCIA FEDERAL – PERITO CRIMINAL FEDERAL – ÁREA 3)** Julgue o item a seguir, em relação às características de software malicioso.

Exploit kits não podem ser usados como vetor de propagação de worms, uma vez que a principal característica de um worm consiste na possibilidade de propagação sem a intervenção direta do usuário.

Certo ( )   Errado ( )

Um exploit é um malware que explora falhas, logo, é uma das vertentes usadas na etapa de contaminação por um Worm.

GABARITO: ERRADO.

259. **(CESPE – 2018 – POLÍCIA FEDERAL – PERITO CRIMINAL FEDERAL – ÁREA 3)** Julgue o item a seguir, em relação às características de software malicioso.

Keyloggers em estações Windows 10 podem ser implementados em modo usuário ou em modo kernel.

Certo ( )   Errado ( )

Uma onda recente de questões tem abordado a perspectiva de execução de um malware, seja no modo usuário em que será instalada apenas na sessão ativa do usuário, sem afetar os demais usuários do computador, ou no modo kernel (admin ou root), realizando a instalação para todos os outros usuários do computador e alcançando um nível maior de permissões, neste segundo caso, a propensão ao dano é maior.

GABARITO: CERTO.

260. **(CESPE – 2018 – POLÍCIA FEDERAL – PERITO CRIMINAL FEDERAL – ÁREA 3)** Existem diversas técnicas para descompilar programas maliciosos. Conforme a característica de um malware, essas técnicas podem ou não ser utilizadas. A respeito desse assunto, julgue o seguinte item.

Normalmente, quando se verifica que um binário possui alta entropia, é possível que o malware utilize técnicas de compactação, o que torna a análise mais complexa.

Certo ( )   Errado ( )

A questão envolve conceitos de teoria da informação a respeito de entropia, que significa desordem, quer dessa forma relendo a questão, você tem um arquivo que está bastante bagunçado, o que realmente dificulta a ação dos antivírus na sua identificação, tal processo pode ser feito por algoritmos de codificação do tipo de criptografia ou mesmo compactação de dados.

GABARITO: CERTO.

261. **(CESPE – 2018 – POLÍCIA FEDERAL – PERITO CRIMINAL FEDERAL – ÁREA 3)** Existem diversas técnicas para descompilar programas maliciosos. Conforme a característica de um malware, essas técnicas podem ou não ser utilizadas. A respeito desse assunto, julgue o seguinte item.

Existem três técnicas chaves para a análise de malware: análise binária, análise de entropia e análise de strings.

Certo ( )   Errado ( )

Basicamente existem 2 técnicas para análise de malwares: análise estática e análise dinâmica; análise estática realiza o processo de análise de código ou também conhecido como análise da estrutura do programa para determinar a sua função; enquanto análise dinâmica é realizada a partir da execução do programa, em um ambiente controlado.

GABARITO: ERRADO.

INFO

262.	**(CESPE – 2018 – POLÍCIA FEDERAL – PERITO CRIMINAL FEDERAL – CONHECIMENTOS BÁSICOS – TODAS AS ÁREAS)** Julgue o item subsecutivo a respeito de redes de computadores e conceitos de proteção e segurança.

Situação hipotética: Ao processar um código executável malicioso que havia recebido como anexo de um e-mail, Mateus percebeu que um malware havia infectado seu aparelho e que, automaticamente, havia sido enviada uma mensagem idêntica, com um anexo malicioso idêntico, a todos os contatos de sua lista de endereços, a partir do seu aparelho. Assertiva: Essa situação é um exemplo clássico de infecção de vírus de computador.

Certo ( )		Errado ( )

Embora a questão pareça descrever um malware do tipo worm pela ideia de se espalhar pela rede, um detalhe deve ser observado no início da questão, ao mencionar que o arquivo (código malicioso) foi executado, desse modo cabendo também o vírus como sendo o malware causador do problema.

GABARITO: CERTO.

263.	**(CESPE – 2013 – POLÍCIA FEDERAL – ESCRIVÃO DE POLÍCIA)** Para tratar um computador infestado por pragas virtuais do tipo pop-up e barra de ferramenta indesejada, é mais indicado o uso de aplicativos com funções de antispyware que aplicativos com função de antivírus. Em ambos os casos, a eficácia da remoção depende da atualização regular das assinaturas de malwares.

Certo ( )		Errado ( )

Alguns antivírus possuem antispyware, mas normalmente são instalados os dois, pois um complementa o outro. O Antispyware é mais eficiente na identificação de Keyloggers, Screenloggers e Adwares do que o Antivírus.

GABARITO: CERTO.

264.	**(CESPE – 2014 – POLÍCIA FEDERAL – AGENTE DE POLÍCIA)** Os hijackers são exemplos de códigos maliciosos que, sem que os usuários percebam, invadem computadores e, por exemplo, modificam o registro do Windows.

Certo ( )		Errado ( )

Os hijackers capturam e modificam os browsers, fixando páginas iniciais e abrindo janelas durante a navegação do usuário.

GABARITO: ERRADO.

João Paulo Colet Orso

INFORMÁTICA

265. (CESPE – 2014 – POLÍCIA FEDERAL – AGENTE DE POLÍCIA) Computadores infectados por bots podem ser controlados remotamente bem como podem atacar outros computadores sem que os usuários percebam.

Certo (   )   Errado (   )

Bots ou Robots são malware cuja finalidade é controlar o computador do usuário à distância, normalmente utilizados para usar o computador do usuário para realizar ataques a outros computadores, diretamente ou em conjunto, realizar ataques do tipo DDoS.

GABARITO: CERTO.

266. (CESPE – 2012 – POLÍCIA FEDERAL – PAPILOSCOPISTA) A fim de se proteger do ataque de um spyware — um tipo de vírus (malware) que se multiplica de forma independente nos programas instalados em um computador infectado e recolhe informações pessoais dos usuários —, o usuário deve instalar softwares antivírus e antispywares, mais eficientes que os firewalls no combate a esse tipo de ataque.

Certo (   )   Errado (   )

Os spywares não se multiplicam de forma independente, eles ou fazem parte de um trojan ou são instalados diretamente na máquina por usuários mal intencionados. Os worms é que se multiplicam automaticamente.

GABARITO: ERRADO.

267. (CESPE – 2008 – PC/TO – DELEGADO DE POLÍCIA) Trojan é um programa que age utilizando o princípio do cavalo de troia. Após ser instalado no computador, ele libera uma porta de comunicação para um possível invasor.

Certo (   )   Errado (   )

O nome Trojan Horse surge por conta da história da guerra entre Troia e Grécia em que os gregos deram aos troianos um cavalo recheado de soldados que abriram os portões da cidade durante a madrugada para que os gregos pudessem invadir Troia.

GABARITO: CERTO.

268. (CESPE – 2018 – POLÍCIA FEDERAL – PERITO CRIMINAL FEDERAL – ÁREA 3) A respeito dos tipos de RAID e suas principais características, julgue o item que se segue.

RAID 6, que requer no mínimo três discos e é também conhecido como striping with double parity, não permite a recuperação dos dados em caso de falha de dois dos seus discos.

Certo (   )   Errado (   )

O RAID 5 (striping with parity) exige pelo menos três discos, enquanto o RAID 6 (striping with double parity) exige pelo menos quatro discos. O RAID 5 suporta a falha de apenas um disco, caso dois discos venham a apresentar falha, todos os dados serão perdidos, já no caso do RAID 6 é possível que dois discos falhem e ainda assim os dados sejam recuperados, caso três discos venham apresentar problemas, aí todos os dados serão perdidos.

GABARITO: ERRADO.

269. **(CESPE – 2018 – POLÍCIA FEDERAL – PERITO CRIMINAL FEDERAL – ÁREA 3)** A respeito dos tipos de RAID e suas principais características, julgue o item que se segue.

RAID 0, também conhecido como disk striping, requer no mínimo dois discos rígidos: se um disco falhar, os demais garantem o acesso e a recuperação dos dados

Certo ( )   Errado ( )

RAID 0 busca aumento de desempenho, guardando metade da informação em cada disco caso sejam usados dois, ou um quarto da informação em cada disco, caso sejam usados quatro discos. Com isso, o tempo gasto para guardar o dado como um todo é reduzido, porém esse tipo de arranjos de discos tem como ponto crítico aumentar a probabilidade de perder todos os dados, pois basta que qualquer um dos discos apresente problema para perder todos os dados.

GABARITO: ERRADO.

270. **(CESPE – 2018 – POLÍCIA FEDERAL – PERITO CRIMINAL FEDERAL – ÁREA 3)** A respeito dos tipos de RAID e suas principais características, julgue o item que se segue.

RAID 1, também conhecido como disk mirroring, requer pelo menos dois discos rígidos e permite a recuperação dos dados em caso de falha de um dos discos.

Certo ( )   Errado ( )

O RAID 1, também conhecido como RAID de espelhamento (mirroring), copia todos os dados automaticamente em dois discos simultaneamente, desta forma, caso um dos discos falhar, é possível recuperar os dados do outro.

GABARITO: CERTO.

271. **(CESPE – 2009 – POLÍCIA FEDERAL – ESCRIVÃO DE POLÍCIA)** Considere que um usuário tenha editado um arquivo em Word e deseje salvá-lo. Com relação a essa situação, julgue os itens seguintes.

Se o tamanho do arquivo for inferior a 1 MB, o usuário poderá salvá-lo na memória ROM do computador.

Certo ( )   Errado ( )

A memória ROM, normalmente tratada pelas questões de concursos, é uma pequena memória onde fica armazenado o BIOS, logo, não é um local indicado para salvar arquivos como DOC.

GABARITO: ERRADO.

272. **(CESPE – 2009 – POLÍCIA FEDERAL – ESCRIVÃO DE POLÍCIA)** ROM é um tipo de memória não volátil, tal que os dados nela armazenados não são apagados quando há falha de energia ou quando a energia do computador é desligada.

Certo ( )   Errado ( )

Existem vários tipos de memória ROM, mas o fato de não ser volátil é uma característica de todas, já a memória RAM é uma memória volátil, assim, ao deixar de ser alimentada por energia, ela perde os dados presentes nela.

GABARITO: CERTO.

João Paulo Colet Orso

INFORMÁTICA

273. **(CESPE – 2009 – POLÍCIA FEDERAL – AGENTE DE POLÍCIA FEDERAL)** Existem dispositivos do tipo pendrive que possuem capacidade de armazenamento de dados superior a 1 bilhão de bytes. Esses dispositivos podem comunicar-se com o computador por meio de porta USB.

Certo ( )   Errado ( )

1GB equivale à 1.073.741.824 Bytes, ou seja, um pendrive consegue armazenar tal quantidade de dados, até porque é comum encontrarmos pendrives de 32GB.

GABARITO: CERTO.

274. **(CESPE – 2010 – ABIN – OFICIAL TÉCNICO DE INTELIGÊNCIA)** Os dispositivos de entrada e saída (E- S) são, normalmente, mais lentos do que o processador. Para que o processador não fique esperando pelos dispositivos de E- S, os sistemas operacionais fazem uso de interrupções, que são sinais enviados do dispositivo de E- S ao processador.

Certo ( )   Errado ( )

Enquanto "espera" pela entrada ou saída dos dados, o processador realiza as demais tarefas pendentes, quando ocorre uma entrada, o Sistema Operacional manda uma instrução de interrupção para avisar o processador, assim, ele pode processar o dado recebido.

GABARITO: CERTO.

275. **(CESPE – 2012 – PC/AL – DELEGADO DE POLÍCIA)** Os mainframes, computadores com alta capacidade de armazenamento de dados, têm baixa capacidade de memória, não sendo indicados para o acesso simultâneo de diversos usuários.

Certo ( )   Errado ( )

Os mainframes são supercomputadores com alto poder computacional e memória, normalmente usados em ambientes em que os computadores dos usuários são mais simples ou que são thin client, ou seja, computadores sem poder computacional, servindo meramente como terminais para interação com o usuário, assim, o mainframe é o responsável por processar todos os dados.

GABARITO: ERRADO.

276. **(CESPE – 2012 – PC/AL – ESCRIVÃO DE POLÍCIA)** Uma instrução de máquina é um grupo de bites que indica ao registrador uma operação ou ação que ele deve realizar.

Certo ( )   Errado ( )

O termo correto é bits, além de uma instrução de máquina ser a linguagem mais próxima que o hardware do computador executa, ela é chamada de Assembly.

GABARITO: ERRADO.

277. **(CESPE – 2012 – PC/AL – ESCRIVÃO DE POLÍCIA)** O fabricante de dispositivo de E- S deve fornecer um driver de dispositivo (device driver) específico para cada sistema operacional a que dá suporte.

Certo ( )   Errado ( )

Cada dispositivo possui o seu driver próprio que deve ser escrito de acordo com as especificações de cada Sistema Operacional, inclusive para as suas variações como 32 e 64 bits.

GABARITO: CERTO.

278. **(CESPE – 2008 – PC/TO – DELEGADO DE POLÍCIA)** O disco rígido ou HD (hard disk) é o dispositivo de armazenamento de dados mais usado nos computadores. Nele, é possível guardar não só os arquivos como também todos os dados do sistema operacional, imprescindíveis para a utilização do computador.

Certo ( )   Errado ( )

O HD ainda é a melhor solução em termos de armazenamento de dados de acesso recorrente, hoje existem HDs mais rápidos que utilizam apenas energia para guardar os dados, são os chamados HDs de Estado Sólido (SSDs). As fitas magnéticas ainda são usadas, mas para fins de backup por serem lentas em acesso frequente.

GABARITO: CERTO.

279. **(CESPE – 2012 – PC/AL – DELEGADO DE POLÍCIA)** A memória RAM (random access memory) permite apenas a leitura de dados, pois é gravada pelos fabricantes, não podendo ser alterada.

Certo ( )   Errado ( )

A memória RAM é uma memória volátil dita de leitura e escrita, ela também é conhecida como memória Principal ou de trabalho, pois é ela quem mantém os dados dos programas ativos. As memórias ROM são memórias de apenas leitura.

GABARITO: ERRADO.

280. **(CESPE – 2018 – POLÍCIA FEDERAL – AGENTE DE POLÍCIA FEDERAL)** Julgue o próximo item, a respeito da teoria da informação e de sistemas de informação.

O conceito de conhecimento é mais complexo que o de informação, pois conhecimento pressupõe um processo de compreensão e internalização das informações recebidas, possivelmente combinando-as.

Certo ( )   Errado ( )

Um dado é o registro do mundo real que sozinho não apresenta um significado, ao contrário da informação que proporciona o significado ao dado, normalmente, para que isso seja possível, é necessário algum contexto, conhecimento é saber o que fazer a partir da constatação de uma informação ou mesmo um conjunto de informações e dados. Ele pode ser tácito, ou seja, conhecimento adquirido de maneira não expressa.

GABARITO: CERTO.

281. **(CESPE – 2018 – POLÍCIA FEDERAL – AGENTE DE POLÍCIA FEDERAL)** Acerca da teoria geral dos sistemas, julgue o item subsequente.

Essa teoria contribui para a unidade da ciência, ao desenvolver princípios unificadores que atravessam verticalmente os universos particulares das diversas ciências envolvidas.

Certo ( )   Errado ( )

A teoria geral dos sistemas (TGS), amplamente utilizada pelo ramo da administração, foi proposta por um biólogo Ludwing. Em sua teoria, ele apresenta a ideia de que os sistemas estão todos interligados e que ações realizadas em um sistema possuem consequências em outro. Ele foi além, ampliando a sua teoria, mostrando que ela transcende permeando verticalmente cenários, que aparentam por vezes serem não relacionados.

GABARITO: CERTO.

INFORMÁTICA

282. **(CESPE – 2018 – POLÍCIA FEDERAL – ESCRIVÃO DE POLÍCIA FEDERAL)** Julgue o seguinte item, a respeito da computação em nuvem e da teoria geral de sistemas (TGS).

De acordo com a TGS, na realimentação de um sistema, a saída de um processo torna-se a entrada do processo seguinte.

Certo ( )   Errado ( )

A retroalimentação do sistema consiste em alimentar o próprio sistema com o feedback obtido a partir da sua execução. Portanto, não será adicionado ao próximo, mas ao mesmo processo.

GABARITO: ERRADO.

283. **(CESPE – 2018 – POLÍCIA FEDERAL – ESCRIVÃO DE POLÍCIA FEDERAL)** Julgue o seguinte item, a respeito da computação em nuvem e da teoria geral de sistemas (TGS).

Um sistema com entropia interna não funciona corretamente.

Certo ( )   Errado ( )

De um modo bastante superficial, geral, principalmente no que tange à teoria da informação, entropia é entendida como desordem, embora tenha sua origem no universo de grandezas físicas entre o entendimento é um pouco mais complexo. De modo contrário, buscamos cada vez mais dentro dos sistemas de informação a sinergia.

GABARITO: CERTO.

284. **(CESPE – 2018 – POLÍCIA FEDERAL – ESCRIVÃO DE POLÍCIA FEDERAL)** Julgue o item a seguir, a respeito da teoria da informação e de metadados de arquivos.

O conhecimento é embasado na inteligência das informações que são coletadas e analisadas para uma organização.

Certo ( )   Errado ( )

Conhecimento embasado no entendimento das informações e como utilizá-las em uma organização.

GABARITO: ERRADO.

285. **(CESPE – 2018 – POLÍCIA FEDERAL – ESCRIVÃO DE POLÍCIA FEDERAL)** Julgue o item a seguir, a respeito da teoria da informação e de metadados de arquivos.

Na gestão de documentos digitalizados, os arquivos são criados em formato de imagens, e seus atributos são armazenados em metadados para facilitar a pesquisa e a localização desses arquivos.

Certo ( )   Errado ( )

Questão que também pode ser aplicada ao universo da arquivística, uma vez que trata da digitalização de documentos, pense de modo simples ao escanear um documento, criar a sua versão digital, é importante utilizar-se de elementos que facilitem a sua localização, desde uso de elementos descritivos adicionado às propriedades dos documentos, ou seja, nos seus metadados, à aplicação de técnicas de reconhecimento de caracteres para facilitar a busca dentro do próprio conteúdo do arquivo.

GABARITO: CERTO.

286. **(CESPE – 2018 – POLÍCIA FEDERAL – PERITO CRIMINAL FEDERAL – CONHECIMENTOS BÁSICOS – TODAS AS ÁREAS)** Julgue o próximo item, a respeito de computação na nuvem, sistemas de informações e teoria da informação.

A informação se caracteriza pela compreensão e internalização do conteúdo recebido, por meio do seu uso em nossas ações; o dado, por sua vez, é um elemento bruto dotado apenas de significado e relevância que visem fornecer uma solução para determinada situação de decisão.

Certo ( )   Errado ( )

Dado é o registro bruto de um fato, sem significado embutido, a informação é agregada de sentido ao conjunto de dados e leva em conta o contexto.

GABARITO: ERRADO.

287. **(CESPE – 2018 – POLÍCIA FEDERAL – AGENTE DE POLÍCIA FEDERAL)** Julgue o próximo item, a respeito da teoria da informação e de sistemas de informação.

No desenvolvimento de um sistema de informação, a fase de levantamento de requisitos consiste em compreender o problema, dando aos desenvolvedores e usuários a mesma visão do que deve ser construído para resolvê-lo, e a fase de projeto consiste na realização da descrição computacional, incluindo a arquitetura do sistema, a linguagem de programação utilizada e o sistema gerenciador de banco de dados (SGBD) utilizado.

Certo ( )   Errado ( )

Os movimentos do software consistem em várias etapas, que começa pelo levantamento de requisitos em que são coletadas as necessidades dos usuários e que solução se deseja resolver com a implantação do software. A partir do levantamento de requisitos são feitos vários estudos, como o de viabilidade em que são aplicadas análises para verificar se as tecnologias disponíveis são compatíveis, qual será o custo do desenvolvimento e tempo necessário para a elaboração do projeto. Uma vez definido o que será implantado e quais tecnologias serão utilizadas, começa-se a fase do projeto, tem de ser desenhado o sistema em termos de fluxo, existe aí o papel do engenheiro de software para desenvolver os diagramas, no caso de uso encaminhar também para o projetista de banco de dados para que projete o banco, então, passa-se à fase de implantação, o código começa ser implementado pelos desenvolvedores e o banco pelo DBA.

GABARITO: CERTO.

288. **(CESPE – 2018 – POLÍCIA FEDERAL – AGENTE DE POLÍCIA FEDERAL)**

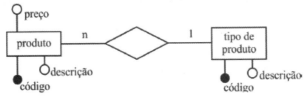

Considerando o modelo entidade-relacionamento (ER) precedente, julgue o seguinte item, relativo a banco de dados.

Conforme o modelo ER em questão, um tipo de produto pode estar associado a somente 1 produto e cada produto possui um preço e uma descrição.

Certo ( )   Errado ( )

É importante observar que quando se trata de cardinalidades, a análise é feita de forma cruzada, brutal, a leitura do diagrama deve ser a seguinte: cada tipo de produto pode estar relacionado aos produtos, enquanto cada produto pode estar associado a apenas um tipo de produto.

GABARITO: ERRADO.

289. **(CESPE – 2018 – POLÍCIA FEDERAL – AGENTE DE POLÍCIA FEDERAL)**

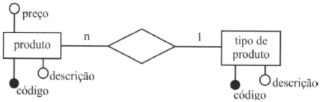

Considerando o modelo entidade-relacionamento (ER) precedente, julgue o seguinte item, relativo a banco de dados.

Considerando-se apenas o diagrama apresentado, infere-se que, na aplicação das regras para a transformação do modelo ER em um modelo relacional, é necessário realizar a fusão das tabelas referentes às entidades envolvidas no relacionamento.

Certo ( )   Errado ( )

Embora seja possível a realização da fusão das duas entidades, ela não é necessária, além do fato de, caso feita, estaria criando um modelo que não atende às formas normais.

GABARITO: ERRADO.

290. **(CESPE – 2018 – POLÍCIA FEDERAL – AGENTE DE POLÍCIA FEDERAL)**

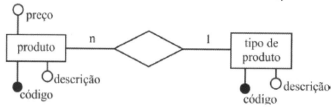

Considerando o modelo entidade-relacionamento (ER) precedente, julgue o seguinte item, relativo a banco de dados.

Situação hipotética: Ao analisar o modelo ER em questão, Paulo verificou que há duas chaves identificadas com o mesmo nome: código — em tipo de produto e em produto. Paulo sabe que o conceito de chaves é básico para estabelecer relações entre linhas de tabelas de um banco de dados relacional e que as chaves primárias devem ser únicas. Assertiva: Nessa situação, Paulo deve invalidar o modelo ER em questão, pois ele está semanticamente errado, já que não pode haver chaves primárias com nomes iguais, ainda que em entidades distintas.

Certo ( )   Errado ( )

Os nomes usados nos atributos em entidades diferentes podem ser reutilizados, porém, ao realizar consultas envolvendo as duas entidades, será necessário identificar qual entidade pertence ou atributo indicado.

GABARITO: ERRADO.

291. **(CESPE – 2018 – POLÍCIA FEDERAL – AGENTE DE POLÍCIA FEDERAL)** Julgue o item que segue, relativo a noções de mineração de dados, big data e aprendizado de máquina.

Situação hipotética: Na ação de obtenção de informações por meio de aprendizado de máquina, verificou-se que o processo que estava sendo realizado consistia em examinar as características de determinado objeto e atribuir-lhe uma ou mais classes; verificou-se também que os algoritmos utilizados eram embasados em algoritmos de aprendizagem supervisionados. Assertiva: Nessa situação, a ação em realização está relacionada ao processo de classificação.

Certo ( )   Errado ( )

Dentro do contexto de aprendizado de máquina, temos o aprendizado supervisionado e o não supervisionado, além da classificação quanto à forma de aprendizado obtido, seja por associação, classificação, padrões sequenciais ou séries temporais, entre outros. Note o apontamento da questão em relação a usar aprendizado supervisionado para validar a classificação realizada pela inteligência artificial. Isso é usar ferramentas como Captcha do Google, isso é para o usuário imagens em que ele deve selecionar aquelas que atendam determinado critério, faz parte do aprendizado supervisionado na inteligência artificial do Google para reconhecimento de elementos, como fotos capturadas pelo Google no trânsito da cidade.

GABARITO: CERTO.

292. **(CESPE – 2018 – POLÍCIA FEDERAL – AGENTE DE POLÍCIA FEDERAL)** Julgue o item que segue, relativo a noções de mineração de dados, big data e aprendizado de máquina.

Pode-se definir mineração de dados como o processo de identificar, em dados, padrões válidos, novos, potencialmente úteis e, ao final, compreensíveis.

Certo ( )   Errado ( )

A mineração de dados é um processo pelo qual busca-se a descoberta de conhecimento que pode ser feita de forma distinta, de acordo com aquilo que se busca, como associações, sequenciamentos ou classificações.

GABARITO: CERTO.

293. **(CESPE – 2018 – POLÍCIA FEDERAL – AGENTE DE POLÍCIA FEDERAL)** Julgue o item que segue, relativo a noções de mineração de dados, big data e aprendizado de máquina.

Big data refere-se a uma nova geração de tecnologias e arquiteturas projetadas para processar volumes muito grandes e com grande variedade de dados, permitindo alta velocidade de captura, descoberta e análise.

Certo ( )   Errado ( )

Inicialmente, o mundo de big data pensou nos 3Vs: velocidade, volume e variedade. Ao passar algum tempo notaram a necessidade de adicionar mais 2Vs: veracidade e valor. Para conseguir trabalhar com um grande volume de dados, atendendo à necessidade de alta velocidade, compreendendo que existe uma gama muito grande de valores e tipos de dados que variam, como dados estruturados e não estruturados, o uso da computação na nuvem e grandes servidores tornou-se bastante enfático para esse universo.

GABARITO: CERTO.

INFORMÁTICA

294. **(CESPE – 2018 – POLÍCIA FEDERAL – ESCRIVÃO DE POLÍCIA FEDERAL)** Em um big data, alimentado com os dados de um sítio de comércio eletrônico, são armazenadas informações diversificadas, que consideram a navegação dos usuários, os produtos comprados e outras preferências que o usuário demonstre nos seus acessos.

Tendo como referência as informações apresentadas, julgue o item seguinte.

Pelo monitoramento do tráfego de rede no acesso ao sítio em questão, uma aplicação que utiliza machine learning é capaz de identificar, por exemplo, que os acessos diminuíram 20% em relação ao padrão de acesso em horário específico do dia da semana.

Certo ( )   Errado ( )

A característica do aprendizado de máquina dentro do contexto da mineração de dados é identificar padrões de comportamento dos usuários de forma automatizada. Assim como identificar padrões de compras de produto, produtos que tenham relação entre os clientes, aquela velha lista de que quem comprou isso também comprou aquilo.

GABARITO: CERTO.

295. **(CESPE – 2018 – POLÍCIA FEDERAL – PERITO CRIMINAL FEDERAL – CONHECIMENTOS BÁSICOS – TODAS AS ÁREAS)** Acerca de banco de dados, julgue o seguinte item.

A mineração de dados se caracteriza especialmente pela busca de informações em grandes volumes de dados, tanto estruturados quanto não estruturados, alicerçados no conceito dos 4V's: volume de mineração, variedade de algoritmos, velocidade de aprendizado e veracidade dos padrões.

Certo ( )   Errado ( )

Big data é baseado no conceito de 5 Vs, pode até ser apresentado como 3 Vs, caso pegue a sua origem, mas atualmente a concepção mais empregada é a com 5 Vs: Volume, Variedade, Velocidade, Veracidade e Valor.

GABARITO: ERRADO.

296. **(CESPE – 2018 – POLÍCIA FEDERAL – PERITO CRIMINAL FEDERAL – ÁREA 3)** Acerca de banco de dados, julgue o item seguinte.

NoSQL são bancos de dados que não aceitam expressões SQL e devem ser armazenados na nuvem.

Certo ( )   Errado ( )

Pegadinha mais básica e tradicional com relação ao nome NoSQL, tem induzindo o candidato a pensar em Não SQL, quando na verdade o significado é Not Only SQL (não apenas SQL), são estruturas que permitem o uso de gráficos, principalmente para trabalhar com dados não estruturados.

GABARITO: ERRADO.

297. **(CESPE – 2018 – POLÍCIA FEDERAL –AGENTE DE POLÍCIA FEDERAL)** Julgue o próximo item, relativo a noções de programação Python e R.

Considere o programa a seguir, escrito em R.

x <- TRUE

y <- FALSE

print (xy)

Após a execução do programa, será obtido o seguinte resultado.

[1] FALSE

Certo ( )   Errado ( )

Na linguagem, o código apresentado basicamente realiza os seguintes procedimentos: atribui o valor lógico TRUE à variável x , e atribui o valor lógico FALSE à variável y. Após os resultados dessas operações ao comando print, o objeto que está sendo impresso é objeto xy, que até então não foi declarado no código, ou seja, é como se não existisse, portanto, o resultado será um erro, para que o cliente funcione a linha deve ser escrita da seguinte forma: **print(x, y)**; mesmo que o sinal do espaço seja colocado, se não for inserida, entre as 2 variáveis, o programa entenderá que se deseja imprimir apenas uma. Outro ponto importante é que na linguagem R o comando print não aceita mais de um parâmetro como ocorre na linguagem Python. Para que seja impressa mais de uma variável é necessário usar a instrução paste(x, y).

GABARITO: ERRADO.

298. **(CESPE – 2018 – POLÍCIA FEDERAL – AGENTE DE POLÍCIA FEDERAL)** Julgue o próximo item, relativo a noções de programação Python e R.

Considere o programa a seguir, na linguagem Python.

letras == ["P", "F"]

for x in letras

{

print(x)

}

A sintaxe do programa está correta e, quando executado, ele apresentará o seguinte resultado.

PF

Certo ( )   Errado ( )

Embora pareça uma questão complicada, na verdade é bastante simples, um erro facilmente identificável, pois a questão menciona que se trata de um código na linguagem Python, porém a linguagem não utiliza chaves para abertura e fechamento de blocos, essa é uma característica da linguagem R.

GABARITO: ERRADO.

João Paulo Colet Orso

INFORMÁTICA

299. **(CESPE – 2018 – POLÍCIA FEDERAL – AGENTE DE POLÍCIA FEDERAL)** Julgue o próximo item, relativo a noções de programação Python e R.

Considere o programa a seguir, escrito em R.

x <- c (3, 5, 7)

y <- c (1, 9, 11)

print (x + y)

Após a execução do programa, será obtido o seguinte resultado.

[1] 36

Certo ( )   Errado ( )

A linguagem é orientada à estatística, desse modo, possui algumas manipulações particulares para conjuntos de dados, de tal maneira que ao realizar a operação de adição dentro do comando print, será realizada à adição de elemento a elemento de cada um dos setores: o primeiro elemento do conjunto x será adicionado ao primeiro elemento do conjunto y, o segundo do conjunto x será adicionado ao segundo do conjunto y e o terceiro do conjunto x será adicionado ao terceiro do conjunto y, tendo como resultado final impresso no ecrã a seguinte linha:

[1] 4 14 18

GABARITO: ERRADO.

300. **(CESPE – 2018 – POLÍCIA FEDERAL – AGENTE DE POLÍCIA FEDERAL)** Julgue o próximo item, relativo a noções de programação Python e R.

Considere o programa a seguir, na linguagem Python.

if 5 > 2

{

print("True!")

}

A sintaxe do programa está correta e, quando executado, ele apresentará o seguinte resultado.

True!

Certo ( )   Errado ( )

Questão também simples, que apresenta a linguagem Python, porém, o código exibido na questão não é um código de linguagem Python, pois apresenta chave na abertura e fechamento de blocos.

GABARITO: ERRADO.

RLM

DANIEL LUSTOSA

Uma unidade da PRF interceptou, durante vários meses, lotes de mercadorias vendidas por uma empresa com a emissão de notas fiscais falsas. A sequência dos números das notas fiscais apreendidas, ordenados pela data de interceptação, é a seguinte: 25, 75, 50, 150, 100, 300, 200, 600, 400, 1.200, 800, ...

Tendo como referência essa situação hipotética, julgue o item seguinte, considerando que a sequência dos números das notas fiscais apreendidas segue o padrão apresentado.

1. **(CESPE – 2019 – PRF – POLICIAL RODOVIÁRIO FEDERAL)** Se a_n for o n-ésimo termo da sequência, em que n = 1, 2, 3, ..., então, para n ≥ 3, tem-se que $a_n = 2 \times a_{n-2}$.

    Certo ( )   Errado ( )

    O que a questão está dizendo, em outras palavras, é que o $a_3 = 2a_1$, o $a_4 = 2a_2$, o $a_5 = 2a_3$, o $a_6 = 2a_4$, e assim por diante.

    Analisando a sequência para verificar se isso acontece:

    $a_1 = 25$,

    $a_2 = 75$,

    $a_3 = 50$,

    $a_4 = 150$,

    $a_5 = 100$,

    $a_6 = 300$,

    $a_7 = 200$,

    $a_8 = 600$,

    $a_9 = 400$,

    $a_{10} = 1.200$,

    $a_{11} = 800$,

    $a_{12} = ...$

    Observe que, de fato, o que foi afirmado na questão está acontecendo ($a_3 = 2a_1$, o $a_4 = 2a_2$, o $a_5 = 2a_3$, o $a_6 = 2a_4$, ...), então a questão está certa.

    GABARITO: CERTO.

2. **(CESPE – 2019 – PRF – POLICIAL RODOVIÁRIO FEDERAL)** A partir do padrão da sequência, infere-se que o 12º termo é o número 1.600.

    Certo ( )   Errado ( )

    De acordo com o padrão da sequência, o $a_{12} = 2a_{10}$, logo:

    $a_{12} = 2 \cdot 1200$

    $a_{12} = 2400$

    Portanto, a questão está errada.

    GABARITO: ERRADO.

Figura I   Figura II   Figura III

As três figuras precedentes, cada uma com diversos símbolos, foram desenhadas na parede de um suposto esconderijo inimigo. O serviço de inteligência descobriu que cada um dos símbolos representa um algarismo do conjunto {0, 1, 2, 3, 4, 5, 6, 7, 8, 9}.

Com referência a essas figuras, julgue os itens seguintes.

3. **(CESPE – 2018 – ABIN – AGENTE DE INTELIGÊNCIA)** Considere que o significado da figura II seja "data: com dia e mês, nessa ordem". Nesse caso, há a possibilidade de pelo menos 7 interpretações para essa figura.

Certo ( )   Errado ( )

Observe que, na figura II, o mês □□ tem os dois dígitos iguais, então só pode ser o mês 11.

Como o □, então o dia □☆ pode ser 10, 12, 13, 14, 15, 16, 17, 18, 19.

Com base nisso, a figura II pode ter 9 interpretações.

Portanto, a questão está certa (pelo menos 7 significa 7 ou mais, e 9 é mais).

GABARITO: CERTO.

4. **(CESPE – 2018 – ABIN – AGENTE DE INTELIGÊNCIA)** Considere que o significado da figura III seja "data: com dia, mês e ano entre 2000 e 2100, nessa ordem". Nesse caso, há a possibilidade de pelo menos 2 interpretações para essa figura.

Certo ( )   Errado ( )

Observe que na figura III o ano ⇧△⇧△, entre 2000 e 2100, só pode ser 2020. Como o ⇧ = 2 e o △ = 0, então a data expressa na figura III só pode ser 22/02/2020, uma única data possível.

Logo, a questão está errada (pelo menos 2 significa 2 ou mais, mas tem apenas 1 data possível).

GABARITO: ERRADO.

5. **(CESPE – 2018 – ABIN – AGENTE DE INTELIGÊNCIA)** Se o significado da figura I for "ano do século passado", existem pelo menos dois anos que podem estar representados nessa figura.

Certo ( )   Errado ( )

"Século passado" significa que o ano está compreendido entre 1901 e 2000. A partir disso, com base na figura I, o ano só pode ser 1919.

Portanto, a questão está errada ("pelo menos 2" significa 2 ou mais, mas tem apenas 1 ano possível).

GABARITO: ERRADO.

Em uma operação de busca e apreensão na residência de um suspeito de tráfico de drogas, foram encontrados R$ 5.555 em notas de R$ 2, de R$ 5 e de R$ 20.

A respeito dessa situação, julgue os itens seguintes.

6. **(CESPE – 2018 – POLÍCIA FEDERAL – ESCRIVÃO)** É possível que mais de 2.760 notas tenham sido apreendidas na operação.

Certo ( )   Errado ( )

Como foram encontradas notas de R$ 2, de R$ 5 e de R$ 20, então os R$ 5.555 poderiam estar compostos (uma das possibilidades) por 1 nota de R$ 5, 1 nota de R$ 20 e 2.765 notas de R$ 2, totalizando 2.767 notas ao todo.

Mais uma vez, reitera-se que essa é uma das possibilidades de composição dos R$ 5.555, e como nessa possibilidade há mais de 2.760 notas, então a questão está certa.

GABARITO: CERTO.

7. **(CESPE – 2018 – POLÍCIA FEDERAL – ESCRIVÃO)** A menor quantidade de notas em moeda corrente brasileira pelas quais o montante apreendido poderia ser trocado é superior a 60.

Certo ( )   Errado ( )

Em moeda corrente brasileira (no ano de 2018 as cédulas existentes no Brasil eram R$ 2, R$ 5, R$ 10, R$ 20, R$ 50 e R$ 100), os R$ 5.555 podem ser compostos (uma das possibilidades – com a menor quantidade de cédulas) por 1 nota de R$ 5, 1 nota de R$ 50 e 55 notas de R$ 100, totalizando 57 notas ao todo, portanto um valor inferior a 60 cédulas, o que torna a questão errada.

GABARITO: ERRADO.

Os indivíduos S1, S2, S3 e S4, suspeitos da prática de um ilícito penal, foram interrogados, isoladamente, nessa mesma ordem. No depoimento, com relação à responsabilização pela prática do ilícito, S1 disse que S2 mentiria; S2 disse que S3 mentiria; S3 disse que S4 mentiria.
A partir dessa situação, julgue os itens a seguir.

8. **(CESPE – 2018 – POLÍCIA FEDERAL – PERITO)** Se S4 disser que S1, S2 e S3 mentiram, então, na verdade, apenas ele e S2 mentiram.

Certo ( )   Errado ( )

Dispondo as informações (do enunciado e da questão) de modo que fique melhor a visualização delas, temos (é importante ter atenção ao que cada um está falando):

S1 disse que S2 mentiria;

S2 disse que S3 mentiria;

S3 disse que S4 mentiria;

S4 disse que S1, S2 e S3 mentiram.

Se S4 estiver falando a verdade, teremos uma contradição porque, de acordo com o que S1 disse e sendo isso falso – pela fala de S4 – S2, teria que falar a verdade, mas S4 disse que S2 mentiu. Disso, podemos garantir que S4 está mentindo, com isso S3 está falando a verdade, S2 está mentindo e S1 está falando a verdade. Portanto, S2 e S4 mentiram, o que faz a questão estar certa.

GABARITO: CERTO.

9. **(CESPE – 2018 – POLÍCIA FEDERAL – PERITO)** Se S4 disser que "pelo menos um dos 3 anteriores mentiu", então, nessa situação, S3 falou a verdade.

Certo ( )   Errado ( )

Dispondo as informações (do enunciado e da questão), de modo que fique melhor a visualização delas, temos (é importante ter atenção ao que cada um está falando):

S1 disse que S2 mentiria;

S2 disse que S3 mentiria;

S3 disse que S4 mentiria;

S4 disse que pelo menos um dos 3 anteriores mentiu.

Se S4 estiver falando a verdade, S3 está mentindo, S2 está falando a verdade e S1 mentindo.

Se S4 estiver mentindo, temos uma contradição, pois S1, S2 e S3 teriam que falar a verdade, e S3 até está falando a verdade, mas S2, com isso, está mentindo, o que não poderia ocorrer.

Com isso, S4 fala a verdade e S3 mente, o que torna a questão errada.

GABARITO: ERRADO.

Em um restaurante, João, Pedro e Rodrigo pediram pratos de carne, frango e peixe, não necessariamente nessa ordem, mas cada um pediu um único prato. As cores de suas camisas eram azul, branco e verde; Pedro usava camisa azul; a pessoa de camisa verde pediu carne e Rodrigo não pediu frango. Essas informações podem ser visualizadas na tabela abaixo, em que, no cruzamento de uma linha com uma coluna, V corresponde a fato verdadeiro e F, a fato falso.

	carne	frango	peixe	João	Pedro	Rodrigo
azul					V	
branca						
verde	V					
João						
Pedro						
Rodrigo		F				

Considerando a situação apresentada e, no que couber, o preenchimento da tabela acima, julgue o item seguinte.

10. **(CESPE – 2014 – POLÍCIA FEDERAL – AGENTE DE POLÍCIA)** As informações apresentadas na situação em apreço e o fato de João ter pedido peixe não são suficientes para se identificarem a cor da camisa de cada uma dessas pessoas e o prato que cada uma delas pediu.

Certo ( )   Errado ( )

Organizando as informações do enunciado (sabendo que Pedro usava camisa azul; a pessoa de camisa verde pediu carne e Rodrigo não pediu frango), tem-se:

Nome	Camisa	Prato
Pedro	Azul	
	Verde	Carne

Acrescentando a isso o fato de João ter pedido peixe, a tabela fica:

Nome	Camisa	Prato
Pedro	Azul	Frango
Rodrigo	Verde	Carne
João	Branco	Peixe

Dessa forma, é possível identificar a cor da camisa e o que cada um pediu, logo a questão está errada.

GABARITO: ERRADO.

RLM

11. **(CESPE – 2014 – POLÍCIA FEDERAL – AGENTE DE POLÍCIA)** Se João pediu peixe, então Rodrigo não usava camisa branca.

Certo ( )   Errado ( )

De acordo com as informações do enunciado e organizando-as (sabendo Pedro usava camisa azul; a pessoa de camisa verde pediu carne e Rodrigo não pediu frango), tem-se:

Nome	Camisa	Prato
Pedro	Azul	
	Verde	Carne

Agora, se João pediu peixe, a tabela fica:

Nome	Camisa	Prato
Pedro	Azul	Frango
Rodrigo	Verde	Carne
João	Branco	Peixe

Com isso, de fato, Rodrigo não está de branco, portanto a questão está certa.

GABARITO: CERTO.

12. **(CESPE – 2014 – POLÍCIA FEDERAL – AGENTE DE POLÍCIA)** Das informações apresentadas, é possível inferir que Pedro pediu frango.

Certo ( )   Errado ( )

Muita atenção na resolução desta questão, pois o que foi feito nas questões anteriores não se aplica nesta.

Apenas com as informações do enunciado (lembrando que Pedro usava camisa azul; a pessoa de camisa verde pediu carne e Rodrigo não pediu frango) verificam-se as seguintes possibilidades para as relações entre as pessoas, as cores das camisas e as comidas pedidas por eles. Observe:

Nome	Camisa	Prato
Pedro	Azul	Frango
Rodrigo	Verde	Carne
João	Branco	Peixe

Ou

Nome	Camisa	Prato
Pedro	Azul	Frango
João	Verde	Carne
Rodrigo	Branco	Peixe

Ou

Nome	Camisa	Prato
Pedro	Azul	Peixe
Rodrigo	Verde	Carne
João	Branco	Frango

Note que, em uma das opções, Pedro PODE pedir peixe e, nas outras duas, ele PODE pedir frango, mas NÃO HÁ COMO GARANTIR o que de fato ele pediu. E, sem garantia, não podemos afirmar que ele pediu frango ou peixe.

GABARITO: ERRADO.

Uma pessoa guardou em seu bolso duas notas de R$ 100, três notas de R$ 50 e quatro notas de R$ 20. Essa pessoa deseja retirar do bolso, de forma aleatória, sem olhar para dentro do bolso, pelo menos uma nota de cada valor.

Considerando essa situação, julgue o item a seguir.

13. **(CESPE – 2013 – DEPEN – TÉCNICO)** Para que ao menos uma nota de cada valor seja retirada do bolso, a pessoa deverá retirar, pelo menos, oito notas.

Certo ( )   Errado ( )

Sendo 2 notas de R$ 100, 3 notas de R$ 50 e 4 notas de R$ 20, então com até 7 notas PODE-MOS NÃO ter uma nota de cada valor, pois com 7 notas, por exemplo, pode haver 3 notas de R$ 50 e 4 notas de R$ 20, então a GARANTIA de ter pelo menos uma nota de cada valor só acontece com pelo menos 8 notas.

GABARITO: CERTO.

Em uma pescaria, os pescadores Alberto, Bruno e Carlos colocavam os peixes que pescavam em um mesmo recipiente. Ao final da pescaria, o recipiente continha 16 piaus e 32 piaparas. Na divisão dos peixes, cada um deles afirmou que teria pescado mais peixes que os outros dois.

Julgue os itens a seguir, a respeito dessa situação.

14. **(CESPE – 2013 – PC/DF – ESCRIVÃO)** Considere que, a um amigo comum, além de afirmar que pescou mais peixes que os outros dois, cada um dos pescadores afirmou que os outros dois estariam mentindo. Nessa situação, é correto afirmar que dois deles estão mentindo.

Certo ( )   Errado ( )

Primeiramente, é importante observar que, com base no que cada um falou (que os outros dois estão mentindo), não há como os 3 amigos mentirem (caso isso acontecesse, teríamos uma contradição, pois algum deles teria que falar a verdade).

Como cada amigo disse ter pescado mais peixes do que o outro, e como de fato algum dos amigos pescou mais peixes do que os outros dois, então 2 deles estão mentindo (basicamente, os 2 que pescaram menos e disseram ter pescado mais).

GABARITO: CERTO.

15. **(CESPE – 2013 – PC/DF – ESCRIVÃO)** Considere que, a um amigo comum, cada um dos pescadores afirmou ter pescado mais peixes que os outros dois e que, além disso, eles fizeram as seguintes afirmações:

Alberto: Bruno ou Carlos está mentindo.

Bruno: Carlos está mentindo.

Carlos: Alberto está mentindo.

Nessa situação, é correto afirmar que apenas Carlos está mentindo.

Certo ( )   Errado ( )

Considerando que cada amigo disse ter pescado mais peixes do que os outros dois e considerando ainda o que cada um disse:

Alberto: Bruno ou Carlos está mentindo.

Bruno: Carlos está mentindo.

Daniel Lustosa

Carlos: Alberto está mentindo.

A partir disso, se Alberto estiver mentido (Carlos falando a verdade), teremos uma contradição, pois Bruno teria que também falar a verdade e, com isso, Carlos teria que mentir.

Agora, sabemos que Alberto fala a verdade, com isso Carlos mente e Bruno fala a verdade também. Portanto, apenas Carlos mente.

Mas por que então a questão está errada?

A questão está errada porque ainda devemos considerar a afirmação dos peixes. Como Alberto fala a verdade e ele disse que pescou mais peixes do que os outros dois amigos, e Bruno também disse ter pescado mais peixes do que os outros dois amigos, então Bruno não pode falar a verdade com relação a essa afirmação.

Note que a complexidade da questão está no que foi dito sobre "pescar mais peixes do que os outros dois amigos", pois não há como 2 amigos falarem a verdade.

GABARITO: ERRADO.

Denomina-se contradição uma proposição que é sempre falsa. Uma forma de argumentação lógica considerada válida é embasada na regra da contradição, ou seja, no caso de uma proposição $\neg R$ verdadeira (ou R verdadeira), caso se obtenha uma contradição, então conclui-se que R é verdadeira (ou $\neg R$ é verdadeira). Considerando essas informações e o texto de referência, e sabendo que duas proposições são equivalentes quando possuem as mesmas valorações, julgue o item que se segue.

16. **(CESPE – 2004 – PF – PAPILOSCOPISTA)** Considere que, em um pequeno grupo de pessoas — G — envolvidas em um acidente, haja apenas dois tipos de indivíduos: aqueles que sempre falam a verdade e os que sempre mentem. Se, do conjunto G, o indivíduo P afirmar que o indivíduo Q fala a verdade, e Q afirmar que P e ele são tipos opostos de indivíduos, então, nesse caso, é correto concluir que P e Q mentem.

Certo ( )   Errado ( )

Analisando calmamente as informações e sabendo que do grupo G as pessoas ou falam sempre a verdade ou sempre mentem e supondo que P esteja falando a verdade, então Q também falará a verdade, porém Q disse que ele e P são de tipos opostos, o que gera uma contradição.

Pronto! A questão está resolvida, já que dessa forma os dois – P e Q – só podem estar mentindo.

Uma forma de visualizar isso seria montando uma tabela.

	P (Q fala a verdade)	Q (P e eu somos de tipos opostos)
1ª opção	Falando a verdade	Falando a verdade → contradição
2ª opção	Falando a verdade → contradição	Mentindo
3ª opção	Mentindo	Falando a verdade → contradição
4ª opção	Mentindo	Mentindo

Observe que as 3 primeiras opções são contraditórias, considerando as afirmações de P e Q, então só resta a 4ª opção, na qual os dois estão mentindo.

GABARITO: CERTO.

Um líder criminoso foi morto por um de seus quatro asseclas: A, B, C e D. Durante o interrogatório, esses indivíduos fizeram as seguintes declarações.

• A afirmou que C matou o líder.

• B afirmou que D não matou o líder.

• C disse que D estava jogando dardos com A quando o líder foi morto e, por isso, não tiveram participação no crime.

• D disse que C não matou o líder.

Considerando a situação hipotética apresentada acima e sabendo que três dos comparsas mentiram em suas declarações, enquanto um deles falou a verdade, julgue o item seguinte.

17. **(CESPE – 2004 – PF – PAPILOSCOPISTA)** A declaração de C não pode ser verdadeira.

Certo ( )   Errado ( )

Construindo uma tabela com o que cada comparsa falou e com todas as possibilidades de qual deles esteja falando a verdade, já que não sabemos quem fala a verdade, tem-se:

Assecla	Afirmação	1ª possib.	2ª possib.	3ª possib.	4ª possib.
A	C matou	Verdade	Mentira	Mentira	Mentira
B	D não matou	Mentira	Verdade	Mentira	Mentira
C	A e D não mataram	Mentira	Mentira	Verdade	Mentira
D	C não matou	Mentira	Mentira	Mentira	Verdade

Agora, analisando todas as possibilidades, temos que se os comparsas B e D estiverem mentindo, o líder criminoso terá sido morto por dois dos comparsas, mas a questão diz que foi "morto por um", então entre B e D, um deles, necessariamente, terá que falar a verdade (elimina a 1ª e 3ª possibilidades):

Assecla	Afirmação	2ª possib.	4ª possib.
A	C matou	Mentira	Mentira
B	D não matou	Verdade	Mentira
C	A e D não mataram	Mentira	Mentira
D	C não matou	Mentira	Verdade

Logo, a declaração de C, com certeza, será mentira (não verdadeira).

GABARITO: CERTO.

As proposições P, Q e R a seguir referem-se a um ilícito penal envolvendo João, Carlos, Paulo e Maria:

P: "João e Carlos não são culpados".

Q: "Paulo não é mentiroso".

R: "Maria é inocente".

Considerando que ~X representa a negação da proposição X, julgue o item a seguir.

18. **(CESPE – 2018 – PF – AGENTE)** A proposição "Se Paulo é mentiroso então Maria é culpada" pode ser representada simbolicamente por $(\sim Q) \leftrightarrow (\sim R)$.

Certo ( )   Errado ( )

O símbolo $\leftrightarrow$ é o símbolo do conectivo "se, e somente se", mas a proposição da questão tem o conectivo "se, então". Logo, a questão está errada.

GABARITO: ERRADO.

Daniel Lustosa

19. **(CESPE – 2018 – PF – AGENTE)** Se as três proposições P, Q e R forem falsas, então pelo menos duas das pessoas envolvidas no ilícito penal serão culpadas.

Certo ( )   Errado ( )

Com a proposição P falsa, já temos que João e Carlos são culpados. Além disso, com R falsa, Maria também é culpada; então com as proposições P, Q e R falsas, temos ao menos 3 culpados. Portanto, a questão está certa.

GABARITO: CERTO.

20. **(CESPE – 2018 – PF – AGENTE)** Se ficar comprovado que apenas um dos quatro envolvidos no ilícito penal é culpado, então a proposição simbolizada por (~P)→(~Q)∨R será verdadeira.

Certo ( )   Errado ( )

~P significa dizer que João e Carlos são culpados (2 culpados). Como a questão afirma que só há um culpado, então ~P = Falsa.

Sabemos que a proposição composta pelo conectivo condicional (SE, ENTÃO) só é falsa quando o antecedente (proposição antes do →) é verdadeiro e o consequente (proposição depois do →) é falso. A partir disso, podemos concluir que se o antecedente é falso, o condicional já é verdadeiro, independentemente do valor do consequente.

Com isso, a proposição (~P)→(~Q)∨R é verdadeira, veja:

(~P)→(~Q)∨R =

(F)→(~Q)∨R = Verdadeiro (antecedente falso = condicional verdadeiro).

GABARITO: CERTO.

21. **(CESPE – 2018 – PF – AGENTE)** Independentemente de quem seja culpado, a proposição {P→(~Q)}→{Q∨[(~Q)∨R]} será sempre verdadeira, isto é, será uma tautologia.

Certo ( )   Errado ( )

Para saber se uma proposição corresponde a uma tautologia, temos que desenhar sua tabela-verdade e verificar se a última coluna da tabela é toda verdadeira.

Desenhando a tabela-verdade:

P	Q	R	~Q	(~Q)∨R	P→(~Q)	Q∨[(~Q)∨R]	{P→(~Q)}→{Q∨[(~Q)∨R]}
V	V	V	F	V	F	V	V
V	V	F	F	F	F	V	V
V	F	V	V	V	V	V	V
V	F	F	V	V	V	V	V
F	V	V	F	V	V	V	V
F	V	F	F	F	V	V	V
F	F	V	V	V	V	V	V
F	F	F	V	V	V	V	V

Observe que a última coluna da tabela é toda verdadeira e, portanto, a proposição é uma tautologia.

GABARITO: CERTO.

22. **(CESPE – 2018 – PF – AGENTE)** As proposições P∧(~Q)→(~R) e R→[Q∧(~P)] são equivalentes.

Certo ( )   Errado ( )

As proposições da questão têm 2 conectivos e por isso é preciso identificar o conectivo principal, já que desse conectivo será feita a regra da equivalência.

O conectivo principal das proposições da questão é o condicional ($\rightarrow$) e uma das suas equivalências é com o próprio condicional na regra "troca e nega" (trocar as proposições de lugar e negá-las).

A negação da conjunção (E = $\wedge$) é uma disjunção (OU = v), além da negação das proposições que a compõem (em uma das parcelas do condicional há uma conjunção).

Aplicando as regras e verificando se as proposições são equivalentes:

$P \wedge (\sim Q) \rightarrow (\sim R) =$

(trocando e negando)

$R \rightarrow [Qv(\sim P)]$

Observe que $P \wedge (\sim Q) \rightarrow (\sim R) \neq R \rightarrow [Q \wedge (\sim P)]$, uma vez que a conjunção foi negada com outra conjunção, o que não condiz com a regra.

GABARITO: ERRADO.

Julgue os próximos itens, acerca da seguinte proposição:

P: "A nomeação do novo servidor público ocorre para reposição de vacância em área essencial, ou o candidato aprovado não será nomeado".

23. **(CESPE – 2018 – PF – PAPILOSCOPISTA)** A proposição P é logicamente equivalente à proposição: "Não é verdade que o candidato aprovado será nomeado, a não ser que a nomeação do novo servidor público ocorra para reposição de vacância em área essencial".

Certo ( )   Errado ( )

A proposição P é uma disjunção (OU), em que uma das equivalências é com o condicional (SE, ENTÃO) na regra: "NEGA o antecedente, troca o SE, ENTÃO por OU, MANTÉM o consequente".

Reescrevendo a proposição da questão, temos:

Se a nomeação do servidor público não ocorrer para reposição de vacância em área essencial, então o candidato aprovado não será nomeado.

Agora, fazendo a equivalência desse condicional (da questão) com a disjunção (do enunciado), e verificando se elas são equivalentes, fica (simbolicamente):

$\sim O$ = a nomeação do servidor público não ocorrer para reposição de vacância em área essencial;

$\sim N$ = o candidato aprovado não será nomeado.

$\sim O \rightarrow \sim N = O$ v $\sim N$

O v $\sim N = P$

Logo, as proposições são equivalentes, e a questão está certa.

GABARITO: CERTO.

24. **(CESPE – 2018 – PF – PAPILOSCOPISTA)** A negação da proposição P está corretamente expressa por: "Ou a nomeação do novo servidor público ocorre para reposição de vacância em áreas não essenciais, ou o candidato aprovado será nomeado".

Certo ( )   Errado ( )

RLM

A proposição P é uma disjunção (OU), e sua negação é com a conjunção (E) além da negação das proposições que a compõem.

Portanto, a questão está errada, uma vez que o conectivo da questão é uma disjunção exclusiva (OU, OU).

GABARITO: ERRADO.

25. **(CESPE – 2018 – PF – PAPILOSCOPISTA)** A proposição P é logicamente equivalente à proposição: "Se não for para reposição de vacância em área essencial, então o candidato aprovado não será nomeado".

Certo ( )   Errado ( )

A proposição P é uma disjunção (OU), em que uma das equivalências é com o condicional (SE, ENTÃO) na regra: "NEGA o antecedente, troca o SE, ENTÃO por OU, MANTÉM o consequente".

Fazendo a equivalência de P com a proposição da questão, fica (simbolicamente):

O = a nomeação do servidor público ocorre para reposição de vacância em área essencial;

~N = o candidato aprovado não será nomeado.

$P = O \vee \sim N$

$O \vee \sim N = \sim O \rightarrow \sim N$

$\sim O \rightarrow \sim N$ = Se não for para reposição de vacância em área essencial, então o candidato aprovado não será nomeado.

Portanto, as proposições são equivalentes, e a questão está certa.

GABARITO: CERTO.

26. **(CESPE – 2018 – PF – PAPILOSCOPISTA)** Escolhendo aleatoriamente uma linha da tabela-verdade da proposição P, a probabilidade de que todos os valores dessa linha sejam F é superior a 1/3.

Certo ( )   Errado ( )

. Desenhando a tabela-verdade da proposição P (P é uma disjunção), temos:

$P = O \vee \sim N$

O	~N	O v ~N
V	V	V
V	F	V
F	V	V
F	F	F

Observe que a tabela tem 4 linhas e existe uma única linha em que todos os valores são falsos. Calculando a probabilidade:

P = evento/espaço amostral;

P = quero/tenho;

P = linha toda falsa/todas as linhas;

$P = 1/4$.

Sabemos que 1/4 (0,25) é menor que 1/3 (0,333...), com isso a questão está errada.

GABARITO: ERRADO.

Julgue os próximos itens, considerando a proposição P a seguir.

P: "O bom jornalista não faz reportagem em benefício próprio nem deixa de fazer aquela que prejudique seus interesses".

27. **(CESPE – 2018 – PF – ESCRIVÃO)** A proposição P é logicamente equivalente à proposição: "Não é verdade que o bom jornalista faça reportagem em benefício próprio ou que deixe de fazer aquela que prejudique seus interesses".

Certo ( )   Errado ( )

A proposição P é uma conjunção (E).

"Não é verdade que" indica a negação de toda a proposição que venha adiante.

A proposição da questão é uma disjunção (OU) e a negação da disjunção é uma conjunção, além da negação das proposições que a compõem.

Verificando a questão, temos (simbolicamente):

B = o bom jornalista faça reportagem em benefício próprio;

D = o bom jornalista deixe de fazer aquela que prejudique seus interesses.

"Não é verdade que o bom jornalista faça reportagem em benefício próprio ou que deixe de fazer aquela que prejudique seus interesses" = $\sim(B \vee D)$.

$\sim(B \vee D) = \sim B \wedge \sim D$

$\sim B \wedge \sim D = P$ (lembrando que NEM = E NÃO)

Logo, as proposições são equivalentes, e a questão está certa.

GABARITO: CERTO.

28. **(CESPE – 2018 – PF – ESCRIVÃO)** A negação da proposição P está corretamente expressa por: "O bom jornalista faz reportagem em benefício próprio e deixa de fazer aquela que não prejudique seus interesses".

Certo ( )   Errado ( )

A proposição P é uma conjunção (E), e a negação da conjunção é uma disjunção (OU), além da negação das proposições que a compõem.

Com isso, a questão está errada, pois ela trouxe a negação da conjunção com outra conjunção.

GABARITO: ERRADO.

29. **(CESPE – 2018 – PF – ESCRIVÃO)** A negação da proposição P está corretamente expressa por: "Se o bom jornalista não faz reportagem em benefício próprio, então ele deixa de fazer aquela reportagem que prejudica seus interesses".

Certo ( )   Errado ( )

A proposição P é uma conjunção (E), e a negação da conjunção é uma disjunção (OU), além da negação das proposições que a compõem, mas também a negação da conjunção pode ser com o condicional (SE, ENTÃO) na regra: "MANTÉM o antecedente, troca o SE, ENTÃO por E, NEGA o consequente".

Fazendo a negação de P, fica (simbolicamente):

$\sim B$ = o bom jornalista não faz reportagem em benefício próprio;

$\sim D$ = o bom jornalista não deixa de fazer aquela reportagem que prejudique seus interesses.

Daniel Lustosa

RLM

P = ~B ∧ ~D

~P = ~(~B ∧ ~D)

Fazendo a negação da conjunção com o condicional:

~(~B ∧ ~D) = ~B → D

~B → D = Se o bom jornalista não faz reportagem em benefício próprio, então ele deixa de fazer aquela reportagem que prejudica seus interesses.

GABARITO: CERTO.

30. **(CESPE – 2018 – PF – ESCRIVÃO)** Escolhendo aleatoriamente uma linha da tabela-verdade da proposição P, a probabilidade de que todos os valores dessa linha sejam V é superior a 1/3.

Certo ( )　　　Errado ( )

Desenhando a tabela-verdade da proposição P (P é uma conjunção), temos:

P = ~B ∧ ~D

~B	~D	~B ∧ ~D
V	V	V
V	F	F
F	V	F
F	F	F

Observe que a tabela tem 4 linhas e existe uma única linha em que todos os valores são verdadeiros.

Calculando a probabilidade:

P = evento/espaço amostral;

P = quero/tenho;

P = linha toda verdadeira/todas as linhas;

P = 1/4.

Sabemos que 1/4 (0,25) é menor que 1/3 (0,333...), com isso a questão está errada.

GABARITO: ERRADO.

Julgue os itens a seguir, a respeito de lógica proposicional.

31. **(CESPE – 2018 – ABIN – OFICIAL TÉCNICO DE INTELIGÊNCIA)** A proposição "Os Poderes Executivo, Legislativo e Judiciário devem estar em constante estado de alerta sobre as ações das agências de inteligência" pode ser corretamente representada pela expressão lógica P∧Q∧R, em que P, Q e R são proposições simples adequadamente escolhidas.

Certo ( )　　　Errado ( )

A proposição em questão é uma proposição simples, pois tem apenas 1 verbo para a ação – o verbo dever – não pode ser dividida e não tem conectivo, apesar de o sujeito ser composto (Os Poderes Executivo, Legislativo e Judiciário). Logo a representação seria apenas P.

GABARITO: ERRADO.

32. **(CESPE – 2018 – ABIN – OFICIAL TÉCNICO DE INTELIGÊNCIA)** A proposição "A vigilância dos cidadãos exercida pelo Estado é consequência da radicalização da sociedade civil em suas posições políticas" pode ser corretamente representada pela expressão lógica P→Q, em que P e Q são proposições simples escolhidas adequadamente.

Certo ( )   Errado ( )

A proposição em questão é uma proposição simples, pois tem apenas 1 verbo para a ação – o verbo ser – não pode ser dividida e não tem conectivo ("é consequência" não dá e nem tem a ideia do conectivo condicional). Portanto, a representação seria apenas P.

GABARITO: ERRADO.

A tabela a seguir mostra as três primeiras colunas das 8 linhas das tabelas-verdades das proposições P $\land$ (Q$\lor$R) e (P$\land$Q) → R, em que P, Q e R são proposições lógicas simples.

	P	Q	R			$P \land (Q \lor R)$	$(P \land Q) \to R$
1	V	V	V				
2	F	V	V				
3	V	F	V				
4	F	F	V				
5	V	V	F				
6	F	V	F				
7	V	F	F				
8	F	F	F				

Julgue os itens que se seguem, completando a tabela, se necessário.

33. **(CESPE – 2018 – ABIN – AGENTE DE INTELIGÊNCIA)** Na tabela, a coluna referente à proposição lógica P $\land$ (Q$\lor$R), escrita na posição horizontal, é igual a

	1	2	3	4	5	6	7	8
$P \land (Q \lor R)$	V	F	V	F	V	F	F	F

Certo ( )   Errado ( )

Desenhando a tabela-verdade da proposição P $\land$ (Q$\lor$R) e verificando o que foi pedido (atenção aos valores já inseridos na tabela):

	P	Q	R	(Q$\lor$R)	P $\land$ (Q$\lor$R)
1	V	V	V	V	V
2	F	V	V	V	F
3	V	F	V	V	V
4	F	F	V	V	F
5	V	V	F	V	V
6	F	V	F	V	F
7	V	F	F	F	F
8	F	F	F	F	F

Observe que de 1 a 8 os valores na tabela-verdade são exatamente os que estão na questão.

GABARITO: CERTO.

Daniel Lustosa

RLM

34. **(CESPE – 2018 – ABIN – AGENTE DE INTELIGÊNCIA)** Na tabela, a coluna referente à proposição lógica $(P \land Q) \to R$, escrita na posição horizontal, é igual a

	1	2	3	4	5	6	7	8
$(P \land Q) \to R$	V	V	V	V	F	V	V	V

Certo ( )   Errado ( )

Desenhando a tabela-verdade da proposição $(P \land Q) \to R$ e verificando o que foi pedido (atenção aos valores já inseridos na tabela):

	P	Q	R	$(P \land Q)$	$(P \land Q) \to R$
1	V	V	V	V	V
2	F	V	V	F	V
3	V	F	V	F	V
4	F	F	V	F	V
5	V	V	F	V	F
6	F	V	F	F	V
7	V	F	F	F	V
8	F	F	F	F	V

Observe que de 1 a 8 os valores na tabela-verdade são exatamente os que estão na questão.

GABARITO: CERTO.

As seguintes proposições lógicas formam um conjunto de premissas de um argumento:

- Se Pedro não é músico, então André é servidor da ABIN.

- Se André é servidor da ABIN, então Carlos não é um espião.

- Carlos é um espião.

A partir dessas premissas, julgue o item a seguir, acerca de lógica de argumentação.

35. **(CESPE – 2018 – ABIN – AGENTE DE INTELIGÊNCIA)** Se a proposição lógica "Pedro é músico" for a conclusão desse argumento, então, as premissas juntamente com essa conclusão constituem um argumento válido.

Certo ( )   Errado ( )

Representando as proposições e resolvendo o argumento, pelo método premissas verdadeiras:

Lembrando que o método das premissas verdadeiras consiste em atribuir valores às proposições (de acordo com os conectivos) que estão nas premissas, afirmando que todas as premissas são verdadeiras; no final dar valor à conclusão e ver se a conclusão fica verdadeira (argumento válido) ou falsa (argumento inválido).

Resolvendo:

$\sim P \to A$

$A \to \sim C$

C

Conclusão: P

Começando por C = V (~C = F)

$\sim P \to A$

$A \rightarrow \sim C^F$

C^V

Conclusão: P

Completando os valores (no condicional verdadeiro, se o consequente é falso, o antecedente tem que ser falso também):

$\sim P^F \rightarrow A^F$

$A^F \rightarrow \sim C^F$

C^V

Conclusão: P

Se ~P = F, então P = V.

Como a conclusão ficou verdadeira, então o argumento é válido, e a questão está correta.

GABARITO: CERTO.

Considerando que P, Q e R sejam proposições simples, julgue o item abaixo.

36. **(CESPE – 2014 – PF – AGENTE)** A partir do preenchimento da tabela-verdade abaixo, é correto concluir que a proposição P∧Q∧R→P∨Q é uma tautologia.

P	Q	R	P∧Q∧R	P∨Q	P∧Q∧R→P∨Q
V	V	V			
V	V	F			
V	F	V			
V	F	F			
F	V	V			
F	V	F			
F	F	V			
F	F	F			

Certo ( )   Errado ( )

Completando a tabela, tem-se:

P	Q	R	P∧Q∧R	P∨Q	P∧Q∧R → P∨Q
V	V	V	V	V	V
V	V	F	F	V	V
V	F	V	F	V	V
V	F	F	F	V	V
F	V	V	F	V	V
F	V	F	F	V	V
F	F	V	F	F	V
F	F	F	F	F	V

Olhando a última coluna da tabela, que é a coluna da proposição P∧Q∧R→P∨Q, e sendo ela TODA VERDADEIRA, temos uma tautologia.

GABARITO: CERTO.

As seguintes premissas referem-se a uma argumentação hipotética:

• Se Paulo é inocente, então João ou Jair é culpado.

• Se João é culpado, então Jair é inocente.

- Se Jair é culpado, então, no depoimento de José e no de Maria, todas as afirmações de José eram verdadeiras e todas as afirmações de Maria eram falsas.

Com referência a essas premissas, julgue o próximo item.

37. **(CESPE – 2014 – PF – AGENTE)** Se Jair é culpado, é correto inferir que João é inocente.

Certo ( )   Errado ( )

Essa questão é interessante porque, em outras palavras, ela deixa subtendida a ideia da equivalência das proposições.

A proposição da questão é equivalente à segunda premissa (Se João é culpado, então Jair é inocente), pois uma das equivalências do condicional é com o próprio condicional na regra "troca e nega", logo a questão está correta.

(Lembrando que a negação de "é culpado" pode ser representada pelo seu antônimo "é inocente", e vice-versa).

GABARITO: CERTO.

38. **(CESPE – 2014 – PF – AGENTE)** Se Maria, em seu depoimento, disse que Paulo é inocente, e se Paulo for de fato inocente, então é correto afirmar que Jair é culpado.

Certo ( )   Errado ( )

Sendo Paulo inocente, Maria estará falando a verdade e com isso o consequente da terceira premissa, que é um condicional (Se Jair é culpado, então, no depoimento de José e no de Maria, todas as afirmações de José eram verdadeiras e todas as afirmações de Maria eram falsas), será falso, obrigando o antecedente a ser também falso, portanto Jair é inocente (Jair é culpado = falso).

Obs.: vale lembrar que, em alguns argumentos, não usaremos os métodos clássicos de resolução (diagramas lógicos, premissas verdadeiras etc.) e o que tem que ser feito é admitir todas as premissas verdadeiras e atribuir valores às proposições contidas nessas premissas.

GABARITO: ERRADO.

39. **(CESPE – 2014 – PF – AGENTE)** Considerando as proposições P: Paulo é inocente; Q: João é culpado; R: Jair é culpado; S: José falou a verdade no depoimento; e T: Maria falou a verdade no depoimento, é correto concluir que $P \rightarrow Q \vee S \vee T$.

Certo ( )   Errado ( )

Em outras palavras, a questão quer saber se o argumento é válido, com essa conclusão simbólica da questão.

Simbolizando todo o argumento, tem-se:

Premissas:

$P \rightarrow (Q \vee R)$

$Q \rightarrow \sim R$

$R \rightarrow (S \wedge T)$

Conclusão:

$P \rightarrow Q \vee S \vee T$

Para resolver o argumento, utilizaremos o método "conclusão falsa", que consiste em afirmar que a conclusão é falsa e trabalhar com as premissas verdadeiras, com isso, caso todas as premissas permaneçam verdadeiras, o argumento é inválido; caso contrário, com pelo menos uma premissa se tornando falsa, o argumento passa a ser válido.

Atribuindo valores a partir da conclusão – falsa – temos:

$P = V; Q = F; S = F; T = F$

Com isso, na terceira premissa, $R \rightarrow (S \wedge T)$, R é falso, e sendo assim, a primeira premissa, $P \rightarrow (Q \vee R)$, fica falsa ($P = V; Q = F; R = F$), tornando o argumento válido.

Veja:

Premissas:

$P^V \rightarrow (Q^F v R^F) = F$

$Q^F \rightarrow \sim R^V$

$R^F \rightarrow (S^F \wedge T^F)$

Conclusão:

$P^V \rightarrow Q^F \vee S^F \vee T^F = F$.

GABARITO: CERTO.

Considerando que P e Q representem proposições conhecidas e que V e F representem, respectivamente, os valores verdadeiro e falso, julgue o próximo item.

40. (CESPE – 2013 – PC/DF – AGENTE) Se P for F e P v Q for V, então Q é V.

Certo ( )   Errado ( )

A disjunção (OU) só é falsa se todas as proposições que a compõem forem falsas, logo para a disjunção ser verdadeira, é necessário que pelo menos uma das suas proposições sejam verdadeiras.

Como P = F e P v Q = V, então o valor de Q de fato é verdadeiro.

Veja:

P v Q = V

F v Q = V

Q = V.

GABARITO: CERTO.

41. (CESPE – 2013 – PC/DF – AGENTE) A proposição [P v Q] $\rightarrow$ Q é uma tautologia.

Certo ( )   Errado ( )

Desenhando a tabela-verdade da proposição e verificando se a última coluna da tabela é toda verdadeira (tautologia = proposição composta toda verdadeira independente dos valores das proposições que a compõem), tem-se:

P	Q	P v Q	[P v Q] $\rightarrow$ Q
V	V	V	V
V	F	V	F
F	V	V	V
F	F	F	V

Observe que a última coluna da tabela não é toda verdadeira, logo a proposição [P v Q] $\rightarrow$ Q não é uma tautologia.

Outra forma de determinar se uma proposição é uma tautologia é verificar se ela pode ficar falsa. Caso isso aconteça (a proposição ficar falsa), a proposição não é tautologia, pois ficou falsa; mas se a proposição não puder ficar falsa, então ela será uma tautologia. Veja:

[P v Q] → Q = F

O condicional (SE, ENTÃO) só é falso quando o antecedente é verdadeiro e o consequente é falso.

Q = F

P = V

[V v F] → F =

[V] → F = F.

GABARITO: ERRADO.

42. **(CESPE – 2013 – PC/DF – AGENTE)** As proposições Q e P→(~Q) são, simultaneamente, V se, e somente se, P for F.

Certo ( )   Errado ( )

Desenhando a tabela-verdade das proposições e verificando a condição dada na questão (se, e somente se), tem-se:

P	Q	~Q	P→(~Q)
V	V	F	F
V	F	V	V
F	V	F	V
F	F	V	V

Observe que na 4ª linha da tabela a condição dada na questão é correta (P = F e ~Q e P→(¬Q) ambos V), mas na 3ª linha a condição dada não acontece (P = F e ~Q = F)

GABARITO: ERRADO.

Considerando que, P, Q e R sejam proposições conhecidas, julgue o próximo item.

Nos termos do Edital nº 9/2012 – DGP/DPF, de 10/6/2012, do concurso público para provimento de vagas no cargo de escrivão de polícia federal, cada candidato será submetido, durante todo o período de realização do concurso, a uma investigação social que visa avaliar o procedimento irrepreensível e a idoneidade moral inatacável dos candidatos. O item 19.1 do edital prevê que a nomeação do candidato ao cargo fica condicionada à não eliminação na investigação social e ao atendimento a outros requisitos. Com base nessas informações, e considerando que Pedro Henrique seja um dos candidatos, julgue os itens seguintes.

43. **(CESPE – 2013 – PF – ESCRIVÃO)** Considere que sejam verdadeiras as proposições "Pedro Henrique não foi eliminado na investigação social" e "Pedro Henrique será nomeado para o cargo". Nesse caso, será também verdadeira a proposição "Se Pedro Henrique foi eliminado na investigação social, então ele não será nomeado para o cargo".

Certo ( )   Errado ( )

Aplicando os valores conforme proposto na questão, fica:

"Pedro Henrique não foi eliminado na investigação social" = V;

"Pedro Henrique será nomeado para o cargo" = V;

"Se Pedro Henrique foi eliminado na investigação social, então ele não será nomeado para o cargo" = F → F = Verdadeiro.

Dessa forma, a questão está certa.

GABARITO: CERTO.

44. **(CESPE – 2013 – PF – ESCRIVÃO)** As proposições "A nomeação de Pedro Henrique para o cargo fica condicionada à não eliminação na investigação social" e "Ou Pedro Henrique é eliminado na investigação social ou é nomeado para o cargo" são logicamente equivalentes.

Certo ( )   Errado ( )

A expressão "Fica condicionada" dá a ideia do conectivo condicional (SE, ENTÃO) e as equivalências do condicional são com o próprio condicional na regra: "troca e nega" ou com a disjunção (OU) na regra: "nega o antecedente OU mantém o consequente".

A questão informa que a equivalência do condicional é com a disjunção exclusiva (OU, OU) o que está errado.

GABARITO: ERRADO.

45. **(CESPE – 2013 – PF – ESCRIVÃO)** A negação da proposição "Se Pedro Henrique não foi eliminado na investigação social, então ele será nomeado para o cargo" estará corretamente enunciada da seguinte forma: "Se Pedro Henrique foi eliminado na investigação social, então ele não será nomeado para o cargo".

Certo ( )   Errado ( )

A negação do condicional (SE, ENTÃO) é uma conjunção (E) na regra: "mantém o antecedente E nega o consequente". Contudo, na questão, a negação do condicional está com outro condicional, logo a questão está errada.

GABARITO: ERRADO.

46. **(CESPE – 2013 – PF – ESCRIVÃO)** A negação da proposição "Pedro Henrique não será eliminado na investigação social e ele atende aos outros requisitos" estará corretamente redigida da seguinte forma: "Pedro Henrique será eliminado na investigação social e ele não atende a algum dos outros requisitos".

Certo ( )   Errado ( )

A negação da conjunção (E) é uma disjunção (OU) além da negação das proposições que compõem a conjunção. Entretanto, na questão, a negação da conjunção está com outra conjunção, portanto a questão está errada.

GABARITO: ERRADO.

RLM

P1: Se a impunidade é alta, então a criminalidade é alta.

P2: A impunidade é alta ou a justiça é eficaz.

P3: Se a justiça é eficaz, então não há criminosos livres.

P4: Há criminosos livres.

C: Portanto, a criminalidade é alta.

Considerando o argumento apresentado acima, em que P1, P2, P3 e P4 são as premissas e C, a conclusão, julgue o item subsequente.

47. **(CESPE – 2013 – PF – AGENTE)** A negação da proposição P1 pode ser escrita como "Se a impunidade não é alta, então a criminalidade não é alta.".

Certo ( )   Errado ( )

A negação do condicional (SE, ENTÃO) é uma conjunção (E) na regra: "mantém o antecedente E nega o consequente". Contudo, na questão, a negação do condicional está com outro condicional, logo a questão está errada.

GABARITO: ERRADO.

48. **(CESPE – 2013 – PF – AGENTE)** O argumento apresentado é um argumento válido.

Certo ( )   Errado ( )

Representando as proposições e resolvendo o argumento, pelo método das premissas verdadeiras:

Lembrando que o método das premissas verdadeiras consiste em atribuir valores às proposições (de acordo com os conectivos) que estão nas premissas, afirmando que todas as premissas são verdadeiras; no final, dar valor à conclusão e ver se ela fica verdadeira (argumento válido) ou falsa (argumento inválido).

Simbolizando as informações:

I = a impunidade é alta;

M = a criminalidade é alta;

J = a justiça é eficaz;

L = há criminosos livres.

Validando o argumento:

P1: I→M

P2: I v J

P3: J→ ~L

P4: L

C: M

Começando por L = V (~L = F)

P1: I→M

P2: I v J

P3: J → ~L^F

P4: L = V

C: M

Completando os valores (com base nos valores dos conectivos):

P1: $I^V \rightarrow M^V$

P2: I^V v J^F

P3: $J^F \rightarrow \sim L^F$

P4: L^V

C: M = V

Como a conclusão ficou verdadeira, então o argumento é válido e a questão está correta.

GABARITO: CERTO.

49. **(CESPE – 2012 – PM/CE – SOLDADO)** A proposição "Enquanto a população não aprender a votar, haverá novos casos de corrupção" tem o mesmo valor lógico da proposição R.

Certo ( )   Errado ( )

"Enquanto" é sinônimo de condicional.

Reescrevendo a proposição da questão:

"Enquanto a população não aprender a votar, haverá novos casos de corrupção" = Se a população não aprender a votar, então haverá novos casos de corrupção.

A proposição R é uma disjunção (OU), em que uma das suas equivalências é com o condicional (SE, ENTÃO) na regra: "NEGA o antecedente, troca o SE, ENTÃO por OU, MANTÉM o consequente".

Aplicando e verificando a regra (simbolicamente):

A = a população aprender a votar;

H = haverá novos casos de corrupção.

R: "A população aprende a votar ou haverá novos atos de corrupção".

$R = A \lor H$

$A \lor H = \sim A \rightarrow H$

$\sim A \rightarrow H$ = Se a população não aprender a votar, então haverá novos casos de corrupção = "Enquanto a população não aprender a votar, haverá novos casos de corrupção".

Observe que a regra foi seguida e que as proposições são equivalentes.

GABARITO: CERTO.

Um jovem, ao ser flagrado no aeroporto portando certa quantidade de entorpecentes, argumentou com os policiais conforme o esquema a seguir:

Premissa 1: Eu não sou traficante, eu sou usuário;

Premissa 2: Se eu fosse traficante, estaria levando uma grande quantidade de droga e a teria escondido;

Premissa 3: Como sou usuário e não levo uma grande quantidade, não escondi a droga.

Conclusão: Se eu estivesse levando uma grande quantidade, não seria usuário.

Considerando a situação hipotética apresentada acima, julgue os itens a seguir.

50. **(CESPE – 2012 – PF – AGENTE)** Se P e Q representam, respectivamente, as proposições "Eu não sou traficante" e "Eu sou usuário", então a premissa 1 estará corretamente representada por $P \land Q$.

Certo ( )   Errado ( )

RLM

A vírgula funciona, na maioria das vezes, como um sinônimo da conjunção (E), e na premissa 1 acontece exatamente isso. Logo, a questão está certa.

GABARITO: CERTO.

51. **(CESPE – 2012 – PF – AGENTE)** Se a proposição "Eu não sou traficante" for verdadeira, então a premissa 2 será uma proposição verdadeira, independentemente dos valores lógicos das demais proposições que a compõem.

Certo ( )   Errado ( )

Já que a premissa 2 é um condicional (SE, ENTÃO), e "Eu não sou traficante" é verdadeiro – de acordo com o enunciado da questão –, então "Eu sou traficante" é falso.

Como o antecedente do condicional é falso, isso torna o condicional verdadeiro, independente do valor do consequente (lembrando que o condicional só é falso quando o antecedente for verdadeiro e o consequente for falso).

GABARITO: CERTO.

52. **(CESPE – 2012 – PF – AGENTE)** A proposição correspondente à negação da premissa 2 é logicamente equivalente a "Como eu não sou traficante, não estou levando uma grande quantidade de droga ou não a escondi".

Certo ( )   Errado ( )

A premissa 2 é uma proposição composta pelo conectivo condicional (SE, ENTÃO), e a negação do condicional é uma proposição composta por conjunção (conectivo "E").

Sabendo que "como" é um sinônimo do condicional, a questão está errada.

GABARITO: ERRADO.

53. **(CESPE – 2012 – PF – AGENTE)** Sob o ponto de vista lógico, a argumentação do jovem constitui argumentação válida.

Certo ( )   Errado ( )

A maneira mais adequada para resolver essa questão será trabalhar o método da CONCLUSÃO FALSA, pois, no método das premissas verdadeiras (que poderia ser usado, já que se tem uma conjunção nas premissas), não se consegue atribuir valores a todas as proposições, nem a todas as premissas, nem à conclusão.

Lembrando que, no método da conclusão falsa, deve-se admitir/afirmar a conclusão como falsa (a conclusão tem que ser ou uma proposição simples, ou uma disjunção, ou um condicional), trabalhar as premissas como verdadeiras e atribuir valores às proposições da conclusão e das premissas. Com isso, se todas as premissas ficarem verdadeiras, o argumento será inválido, mas caso uma das premissas também fique falsa, o argumento será válido.

Simbolizando as informações:

A = eu sou traficante;

B = eu sou usuário;

C = eu levo uma grande quantidade de drogas;

D = eu escondi a droga.

Fica:

Premissa 1: $\sim A \land B$

Premissa 2: $A \rightarrow (C \wedge D)$

Premissa 3: $(B \wedge \sim C) \rightarrow \sim D$

Conclusão: $C \rightarrow \sim B$

Resolvendo: atribuindo na conclusão C = V e ~B = F, e na premissa 1 ~A = V e (B = V):

Premissa 1: $\sim A^V \wedge B^V$

Premissa 2: $A \rightarrow (C \wedge D)$

Premissa 3: $(B \wedge \sim C) \rightarrow \sim D$

Conclusão: $C^V \rightarrow \sim B^F$

Completando os valores das proposições nas premissas 2 e 3, não conseguimos atribuir valor para a proposição D, mas isso não altera o valor do argumento, já que todas as premissas, pelos valores atribuídos às proposições, ficaram verdadeiras e a conclusão ficou falsa, resultando em um argumento inválido.

Veja:

Premissa 1: $\sim A^V \wedge B^V$

Premissa 2: $A^F \rightarrow (CV \wedge D^*)^*$

Premissa 3: $(B^V \wedge \sim C^F)^{\,F} \rightarrow \sim D^*$

Conclusão: $C^V \rightarrow \sim B^F$.

GABARITO: ERRADO.

Uma proposição é uma declaração que pode ser julgada como verdadeira (V) ou falsa (F), mas não como V e F simultaneamente. As proposições são, frequentemente, simbolizadas por letras maiúsculas: A, B, C, D etc. As proposições compostas são expressões construídas a partir de outras proposições, usando-se símbolos lógicos, como nos casos a seguir.

- $A \rightarrow B$, lida como "se A, então B", tem valor lógico F quando A for V e B for F; nos demais casos, será V;

- $A \vee B$, lida como "A ou B", tem valor lógico F quando A e B forem F; nos demais casos, será V;

- $A \wedge B$, lida como "A e B", tem valor lógico V quando A e B forem V; nos demais casos, será F;

- $\neg A$ é a negação de A: tem valor lógico F quando A for V, e V, quando A for F.

Uma sequência de proposições A1, A2, ..., Ak é uma dedução correta se a última proposição, Ak, denominada conclusão, é uma consequência das anteriores, consideradas V e denominadas premissas.

Duas proposições são equivalentes quando têm os mesmos valores lógicos para todos os possíveis valores lógicos das proposições que as compõem.

A regra da contradição estabelece que, se, ao supor verdadeira uma proposição P, for obtido que a proposição $P \wedge (\neg P)$ é verdadeira, então P não pode ser verdadeira; P tem de ser falsa.

A partir dessas informações, julgue os itens os itens subsequentes.

54.   **(CESPE – 2009 – PF – ESCRIVÃO E AGENTE)** Independentemente dos valores lógicos atribuídos às proposições A e B, a proposição $[(A \rightarrow B) \wedge (\neg B)] \rightarrow (\neg A)$ tem somente o valor lógico F.

Certo ( )   Errado ( )

RLM

Em outras palavras, a questão está perguntando se a proposição [(A→B)∧(¬B)]→(¬A) é uma contradição (contradição é a proposição composta que é sempre toda falsa, independentemente dos valores lógicos das proposições simples que a compõem) e, para isso, basta desenhar a tabela e ver se isso acontece.

A	B	~A	~B	A→B	(A→B)∧(~B)	[(A→B)∧(~B)]→(~A)
V	V	F	F	V	F	V
V	F	F	V	F	F	V
F	V	V	F	V	F	V
F	F	V	V	V	V	V

Observe que aconteceu exatamente o contrário, já que a proposição [(A→B)∧(¬B)]→(¬A) ficou toda verdadeira, o que faz dela uma tautologia.

GABARITO: ERRADO.

55. **(CESPE – 2009 – PF – ESCRIVÃO E AGENTE)** As proposições [A∨(¬B)]→(¬A) e [(¬A)∧B]∨(¬A) são equivalentes.

    Certo ( )   Errado ( )

    O conectivo principal da questão é o condicional (→), que tem uma de suas equivalências com a disjunção na regra: "nega o antecedente OU mantém o consequente".

    No antecedente da proposição [A∨(¬B)]→(¬A) também há um conectivo, a disjunção (A∨(¬B)), e pela equivalência do condicional com a disjunção, teremos que negá-la.

    A negação da disjunção (∨) é uma conjunção (∧) com negação das proposições que compõem a disjunção.

    Aplicando as regras, temos que as proposições [A∨(~B)]→(~A) e [(~A)∧B]∨(~A) são equivalentes.

    Se ainda houver dúvida sobre a questão, pode-se desenhar a tabela para confirmar a informação:

A	B	~A	~B	A∨~B	~A∧B	(A∨~B)→~A	(~A∧B)∨(~A)
V	V	F	F	V	F	F	F
V	F	F	V	V	F	F	F
F	V	V	F	F	V	V	V
F	F	V	V	V	F	V	V

    Observe que as duas últimas colunas da tabela são iguais, o que prova que as proposições [A∨(¬B)]→(¬A) e [(¬A)∧B]∨(¬A) são equivalentes.

    GABARITO: CERTO.

56. **(CESPE – 2009 – PF – ESCRIVÃO E AGENTE)** As proposições "Se o delegado não prender o chefe da quadrilha, então a operação Agarra não será bem-sucedida" e "Se o delegado prender o chefe da quadrilha, então a operação Agarra será bem-sucedida" são equivalentes.

    Certo ( )   Errado ( )

    Simbolizando as proposições, temos:

    P: O delegado não prender o chefe da quadrilha;

    Q: A operação Agarra não será bem-sucedida;

    Agora, verificando de acordo com a questão, fica:

210

$P \rightarrow Q = \sim P \rightarrow \sim Q$

Note que, pela simbolização, as proposições não são equivalentes, pois, apesar de as proposições terem sido negadas, faltou trocá-las de posição (lembrando que uma das equivalências do condicional é a equivalência contrapositiva: $A \rightarrow B = \sim B \rightarrow \sim A$ – "troca e nega").

GABARITO: ERRADO.

57. **(CESPE – 2009 – PF – ESCRIVÃO E AGENTE)** Considere que um delegado, quando foi interrogar Carlos e José, já sabia que, na quadrilha à qual estes pertenciam, os comparsas ou falavam sempre a verdade ou sempre mentiam. Considere, ainda, que, no interrogatório, Carlos disse: José só fala a verdade, e José disse: Carlos e eu somos de tipos opostos. Nesse caso, com base nessas declarações e na regra da contradição, seria correto o delegado concluir que Carlos e José mentiram.

Certo ( )   Errado ( )

Analisando as informações e sabendo que os comparsas ou falam sempre a verdade ou sempre mentem, e supondo que Carlos esteja falando a verdade, então José também estará falando a verdade, porém José disse que ele e Carlos são de tipos opostos, o que gera uma contradição. Dessa forma, os dois só podem estar mentindo.

GABARITO: CERTO.

58. **(CESPE – 2009 – PF – ESCRIVÃO E AGENTE)** Se A for a proposição "Todos os policiais são honestos", então a proposição ¬A estará enunciada corretamente por "Nenhum policial é honesto".

Certo ( )   Errado ( )

A negação de "TODO A é B" é "ALGUM A não é B".

GABARITO: ERRADO.

59. **(CESPE – 2009 – PF – ESCRIVÃO E AGENTE)** Considere as proposições A, B e C a seguir.

A: Se Jane é policial federal ou procuradora de justiça, então Jane foi aprovada em concurso público.

B: Jane foi aprovada em concurso público.

C: Jane é policial federal ou procuradora de justiça.

Nesse caso, se A e B forem V, então C também será V.

Certo ( )   Errado ( )

Simbolizando as proposições:

P = Jane é policial federal;

Q = Jane é procuradora de Justiça;

R = Jane foi aprovada em concurso público.

Tem-se:

A: $(P \lor Q) \rightarrow R$

B: R

C: $P \lor Q$

Se A e B são verdadeiras, então a proposição R é verdadeira e a proposição (PvQ) tanto pode ser verdadeira como falsa (no condicional, se o consequente é verdadeiro, o condicional já é verdadeiro, independentemente do valor do antecedente). Dessa forma, a proposição C não pode ser garantida como verdadeira.

GABARITO: ERRADO.

60. **(CESPE – 2009 – PF – ESCRIVÃO E AGENTE)** A sequência de proposições a seguir constitui uma dedução correta.

Se Carlos não estudou, então ele fracassou na prova de Física.

Se Carlos jogou futebol, então ele não estudou.

Carlos não fracassou na prova de Física.

Carlos não jogou futebol.

Certo ( )   Errado ( )

Para essa sequência ser uma dedução correta, é necessário que todas as proposições sejam verdadeiras.

Simbolizando as proposições:

A = Carlos estudou;

B = Carlos fracassou na prova de Física;

C = Carlos jogou futebol.

Tem-se:

$\sim A \to B$

$C \to \sim A$

$\sim B$

$\sim C$

Admitindo $\sim B = V$ ($B = F$) e $\sim C = V$, então $\sim A = F$.

Com isso, todas as proposições ficam verdadeiras, e a dedução está correta.

GABARITO: CERTO.

61. **(CESPE – 2009 – PF – ESCRIVÃO E AGENTE)** Considere que as proposições da sequência a seguir sejam verdadeiras.

Se Fred é policial, então ele tem porte de arma.

Fred mora em São Paulo ou ele é engenheiro.

Se Fred é engenheiro, então ele faz cálculos estruturais.

Fred não tem porte de arma.

Se Fred mora em São Paulo, então ele é policial.

Nesse caso, é correto inferir que a proposição "Fred não mora em São Paulo" é uma conclusão verdadeira com base nessa sequência.

Certo ( )   Errado ( )

Em outras palavras, a questão está querendo saber se o argumento é válido.

Simbolizando as proposições e resolvendo, fica:

P = Fred é policial;

Q = Fred tem porte de arma;

R = Fred mora em São Paulo;

S = Fred é engenheiro;

T = Fred faz cálculo estrutural.

$P \rightarrow Q$

$R \vee S$

$S \rightarrow T$

$\sim Q$

$R \rightarrow P$

A conclusão será:

$\sim R$

Resolvendo esse argumento pelo método das premissas verdadeiras (temos uma proposição simples nas premissas), que consiste em atribuir valores às proposições das premissas – considerando as premissas verdadeiras – e julgar a conclusão com base nos valores atribuídos, e caso a conclusão também fique verdadeira, o argumento será válido. Temos:

$P \rightarrow Q$

$R \vee S$

$S \rightarrow T$

$\sim Q = V$ (ponto de partida)

$R \rightarrow P$

Continuando a aplicação dos valores (Se $\sim Q = V$, então Q = F e com isso P = F; de P = F, então R = F; de R = F, então S = V; por fim, de S = V, então T = V):

$PF \rightarrow QF$

$RF \vee SV$

$SV \rightarrow TV$

$\sim Q = V$

$RF \rightarrow PF$

A conclusão, então, será: $\sim R = V$

Portanto, o argumento é válido.

GABARITO: CERTO.

O resultado de uma pesquisa acerca da satisfação de 200 papiloscopistas, no que diz respeito às tarefas por eles executadas de identificação de vítimas e de descobertas de crimes de falsificação, foi o seguinte:

- 30 papiloscopistas sentem-se igualmente satisfeitos ao executar qualquer uma dessas tarefas;

- 180 papiloscopistas sentem-se satisfeitos ao executar pelo menos uma dessas tarefas.

Considerando que todos os 200 papiloscopistas responderam à pesquisa, julgue os itens seguintes.

62. **(CESPE – 2018 – PF – PAPILOSCOPISTA)** Menos de 30 papiloscopistas não se sentem satisfeitos ao executar alguma das duas tarefas mencionadas.

Certo ( )   Errado ( )

Organizando os dados de acordo com o enunciado:

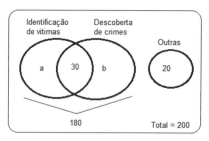

Observe que há 20 papiloscopistas que NÃO são satisfeitos com alguma das duas tarefas mencionadas.

Como 20 é menos que 30, a questão está certa.

GABARITO: CERTO.

63. **(CESPE – 2018 – PF – PAPILOSCOPISTA)** A quantidade de papiloscopistas que se sentem satisfeitos ao executar exatamente uma das referidas tarefas é superior a 100.

Certo ( )   Errado ( )

Organizando os dados de acordo com o enunciado:

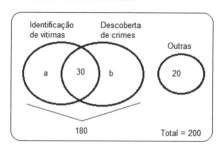

Os papiloscopistas que se sentem satisfeitos ao executar exatamente uma das referidas tarefas são os valores de "a+b".

Calculando:

a + b + 30 = 180

a + b = 180 − 30

a + b = 150 papiloscopistas se sentem satisfeitos ao executar exatamente uma das referidas tarefas.

Como 150 é menos que 100, a questão está certa.

GABARITO: CERTO.

64. **(CESPE − 2018 − PF − PAPILOSCOPISTA)** Nessa situação, as informações dadas permitem inferir que exatamente 75 papiloscopistas sentem-se satisfeitos ao executarem a tarefa de identificação de vítimas.

Certo ( )   Errado ( )

Organizando os dados de acordo com o enunciado:

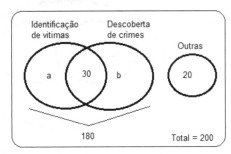

Os papiloscopistas que se sentem satisfeitos ao executarem a tarefa de identificação de vítimas é a soma "a + 30", contudo não temos COMO GARANTIR que esse valor será 75, pois esse valor pode variar de 30 a 180.

GABARITO: ERRADO.

65. **(CESPE − 2018 − PF − PAPILOSCOPISTA)** A probabilidade de que um papiloscopista, escolhido ao acaso, tenha se dito igualmente satisfeito ao executar qualquer uma entre as duas tarefas mencionadas, dado que se sente satisfeito ao executar pelo menos uma das duas tarefas, é inferior a 0,15.

Certo ( )   Errado ( )

A probabilidade é calculada dividindo o evento (aquilo que se QUER) pelo espaço amostral (tudo que se TEM).

O que TEMOS são os papiloscopistas que já são satisfeitos ao executar pelo menos uma das duas tarefas e o que QUEREMOS são os papiloscopistas que tenham se dito igualmente satisfeitos ao executar qualquer uma entre as duas tarefas mencionadas.

Calculando:

P = evento/espaço amostral;

P = quero/tenho;

P = 30/180 (simplificando tudo por 30);

P = 1/6 = 0,1666...

Como 0,1666... é maior que 0,15, a questão está errada.

GABARITO: ERRADO.

Um batalhão é composto por 20 policiais: 12 do sexo masculino e 8 do sexo feminino. A região atendida pelo batalhão é composta por 10 quadras e, em cada dia da semana, uma dupla de policiais policia cada uma das quadras.

Com referência a essa situação, julgue o item subsequente.

66. **(CESPE – 2014 – PF – AGENTE)** Se os policiais do batalhão que praticam voleibol ou basquetebol também praticarem futebol, então aqueles que não praticam futebol também não praticarão voleibol nem basquetebol.

Certo ( )   Errado ( )

Representando graficamente (diagramas lógicos) essas informações (lembrando que o "SE, ENTÃO" tem uma representação igual à do "TODO A é B"), fica:

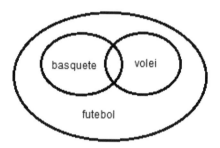

Logo, os policiais que não praticam futebol com certeza não praticam vôlei nem basquete.

GABARITO: CERTO.

67. **(CESPE – 2014 – PF – AGENTE)** Se, dos 20 policiais do batalhão, 15 tiverem, no mínimo, 10 anos de serviço, e 13 tiverem, no máximo, 20 anos de serviço, então mais de 6 policiais terão menos de 10 anos de serviço.

Certo ( )   Errado ( )

Se do total de 20 policiais, 15 têm no mínimo 10 anos (no mínimo 10 anos = 10 anos ou mais), então 5 policiais têm menos de 10 anos de serviço (20 – 15 = 5).

GABARITO: ERRADO.

MATEMÁTICA

DANIEL LUSTOSA

MATEMÁTICA

Em um aeroporto, 30 passageiros que desembarcaram de determinado voo e que estiveram nos países A, B ou C, nos quais ocorre uma epidemia infecciosa, foram selecionados para serem examinados. Constatou-se que exatamente 25 dos passageiros selecionados estiveram em A ou em B, nenhum desses 25 passageiros esteve em C e 6 desses 25 passageiros estiveram em A e em B.

Com referência a essa situação hipotética, julgue o item que segue.

1. **(CESPE – 2018 – PF – AGENTE)** Se 11 passageiros estiveram em B, então mais de 15 estiveram em A.

Certo ( )   Errado ( )

Organizando os dados de acordo com o enunciado:

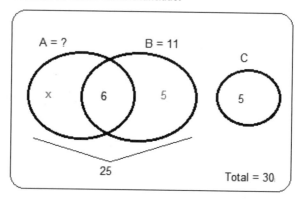

Calculando o valor de "x":

x + 6 + 5 = 25

x + 11 = 25

x = 25 – 11

x = 14

Como x = 14, então estiveram em A um total de "x + 6" passageiros, que corresponde a 20 (14 + 6) passageiros.

Se 20 é maior que 15, então a questão está certa.

GABARITO: CERTO.

2. **(CESPE – 2018 – PF – AGENTE)** Considere que, separando-se o grupo de passageiros selecionados que visitou o país A, o grupo que visitou o país B e o grupo que visitou o país C, seja verificado, em cada um desses grupos, que pelo menos a metade dos seus componentes era do sexo masculino. Nessa situação, conclui-se que o grupo de 30 passageiros selecionados tem, no máximo, 14 mulheres.

Certo ( )   Errado ( )

Utilizando a mesma distribuição da questão anterior (pode ser outra distribuição, mas usaremos essa que já está pronta) e levando em conta que pelo menos a metade dos componentes dos grupos que visitou o país A, o país B e o país C era do sexo masculino, temos as seguintes situações:

Considere H = homens e M = mulheres

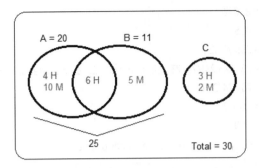

Ou

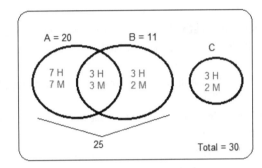

Veja que em uma das situações (na 2ª) temos 14 mulheres (7+3+2+2), porém na outra situação (na 1ª) temos 17 mulheres (10+5+2).

Logo, pode ter mais de 14 mulheres, então, a questão está errada.

GABARITO: ERRADO.

3. **(CESPE – 2018 – PF – AGENTE)** A quantidade de maneiras distintas de se escolher 2 dos 30 passageiros selecionados de modo que pelo menos um deles tenha estado em C é superior a 100.

Certo ( )   Errado ( )

A quantidade de maneiras de escolher dois passageiros de modo que pelo menos um deles tenha estado em C será calculada por uma combinação de 30 em 2 (combinação porque a ordem de escolha dos passageiros não muda a opção – AB e BA são os mesmos 2 passageiros) "menos" uma combinação de 25 em 2

(combinação de 30 em 2 = total de duplas possíveis;

combinação de 25 em 2 = duplas que foram para "A ou B";

$C_{30,2} - C_{25,2}$ = duplas em que pelo menos um foi para C).

Calculando:

$C_{n,p} = n!/p! \cdot (n-p)!$

(n = total de elementos disponíveis; p = quantidade de elementos utilizados)

$C_{30,2} = 30!/2! \times 28!$

$C_{30,2} = 30 \times 29 \times 28!/2! \times 28!$ (simplificando 28! do numerador e do denominador)

$C30,2 = 30 \times 29/2 \times 1$

Daniel Lustosa

MATEMÁTICA

$C_{30,2} = 870/2$

$C_{30,2} = 435$

$C_{25,2} = 25!/2! \times 23!$

$C_{25,2} = 25 \times 24 \times 23!/2! \times 23!$ (simplificando 23! do numerador e do denominador)

$C_{25,2} = 25 \times 24/2 \times 1$

$C_{25,2} = 600/2$

$C_{25,2} = 300$

$C_{30,2} - C_{25,2} = 435 - 300 = 135$ maneiras distintas.

Como 135 é superior a 100, a questão está certa.

GABARITO: CERTO.

4.   **(CESPE – 2018 – PF – AGENTE)** Se 2 dos 30 passageiros selecionados forem escolhidos ao acaso, então a probabilidade de esses 2 passageiros terem estado em 2 desses países é inferior a 1/30.

Certo ( )   Errado ( )

A probabilidade é calculada dividindo o evento (aquilo que se QUER) pelo espaço amostral (tudo que se TEM).

O que TEMOS são os 30 passageiros e o que QUEREMOS são os passageiros que estiveram em "A e B" (6 passageiros).

Como são 2 passageiros, atente ao cálculo e uso do P·F·C:

P = evento/espaço amostral

P = quero/tenho

P = 1º passageiro E 2º passageiro

P = 6/30 × 5/29 (para a escolha do 2º passageiro o que foi escolhido primeiro já não está mais disponível)

P = 30/870 (simplificando tudo por 30)

P = 1/29

Como 1/29 é maior que 1/30 (com o mesmo numerador a maior fração será a que tem o menor denominador), a questão está errada.

GABARITO: ERRADO.

Em um processo de coleta de fragmentos papilares para posterior identificação de criminosos, uma equipe de 15 papiloscopistas deverá se revezar nos horários de 8h às 9h e de 9h às 10h. Com relação a essa situação hipotética, julgue os itens a seguir.

5.   **(CESPE – 2018 – PF – PAPILOSCOPISTA)** Se dois papiloscopistas forem escolhidos, um para atender no primeiro horário e outro no segundo horário, então a quantidade, distinta, de duplas que podem ser formadas para fazer esses atendimentos é superior a 300.

Certo ( )   Errado ( )

Como são dois papiloscopistas diferentes e como a ordem deles gera resultados diferentes – já que trabalhar de 8 as 9h é diferente de trabalhar de 9 as 10h –, a conta a ser feita é de ARRANJO, e fica:

$A_{n,p} = n!/(n-p)!$

(n = total de elementos disponíveis; p = quantidade de elementos utilizados)

$A_{15,2} = 15!/13!$

$A_{15,2} = 15 \times 14 \times 13!/13!$

$A_{15,2} = 15 \times 14$

$A_{15,2} = 210$ duplas.

GABARITO: ERRADO.

6. **(CESPE – 2018 – PF – PAPILOSCOPISTA)** Considere que uma dupla de papiloscopistas deve ser escolhida para atender no horário das 8 h. Nessa situação, a quantidade, distinta, de duplas que podem ser formadas para fazer esse atendimento é inferior a 110.

Certo ( )   Errado ( )

Como são dois papiloscopistas diferentes e como a ordem deles não gera resultados diferentes – já que a dupla AB ou BA é a mesma dupla – a conta a ser feita é de COMBINAÇÃO, e fica:

$C_{15,2} = 15!/2! \times 13!$

$C_{15,2} = 15 \times 14 \times 13!/2! \times 13!$ (simplificando 13! do numerador e do denominador)

$C_{15,2} = 15 \times 14/2 \times 1$

$C_{15,2} = 210/2$

$C_{15,2} = 105$ duplas.

GABARITO: CERTO.

Para cumprimento de um mandado de busca e apreensão serão designados um delegado, 3 agentes (para a segurança da equipe na operação) e um escrivão. O efetivo do órgão que fará a operação conta com 4 delegados, entre eles o delegado Fonseca; 12 agentes, entre eles o agente Paulo; e 6 escrivães, entre eles o escrivão Estêvão.

Em relação a essa situação hipotética, julgue os itens a seguir.

7. **(CESPE – 2018 – PF – ESCRIVÃO)** A quantidade de maneiras distintas de se escolher os três agentes para a operação de forma que um deles seja o agente Paulo é inferior a 80.

Certo ( )   Errado ( )

A quantidade de maneiras de escolher os 3 agentes de forma que um deles seja Paulo será calculada por uma combinação de 11 em 2 (combinação porque a ordem de escolha dos agentes não muda a opção – AB e BA são os mesmos 2 agentes; e só de 11 em 2 porque o agente Paulo já é um dos 3 agentes).

Calculando:

$C_{11,2} = 11!/2! \times 9!$

$C_{11,2} = 11 \times 10 \times 9!/2! \times 9!$ (simplificando 9! do numerador e do denominador)

$C_{11,2} = 11 \times 10/2 \times 1$

$C_{11,2} = 110/2$

$C_{11,2} = 55$ maneiras diferentes de escolher os 3 policiais (Paulo já é um deles).

GABARITO: CERTO.

MATEMÁTICA

8. **(CESPE – 2018 – PF – ESCRIVÃO)** Considerando todo o efetivo do órgão responsável pela operação, há mais de 5.000 maneiras distintas de se formar uma equipe para dar cumprimento ao mandado.

Certo ( )   Errado ( )

A quantidade de maneiras de montar a equipe será calculada por combinação (combinação porque a ordem de escolha dos policiais não muda a opção – ABC, BCA ou CAB são os mesmos 3 policiais, por exemplo).

Como são 4 delegados, 12 agentes e 6 escrivães e a equipe tem de ter 1 delegado, 3 agentes e 1 escrivão, o cálculo fica:

$C_{4,1} \times C_{12,3} \times C_{6,1} =$

$C_{4,1} = 4$

$C_{6,1} = 6$

(sempre que p = 1, o resultado da combinação será igual a "n")

$C_{12,3} = 12!/3! \times 9!$

$C_{12,3} = 12 \times 11 \times 10 \times 9!/3! \times 9!$ (simplificando 9! do numerador e do denominador)

$C_{12,3} = 12 \times 11 \times 10/3 \times 2 \times 1$

$C_{12,3} = 1320/6$

$C_{12,3} = 220$

$C_{4,1} \times C_{12,3} \times C_{6,1} =$

4 × 220 × 6 = 5280 maneiras distintas de compor a equipe.

GABARITO: CERTO.

9. **(CESPE – 2018 – PF – ESCRIVÃO)** Se o delegado Fonseca e o escrivão Estêvão integrarem a equipe que dará cumprimento ao mandado, então essa equipe poderá ser formada de menos de 200 maneiras distintas.

Certo ( )   Errado ( )

Como o delegado e o escrivão já são Fonseca e Estevão, respectivamente, então para formar a equipe só falta escolher os agentes.

A quantidade de maneiras de escolher os agentes será calculada por combinação (combinação porque a ordem de escolha dos agentes não muda a opção – ABC, BCA ou CAB são os mesmos 3 agentes, por exemplo).

Calculando:

$C_{12,3} = 12!/3! \times 9!$

$C_{12,3} = 12 \times 11 \times 10 \times 9!/3! \times 9!$ (simplificando 9! do numerador e do denominador)

$C_{12,3} = 12 \times 11 \times 10/3 \times 2 \times 1$

$C_{12,3} = 1320/6$

$C_{12,3} = 220$ equipes.

GABARITO: ERRADO.

10. **(CESPE – 2018 – PF – ESCRIVÃO)** Há mais de 2.000 maneiras distintas de se formar uma equipe que tenha o delegado Fonseca ou o escrivão Estêvão, mas não ambos.

Certo ( )   Errado ( )

Com o delegado Fonseca ou o escrivão Estevão, mas não ambos, a composição da equipe pode ser:

Fonseca E 3 agentes E 1 escrivão (não pode ser Estevão)

OU

1 delegado (não pode ser Fonseca) E 3 agentes e Estevão

Calculando (por combinações):

$1 \times C_{12,3} \times C_{5,1+C3,1} \times C_{12,3} \times 1$

$C_{5,1} = 5$

$C_{3,1} = 3$

$C_{12,3} = 220$

$_1 \times C_{12,3} \times C_{5,1+C3,1} \times C_{12,3} \times 1 =$

$(1 \times 220 \times 5) + (3 \times 220 \times 1) =$

$1100 + 660 = 1760$ equipes.

GABARITO: ERRADO.

Os indivíduos S1, S2, S3 e S4, suspeitos da prática de um ilícito penal, foram interrogados, isoladamente, nessa mesma ordem. No depoimento, com relação à responsabilização pela prática do ilícito, S1 disse que S2 mentiria; S2 disse que S3 mentiria; S3 disse que S4 mentiria.

11.   **(CESPE – 2018 – PF – PERITO)** Considerando que a conclusão ao final do interrogatório tenha sido a de que apenas dois deles mentiram, mas que não fora possível identificá-los, escolhendo-se ao acaso dois entre os quatro para novos depoimentos, a probabilidade de apenas um deles ter mentido no primeiro interrogatório é superior a 0,5.

Certo ( )   Errado ( )

A probabilidade é calculada dividindo o evento (aquilo que se QUER) pelo espaço amostral (tudo que se TEM).

O que TEMOS são os 4 suspeitos e o que QUEREMOS é apenas 1 deles mentindo (2 deles mentem).

Como são 2 suspeitos, atente ao cálculo e uso do P·F·C:

P = evento/espaço amostral

P = quero/tenho

P = 1 mentindo E 1 não mentindo OU 1 não mentindo E 1 mentindo (não sabemos quem foi escolhido primeiro, então temos de verificar as duas possibilidades).

$P = (2/4 \times 2/3) + (2/4 \times 2/3)$

$P = 1/3 + 1/3$

$P = 2/3 = 0,666....$

Como 0,666... é maior que 0,5, a questão está certa.

GABARITO: CERTO.

MATEMÁTICA

Como forma de melhorar a convivência, as famílias Turing, Russell e Gödel disputaram, no parque da cidade, em um domingo à tarde, partidas de futebol e de vôlei. O quadro a seguir mostra os quantitativos de membros de cada família presentes no parque, distribuídos por gênero.

família	masculino	feminino
Turing	5	7
Russell	6	5
Gödel	5	9

A partir dessa tabela, julgue os itens subsequentes.

12. **(CESPE – 2018 – ABIN – OFICIAL TÉNCIDO DE INTELIGÊNCIA)** A quantidade de maneiras distintas de se formar um time de vôlei com seis integrantes, sendo três homens da família Turing e três mulheres da família Gödel, é superior a 700.

Certo ( )   Errado ( )

A quantidade de maneiras de montar o time será calculada por combinação (combinação porque a ordem de escolha dos integrantes não muda a opção – ABC, BCA ou CAB são os mesmos 3 integrantes, por exemplo).

Como o time tem de ter 3 homens da família Turing e 3 mulheres da família Godel, o cálculo fica:

(são 5 homens da família Turing e 9 mulheres da família Godel)

$C_{5,3} \times C_{9,3} =$

$C_{5,3} = 5!/3! \times 2!$

$C_{5,3} = 5 \times 4 \times 3!/3! \times 2!$ (simplificando 3! do numerador e do denominador)

$C_{5,3} = 5 \times 4/2 \times 1$

$C_{5,3} = 20/2$

$C_{5,3} = 10$

$C_{9,3} = 9!/3! \times 6!$

$C_{9,3} = 9 \times 8 \times 7 \times 6!/3! \times 6!$ (simplificando 6! do numerador e do denominador)

$C_{9,3} = 9 \times 8 \times 7/3 \times 2 \times 1$

$C_{9,3} = 504/6$

$C_{9,3} = 84$

$C_{5,3} \times C_{9,3} = 10 \times 84 = 840$ times.

GABARITO: CERTO.

Um batalhão é composto por 20 policiais: 12 do sexo masculino e 8 do sexo feminino. A região atendida pelo batalhão é composta por 10 quadras e, em cada dia da semana, uma dupla de policiais policia cada uma das quadras.

Com referência a essa situação, julgue o item subsequente.

13. **(CESPE – 2014 – PF – AGENTE)** Se a escala dos policiais for feita de modo a diversificar as duplas que policiam as quadras, então, se determinada dupla policiar a quadra X em determinado dia, essa mesma dupla voltará a policiar a quadra X somente mais de seis meses após aquele dia.

Certo ( )   Errado ( )

O total de duplas possíveis de serem formadas é calculado por uma combinação de 20 em 2 (combinação porque a ordem de escolha dos policiais não muda a opção – AB e BA são os mesmos 2 policiais). Calculando:

$C_{20,2} = 20!/2! \times 18!$

$C_{20,2} = 20 \times 19 \times 18!/2 \times 1 \times 18!$ (simplificando 18! do numerador com o do denominador)

$C_{20,2} = 20 \times 19/2$

$C_{20,2} = 380/2$

$C_{20,2} = 190$ duplas

Dessa forma, uma mesma dupla só será repetida 190 dias depois, o que são mais de seis meses (6 meses têm entre 181 e 184 dias).

GABARITO: CERTO.

14. **(CESPE – 2014 – PF – AGENTE)** Caso as duplas de policiais sejam formadas aleatoriamente, então a probabilidade de que em determinado dia os policiais que policiarão determinada quadra sejam do mesmo sexo será superior a 0,5.

Certo ( )   Errado ( )

A probabilidade é calculada dividindo o evento (aquilo que se QUER) pelo espaço amostral (tudo que se TEM).

O total de duplas possíveis de serem formadas é calculado por uma combinação de 20 em 2 (combinação porque a ordem de escolha dos policiais não muda a opção – AB e BA são os mesmos 2 policiais) e fica:

$C_{20,2} = 20!/2! \times 18!$

$C_{20,2} = 20 \times 19 \times 18!/2 \times 1 \times 18!$ (simplificando 18! do numerador com o do denominador)

$C_{20,2} = 20 \times 19/2$

$C_{20,2} = 380/2$

$C_{20,2} = 190$ duplas – espaço amostral da probabilidade (todas as possibilidades)

As duplas de mesmo sexo são também calculadas por combinação e ficam:

Homens:

$C_{12,2} = 12!/2! \times 10! = 12 \times 11/2 = 66$ duplas

Mulheres:

$C_{8,2} = 8!/2! \times 6! = 8 \times 7/2 = 28$ duplas

Somando as duplas formadas só por homens e as formadas só por mulheres tem-se:

66 + 28 = 94 duplas – evento da probabilidade (aquilo que se quer)

MATEMÁTICA

Agora calculando a probabilidade:

P = evento/espaço amostral

P = quero/tenho

P = policiais do mesmo sexo/todos os policiais

P = 94/190

P = 0,49

0,49 é inferior a 0,5, logo, a questão está errada.

GABARITO: ERRADO.

15. **(CESPE – 2014 – PF – AGENTE)** Considerando que, após concurso público, sejam admitidos novos policiais no batalhão, de modo que a quantidade dos novos policiais do sexo masculino admitidos seja igual ao triplo da quantidade de novos policiais do sexo feminino, e que, devido a essas admissões, 0,7 passe a ser a probabilidade de se escolher, ao acaso, um policial do sexo masculino desse batalhão, então, no batalhão haverá mais de 15 policiais do sexo feminino.

Certo ( )   Errado ( )

A probabilidade é calculada dividindo o evento (aquilo que se QUER) pelo espaço amostral (tudo que se TEM).

Sendo assim, e com a admissão de novos policiais, a probabilidade de se escolher um policial do sexo masculino passou a ser de 0,7, vamos calcular esse aumento (admissão):

P = evento/espaço amostral

P = quero/tenho

P = policiais do sexo masculino/todos os policiais

ANTES da admissão:

P = 12/20

DEPOIS da admissão:

P = 12 + 3x / 20 + 4x (considerando x igual ao número de mulheres, 3x o número de homens – triplo do número de mulheres – e 4x o total de policiais novos admitidos)

0,7 = 12+3x/20+4x

Fazendo a proporção:

$12 + 3x = 7 \cdot (20 + 4x)$

$12 + 3x = 14 + 2,8x$

$3x - 2,8x = 14 - 12$

$0,2x = 2$

$X = 2/0,2$

X = 10, ou seja, foram admitidas 10 novas mulheres.

Como já existiam 8 mulheres, então no batalhão agora tem 18 (10 + 8 = 18) mulheres, portanto, a questão está certa.

GABARITO: CERTO.

Em uma página da Polícia Federal, na Internet, é possível denunciar crimes contra os direitos humanos. Esses crimes incluem o tráfico de pessoas — aliciamento de homens, mulheres e crianças para exploração sexual — e a pornografia infantil — envolvimento de menores de 18 anos de idade em atividades sexuais explícitas, reais ou simuladas, ou exibição dos órgãos genitais do menor para fins sexuais.

Com referência a essa situação hipotética e considerando que, após a análise de 100 denúncias, tenha-se constatado que 30 delas se enquadravam como tráfico de pessoas e como pornografia infantil; outras 30 não se enquadravam em nenhum desses dois crimes e que, em relação a 60 dessas denúncias, havia apenas a certeza de que se tratava de pornografia infantil, julgue os itens subsequentes, acerca dessas 100 denúncias analisadas.

16. **(CESPE – 2012 – PF – AGENTE)** Dez denúncias foram classificadas apenas como crime de tráfico de pessoas.

Certo ( )   Errado ( )

Representando os dados da questão conforme o enunciado, tem-se:

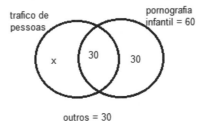

outros = 30

Calculando para encontrar o "x":

x + 30 + 30 + 30 = 100

x + 90 = 100

x = 100 – 90

x = 10

Lembrando que "x" são APENAS os crimes de tráfico de pessoas, e, portanto, a questão está certa.

GABARITO: CERTO.

17. **(CESPE – 2012 – PF – AGENTE)** Os crimes de tráfico de pessoas foram mais denunciados que os de pornografia infantil.

Certo ( )   Errado ( )

Representando os dados da questão conforme o enunciado, tem-se:

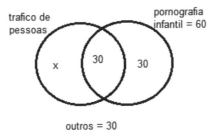

outros = 30

Daniel Lustosa

Calculando para encontrar o "x":

x + 30 + 30 + 30 = 100

x + 90 = 100

x = 100 − 90

x = 10

Dessa forma, o crime de tráfico de pessoas foi denunciado 40 vezes (30 + x = 30 + 10 = 40), enquanto o crime de pornografia infantil 60 vezes (30 + 30 = 60). Logo, a questão está errada.

GABARITO: ERRADO.

DIREITO CONSTITUCIONAL

RODRIGO GOMES

DIREITO CONSTITUCIOANL

1. **(CESPE – 2014 – PF – AGENTE)** No que se refere aos princípios fundamentais e à organização do Estado brasileiro, julgue o próximo item.

   O estabelecimento pela CF de que todo o poder emana do povo, que o exerce por meio de representantes eleitos ou diretamente, nos seus termos, evidencia a adoção da democracia semidireta ou participativa.

   > O poder é exercido não só por meio de representantes eleitos pelo povo (democracia indireta ou representativa), mas também diretamente pelo povo (democracia direta), como ocorre no plebiscito, no referendo e na iniciativa popular. Por combinar esses dois meios de manifestação democrática – direta e indireta –, diz-se que a nossa democracia é do tipo semidireta ou participativa.
   >
   > **GABARITO: CERTO.**

2. **(CESPE – 2014 – PF – AGENTE)** No que se refere aos princípios fundamentais e à organização do Estado brasileiro, julgue o próximo item.

   A República Federativa do Brasil, formada pela união indissolúvel dos Estados, Municípios e Distrito Federal (DF), adota a federação como forma de Estado.

   Certo ( )   Errado ( )

   > Trata-se da letra da lei do art. 1º, CF, então, vejamos:
   >
   > "*Art. 1º A República Federativa do Brasil, formada pela união indissolúvel dos Estados e Municípios e do Distrito Federal, constitui-se em Estado Democrático de Direito e tem como fundamentos:*"
   >
   > Mas não confunda:
   >
   > Forma de Estado = Federação (relação: poder × território);
   >
   > Forma de governo = República (relação: poder × povo);
   >
   > Sistema de governo = Presidencialista (relação: poder × poder);
   >
   > Regime político = Democrático de Direito (relação de tratamento e destinação das normas para os indivíduos).
   >
   > **GABARITO: CERTO.**

3. **(CESPE – 2019 – PRF – POLICIAL RODOVIÁRIO FEDERAL)** À luz da Constituição Federal de 1988, julgue o item que se segue, a respeito de direitos e garantias fundamentais e da defesa do Estado e das instituições democráticas.

   Em caso de iminente perigo público, autoridade pública competente poderá usar a propriedade particular, desde que assegure a consequente indenização, independentemente da comprovação da existência de dano, que, nesse caso, é presumido.

   Certo ( )   Errado ( )

   > À luz do art. 5º, XXV – no caso de iminente perigo público, a autoridade competente poderá usar de propriedade particular, assegurada ao proprietário indenização ulterior, **se houver dano**.
   >
   > A questão trata do instituto da **requisição administrativa**. A assertiva torna-se incorreta ao colocar a indenização como sendo a regra. Na verdade, só haverá indenização se ocorrer dano.
   >
   > **GABARITO: ERRADO.**

230

4. **(CESPE – 2018 – PC/SE – DELEGADO)** Julgue o item seguinte, relativo aos direitos e deveres individuais e coletivos e às garantias constitucionais.

Em caso de perigo à integridade física do preso, admite-se o uso de algemas, desde que essa medida, de caráter excepcional, seja justificada por escrito.

Certo ( )   Errado ( )

Súmula Vinculante nº 11

Só é lícito o uso de algemas em casos de resistência e de fundado receio de fuga ou de perigo à integridade física própria ou alheia, por parte do preso ou de terceiros, justificada a excepcionalidade por escrito, sob pena de responsabilidade disciplinar, civil e penal do agente ou da autoridade e de nulidade da prisão ou do ato processual a que se refere, sem prejuízo da responsabilidade civil do Estado.

GABARITO: CERTO.

5. **(CESPE – 2018 – PC/SE – DELEGADO)** Julgue o item seguinte, relativo aos direitos e deveres individuais e coletivos e às garantias constitucionais.

O princípio da individualização da pena determina que nenhuma pena passará da pessoa do condenado, razão pela qual as sanções relativas à restrição de liberdade não alcançarão parentes do autor do delito.

Certo ( )   Errado ( )

Intranscendência da pena: a pena é imposta ao condenado, e somente a ele, salvo a reparação do dano e perda de bens que podem ser estendidos aos sucessores (art. 5º, XLV, CF).

Individualização da pena: a pena de cada infrator é prevista (legislador), aplicada (judiciário) e cumprida (executivo) de forma individual, segundo a gravidade do crime cometido.

GABARITO: ERRADO.

6. **(CESPE – 2018 – PF – PAPILOSCOPISTA)** Uma associação, com o objetivo de pleitear direitos relativos à educação de adultos analfabetos, planeja realizar uma manifestação pacífica em local aberto ao público, inclusive para maior visibilidade e aderência.

Considerando essa situação hipotética, julgue o item a seguir.

A máxima da liberdade de expressão no âmbito das associações é extensamente garantida pela Constituição Federal de 1988, que assegura a livre manifestação do pensamento e protege o anonimato.

Certo ( )   Errado ( )

Art. 5º, IV, CF – é livre a manifestação do pensamento, sendo vedado o anonimato.

GABARITO: ERRADO.

7. **(CESPE – 2018 – PF – PAPILOSCOPISTA)** Uma associação, com o objetivo de pleitear direitos relativos à educação de adultos analfabetos, planeja realizar uma manifestação pacífica em local aberto ao público, inclusive para maior visibilidade e aderência.

Considerando essa situação hipotética, julgue o item a seguir.

As associações, em regra, não precisam de autorização da administração pública para reunir-se, assim como para a sua criação.

Certo ( )   Errado ( )

Rodrigo Gomes

DIREITO CONSTITUCIOANL

Art. 5º, XVIII, CF – a criação de associações e, na forma da lei, a de cooperativas independe de autorização, sendo vedada a interferência estatal em seu funcionamento.

Aqui vale a observação para que não se confunda a autorização para a criação com a autorização para que a associação represente seus filiados (art. 5º, XXI, CF).

Há ainda a previsão do art. 5º, XVI, CF: todos podem reunir-se pacificamente, sem armas, em locais abertos ao público, independentemente de autorização, desde que não frustrem outra reunião anteriormente convocada para o mesmo local, sendo apenas exigido prévio aviso à autoridade competente.

GABARITO: CERTO.

8. **(CESPE – 2018 – PF – ESCRIVÃO)** Com relação aos direitos e às garantias fundamentais constitucionalmente assegurados, julgue o item que segue.

Apesar de o ordenamento jurídico vedar a extradição de brasileiros, brasileiro devidamente naturalizado poderá ser extraditado se comprovado seu envolvimento com o tráfico ilícito de entorpecentes.

Certo ( )   Errado ( )

Art. 5º, LI – nenhum brasileiro será extraditado, salvo o naturalizado, em caso de crime comum, praticado antes da naturalização, ou de comprovado **envolvimento em tráfico ilícito de entorpecentes e drogas afins, na forma da lei.**

GABARITO: CERTO.

9. **(CESPE – 2018 – PF – DELEGADO)** A respeito dos direitos fundamentais e do controle de constitucionalidade, julgue o item que se segue.

De acordo com o STF, é inconstitucional proibir que emissoras de rádio e TV difundam áudios ou vídeos que ridicularizem candidato ou partido político durante o período eleitoral.

Certo ( )   Errado ( )

STF declara inconstitucionais dispositivos da Lei das Eleições que vedavam sátira a candidatos

Por unanimidade, os ministros do Supremo Tribunal Federal (STF) declararam inconstitucionais dispositivos da Lei das Eleições (Lei nº 9.504/1997) que impediam emissoras de rádio e televisão de veicular programas de humor envolvendo candidatos, partidos e coligações nos três meses anteriores ao pleito, como forma de evitar que sejam ridicularizados ou satirizados.

GABARITO: CERTO.

10. **(CESPE – 2018 – PC/SE – DELEGADO)** Julgue o item seguinte, relativo aos direitos e deveres individuais e coletivos e às garantias constitucionais.

Conforme texto constitucional vigente, a prisão de qualquer pessoa e o local onde se encontra terão de ser comunicados em até vinte e quatro horas ao juiz competente e à família do preso ou a pessoa por ele indicada.

Certo ( )   Errado ( )

Art. 5º, LXII, CF – a prisão de qualquer pessoa e o local onde se encontre serão comunicados imediatamente ao juiz competente e à família do preso ou à pessoa por ele indicada.

Vale lembrar o dispositivo do art. 306 do CPP – a prisão de qualquer pessoa e o local onde se encontre será comunicado **imediatamente** ao juiz competente, ao MP e à família do preso ou à pessoa por ele indicada.

GABARITO: ERRADO.

11. **(CESPE – 2018 – PF – ESCRIVÃO)** Com relação aos direitos e às garantias fundamentais constitucionalmente assegurados, julgue o item que segue.

Em regra, indivíduo civilmente identificado não será submetido à identificação criminal.

Certo ( )   Errado ( )

Art. 5º, LVIII, CF – o civilmente identificado não será submetido a identificação criminal, salvo nas hipóteses previstas em lei.

As exceções que atendem ao comando "salvo nas hipóteses previstas em lei" estão regulamentadas fundamentalmente na Lei nº 12.037/2009.

GABARITO: CERTO.

12. **(CESPE – 2019 – PRF – POLICIAL RODOVIÁRIO FEDERAL)** À luz da Constituição Federal de 1988, julgue o item que se segue, a respeito de direitos e garantias fundamentais e da defesa do Estado e das instituições democráticas.

São constitucionalmente assegurados ao preso o direito à identificação dos agentes estatais responsáveis pela sua prisão e o direito de permanecer em silêncio.

Certo ( )   Errado ( )

Art. 5º, LXIII, CF – o preso será informado de seus direitos, entre os quais o de permanecer calado, sendo-lhe assegurada a assistência da família e de advogado;

Art. 5º, LXIV, CF – o preso tem direito à identificação dos responsáveis por sua prisão ou por seu interrogatório policial.

GABARITO: CERTO.

13. **(CESPE – 2018 – PF – PERITO)** Com relação aos direitos e às garantias fundamentais previstos na Constituição Federal de 1988, julgue o item a seguir.

Ainda que, em regra, inexista distinção entre brasileiros natos e naturalizados, o cargo de oficial das Forças Armadas só poderá ser exercido por brasileiro nato.

Certo ( )   Errado ( )

Art. 12, CF:

§ 2º A lei **não poderá estabelecer distinção** entre brasileiros natos e naturalizados, **salvo** nos casos previstos nesta Constituição.

§ 3º São **privativos de brasileiro** nato os cargos:

[...]

VI – de oficial das Forças Armadas.

GABARITO: CERTO.

DIREITO CONSTITUCIOANL

14. **(CESPE – 2014 – PF – AGENTE ADMINISTRATIVO)** No que se refere aos direitos e às garantias fundamentais, julgue o seguinte item.

Considere que uma criança tenha nascido nos Estados Unidos da América (EUA) e seja filha de pai americano e de mãe brasileira, que trabalhava, à época do parto, na embaixada brasileira nos EUA. Nesse caso, a criança somente será considerada brasileira nata se for registrada na repartição brasileira competente nos EUA.

Certo ( )　　　Errado ( )

Art. 12. São brasileiros:

I – natos:

b) os nascidos no estrangeiro, de pai brasileiro ou mãe brasileira, desde que qualquer deles esteja a serviço da República Federativa do Brasil.

Pelo fato de um dos pais estar a serviço da RFB, a criança é automaticamente considerada brasileira nata.

GABARITO: ERRADO.

15. **(CESPE – 2013 – PRF – POLICIAL RODOVIÁRIO FEDERAL)** Julgue o item subsequente, relativo aos direitos e garantias fundamentais previstos na CF.

O estrangeiro condenado por autoridades estrangeiras pela prática de crime político poderá ser extraditado do Brasil se houver reciprocidade do país solicitante.

Certo ( )　　　Errado ( )

Art. 5, inc. LII, CF – **Não** será concedida extradição de estrangeiro por crime político ou de opinião.

GABARITO: ERRADO.

16. **(CESPE – 2013 – PRF – POLICIAL RODOVIÁRIO FEDERAL)** Julgue o item subsequente, relativo aos direitos e garantias fundamentais previstos na CF.

Consideram-se brasileiros naturalizados os nascidos no estrangeiro de pai brasileiro ou de mãe brasileira, desde que sejam registrados em repartição brasileira competente ou venham a residir na República Federativa do Brasil e optem, em qualquer tempo, depois de atingida a maioridade, pela nacionalidade brasileira.

Certo ( )　　　Errado ( )

Art. 12, I, c, CF. Consideram-se brasileiros naturalizados os nascidos no estrangeiro de pai brasileiro ou de mãe brasileira, desde que sejam registrados em repartição brasileira competente ou venham a residir na República Federativa do Brasil e optem, em qualquer tempo, depois de atingida a maioridade, pela nacionalidade brasileira.

GABARITO: ERRADO.

17. **(CESPE – 2013 – PC/BA – DELEGADO)** Em relação aos direitos e deveres fundamentais expressos na Constituição Federal de 1988 (CF), julgue o item subsecutivo.

O brasileiro nato que cometer crime no exterior, quaisquer que sejam as circunstâncias e a natureza do delito, não pode ser extraditado pelo Brasil a pedido de governo estrangeiro.

Certo ( )   Errado ( )

Nato = nunca será extraditado!

Naturalizado = será extraditado em duas hipóteses:

a) crime comum (se praticado antes da naturalização);

b) comprovado envolvimento em tráfico ilícito de drogas, na forma da lei (praticado antes ou depois da naturalizado).

Estrangeiro = poderão ser extraditados (exceto em caso de crime político ou de opinião).

GABARITO: CERTO.

18. **(CESPE – 2019 – PRF – POLICIAL RODOVIÁRIO FEDERAL)** À luz da Constituição Federal de 1988, julgue o item que se segue, a respeito de direitos e garantias fundamentais e da defesa do Estado e das instituições democráticas.

Policial rodoviário federal com mais de dez anos de serviço pode candidatar-se ao cargo de deputado federal, devendo, no caso de ser eleito, passar para inatividade a partir do ato de sua diplomação.

Certo ( )   Errado ( )

Em verdade colocaram os requisitos dos militares conforme texto constitucional:

Art. 14, § 8º, CF – O militar alistável é elegível, atendidas as seguintes condições:

I – se contar menos de dez anos de serviço, deverá afastar-se da atividade;

II – se contar mais de dez anos de serviço, será agregado pela autoridade superior e, se eleito, passará automaticamente, no ato da diplomação, para a inatividade.

GABARITO: ERRADO.

19. **(CESPE – 2018 – PF – ESCRIVÃO)** Gilberto, brasileiro nato, completou sessenta e um anos de idade no mês de janeiro de 2018. Neste mesmo ano, transitou em julgado condenação criminal contra ele, tendo sido arbitrada, entre outras sanções, pena privativa de liberdade.

Considerando essa situação hipotética, julgue o item a seguir, com relação aos direitos políticos de Gilberto.

Em razão de sua idade, o ato de votar nas eleições de 2018 é facultativo para Gilberto.

Certo ( )   Errado ( )

Art. 14. A soberania popular será exercida pelo sufrágio universal e pelo voto direto e secreto, com valor igual para todos, e, nos termos da lei, mediante:

§ 1º – O alistamento eleitoral e o voto são:

II – facultativos para:

b) os maiores de setenta anos;

DIREITO CONSTITUCIOANL

Mas atenção ainda ao fato de Gilberto ter sido condenado transitado em julgado e, portanto, também ter tido seus direitos políticos suspensos.

GABARITO: ERRADO.

20. **(CESPE – 2018 – PC/DF – ESCRIVÃO)** Gilberto, brasileiro nato, completou sessenta e um anos de idade no mês de janeiro de 2018. Neste mesmo ano, transitou em julgado condenação criminal contra ele, tendo sido arbitrada, entre outras sanções, pena privativa de liberdade.

Considerando essa situação hipotética, julgue o item a seguir, com relação aos direitos políticos de Gilberto.

O processo criminal transitado em julgado é hipótese constitucional para a cassação dos direitos políticos de Gilberto pelo tempo de duração dos efeitos da condenação.

Certo ( )   Errado ( )

Art. 15. **É vedada a cassação** de direitos políticos, cuja perda ou suspensão só se dará nos casos de:

Importante sempre lembrar e não confundir PERDA com CASSAÇÃO de direitos políticos.

O que pode haver, isso sim, seria a CASSAÇÃO de MANDATO POLÍTICO.

GABARITO: ERRADO.

21. **(CESPE – 2013 – PF – DELEGADO)** A respeito dos direitos e garantias fundamentais, julgue o seguinte item, de acordo com as disposições da Constituição Federal de 1988 (CF).

Conforme a CF, admite-se a perda de direitos políticos na hipótese de cancelamento da naturalização por decisão administrativa definitiva.

Certo ( )   Errado ( )

Não será por decisão administrativa definitiva, mas sim por decisão PENAL definitiva.

Art. 15. É vedada a cassação de direitos políticos, cuja perda ou suspensão só se dará nos casos de:

I – cancelamento da naturalização por sentença transitada em julgado;

GABARITO: ERRADO.

22. **(CESPE – 2011 – PC/ES – ESCRIVÃO)** Em relação à nacionalidade e à cidadania, julgue os itens subsecutivos.

Considere que João seja reconhecidamente analfabeto. Nessa situação, por não dispor de capacidade eleitoral ativa e passiva, João não pode votar ou ser candidato às eleições, salvo quando expressamente autorizado pela justiça eleitoral.

Certo ( )   Errado ( )

Analfabetos têm capacidade ativa ou alistabilidade, ou seja, podem votar, apesar de o voto ser facultativo. Porém, não possuem capacidade passiva ou elegibilidade (direito de serem votados/eleitos). Concluindo, os analfabetos são alistáveis, porém inelegíveis.

GABARITO: ERRADO.

23. **(CESPE – 2020 – PC/SE – DELEGADO)** Com base nas normas que regem a organização policial, julgue o item a seguir.

A segurança pública é direito fundamental previsto na Constituição Federal de 1988 e assegurado tanto aos brasileiros quanto a estrangeiros residentes no Brasil.

Certo ( ) Errado ( )

Direitos fundamentais = Abrangem os direitos e deveres individuais e coletivos, direitos sociais (aqui incluído o da segurança), direitos da nacionalidade, direitos políticos e partidos políticos.

Direitos Sociais de acordo com o art. 6º da CF = Educação, saúde, lazer, segurança, previdência social, proteção à maternidade e à infância e assistência aos desamparados.

Não confundir com a segurança jurídica do art. 5º da CF.

GABARITO: CERTO.

24. **(CESPE – 2019 – PRF – POLICIAL RODOVIÁRIO FEDERAL)** No que se refere ao poder de polícia, julgue o próximo item.

O patrulhamento ostensivo das rodovias federais é da competência da PRF e das polícias militares.

Certo ( ) Errado ( )

CF/88 Art. 144. A segurança pública, dever do Estado, direito e responsabilidade de todos, é exercida para a preservação da ordem pública e da incolumidade das pessoas e do patrimônio, através dos seguintes órgãos:

§ 2º – A Polícia Rodoviária Federal, órgão permanente, organizado e mantido pela União e estruturado em carreira, destina-se, na forma da lei, ao patrulhamento ostensivo das rodovias federais.

§ 5º – Às polícias militares cabem a polícia ostensiva e a preservação da ordem pública; aos corpos de bombeiros militares, além das atribuições definidas em lei, incumbe a execução de atividades de defesa civil.

GABARITO: ERRADO.

25. **(CESPE – 2019 – PRF – POLICIAL RODOVIÁRIO FEDERAL)** À luz da Constituição Federal de 1988, julgue o item que se segue, a respeito de direitos e garantias fundamentais e da defesa do Estado e das instituições democráticas.

A segurança viária compreende a educação, a engenharia e a fiscalização de trânsito, vetores que asseguram ao cidadão o direito à mobilidade urbana eficiente.

Certo ( ) Errado ( )

Art. 144, § 10. A segurança viária, exercida para a preservação da ordem pública e da incolumidade das pessoas e do seu patrimônio nas vias públicas:

I – compreende a educação, engenharia e fiscalização de trânsito, além de outras atividades previstas em lei, que assegurem ao cidadão o direito à mobilidade urbana eficiente;

GABARITO: CERTO.

DIREITO CONSTITUCIOANL

DIREITO ADMINISTRATIVO

RICARDO BARRIOS

DIREITO ADMINISTRATIVO

1. **(CESPE – 2018 – POLÍCIA FEDERAL – AGENTE)** Sob a perspectiva do critério formal adotado pelo Brasil, somente é Administração Pública aquilo determinado como tal pelo ordenamento jurídico brasileiro, independentemente da atividade exercida. Assim, a Administração Pública é composta exclusivamente pelos órgãos integrantes da administração direta e pelas entidades da administração indireta.

Certo ( )   Errado ( )

O Sentido SUBJETIVO, FORMAL ou ORGÂNICO refere-se a **QUEM** "compõe" a Administração Pública, tais como órgãos e entidades.

Já o sentido OBJETIVO, MATERIAL ou FUNCIONAL refere-se a **O QUE** realiza a Administração Pública, ou seja, a ATIVIDADE exercida.

Logo, a primeira parte da questão está correta, pois, o critério FORMAL INDEPENDE DA ATIVIDADE EXERCIDA.

A segunda parte da questão refere-se a quem compõe a Administração Pública. É importante salientar que apesar de a Administração Direta ser formada por:

- UNIÃO
- ESTADOS
- DISTRITO FEDERAL
- MUNICÍPIOS

A Administração Direta se manifesta por meio de seus ÓRGÃOS, logo, a questão permanece correta em falar que a Administração Pública é composta EXCLUSIVAMENTE pelos órgãos integrantes da Administração Direta.

A "outra parte" que compõe a Administração Pública é justamente a Administração Indireta, formada pelas suas Entidades, sendo:

- AUTARQUIAS
- FUNDAÇÕES
- EMPRESAS PÚBLICAS
- SOCIEDADES DE ECONOMIA MISTA

GABARITO: CERTO.

2. **(CESPE – 2013 – DEPEN – ESPECIALISTA – TODAS AS ÁREAS)** Segundo o princípio da legalidade, a Administração Pública vincula- se, em toda sua atividade, aos mandamentos da lei, tanto em relação aos atos e às funções de natureza administrativa quanto em relação às funções legislativa e jurisdicional.

Certo ( )   Errado ( )

A administração pública pode fazer APENAS O QUE A LEI PERMITE, estando a própria discricionariedade do administrador prevista em lei. Dessa forma, a Administração Pública tem um padrão impessoal e previsível de procedimentos a serem adotados.

GABARITO: CERTO.

3. **(CESPE – 2008 – PC/TO – DELEGADO DE POLÍCIA)** Em toda atividade desenvolvida pelos agentes públicos, o princípio da legalidade é o que precede todos os demais.

Certo ( )   Errado ( )

A questão pode induzir ao erro, uma vez que é válido o raciocínio de que **NÃO EXISTE HIE-RARQUIA ENTRE OS PRINCÍPIOS DA ADMINISTRAÇÃO PÚBLICA.**

Porém, dizer que a legalidade "PRECEDE" não quer dizer que esse princípio se reveste de maior importância.

A Administração Pública segue o princípio da Legalidade Estrita, só podendo realizar o que a lei permite! Dessa forma, pode-se afirmar que o princípio da Legalidade PRECEDE todos os demais.

GABARITO: CERTO.

4. **(CESPE – 2018 – PC/SE – DELEGADO DE POLÍCIA)** A diferença preponderante entre os institutos da descentralização e da desconcentração é que, no primeiro, há a ruptura do vínculo hierárquico e, no segundo, esse vínculo permanece.

Certo ( )   Errado ( )

Na desconcentração, por se tratar de uma DISTRIBUIÇÃO INTERNA DE COMPETÊNCIAS, o vínculo hierárquico permanece.

Na descentralização, a administração direta "cria" entidades para desempenhar funções de estado, NÃO GUARDANDO UMA RELAÇÃO DE HIERÁRQUIA, mas sim de tutela administrativa, supervisão ministerial ou controle finalístico.

GABARITO: CERTO.

5. **(CESPE – 2013 – PC/DF – AGENTE DE POLÍCIA)** Uma autarquia é uma pessoa jurídica de direito público criada somente mediante lei específica, que, embora não tenha subordinação hierárquica com a entidade que a criar, submeter-se-á, na órbita federal, a supervisão ministerial.

Certo ( )   Errado ( )

Questão "aula", uma vez que todas suas proposições estão totalmente corretas. As autar-quias, entre outras características:

- são de direito público;
- desempenham atividades típicas de Estado;
- são criadas por lei;
- são guardam hierarquia com o Estado.

GABARITO: CERTO.

6. **(CESPE – 2012 – POLÍCIA FEDERAL – AGENTE)** O foro competente para o julgamento de ação de indenização por danos materiais contra empresa pública federal é a Justiça Federal.

Certo ( )   Errado ( )

As empresas públicas e sociedades de economia mista são similares na maioria de suas características, porém possuem **três diferenças relevantes:**

DIFERENÇA 1 – empresa pública conta com capital 100% público. Já a sociedade de economia mista conta com o capital misto, sendo público e privado.

DIFERENÇA 2 – empresa pública pode ser constituída por qualquer forma admitida no direito, enquanto sociedade de economia mista pode ser constituída apenas sob a forma de Sociedade Anônima (S/A).

DIREITO ADMINISTRATIVO

DIFERENÇA 3 – nas empresas públicas, os processos correm na justiça comum de seu "ente criador". Já nas sociedades de economia mista, a competência para apreciar suas ações será sempre da justiça estadual nas ações sujeitas à justiça comum.
GABARITO: CERTO.

7. **(CESPE/2011 – PC/ES – PAPILOSCOPISTA)** As fundações públicas são entidades integrantes da administração direta, e suas respectivas áreas de atuação devem enquadrar-se nas áreas previstas em lei ordinária.

Certo ( )   Errado ( )

A questão possui duas afirmações falsas, as corretas seriam:
1) As Fundações Pública são integrantes da ADMINISTRAÇÃO INDIRETA.
2) Cabe à LEI COMPLEMENTAR definir suas áreas de atuação.
GABARITO: ERRADO.

8. **(CESPE – 2019 – POLÍCIA RODOVIÁRIA FEDERAL – POLICIAL RODOVIÁRIO FEDERAL)** O abuso de poder, que inclui o excesso de poder e o desvio de finalidade, não decorre de conduta omissiva de agente público.

Certo ( )   Errado ( )

A Doutrina Majoritária considera que o abuso de poder se subdivide em três modalidades, sendo:
EXCESSO DE PODER – em linhas gerais, quando o agente exorbita de sua competência, realizando algum ato que não teria a competência para realizar.
DESVIO DE FINALIDADE – quando o agente detém a competência para realizar tal ato, porém o realiza visando ao fim diverso do interesse público.
OMISSÃO – quando o agente tem o poder-dever de agir frente a determinada situação, mas deixa de agir.
GABARITO: ERRADO.

9. **(CESPE – 2018 – PC/SE – DELEGADO DE POLÍCIA)** Sobre o Poder de Polícia – poder conferido à Administração Pública para impor limites ao exercício de direitos e de atividades individuais em função do interesse público –, julgue o próximo item.

O Poder de Polícia é indelegável.

Certo ( )   Errado ( )

O Poder de Polícia pode ser visto como ORIGINÁRIO ou DELEGADO, sendo:
1. Poder de Polícia ORIGINÁRIO – Exercido diretamente pelos entes políticos/administração direta (União, estados, DF e municípios).
2. Poder de Polícia DELEGADO, pode ser:
    - para pessoas jurídicas de direito público, integrantes da administração indireta – autarquias (não havendo restrições para a delegação);
    - para pessoas jurídicas de direito privado, integrantes da administração indireta – empresas públicas ou sociedades de economia mista (pode-se delegar as fases de consentimento e fiscalização);

- para particulares – indelegável.

Logo, o Poder de Polícia é DELEGÁVEL para entidades de direito público da administração indireta.

GABARITO: CERTO.

10. **(CESPE – 2018 – PC/SE – DELEGADO DE POLÍCIA)** Acerca do Poder de Polícia – poder conferido à Administração Pública para impor limites ao exercício de direitos e de atividades individuais em função do interesse público –, julgue o próximo item.

A Polícia Administrativa propõe-se a restringir o exercício de atividades ilícitas e, em regra, tem caráter preventivo.

Certo ( )   Errado ( )

Uma diferenciação importante é a existente entre a Polícia Administrativa e a Polícia Judiciária.

A Polícia Administrativa trata da limitação das atividades particulares, abrangendo ilícitos de ordem administrativa, conforme acima visto.

Já a Polícia Judiciária tem por finalidade a preparação da atuação da função jurisdicional no Estado no que se refere a ilícitos penais (crimes e contravenções penais), coletando elementos para o exercício do *jus puniendi* do Estado.

Assim, a principal diferenciação incide na natureza do ilícito, caso seja um ilícito administrativo, estaremos diante do Poder de Polícia administrativa, entretanto, diante de ilícitos de natureza penal, estaremos no âmbito da Polícia Judiciária.

Finalizando o comentário, é importante salientar que o Poder de Polícia é predominantemente de caráter PREVENTIVO.

GABARITO: CERTO.

11. **(CESPE – 2015 – POLÍCIA RODOVIÁRIA FEDERAL – CURSO DE FORMAÇÃO)** Situação hipotética: uma autoridade administrativa, ao verificar que o seu subordinado havia sido tolerante com o administrado de sua área de atuação funcional incurso em infração regulamentar, resolveu avocar o caso e agravar a penalidade aplicada ao infrator, no uso de sua competência legal.

Nessa situação, é correto afirmar que seu procedimento se enquadra como exercício regular de seus poderes disciplinar e hierárquico.

Certo ( )   Errado ( )

O **PODER HIERÁRQUICO** é caracterizado pela existência de níveis de subordinação existente entre os órgãos e agentes da Administração Pública. Desse poder resultam prerrogativas ao administrador de dar ordens, coordenar, controlar e corrigir a atuação de seus subordinados, bem como decorrem as prerrogativas de DELEGAÇÃO e AVOCAÇÃO dentro da Administração Pública.

Importante destacar que, por si só, o Poder Hierárquico NÃO se destina à aplicação de penalidades.

O **PODER DISCIPLINAR** é aquele que permite ao administrador aplicar sanções em caso de infrações administrativas, praticadas por aqueles que estão sujeitos à sua disciplina interna.

DIREITO ADMINISTRATIVO

O Poder Disciplinar é **diferente** do Poder Hierárquico, porém, para o administrador aplicar a pena, ele deve ser hierarquicamente superior ao infrator, então pode-se dizer que o Poder Disciplinar **DECORRE DO PODER HIERÁRQUICO**.

GABARITO: CERTO.

12. **(CESPE – 2018 – ABIN – OFICIAL TÉCNICO DE INTELIGÊNCIA)** Na discricionariedade administrativa, o agente possui alguns limites à ação voluntária, tais como: o ordenamento jurídico estabelecido para o caso concreto, a competência do agente ou do órgão. Qualquer ato promovido fora desses limites será considerado arbitrariedade na atividade administrativa.

Certo ( )   Errado ( )

Os atos discricionários são aqueles que permitem uma margem de liberdade ao agente público, os quais se limitam aos critérios de oportunidade e conveniência (mérito administrativo).

Contudo, é importante ressaltar que a mencionada margem não é ilimitada. A lei não autoriza arbitrariedades, devendo, portanto, haver respeito aos moldes e limites pré-estabelecidos pela legislação cabível, bem como a competência para a edição do ato.

GABARITO: CERTO.

13. **(CESPE – 2018 – ABIN – OFICIAL TÉCNICO DE INTELIGÊNCIA)** Na classificação dos atos administrativos, um critério comum é a formação da vontade, segundo o qual, o ato pode ser simples, complexo ou composto. O ato complexo se apresenta como a conjugação de vontade de dois ou mais órgãos, que se juntam para formar um único ato com um só conteúdo e finalidade.

Certo ( )   Errado ( )

Os ATOS COMPLEXOS são aqueles cuja manifestação de vontade de dois ou mais órgãos ou autoridades independentes entre si são conjugados para determinar a formação de um ato administrativo.

Os ATOS SIMPLES decorrem de uma única manifestação de vontade de um único órgão, cuja formação pode ser unipessoal (uma única pessoa manifesta a vontade) ou colegiado (várias pessoas determinam a vontade única).

Os ATOS COMPOSTOS são aqueles que resultam da manifestação de vontade de um único órgão, mas dependente de outro órgão para torná-los exequíveis.

GABARITO: CERTO.

14. **(CESPE – 2013 – DEPEN – TÉCNICO DE APOIO/ASSISTÊNCIA PENITENCIÁRIA)** Em razão da finalidade de interesse público da administração, aos atos administrativos é conferido um regramento próprio, conforme suas características, que se distinguem das dos atos praticados por particulares. Acerca do regime jurídico dos atos administrativos, julgue os itens subsecutivos.

A imperatividade, a presunção de legitimidade e a proporcionalidade são atributos específicos dos atos administrativos.

Certo ( )   Errado ( )

Os atributos comuns a todos os atos administrativos são:
- presunção de legitimidade;
- tipicidade.

244

Os atributos presentes em apenas alguns atos administrativos, portanto, ESPECÍFICOS, são:

- autoexecutoriedade;
- imperatividade.

GABARITO: ERRADO.

15. **(CESPE – 2013 – PC/DF – ESCRIVÃO DA POLÍCIA)** Considerando que os poderes administrativos são os conjuntos de prerrogativas de direito público que a ordem jurídica confere aos agentes administrativos para o fim de permitir que o Estado alcance seus fins, julgue o item a seguinte.

A concessão de licença é ato vinculado, haja vista que a Administração Pública estará obrigada à prática do ato quando forem preenchidos os requisitos pelo particular. Todavia, caso o agente público, no cumprimento do ato, verifique que ação contrária ao dispositivo legal atenderá com maior efetividade ao interesse público, poderá agir de forma distinta da que prevê a lei, prestando a devida justificativa.

Certo ( )   Errado ( )

As licenças concedidas pela Administração Pública consistem em atos administrativos vinculados e unilaterais.

O agente público que, no cumprimento do ato, caberá tão somente a verificação dos requisitos legais exigidos para a outorga da licença. Portanto, não existe qualquer previsão para agir de forma distinta à lei, nem sob justificativa.

GABARITO: ERRADO.

16. **(CESPE – 2018 – POLÍCIA FEDERAL – AGENTE DA POLÍCIA FEDERAL)** A Administração Pública, além de estar sujeita ao controle dos Poderes Legislativo e Judiciário, exerce controle sobre seus próprios atos. Tendo como referência inicial essas informações, julgue o item a seguir, acerca do controle da Administração Pública. O poder de autotutela tem fundamento, preponderantemente, nos princípios da legalidade e da preponderância do interesse público e pode ser exercido de ofício quando a autoridade competente verificar ilegalidade em ato da própria administração.

Certo ( )   Errado ( )

De acordo com o Princípio da Autotutela, é possível que a Administração Pública reveja seus atos, seja por meio da revogação – quando há análise de mérito administrativo, com verificação de critérios de oportunidade e conveniência – ou por meio da anulação – quando há apreciação de critérios de legalidade, tanto pela Administração, como pelo Poder Judiciário.

Sendo assim, é possível que a Administração corrija seus atos sem a necessidade de recorrer ao Poder Judiciário, atuando de ofício ou mediante requerimento.

Sobre o tema, versa a Súmula 473 do STJ:

"A Administração pode ANULAR SEUS PRÓPRIOS ATOS, QUANDO EIVADOS DE VÍCIOS QUE OS TORNAM ILEGAIS, porque deles não se originam direitos; ou REVOGÁ-LOS, por motivo de conveniência ou oportunidade, respeitados os direitos adquiridos, e ressalvada, em todos os casos, a apreciação judicial."

GABARITO: CERTO.

DIREITO ADMINISTRATIVO

17. **(CESPE – 2013 – PC/DF – AGENTE DA POLÍCIA CIVIL)** - No que se refere a controle da administração, julgue o item que se segue.

Os atos administrativos estão sujeitos ao controle judicial; no entanto, tal controle não autoriza que o juiz, em desacordo com a vontade da administração, se substitua ao administrador, determinando a prática de atos que entender convenientes e oportunos.

Certo ( )   Errado ( )

O Poder Judiciário NUNCA realiza o controle de mérito praticado por OUTRO poder, apenas de atos de natureza administrativa praticados pelo Próprio Poder Judiciário.

Conveniência e Oportunidade relaciona-se com DISCRICIONARIEDADE/MÉRITO ADMINISTRATIVO.

Ou seja, quando o Poder Judiciário pratica atos de natureza administrativa PODE controlar o PRÓPRIO MÉRITO.

Quando Provocado, o Poder Judiciário se limita a analisar os critérios de LEGALIDADE e LEGITIMIDADE dos atos praticados por OUTRO poder.

GABARITO:CERTO.

18. **(CESPE – 2019 – PRF – CURSO DE FORMAÇÃO)** O policial rodoviário federal poderá ser chamado à responsabilidade pelo dano que, culposamente, causar à viatura, em circunstância que essa não esteja sob responsabilidade dele.

Certo ( )   Errado ( )

A responsabilidade civil do Estado para com as vítimas é objetiva, mas a do agente público perante o Estado é subjetiva. Isso é, é preciso haver comprovação de dolo ou culpa, além do nexo de causalidade entre a conduta e o dano.

Como a questão mencionou que o policial causou um dano de forma culposa, poderá ser responsabilizado independentemente de a viatura estar ou não sob a sua responsabilidade, conforme o art. 37, §6º da Constituição Federal:

Art. 37, §6º - "As pessoas jurídicas de direito público e as de direito privado prestadoras de serviços públicos responderão pelos danos que seus agentes, nessa qualidade, causarem a terceiros, assegurado o direito de regresso contra o responsável nos casos de dolo ou culpa".

GABARITO: CERTO.

19. **(CESPE – 2019 – PRF – AGENTE)** A responsabilidade civil do Estado por ato comissivo é subjetiva e baseada na teoria do risco administrativo, devendo o particular, que foi a vítima, comprovar a culpa ou o dolo do agente público.

Certo ( )   Errado ( )

A responsabilidade civil do Estado por ato comissivo – quando há ação – é objetiva, de acordo com a Teoria do Risco Administrativo. Isso é, independe da demonstração de dolo ou culpa pela vítima, conforme versa o art. 37, §6º da Constituição Federal:

Art. 37, §6º - "As pessoas jurídicas de direito público e as de direito privado prestadoras de serviços públicos responderão pelos danos que seus agentes, nessa qualidade, causarem a terceiros, assegurado o direito de regresso contra o responsável nos casos de dolo ou culpa."

Lembrando que não é necessário demonstração de dolo ou culpa, mas sim a comprovação dos pressupostos essenciais da responsabilidade civil: dano, conduta e nexo causal.

GABARITO: ERRADO.

20. **(CESPE – 2018 – POLÍCIA FEDERAL – DELEGADO)** O Estado não será civilmente responsável pelos danos causados por seus agentes sempre que estes estiverem amparados por causa excludente de ilicitude penal.

Certo ( )   Errado ( )

A causa excludente de ilicitude penal não se confunde com a excludente de responsabilidade civil. Isso é, ainda que a conduta do agente público esteja amparada por uma excludente de ilicitude penal, ele ainda poderá ser responsabilizado na esfera cível.

O tema já foi, inclusive, abordado em Tese do STJ: "A Administração Pública pode responder civilmente pelos danos causados por seus agentes, ainda que estejam amparados por causa excludente de ilicitude penal."

GABARITO: ERRADO.

21. **(CESPE – 2014 – POLÍCIA FEDERAL – AGENTE ADMINISTRATIVO)** Considere que, durante uma operação policial, uma viatura do DPF colida com um carro de propriedade particular estacionado em via pública. Nessa situação, a administração responderá pelos danos causados ao veículo particular, ainda que se comprove que o motorista da viatura policial dirigia de forma diligente e prudente.

Certo ( )   Errado ( )

A modalidade de responsabilidade civil do Estado em relação a eventuais danos causados a terceiros é, em regra, objetiva. Isso é, ainda que o agente público tenha agido de forma diligente e prudente, a teoria do risco administrativo determina que o Estado possui o dever de indenizar.

Observe que a verificação de diligência e prudência do agente adentra o campo da subjetividade, em busca da averiguação de dolo ou culpa, cabível tão somente em eventual ação de regresso do Estado contra o agente público causador do dano.

Conforme o art. 37, §6º da Constituição Federal: "As pessoas jurídicas de direito público e as de direito privado prestadoras de serviços públicos responderão pelos danos que seus agentes, nessa qualidade, causarem a terceiros, assegurado o direito de regresso contra o responsável nos casos de dolo ou culpa."

GABARITO: CERTO.

22. **(CESPE – 2019 – POLÍCIA RODOVIÁRIA FEDERAL – CURSO DE FORMAÇÃO)** - **Situação hipotética**: Um servidor público cometeu transgressão disciplinar e foi advertido disciplinarmente. No mês seguinte, cometeu nova transgressão disciplinar, sujeita à pena de advertência.

Nessa situação, a nova conduta poderá ter a sanção disciplinar agravada para suspensão.

Certo ( )   Errado ( )

São quatro situações passíveis de SUSPENSÃO na Lei nº 8.112/90:

1 - exercer QUAISQUER atividades que sejam incompatíveis com o exercício do cargo ou função e com o horário de trabalho;

2 - cometer a outro SERVIDOR atribuições estranhas ao cargo que ocupa, exceto em situações de emergência e transitórias;

3 - REINCIDÊNCIA de proibição ou inobservância de dever, que enseje penalidade de advertência.

4 - recusa de Inspeção Médica Injustificada – suspensão de ATÉ 15 dias, cessando quando o servidor aceitar a inspeção.

GABARITO: CERTO.

DIREITO ADMINISTRATIVO

23. **(CESPE – 2019 – POLÍCIA RODOVIÁRIA FEDERAL – CURSO DE FORMAÇÃO)** Servidor público que deixa de cumprir ordem de superior, por entender ser ilegal, é indispensável que haja o flagrante descumprimento da lei na emissão do ato superior, e não somente a suspeita de ilegalidade.

Certo (　)　　　Errado (　)

O servidor não pode fundar-se apenas na suspeita da ilegalidade da ordem para deixar de cumpri-la, sendo indispensável o flagrante descumprimento da lei na emissão do ato superior. Conforme a Lei nº 8.112/90 tem-se:

Art. 116. São deveres do servidor:

IV - cumprir as ordens superiores, exceto quando MANIFESTAMENTE ilegais.

GABARITO: CERTO.

24. **(CESPE – 2018 – POLÍCIA FEDERAL – PAPILOSCOPISTA)** Pedro, após ter sido investido em cargo público de determinado órgão sem a necessária aprovação em concurso público, praticou inúmeros atos administrativos internos e externos.

Tendo como referência essa situação hipotética, julgue o item que segue.

Pedro é considerado agente putativo e, ainda que não tenha sido investido legalmente, deverá receber remuneração pelo serviço prestado no órgão público.

Certo (　)　　　Errado (　)

Agentes Putativos são os que desempenham uma atividade pública na presunção de que há legitimidade, embora não tenha havido investidura dentro do procedimento legalmente exigido. É o caso, por exemplo, do servidor que pratica inúmeros atos de administração, tendo sido investido sem aprovação em concurso.

Esses agentes estão efetivamente desempenhando suas atividades, logo, a despeito da ilegalidade do provimento, a doutrina entende que não deve haver a devolução das remunerações no momento que a Administração Pública "descobre a situação".

GABARITO: CERTO.

25. **(CESPE – 2013 – DEPEN – ESPECIALISTA)** A investidura em cargo ou emprego público, na administração direta e nas pessoas jurídicas de direito público, depende de aprovação prévia em concurso público, não se submetendo a essa exigência apenas as pessoas administrativas de direito privado.

Certo (　)　　　Errado (　)

Empresas públicas e sociedades de economia mista, exemplos de entidades da administração indireta de direito privado, NECESSITAM de concurso público para a contratação de seus empregados públicos.

GABARITO: ERRADO.

DIREITO PENAL

EVANDRO GUEDES

LEONE MALTZ

DIREITO PENAL

1. **(CESPE – 2018 – PC/SE – DELEGADO DE POLÍCIA)** Em razão do princípio da legalidade penal, a tipificação de conduta como crime deve ser feita por meio de lei em sentido material, não se exigindo, em regra, a lei em sentido formal.

    Certo ( )   Errado ( )

    A banca foi pouco criativa, trocando os conceitos e as aplicações. Fique ligado!

    A criação de normal penal **incriminadora**, que prever crimes e comina penas, **somente** pode ser feita por meio de lei em **sentido formal** (Lei Ordinária/Lei Complementar, por exemplo) – **Princípio da Reserva Legal**, também colocada em prova como **lei em sentido estrito**.

    Não é possível prever um crime ou cominar penas por meio de Medida Provisória (lei em sentido material).

    GABARITO: ERRADO.

2. **(CESPE – 2013 – PRF – POLICIAL RODOVIÁRIO FEDERAL)** O princípio da legalidade é parâmetro fixador do conteúdo das normas penais incriminadoras, ou seja, os tipos penais de tal natureza somente podem ser criados por meio de lei em sentido estrito.

    Certo ( )   Errado ( )

    A norma penal incriminadora é aquela que trata da criação de crimes e cominação de penas (alterando para mais ou para menos). Nesse caso, não há possibilidade de manejar por meio de LEI MATERIAL, isto é, DECRETO, MEDIDA PROVISÓRIA OU RESOLUÇÃO.

    Norma Penal Incriminadora – <u>Somente</u> Lei Formal.

    Esse tipo de questão é muito frequente em prova e foi objeto em 2019 também, então fique ligado: a criação de um crime ou cominação de pena deve ser feita somente por **lei em sentido estrito**, que é a **lei formal,** a exemplo da Lei Ordinária ou Lei Complementar.

    GABARITO: CERTO.

3. **(CESPE – 2019 – PRF – POLICIAL RODOVIÁRIO FEDERAL)** O presidente da República, em caso de extrema relevância e urgência, pode editar medida provisória para agravar a pena de determinado crime, desde que a aplicação da pena agravada ocorra somente após a aprovação da medida pelo Congresso Nacional.

    Certo ( )   Errado ( )

    Questão frequente e errada! Não é possível criar um crime ou cominar pena, sobretudo, agravar a pena base do indivíduo por meio de Medida Provisória, ainda que extremamente urgente. É vedado! Para se falar de norma penal **incriminadora,** que é o caso da questão, somente é possível por meio de Lei Formal, lei em sentido estrito – Princípio da Reserva Legal.

    GABARITO: ERRADO.

4. **(CESPE – 2014 – POLÍCIA FEDERAL – AGENTE DE POLÍCIA FEDERAL)** Sob a vigência da lei X, Lauro cometeu um delito. Em seguida, passou a viger a lei Y, que, além de ser mais gravosa, revogou a lei X. Depois de tais fatos, Lauro foi levado a julgamento pelo cometimento do citado delito. Nessa situação, o magistrado terá de se fundamentar no instituto da retroatividade em benefício do réu para aplicar a lei X, por ser esta menos rigorosa que a lei Y.

    Certo ( )   Errado ( )

A utilização de uma lei revogada mais benéfica é exemplo clássico de **ULTRATIVIDADE DE LEI,** não havendo confusão com o conceito de RETROATIVIDADE, utilização de LEI POSTERIOR mais benéfica.

Portanto, o caso em questão é ULTRATIVIDADE DE LEI MAIS BENÉFICA, uma vez que o juiz utilizará a LEI X, que foi revogada pela lei Y.

Atenção! Em uma relação:

1) A × B: se eu me utilizo de "B", lei posterior mais benéfica, estaremos diante da RETROATIVIDADE.

2) A × B: e eu me utilizo de "A", lei revogada mais benéfica, estaremos diante da ULTRATIVIDADE.

GABARITO: ERRADO.

5. **(CESPE – 2013 – POLÍCIA FEDERAL – ESCRIVÃO DA POLÍCIA FEDERAL)** No que diz respeito ao tema lei penal no tempo, a regra é a aplicação da lei apenas durante o seu período de vigência; a exceção é a extratividade da lei penal mais benéfica, que comporta duas espécies: a retroatividade e a ultratividade.

Certo ( )   Errado ( )

O Direito Penal rege-se, em regra, pela aplicação da lei penal vigente à época do fato. Toda regra tem uma exceção, que nesse caso é a extratividade de lei penal mais benéfica (gênero), comportando suas espécies: ultratividade e retroatividade.

Atenção aos crimes continuados e permanentes (aplicação da Súmula nº 711 do STF) e à Lei Excepcional ou Temporária (aplicação do art. 3º do Código Penal).

GABARITO: CERTO.

6. **(CESPE – 2012 – POLÍCIA FEDERAL – AGENTE DA POLÍCIA FEDERAL)** Será submetido ao Código Penal brasileiro o agente, brasileiro ou não, que cometer, ainda que no estrangeiro, crime contra administração pública, estando a seu serviço, ou cometer crime contra o patrimônio ou a fé pública da União, de empresa pública ou de sociedade de economia mista. A circunstância de a conduta ser lícita no país onde foi praticada ou de se encontrar extinta a punibilidade será irrelevante para a responsabilização penal do agente no Brasil.

Certo ( )   Errado ( )

A questão aponta duas situações de EXTRATERRITORIALIDADE INCONDICIONADA: Art. 7º, I, alínea "c" e "b", **respectivamente**. É incondicionada conforme o parágrafo primeiro desse artigo, pois independente de qualquer efeito no estrangeiro (se já cumpriu pena, se foi absolvido, se foi condenado, perdoado etc.), será processado e julgado no Brasil. Tratando-se de uma das hipóteses previstas no Art. 7º, I, o indivíduo **será punido de qualquer forma**, não depende de condições.

GABARITO: CERTO.

7. **(AUTOR – 2021)** A analogia consiste em um meio para suprir lacuna legislativa, mas só é possível a aplicação analógica da lei penal para beneficiar o réu, em respeito à reserva legal.

Certo ( )   Errado ( )

DIREITO PENAL

O aluno poderia confundir com o termo interpretação analógica, mas fique ligado para uma dica de prova: analogia tem sinônimos (integração legal, **aplicação analógica**, entre outros). Entretanto, se a banca quiser cobrar sobre INTERPRETAÇÃO ANALÓGICA, ela trará o exato termo: INTERPRETAÇÃO ANALÓGICA.

Portanto, a questão está corretíssima, uma vez que está se referindo à ANALOGIA (APLICA-ÇÃO ANALÓGICA), que deve ser utilizada somente em benefício do réu.

GABARITO: CERTO.

8. **(CESPE – 2012 – POLÍCIA FEDERAL – AGENTE DA POLÍCIA FEDERAL)** Conflitos aparentes de normas penais podem ser solucionados com base no princípio da consunção, ou absorção. De acordo com esse princípio, quando um crime constitui meio necessário ou fase normal de preparação ou execução de outro crime, aplica-se a norma mais abrangente. Por exemplo, no caso de cometimento do crime de falsificação de documento para a prática do crime de estelionato, sem mais potencialidade lesiva, este absorve aquele.

Certo ( )   Errado ( )

A característica fundamental da consunção é o **ELO** entre um CRIME-MEIO para se chegar ao CRIME-FIM, sendo irrelevante o grau de violação ao bem jurídico tutelado pela norma. Um exemplo clássico é o que está exposto na Súmula nº 17/STJ, quando o crime de estelio-nato (reclusão, de um a cinco anos) absorve o crime de falsificação de documento público (reclusão, de dois a seis anos).

"A jurisprudência desta Corte admite que um crime de maior gravidade, assim considerado pela pena abstratamente cominada, pode ser absorvido, por força do princípio da consun-ção, por um crime menos grave, quando, repita-se, utilizado como mero instrumento para consecução de um objetivo final único."

Min. Mauro Aurélio Bellize

Portanto, importa o elo entre MEIO e FIM.

GABARITO: CERTO.

9. **(CESPE – 2010 – ABIN – OFICIAL TÉCNICO DE INTELIGÊNCIA – ÁREA DE DIREITO)** No Código Penal brasileiro, adota-se, em relação ao conceito de crime, o sistema tricotômico, de acordo com o qual as infrações penais são separadas em crimes, delitos e contravenções.

Certo ( )   Errado ( )

O direito penal adotou o sistema **dicotômico/bipartido** para infração penal, que é um gênero e comporta duas espécies: contravenção e crime (também chamado de delito). Por outro lado, para definição de crime, adotou-se o sistema **tricotômico/tripartido**, pois ele é dividido em três componentes: fato típico, ilícito (ou antijurídico) e culpável.

GABARITO: ERRADO.

10. **(CESPE – 2018 – POLÍCIA FEDERAL – PAPILOSCOPISTA POLICIAL FEDERAL)** Na tentativa de entrar em território brasileiro com drogas ilícitas a bordo de um veículo, um traficante disparou um tiro contra agente policial federal que estava em missão em unidade fronteiriça. Após troca de tiros, outros agentes prenderam o traficante em flagrante, conduziram-no à autoridade policial local e levaram o colega ferido ao hospital da região.

Nessa situação hipotética, se o policial ferido não falecer em decorrência do tiro disparado pelo traficante, estar-se-á diante de homicídio tentado, que, no caso, terá como elementos caracterizadores: a conduta dolosa do traficante; o ingresso do traficante nos atos preparatórios; e a impossibilidade de se chegar à consumação do crime por circunstâncias alheias à vontade do traficante.

Certo ( )   Errado ( )

Ao se falar sobre crime, é importante saber que ele consiste de fases em relação à sua realização. Para esse tema, dá-se o nome de *iter criminis*, que são as fases do crime (do início ao fim). Nesse contexto, as fases do crime são compostas por 1. Cogitação, 2. Preparação, 3. Execução e 4. Consumação.

Em regra, a punibilidade se inicia na fase de execução, ainda que o crime não se consume por circunstâncias alheias à vontade do autor do delito, que é a figura do crime tentado. Assim, a assertiva fica errada no momento em que aponta como um dos elementos do crime tentado "a entrada nos atos preparatórios", quando na verdade deveria ser "a entrada nos atos executórios".

GABARITO: ERRADO.

11.   **(CESPE – 2013 – POLÍCIA FEDERAL – ESCRIVÃO DA POLÍCIA FEDERAL)** A culpa inconsciente distingue-se da culpa consciente no que diz respeito à previsão do resultado: na culpa consciente, o agente, embora prevendo o resultado, acredita sinceramente que pode evitá-lo; na culpa inconsciente, o resultado, embora previsível, não foi previsto pelo agente.

Certo ( )   Errado ( )

A culpa consciente é caracterizada por uma previsão do resultado (algo mais concreto de ocorrer), mas não aceitação desse resultado, isso porque o autor acredita plenamente em suas habilidades. Por outro lado, na culpa inconsciente há uma previsibilidade objetiva (previsível, possibilidade, mas não concreta), baseada na teoria do homem médio.

GABARITO: CERTO.

12.   **(AUTOR – 2021)** Situação hipotética: "A" vai a uma balada localizada no município do Congo, que permitia a entrada de pessoas com idade a partir dos 18 anos. Ato contínuo, "A" inicia uma conversa com "B", que diz ter 20 anos, sendo compatível com sua compleição física. Nesse momento, ambos resolvem sair do local e ir para casa de "A", onde tiverem relações sexuais de todo jeito, pirorocoptero, rabo de arraia, conjunção carnal etc. No dia seguinte, "A" encontra a identidade de "B" e constata que ela tem 13 anos de idade. Nessa situação, "A" não responderá por estupro de vulnerável, uma vez que estava sob a falsa percepção da realidade dos fatos, incorrendo em erro de tipo, que exclui o dolo.

Certo ( )   Errado ( )

O erro de tipo essencial é aquele em que o indivíduo sabe que determinada conduta é crime e não quer praticá-la. Entretanto, por uma falsa percepção da realidade, acaba cometendo. Apesar de o crime de furto ser bem didático para esse tema, a questão trouxe um assunto bem característico e inteligente, pois o autor do fato sabe que conjunção carnal/qualquer ato libidinoso com uma pessoa menor de 14 anos configura ESTUPRO DE VULNERÁVEL. Todavia, as circunstâncias do fato induzem o agente a pensar que a menina é maior de idade (compleição física; ela afirma ter 20 anos; ela está em um local proibido para menores de 18 anos). Portanto, recai sobre o erro de tipo que sempre excluirá o dolo. Além disso, se fosse

D PEN

DIREITO PENAL

evitável, o agente continuaria sem responder por nada, já que não há modalidade culposa para o estupro de vulnerável.

GABARITO: CERTO.

13. **(CESPE – 2019 – PRF – POLICIAL RODOVIÁRIO FEDERAL)** Em decorrência de um homicídio doloso praticado com o uso de arma de fogo, policiais rodoviários federais foram comunicados de que o autor do delito se evadira por rodovia federal em um veículo cuja placa e características foram informadas. O veículo foi abordado por policiais rodoviários federais em um ponto de bloqueio montado cerca de 200 km do local do delito e que os policiais acreditavam estar na rota de fuga do homicida. Dada voz de prisão ao condutor do veículo, foi apreendida arma de fogo que estava em sua posse e que, supostamente, tinha sido utilizada no crime.

Quanto ao sujeito ativo da prisão, o flagrante narrado é classificado como obrigatório, hipótese em que a ação de prender e as eventuais consequências físicas dela advindas em razão do uso da força se encontram abrigadas pela excludente de ilicitude denominada exercício regular de direito.

Certo ( )   Errado ( )

Conforme preceitua o art. 301 do Código de Processo Penal, a autoridade policial e seus agentes **deverão** prender quem quer que seja encontrado em flagrante delito. Da leitura desse texto, verifica-se que há um dever legal para cumprir a prisão, estando, portanto, em ESTRITO CUMPRIMENTO DO DEVER LEGAL.

O exercício regular de um direito é quando há a facultatividade de exercer ou não determinado ato. No caso de prisão em flagrante, estará abarcado pela excludente Exercício Regular de um Direito, o cidadão que prenda quem quer que seja encontrado em flagrante delito, pois este **PODERÁ**.

Policial prendendo em flagrante – ESTRITO CUMPRIMENTO DO DEVER LEGAL.

Qualquer do povo – EXERCÍCIO REGULAR DE UM DIREITO.

GABARITO: ERRADO.

14. **(CESPE – 2018 – PC/SE – DELEGADO DE POLÍCIA)** Francisco, maior e capaz, em razão de desavenças decorrentes de disputa de terras, planeja matar seu desafeto Paulo, também maior e capaz. Após analisar detidamente a rotina de Paulo, Francisco aguarda pelo momento oportuno para efetivar seu plano.

Caso o delito ocorra pouco tempo depois da motivação e do planejamento do crime, a premeditação poderá ser considerada uma qualificadora do delito de homicídio.

Certo ( )   Errado ( )

Comentário: Deixando claro que a premeditação, por si só, **não qualifica o crime de homicídio.** Para que seja qualificado, faz-se necessário que seja, nesse contexto de premeditação, por meio de emboscada ou mediante traição.

GABARITO: ERRADO.

15. **(CESPE – 2014 – POLÍCIA FEDERAL – AGENTE DE POLÍCIA FEDERAL)** No crime de homicídio, admite-se a incidência concomitante de circunstância qualificadora de caráter objetivo referente aos meios e modos de execução com o reconhecimento do privilégio, desde que este seja de natureza subjetiva.

Certo ( )   Errado ( )

Perfeita conceituação, é aquela questão típica que ensina o aluno. Admite-se a incidência de circunstâncias qualificadoras entre si (desde que OBJ + OBJ ou OBJ + SBJ), sendo que uma vai qualificar e a outra vai agravar a pena. Na mesma esteira, é possível comunicar a qualificadora com um privilégio, desde que a qualificadora seja de ordem objetiva, porque o privilégio é sempre subjetivo, sendo o crime qualificado-privilegiado.

Importante destacar que o crime será tão somente qualificado, quando sua natureza for subjetiva, pois afastará a incidência do privilégio.

SUBJETIVA + SUBJETIVA = NÃO SE COMUNICAM!

GABARITO: CERTO.

16. **(CESPE – 2013 – PC/DF – AGENTE DE POLÍCIA)** Alex agrediu fisicamente seu desafeto Lúcio, causando-lhe vários ferimentos, e, durante a briga, decidiu matá-lo, efetuando um disparo com sua arma de fogo, sem, contudo, acertá-lo.

Nessa situação hipotética, Alex responderá pelos crimes de lesão corporal em concurso material com tentativa de homicídio.

Certo ( )   Errado ( )

O direito penal, em regra, pune o agente somente por aquilo que ele quis praticar. O contexto da questão apresenta um conflito aparente de normas. É somente aparente, pois no caso concreto será aplicada uma lei que regule o fato, *sob pena de bis in idem*. Nesse caso, aplicar-se-á o princípio da progressão criminosa, que é um dos desdobramentos da consunção (crime meio absorve o crime fim).

No caso específico da progressão criminosa, é porque o autor do fato tem uma intenção inicial, que é praticar a lesão corporal. Entretanto, no meio da execução do crime (durante a prática), ele muda seu intento criminoso, agora querendo matar. Nessa situação, quando fica configurada em um mesmo contexto fático, essa alteração de vontade, dois dolos, em uma relação de crime meio e crime fim, aplica-se a progressão criminosa, **respondendo o agente somente pelo crime fim (homicídio no caso da questão).**

Progressão criminosa – há substituição do dolo no meio do *iter criminis*. **Existem 2 dolos.**

"A" deseja lesionar "B" com vários golpes de facão, pois está com muita raiva já que foi enganado a vida toda sobre seu nascimento. Acontece que "A", após desferir alguns golpes, **mudou sua intenção**, querendo agora matar "B".

Perceba que o **DOLO ANTERIOR era o de LESIONAR**. Todavia, **no meio da execução do crime, substituiu sua vontade PARA MATAR.**

CRIME PROGRESSIVO – O DOLO PERMANECE EM TODO *ITER CRIMINIS*.

"A" deseja **MATAR** "B" com vários golpes de facão, pois está com muita raiva já que foi enganado a vida toda sobre seu nascimento. Acontece que para "A" matar "B", **necessariamente**, deverá lesioná-lo, MAS O **DOLO SEMPRE FOI ÚNICO**: MATAR.

GABARITO: ERRADO.

DIREITO PENAL

17. **(CESPE/CEBRASPE – 2015 – PRF – POLICIAL RODOVIÁRIO FEDERAL – CURSO DE FORMAÇÃO – 2ª TURMA – 1ª PROVA)** Antônio e João, previamente acordados, entraram em uma residência para praticar furto, e foram surpreendidos pelo dono da casa. Antônio foi preso em flagrante delito e João conseguiu fugir levando parte dos objetos dali subtraídos. Nessa situação, de acordo com a teoria do crime, Antônio responderá por furto tentado e João, por furto consumado.

Certo ( )   Errado ( )

O furto se consumou no instante em que ocorreu a inversão da posse da coisa subtraída "João conseguiu fugir levando parte dos objetos dali subtraídos". Essa condição se estende aos demais coautores e partícipes do crime, todos respondendo pelo furto consumado na medida de sua culpabilidade.

GABARITO: ERRADO.

18. **(CESPE – 2013 – PRF – POLICIAL RODOVIÁRIO FEDERAL)** Em se tratando do crime de furto mediante fraude, a vítima, ludibriada, entrega, voluntariamente, a coisa ao agente. No crime de estelionato, a fraude é apenas uma forma de reduzir a vigilância exercida pela vítima sobre a coisa, de forma a permitir a sua retirada.

Certo ( )   Errado ( )

Configura o estelionato a fraude utilizada para manter a pessoa em erro, entregando determinado bem voluntariamente (de boa-fé). E furto qualificado quando a fraude reduz a atenção da vítima para que o autor do crime subtraia o bem, isto é, **permite a retirada** da coisa. O conceito na questão está trocado.

GABARITO: ERRADO.

19. **(CESPE – 2018 – POLÍCIA FEDERAL – DELEGADO DE POLÍCIA FEDERAL)** Os livros comerciais, os títulos ao portador e os transmissíveis por endosso equiparam-se, para fins penais, a documento público, sendo a sua falsificação tipificada como crime.

Certo ( )   Errado ( )

O crime de falsificação de documento público é tipificado no Art. 297 (Falsificar, no todo ou em parte, documento público, ou alterar documento público verdadeiro). Perceba que o objeto a ser falsificado deve ser PÚBLICO. Entretanto, existem documentos particulares que são equiparados a documentos públicos para fins penais, e são justamente eles que as bancas cobram:

– O emanado de entidade paraestatal.

– O título ao portador ou transmissível por endosso.

– As ações de sociedade comercial.

– Os livros mercantis.

– Testamento particular (é o mais cobrado).

GABARITO: CERTO.

20. **(CESPE/CEBRASPE – 2013 – PC/BA – INVESTIGADOR DE POLÍCIA)** Considere a seguinte situação hipotética. Celso, maior, capaz, quando trafegava com seu veículo em via pública, foi abordado por policiais militares, que lhe exigiram a apresentação dos documentos do veículo e da carteira de habilitação. Celso, então, apresentou habilitação falsa. Nessa situação, a conduta de Celso é considerada atípica, visto que a apresentação do documento falso decorreu de circunstância alheia à sua vontade.

Certo ( )   Errado ( )

O Superior Tribunal de Justiça é claro ao afirmar que a conduta apresenta na questão é crime.

"Reiterada é a jurisprudência desta corte e do STF no sentido de que **há crime de uso de documento falso ainda quando** o agente o exibe para a sua identificação em virtude de **exigência por parte de autoridade policial** (STJ, 5.ª T., REsp 193.210/DF, Rel. José Arnaldo da Fonseca, j. 20.04.1999, v.u., DJ 24.05.1999, Seção 1, p. 190)."

GABARITO: ERRADO.

21. **(CESPE/CEBRASPE – 2015 – PRF – POLICIAL RODOVIÁRIO FEDERAL – CURSO DE FORMAÇÃO – 2ª TURMA – 1ª PROVA)** Um servidor público recebeu vantagem indevida de um particular e a empregou na própria repartição para melhorar o serviço público. Nessa situação, é atípica a conduta do servidor, já que ele não utilizou a vantagem indevida em benefício próprio, mas em benefício do bem público.

Certo ( )   Errado ( )

A conduta da corrupção passiva fica evidente quando o funcionário público, no exercício do cargo ou em razão dele, ACEITA/RECEBE/SOLICITA vantagem indevida. Se a vantagem for devida, não ficará configurado o crime. Entretanto, a questão deixou clara a natureza da vantagem, ficando configurado o crime do Art. 317 na modalidade RECEBER.

– Corrupção passiva – ACEITAR/SOLICITAR/RECEBER.

– PECULATO – APROPRIAR-SE/DESVIAR/SUBTRAIR.

– Concussão – EXIGIR (as bancas gostam de fazer confusão com a corrupção passiva na modalidade SOLICITAR).

GABARITO: ERRADO.

22. **(CESPE – 2013 – PC/DF – ESCRIVÃO DE POLÍCIA)** Pratica crime de corrupção passiva o funcionário público que, em razão da função, solicita, recebe ou aceita vantagem indevida, ao passo que pratica crime de concussão o funcionário que, também em razão da função, impõe, ordena ou exige vantagem indevida.

Certo ( )   Errado ( )

Trata-se das figuras do Art. 316 e 317 do CP, concussão e corrupção passiva, respectivamente.

Corrupção passiva – ACEITAR/SOLICITAR/RECEBER.

Concussão – EXIGIR (as bancas gostam de fazer confusão com a corrupção passiva na modalidade SOLICITAR).

A conduta de exigir vantagem é mais impositiva, pois traz consigo uma ideia de ordem. Enquanto a conduta de solicitar vantagem é mais suave, "educada".

GABARITO: CERTO.

DIREITO PENAL

23. **(CESPE/CEBRASPE – 2013 – PC/BA – INVESTIGADOR DE POLÍCIA)** O crime de concussão é delito próprio e consiste na exigência do agente, direta ou indireta, em obter da vítima vantagem indevida, para si ou para outrem, e consuma-se com a mera exigência, sendo o recebimento da vantagem considerado como exaurimento do crime.

Certo ( )   Errado ( )

O crime de concussão somente será praticado quando estiver presente uma condição ou qualidade especial em relação ao autor do crime: SER FUNCIONÁRIO PÚBLICO. Essa exigência classifica a concussão como crime próprio. Além disso, é considerado formal (crime de efeitos cortados ou consumação antecipada), pois não se exige o resultado naturalístico para sua consumação (vantagem indevida), sendo este resultado mero exaurimento do crime. Não importa se o agente recebeu ou não, pois o crime se consuma no instante em que o funcionário público EXIGE vantagem indevida.

GABARITO: CERTO.

24. **(CESPE – 2013 – PRF – POLICIAL RODOVIÁRIO FEDERAL)** O crime de concussão configura-se com a exigência, por funcionário público, de vantagem indevida, ao passo que, para a configuração do crime de corrupção passiva, basta que ele solicite ou receba a vantagem, ou, ainda, aceite promessa de recebê-la.

Certo ( )   Errado ( )

Trata-se das figuras dos art. 316 e 317 do CP, concussão e corrupção passiva, respectivamente.

Corrupção passiva – ACEITAR/SOLICITAR/RECEBER.

Concussão – EXIGIR (as bancas gostam de fazer confusão com a corrupção passiva na modalidade SOLICITAR).

A conduta de exigir vantagem é mais impositiva, pois traz consigo uma ideia de ordem. Enquanto a conduta de solicitar vantagem é mais suave, "educada".

A questão acima caiu no mesmo ano para o concurso da Polícia Civil do Distrito Federal (2013).

GABARITO: CERTO.

25. **(CESPE – 2014 – POLÍCIA FEDERAL – AGENTE DE POLÍCIA FEDERAL)** Carlos praticou o crime de sonegação previdenciária, mas, antes do início da ação fiscal, confessou o crime e declarou espontaneamente os corretos valores devidos, bem como prestou as devidas informações à previdência social.

Nessa situação, a atitude de Carlos ensejará a extinção da punibilidade, independentemente do pagamento dos débitos previdenciários.

Certo ( )   Errado ( )

Em conformidade com o art. 337-A, § 1º, o crime de sonegação previdência (contra administração pública praticado por particular) ensejará na extinção de punibilidade se o agente, **espontaneamente, declara e confessa** as contribuições, importâncias ou valores e **presta as informações devidas à previdência social**, na forma definida em lei ou regulamento, **antes do início da ação fiscal.**

Não confunda com o crime de apropriação indébita previdenciária (contra o patrimônio), porque nesse delito o agente, para ser beneficiado pela extinção de punibilidade, se o agente, **espontaneamente, declara, confessa e <u>efetua o pagamento das contribuições</u>**, importâncias ou valores e presta as informações devidas à previdência social, na forma definida em lei ou regulamento, **antes do início da ação fiscal.**

Portanto, perceba, as características para configuração da extinção de punibilidade são semelhantes, com exceção do PAGAMENTO, que é exigível na APROPRIÇÃO INDÉBITA PREVIDENCIÁRIA.

Como a questão trata da SONEGAÇÃO PREVIDENCIÁRIA, a questão está correta, pois não há necessidade do pagamento, mas somente da declaração e confissão.

Sonegação previdenciária (Art. 337-A) – DECLARA E CONFESSA.

Apropriação indébita previdenciária (Art. 168-A) – DECLARA, CONFESSA **E PAGA.**

GABARITO: CERTO.

D PEN

DIREITO PENAL

DIREITO PROCESSUAL PENAL

WALLACE FRANÇA

DIREITO PROCESSUAL PENAL

1. **(CESPE – 2009 - PF - ESCRIVÃO DA POLÍCIA)** Não se admite a acareação entre o acusado e a pessoa ofendida, considerando-se que o acusado tem o direito constitucional ao silêncio, e o ofendido não será compromissado.

    Certo ( )   Errado ( )

    Conforme art. 229 do Código de Processo Penal, "a acareação será admitida entre acusados, entre acusado e testemunha, entre testemunhas, entre acusado ou testemunha e a pessoa ofendida, e entre as pessoas ofendidas, sempre que divergirem, em suas declarações, sobre fatos ou circunstâncias relevantes".

    GABARITO: ERRADO.

2. **(CESPE – 2018 - PF - DELEGADO DE POLÍCIA FEDERAL)** Julgue o seguinte item, a respeito de suspeição e impedimento no âmbito do processo penal.

    O fato de não ser cabível a oposição de exceção de suspeição à autoridade policial na presidência do IP faz, por consequência, que não sejam cabíveis as hipóteses de suspeição em investigação criminal.

    Certo ( )   Errado ( )

    Realmente, não poderá haver a oposição de suspeição da autoridade policial, todavia isso não quer dizer que não possa ser aplicada as causas de suspeições as autoridades policiais. Isso é dito, pois o próprio CPP em art. 107, preceitua que a própria autoridade policial poderá declarar-se suspeita, *in verbis*: "Não se poderá opor suspeição às autoridades policiais nos atos do inquérito, mas deverão elas declarar-se suspeitas, quando ocorrer motivo legal". Ademais, de modo contrário, a doutrina já entende que poderá haver a oposição de suspeição perante autoridades administrativas, como o Delegado Geral de Polícia.

    GABARITO: ERRADO.

3. **(CESPE – 2018 - PF - AGENTE DE POLÍCIA FEDERAL)** Depois de adquirir um revólver calibre 38, que sabia ser produto de crime, José passou a portá-lo municiado, sem autorização e em desacordo com determinação legal. O comportamento suspeito de José levou-o a ser abordado em operação policial de rotina. Sem a autorização de porte de arma de fogo, José foi conduzido à delegacia, onde foi instaurado inquérito policial.

    Tendo como referência essa situação hipotética, julgue o item seguinte.

    O inquérito instaurado contra José é procedimento de natureza administrativa, cuja finalidade é obter informações a respeito da autoria e da materialidade do delito.

    Certo ( )   Errado ( )

    Essa questão aconselho que a guardem como resumo. Realmente, o inquérito é um procedimento de natureza administrativa e não um processo, pois dele não resulta sanção. Ademais, busca a materialidade e autoria do delito para servir de elemento probatório para a ação penal.

    GABARITO: CERTO.

4. **(CESPE – 2018 - PF - PAPILOSCOPISTA DA POLÍCIA FEDERAL)** Na tentativa de entrar em território brasileiro com drogas ilícitas a bordo de um veículo, um traficante disparou um tiro contra agente policial federal que estava em missão em unidade fronteiriça. Após troca de tiros, outros agentes prenderam o traficante em flagrante, conduziram-no à autoridade policial local e levaram o colega ferido ao hospital da região.

Nessa situação hipotética, ao tomar conhecimento do homicídio, cuja ação penal é pública incondicionada, a autoridade policial terá de instaurar o inquérito de ofício, o qual terá como peça inaugural uma portaria que conterá o objeto de investigação, as circunstâncias conhecidas e as diligências iniciais que serão cumpridas.

Certo ( )   Errado ( )

Quando a ação penal é pública incondicionada, o inquérito policial será instaurado de ofício de acordo com o art. 5º, I, do Código de Processo Penal. Quanto a peça inaugural, ensina Renato Brasileiro quando em comento dos crimes de ação penal pública incondicionada: "Nesse caso, a peça inaugural será uma portaria, que deve ser subscrita pelo Delegado de Polícia e conter o objetivo da investigação (...)". (BRASILEIRO, R. Manual de Direito Processual Penal. São Paulo: Juspodivm, 2020, p. 198).

GABARITO: CERTO.

5. **(CESPE – 2013 - PF - ESCRIVÃO DE POLÍCIA FEDERAL)** Acerca do inquérito policial, julgue o item seguinte.

O valor probatório do inquérito policial, como regra, é considerado relativo, entretanto, nada obsta que o juiz absolva o réu por decisão fundamentada exclusivamente em elementos informativos colhidos na investigação.

Certo ( )   Errado ( )

Analisemos a questão dividindo-a em duas partes: a primeira quanto ao valor probatório do inquérito e a segunda como motivo para fundamentação de absolvição. Quanto ao seu valor probatório, por não haver o contraditório amplo no inquérito policial, seu valor probatório é relativo. Já no que toca como fundamento de absolvição, há uma limitação quanto a condenar baseado em provas exclusivamente do inquérito policial, conforme o art. 155, do CPP: "O juiz formará sua convicção pela livre apreciação da prova produzida em contraditório judicial, não podendo fundamentar sua decisão exclusivamente nos elementos informativos colhidos na investigação, ressalvadas as provas cautelares, não repetíveis e antecipadas". Logo há uma vedação relativa a condenação, mas essa mesma vedação não ocorre quanto à absolvição. Resumindo: não se pode condenar baseado apenas em elementos colhidos no inquérito, mas é possível a absolvição baseada apenas em elementos do inquérito policial.

GABARITO: CERTO.

6. **(CESPE – 2013 - PF - DELEGADO DE POLÍCIA FEDERAL)** Fábio, delegado, tendo recebido denúncia anônima na qual seus subordinados eram acusados de participar de esquema criminoso relacionado ao tráfico ilícito de substâncias entorpecentes, instaurou, de imediato, inquérito policial e requereu a interceptação das comunicações telefônicas dos envolvidos, que, devidamente autorizada pela justiça estadual, foi executada pela polícia militar.

DIREITO PROCESSUAL PENAL

No decorrer das investigações, conduzidas a partir da interceptação das comunicações telefônicas, verificou-se que os indiciados contavam com a ajuda de integrantes das Forças Armadas para praticar os delitos, utilizando aviões da Aeronáutica para o envio da substância entorpecente para o exterior.

O inquérito passou a tramitar na justiça federal, que prorrogou, por diversas vezes, o período de interceptação. Com a denúncia na justiça federal, as informações colhidas na intercepção foram reproduzidas em CD-ROM, tendo sido apenas as conversas diretamente relacionadas aos fatos investigados transcritas nos autos.

Acerca dessa situação hipotética e do procedimento relativo às interceptações telefônicas, julgue o item.

Ao instaurar imediatamente inquérito policial e requerer as interceptações telefônicas para averiguar as acusações contra seus comandados, o delegado em questão agiu corretamente, em obediência ao princípio da moralidade administrativa.

Certo ( )   Errado ( )

O Delegado agiu de forma incorreta, tendo em vista que não poderá ser instaurado inquérito baseado apenas em *notitia criminis* inqualificada (denúncia anônima). Devendo antes da instauração do inquérito ser feita diligências preliminares para apuração da *notitia criminis*. Depois disso, caso haja fundamento na *notitia criminis* inqualificada, poderá instaurar o inquérito. Nesse sentido decidiu o STF: "(...) assentou o entendimento de que é vedada a persecução penal iniciada com base, exclusivamente, em denúncia anônima. Firmou-se a orientação de que a autoridade policial, ao receber uma denúncia anônima, deve antes realizar diligência preliminar para averiguar se os fatos narrados nessa "denúncia" são materialmente verdadeiros, para, só então, iniciar as investigações". (HC 95244/PE, Rel. Min. Dias Toffoli).

GABARITO: ERRADO.

7. **(CESPE - 2014 – DPF - AGENTE DE POLÍCIA FEDERAL)** Logo que tiver conhecimento da prática de infração penal, a autoridade policial deverá determinar, se for caso, a realização das perícias que se mostrarem necessárias e proceder a acareações.

Certo ( )   Errado ( )

O art. 6º do CPP disciplina um rol exemplificativo de ações que deverão a autoridade policial realizar logo que tiver notícia de um delito. Dentro desse rol estão as acareações e a realização de perícias, respectivamente, o art. 6º, incisos VI e VII: "proceder a reconhecimento de pessoas e coisas e a acareações." e "determinar, se for caso, que se proceda a exame de corpo de delito e a quaisquer outras perícias".

GABARITO: CERTO.

8. **(CESPE – 2014 - PF - POLICIAL FEDERAL)** A respeito da investigação criminal conduzida pelo delegado de polícia, julgue o item abaixo.

Suponha que um delegado da Polícia Federal, ao tomar conhecimento de um ilícito penal federal, instaure inquérito policial para a apuração do fato e da autoria do ilícito e que, no curso do procedimento, o seu superior hierárquico, alegando motivo de interesse público, redistribua o inquérito a outro delegado. Nessa situação, o ato do superior hierárquico está em desacordo com a legislação, que veda expressamente a redistribuição de inquéritos policiais em curso.

Certo ( )   Errado ( )

Apesar de a redistribuição ser uma exceção, poderá ocorrer de acordo com a prescrição legal contida no parágrafo quarto, art. 1º, da Lei nº 12.830/13 a qual menciona que "O inquérito policial ou outro procedimento previsto em lei em curso somente poderá ser avocado ou redistribuído por superior hierárquico, mediante despacho fundamentado, por motivo de interesse público ou nas hipóteses de inobservância dos procedimentos previstos em regulamento da corporação que prejudique a eficácia da investigação". Logo, se houver interesse público devidamente fundamentado, poderá haver redistribuição.

GABARITO: ERRADO.

9. **(CESPE – 2013 - PF - ESCRIVÃO DA POLÍCIA FEDERAL)** Acerca do inquérito policial, julgue o item seguinte.

A conclusão do inquérito policial é precedida de relatório final, no qual é descrito todo o procedimento adotado no curso da investigação para esclarecer a autoria e a materialidade. A ausência desse relatório e de indiciamento formal do investigado não resulta em prejuízos para persecução penal, não podendo o juiz ou órgão do Ministério Público determinar o retorno da investigação à autoridade para concretizá-los, já que constitui mera irregularidade funcional a ser apurada na esfera disciplinar.

Certo ( )   Errado ( )

O relatório final é uma forma descritiva de demonstrar as diligências realizadas no decorrer do procedimento de investigação. A doutrina entende que não é indispensável o relatório, tendo em vista que até mesmo o inquérito é dispensável. Porém, por ser dever da autoridade policial, caso comprovada a desídia, deverá haver punição disciplinar.

GABARITO: CERTO.

10. **(CESPE – 2013 - PF - ESCRIVÃO DA POLÍCIA FEDERAL)** Acerca do inquérito policial, julgue os itens seguintes.

O princípio que rege a atividade da polícia judiciária impõe a obrigatoriedade de investigar o fato e a sua autoria, o que resulta na imperatividade da autoridade policial de instaurar inquérito policial em todos os casos em que receber comunicação da prática de infrações penais. A ausência de instauração do procedimento investigativo policial enseja a responsabilidade da autoridade e dos demais agentes envolvidos, nos termos da legislação de regência, vez que resultará em arquivamento indireto de peça informativa.

Certo ( )   Errado ( )

A instauração do inquérito policial não será, em todos os casos, obrigatória como aduz a questão, tendo vista que em ações penais públicas condicionadas à representação, por exemplo, não poderá a autoridade sem a representação do ofendido instaurar o inquérito policial. Outro exemplo seria quando a autoridade policial tem notícia do crime por meio de denúncia anônima; nesse caso, deveria haver diligência preliminar antes da portaria de instauração do inquérito.

GABARITO: ERRADO.

Wallace França

DIREITO PROCESSUAL PENAL

11. **(CESPE – 2004 - PF - ESCRIVÃO DE POLÍCIA FEDERAL)** Considere a seguinte situação hipotética.

João, promotor de justiça, tendo recebido inquérito policial instaurado para apurar o crime de extorsão mediante sequestro, promoveu o seu arquivamento, que foi homologado judicialmente.

Nessa situação, não concordando com o pedido formulado, o ofendido, entendendo que a infração penal encontra-se devidamente caracterizada no que diz respeito à materialidade e autoria, poderá ajuizar ação penal privada subsidiária da pública, desde que o faça dentro do prazo de 6 meses contados da data em que veio a saber quem é o autor do fato.

Certo ( )   Errado ( )

A ação penal privada subsidiária da pública surge quando houver inércia do órgão promotor da ação. Deve ficar evidente que a inércia é diferente do arquivamento, pois nesse caso houve a atuação do órgão promotor da ação. Logo, não cabe no caso de arquivamento a ação privada subsidiária da pública.

GABARITO: ERRADO.

12. **(CESPE – 2009 - PF - AGENTE DA POLÍCIA FEDERAL)** Depois de ordenado o arquivamento do inquérito pela autoridade judiciária, por falta de base para a denúncia, a autoridade policial não poderá proceder a novas pesquisas se de outras provas tiver notícia, salvo com expressa autorização judicial.

Certo ( )   Errado ( )

Havendo o arquivamento do inquérito por falta de base para a denúncia, poderá a autoridade policial, desde que surjam, ao menos, notícias de novas provas, promover novas pesquisas sobre o delito. Nesse sentido, o Art. 18, do CPP, diz: "Depois de ordenado o arquivamento do inquérito pela autoridade judiciária, por falta de base para a denúncia, a autoridade policial poderá proceder a novas pesquisas, se de outras provas tiver notícia".

GABARITO: ERRADO.

13. **(CESPE – 2009 - PF - ESCRIVÃO DA POLÍCIA FEDERAL)** No inquérito policial, o ofendido, ou seu representante legal, e o indiciado poderão requerer qualquer diligência, que será realizada, ou não, a juízo da autoridade.

Certo ( )   Errado ( )

Poderão requerer diligências o ofendido ou seu representante legal e o indiciado, todavia trata-se de ato discricionário da autoridade policial, em regra, logo o pedido poderá ser feito, porém depende de um juízo de conveniência e oportunidade para sua realização. Assim, está previsto no CPP, no art. 14: "O ofendido, ou seu representante legal, e o indiciado poderão requerer qualquer diligência, que será realizada, ou não, a juízo da autoridade".

GABARITO: CERTO.

14. **(CESPE – 2009 - PF - AGENTE DA POLÍCIA FEDERAL)** O término do inquérito policial é caracterizado pela elaboração de um relatório e por sua juntada pela autoridade policial responsável, que não pode, nesse relatório, indicar testemunhas que não tiverem sido inquiridas.

Certo ( )   Errado ( )

O relatório é ato final do inquérito em que serão relatados os acontecimentos da fase investigatória. A questão erra ao mencionar que não poderão ser indicadas testemunhas não inqueridas, quando, na verdade, poderá. Isso, inclusive, é a redação do parágrafo segundo, do art. 10, do CPP: "No relatório poderá a autoridade indicar testemunhas que não tiverem sido inquiridas, mencionando o lugar onde possam ser encontradas".

GABARITO: ERRADO.

15. **(CESPE – 2013 - PF - DELEGADO DE POLÍCIA FEDERAL)** Suponha que um agente penalmente capaz pratique um roubo e, perseguido ininterruptamente pela polícia, seja preso em circunscrição diversa da do cometimento do delito. Nessa situação, a autoridade policial competente para a lavratura do auto de prisão em flagrante é a do local de execução do delito, sob pena de nulidade do ato administrativo.

Certo ( )   Errado ( )

A atribuição para a lavratura do auto de prisão em flagrante é a do local da prisão e a atribuição para a investigação (tocar o inquérito policial) é a do local da execução do delito, mas, isso não importará em nulidade do ato administrativo, de plano.

GABARITO: ERRADO.

16. **(CESPE – 2014 - PF - ESCRIVÃO DE POLÍCIA FEDERAL)** Com relação à casuística em escrivania policial, julgue o item.

O juiz formará sua convicção pela livre apreciação da prova produzida em contraditório judicial, fundamentando sua decisão exclusivamente nos elementos informativos colhidos na investigação.

Certo ( )   Errado ( )

Conforme art. 155 do Código de Processo Penal, o juiz não pode fundamentar sua decisão com base exclusivamente nos elementos informativos colhidos na investigação. Vale ressaltar que se a decisão for absolutória, é possível que a decisão tenha por base exclusiva os elementos informativos colhidos na investigação.

GABARITO: ERRADO.

17. **(CESPE – 2014 - PF - ESCRIVÃO DE POLÍCIA FEDERAL)** No que se refere a inquirição e apreensão, julgue o item.

Caso a autoridade policial, quando do interrogatório, ao examinar o único documento de identificação apresentado, levante suspeita quanto à idoneidade desse documento, caberá ao escrivão o encaminhamento do indiciado à identificação criminal, mesmo que se confirmem os dados fornecidos mediante consulta ao prontuário civil.

Certo ( )   Errado ( )

Mesmo que os dados se confirmem mediante consulta ao prontuário civil, pode ser que o investigado esteja usando documentação de outra pessoa e, mesmo assim, os dados serão confirmados, mas não serão da pessoa investigada e, por isso, faz-se necessária a identificação criminal.

GABARITO: CERTO.

DIREITO PROCESSUAL PENAL

18. **(CESPE – 2018 - PF - AGENTE DE POLÍCIA FEDERAL)** Depois de adquirir um revólver calibre 38, que sabia ser produto de crime, José passou a portá-lo municiado, sem autorização e em desacordo com determinação legal. O comportamento suspeito de José levou-o a ser abordado em operação policial de rotina. Sem a autorização de porte de arma de fogo, José foi conduzido à delegacia, onde foi instaurado inquérito policial.

Tendo como referência essa situação hipotética, julgue o item seguinte.

Caso declarações de José sejam divergentes de declarações de testemunhas da receptação praticada, poderá ser realizada a acareação, que é uma medida cabível exclusivamente na fase investigatória.

Certo ( )   Errado ( )

A acareação pode ser realizada tanto na fase investigatória quanto na fase judicial, tendo em vista que o capítulo das provas previsto no CPP se referem às provas judiciais (art. 229 do CPP) e o art. 6º, VI do CPP prevê a acareação realizada na fase do inquérito.

GABARITO: ERRADO.

19. **(CESPE – 2018 - PF - ESCRIVÃO DE POLÍCIA FEDERAL)** João integra uma organização criminosa que, além de contrabandear e armazenar, vende, clandestinamente, cigarros de origem estrangeira nas ruas de determinada cidade brasileira.

A partir dessa situação hipotética, julgue o item subsequente.

A busca no depósito onde estão armazenados os cigarros contrabandeados será precedida da expedição de um mandado de busca e apreensão, que deverá incluir vários itens, sendo imprescindíveis apenas a indicação precisa do local da diligência e a assinatura da autoridade que expedir esse documento.

Certo ( )   Errado ( )

Conforme art. 243 do Código de Processo Penal, o mandado de busca deverá: I – indicar, o mais precisamente possível, a casa em que será realizada a diligência e o nome do respectivo proprietário ou morador; ou, no caso de busca pessoal, o nome da pessoa que terá de sofrê-la ou os sinais que a identifiquem; II – mencionar o motivo e os fins da diligência; III – ser subscrito pelo escrivão e assinado pela autoridade que o fizer expedir. Dessa forma, outras informações também são imprescindíveis.

GABARITO: ERRADO.

20. **(CESPE – 2018 - PF - DELEGADO DE POLÍCIA FEDERAL)** Acerca da prova no processo penal, julgue o item a seguir.

Por força do princípio da verdade real, se uma autoridade policial determinar que um indiciado forneça material biológico para a coleta de amostra para exame de DNA cujo resultado poderá constituir prova para determinar a autoria de um crime, o indiciado estará obrigado a cumprir a determinação.

Certo ( )   Errado ( )

Pelo princípio constitucional de que ninguém é obrigado a produzir prova contra sim mesmo (*nemo tenetur se detegere*), os investigados não são obrigados a participar de produção de

prova invasivas e que necessitem de produção da prova por parte do investigado (entrega de material genético, bafômetro, acareação, reprodução simulada dos fatos). Vale notar que é possível a utilização de material genético pelos materiais descartados pelo investigado (fio de cabelo etc.). O investigado é obrigado a participar da identificação datiloscópica e do reconhecimento de pessoas.

GABARITO: ERRADO.

21. **(CESPE – 2013 - PF - ESCRIVÃO DE POLÍCIA FEDERAL)** No curso de uma investigação federal de grande porte, o juízo federal autorizou medida de busca e apreensão de bens e documentos, conforme descrito em mandado judicial, atendendo a representação da autoridade policial. Na realização da operação, houve dificuldade de identificação e de acesso ao imóvel apresentado na diligência, por estar situado em zona rural. Nesse mesmo dia, no entanto, durante a realização de outras diligências empreendidas no curso de operação policial de grande porte, os agentes chegaram ao sobredito imóvel no período noturno. Apresentaram-se, então, ao casal de moradores e proprietários do bem, realizando a leitura do mandado, com a exibição do mesmo, obedecendo às demais formalidades legais para o cumprimento da ordem judicial. Desse modo, solicitaram autorização dos moradores para o ingresso no imóvel e realização da diligência. Considerando a situação hipotética acima, julgue os próximos itens, com base nos elementos de direito processual.

Existindo o consentimento do marido para a entrada dos policiais no imóvel, com oposição expressa e peremptória da esposa, o mandado não poderá ser cumprido no período noturno, haja vista a necessidade de consentimento de ambos os cônjuges e moradores.

Certo ( )   Errado ( )

Os moradores do imóvel são os titulares da inviolabilidade da intimidade protegida pela inviolabilidade domiciliar e, por isso, para a entrada é necessária o consentimento de ambos os cônjuges.

GABARITO: CERTO.

22. **(CESPE – 2013 - PF - ESCRIVÃO DE POLÍCIA FEDERAL)** No curso de uma investigação federal de grande porte, o juízo federal autorizou medida de busca e apreensão de bens e documentos, conforme descrito em mandado judicial, atendendo a representação da autoridade policial. Na realização da operação, houve dificuldade de identificação e de acesso ao imóvel apresentado na diligência, por estar situado em zona rural. Nesse mesmo dia, no entanto, durante a realização de outras diligências empreendidas no curso de operação policial de grande porte, os agentes chegaram ao sobredito imóvel no período noturno. Apresentaram-se, então, ao casal de moradores e proprietários do bem, realizando a leitura do mandado, com a exibição do mesmo, obedecendo às demais formalidades legais para o cumprimento da ordem judicial. Desse modo, solicitaram autorização dos moradores para o ingresso no imóvel e realização da diligência. Considerando a situação hipotética acima, julgue os próximos itens, com base nos elementos de direito processual. Na execução regular da diligência, caso haja suspeita fundada de que a moradora oculte consigo os objetos sobre os quais recaia a busca, poderá ser efetuada a busca pessoal, independentemente de ordem judicial expressa, ainda que não exista mulher na equipe policial, de modo a não retardar a diligência.

Certo ( )   Errado ( )

DIREITO PROCESSUAL PENAL

Conforme art. 249 do Código de Processo Penal, a busca em mulher será realizada por outra mulher, se não importar retardamento ou prejuízo da diligência. Como estavam em uma fazenda distante, a espera de outra mulher da equipe acarretaria retardamento ou prejuízo da diligência.

GABARITO: CERTO.

23. **(CESPE – 2018 - PF - AGENTE DE POLÍCIA FEDERAL)** Depois de adquirir um revólver calibre 38, que sabia ser produto de crime, José passou a portá-lo municiado, sem autorização e em desacordo com determinação legal. O comportamento suspeito de José levou-o a ser abordado em operação policial de rotina. Sem a autorização de porte de arma de fogo, José foi conduzido à delegacia, onde foi instaurado inquérito policial.

Tendo como referência essa situação hipotética, julgue o item seguinte.

Os agentes de polícia podem decidir, discricionariamente, acerca da conveniência ou não de efetivar a prisão em flagrante de José.

Certo ( )   Errado ( )

As autoridades policiais e seus agentes devem efetuar as prisões em flagrante (flagrante obrigatório). Contrário seria, se fosse qualquer do povo, pois seria facultativa a prisão (flagrante facultativo). Nesse sentido o art. 301, do CPP: "Qualquer do povo poderá e as autoridades policiais e seus agentes deverão prender quem quer que seja encontrado em flagrante delito."

GABARITO: ERRADO.

24. **(CESPE – 2018 - PF - ESCRIVÃO DE POLÍCIA FEDERAL)** João integra uma organização criminosa que, além de contrabandear e armazenar, vende, clandestinamente, cigarros de origem estrangeira nas ruas de determinada cidade brasileira.

A partir dessa situação hipotética, julgue o item subsequente.

Se João for preso em flagrante e o escrivão estiver impossibilitado de proceder à lavratura do auto de prisão, a autoridade policial poderá designar qualquer pessoa para fazê-lo, desde que esta preste o compromisso legal anteriormente.

Certo ( )   Errado ( )

Conforme a dicção do art. 285, alínea "a", do CPP, deve ser lavrado o auto de prisão pelo escrivão e assinado pela autoridade. Porém, fazendo uma interpretação sistemática, o art. 305, do CPP diz: "Na falta ou no impedimento do escrivão, qualquer pessoa designada pela autoridade lavrará o auto, depois de prestado o compromisso legal". Logo, precipuamente, deve o auto de prisão ser lavrado pelo escrivão, na falta dele, pode ser feito por qualquer pessoa que se comprometa anteriormente.

GABARITO: CERTO.

25. **(CESPE – 2018 - PF - DELEGADO DE POLÍCIA FEDERAL)** Acerca de prisão, de liberdade provisória e de fiança, julgue o próximo item de acordo com o entendimento do STF e a atual sistemática do Código de Processo Penal.

Situação hipotética: A polícia foi informada da possível ocorrência de crime em determinado local. Por determinação da autoridade policial, agentes se dirigiram ao local e aguardaram o desenrolar da ação criminosa, a qual ensejou a prisão em flagrante dos autores do crime quando praticavam um roubo, que não chegou a ser consumado. Foi apurado, ainda, que se tratava de conduta oriunda de grupo organizado para a prática de crimes contra o patrimônio. Assertiva: Nessa situação, o flagrante foi lícito e configurou hipótese legal de ação controlada.

Certo ( )   Errado ( )

O caso apresenta um flagrante esperado que acontece quando é de conhecimento da polícia o cometimento de infração penal, e essa sem induzir o autor o prende em flagrante. A ação controlada é procedimento que dependendo do crime a ser realizado, necessita de autorização ou comunicação ao poder judiciário.

GABARITO: ERRADO.

PRO PEN

DIREITO PROCESSUAL PENAL

LEIS ESPECIAIS

LUCAS FÁVERO

LEIS ESPECIAIS

1. **(CESPE/CEBRASPE – 2020 – PRF – CURSO DE FORMAÇÃO)** Quanto a conceitos e definições legais relativos ao tráfico ilícito de drogas e afins e a fatores que o impulsionam no contexto brasileiro, julgue o item a seguir.

    Conforme previsão legal, com vistas a fortalecer a atividade repressiva, para fins de apreensão policial, o conceito de droga deve ser o mais amplo possível.

    Certo ( )   Errado ( )

    Não só o conceito de droga, mas como toda e qualquer tipificação penal deve ser o menos abrangente possível em razão do princípio da intervenção mínima, que considera o direito penal como *ultima ratio*.

    Logo, o conceito de droga deve ser o menos amplo possível, pois caso contrário poderia abarcar também medicamentos, álcool, tabaco...

    GABARITO: ERRADO.

2. **(CESPE/CEBRASPE – 2018 – ABIN – OFICIAL TÉCNICO DE INTELIGÊNCIA)** Maria, esposa de Carlos, que cumpre pena de reclusão, era obrigada por ele, de forma reiterada, a levar drogas para dentro do sistema penitenciário, para distribuição. Carlos a ameaçava dizendo que, se ela não realizasse a missão, seu filho, enteado de Carlos, seria assassinado pelos comparsas soltos. Durante a revista de rotina em uma das visitas a Carlos, Maria foi flagrada carregando a encomenda. Por considerar que estava sob proteção policial, ela revelou o que a motivava a praticar tal conduta, tendo provado as ameaças sofridas a partir de gravações por ela realizadas. Em sua defesa, Carlos alegou que o crime não fora consumado.

    No que se refere a essa situação hipotética, julgue o próximo item.

    Carlos não será punido, pois, de fato, o crime não se consumou.

    Certo ( )   Errado ( )

    Analisando a conduta de Maria, percebe-se que ela agiu sob coação moral irresistível, conforme art. 22. do CP, o que a isenta de pena.

    Relativamente a Carlos, a infração se consumou na medida em que o art. 33. da Lei de Drogas possui previsão de 18 condutas passíveis de praticar o crime, dentre elas o transportar e trazer consigo, razão pela qual o crime se consumou, devendo ser punido o autor da ordem.

    GABARITO: ERRADO.

3. **(CESPE/CEBRASPE – 2018 – PC/MA – ESCRIVÃO DE POLÍCIA)** Indivíduo não reincidente que semeie, para consumo pessoal, plantas destinadas à preparação de pequena quantidade de produto capaz de causar dependência psíquica se sujeita à penalidade imediata de:
    a) perda de bens e valores.
    b) medida educativa de internação em unidade de tratamento.
    c) advertência sobre os efeitos das drogas.
    d) admoestação verbal pelo juiz.
    e) prestação pecuniária.

    A questão exige que o examinado tenha conhecimento sobre as penalidades a ser aplicadas a quem pratica a conduta descrita no art. 28 da Lei de Drogas.

Para tanto, existem três sanções possíveis:

a) Advertência.

b) Prestação de Serviços Comunitários.

c) Comparecimento a cursos e palestras sobre os efeitos das drogas.

Considerando a casuística apresentada, bem como somado ao fato de o indivíduo não ser reincidente, deve ser aplicada a penalidade mais branda, em homenagem ao princípio da proporcionalidade.

GABARITO: C.

4. **(CESPE/CEBRASPE – 2017 – DPU – DEFENSOR PÚBLICO FEDERAL)** Tendo como referência as disposições da Lei de Drogas (Lei nº 11.343/2006) e a jurisprudência pertinente, julgue o item subsecutivo.

Segundo o entendimento do STJ, em eventual condenação, o juiz sentenciante não poderá aplicar ao réu a causa de aumento de pena relativa ao tráfico de entorpecentes em transporte público, se o acusado tiver feito uso desse transporte apenas para conduzir, de forma oculta, droga para comercialização em outro ambiente, diverso do transporte público.

Certo ( )   Errado ( )

A Sexta Turma do Superior Tribunal de Justiça decidiu que o simples ato de levar drogas ilícitas em transporte público não atrai a incidência de majorante da pena por tráfico, que deve ser aplicada somente quando constatada a efetiva comercialização da substância em seu interior.

Resumindo: se o ato da traficância ocorre no interior do meio de transporte público haverá a incidência da majorante. Se não ocorrer e o veículo for utilizado apenas como meio de transporte, não haverá a incidência da causa de aumento.

GABARITO: CERTO.

5. **(CESPE/CEBRASPE – 2017 – DPU – DEFENSOR PÚBLICO FEDERAL)** Tendo como referência as disposições da Lei de Drogas (Lei nº 11.343/2006) e a jurisprudência pertinente, julgue o item subsecutivo.

Situação hipotética: Com o intuito de vender maconha em bairro nobre da cidade onde mora, Mário utilizou o transporte público para transportar 3 kg dessa droga. Antes de chegar ao destino, Mário foi abordado por policiais militares, que o prenderam em flagrante. **Assertiva:** Nessa situação, Mário responderá por tentativa de tráfico, já que não chegou a comercializar a droga.

Certo ( )   Errado ( )

O art. 33. da Lei de Drogas possui previsão de 18 condutas passíveis de praticar o crime, quais sejam: "*Importar, exportar, remeter, preparar, produzir, fabricar, adquirir, vender, expor à venda, oferecer, ter em depósito, transportar, trazer consigo, guardar, prescrever, ministrar, entregar a consumo ou fornecer*". Percebe-se, pois, que o comportamento apresentado por Mário se amoldava ao núcleo *trazer consigo*. Assim, não há que se falar em tentativa, uma vez que a mercância não é imprescindível à configuração do tráfico. Ademais, trata-se de crime formal de perigo abstrato. Portanto o entorpecente, o crime já está consumado, não havendo se falar em tentativa.

GABARITO: ERRADO.

LEIS

LEIS ESPECIAIS

6. **(CESPE/CEBRASPE – 2017 – PC/GO – DELEGADO DE POLÍCIA SUBSTITUTO)** Vantuir e Lúcio cometeram, em momentos distintos e sem associação, crimes previstos na Lei de Drogas (Lei nº 11.343/2006). No momento da ação, Vantuir, em razão de dependência química e de estar sob influência de entorpecentes, era inteiramente incapaz de entender o caráter ilícito do fato. Lúcio, ao agir, estava sob efeito de droga, proveniente de caso fortuito, sendo também incapaz de entender o caráter ilícito do fato. Nessas situações hipotéticas, qualquer que tenha sido a infração penal praticada:

   a) Vantuir terá direito à redução de pena de um a dois terços e Lúcio será isento de pena.

   b) Somente Vantuir será isento de pena.

   c) Lúcio e Vantuir serão isentos de pena.

   d) Somente Lúcio terá direito à redução de pena de um a dois terços.

   Lúcio e Vantuir terão direito à redução de pena de um a dois terços.

   Embora a questão se refira à Lei de Drogas, ela labora no sentido de realizar um comparativo com os elementos da culpabilidade. Na ocasião da prática das condutas, ambos os indivíduos não tinham consciência de seus atos, pois eram considerados inteiramente incapazes. Logo a eles aplica-se o disposto no art. 26 do Código Penal no sentido de que é isento de pena aquele que era inteiramente incapaz de compreender o caráter ilícito da conduta.

   GABARITO: C.

7. **(CESPE/CEBRASPE – 2017 – PC/GO – DELEGADO DE POLÍCIA SUBSTITUTO)** Considerando o disposto na Lei nº 11.343/2006 e o posicionamento jurisprudencial e doutrinário dominantes sobre a matéria regida por essa lei, assinale a opção correta.

   a) Em processo de tráfico internacional de drogas, basta a primariedade para a aplicação da redução da pena.

   b) Dado o instituto da delação premiada previsto nessa lei, ao acusado que colaborar voluntariamente com a investigação policial podem ser concedidos os benefícios da redução de pena, do perdão judicial ou da aplicação de regime penitenciário mais brando.

   c) É vedada à autoridade policial a destruição de plantações ilícitas de substâncias entorpecentes antes da realização de laudo pericial definitivo, por perito oficial, no local do plantio.

   d) Para a configuração da transnacionalidade do delito de tráfico ilícito de drogas, não se exige a efetiva transposição de fronteiras nem efetiva coautoria ou participação de agentes de estados diversos.

   e) O crime de associação para o tráfico se consuma com a mera união dos envolvidos, ainda que de forma individual e ocasional.

   A: Para aplicar a figura do tráfico privilegiado, é necessário, além da primariedade, que o agente não integre organização criminosa nem se dedique a atividades criminosas. Portanto, não se trata de requisito único, mas sim cumulativos.

   B: O art. 41 da Lei de Drogas, que estabelece os benefícios para quem colabora com a investigação, somente prevê a possibilidade de redução da pena de 1 a 2/3, nada dispondo sobre o perdão judicial ou definição de regime mais brando.

   C: O art. 32 da LD estabelece que as plantações ilícitas serão imediatamente destruídas, devendo ser resguardada quantia suficiente para realização do laudo.

D: A Súmula nº 607 do STJ não exige a transposição de fronteiras para a configuração do tráfico transnacional. Ademais, não se exige coautoria ou participação e outros agentes de outros estados, tendo em vista que o agente pode atuar sozinho, como, por exemplo, ao levar drogas para posteriormente revender.

E: Para a configuração do delito de associação ao tráfico (art. 35 da LD) exige-se, pelo menos, a presença de duas pessoas e que a união se dê em caráter estável e permanente, conforme entendimento consolidado no STJ.

GABARITO: D.

8. **(CESPE/CEBRASPE – 2016 – PRF – CURSO DE FORMAÇÃO)** Acerca das organizações criminosas e do disposto em legislação vigente aplicável no combate e na repressão ao tráfico de drogas e de armas de fogo no Brasil, julgue o item a seguir.

Entre as circunstâncias que geram o aumento de pena para o tráfico de drogas, são de constatação comum no cotidiano operacional da PRF aquelas que evidenciam a transnacionalidade do delito e o tráfico entre estados da Federação ou entre estes e o Distrito Federal.

Certo ( )   Errado ( )

Embora a questão seja dotada de um certo caráter de abstração, o tráfico ilícito de drogas com as causas de aumento da transnacionalidade e interestadualidade é uma das infrações mais corriqueiras em nossas rodovias.

GABARITO: CERTO.

9. **(CESPE/CEBRASPE – 2016 – PRF – CURSO DE FORMAÇÃO)** Acerca das organizações criminosas e do disposto em legislação vigente aplicável no combate e na repressão ao tráfico de drogas e de armas de fogo no Brasil, julgue o item a seguir.

A legislação penal em vigor que define os crimes de tráfico de drogas no Brasil prevê a aplicação do mesmo tratamento penal tanto para o traficante ocasional quanto para o traficante profissional.

Certo ( )   Errado ( )

Com o advento da Lei nº 11.343/2006, as figuras do traficante ocasional serão enquadradas com a possibilidade de aplicação do privilégio previsto no art. 33, §4º, da Lei por meio da qual poderá haver uma redução de 1/6 a 2/3 à pena final. Relativamente ao traficante profissional, por integrar organização criminosa ou se dedicar a atividades criminosas, resta impossibilitado de receber referido benefício.

GABARITO: ERRADO.

10. **(CESPE/CEBRASPE – 2014 – PRF – CURSO DE FORMAÇÃO)** Nas rodovias federais, a PRF ao realizar o patrulhamento ostensivo e executar operações relacionadas com a segurança pública, objetiva preservar a ordem, a incolumidade das pessoas, o patrimônio da União e o de terceiros, atua na prevenção e repressão a diversos crimes, notadamente o tráfico de entorpecentes e drogas afins, o contrabando, o descaminho e outros crimes previstos em lei. Considerando a temática abordada no texto acima, julgue o item subsequente.

O crime de tráfico de drogas e maquinários é caracterizado pela associação de duas ou mais pessoas.

Certo ( )   Errado ( )

LEIS ESPECIAIS

As condutas de tráfico de drogas (art. 33, LD) e maquinários destinados ao tráfico (art. 34 da LD) não são crimes de concurso necessário (plurissubjetivos). Logo são crimes unissubjetivos, pois podem ser praticados por uma só pessoa, embora admita o concurso eventual.

GABARITO: ERRADO.

11. **(CESPE/CEBRASPE – 2014 – POLÍCIA FEDERAL – AGENTE DE POLÍCIA FEDERAL)** Com relação à Lei nº 11.343/2006, que estabelece normas para repressão à produção não autorizada e ao tráfico ilícito de drogas, e à Lei nº 10.446/2002, que dispõe a respeito de infrações penais de repercussão interestadual ou internacional que exijam repressão uniforme, julgue o item subsequente.

Considere que a Polícia Federal tenha realizado operação para combater ilícitos transnacionais e tenha encontrado extensa plantação de maconha, em território brasileiro, sem a ocorrência de prisão em flagrante. Nessa situação, mesmo que não haja autorização judicial, a referida plantação será destruída pelo delegado de polícia, que deverá recolher quantidade suficiente para exame pericial.

Certo ( )   Errado ( )

Trata-se da letra do art. 32 da Lei de Drogas. Como geralmente os locais em que são localizadas estas plantações são de difícil acesso/localização. A Lei trata com prudência a questão e determina que seja realizada a imediata incineração do local, resguardando-se material para realização do laudo.

GABARITO: CERTO.

12. **(CESPE/CEBRASPE – 2015 – DPU – DEFENSOR PÚBLICO FEDERAL)** Considerando que Carlo, maior e capaz, compartilhe com Carla, sua parceira eventual, substância entorpecente que traga consigo para uso pessoal, julgue o item que se segue.

A conduta de Carlo configura crime de menor potencial ofensivo.

Certo ( )   Errado ( )

A conduta praticada por Carlo encontra previsão legal no art. 33, §3º, da Lei de Drogas. A pena prevista para o referido delito é de detenção de 06 meses a 01 ano.

Noutro giro, a Lei nº 9.099/95 considera como infração de menor potencial aquelas infrações cuja pena máxima não ultrapasse 2 anos (art. 61, Lei nº 9.099/95). Assim, considerando o *quantum* de pena prevista à conduta de Carlo, é correto afirmar que sua conduta configura um crime de menor potencial ofensivo.

GABARITO: CERTO.

13. **(CESPE/CEBRASPE – 2019 – PRF – POLICIAL RODOVIÁRIO FEDERAL)** Luizinho de Jesus, famoso bicheiro de Duque de Caxias, região do Rio de Janeiro, durante um protesto na BR 040, altura da Vila São Sebastião, afirmou que já havia sido preso várias vezes, apesar de não o merecer; por isso, iria continuar chefiando o jogo. Considerava absurdo o jogo ser proibido, pois este ajudava financeiramente muitas pessoas e apenas lhes fazia o bem. Em suas palavras, manifestava que "o jogo do bicho deve continuar, pois este dinheiro realmente ajuda as pessoas carentes". Em razão de suas falas, os policiais rodoviários que acompanhavam a manifestação às margens da rodovia federal prenderam Luizinho de Jesus em flagrante. O bicheiro portava um revólver marca Taurus, calibre 38, sem a documentação para tal.

278

Com base nessa situação hipotética, julgue o item a seguir.

Luizinho de Jesus responderá por crime de apologia a fato criminoso em concurso com porte ilegal de arma de fogo de uso permitido.

Certo ( )   Errado ( )

A primeira conduta de Luizinho não consiste no crime de apologia ao crime, eis que esse fazia referência ao jogo do bicho, que é contravenção penal. Dessa forma, remanesce a responsabilização pelo delito de porte ilegal de arma de fogo (Art. 14, Lei nº 10.826/2003).

GABARITO: ERRADO.

14. **(CESPE/CEBRASPE – 2019 – PRF – POLICIAL RODOVIÁRIO FEDERAL)** Luizinho de Jesus, famoso bicheiro de Duque de Caxias, região do Rio de Janeiro, durante um protesto na BR 040, altura da Vila São Sebastião, afirmou que já havia sido preso várias vezes, apesar de não o merecer; por isso, iria continuar chefiando o jogo. Considerava absurdo o jogo ser proibido, pois este ajudava financeiramente muitas pessoas e apenas lhes fazia o bem. Em suas palavras, manifestava que "o jogo do bicho deve continuar, pois este dinheiro realmente ajuda as pessoas carentes". Em razão de suas falas, os policiais rodoviários que acompanhavam a manifestação às margens da rodovia federal prenderam Luizinho de Jesus em flagrante. O bicheiro portava um revólver marca Taurus, calibre 38, sem a documentação para tal.

Com base nessa situação hipotética, julgue o item a seguir.

Pelo fato de Luizinho ter sido abordado e estar de posse da arma de fogo (revólver Taurus, calibre 38), os policiais rodoviários federais não poderiam lavrar termo circunstanciado de ocorrência.

Certo ( )   Errado ( )

Considerando que o crime de porte de arma (Art. 14 da Lei nº 10.826/2003) tem variação de pena de 02 a 04 anos, insuscetível de termo circunstanciado, eis que este só se aplica às infrações de menor potencial ofensivo (art. 61 Lei nº 9099/95). Logo os policiais não poderiam lavrar o Termo Circunstanciado de Ocorrência, pois é incabível para o delito em questão.

GABARITO: CERTO.

15. **(CESPE/CEBRASPE – 2019 – PRF – POLICIAL RODOVIÁRIO FEDERAL)** No item a seguir é apresentada uma situação hipotética seguida de uma assertiva a ser julgada considerando-se o Estatuto do Desarmamento, o Estatuto da Criança e do Adolescente e o Sistema Nacional de Políticas Públicas sobre Drogas.

Em uma operação da PRF, foram encontradas, no veículo de Sandro, munições de arma de fogo de uso permitido e, no veículo de Eurípedes, munições de uso restrito. Nenhum deles tinha autorização para o transporte desses artefatos. Nessa situação, considerando-se o previsto no Estatuto de Desarmamento, Sandro responderá por infração administrativa e Eurípedes responderá por crime.

Certo ( )   Errado ( )

Ambos responderão por crimes, tendo em vista que as condutas de porte de munição são previstas, independentemente se de uso permitido ou restrito. Haverá, em verdade, a tipificação de acordo com dispositivos diferentes, Sandro, pelo art. 14 e Eurípedes pelo art. 16, as duas condutas previstas na Lei nº 10.826/2003.

GABARITO: ERRADO.

LEIS ESPECIAIS

16. **(CESPE/CEBRASPE – 2018 – PC/SE – DELEGADO DE POLÍCIA)** Julgue o item seguinte, referente a crimes de trânsito e a posse e porte de armas de fogo, de acordo com a jurisprudência e legislação pertinentes.

O porte de arma de fogo de uso permitido sem autorização, mas desmuniciada, não configura o delito de porte ilegal previsto no Estatuto do Desarmamento, tendo em vista ser um crime de perigo concreto cujo objeto jurídico tutelado é a incolumidade física.

Certo ( )   Errado ( )

A questão exige o conhecimento do posicionamento jurisprudencial sobre o tema. E acerca disso a matéria já é pacificada que, em se tratando de arma de fogo desmuniciada, mas apta a produzir disparo, haverá a tipificação da infração constante do art. 14 do Estatuto. Além disso, o objeto jurídico tutelado pela Lei de Armas é a paz pública e tranquilidade social, e não a compleição física dos indivíduos.

GABARITO: ERRADO.

17. **(CESPE/CEBRASPE – 2018 – POLÍCIA FEDERAL – DELEGADO DE POLÍCIA FEDERAL)** Julgue o item que se segue, relativos a execução penal, desarmamento, abuso de autoridade e evasão de dívidas.

O registro de arma de fogo na PF, mesmo após prévia autorização do SINARM, não assegura ao seu proprietário o direito de portá-la.

Certo ( )   Errado ( )

O registro da arma de fogo consiste em permissão para detê-la em sua residência ou local de trabalho, não consistindo em autorização para porte ostensivo, conforme previsão do art. 5º Do Estatuto: *"Art. 5º O certificado de Registro de Arma de Fogo, com validade em todo o território nacional, autoriza o seu proprietário a manter a arma de fogo exclusivamente no interior de sua residência ou domicílio, ou dependência desses, ou, ainda, no seu local de trabalho, desde que seja ele o titular ou o responsável legal pelo estabelecimento ou empresa."*

GABARITO: CERTO.

18. **(CESPE/CEBRASPE – 2018 – POLÍCIA FEDERAL – PERITO CRIMINAL FEDERAL)** Em cada item que segue, é apresentada uma situação hipotética, seguida de uma assertiva a ser julgada.

Samuel disparou, sem querer, sua arma de fogo em via pública. Nessa situação, ainda que o disparo tenha sido de forma acidental, culposamente, Samuel responderá pelo crime de disparo de arma de fogo, previsto no Estatuto do Desarmamento.

Certo ( )   Errado ( )

Como sabido e consabido, só haverá crime culposo quando existir previsão legal.

No caso narrado na situação hipotética, Samuel disparou sem intenção. Logo sua conduta não pode ser tipificada como disparo (art. 15, Estatuto do Desarmamento), tendo em vista que este tipo penal é doloso. Além disso, não há previsão para a conduta culposa, sendo atípica, portanto, a conduta de Samuel.

GABARITO: ERRADO.

19. (CESPE/CEBRASPE – 2018 – ABIN – OFICIAL TÉCNICO DE INTELIGÊNCIA) Ainda conforme o disposto no Estatuto do Desarmamento, julgue o próximo item.

O mero disparo de arma de fogo nas adjacências de lugar habitado é crime punido com reclusão, estando seu autor sujeito a um aumento de pena se for integrante dos órgãos elencados na lei.

Certo ( )   Errado ( )

A questão exige do candidato a conjugação dos arts. 15, com art. 20, ambos do Estatuto do Desarmamento.

A conduta de disparo, assim está prevista: *"Art. 15. Disparar arma de fogo ou acionar munição em lugar habitado ou em suas adjacências, em via pública ou em direção a ela, desde que essa conduta não tenha como finalidade a prática de outro crime: Pena – reclusão, de 2 (dois) a 4 (quatro) anos, e multa."*).

Por fim, o novo inciso I do art. 20 do referido Estatuto, recém alterado pela Lei nº 13.964/2019, estabelece que a pena é aumentada se o fato é praticado por membro das forças de segurança pública, estabelecidas no art. 144 da CF.

Vale igualmente o destaque que, apenas dois delitos do Estatuto são punidos com detenção, trata-se da POSSE IRREGULAR DE ARMA DE FOGO DE USO PERMITIDO e a OMISSÃO DE CAUTELA. Os demais delitos são <u>todos</u> punidos com Reclusão.

GABARITO: CERTO.

20. (CESPE/CEBRASPE – 2018 - POLÍCIA FEDERAL – DELEGADO DE POLÍCIA) Em cada item que se segue, é apresentada uma situação hipotética seguida de uma assertiva a ser julgada com relação a crime de tortura, crime hediondo, crime previdenciário e crime contra o idoso.

Cinco guardas municipais em serviço foram desacatados por dois menores. Após breve perseguição, um dos menores evadiu-se, mas o outro foi apreendido. Dois dos guardas conduziram o menor apreendido para um local isolado, imobilizaram-no, espancaram-no e ameaçaram-no, além de submetê-lo a choques elétricos. Os outros três guardas deram cobertura. Nessa situação, os cinco guardas municipais responderão pelo crime de tortura, incorrendo todos nas mesmas penas.

Certo ( )   Errado ( )

Conforme teoria do domínio do fato, como todos os agentes concorreram para a prática delitiva, devem ser incursos nas mesmas sanções.

A questão gerou discussão à época, pelo fato de afirmar, ao final, que todos incorreriam na mesma pena, o que, na prática, não necessariamente ocorrerá, pois cada indivíduo terá a individualização própria. Porém a banca manteve a questão sob o entendimento de que todos os indivíduos praticaram a mesma conduta e ficariam submetidos às penas a ela previstas.

GABARITO: CERTO.

21. (CESPE/CEBRASPE - 2018 - POLÍCIA CIVIL MARANHÃO - INVESTIGADOR) Se, com o objetivo de obter confissão, determinado agente de polícia, por meio de grave ameaça, constranger pessoa presa, causando-lhe sofrimento psicológico,

a) e a vítima for adolescente, o crime será qualificado.

b) estará configurada uma causa de aumento de pena.

c) a critério do juiz, a condenação poderá acarretar a perda do cargo.

d) provado o fato, a pena será de detenção.

e) quem presenciar o crime e se omitir, incorrerá na mesma pena do agente.

LEIS ESPECIAIS

A: Nos termos da Lei nº 9455/97 é expressa em seu art. 1º, §4º, que a **pena será aumentada** (não há que se falar em delito qualificado) de 1/6 a 1/3 nas seguintes hipóteses:

I – Cometido por agente público;

II – Cometido contra criança, adolescente; gestante; portador de deficiência; maior de 60 anos;

III – Mediante sequestro.

B: Crime praticado por agente público é causa para aumento de pena.

C: A perda do cargo não é discricionária. Trata-se de efeito automático (Art. 1º, §5º, da Lei de Tortura).

D: A pena para a tortura castigo é de reclusão, conforme art. 1º da Lei. Só haverá pena de detenção para aquele que possui oi dever de evita-las ou apura-las, omite-se (art. 1º, §2º).

E: Conforme fundamentação supra, a omissão será punida com pena distinta.

GABARITO: B.

22. **(CESPE/CEBRASPE – 2016 – PC/PE – AGENTE DE POLÍCIA)** Rui e Jair são policiais militares e realizam constantemente abordagens de adolescentes e homens jovens nos espaços públicos, para verificação de ocorrências de situações de uso e tráfico de drogas e de porte de armas. Em uma das abordagens realizadas, eles encontraram José, conhecido por efetuar pequenos furtos, e, durante a abordagem, verificaram que José portava um celular caro. Jair começou a questionar a quem pertencia o celular e, à medida que José negava que o celular lhe pertencia, alegando não saber como havia ido parar em sua mochila, começou a receber empurrões do policial e, persistindo na negativa, foi derrubado no chão e começou a ser pisoteado, tendo a arma de Rui direcionada para si. Como não respondeu de forma alguma a quem pertencia o celular, José foi colocado na viatura depois de apanhar bastante, e os policiais ficaram rodando por horas com ele, com o intuito de descobrirem a origem do celular, mantendo-o preso na viatura durante toda uma noite, somente levando-o para a delegacia no dia seguinte.

Nessa situação hipotética, à luz das leis que tratam dos crimes de tortura e de abuso de autoridade e dos crimes hediondos,

a) os policiais cometeram o crime de tortura, que, no caso, absorveu o crime de lesão corporal.

b) os policiais cometeram somente crime de abuso de autoridade e lesão corporal.

c) o fato de Rui e Jair serem policiais militares configura causa de diminuição de pena.

d) os policiais cometeram o tipo penal denominado tortura-castigo.

e) caso venham a ser presos cautelarmente, Rui e Jair poderão ser soltos mediante o pagamento de fiança.

A: Os policiais praticaram o núcleo do tipo da conduta de tortura, pois impuseram sofrimento físico e psicológico ao custodiado. Ademais, a lesão corporal empregada é o meio para constituir a tortura, por isso resta por esta absorvida (princípio da consunção).

B: As condutas praticadas podem representar concurso entre o abuso de autoridade (Lei nº 13.968/2019) com a tortura.

C: O fato de os agentes serem funcionários públicos configura causa de aumento de pena (art. 1º, §4º, da Lei nº 9455/97).

D: O objetivo dos agentes era a obtenção de confissão, por isso, a tortura praticada era a tortura prova.

E: Não há que se falar em pagamento da fiança, tendo em vista que a tortura é inafiançável (art. 1º, §6º, da Lei de Tortura c/c art. 5º, XLIII, CF).

GABARITO: A

23. **(AUTOR – 2021)** Considerando a Lei nº 9.455/97 – Crimes de Tortura –, julgue o item. Consoante a Lei nº 9.455/97, que regula os crimes de tortura, será aplicada a lei brasileira quando o crime não for cometido no território Nacional e a vítima for brasileira.

Certo ( )   Errado ( )

Trata-se da questão da extraterritorialidade trazida pela Lei de Tortura. Nesse cenário, seguindo o que preconiza o art. 2º da referida Lei, quando o crime não tiver sido cometido em território nacional e a vítima for brasileira ou o crime tiver sido praticado em local sob a jurisdição brasileira.

GABARITO: CERTO.

24. **(AUTOR – 2021)** Pessoa jurídica pode ser sujeito ativo do crime de abuso de autoridade.

Certo ( )   Errado ( )

Como o rol do art. 2º da Lei nº 13.869/2019 não menciona, entende-se que somente a pessoa física, ao que a lei denomina de "agente público", é que pode praticar o crime de abuso de autoridade.

GABARITO: ERRADO.

25. **(AUTOR – 2021)** A representação da vítima é condição necessária para autorizar o processamento do agente.

Certo ( )   Errado ( )

A representação da vítima não é uma condicionante, tendo em vista que a ação penal prevista para esta modalidade de crime é a ação penal pública incondicionada, na qual não se exige absolutamente nenhuma condição específica para o agir do Ministério Público.

GABARITO: ERRADO.

26. **(AUTOR – 2021)** Pode haver concurso de pessoas com relação ao particular que atua em coautoria com o agente público, desde que o particular conheça a condição funcional do agente.

Certo ( )   Errado ( )

Nos termos do art. 30 do Código Penal, a elementar subjetiva e comunica com o agente, desde que este tenha conhecimento da condição do autor do fato.

GABARITO: CERTO.

27. **(AUTOR – 2021)** Os efeitos extrapenais de inabilitação para o exercício de cargo, mandato ou função pública, pelo período de 1 (um) a 5 (cinco) anos e a perda do cargo, mandato ou função pública pode ser aplicado para qualquer condenado pelo crime de abuso de autoridade, inclusive os primários.

Certo ( )   Errado ( )

Os efeitos extrapenais decorrentes da condenação pelo crime de abuso de autoridade devem se dar de maneira cautelosa.

LEIS ESPECIAIS

As medidas mais gravosas, consistentes na inabilitação para o serviço público ou mandato e a perda do cargo só podem ser aplicadas aos condenados reincidentes na prática do abuso de autoridade, e desde que haja motivação idônea na sentença.
GABARITO: ERRADO.

28. **(AUTOR – 2021)** Considerando seus conhecimentos acerca da legislação extravagante (especificamente, Lei nº 10.446/2002 e Lei nº 7.102/83), julgue o item que segue:
O vigilante usará uniforme somente quando em efetivo serviço, mas poderá portar arma ainda que fora de serviço.

Certo ( )   Errado ( )

Tanto o uso do uniforme quanto o porte da arma deve se dar somente em condição de serviço.
GABARITO: ERRADO.

29. **(AUTOR – 2021)** Nos termos da Lei nº 10.446/02 que dispõe sobre infrações penais que exigem repressão uniforme, julgue o item.
Infrações relativas à violação a direitos humanos, que o Brasil se comprometeu a reprimir em decorrência de tratados internacionais de que seja parte, são infrações penais que exigem repressão uniforme, conforme a Lei nº 10.446/02.

Certo ( )   Errado ( )

Dentre as infrações penais que exigem repressão uniforme, conforme a Lei nº 10.446/02, encontram-se aquelas relativas à violação a direitos humanos, que a República Federativa do Brasil se comprometeu a reprimir em decorrência de tratados internacionais de que seja parte. Tal previsão se encontra no Art. 1º, inc. III da Lei nº 10.446/02.
GABARITO: CERTO.

30. **(AUTOR – 2021)** A formação de cartel é uma infração penal que exige repressão uniforme, nos termos da Lei nº 10.446/02.

Certo ( )   Errado ( )

A formação de cartel é uma infração penal que exige repressão uniforme, nos termos da Lei nº 10.446/02, que dispõe sobre infrações penais de repercussão interestadual ou internacional que exigem repressão uniforme. Sua previsão está no Art. 1º, inc. II da Lei nº 10.446/02: "formação de cartel (incisos I, a, II, III e VII do art. 4º da Lei nº 8.137, de 27 de dezembro de 1990)".
GABARITO: CERTO.

31. **(CESPE – 2018 – POLÍCIA FEDERAL – ESCRIVÃO DE POLÍCIA FEDERAL)** Julgue o próximo item, a respeito das Leis nos 13.445/2017, 11.343/2006, 8.069/1990 e suas alterações.
Indivíduo estrangeiro expulso do Brasil por ter sido condenado com sentença transitada em julgado pelo crime de tráfico internacional de drogas ficará impedido de ingressar no Brasil, por prazo indeterminado.

Certo ( )   Errado ( )

Conforme art. 54 da Lei que regulamenta a situação de migrante, o impedimento de reingresso do estrangeiro expulso deve se dar por prazo determinado.
GABARITO: ERRADO.

32. **(AUTOR – 2021)** Julgue o próximo item, a respeito da Lei nº 13.445/2017.

Ao migrante é garantida no território nacional, em condição de igualdade com os nacionais, a inviolabilidade do direito à vida, à liberdade, à igualdade, à segurança e à propriedade.

Certo ( )   Errado ( )

De fato, o art. 4º da Lei de Migração prevê a igualdade de direitos entre o migrante e os nacionais e estende a esses os direitos e as garantias fundamentais, honrando o excerto constitucional que proíbe qualquer tipo de discriminação.

GABARITO: CERTO.

33. **(CESPE/CEBRASPE – 2018 – POLÍCIA FEDERAL – PERITO CRIMINAL FEDERAL)** Em cada item que segue, é apresentada uma situação hipotética, seguida de uma assertiva a ser julgada.

Em um aeroporto no Rio de Janeiro, enquanto estava na fila para check-in de um voo com destino a um país sul-americano, Fábio, maior e capaz, foi preso em flagrante delito por estar levando consigo três quilos de crack. Nessa situação, ainda que não esteja consumada a transposição de fronteiras, Fábio responderá por tráfico transnacional de drogas e a comprovação da destinação internacional da droga levará a um aumento da pena de um sexto a dois terços.

Certo ( )   Errado ( )

Consoante Súmula nº 607 do STJ, a transnacionalidade independe da efetiva transposição de fronteiras, bastando que as circunstâncias indiquem que a droga seria levada ao exterior para incidir o aumento previsto no art. 40, I, da LD.

GABARITO: CERTO.

LEIS

LEIS ESPECIAIS

CONTABILIDADE

GUSTAVO MUZY

CONTABILIDADE

1. **(CESPE – 2020 – SEFAZ/AL – AUDITOR DE FINANÇAS E CONTROLE DE ARRECADAÇÃO)** Com base nas Normas Brasileiras de Contabilidade Geral (NBC TG), julgue o próximo item.

Uma das características qualitativas fundamentais da informação financeira é a representação fidedigna, que preconiza que as informações financeiras sejam representações fiéis da forma legal dos fenômenos que elas se propõem a representar.

Certo ( )   Errado ( )

A representação fidedigna pressupõe que as informações financeiras sejam representações fiéis dos fenômenos que se propõem a representar, e não necessariamente de sua forma legal. Isso porque nem sempre a forma legal dos fenômenos representa a sua essência.

GABARITO: ERRADO.

2. **(CESPE – 2020– MPE/CE – ANALISTA MINISTERIAL)** Considerando as normas de contabilidade aplicáveis às demonstrações financeiras, julgue o item a seguir.

As ações em tesouraria, que representam as ações de uma companhia adquiridas pela própria sociedade, devem ser registradas no patrimônio líquido, em conta devedora, reduzindo-se, assim, o valor do PL.

Certo ( )   Errado ( )

As ações em tesouraria representam ações da própria empresa por ela adquiridas, e são registradas em uma conta retificadora do PL, o que diminui o valor dele.

GABARITO: CERTO.

3. **(CESPE – 2014 – FUB – TÉCNICO EM CONTABILIDADE)** Com relação a conceitos, objetivos e finalidades da contabilidade, julgue o item que se segue.

As finalidades da contabilidade incluem auxiliar os gestores de uma organização a exercer seu papel na gestão de negócios.

Certo ( )   Errado ( )

Uma das finalidades da contabilidade é justamente fornecer informações para que os administradores possam tomar decisões adequadas.

GABARITO: CERTO.

4. **(CESPE – 2014 – FUB – CONTADOR)** No que diz respeito ao plano de contas, julgue o seguinte item.

A explicação da função e do funcionamento das contas compõe um documento anexo ao plano de contas, visto que tais informações são do domínio dos técnicos e contadores que utilizarão o rol de contas da organização.

Certo ( )   Errado ( )

O plano de contas é composto de duas partes: rol ou elenco de contas (relação das contas contábeis utilizadas pela entidade) e manual de contas (explicação da função e funcionamento de cada conta contábil). Assim, o manual de contas integra o próprio plano de contas, e não lhe é anexo. Além disso, os técnicos e contadores que utilizam o plano de contas não necessariamente conhecem o funcionamento de cada uma delas, uma vez que cada entidade pode criar seu próprio plano de contas.

GABARITO: ERRADO.

5. **(CESPE – 2013 – ANP – ANALISTA ADMINISTRATIVO)** Com relação ao efeito contábil das transações realizadas por uma companhia aberta, julgue o item a seguir.

Os impostos recuperáveis não compõem o custo de aquisição de estoques e não são reconhecidos como ativos na contabilidade.

Certo ( )   Errado ( )

A primeira parte da afirmação está certa, porque realmente os impostos recuperáveis não comporão o custo de aquisição (e, consequentemente, o valor dos estoques), mas a segunda parte está incorreta, porque serão, sim, reconhecidos como ativos na contabilidade.

GABARITO: ERRADO.

6. **(CESPE – 2013 – ANP – ANALISTA ADMINISTRATIVO)** O passivo a descoberto ocorre quando, em uma entidade, o valor de seu patrimônio líquido é negativo.

Certo ( )   Errado ( )

O passivo a descoberto ocorre quando o passivo é maior do que o ativo. Nesse caso, o patrimônio líquido será negativo, pois ele é a diferença entre o ativo e o passivo.

GABARITO: CERTO.

7. **(CESPE – 2013 – CNJ – ANALISTA JUDICIÁRIO)** Considere os seguintes registros:

   a) entrada de imóvel recebido em doação;

   b) entrada de veículo adquirido a vista;

   c) apropriação de despesas de água, luz e telefone;

   d) ingresso de recurso decorrente de convênio;

   e) lançamento de tributo a receber.

   A partir desses registros e com base na perspectiva das variações patrimoniais, julgue o item subsequente.

   Os registros C e D demonstram variações patrimoniais qualitativas, uma vez que alteram a composição dos elementos patrimoniais sem afetar o patrimônio líquido.

   Embora as variações qualitativas de fato alterem a composição dos elementos patrimoniais, sem afetar o patrimônio líquido, os registros C e D representam variações quantitativas, pois alteram o valor do PL.

   GABARITO: ERRADO.

8. **(CESPE – 2011 – FUB – SECRETÁRIO EXECUTIVO)** Julgue o item que se segue, relativo à contabilidade.

   A finalidade da contabilidade é assegurar o controle do patrimônio administrativo, devendo o administrador apoiar-se nos dados por meio dela obtidos para tomar decisões que envolvam bens, direitos e obrigações da empresa, bem como para apurar os resultados positivos (lucros) ou negativos (prejuízos).

Certo ( )   Errado ( )

   A contabilidade busca controlar o patrimônio da entidade, para que, entre outras coisas, os administradores possam tomar as decisões adequadas.

   GABARITO: CERTO.

CONTABILIDADE

9. **(CESPE – 2011 – STM – ANALISTA JUDICIÁRIO)** Com relação à Ciência Contábil e suas características, julgue o item que se segue.

O objeto da contabilidade é o patrimônio, constituído pelo conjunto de bens, direitos e obrigações próprios de determinado ente.

Certo ( )   Errado ( )

O objeto de estudo da Contabilidade é o patrimônio das entidades, sejam pessoas físicas ou jurídicas, tenham ou não fins lucrativos.

GABARITO: CERTO.

10. **(CESPE – 2011 – TJ/ES – TÉCNICO)** Com base na Lei nº 6.404/1976 e em alterações posteriores, julgue o item subsequente.

O exercício social deve ter duração inferior a um ano somente no ano de constituição da empresa.

Certo ( )   Errado ( )

De acordo com o art. 175 da Lei nº 6.404/76, o exercício social poderá ter duração inferior a um ano na constituição da companhia e nos casos de alteração estatutária (fusão ou incorporação, por exemplo).

GABARITO: ERRADO.

11. **(CESPE – 2011 – STM – ANALISTA JUDICIÁRIO)** Com relação à Ciência Contábil e suas características, julgue o item que se segue.

O objeto da contabilidade é o patrimônio, constituído pelo conjunto de bens, direitos e obrigações próprios de determinado ente.

Certo ( )   Errado ( )

A Contabilidade tem por objeto de estudo e acompanhamento os patrimônios das entidades, os quais, por sua vez, são formados pelos bens, direitos e obrigações das mesmas.

GABARITO: CERTO.

12. **(CESPE – 2011 – TRE/ES – ANALISTA)** Com referência a conceitos abásicos de contabilidade, julgue o item seguinte.

A confusão normalmente feita entre os termos capital e patrimônio é causada pelo fato de, na contabilidade, o capital ser constituído pelo patrimônio líquido, enquanto o patrimônio é formado pelo ativo total das entidades.

Certo ( )   Errado ( )

Há dois erros na afirmação. O primeiro é que o capital não é constituído pelo patrimônio líquido (PL). Na verdade, o capital é que faz parte do PL. O segundo erro é que o patrimônio é formado pelo ativo menos o passivo, e não só o ativo total, como dito.

GABARITO: CERTO.

13. **(CESPE – 2011 – ABIN – AGENTE TÉCNICO DE INTELIGÊNCIA)** Julgue o item seguinte, a respeito das práticas contábeis brasileiras e do balanço patrimonial.

Obrigações decorrentes de custos operacionais são classificadas como passivos circulantes, ainda que estejam para ser liquidadas em prazo superior ao ciclo operacional da entidade, que, normalmente, é de doze meses.

Certo ( )   Errado ( )

É o que dispõe o item 70 do CPC 26: art. 70. **"alguns passivos circulantes, tais como contas a pagar comerciais e algumas apropriações por competência relativas a gastos com empregados e outros custos operacionais** são parte do capital circulante usado no ciclo operacional normal da entidade. **Tais itens operacionais são classificados como passivos circulantes mesmo que estejam para ser liquidados em mais de doze meses após a data do balanço patrimonial.** O mesmo ciclo operacional normal aplica-se à classificação dos ativos e passivos da entidade. Quando o ciclo operacional normal da entidade não for claramente identificável, pressupõe-se que a sua duração seja de doze meses."

GABARITO: CERTO.

14. **(CESPE – 2009 – FUB – SECRETÁRIO EXECUTIVO)** Em relação aos conceitos de contabilidade, julgue os itens seguintes.

A contabilidade assegura o controle do patrimônio de uma entidade, fornecendo a seus administradores informações e orientações necessárias à ação administrativa.

Certo ( )   Errado ( )

A Contabilidade busca controlar o patrimônio das entidades (bens, direitos e obrigações). Tal controle é feito para propiciar aos usuários informações fidedignas e oportunas.

GABARITO: CERTO.

15. **(CESPE – 2014 – POLÍCIA FEDERAL – CONTADOR)** Acerca das regras contábeis que envolvem ativos intangíveis de companhias abertas, julgue o item que se segue.

Ativos monetários identificáveis e sem substância física devem ser classificados contabilmente como ativos intangíveis.

Certo ( )   Errado ( )

Ativo intangível é um ativo não monetário, identificável e sem substância física. Ou seja, ativos monetários não podem ser considerados intangíveis para fins contábeis, devendo ser classificados no Ativo Circulante ou no Realizável a longo prazo, a depender de seu limite de realização.

GABARITO: ERRADO.

16. **(CESPE – 2014 – POLÍCIA FEDERAL – CONTADOR)** Julgue o próximo item, acerca do ativo imobilizado de companhias abertas.

Uma companhia que detém o controle, os riscos e os benefícios de terrenos que estão sendo utilizados em suas operações, deve reconhecê-los como ativos e classificá-los no ativo imobilizado. Se, no entanto, esses terrenos não tiverem uma destinação específica, a companhia deve classificá-los no ativo realizável a longo prazo.

Certo ( )   Errado ( )

CONTABILIDADE

O erro está na segunda parte da afirmação, uma vez que se os terrenos não tiverem uma destinação específica, deverão ser classificados em Investimentos.

GABARITO: ERRADO.

17. **(CESPE – 2014 – POLÍCIA FEDERAL – CONTADOR)** Julgue o próximo item, acerca do ativo imobilizado de companhias abertas.

O valor contábil de um ativo imobilizado é o valor pelo qual ele é reconhecido na contabilidade, sendo deduzido da depreciação acumulada e da perda, também acumulada, por redução ao valor recuperável.

Certo ( )   Errado ( )

É o que dispõe o CPC 27: "valor contábil é o valor pelo qual um ativo é reconhecido após a dedução da depreciação e da perda por redução ao valor recuperável acumuladas."

GABARITO: CERTO.

18. **(CESPE – 2014 – PC/ES – PERITO CRIMINAL)** Considere as seguintes contas de balanço e seus respectivos saldos (em R$):

Caixa: 1.500

Contas a Receber: 7.500

Veículos: 25.000

Contas a Pagar: 3.500

Financiamentos: 9.500

Supondo que as contas acima representem todos os ativos e passivos de determinada empresa, julgue o próximo item.

O ativo total soma R$ 34.000,00 e o ativo circulante soma R$ 9.000,00.

Certo ( )   Errado ( )

O ativo é a soma dos bens e direitos da entidade, o que vai corresponder à soma das contas: Caixa, Contas a Receber e Veículos. Já o ativo circulante é a soma das disponibilidades e dos bens e direitos que se espera transformar em dinheiro até o final do exercício seguinte, o que corresponde à soma das contas Caixa e Contas a Receber. Já a conta Veículos integra o Ativo Imobilizado.

GABARITO: CERTO.

19. **(CESPE – 2014 – FUB – TÉCNICO EM CONTABILIDADE)** No que se refere ao balanço patrimonial, julgue o item que se segue.

O balanço patrimonial é composto pelo ativo, pelo passivo e pelo patrimônio líquido. Considerando-se que o ativo e o passivo sejam divididos em circulante e não circulante, é correto afirmar que as obrigações que vencerem após o término do exercício social seguinte deverão ser classificadas no passivo não circulante.

Certo ( )   Errado ( )

O Passivo Não Circulante abrange as obrigações da entidade cujo prazo de exigibilidade supera o final do exercício financeiro subsequente.

GABARITO: CERTO.

20. **(CESPE – 2009 – FUB – AUDITOR)** A avaliação, o registro e o controle do patrimônio podem ser considerados os objetivos mais importantes da contabilidade geral. Com relação a esse assunto, julgue o item seguinte.

As funções da contabilidade incluem a orientação dos usuários, assim entendida a prestação de informações úteis que possam evidenciar as mutações patrimoniais, tanto qualitativas quanto quantitativas.

Certo ( )   Errado ( )

A Contabilidade deve controlar o patrimônio e fornecer aos usuários (administradores, sócios, investidores, Governo etc.) informações sobre as mutações patrimoniais, tanto qualitativas (aquisição/alienação de bens ou direitos ou assunção/extinção de obrigações) como quantitativas (receitas e despesas).

GABARITO: CERTO.

21. **(CESPE – 2014 – ANATEL – ESPECIALISTA EM REGULAÇÃO)** Acerca dos ativos intangíveis e do teste de *impairment*, julgue o item a seguir.

Um ativo intangível consiste em um direito monetário não identificável e não dotado de substância física.

Certo ( )   Errado ( )

Um ativo intangível consiste em um direito NÃO MONETÁRIO, IDENTIFICÁVEL e não dotado de substância física.

GABARITO: ERRADO.

22. **(CESPE – 2009 – UNIPAMPA – TÉCNICO DE CONTABILIDADE)** Quando o ativo for igual ao passivo diz-se que o patrimônio líquido será nulo.

Certo ( )   Errado ( )

O Patrimônio Líquido é igual ao Ativo menos o Passivo (aqui considerado o Passivo Exigível, que é o que deve ser tomado como padrão). Se o Ativo é igual ao Passivo, temos o Patrimônio Líquido igual a zero (Situação Patrimonial Nula).

GABARITO: CERTO.

23. **(CESPE – 2009 – UNIPAMPA – TÉCNICO DE CONTABILIDADE)** Acerca do ativo, passivo e patrimônio líquido, receitas e despesas das empresas comerciais, julgue o próximo item.

Se o valor do ativo for de R$ 457.000,00 e do passivo, de R$ 66.300,00, então o valor do patrimônio líquido será de R$ 390.700,00.

Certo ( )   Errado ( )

CONTABILIDADE

O Patrimônio Líquido (PL) é igual ao Ativo menos o Passivo (equação fundamental do patrimônio). Assim, se o Ativo é igual a R$ 457.000,00 e o passivo igual a R$ 66.300,00, então o PL será de R$ 390.700,00 (a diferença entre ambos).

GABARITO: CERTO.

24. **(CESPE – 2011 – CORREIOS – ANALISTA DE CORREIOS)** Julgue o seguinte item, relativo ao reconhecimento de passivos e suas provisões.

Deve-se registrar em conta de passivo uma obrigação presente que provavelmente requeira um sacrifício de ativos.

Certo ( )   Errado ( )

O passivo é uma obrigação presente da entidade, derivada de eventos passados, cuja liquidação se espera que resulte na saída de recursos da entidade capazes de gerar benefícios econômicos. Embora normalmente o passivo seja uma dívida que vá causar uma saída de recursos (sacrifício de ativos), ele pode excepcionalmente ocorrer, se, por exemplo, a dívida for perdoada pelo credor.

GABARITO: CERTO.

25. **(CESPE – 2014 – FUB – TÉCNICO EM CONTABILIDADE)** No que se refere ao balanço patrimonial, julgue o item que se segue.

Para que se reconheça um item como ativo, é necessário que o recurso seja controlado pela entidade e resultante de eventos passados; por isso, o item que gera benefício futuro não compõe o ativo.

Certo ( )   Errado ( )

De acordo com o CPC 04, ativo é um recurso controlado pela entidade como resultado de eventos passados e do qual se espera que procedam benefícios econômicos futuros para a entidade.

GABARITO: ERRADO.

26. **(CESPE – 2014 – FUB – TÉCNICO EM CONTABILIDADE)** Enquanto o ativo representa as fontes dos recursos utilizados pela entidade, o passivo representa a aplicação desses recursos.

Certo ( )   Errado ( )

É exatamente o oposto: o passivo representa a fonte dos recursos (dividindo-se em exigível e não exigível) e o ativo a aplicação dos mesmos.

GABARITO: ERRADO.

27. **(CESPE – 2013 – MINISTÉRIO DA SAÚDE – CONTADOR)** A respeito do patrimônio das entidades e dos seus componentes, julgue o item subsecutivo.

Os bens corpóreos adquiridos para beneficiar a atividade empresarial durante um exercício devem ser registrados no ativo imobilizado.

De acordo com o CPC 27, Ativo imobilizado é o item tangível (corpóreo) que:

a) é mantido para uso na produção ou fornecimento de mercadorias ou serviços, para aluguel a outros, ou para fins administrativos; e

b) espera-se utilizar por mais de um período.

GABARITO: ERRADO.

28. **(CESPE – 2013 – TELEBRAS – CONTABILIDADE)** Sobre os conceitos de Ativo, Passivo e Patrimônio Líquido, julgue o item subsequente.

Considere que determinada companhia tenha informado, em reais, os saldos das contas, conforme mostrados na tabela abaixo.

Despesas gerais..1.000

Despesas antecipadas de seguros...............3.000

Despesas de salários....................................2.000

Bancos..5.000

Clientes...6.000

Estoque de Mercadorias...............................4.000

Equipamentos...10.000

Receita de serviços.....................................10.000

Fornecedores..1.000

Capital...20.000

Com base nos dados acima apresentados, julgue o item a seguir.

O saldo do ativo circulante é igual a R$ 18.000,00.

Certo ( )   Errado ( )

O Ativo Circulante inclui as contas contábeis que registra as disponibilidades (caixa, bancos conta movimento e aplicações financeiras de curto prazo), os títulos negociáveis (como duplicatas a receber), os estoques e outros créditos de realização a curto prazo, como adiantamento a fornecedores e empregados. Por curto prazo, deve-se entender aquilo que for realizável até o final do exercício seguinte.

Certo ( )   Errado ( )

No caso da questão, são contas do Ativo Circulante: Despesas Antecipadas de Seguros (ao pagar antecipadamente as despesas, a empresa obtém um crédito conta quem realizou o pagamento antecipado, e como o enunciado nada diz, deve-se considerar que esse crédito é de curto prazo, até porque também dificilmente uma apólice de seguro tem um prazo maior do que 12 meses), Bancos, Clientes e Estoque de Mercadorias, cujos saldos somados dão R$ 18.000,00.

GABARITO: CERTO.

CONT

CONTABILIDADE

29. **(CESPE – 2008 – TJ/DFT – TÉCNICO JUDICIÁRIO)** Carlos faz periodicamente seu plano de contas, registrando cuidadosamente os pagamentos e recebimentos em ativos e passivos. Ele reside em imóvel próprio e parcelou em seis parcelas o valor correspondente ao imposto predial e territorial urbano (IPTU) de 2008 desse imóvel. Ele é proprietário de um apartamento que está alugado, cujo contrato de locação prevê como obrigação do locatário o pagamento das parcelas referentes ao IPTU.

Com relação a essa situação hipotética, julgue o seguinte item.

No plano de contas de Carlos, o valor do apartamento alugado deve ser lançado no ativo.

Certo ( )   Errado ( )

O apartamento pertence a Carlos, apesar de estar alugado a terceiros. Sendo assim, o valor do apartamento deve ser lançado no Ativo Imobilizado.

GABARITO: CERTO.

30. **(CESPE – 2016 – TRT/8ª REGIÃO – ANALISTA JUDICIÁRIO)** As contas a receber são avaliadas pelo valor líquido de realização, isto é, os valores são ajustados pelas perdas estimadas na liquidação dos créditos e, se for o caso, reduzidas a valor presente.

Certo ( )   Errado ( )

De fato, as contas a receber, ao ser contabilizadas, devem também apresentar os valores de perdas estimadas no recebimento dos créditos (PECLD) e eventuais ajustes a valor presente.

GABARITO: CERTO.

31. **(CESPE – 2016 – TCE/PA – AUDITOR DE CONTROLE EXTERNO)** A convicção de que uma saída de recursos será dispensável para a liquidação de uma obrigação presente da entidade não elimina o caráter de passivo dessa obrigação.

Certo ( )   Errado ( )

Todo passivo, para ser considerado como tal em contabilidade, deve trazer a necessidade de saída de recursos para sua liquidação, ou seja, deve envolver uma obrigação de pagamento da entidade.

GABARITO: ERRADO.

32. **(CESPE – 2016 – TCE/PA – AUDITOR DE CONTROLE EXTERNO)** As características qualitativas de melhoria da informação contábil incluem, além de comparabilidade, materialidade, representação fidedigna e verificabilidade.

Certo ( )   Errado ( )

A representação fidedigna é uma característica qualitativa fundamental da informação contábil – e não de melhoria. As características de melhoria são a comparabilidade, a compreensibilidade, a tempestividade e a verificabilidade.

GABARITO: ERRADO.

33. **(CESPE – 2019 – TJ/AM – ANALISTA JUDICIÁRIO)** A tabela a seguir mostra os saldos, em valores absolutos, de todas as contas que compõem o balanço patrimonial de determinada empresa comercial.

contas contábeis	saldo (R$)
amortização acumulada	20
bancos	30
capital social	150
contas a pagar	10
contas a receber	30
depreciação acumulada	30
despesas antecipadas	10
encargos a transcorrer de financiamento de longo prazo	10
estoques	50
financiamento de longo prazo	60
fornecedores	30
impostos a recolher	10
máquinas e equipamentos	100
marcas e patentes	80
prejuízo acumulado	10
provisão para contingências	10

Tendo como referência a tabela mostrada, julgue o item que se segue, a respeito das contas patrimoniais e da análise econômico-financeira da referida empresa comercial.

O valor do patrimônio líquido é maior que o valor do ativo não circulante.

PL: capital social – prejuízo acumulado

PL: 150 – 10

PL = 140

Ativo Não Circulante: – amortização acumulada – amortização acumulada + máquinas e equipamentos + marcas e patentes

Ativo Não Circulante = -20 -30 + 100 + 80.

Ativo Não Circulante = 130

GABARITO: CERTO.

CONTABILIDADE

34. (VUNESP – 2019 – PREFEITURA DE GUARULHOS/SP – INSPETOR FISCAL DE RENDAS) Uma entidade apresentou o seguinte Balancete de Verificação:

CONTAS	SALDO
BANCOS	56.700,00
CAPITAL SOCIAL	104.268,00
CUSTO DA MERCADORIA VENDIDA	67.800,00
DEPRECIAÇÃO ACUMULADA	2.000,00
DESPESA COM IR E CSLL	12.345,00
DESPESA COM PECLD	567,00
DESPESA COM SALÁRIOS	25.600,00
DESPESA COM VENDAS	2.300,00
DESPESAS ADMINISTRATIVAS	1.230,00
DUPLICATAS A RECEBER – CP	23.450,00
EMPRÉSTIMOS – LP	26.780,00
ENCARGOS FINANCEIROS A APROPRIAR – LP	5.890,00
FORNECEDORES	27.900,00
IMPOSTOS A RECOLHER	4.000,00
IMPOSTOS A RECUPERAR	3.600,00
MÁQUINAS E EQUIPAMENTOS	40.900,00
MERCADORIAS PARA REVENDA	82.286,00
PERDA ESTIMADA DE CRÉDITO DE LIQUIDAÇÃO DUVIDOSA – PECLD – CP	2.400,00
PROPRIEDADES PARA INVESTIMENTO	35.000,00
RECEITA LÍQUIDA	134.600,00
RESERVA DE LUCROS	15.220,00
RESULTADO FINANCEIRO POSITIVO	9.800,00
SALÁRIOS A PAGAR	**30.700,00**

O ativo circulante da entidade no período apresentou o valor, em R$, de:

a) 163.636,00.

b) 164.036,00.

c) 168.436,00.

d) 181.350,00.

e) 186.150,00.

Das contas listadas, são do Ativo Circulante: Bancos, Duplicatas a Receber – Curto Prazo, Impostos a Recuperar, Mercadorias para Revenda e PECLD (essa negativa, pois é retificadora de Duplicatas a Receber). Somando todos esses valores, chegamos a R$ 163.636,00.

GABARITO: A.

35. (VUNESP – 2017 – TCE/SP – AGENTE DE FISCALIZAÇÃO) As despesas na Demonstração do Resultado do Exercício, de acordo com a Lei n° 6.404/76, devem ser discriminadas da seguinte forma:

a) despesas com vendas; despesas financeiras, deduzidas das receitas; despesas gerais e despesas administrativas.

b) despesas administrativas, depreciações e amortizações.

c) despesas com vendas, despesas com juros e despesas com transporte.

d) despesas com vendas, despesas administrativas e despesas com salários.

e) despesas com salários e encargos trabalhistas, depreciações e amortizações.

Dispõe o art. 187, da Lei nº 6.404/76:

Art. 187. A demonstração do resultado do exercício discriminará:

(...)

III - as despesas com as vendas, as despesas financeiras, deduzidas das receitas, as despesas gerais e administrativas, e outras despesas operacionais; (...).

GABARITO: A.

36. (FCC – 2018 – SEFAZ/SC – AUDITOR FISCAL) A empresa Solaris possuía as seguintes contas com os respectivos saldos em 31/12/2017: Duplicatas a Receber de Clientes: R$ 600.000,00; Estimativa de Perdas com Créditos de Liquidação Duvidosa: R$ 10.000,00; Caixa e Equivalentes de Caixa: R$ 110.000,00; Contas a Pagar: R$ 150.000,00 e Patrimônio Líquido: R$ 550.000,00. No entanto, antes do encerramento do período, a empresa realizou as seguintes transações em 31/12/2017:

– Desconto de uma duplicata de R$ 150.000,00, 30 dias antes do vencimento, com taxa de desconto comercial de 7% ao mês. – Reconhecimento da estimativa de perdas com créditos de liquidação duvidosa. A empresa possui conhecimento de que 5% dos seus clientes nunca pagam suas dívidas.

Ao elaborar o balanço patrimonial de 31/12/2017, o total do ativo e o valor do passivo (capital de terceiros) da empresa Solaris eram, respectivamente, em reais,

a) 819.500,00 e 289.500,00.

b) 680.000,00 e 150.000,00.

c) 819.500,00 e 269.500,00.

d) 809.500,00 e 289.500,00.

e) 809.500,00 e 300.000,00.

Ativo

Caixa e Equivalentes de Caixa: 110.000+ 139.500 (recebido pelo desconto).

Bancos: 139.500.

Duplicatas a Receber: 600.000.

(-) Perda Estimada em Créditos de Liquidação Duvidosa: (30.000).

Total: 819.500.

Passivo

Contas a Pagar: 150.000.

CONTABILIDADE

Duplicatas Descontadas: 150.000.

(-) Juros a Vencer: (10.500).

Total: 289.500.

GABARITO: A.

37. **(FCC – 2013 – SEFAZ/SP – AUDITOR FISCAL)** Considere as seguintes informações:

I. A Cia. Aeroplana S.A. produz aviões especiais, cujo ciclo operacional é de 20 meses.

II. A Cia. Negociante adquiriu 80% das ações da Cia. A com a finalidade de assegurar o fornecimento de matéria-prima para seus produtos.

III. A Cia. Voa Bem adquiriu um avião da Cia. Aeroplana para utilizar na prestação de seus serviços.

IV. A Cia. Lucrativa adquiriu ações da Cia. A com a finalidade de negociá-las a qualquer momento.

Os ativos registrados nos itens I a IV devem ser classificados no Balanço Patrimonial das empresas Aeroplana S.A., Negociante, Voa Bem e Lucrativa, respectivamente, como

a) circulante, não circulante, não circulante e circulante.

b) não circulante, circulante, não circulante e não circulante.

c) não circulante, não circulante, não circulante e circulante.

d) circulante, circulante, não circulante e circulante.

e) circulante, não circulante, circulante e circulante.

Vejamos cada um dos ativos:

I: A Cia. Aeroplana S.A. produz aviões especiais, cujo ciclo operacional é de 20 meses– trata-se de estoque da entidade, o qual deve sempre ser classificado no ativo circulante.

II: A Cia. Negociante adquiriu 80% das ações da Cia. A com a finalidade de assegurar o fornecimento de matéria-prima para seus produtos– trata-se de participações permanentes (participações em controladas), que devem ser classificados no Ativo Investimentos, no ativo não circulante.

III: A Cia. Voa Bem adquiriu um avião da Cia. Aeroplana para utilizar na prestação de seus serviços– deve ser classificado no Ativo Imobilizado, no ativo não circulante.

IV: A Cia. Lucrativa adquiriu ações da Cia. A com a finalidade de negociá-las a qualquer momento– ações adquiridas para serem negociadas a qualquer momento devem ser classificadas no ativo circulante.

GABARITO: A.

38. **(FCC – 2017 – ARTESP – ESPECIALISTA EM REGULAÇÃO E TRANSPORTE)** Considere as seguintes informações:

I. A Cia. A adquiriu 60% das ações ordinárias da Cia. B, passando a ter o controle dessa.

II. A Cia. B adquiriu ações da Cia. C e as classificou como para negociação.

III. A Cia. C adquiriu da Cia. D um conjunto de computadores especiais para revendê-los.

IV. A Cia. D adquiriu títulos para manter até o vencimento, sendo este em dois anos.

Os ativos adquiridos pelas Cias. A, B, C e D foram classificados no Balanço Patrimonial das respectivas empresas, no ativo:

a) circulante, não circulante, circulante e circulante.

b) não circulante, circulante, não circulante e não circulante.

c) não circulante, circulante, circulante e não circulante.

d) não circulante, circulante, circulante e circulante.

e) não circulante, não circulante, circulante e não circulante.

Vejamos cada item:

I: ativo deve ser registrado no ativo Investimentos, no Não Circulante.

II: ativo deve ser registrado no Ativo Circulante, uma vez que a empresa já as está vendendo.

III: ativo deve ser registrado o Ativo Circulante, uma vez que a empresa já as está vendendo.

IV: ativo deve ser registrado no Realizável a Longo Prazo, dentro do Não Circulante, devido ao seu vencimento no longo prazo.

GABARITO: C.

39. **(AUTOR – 2021)** De acordo com o CPC 00 – Estrutura Conceitual, a compreensibilidade é uma das características qualitativas fundamentais da informação contábil.

Certo ( )   Errado ( )

As características qualitativas fundamentais da informação contábil são a relevância e a representação fidedignidade. A compreensibilidade é uma das características qualitativas de melhoria, juntamente com a comparabilidade, a tempestividade e a verificabilidade.

GABARITO: ERRADO.

40. **(AUTOR – 2021)** No passivo circulante devem ser lançadas as obrigações da entidade cuja exigibilidade ocorrerá até o final do exercício seguinte.

Certo ( )   Errado ( )

Essa é justamente a definição de passivo circulante, que representa as dívidas de curto prazo da entidade.

GABARITO: CERTO.

41. **(CESPE – 2019 – TJ/AM – ANALISTA JUDICIÁRIO)** Acerca das contas e dos grupos patrimoniais de empresas comerciais, julgue o seguinte item.

A conta de ações em tesouraria pertence ao grupo de investimentos, no ativo.

Certo ( )   Errado ( )

CONTABILIDADE

A conta de ações em tesouraria pertence ao patrimônio líquido (conta retificadora), e não ao grupo de investimentos.

GABARITO: ERRADO.

42. **(CESPE – 2014 – FUB – TÉCNICO EM CONTABILIDADE)** A respeito das contas contábeis: caixa; créditos a receber; provisão para créditos de liquidação duvidosa; impostos a compensar; perdas recuperadas; veículos; depreciação acumulada; custo da mercadoria vendida; impostos a recolher; despesas diferidas; ajuste a valor presente; fornecedores; capital social; e duplicata de tesouraria, julgue os itens subsequentes.

Todas as contas listadas que possuem natureza credora são classificadas como obrigações.

Certo ( )   Errado ( )

As contas "provisão para créditos de liquidação duvidosa" (retificadora do ativo), depreciação acumulada (retificadora do ativo) e capital social (PL) são contas credoras, e não são classificadas como obrigações ou receitas.

GABARITO: ERRADO.

43. **(AUTOR – 2021)** Os valores despendidos por uma entidade para desenvolvimento e registro de uma nova patente pela entidade devem ser reconhecidos como despesas antecipadas.

Certo ( )   Errado ( )

Os valores despendidos por uma entidade para desenvolvimento e registro de uma nova patente pela entidade devem ser reconhecidos como um ativo intangível.

GABARITO: ERRADO.

44. **(CESPE – 2014 – FUB – CONTADOR)** No que diz respeito ao plano de contas, julgue o seguinte item.

A explicação da função e do funcionamento das contas compõe um documento anexo ao plano de contas, visto que tais informações são do domínio dos técnicos e contadores que utilizarão o rol de contas da organização.

Certo ( )   Errado ( )

O plano de contas é composto de duas partes: rol ou elenco de contas (relação das contas contábeis utilizadas pela entidade) e manual de contas (explicação da função e funcionamento de cada conta contábil). Assim, o manual de contas integra o próprio plano de contas, e não lhe é anexo. Além disso, os técnicos e contadores que utilização o plano de contas não, necessariamente, conhecem o funcionamento de cada uma delas, uma vez que cada entidade pode criar seu próprio plano de contas.

GABARITO: ERRADO.

45. **(CESPE – 2015 – FUB – CONTADOR)** Cada um dos próximos itens apresenta uma situação hipotética seguida de uma assertiva a ser julgada em relação ao reconhecimento e à mensuração contábil, de acordo com os pronunciamentos contábeis emitidos pelo Comitê de Pronunciamentos Contábeis.

Determinada empresa, no final do exercício, levantou os seguintes saldos contábeis:

Aplicações financeiras de liquidez imediata.................................... R$ 4.000

Aplicações financeiras para resgate em 30 dias............................. R$ 4.000

Caixa.. R$ 4.000

Depósitos bancários à vista..R$ 40.000

Depósitos bancários vinculados à liquidação de empréstimos.... R$ 40.000

Nessa situação, a conta disponibilidade (caixa e equivalentes de caixa) registrará um saldo de R$ 52.000.

Certo ( )   Errado ( )

A conta disponibilidade representa os valores que a empresa tem em dinheiro em caixa e os que possui no banco para utilização em até 30 dias. Por isso, devem ser somados todos os valores, menos os depósitos bancários vinculados à liquidação de empréstimos, uma vez que esses são valores que a empresa mantém como garantia de empréstimos tomados, sendo que somente serão quando, e se, a dívida for liquidada.

GABARITO: CERTO.

46. **(CESPE – 2016 – TCE/PA – AUDITOR DE CONTROLE EXTERNO)** Acerca dos componentes patrimoniais, julgue o item a seguir.

A conta fornecedores apresenta saldo de natureza devedora e deve ser classificada no passivo circulante, se o vencimento da obrigação ocorrer no exercício social seguinte, ou no passivo não circulante, se o vencimento da obrigação não ocorrer no exercício seguinte.

Certo ( )   Errado ( )

Sendo conta do passivo (e não sendo retificadora), a conta "Fornecedores" apresenta saldo de natureza credora, e não devedora.

GABARITO: ERRADO.

47. **(CESPE – 2014 – TC/DF – AUDITOR DE CONTROLE EXTERNO)** Com relação às contas, aos métodos e às operações contábeis, julgue o item seguinte.

O refinanciamento, junto ao poder público, de obrigações tributárias em atraso deve ser registrado no subgrupo de empréstimos e financiamentos.

Certo ( )   Errado ( )

No caso, os valores devem ser registrados como obrigações fiscais, e não como empréstimos e financiamentos. O fato de terem sido refinanciados ou mesmo de estarem em atraso não altera a natureza da obrigação.

GABARITO: ERRADO.

CONTABILIDADE

48. **(CESPE – 2015 – CGE/PI – AUDITOR)** Julgue o item subsequente, relativo às seguintes conta: caixa; reservas de lucros; fornecedores; aplicações financeiras; duplicatas a receber; encargos financeiros a transcorrer; duplicatas descontadas; imobilizado; capital social; estoques; impostos e contribuições a recolher; empréstimos e financiamentos; receitas financeiras a transcorrer.

No rol de contas em questão, o número de contas de natureza devedora é maior que o das de natureza credora.

Certo ( )   Errado ( )

Para resolvermos a questão, devemos nos lembrar que são contas devedoras, as do Ativo, as retificadoras do Passivo e as Despesas. Por sua vez, são contas credoras: as do Passivo, as do Patrimônio Líquido, as retificadoras do Ativo e as Receitas.

As devedoras são: caixa (Ativo), aplicações financeiras (Ativo), duplicadas a receber (Ativo), encargos financeiros a transcorrer (retificadora do Passivo), imobilizado (Ativo) e estoques (Ativo), ou seja, em número de 6 (seis).

Já as credoras são: reservas de lucros (Patrimônio Líquido), fornecedores (Passivo), duplicatas descontadas (Passivo), capital social (Patrimônio Líquido) impostos e contribuições a recolher (Passivo) e receitas financeiras a transcorrer (retificadora do Ativo), ou seja, em número de 7 (sete).

GABARITO: ERRADO.

49. **(CESPE – 2015 – CGE/PI – AUDITOR)** As contas de receitas e de despesas são consideradas contas unilaterais, porque, ao longo do exercício, as primeiras somente recebem créditos e as segundas somente débitos.

Certo ( )   Errado ( )

As contas de receitas e despesas são unilaterais, porque normalmente só recebem créditos (receitas) ou débitos (despesas). As contas de receitas somente são debitadas, e as despesas creditadas, no encerramento do exercício ou em caso de necessidade de estorno de um lançamento feito erroneamente.

GABARITO: CERTO.

50. **(CESPE – 2014 – FUB – TÉCNICO)** A respeito das contas contábeis: caixa; créditos a receber; provisão para créditos de liquidação duvidosa; impostos a compensar; perdas recuperadas; veículos; depreciação acumulada; custo da mercadoria vendida; impostos a recolher; despesas diferidas; ajuste a valor presente; fornecedores; capital social; e duplicata de tesouraria, julgue o item subsequente.

Todas as contas listadas que possuem natureza credora são classificadas como obrigações.

Certo ( )   Errado ( )

A afirmação está errada, porque algumas das contas credoras da relação são retificadoras do ativo ou de receita, como provisão para créditos de liquidação duvidosa (atual perda estimada em créditos de liquidação duvidosa), perdas recuperadas, depreciação acumulada e ajuste a valor presente.

GABARITO: ERRADO.

51. **(CESPE – 2014 – CADE – CONTADOR)** Com relação a receitas e despesas e a seus reconhecimentos, julgue o item a seguir.

As despesas pagas antecipadamente, como aplicação de recursos em despesas do exercício seguinte, representam obrigações quitadas antes do vencimento, cujos fatos geradores já ocorreram.

Certo ( )   Errado ( )

As despesas pagas antecipadamente representam valores que foram pagos antecipadamente, antes da ocorrência do fato gerador, e por tal razão são registradas no Ativo, como direitos que a entidade possui contra a pessoa para quem o pagamento foi feito.

GABARITO: ERRADO.

52. **(CESPE – 2011 – TJ/ES – TÉCNICO DE CONTABILIDADE)** De acordo com a técnica de registro de fatos contábeis, a natureza da conta determina o lado em que devem ser descritos, no balanço, os aumentos e as diminuições dos saldos de contas contábeis. A esse respeito, julgue o item seguinte.

As contas de passivo reduzem seus saldos quando se registra movimento a débito.

Certo ( )   Errado ( )

As contas do passivo (com exceção das retificadoras) possuem natureza credora. Assim, um débito feito nessas contas diminui o seu saldo (porque via contra a sua natureza).

GABARITO: CERTO.

53. **(CESPE – 2011 – TJ/ES – TÉCNICO DE CONTABILIDADE)** Considere que o sistema contábil da empresa comercial Zeta S.A. tenha se extraviado logo no primeiro exercício de constituição da empresa, fundada em 1.º de março de x10, e que as seguintes informações tenham sido recuperadas para a reconstituição do balancete de verificação e elaboração das demonstrações contábeis a serem levantadas em 31/12/x10.

conta	saldo (em R$)
caixa	15.000
estoques	40.000
capital social	50.000
veículos	?
títulos a pagar	9.000
depreciação acumulada – veículos	4.000
bancos conta movimento	9.000
clientes	8.000
fornecedores	14.000
receita de vendas	23.000
custo das vendas	13.000
despesas de vendas	1.000
lucros do exercício	4.700
despesas gerais	2.000
imposto de renda e contribuição social sobre o lucro a recolher	2.300

CONTABILIDADE

Sabendo que não foram consideradas possíveis participações ou destinações para o lucro, julgue o item seguinte.

A soma dos saldos das contas de resultado no início do exercício seguinte deverá ser de R$ 4.700.

Certo ( )   Errado ( )

Questão tão fácil que pode confundir o candidato, especialmente diante da tabela apresentada, que seria absolutamente dispensável. As contas de resultado (receitas e despesas) são sempre zeradas no final do exercício. Assim, o saldo dessas contas no início do exercício seguinte será nulo.

GABARITO: ERRADO.

54. **(CESPE – 2011 – TJ/ES – TÉCNICO DE CONTABILIDADE)** Com base na atual legislação societária, e considerando as técnicas e os princípios contábeis, julgue o item que se segue.

A conta depreciação acumulada é patrimonial e redutora do ativo.

Certo ( )   Errado ( )

A conta depreciação acumulada é uma conta redutora (retificadora) de contas do Ativo Imobilizado (como veículos, por exemplo). Toda conta retificadora é uma conta patrimonial.

GABARITO: CERTO.

55. **(CESPE – 2011 – TJ/ES – TÉCNICO DE CONTABILIDADE)** Julgue o item a seguir.

Contas analíticas são aquelas que se desdobram em outras, no Plano de Contas da entidade.

Certo ( )   Errado ( )

As contas analíticas são aquelas que não se desdobram em outras, no plano de contas da entidade. As contas que se subdividem são chamadas de contas sintéticas.

GABARITO: ERRADO.

56. **(CESPE – 2013 – TRT/10ª REGIÃO – ANALISTA)** Em relação às contas e à escrituração contábil, julgue o item seguinte.

As contas analíticas são a base do sistema de acumulação contábil e têm o maior grau de detalhamento das informações contábeis.

Certo ( )   Errado ( )

As contas contábeis podem ser sintéticas ou analíticas. As contas sintéticas subdividem-se em outras coisas, de acordo com o plano de contas da entidade. Assim, por exemplo, se a entidade possuir conta em mais de uma instituição financeira, a conta "Bancos Conta Movimento" pode ser uma conta sintética que se subdivide nas contas "Banco ABC", "Banco BCD" e "Banco CDE".

Já as contas analíticas são aquelas que não se subdividem em outras contas, trazendo o maior grau possível de detalhamento das informações contábeis. No exemplo acima, as contas "Banco ABC", "Banco BCD" e "Banco CDE" seriam contas analíticas, se as mesmas não se dividirem em outras contas.

GABARITO: CERTO.

57. **(CESPE – 2012 – TRE/RJ – ANALISTA JUDICIÁRIO)** Com relação aos tipos, às funções e à estrutura das contas contábeis, julgue o item a seguir.

Entre os exemplos de contas que devem ser classificadas no ativo, encontram-se: as contas de bancos conta movimento, adiantamentos a fornecedores e credores por duplicatas.

Certo ( )   Errado ( )

As contas "bancos conta movimento" e "adiantamentos a fornecedores" são, de fato, contas do Ativo. Mas "credores por duplicatas" representa uma obrigação da entidade e, portanto, deve ser classificada no Passivo.

GABARITO: ERRADO.

58. **(CESPE – 2010 – ABIN – OFICIAL TÉCNICO DE INTELIGÊNCIA)** Julgue o item a seguir, relativo ao reconhecimento e à mensuração de contas patrimoniais.

Na conta numerário em trânsito, são registradas as remessas de dinheiro para filiais, feitas por meio de cheques, justificando-se, portanto, a classificação da conta entre as disponibilidades da empresa.

Certo ( )   Errado ( )

A conta "numerário em trânsito" registra os valores que estão sendo transportados de uma unidade para outra, ou do banco para uma unidade. Assim, devem ser classificadas como disponibilidades.

GABARITO: CERTO.

59. **(CESPE – 2009 – UNIPAMPA – TÉCNICO DE CONTABILIDADE)** Acerca do ativo, passivo e patrimônio líquido, receitas e despesas das empresas comerciais, julgue o próximo item.

O pagamento de despesas é uma aplicação de recursos; por essa razão, a conta representativa da despesa é creditada. Por outro lado, as receitas constituem origens de recursos; por isso, as contas de receitas são de natureza devedora.

Certo ( )   Errado ( )

As contas de despesas são devedoras e as de receita são credoras. Assim, para registrar uma despesa debita-se a conta de resultado correspondente, e para registrar-se uma receita credita-se a conta de resultado pertinente.

GABARITO: ERRADO.

60. **(CESPE – 2009 – ANTAQ – ANALISTA ADMINISTRATIVO)** Com base nos conceitos e aplicações da análise econômico-financeira, julgue o seguinte item.

A conta duplicatas descontadas é usualmente reclassificada para o passivo, na análise econômico-financeira, o que permite conhecer melhor a empresa no que se refere ao seu grau de dependência de recursos de curto prazo provenientes de instituições financeiras.

Certo ( )   Errado ( )

Atualmente, recomenda-se que a conta "Duplicatas Descontadas" seja considerada uma conta do Ativo, ao invés de uma retificadora do Ativo, como ocorria antigamente. Isso porque,

CONTABILIDADE

ao descontar as duplicatas, a empresa continua responsável junto ao Banco pela sua quitação, se o sacado não o fizer.

GABARITO: CERTO.

61.   **(CESPE – 2004 – POLÍCIA FEDERAL – PERITO)** De acordo com as normas do Conselho Federal de Contabilidade e da Comissão de Valores Mobiliários (CVM), a Lei nº 6.404/1976 e a legislação complementar, bem como a doutrina contábil, julgue o item seguinte.

A conta salários a pagar no passivo circulante registra o valor total dos salários pagos aos empregados da empresa no último mês.

Certo ( )   Errado ( )

A conta "salários a pagar" indica os valores que serão pagos aos empregados no próximo mês e contabilizados até o momento, pois representam uma obrigação da entidade.

GABARITO: ERRADO.

62.   **(CESPE – 2013 – ANTT – ESPECIALISTA)** Com relação aos componentes do patrimônio e suas modificações e às contas representativas do resultado das companhias, julgue o item seguinte.

Conta é o conjunto de levantamentos que reflete um elemento ou componente de um patrimônio social, exprimindo, em geral, sua grandeza monetária.

Certo ( )   Errado ( )

A questão traz um dos conceitos doutrinários para a conta contábil.

GABARITO: CERTO.

63.   **(CESPE – 2014 – POLÍCIA FEDERAL – CONTADOR)** Julgue o item subsequente, a respeito de passivos de companhias abertas.

A diferença entre as contas provisão para imposto de renda e imposto de renda a pagar está em que a primeira representa um passivo de prazo ou valor incerto, enquanto a segunda consiste em um passivo que não contempla tal incerteza.

Certo ( )   Errado ( )

Provisão é um passivo de prazo ou valor incertos. Já "imposto de renda a pagar" registra os valores que a empresa sabe que terá de pagar do tributo.

GABARITO: ERRADO.

64.   **(CESPE – 2014 – POLÍCIA FEDERAL – AGENTE)** Todas as contas de receitas e despesas devem necessariamente ser zeradas ao final de cada exercício, contra a conta de apuração de resultado.

Certo ( )   Errado ( )

As contas de resultado (receitas e despesas) devem ser zeradas todos os anos, no momento da apuração do resultado.

GABARITO: CERTO.

65. **(CESPE – 2014 – POLÍCIA FEDERAL – AGENTE)** A contratação de um novo funcionário não deve ser contabilizada como um passivo para a entidade.

Certo ( )   Errado ( )

A contratação de um funcionário é um mero ato administrativo, não sendo um fato contábil, não devendo, assim, ser registrada como um passivo. A contratação do funcionário não provoca, imediatamente, a assunção de uma obrigação pela entidade. O que vai gerar o passivo são os dias efetivamente trabalhados pelo empregado.

GABARITO: CERTO.

66. **(CESPE – 2013 – MTE – AUDITOR)** Julgue o item a seguir, relativo a plano de contas e a funções e estrutura das contas.

A conta juros ativos é uma conta de resultado, analítica, de natureza credora, unilateral e dinâmica.

Certo ( )   Errado ( )

A conta "juros ativos" é uma conta de resultado (de receita), analítica (recebe lançamentos, não possuindo conta em nível inferior), de natureza credora (porque é receita), unilateral (porque só recebe créditos) e dinâmica (porque é conta de resultado).

GABARITO: CERTO.

67. **(CESPE – 2013 – MTE – AUDITOR)** Julgue o item a seguir, relativos a plano de contas e a funções e estrutura das contas.

A conta passivo circulante é denominada conta sintética, sendo o seu saldo obtido pelo somatório do saldo de contas analíticas.

Certo ( )   Errado ( )

O grupo "passivo circulante" pode ser considerado uma conta sintética porque é constituído pela agregação de diversas contas analíticas (fornecedores, empréstimos, salários a pagar etc.). Além disso, a conta passivo circulante não recebe lançamentos diretamente, sendo feitos os lançamentos nas contas que a integram.

GABARITO: CERTO.

68. **(CESPE – 2013 – CNJ – ANALISTA JUDICIÁRIO)** Com base no disposto nas normas brasileiras de contabilidade aplicadas ao setor público, emitidas pelo Conselho Federal de Contabilidade, julgue o item seguinte.

O reconhecimento de ajustes decorrentes de omissões e erros de registros ocorridos em anos anteriores ou de mudanças de critérios contábeis deve ser realizado em contas de resultado.

Certo ( )   Errado ( )

De acordo com a Lei nº 6.404/76, ajustes de exercícios anteriores são considerados os decorrentes de omissões e erros de registros ocorridos em anos anteriores ou de mudanças de critérios contábeis, devendo ser reconhecido à conta do patrimônio líquido e evidenciado em notas explicativas.

GABARITO: ERRADO.

CONTABILIDADE

69. **(CESPE – 2019 – SLU/DF – ANALISTA)** Com referência à mensuração da redução ao valor recuperável de ativos, a incorporação de entidades, a retificação de erros e ao reconhecimento de receitas, julgue o seguinte item.

A receita deve ser reconhecida no momento da transferência do bem ou serviço prometido ao cliente, cumpridas as demais condições normativas, independentemente da emissão do respectivo instrumento fiscal.

Certo ( )   Errado ( )

No caso de venda de bens do estoque e serviços, a receita correspondente deve ser reconhecida no momento da transferência do mesmo ao cliente ou de sua prestação, independentemente da emissão de documento fiscal, uma vez que os efeitos contábeis independem das exigências fiscais.

GABARITO: CERTO.

70. **(CESPE – 2013 – TJ/ES – TÉCNICO DE CONTABILIDADE)** Considere que o sistema contábil da empresa comercial Zeta S.A. tenha se extraviado logo no primeiro exercício de constituição da empresa, fundada em 1º de março de x10, e que as seguintes informações tenham sido recuperadas para a reconstituição do balancete de verificação e elaboração das demonstrações contábeis a serem levantadas em 31/12/x10:

conta	saldo (em R$)
caixa	15.000
estoques	40.000
capital social	50.000
veículos	?
títulos a pagar	9.000
depreciação acumulada – veículos	4.000
bancos conta movimento	9.000
clientes	8.000
fornecedores	14.000
receita de vendas	23.000
custo das vendas	13.000
despesas de vendas	1.000
lucros do exercício	4.700
despesas gerais	2.000
imposto de renda e contribuição social sobre o lucro a recolher	2.300

Sabendo que não foram consideradas possíveis participações ou destinações para o lucro, pode-se afirmar que a soma dos saldos das contas de resultado no início do exercício seguinte deverá ser de R$ 4.700.

Certo ( )   Errado ( )

310

Questão que pode ser resolvida sem necessidade de nenhuma conta. Isso porque, em se tratando de contas de resultado, devem as mesmas ser encerradas ao final de cada exercício. Portanto, a soma dos saldos das contas de resultado no início do exercício seguinte será igual a zero.

GABARITO: ERRADO.

71. **(VUNESP – 2015 – PREFEITURA DE SÃO JOSÉ DOS CAMPOS – AUDITOR)** A expressão qualitativa e quantitativa de fatos de mesma natureza, evidenciando a composição, variação e estado do patrimônio, bem como de bens, direitos, obrigações e situações nele não compreendidas, mas que, direta ou indiretamente, possam vir a afetá-lo, é denominada de:

a) Partida dobrada.

b) Escrituração contábil.

c) Razão contábil.

d) Conta contábil.

e) Balancete de verificação.

A questão traz justamente o conceito de conta contábil.

GABARITO: D.

72. **(AUTOR – 2021)** As contas retificadoras do patrimônio líquido têm seu saldo aumentado quando são debitadas, e diminuído quando são creditadas.

Certo ( )   Errado ( )

As contas do patrimônio líquido têm saldo credor. Já suas contas retificadoras têm saldo devedor, o que faz com que um débito aumente seu saldo e um crédito o diminua.

GABARITO: CERTO.

73. **(AUTOR – 2021)** Uma pousada de uma cidade turística aceitou reservas para um feriado prolongado de 2018, recebendo o valor das diárias correspondentes a esse período em novembro de 2017. Nessa situação, esse recebimento deve ser registrado como receitas do exercício em 2017.

Certo ( )   Errado ( )

Pelo regime de competência, de uso obrigatório na contabilidade atual, a receita deve ser registradas como do exercício de 2018, pois esse é o ano ao qual se refere, que é quando também surgiria para a empresa o direito de receber tal valor.

GABARITO: ERRADO.

74. **(AUTOR – 2021)** Ao final do exercício social, deverão ser encerradas todas as contas de receitas e despesas, sem exceção, sendo que seus saldos serão transferidos para a conta "ARE – Apuração do Resultado do Exercício", a qual poderá ter saldo credor, se a empresa tiver tido lucro no período, ou devedor, se houver tido prejuízo.

Certo ( )   Errado ( )

Ao final do exercício, todas as contas de receitas e despesas devem ser encerradas contra a conta ARE, a qual restará com saldo credor, se a empresa tiver tido lucro, ou devedor, se o resultado for prejuízo.

GABARITO: CERTO.

CONTABILIDADE

75. **(CESPE – 2020 – MPE/CE – ANALISTA MINISTERIAL)** A respeito dos componentes patrimoniais e dos fatos contábeis, julgue o item a seguir.

O fato contábil permutativo é aquele que não provoca alterações no patrimônio líquido nem modifica a composição do ativo circulante com o aumento das disponibilidades.

Certo ( )   Errado ( )

A primeira parte da assertiva está correta, pois o fato permutativo não provoca alterações no patrimônio líquido da entidade. A segunda parte, porém, está incorreta, pois os fatos permutativos podem, sim, modificar a composição do ativo circulante com o aumento das disponibilidades desde que tenha como contrapartida uma diminuição de outra conta do ativo ou um aumento de um passivo, de modo a não se realizar uma receita.

GABARITO: ERRADO.

76. **(CESPE – 2018 –EBSERH – TÉCNICO EM CONTABILIDADE)** Em relação aos atos e fatos administrativos, julgue o próximo item.

Os atos administrativos relevantes, como é o caso de fianças para terceiros, podem, futuramente, modificar o patrimônio da entidade.

Certo ( )   Errado ( )

De fato, os atos administrativos não afetam o patrimônio da entidade, mas alguns deles podem vir a afetá-lo no futuro, sendo chamados relevantes. Neste caso, esses atos podem ser registrados nas chamadas contas de compensação.

GABARITO: CERTO.

77. **(CESPE – 2014 – FUB – TÉCNICO EM CONTABILIDADE)** Sobre lançamentos, julgue o item subsequente.

Um registro a crédito em determinada conta é um lançamento contábil.

Certo ( )   Errado ( )

O lançamento deve obedecer ao método das partidas dobradas, sendo assim, deve indicar as contas debitadas e as creditadas. Além disso, também deve trazer seus outros elementos essenciais, quais sejam: local do lançamento, histórico e valor.

GABARITO: ERRADO.

78. **(CESPE – 2013 – MPU – ANALISTA)** Com relação a fatos contábeis e às suas variações patrimoniais, julgue o próximo item.

A amortização de dívida com desconto é evento que provoca os seguintes impactos no patrimônio da entidade que efetuou o pagamento: crédito em conta de disponibilidades, débito em conta de passivo e débito em conta de resultado pelo reconhecimento de despesa financeira.

Certo ( )   Errado ( )

Nesse caso, deveria ser reconhecida uma receita pelo desconto obtido, e não uma despesa como consta do enunciado.

GABARITO: ERRADO.

79. **(CESPE – 2011 – STM – ANALISTA JUDICIÁRIO)** Considere que determinada companhia metalúrgica fabricante de artefatos para cozinha tenha adquirido cinco toneladas de chapas de aço pelo valor de R$ 250.000,00, a serem pagos em trinta dias. Com base nessa situação, julgue o item subsequente.

Caso a transação esteja isenta de impostos, o evento será adequadamente representado na contabilidade por um lançamento de primeira fórmula.

Certo ( )   Errado ( )

O lançamento a ser efetuado, nesse caso, seria: débito em estoque e crédito em fornecedores, assim, um lançamento de primeira fórmula (uma conta debitada e uma conta creditada).

GABARITO: CERTO.

80. **(CESPE – 2011 – PC/ES – PERITO CRIMINAL)** Sobre contabilização de operações com bens do ativo imobilizado, julgue o próximo item.

A alienação de um veículo, à vista, com ganho de capital de R$ 2.500,00, será representada por meio de um único lançamento de primeira fórmula.

A alienação de um veículo à vista, com ganho de capital, será contabilizada:

a) se não houver depreciação acumulada:

D – CAIXA (Ativo)

C – VEÍCULOS (Ativo)

C – GANHO DE CAPITAL (Receita)

b) se houver depreciação acumulada:

D – CAIXA (Ativo)

D – DEPRECIAÇÃO ACUMULADA (Retificadora do Ativo)

C – VEÍCULOS (Ativo)

C – GANHO DE CAPITAL (Receita)

No primeiro caso, teremos um lançamento de segunda fórmula, e no segundo, um lançamento de quarta fórmula.

GABARITO: ERRADO.

81. **(CESPE – 2011 – STM – ANALISTA JUDICIÁRIO)** Com relação aos procedimentos de escrituração contábil em empresas comerciais e industriais, julgue o item subsequente.

A quitação de uma obrigação com a entrega de um valor em dinheiro e de um bem móvel pode ser representada por um único lançamento de primeira fórmula.

Certo ( )   Errado ( )

Tal operação seria representada por um lançamento de 2ª ou de 4ª, dependendo de o bem móvel estar ou não depreciado:

a) sem depreciação (2ª fórmula):

D – FORNECEDORES

C – CAIXA

C – VEÍCULOS

b) com depreciação (4ª fórmula):

CONTABILIDADE

D – FORNECEDORES

D – DEPRECIAÇÃO

C – CAIXA

C – VEÍCULOS.

GABARITO: ERRADO.

82.   **(CESPE – 2013 – TRT/10ª REGIÃO – ANALISTA)** Em relação às contas e à escrituração contábil, julgue o item seguinte.

A retificação de lançamento é o processo técnico de correção de registro que tenha sido realizado com erro na escrituração contábil da entidade e pode ser feita por meio de estorno, transferência ou complementação.

Certo ( )   Errado ( )

A retificação ou correção do lançamento pode ser feita por estorno, transferência ou complementação.

O estorno consiste em lançamento inverso àquele feito erroneamente, anulando-o totalmente.

Transferência é a regularização de conta indevidamente debitada ou creditada por meio da transposição do registro para a conta adequada.

Lançamento de complementação é aquele que vem posteriormente complementar o lançamento original, aumentando ou reduzindo o valor anteriormente registrado.

GABARITO: CERTO.

83.   **(CESPE – 2011 – PREVIC – ANALISTA ADMINISTRATIVO)** Acerca de noções básicas da metodologia e do sistema contábil, julgue o item a seguir.

O registro do aumento de determinada conta do lado esquerdo do razonete não significa que a conta deva estar posicionada no lado esquerdo no balanço patrimonial.

Certo ( )   Errado ( )

Se o registro do aumento do saldo de determinada conta for feito do lado esquerdo do razonete, significa que essa é uma conta devedora, pois o lado esquerdo do razonete traz os débitos, e somente se uma conta for devedora é que um débito aumentará seu saldo.

Normalmente, as contas devedoras aparecem realmente do lado esquerdo do balanço, pois desse lado ficam as contas do Ativo. No entanto, as contas retificadoras do Passivo também possuem saldo devedor, mas ficarão do lado direito do balanço. Ou seja, o item está certo ao afirmar, em outras palavras, que o fato de uma conta ser devedora não necessariamente significa que ela aparecerá do lado esquerdo do balanço patrimonial.

GABARITO: CERTO.

84. **(CESPE – 2011 – PREVIC – ANALISTA ADMINISTRATIVO)** Acerca de noções básicas da metodologia e do sistema contábil, julgue o item a seguir.

Os créditos e débitos de financiamento são o resultado das operações normais das entidades, mesmo quando não envolvem instituições financeiras.

Certo ( )   Errado ( )

Os débitos que são resultado das operações normais da entidade são chamados de débitos de funcionamento. Os débitos de financiamento são aqueles que são resultado de operações de empréstimos feitos pela entidade, junto a bancos ou não.

GABARITO: ERRADO.

85. **(CESPE – 2011 – PC/ES – PERITO CRIMINAL)** Sobre retificação de lançamentos contábeis, julgue o próximo item.

Caso a empresa constate, antes do fechamento do balanço, que registrou indevidamente como recebida uma conta que efetivamente não o foi, deverá proceder a um lançamento de estorno, debitando a conta caixa e creditando as contas a receber, pelo valor correspondente.

Certo ( )   Errado ( )

A empresa deverá fazer o estorno, realizando um lançamento oposto ao que foi proposto no item, debitando contas a receber e creditando caixa.

GABARITO: ERRADO.

86. **(CESPE – 2011 – TRE/ES – ANALISTA)** Julgue o item que se segue, acerca da utilização das técnicas contábeis no registro e controle do patrimônio das entidades.

Se, indevidamente, um contabilista registrar a compra à vista de um automóvel, debitando a conta de veículos em uso e creditando a conta de fornecedores, a única forma possível de corrigir o lançamento errado será efetuar um lançamento de estorno.

Certo ( )   Errado ( )

Nesse caso, tanto pode ser realizado o estorno, sendo depois feito o lançamento correto, como pode ser feita uma transferência do valor lançado indevidamente na conta fornecedores para a conta caixa.

GABARITO: ERRADO.

87. **(CESPE – 2011 – PC/ES – PERITO CRIMINAL)** Com relação às variações de quantidade e qualidade em itens patrimoniais de uma entidade e sua representação na contabilidade, julgue o próximo item.

O livro contábil que apresenta as movimentações patrimoniais agrupadas em contas de mesma natureza e de forma racional é conhecido como livro diário e é obrigatório por exigência legal.

Certo ( )   Errado ( )

O livro diário não é obrigatório pela legislação contábil. Somente é obrigatório pela legislação fiscal para empresas sujeitas ao lucro real.

GABARITO: ERRADO.

CONTABILIDADE

88. **(CESPE – 2016 – DPU – CONTADOR)** Julgue o item subsequente, a respeito do livro diário, do livro razão e do balancete de verificação.

Os documentos base para a elaboração do balancete de verificação são o livro diário, de onde são extraídos os saldos finais das contas, e o livro razão, no qual estão demonstradas as movimentações contábeis.

Certo ( )   Errado ( )

O livro de onde se extraem os saldos finais de cada conta é o livro Razão, e não o Diário. O livro Diário traz as movimentações contábeis (todos os lançamentos).

GABARITO: ERRADO.

89. **(CESPE – 2015 – MPU – ANALISTA)** Considerando que a mensuração, o registro e a evidenciação dos fatos contábeis refletem diretamente no patrimônio das empresas, julgue o item subsequente.

A redução do valor residual de um ativo imobilizado proporcionará aumento da cota de depreciação mensal desse ativo, caso sua vida útil seja mantida inalterada.

Certo ( )   Errado ( )

A redução no valor recuperável de um ativo ocasiona um aumento do seu valor depreciável (base de cálculo da depreciação), uma vez o valor depreciável é igual ao valor do bem menos o seu valor residual. Sendo assim, isso ocasionará um aumento da cota de depreciação mensal do ativo, mantendo-se sua vida útil inalterada.

GABARITO: CERTO.

90. **(CESPE – 2016 – BACEN – TÉCNICO)** A respeito de teoria contábil, livros e registros dos fatos contábeis e método das partidas dobradas, julgue o item a seguir.

O livro de apuração do lucro real é um livro contábil auxiliar, no qual os fatos contábeis são registrados por tipo de conta.

Certo ( )   Errado ( )

O Livro de Apuração do Lucro Real (LALUR) é um livro fiscal (exigido pela legislação fiscal somente das empresas que apuram o imposto de renda pelo lucro real), e não um livro contábil.

GABARITO: ERRADO.

91. **(CESPE – 2010 – TRT/21ª REGIÃO – ANALISTA JUDICIÁRIO)** Com relação à escrituração contábil, julgue o item que se segue.

Entre as formalidades intrínsecas da escrituração contábil, consta a obrigação de manter livros sem rasuras, emendas, entrelinhas, borrões ou raspaduras, espaços em branco, observações ou escritas à margem.

Certo ( )   Errado ( )

O item traz as exigências intrínsecas da escrituração, conforme determinado o art. 1.183 do Código Civil.

GABARITO: CERTO.

92. **(CESPE – 2011 – TRT/17ª REGIÃO – ANALISTA JUDICIÁRIO)** Com relação a livros e demonstrativos contábeis, julgue o item a seguir.

O balancete de verificação, embora possa identificar erros decorrentes de incorreta aplicação do método das partidas dobradas, é ineficaz para a correção de erros constituídos por lançamentos invertidos ou duplicados.

Certo ( )   Errado ( )

No balancete de verificação, vão aparecer os saldos finais das contas patrimoniais (devedoras e credoras) ou, dependendo da forma como for realizado, os totais de lançamentos a débito e a crédito feitos em todas as contas patrimoniais e de resultado no período.

O principal objetivo do balancete é confirmar a correta aplicação do método das partidas dobradas, sendo que, no final, os saldos das contas devedoras e credoras ou a soma dos totais dos lançamentos a débito e a crédito devem ser os mesmos.

No entanto, se forem feitos lançamentos invertidos ou duplicados, tais erros não serão apuráveis pela análise do balancete, uma vez que o total dos débitos e dos créditos continuarão sendo coincidentes, embora seus valores sejam diferentes do que seriam se fossem feitos os lançamentos corretos.

GABARITO: CERTO.

93. **(CESPE – 2012 – PC/ES – PERITO CONTÁBIL)** A alienação de um veículo, à vista, com ganho de capital de R$ 2.500,00, será representada por meio de um único lançamento de primeira fórmula.

Certo ( )   Errado ( )

A alienação de um veículo à vista com ganho de capital pode ser representada por dois lançamentos distintos:

a) se não houver depreciação acumulada (2ª fórmula):

D – Caixa

C – Ganho de Capital

C – Veículos

b) se houver depreciação acumulada (4ª fórmula):

D – Caixa

D – Depreciação Acumulada

C – Ganho de Capital

C – Veículos

Assim, não há possibilidade de ele ser representado por meio de um único lançamento de primeira fórmula.

GABARITO: ERRADO.

94. **(VUNESP – 2018 – IPSM – ANALISTA)** Considerando-se os dados da venda por R$ 40.000,00, com recebimento 50% à vista e 50% a prazo, quando do recebimento da parcela a prazo, deve-se realizar o seguinte lançamento contábil:

a) Débito: Receita de Vendas, no Valor de R$ 20.000,00; Crédito: Patrimônio Líquido – Lucro com a Venda, no valor de R$ 20.000,00.

b) Débito: Caixa, no valor de R$ 20.000,00; Crédito: Receita de Vendas, no valor de R$ 20.000,00.

CONTABILIDADE

c) Débito: Receita de Vendas, no valor de R$ 20.000,00; Crédito: Clientes – Valores a Receber, no valor de R$ 20.000,00.

d) Débito: Caixa, no valor de R$ 20.000,00; Crédito: Clientes – Valores a Receber, no valor de R$ 20.000,00.

e) Débito: Clientes – Valores a Receber, no valor de R$ 20.000,00; Crédito: Caixa, no valor de R$ 20.000,00.

Quando do recebimento de uma venda a prazo, deve-se debitar o meio de recebimento (como caixa, por exemplo) e creditar-se a conta clientes. A receita, para seguir o regime de competência, deve ser creditada no momento da realização da operação de venda, mesmo que o recebimento seja a prazo.

GABARITO: D.

95. **(VUNESP – 2018 – PRODEST/ES – ANALISTA)** De acordo com as normas contábeis e legislação comercial, é obrigatório o uso de _____ com folhas numeradas seguidamente, em que serão lançados, dia a dia, diretamente ou por reprodução, os atos ou operações da atividade mercantil, ou que modifiquem ou possam vir a modificar a situação patrimonial de uma entidade, independentemente da forma de tributação.

A alternativa que completa corretamente a lacuna do texto é:

a) livro Diário.

b) livro Razão.

c) Balancete.

d) Razão auxiliar.

e) Razão auxiliar em ORTN/UFIR.

O livro diário é o único livro contábil exigido de todas as empresas, independentemente da forma de tributação (diferentemente do razão, que somente é exigido daquelas tributadas pelo lucro real), e nele são registrados, dia a dia, todos os fatos contábeis relativos à entidade.

GABARITO: A.

96. **(VUNESP – 2018 – PRODEST/ES – ANALISTA)** Relacione os fatos contábeis apresentados na Coluna II às suas respectivas categorias, apresentadas na Coluna I:

Coluna I	Coluna II
(1) Permutativo	( ) Compra de computadores a prazo.
(2) Modificativo aumentativo	( ) Pagamento de um título com desconto de 10%.
(3) Modificativo diminutivo	( ) Compra de veículos, parte à vista e parte a prazo.
(4) Misto aumentativo	( ) Venda de um ativo permanente, com prejuízo.
(5) Misto diminutivo	

A sequência correta presente nos parênteses da Coluna II é:

a) 1, 2, 1, 5.

b) 1, 2, 2, 3.

c) 1, 4, 2, 3.

d) 1, 4, 1, 5

e) 5, 2, 2, 1.

Os lançamentos a serem feitos para contabilização de cada um dos eventos citados são (na ordem em que apresentados na coluna II):

D – Computadores (ativo)

C – Contas a Pagar (passivo)

(Fato permutativo, pois não envolve contas de resultado)

D – Títulos a Pagar (passivo)

C – Descontos Recebidos (resultado)

C – Caixa (ativo)

(Fato Misto Aumentativo, pois além de envolver duas contas patrimoniais, envolve uma de receita)

D – Veículos (ativo)

C – Caixa (ativo)

C – Contas a Pagar (passivo)

(Fato permutativo)

D – Caixa (ativo)

C – Perda na Venda de Bens do Ativo Imobilizado (resultado)

C – Ativo Imobilizado (ativo)

(Fato Misto Diminutivo, pois além de envolver duas contas patrimoniais, envolve uma de despesa).

GABARITO: D.

97. **(AUTOR – 2021)** Assinale a alternativa que NÃO traz um elemento essencial dos lançamentos:

a) Data.

b) Local.

c) Conta(s) debitada(s).

d) Histórico.

e) Saldo da Conta.

Os elementos essenciais dos lançamentos são:

- Local e data;

- Contas(s) debitada(s);

- Contas(s) creditada(s);

- Valores dos débitos e créditos; e

- Histórico.

O saldo da conta não aparece no lançamento efetuado no livro Diário, não sendo, assim, um elemento essencial.

GABARITO: E.

CONTABILIDADE

98. **(AUTOR – 2021)** A aquisição de um veículo à vista representa um fato contábil permutativo.

Certo ( )   Errado ( )

Fatos contábeis permutativos são aqueles que não alteram o valor do PL, mas somente a composição do patrimônio. É o que ocorre no caso, pois a entidade simplesmente troca dinheiro por um veículo no mesmo valor pago.

GABARITO: CERTO.

99. **(AUTOR – 2021)** O pagamento de um boleto de fornecedor em atraso, com incidência de juros, representa um fato contábil misto diminutivo.

O pagamento do boleto seria lançado assim:

D – Fornecedores (Patrimonial);

D – Juros Passivos (de Resultado);

C – Caixa/Bancos (Patrimonial).

Nesse caso, têm-se duas contas patrimoniais e uma conta de receita, o que representa um fato misto diminutivo.

GABARITO: CERTO.

100. **(AUTOR – 2021)** A elaboração dos balancetes de verificação não é obrigatória, podendo os mesmos possuir de 2 a 8 colunas numéricas.

Certo ( )   Errado ( )

Os balancetes de verificação, embora bastante úteis na contabilidade, não são de elaboração obrigatória. Podem ser feitos com 2 a 8 colunas numéricas, dependendo da quantidade de informações que se deseja apresentar.

GABARITO: CERTO.

101. **(AUTOR – 2021)** O livro diário é um livro obrigatório, auxiliar e cronológico.

Certo ( )   Errado ( )

O livro diário é um livro obrigatório, principal (pois registra todos os fatos contábeis ocorridos na entidade, e não só alguns) e cronológico.

GABARITO: ERRADO.

Certo ( )   Errado ( )

102. **(CESPE – 2020 – SEFAZ/AL – AUDITOR–FISCAL DA RECEITA ESTADUAL)** Determinada sociedade anônima contratou um seguro contra incêndio, com vigência de três anos, e pagou integralmente o prêmio do seguro à companhia seguradora no ato da contratação.

A partir dessa situação hipotética, julgue o item seguinte.

Para a empresa segurada, trata-se de um fato contábil permutativo, com efeitos patrimoniais imediatos em contas do ativo circulante e do ativo realizável a longo prazo.

Certo ( )   Errado ( )

O lançamento a ser feito no momento da contabilização da contratação do seguro é o seguinte:

D – Seguros a Vencer (Ativo Circulante);

D – Seguros a Vencer – Longo Prazo (Ativo Circulante);

C – Caixa ou Bancos (Ativo Circulante).

Como não envolve contas de resultado, trata-se de fato permutativo.

GABARITO: CERTO.

103. **(CESPE – 2020 – SEFAZ/AL – AUDITOR DE FINANÇAS E CONTROLE DE ARRECADAÇÃO)** Determinada sociedade anônima contratou um seguro contra incêndio, com vigência de três anos, e pagou integralmente o prêmio do seguro à companhia seguradora no ato da contratação.

A partir dessa situação hipotética, julgue o item seguinte.

A empresa segurada estará sujeita ao reconhecimento futuro de despesas, as quais serão apropriadas **pro rata temporis,** de acordo com o regime de competência.

Certo ( )   Errado ( )

Quando a empresa registra o pagamento de uma apólice de seguros, registra-a como um fato permutativo, em contas de seguros a vencer contra disponibilidades. A cada mês, porém, deve reconhecer a despesa correspondente, de forma proporcional ao período – esse é o significado da expressão *"pro rata tempori*s".

GABARITO: CERTO.

104. **(CESPE – 2020 – SEFAZ/AL – AUDITOR–FISCAL DA RECEITA ESTADUAL)** Determinada entidade contratou dois funcionários para a área de vendas no primeiro dia do mês. No dia 15 do referido mês, esses dois funcionários receberam adiantamentos correspondentes a 30% dos salários a que tinham direito no mês. O restante foi pago no quinto dia útil do mês subsequente.

A respeito da situação hipotética apresentada, julgue o item a seguir.

Os adiantamentos pagos aos funcionários no dia 15 do referido mês são considerados fatos modificativos porque reduzem o ativo (saída de caixa) e reduzem o patrimônio (reconhecimento de despesa).

Certo ( )   Errado ( )

O adiantamento de salários gera um ativo para a entidade, uma vez que originará um crédito, que será utilizado quando do pagamento dos salários, no mês seguinte, não sendo reconhecida a despesa nesse momento, até porque despesas de salários são reconhecidas somente quando do fechamento da folha de pagamento.

O lançamento a ser feito no momento da concessão do adiantamento é:

D – Adiantamento de salários (ativo).

C – Caixa ou Bancos (ativo).

GABARITO: ERRADO.

CONTABILIDADE

105. **(CESPE – 2019 – TJ/AM – ANALISTA JUDICIÁRIO)** Acerca das contas e dos grupos patrimoniais de empresas comerciais, julgue o seguinte item.

O reconhecimento de provisões no passivo ocorre quando a entidade possui obrigações com terceiros classificadas como prováveis, possíveis ou remotas.

Certo ( )   Errado ( )

As provisões são reconhecidas no passivo somente quando a obrigação for classificada como provável. Se for possível (não provável), será apenas citada em notas explicativas como passivo contingente. Se for remota, nada deverá ser feito.

GABARITO: ERRADO.

106. **(CESPE – 2014 – POLÍCIA FEDERAL – AGENTE DA POLÍCIA FEDERAL)** No que se refere ao disposto no Comitê de Pronunciamentos Contábeis 04 – ativo intangível, julgue o item seguinte.

O valor amortizável de ativo intangível com vida útil indefinida deverá ser amortizado de modo a refletir o padrão de consumo, pela entidade, dos benefícios econômicos futuros.

Certo ( )   Errado ( )

Se o ativo intangível possui vida útil indefinida, não deverá ser amortizado, uma vez que a amortização reflete a redução do valor do bem intangível pela redução de sua vida útil.

GABARITO: ERRADO.

107. **(CESPE – 2009 – POLÍCIA FEDERAL – AGENTE DA POLÍCIA FEDERAL)** A respeito da composição e da avaliação do patrimônio, julgue o item seguinte.

Suponha que uma empresa mineradora tenha adquirido os direitos de exploração de uma mina por R$ 5 milhões, por meio de um contrato com cinco anos de vigência. Nesse caso, após dois anos de exploração, se tiverem sido extraídos 30% da possança da mina, o referido ativo, classificado no imobilizado, deverá estar avaliado no balanço da empresa por R$ 3 milhões.

Certo ( )   Errado ( )

O erro da afirmação está em dizer que o direito de exploração seria classificado no imobilizado, quando o correto seria classificá-lo no intangível.

GABARITO: ERRADO.

108. **(CESPE – 2012 – POLÍCIA FEDERAL – AGENTE DA POLÍCIA FEDERAL)** A respeito dos registros contábeis das provisões, julgue o item abaixo.

As provisões retificadoras do ativo são constituídas debitando-se uma conta de despesa e creditando-se uma conta patrimonial que represente a respectiva provisão.

A constituição de uma provisão do ativo é feita da seguinte forma:

D – Despesa com Provisão (resultado).

C – Provisão (passivo).

GABARITO: CERTO.

109. **(CESPE – 2014 – POLÍCIA FEDERAL – AGENTE DA POLÍCIA FEDERAL)** No momento da apropriação mensal de um seguro contratado para doze meses, o crédito deverá ser feito na conta bancos ou na conta caixa.

Certo ( )   Errado ( )

A conta bancos ou a conta caixa deverão ser creditadas no momento do pagamento do prêmio do seguro, e não no momento da apropriação, a qual ocorrerá nos meses subsequentes, proporcionalmente ao prazo da apólice.

GABARITO: ERRADO.

110. **(CESPE – 2004 – ABIN – ESCRIVÃO DA POLÍCIA FEDERAL)** Acerca das operações típicas de uma empresa comercial, julgue o item a seguir.

Ao devolver mercadoria adquirida para revenda, cujo controle é permanente, a empresa reduzirá seu ativo e mercadorias em estoque e aumentará seu ativo circulante — quando já tiver pago a mercadoria — ou reduzirá seu passivo circulante — se não tiver pago a mercadoria

Certo ( )   Errado ( )

Ao devolver a mercadoria, a empresa irá creditar "Mercadorias" ou "Estoque", reduzindo seu saldo, e debitar "Créditos contra Fornecedores" (ou alguma outra conta do gênero), se já tiver pago ou "Fornecedores", se o pagamento ainda não tiver sido feito.

GABARITO: CERTO.

111. **(CESPE – 2004 – ABIN – ESCRIVÃO DA POLÍCIA FEDERAL)** Acerca das operações típicas de uma empresa comercial, julgue o item a seguir.

Quando o valor do ICMS a recolher for superior ao valor do ICMS a recuperar, o diferencial obtido entre o ICMS a recolher e o ICMS a recuperar será registrado no ativo.

Certo ( )   Errado ( )

Se o valor do ICMS a recolher for maior do que o valor do ICMS a recuperar, isso gerará uma obrigação para a entidade, devendo a diferença ser mantida em "ICMS a Recolher", que é uma conta do passivo, e não do ativo.

GABARITO: ERRADO.

112. **(FCC – 2004 – POLÍCIA FEDERAL – AGENTE DA POLÍCIA FEDERAL)** Acerca dos registros contábeis de empresas comerciais, de seus livros fiscais, da avaliação de ativos, da influência do ICMS e das demonstrações contábeis, julgue o item seguinte.

Ao se considerar o registro do imposto de renda pessoa jurídica segundo o regime de competência, o imposto de renda recolhido além do valor devido será configurado como crédito tributário.

Certo ( )   Errado ( )

Se houver recolhimento maior do Imposto de Renda pela entidade, a diferença constituirá um direito seu, a ser descontado de futuros recolhimentos ou a ser restituído pela Receita Federal. Assim, o mesmo gera um crédito tributário, classificado no Ativo Circulante.

GABARITO: CERTO.

CONTABILIDADE

113. **(CESPE – 2004 – ABIN – ESCRIVÃO DA POLÍCIA FEDERAL)** Julgue o item seguinte, relativo a registros contábeis de empresas comerciais.

O registro da provisão para contingências provoca um crédito no passivo e um débito no resultado do exercício.

Certo ( )   Errado ( )

O lançamento de constituição de provisão de contingências será feito da seguinte maneira:
D – Despesas com Provisões (Resultado).
C – Provisão para Contingências (Passivo).
GABARITO: CERTO.

114. **(CESPE – 2019 – SLU/DF – ANALISTA)** Com relação ao reconhecimento, à avaliação, à mensuração e à escrituração de itens patrimoniais passivos e do patrimônio líquido, julgue o item seguinte.

A possibilidade de perda em ação judicial trabalhista, mesmo que mensurada confiavelmente como remota, deve ser reconhecida, por ser resultado de eventos passados e constituir obrigação presente que demandará sacrifício de recursos que possam trazer benefícios econômicos futuros.

Certo ( )   Errado ( )

Em se tratando de possibilidade de perda remota da ação judicial, nada deve ser feito, nem mesmo constituição de provisão ou publicação de passivo contingente em nota explicativa.
GABARITO: ERRADO.

115. **(CESPE – 2019 – SLU/DF – ANALISTA)** Com referência a essa situação hipotética, julgue o seguinte item, desconsiderando quaisquer efeitos tributários.

O desconto obtido em razão do pagamento no prazo estipulado não influencia no valor do estoque das mercadorias para revenda.

Certo ( )   Errado ( )

O desconto obtido em razão do pagamento no prazo estipulado classifica-se como desconto condicional, e não influencia no valor do estoque, uma vez que o que influencia são somente os descontos incondicionais obtidos.
GABARITO: CERTO.

116. **(CESPE – 2018 – EBSERH – TÉCNICO EM CONTABILIDADE)** Julgue o próximo item, a respeito das demonstrações financeiras.

O imposto sobre produtos industrializados integra a receita bruta apurada na demonstração do resultado do exercício.

Certo ( )   Errado ( )

O Imposto sobre Produtos Industrializados (IPI) é o único tributo sobre as vendas que não integra o valor da receita bruta, associando somente o chamado faturamento, nas empresas industriais.
GABARITO: ERRADO.

117. **(CESPE – 2018 – SEFAZ/RS – AUDITOR DO ESTADO)** Sobre lançamentos, julgue o item subsequente.

Um registro a crédito em determinada conta é um lançamento contábil.

Certo ( )   Errado ( )

O lançamento deve obedecer ao método das partidas dobradas, sendo assim, deve indicar as contas debitadas e as creditadas. Além disso, também deve trazer seus outros elementos essenciais, quais sejam: local do lançamento, histórico e valor.

GABARITO: ERRADO.

118. **(CESPE – 2016 – TCE/PA – AUDITOR DE CONTROLE EXTERNO)** Julgue o item seguinte, referentes aos fatos contábeis e às variações patrimoniais deles decorrentes.

A depreciação contábil impacta negativamente o resultado da empresa e tem como contrapartida o reconhecimento de um passivo no balanço patrimonial.

Certo ( )   Errado ( )

A primeira parte da afirmação está correta, uma vez que a depreciação é reconhecida por meio do débito em uma conta de despesa, o que afeta negativamente o resultado. No entanto, a contrapartida é feita em uma conta retificadora do Ativo, chamada "Depreciação Acumulada".

GABARITO: ERRADO.

119. **(CESPE – 2015 – MPU – ANALISTA)** Considerando que a mensuração, o registro e a evidenciação dos fatos contábeis refletem diretamente no patrimônio das empresas, julgue o item subsequente.

A redução do valor residual de um ativo imobilizado proporcionará aumento da cota de depreciação mensal desse ativo, caso sua vida útil seja mantida inalterada.

Certo ( )   Errado ( )

Como a cota de depreciação mensal é calculada sobre a diferença entre o valor de aquisição e o valor residual, a redução do valor residual levará a um aumento da base de cálculo e, consequentemente, da cota de depreciação.

GABARITO: CERTO.

120. **(CESPE – 2014 – FUB – CONTADOR)** Com relação à avaliação e mensuração de itens patrimoniais, julgue o item que se segue.

O valor da depreciação de um ativo imobilizado pode ser calculado por vários métodos, mas, uma vez escolhido, o método deve ser mantido até a baixa do ativo em questão.

Certo ( )   Errado ( )

De acordo com o CPC 27, o método de depreciação aplicado a um ativo deve ser revisado pelo menos ao final de cada exercício e, se houver alteração significativa no padrão de consumo previsto, o método de depreciação deve ser alterado para refletir essa mudança.

GABARITO: ERRADO.

CONTABILIDADE

121. (CESPE – 2013 – ANP – ANALISTA ADMINISTRATIVO) Com relação à depreciação e à amortização de ativos, julgue o item a seguir.

Os ativos intangíveis estão sujeitos à amortização com base na sua vida útil, que pode sofrer influência tanto de fatores econômicos quanto de fatores legais. Ativos intangíveis com vida útil indefinida, no entanto, devem ser amortizados no prazo máximo de dez anos.

Certo ( )   Errado ( )

A primeira parte da afirmação está correta. A segunda parte está errada porque ativos intangíveis com vida útil indefinida não devem ser amortizados.

GABARITO: ERRADO.

122. (CESPE – 2013 – ANP – ANALISTA ADMINISTRATIVO) Os impostos recuperáveis não compõem o custo de aquisição de estoques e não são reconhecidos como ativos na contabilidade.

Certo ( )   Errado ( )

Os impostos recuperáveis não compõem o custo de aquisição e devem ser lançados como ativos na contabilidade, uma vez que serão usados na compensação dos tributos devidos pela entidade.

GABARITO: ERRADO.

123. (CESPE – 2013 – ABIN – AGENTE TÉCNICO DE INTELIGÊNCIA) Julgue o item abaixo, sobre uma situação hipotética relativa à depreciação de bens do ativo imobilizado.

Determinada empresa comprou uma máquina para uso no valor de R$ 100.000,00. A vida útil desse ativo é estimada em 10 anos, ao fim dos quais a empresa espera um valor residual de R$ 20.000,00. Nessa situação, admitindo-se que a empresa utilize o método de depreciação linear, ela deverá contabilizar, anualmente, uma despesa de depreciação no valor de R$ 8.000,00.

Certo ( )   Errado ( )

Primeiramente, devemos achar o valor da base de cálculo da depreciação. Tal valor é a diferença entre o custo de aquisição (R$ 100.000,00) e o valor residual (R$ 20.000,00), o que dá R$ 80.000,00. Como a máquina será depreciada em 10 anos, a taxa anual de depreciação é de 10%. Calculando-se 10% de R$ 80.000,00, chega-se a uma despesa anual de depreciação de R$ 8.000,00.

GABARITO: CERTO.

124. (CESPE – 2004 – ABIN – ESCRIVÃO DA POLÍCIA FEDERAL) Acerca das operações típicas de uma empresa comercial, julgue o item a seguir.

Ao registrar o ICMS sobre vendas, a empresa reduzirá o valor da receita líquida de vendas e proporcionará o registro de um direito no ativo, que será confrontado posteriormente com o ICMS a recolher.

Certo ( )   Errado ( )

Ao registrar o ICMS sobre vendas, a empresa aumentará o seu passivo, com a contabilização de uma obrigação (ICMS a recolher). O que gera um direito no ativo (na conta ICMS a recuperar) é a compra de uma mercadoria com ICMS, uma vez que o valor do ICMS incidente sobre as operações de compra pode ser utilizado pelo contribuinte para reduzir o ICMS a recolher.

GABARITO: ERRADO.

125. **(CESPE – 2004 – ABIN – ESCRIVÃO DA POLÍCIA FEDERAL)** Acerca das operações típicas de uma empresa comercial, julgue o item a seguir.

O controle de estoque de mercadorias para revenda poderá ser efetuado segundo dois critérios: periódico ou sistemático.

Certo ( )   Errado ( )

O controle de estoque de mercadoria para revenda pode ser feito utilizando-se o Inventário Periódico ou Inventário Permanente.

No periódico, o custo das mercadorias vendidas (CMV) é apurado ao final do período. Já no permanente, a cada operação de venda é calculado o CMV.

GABARITO: ERRADO.

126. **(CESPE – 2004 – ABIN – ESCRIVÃO DA POLÍCIA FEDERAL)** Julgue o item seguinte, relativo a registros contábeis de empresas comerciais.

O registro de aquisição de mercadorias para revenda à vista em que haja incidência de ICMS e IPI será:

D – Mercadorias para Revenda.

D – ICMS sobre Compras.

C – IPI sobre Compras.

C – Caixa.

Certo ( )   Errado ( )

Como se trata de uma empresa comercial, a mesma não pagará IPI (via de regra quem paga IPI é empresa industrial), assim, o valor do IPI integrará o valor da mercadoria e ela não fará lançamento algum referente a esse tributo. E, mesmo que se tratasse de indústria contribuinte do IPI, o lançamento a ser feito seria a débito de IPI sobre Compras (como feito com o ICMS), e não a crédito.

GABARITO: ERRADO.

127. **(CESPE – 2014 – POLÍCIA FEDERAL – CONTADOR)** Julgue o item a seguir, a respeito dos critérios de avaliação de estoques de companhias abertas.

Uma empresa comercial adquiriu, à vista, mercadorias para revenda por R$ 1.200.000,00. Nesse valor estavam embutidos R$ 155.000,00 de ICMS e R$ 200.000,00 de IPI, mais o gasto adicional de R$ 1.000,00 com frete e seguro de transporte das mercadorias adquiridas. Nessa situação, o custo de aquisição dessas mercadorias foi inferior a R$ 1.000.000,00.

Certo ( )   Errado ( )

Como se trata de uma empresa comercial, e portanto, não contribuinte de IPI, o valor do IPI integrará o custo da mercadoria, assim como o valor do frete e seguro, que sempre integram. Assim, o único valor que não comporá o custo são os R$ 155.000,00 de ICMS, o que resultará em um custo de aquisição de R$ 1.055.000,00.

GABARITO: ERRADO.

CONTABILIDADE

128. **(CESPE – 2014 – FUB – TÉCNICO EM CONTABILIDADE)** Com relação à contabilização de operações comerciais e de imobilizado e a conceitos correlatos, julgue o item subsequente.

Considere que uma empresa comercial não contribuinte do IPI tenha realizado uma compra à vista, por meio de cheque, no valor de R$ 13.000 em mercadorias, com R$ 3.000 de IPI e ICMS à alíquota de 18%. Nessa situação, os lançamentos e os valores deverão ser realizados da seguinte forma:

Débito: estoque de matérias-primas........................ R$ 11.200;

Débito: ICMS a compensar..................................... R$ 1.800;

Crédito: bancos conta movimento........................... R$ 13.000.

Certo ( )   Errado ( )

Primeiramente, deve-se perceber que, do total de R$ 13.000,00, R$ 3.000 foram IPI, sobre os quais a empresa não poderá se creditar, por não ser contribuinte do IPI. Por isso que os 18% de ICMS irão incidir sobre os R$ 10.000,00 (valor total da nota – R$ 13.000,00 – menos o IPI – R$ 3.000,00).

Embora não possa se creditar do IPI (que vai, então, integrar o custo das mercadorias adquiridas), a empresa pode se creditar do ICMS pago, que corresponderá, como visto, a 18% de R$ 10.000,00, totalizando R$ 1.800,00, que deverá ser lançado como na conta do Ativo "ICMS a compensar".

Sendo assim, o lançamento descrito no item está correto.

GABARITO: CERTO.

129. **(CESPE – 2013 – MJ – CONTADOR)** Julgue o item a seguir, referente aos impactos provocados por fatos contábeis no patrimônio de uma companhia aberta.

A antecipação de salários a funcionários resulta em registro a débito de despesas e em registro a crédito de uma conta de ativo.

Certo ( )   Errado ( )

A antecipação de salários gera um débito no Ativo, em conta de despesa antecipada (que apesar do nome, não é uma despesa, e sim um direito, e será convertida em despesa quando ocorrer o fato gerador), e um crédito na conta Bancos ou Caixa, dependendo de como é feito o pagamento.

GABARITO: ERRADO.

130. **(CESPE – 2011 – TRE/ES – TÉCNICO DE CONTABILIDADE)** Julgue o item a seguir, sobre uma situação hipotética apresentada.

Um cliente solicitou serviço a uma empresa, que devia ser prestado em período posterior, pagando um sinal antecipadamente. Nessa situação, o lançamento contábil correspondente, que deve ser efetuado pela empresa, será o registro do débito e do crédito em contas patrimoniais.

Nesse caso, o lançamento a ser feito será:

D – ADIANTAMENTO A FORNECEDORES (Conta do Ativo – despesa antecipada).

C – CAIXA ou BANCOS.

GABARITO: CERTO.

131. **(CESPE – 2011 – TRE/ES – TÉCNICO DE CONTABILIDADE)** Julgue o item a seguir como certo ou errado.

Os lançamentos de encerramento de contas de resultado foram realizados ao final de um período contábil. Nessa situação, as contas de receitas, de despesas e de custos deverão ser zeradas em contrapartida com uma conta de apuração de resultado do exercício.

Certo ( )   Errado ( )

Na apuração do resultado do período, são zeradas as contas de resultado contra a conta de apuração de resultado do exercício. Se o saldo dessa conta de apuração for credor, tem-se lucro no período, se devedor, tem-se prejuízo.

GABARITO: CERTO.

132. **(CESPE – 2011 – STM – TÉCNICO JUDICIÁRIO)** No que diz respeito a patrimônio, seus registros e características, julgue o item a seguir.

Os cheques devem ser contabilizados na data de sua emissão, quando essa data corresponder aproximadamente à data de entrega aos beneficiários. Assim, o saldo da conta bancos, no balancete de verificação mensal, deve apresentar o valor do saldo bancário deduzido do valor dos cheques emitidos, independentemente de sua compensação bancária. Caso os cheques não tenham sido entregues aos favorecidos e possuam valores substanciais, a empresa deve deduzir o valor do cheque somente na data em que o mesmo for entregue.

Certo ( )   Errado ( )

Via de regra, a contabilização dos cheques deve ser feita no momento de sua emissão. No caso de cheques de valores vultosos, porém, recomenda-se que sua contabilização seja feita no momento da entrega do mesmo ao beneficiário, independentemente de sua efetiva compensação. Isso somente não vale para cheques pré-datados, quando a empresa poderá, por exemplo, criar uma conta específica no passivo para controlá-los.

GABARITO: CERTO.

133. **(CESPE – 2015 – TCU – AUDITOR)** Com relação às características e à forma de apresentação das demonstrações contábeis, julgue o item a seguir.

Situação hipotética: Em 30 de junho de 2015, o livro diário de determinada empresa registrou a seguinte partida dobrada.

Débito: despesas com seguros.................... R$ 2.000,00

Crédito: prêmios de seguros a apropriar.... R$ 2.000,00

Assertiva: Nesse caso, as informações se referem a um lançamento de reconhecimento da despesa — decorrente da aplicação do princípio da competência —com o prêmio de seguros, que havia sido pago antecipadamente.

Certo ( )   Errado ( )

O princípio da competência estabelece que as despesas deverão ser reconhecidas no período a que se referem.

CONTABILIDADE

Se o seguro é pago antecipadamente (e isso sempre ocorre quando se trata de seguros), no momento do pagamento é feito o seguinte lançamento:

D – PRÊMIOS DE SEGUROS A APROPRIAR.

C – CAIXA ou BANCOS.

Mensalmente deve ser feita a apropriação das despesas relativas ao período, da seguinte forma:

D – DESPESAS COM SEGUROS.

C – PRÊMIOS DE SEGUROS A APROPRIAR.

GABARITO: CERTO.

134. **(CESPE – 2013 – MJ – CONTADOR)** Com relação aos critérios estabelecidos pela legislação societária em relação à classificação de itens no balanço patrimonial de uma sociedade anônima, julgue o próximo item.

Seguros com vigência de doze meses, pagos antecipadamente devem ser classificados no ativo circulante.

Certo ( )   Errado ( )

O pagamento do prêmio do seguro feito antecipadamente deve ser classificado como uma despesa antecipada no Ativo Circulante, devendo mensalmente ser feita a apropriação das despesas.

GABARITO: CERTO.

135. **(CESPE – 2013 – TCE/RO – TÉCNICO)** Julgue o item a seguir, relativo a impactos no patrimônio de uma companhia aberta.

Seguros pagos antecipadamente diminuem o resultado da empresa no momento do pagamento, provocando, assim, uma redução concomitante no saldo de uma conta de disponibilidades.

Certo ( )   Errado ( )

No pagamento antecipado de seguro não há impacto no resultado, pois a despesa ainda não será reconhecida, havendo a contabilização de uma despesa antecipada, que é um direito da empresa. O reconhecimento da despesa e o consequente impacto no resultado se dará gradualmente, durante os meses a que a apólice esteja vigente.

GABARITO: ERRADO.

136. **(CESPE – 2013 – TCE/RO – TÉCNICO)** Em outubro de 2016, uma empresa adquiriu um caminhão por R$ 50.000,00. O procedimento usual de depreciação utilizou o método linear, com resíduo estimado em 10% e vida útil prevista para 5 anos. Considerando tais dados, julgue o item a seguir.

No balanço patrimonial de 2019, encerrado em 31 de dezembro, a conta Depreciação Acumulada, em relação a esse veículo, deverá ter saldo credor de R$ 36.000,00.

Certo ( )   Errado ( )

Como a vida útil é de cinco anos, a taxa de depreciação anual é de 20% ao ano, calculada sobre o valor de R$ 45.000,00 (valor do bem menos o valor residual). No ano de 2016, o

cálculo da depreciação é proporcional a 3 meses. Somando-se as depreciações de 2016 a 2019, encontra-se o valor de R$ 29.250,00.

GABARITO: ERRADO.

137. **(CESPE – 2013 – POLÍCIA FEDERAL – PERITO CRIMINAL)** Com relação à contabilidade comercial, julgue o item a seguir.

Nas indústrias, a falta de constituição mensal na folha de pagamento das provisões para férias e para o décimo terceiro salário implica a distorção dos custos de produção, da mensuração dos estoques de produtos acabados e da apuração dos custos das mercadorias vendidas.

Certo ( )   Errado ( )

A constituição das provisões para férias e décimo terceiro salário (férias a pagar e 13º a pagar) devem ser feitas mensalmente, de forma a refletir, de forma mais acurada, os custos mensais de produção, uma vez que os encargos também fazem parte do custo com mão de obra.

GABARITO: CERTO.

138. **(CESPE – 2015 – TELEBRAS – ANALISTA SUPERIOR)** Em períodos inflacionários, os estoques avaliados pelo método UEPS costumam apresentar valores monetários mais altos do que teriam se fossem avaliados pelo método PEPS. Essa situação ocorre também com relação ao resultado do exercício, cujo valor será maior caso se utilize o UEPS em vez do PEPS.

Certo ( )   Errado ( )

No método UEPS, quando das vendas das mercadorias, primeiramente se dá saída nas mercadorias mais novas do estoque, ficando no mesmo as mais antigas. Em um regime inflacionário, as mercadorias mais antigas são mais baratas, sendo assim, os estoques avaliados pelo UEPS tendem a ter um valor monetário menor do que os avaliados pelo PEPS.

Em relação ao resultado, o UEPS gera um resultado menor, uma vez que o CMV será maior do que se fosse avaliado pelo PEPS.

GABARITO: ERRADO.

139. **(CESPE – 2013 – ANTT – ESPECIALISTA – ADAPTADA)** Excetuando um regime de absoluta estabilidade de preços, o método da média ponderada móvel sempre fornece um valor de estoque final e um custo do produto vendido intermediário entre os apurados pelo PEPS e pelo UEPS.

Certo ( )   Errado ( )

Em um regime inflacionário, o valor do estoque é maior pelo PEPS e menor pelo UEPS, sendo o CMV maior pelo UEPS e menor pelo PEPS, sendo que a média ponderada móvel fornece um valor intermediário tanto para um como para outro.

Em um regime deflacionário, o valor do estoque é maior pelo UEPS e menor pelo PEPS, sendo o CMV maior pelo PEPS e menor pelo UEPS, sendo que a média ponderada móvel também fornece um valor intermediário tanto para um como para outro.

GABARITO: CERTO.

CONTABILIDADE

140. **(CESPE – 2013 – ANTT – ESPECIALISTA)** Os valores das vendas canceladas e dos impostos incidentes sobre vendas e serviços devem ser evidenciados juntamente com o valor das despesas operacionais, isto é, após a apuração do lucro bruto.

Certo ( )   Errado ( )

Os valores das vendas canceladas e dos impostos sobre vendas e serviços devem ser apresentados antes da apuração do lucro bruto, logo na determinação da receita líquida de vendas.

GABARITO: ERRADO.

141. **(CESPE – 2020 MPE/CE – ANALISTA MINISTERIAL)** Com relação ao controle de estoques, julgue o próximo item.

A necessidade de escolha de um método de avaliação de estoques decorre da instabilidade de preços. Caso se tenha uma economia com preços perfeitamente estáveis, qualquer que seja o método adotado, o resultado será o mesmo.

Certo ( )   Errado ( )

Em um regime de absoluta estabilidade de preços, ou seja, sem inflação nem deflação, todos os métodos adotados para controle de estoque resultarão no mesmo valor, sendo indiferente a utilização de um ou de outro.

GABARITO: CERTO.

142. **(CESPE – 2020 – MPE/CE – ANALISTA MINISTERIAL)** Com relação ao controle de estoques, julgue o próximo item.

Na compra de mercadorias pelo sistema de inventário permanente, devem-se lançar estoques de mercadorias e ICMS a recolher a débito e, em contrapartida, fornecedores ou caixa a crédito.

Certo ( )   Errado ( )

O lançamento a ser feito é:

D – Mercadorias.

D – ICMS a Recuperar.

C – Caixa/Fornecedores.

Assim, deve-se debitar ICMS a Recuperar, e não ICMS a Recolher.

GABARITO: ERRADO.

143. **(CESPE – 2020 – MPE/CE – ANALISTA MINISTERIAL)** Acerca dos efeitos inflacionários sobre o patrimônio de empresas, julgue o item subsecutivo.

Os itens monetários do balanço patrimonial possuem um mecanismo intrínseco de proteção contra a inflação, em razão de seu valor econômico estar muito relacionado ao valor de mercado.

Certo ( )   Errado ( )

Os itens monetários do balanço são registrados pelo seu valor de aquisição, não possuindo proteção contra a inflação, que tende a diminuir-lhes o valor real.

GABARITO: ERRADO.

144. **(CESPE – 2020 – MPE/CE – ANALISTA MINISTERIAL)** Entre as formalidades intrínsecas da escrituração contábil, consta a obrigação de manter livros sem rasuras, emendas, entrelinhas, borrões ou raspaduras, espaços em branco, observações ou escritas à margem.

Certo ( )   Errado ( )

As formalidades intrínsecas da escrituração são aquelas relacionadas à atividade de escrituração em si, ao conteúdo dos livros. Já as formalidades extrínsecas são aquelas relacionadas aos livros em si, como a existência de termos de abertura e encerramento.

GABARITO: CERTO.

145. **(CESPE – 2020 – MPE/CE – ANALISTA MINISTERIAL)** Na representação gráfica do patrimônio, devem constar os grupos Ativo Circulante, Ativo Permanente, Passivo Circulante e Patrimônio Líquido.

Certo ( )   Errado ( )

O grupo Ativo Permanente não existe mais. Na representação gráfica do patrimônio devem constar do lado esquerdo os grupos Ativo Circulante e Ativo Não Circulante, e do lado direito os grupos Passivo Circulante, Passivo Não Circulante e Patrimônio Líquido.

GABARITO: ERRADO.

146. **(CESPE – 2020 – SEFAZ/AL – AUDITOR DE FINANÇAS E CONTROLE DE ARRECADAÇÃO)** Com base nas Normas Brasileiras de Contabilidade Geral (NBC TG), julgue o próximo item.

O reconhecimento inicial de um ativo intangível que tenha sido adquirido em separado deve ser feito ao custo, o qual deve incluir, entre outros elementos, os impostos de importação e os impostos não recuperáveis incidentes sobre a compra.

Certo ( )   Errado ( )

O reconhecimento inicial de um ativo deve ser feito ao preço de custo, o que inclui o valor efetivamente pago por ele e outros custos para sua aquisição e transporte, abrangendo os impostos não recuperáveis.

GABARITO: CERTO.

147. **(CESPE – 2019 – TJ/AM – ANALISTA JUDICIÁRIO)** Com relação a operações que envolvem resultado do exercício e a métodos de custeio das entidades comerciais, julgue o item que se segue.

Vendas canceladas representam deduções da receita bruta.

Certo ( )   Errado ( )

As deduções da receita bruta são:
- devolução de vendas/vendas canceladas;
- descontos incondicionais concedidos;
- tributos sobre vendas;
- abatimentos sobre vendas.

GABARITO: CERTO.

CONTABILIDADE

148. **(FCC – 2019 – PREFEITURA DE SÃO JOSÉ DOS CAMPOS/SP – TÉCNICO LEGISLATIVO)** Os métodos PEPS, UEPS, média ponderada móvel e média ponderada fixa são metodologias para avaliação de

a) custo de investimentos classificados a mercado.

b) depreciação do ativo imobilizado.

c) custo dos estoques.

d) valor de mercado das ações em tesouraria.

e) passivos atuariais.

Tanto o PEPS, como o UEPS, como a média ponderada móvel e a média ponderada fixa são métodos de cálculo de custo dos estoques e das mercadorias vendidas.

GABARITO: C.

149. **(VUNESP – 2014 – PRODEST/ES – ANALISTA ORGANIZACIONAL)** Com base nas informações fornecidas pela contabilidade, conforme tabela, calcule o valor do estoque final de mercadorias da empresa Varejo Já Ltda. em 31.12.2013, e, a seguir, assinale a alternativa correta.

- Devolução de vendas	R$ 167.000,00
- Compra de Mercadorias para Revenda	R$ 180.500,00
- Custo de Mercadorias Vendidas	R$ 132.800,00
- Devolução de Compras	R$ 18.400,00
- Duplicatas a Receber	R$ 98.500,00
- Financiamentos	R$ 23.000,00
- Estoque Inicial	R$ 87.300,00
- Fretes sobre Compras	R$ 5.300,00
- Pis e Cofins sobre Receita Operacional	R$ 10.767,50
- Venda de Mercadorias	R$ 295.000,00

a) 118.800,00.

b) 121.900,00.

c) 123.500,00.

d) 130.200,00.

e) 138.900,00.

O estoque final pode ser encontrado a partir da fórmula do CMV:

CMV = Ei + CL – Ef, em que Ei = estoque inicial; CL = compras líquidas e Ef = estoque final.

As compras líquidas são obtidas a partir das compras, excluídas as devoluções e somados os fretes:

CL = 180.500,00 – 18.400,00 + 5.300,00 = 167.400,00.

Assim, considerando-se que o CMV é igual a R$ 132.800,00 e o estoque inicial é igual a R$ 87.300,00, basta substituirmos tais valores na fórmula do CMV vista acima:

132.800 = 87.300 + 167.400 – Ef

Ef = R$ 121.900,00.

GABARITO: B.

150. **(VUNESP – 2014 – PRODEST/ES – ANALISTA ORGANIZACIONAL)** A empresa Sem Refresco Comércio de Parafusos Ltda., que não possuía inicialmente nenhum item em estoque, realizou, durante o mês de maio de 2014, apenas as seguintes operações com mercadorias:

02.05.2014	Compras	50 unidades	valor unitário	$ 1,50
12.05.2014	Compras	100 unidades	valor unitário	$ 1,80
26.05.2014	Vendas	??? unidades	valor unitário	$ 2,00

Efetuado o inventário físico em 31.05.2014, verifica-se que não houve nenhuma quebra ou perda na movimentação e que o saldo final em estoque era de 30 unidades de mercadorias.

Utilizando para avaliar os seus estoques o critério PEPS, é correto afirmar que o Resultado Com Mercadorias (RCM) apresentará o saldo de:

a) $ 99,00.

b) $ 96,00.

c) $ 45,00.

d) $ 39,00.

e) $ 36,00.

O RCM é dado pela fórmula:

RCM = VL – CMV, onde VL = Vendas Líquidas e CMV = Custo das Mercadorias.

Pelo PEPS, no cálculo do CMV deve-se dar saída primeiro às mercadorias mais antigas. Considerando-se que antes da venda havia no estoque 150 unidades e que após sobraram apenas 30, significa que foram vendidas 120 unidades.

Assim:

CMV = 50 × $ 1,50 + 70 × $ 1,80 = $ 201,00

VL = 120 × 2,00 = $ 240,00

RCM = 240 – 201 = $ 39,00.

GABARITO: D.

151. **(FCC – 2019 – SEFAZ/BA – AUDITOR)** Em 31/12/2017, uma empresa estava respondendo a dois processos, sendo um relacionado a questionamentos de ex-funcionários e outro a uma autuação efetuada por um órgão de fiscalização tributária. O Balanço Patrimonial da empresa apresentava, nessa data, no grupo do passivo não circulante, a conta Provisões com a composição e o saldo total constantes da tabela a seguir:

Tipo de processo	Provisão reconhecida em 31/12/2017
Trabalhista	R$ 400.000,00
Tributário	R$ 720.000,00
Saldo total da conta	**R$ 1.120.000,00**

CONTABILIDADE

Para a realização do Balanço Patrimonial em 31/12/2018 a empresa reavaliou a situação dos processos a que estava respondendo em 2017 e identificou, adicionalmente, dois novos processos judiciais surgidos em 2018. A tabela a seguir apresenta as informações obtidas de uma assessoria jurídica independente sobre os diversos processos a que a empresa responde em 31/12/2018:

Tipo de processo	Avaliação da probabilidade de Perda em 31/12/2018	Valor estimado de perda em 31/12/2018
Trabalhista	Provável	R$ 320.000,00
Tributário	Possível	R$ 400.000,00
Cível	Possível	R$ 200.000,00
Ambiental	Provável	R$ 160.000,00

Com base nas informações apresentadas, o efeito líquido total causado na Demonstração do Resultado de 2018 da empresa, relacionado com as provisões necessárias foi, em reais,

a) Despesa de 1.080.000,00.

b) Despesa de 480.000,00.

c) Receita de 40.000,00.

d) Receita de 800.000,00.

e) Receita de 640.000,00.

Para o exercício de 2018, a entidade deverá contabilizar uma provisão equivalente à soma dos valores das obrigações consideradas prováveis, o que dá R$ 480.000. Como ela tinha uma provisão contabilizada de R$ 1.120.000, deverá ela reverter a diferença (R$ 640.000), por meio do seguinte lançamento:

D – Provisões (passivo).

C – Receita com reversão de provisões (resultado).... 640.000.

GABARITO: E.

152. **(FCC – 2018 – SEFAZ/SC – AUDITOR)** A empresa Monta e Desmonta adquiriu, em 01/01/2016, uma máquina no valor de R$ 150.000,00, à vista. Para a aquisição e colocação em funcionamento, a empresa incorreu adicionalmente nos seguintes gastos:

– Tributos recuperáveis no valor de R$ 20.000,00.

– Gastos com transporte e seguro no valor de R$ 8.000,00.

– Gastos com instalação no valor de R$ 6.000,00.

A empresa estima que incorrerá em gastos no valor de R$ 12.000,00 (equivalentes à vista) para desinstalar esta máquina ao final de sua vida útil. A vida útil da máquina era 5 anos, sendo que essa máquina ficou disponível para o uso apenas em 31/03/2016. Ademais, espera-se que ao final do período de vida útil a máquina valha R$ 14.000,00.

Sabendo que a empresa utiliza o método das cotas constantes, o valor contábil da máquina, em 31/12/2017, era, em reais,

a) 111.200,00.

b) 105.300,00.

c) 111.500,00.

d) 132.300,00.

e) 119.300,00.

O valor contábil da máquina é igual ao seu valor de custo menos a depreciação acumulada. Calculemos, então, o valor da depreciação acumulada:

- Base de cálculo: 150.000 + 8.000 + 6.000 + 12.000 − 14.000 = 162.000

- Depreciação Anual = 162.000/5 = 32.400

- Depreciação em 2016 = 32.400 × 3/4 = 24.300 (proporcional ao período em que a máquina foi utilizada em 2016

- Depreciação em 2017 = 32.400

Assim, a depreciação acumulada (DA) até 31/12/2017 é de:

DA = 24.300 + 32.400 = 56.700

O valor contábil (VC) da máquina da máquina nessa data será, então, igual a:

VC = 176.000 − 56.700

VC = 119.300.

GABARITO: E.

153. **(FCC – 2018 – PREFEITURA DE SÃO JOSÉ DO RIO PRETO – AUDITOR)** Na empresa Adequada, foi identificado o seguinte lançamento contábil:

– Débito em Caixa .... R$ 7.000.

– Débito em Imóveis .... R$ 8.000.

– Crédito em Capital Social .... R$ 15.000.

O lançamento acima refere-se à transação de:

a) integralização de capital social por meio de caixa e imóveis.

b) retirada de participação societária por meio de caixa e imóveis.

c) depreciação de imóveis em montante superior ao valor contábil líquido.

d) reposição de imóveis por meio de caixa e integralização de capital social.

e) valorização do preço de mercado dos imóveis.

Observando-se o lançamento, nota-se que está havendo um aumento no saldo de caixa, um aumento no saldo da conta Imóveis e um aumento do capital social, o que vai corresponder ou a um aumento do capital social (não há alternativa com essa opção) ou integralização do capital social (embora tecnicamente o crédito deveria ser na conta "Capital a Integralizar", que é retificadora de capital social, o que, porém, não invalida a questão).

GABARITO: E.

CONTABILIDADE

154. **(AUTOR – 2021)** O reconhecimento de um imposto retido do funcionário em folha de pagamento deve ser debitado e creditado em contas do passivo, a fim de reconhecer-se o desconto e provisionar-se o valor para recolhimento.

Certo ( )   Errado ( )

O reconhecimento de um imposto retido do funcionário é feito por meio do seguinte lançamento:

D – Salários a Pagar (passivo).

C – Impostos a Recolher (passivo).

GABARITO: CERTO.

155. **(AUTOR – 2021)** A antecipação de salários a funcionários resulta em registro a débito de despesas e em registro a crédito de uma conta de ativo.

Certo ( )   Errado ( )

Antecipação de salários é um fato permutativo, que deve ser contabilizado da seguinte forma:

D – Salários Antecipados (Ativo)

C – Caixa/Bancos (Ativo)

A despesa será reconhecida no mês a que se refere o adiantamento (normalmente o mês seguinte), da forma abaixo:

D – Despesas de Salários (Resultado)

C – Salários Antecipados (Ativo).

GABARITO: ERRADO.

156. **(AUTOR – 2021)** A aquisição de uma mercadoria para revenda por uma empresa comercial permite, geralmente, que a mesma se credite do ICMS incidente sobre a operação.

Certo ( )   Errado ( )

Empresas contribuintes do ICMS (como normalmente ocorre com empresas comerciais) podem creditar-se dos valores do imposto incidentes sobre suas operações de aquisição de mercadorias, pois o ICMS é um imposto não-cumulativo, isso quer dizer que o contribuinte, ao pagá-lo, pode descontar os valores devidos pelos seus fornecedores a título do mesmo imposto nas operações anteriores.

GABARITO: CERTO.

157. **(AUTOR – 2021)** Se o patrimônio líquido for negativo, significa que a empresa está em uma situação de falência iminente.

Certo ( )   Errado ( )

Embora uma situação de patrimônio líquido seja desconfortável, não representa necessaria-mente uma situação de falência iminente, pois isso dependerá, entre outras coisas, dos prazos de vencimento dos passivos e da capacidade de a entidade conseguir gerar receitas até lá.

GABARITO: ERRADO.

158. **(AUTOR – 2021)** A contabilização de uma compra à vista, sobre a qual incidem tributos recuperáveis, é feita por meio de um lançamento de segunda fórmula.

Certo ( )   Errado ( )

Nesse caso, o lançamento a ser feito será:

D – Mercadorias

D – Tributos a Recuperar

C – Caixa

Como temos mais de uma conta debitada e somente uma creditada, trata-se de um lançamento de terceira fórmula.

GABARITO: ERRADO.

159. **(AUTOR – 2021)** Ao registrar o ICMS sobre vendas, a empresa reduzirá o valor da receita líquida de vendas e proporcionará o registro de um direito no ativo, que será confrontado posteriormente com o ICMS a recolher.

Certo ( )   Errado ( )

Na operação de venda com incidência de ICMS, são feitos os seguintes lançamentos:

D – Caixa/Clientes (ativo)

C – Vendas (receita)

e

D – CMV (despesa)

C – Mercadorias (ativo)

e

D – ICMS (despesa)

C – ICMS a Recolher (passivo)

Na operação de compra é que será reconhecido um direito relativo ao ICMS (devido pelo vendedor). Na venda, reconhece-se a obrigação de pagamento do ICMS incidente, bem como da despesa correspondente (terceiro lançamento visto acima).

GABARITO: ERRADO.

160. **(AUTOR – 2021)** Uma provisão pode ser revertida, quando verificado que a mesma não irá mais se realizar, no todo ou em parte, fato que gerará uma receita para a entidade.

Certo ( )   Errado ( )

Se verificado que o fato que motivou a contabilizar da provisão não mais se realizará, poderá a mesma ser revertida, realizando-se o seguinte lançamento:

D – Provisão.

C – Receita com reversão de provisões.

GABARITO: CERTO.

CONT

CONTABILIDADE

161. **(CESPE – 2014 – FUB – TÉCNICO EM CONTABILIDADE)** No que se refere ao balanço patrimonial, julgue o item que se segue.

No ativo, as contas são classificadas em ordem crescente de grau de liquidez dos elementos nelas registrados.

Certo ( )   Errado ( )

No Balanço Patrimonial, as contas do Ativo devem ser apresentadas em ordem decrescente de grau de liquidez.

GABARITO: ERRADO.

162. **(CESPE – 2014 – FUB – TÉCNICO EM CONTABILIDADE)** De acordo com as normas emitidas pelo Comitê de Pronunciamentos Contábeis, julgue o item a seguir, relativos às demonstrações contábeis.

Para avaliar a conformidade da apresentação das contas de forma separada no balanço patrimonial, a entidade deve utilizar os seguintes critérios: a natureza e a liquidez dos ativos; a função dos seus ativos; e os montantes, a natureza e o prazo dos passivos.

Certo ( )   Errado ( )

O art. 58 do CPC 26 estabelece que a entidade deve julgar a adequação da apresentação de contas adicionais separadamente com base na avaliação:

a) da natureza e liquidez dos ativos;

b) da função dos ativos na entidade; e

c) dos montantes, natureza e prazo dos passivos.

GABARITO: CERTO.

163. **(CESPE – 2014 – FUB – TÉCNICO EM CONTABILIDADE)** De acordo com a legislação societária, os princípios de contabilidade e os pronunciamentos do Comitê de Pronunciamentos Contábeis (CPC), julgue o item seguinte, relativo a demonstrações contábeis.

Situação hipotética: Determinada empresa apresentou as seguintes contas ao fim de determinado exercício.

contas	saldo em reais
ações em tesouraria	273.600
capital social	6.241.700
reservas de capital	203.700
reservas de lucro	1.657.100

Assertiva: Nessa situação, o valor do patrimônio líquido a ser apresentado no balanço patrimonial será superior a R$ 8 milhões.

Certo ( )   Errado ( )

A conta "ações em tesouraria" é retificadora do patrimônio líquido (PL). Assim, seu valor deverá ser subtraído da soma das demais parcelas do PL trazidas no enunciado (capital social, reservas de capital e reservas de lucro), o que resulta em PL de R$ 7.828.900,00.

GABARITO: ERRADO.

164. **(CESPE – 2011 – PC/ES – PERITO CRIMINAL)** Acerca das demonstrações contábeis previstas na legislação societária brasileira, julgue os itens seguintes.

O balanço patrimonial é a demonstração estática na qual se classificam os bens e direitos em ordem decrescente de liquidez e as obrigações em ordem decrescente de exigibilidade.

Certo ( )   Errado ( )

De fato, o balanço patrimonial é uma demonstração estática (apresenta o saldo das contas patrimoniais em um determinado momento) e apresenta os ativos em ordem decrescente de liquidez e os passivos em ordem decrescente de exigibilidade.

GABARITO: CERTO.

165. **(FCC – 2004 – POLÍCIA FEDERAL – AGENTE DA POLÍCIA FEDERAL)** Acerca dos registros contábeis de empresas comerciais, de seus livros fiscais, da avaliação de ativos, da influência do ICMS e das demonstrações contábeis, julgue o item seguinte.

Os livros obrigatórios de uma empresa comercial incluem o balanço patrimonial, que registra as contas de ativo, passivo e patrimônio líquido.

Certo ( )   Errado ( )

A afirmação está errada porque o Balanço Patrimonial não é um livro, mas sim uma demonstração contábil.

GABARITO: ERRADO.

166. **(FCC – 2004 – POLÍCIA FEDERAL – AGENTE DA POLÍCIA FEDERAL)** Tanto nas companhias abertas quanto nas companhias de grande porte, os lucros apurados devem ser mantidos na conta lucros acumulados.

Certo ( )   Errado ( )

As sociedades anônimas e as limitadas de grande porte não podem manter saldo credor na conta lucros e prejuízos acumulados, devendo destinar o lucro ou a dividendos, ou a reservas de lucros, ou a aumento do PL. O que pode continuar a ser acumulado são os prejuízos.

GABARITO: ERRADO.

167. **(CESPE – 2011 – TJ/ES – TÉCNICO DE CONTABILIDADE)** De acordo com a técnica de registro de fatos contábeis, a natureza da conta determina o lado em que devem ser descritos, no balanço, os aumentos e as diminuições dos saldos de contas contábeis. A esse respeito, julgue o item seguinte.

Do lado esquerdo do balanço, registram-se as contas de natureza credora, que representam os bens e direitos.

Certo ( )   Errado ( )

Do lado esquerdo do Balanço aparecem as contas do Ativo (bens e direitos), que possuem, no geral, natureza devedora (com exceção das retificadoras, que são devedoras).

GABARITO: ERRADO.

GUSTAVO MUZY

CONTABILIDADE

168. **(CESPE – 2011 – PC/ES – PERITO CRIMINAL)** Acerca das demonstrações contábeis previstas na legislação societária brasileira, julgue o item seguinte.

Para apuração do lucro bruto, deve-se deduzir das receitas líquidas o custo dos produtos ou mercadorias vendidas e dos serviços prestados.

Certo ( )   Errado ( )

O lucro bruto é obtido pela diferença entre a receita líquida (que por sua vez é obtida pela receita bruta menos as deduções) e o custo das mercadorias vendidas (CMV), ou dos produtos vendidos (CPV) ou dos serviços prestados (CSP).

GABARITO: CERTO.

169. **(CESPE – 2011 – PC/ES – PERITO CRIMINAL)** Acerca das demonstrações contábeis previstas na legislação societária brasileira, julgue o item seguinte.

As operações realizadas pela entidade em determinado exercício social, incluindo receitas, custos e despesas, são representadas em uma demonstração estática denominada demonstração do resultado do exercício.

Certo ( )   Errado ( )

A DRE – Demonstração do Resultado do Exercício, é considerada uma demonstração dinâmica, pois demonstra a variação das riquezas. Já o Balanço Patrimonial é considerado uma demonstração estática.

GABARITO: ERRADO.

170. **(CESPE – 2012 – POLÍCIA FEDERAL – AGENTE DA POLÍCIA FEDERAL)**

bancos	40.000
créditos a receber	25.000
despesas de aluguéis	8.000
empréstimos a pagar	38.500
receitas de serviços	34.000
despesas de água, luz e telefone	15.000
estoque de material de consumo	20.000
móveis e utensílios	12.000
veículos	24.000
capital	73.500
despesas com material de consumo	2.000

Considerando que os dados acima, em reais, correspondem ao encerramento do primeiro exercício financeiro de determinada entidade, julgue o item consecutivo, acerca da composição do balanço patrimonial e da demonstração do resultado do exercício dessa entidade.

A demonstração do resultado do exercício apresentou prejuízo de R$ 11.000,00.

Certo ( )   Errado ( )

O resultado do exercício é encontrado subtraindo-se do total das receitas (no caso a única receita informada é a de serviços, no valor de R$ 34.000,00) o total das despesas (são despesas: despesas de aluguéis, despesas de água, luz e telefone e despesas com material de consumo). Todas as outras apresentadas são patrimoniais, e, portanto, não impactarão no resultado.

Subtraindo da receita de serviços todas as despesas citadas, chega-se a um lucro de R$ 9.000,00 como resultado do exercício.

GABARITO: ERRADO.

171. **(CESPE – 2015 – FUB – CONTADOR)** Julgue o item a seguir, com relação aos fatos descritos e seus efeitos nas demonstrações contábeis, elaboradas conforme a Lei nº 6.404/1976 (e alterações posteriores) e os pronunciamentos técnicos do Comitê de Pronunciamentos Contábeis (CPC).

O valor das receitas de vendas a prazo que ainda não tenha sido recebido quando da elaboração da demonstração do resultado do exercício será evidenciado juntamente com o valor das demais receitas, em decorrência do princípio da competência.

Certo ( )   Errado ( )

Em obediência ao princípio da competência, as receitas serão registradas na DRE, independentemente de seu efetivo recebimento. Assim, também as vendas a prazo deverão constar da referida demonstração.

GABARITO: CERTO.

172. **(CESPE – 2015 – FUB – CONTADOR)** Julgue o item a seguir, com relação aos fatos descritos e seus efeitos nas demonstrações contábeis, elaboradas conforme a Lei nº 6.404/1976 (e alterações posteriores) e os pronunciamentos técnicos do Comitê de Pronunciamentos Contábeis (CPC).

O valor das receitas de vendas a prazo que ainda não tenha sido recebido quando da elaboração da demonstração do resultado do exercício será evidenciado juntamente com o valor das demais receitas, em decorrência do princípio da competência.

Certo ( )   Errado ( )

Pelo regime de competência, tanto as receitas já recebidas, como ainda as a serem realizadas, devem ser demonstradas conjuntamente na DRE, uma vez que para o citado regime não é relevante o momento de recebimento da receita, para fins de seu reconhecimento.

GABARITO: CERTO.

CONT

CONTABILIDADE

173. **(CESPE – 2013 – MPU – ANALISTA)** A respeito da demonstração do resultado do exercício (DRE), conforme normatização contábil em vigor, julgue o seguinte item.

Se uma empresa vender um ativo imobilizado, ela deverá reconhecer seu resultado — ganho ou perda — como resultado não operacional.

Certo ( )   Errado ( )

Não mais existe a classificação "Receitas Não Operacionais", devendo ser substituída por "Outras Receitas e Despesas".

GABARITO: ERRADO.

174. **(CESPE – 2013 – MPU – ANALISTA)** A respeito da demonstração do resultado do exercício (DRE), conforme normatização contábil em vigor, julgue o seguinte item.

As participações de debêntures e administradores devem ser calculadas após a provisão para o imposto de renda; no entanto, a participação dos empregados, que é uma despesa operacional, deverá ser calculada antes dessa provisão.

Certo ( )   Errado ( )

O erro da questão está em colocar a participação dos debenturistas e dos participadores na mesma provisão, pois elas são calculadas separadamente. Primeiro é calculado o valor a pagar de IRPJ e CSLL, e após isso, são calculadas as seguintes participações, nessa ordem: debêntures, empregados e administradores, de acordo com o art. 190 da Lei nº 6.404/76.

GABARITO: ERRADO.

175. **(CESPE – 2014 – POLÍCIA FEDERAL – CONTADOR)** Julgue o item a seguir a respeito das normas brasileiras de contabilidade.

O balanço patrimonial e a demonstração do resultado do exercício são demonstrações complementares que, em conjunto, evidenciam a situação patrimonial e financeira da empresa.

Certo ( )   Errado ( )

Enquanto o Balanço Patrimonial é uma demonstração estática que traz a situação patrimonial da entidade em um determinado momento, a Demonstração do Resultado do Exercício evidencia as alterações financeiras desse patrimônio, por meio do cálculo do lucro ou prejuízo havido.

GABARITO: CERTO.

176. **(CESPE – 2014 – POLÍCIA FEDERAL – CONTADOR)** As demonstrações contábeis devem ser elaboradas para atender os interesses de investidores atuais e de investidores em potencial, bem como as necessidades de credores por empréstimos e de outros credores, os quais utilizarão a informação contábil para decidir se devem ou não fornecer recursos para financiar a entidade que divulga essas demonstrações.

Certo ( )   Errado ( )

As demonstrações contábeis são elaboradas para atender principalmente às necessidades dos usuários externos da informação contábil, que são basicamente os investidores, existentes e potenciais, e os credores.

GABARITO: CERTO.

177. **(CESPE – 2014 – POLÍCIA FEDERAL – CONTADOR)** Acerca da legislação societária, julgue o item subsequente.

Na ausência de mercado ativo para um instrumento financeiro, o valor justo desse instrumento pode ser assumido como o valor que se obteria, em um mercado ativo, com a negociação de outro instrumento financeiro de natureza, prazo e riscos similares.

Certo ( )   Errado ( )

O item está correto, pois reproduz o que consta no art. 183, § 1º, "d", "1", da Lei nº 6.404/76:

"Art. 183. No balanço, os elementos do ativo serão avaliados segundo os seguintes critérios:

(...)

§ 1º Para efeitos do disposto neste artigo, considera-se valor justo:

(...)

d) dos instrumentos financeiros, o valor que pode se obter em um mercado ativo, decorrente de transação não compulsória realizada entre partes independentes; e, na ausência de um mercado ativo para um determinado instrumento financeiro:

1) o valor que se pode obter em um mercado ativo com a negociação de outro instrumento financeiro de natureza, prazo e risco similares;"

GABARITO: CERTO.

178. **(CESPE – 2004 – ABIN – ESCRIVÃO DA POLÍCIA FEDERAL)** Acerca de registros contábeis de empresas comerciais e sua influência nas demonstrações contábeis, julgue o item a seguir.

O patrimônio líquido deve apresentar o registro dos bens e direitos da empresa.

Certo ( )   Errado ( )

Os bens e direitos da entidade são registrados no Ativo, e não no Patrimônio Líquido.

GABARITO: ERRADO.

179. **(FCC – 2015 – SEFAZ/PI – ANALISTA)** A Cia. Empréstimos S.A. obteve, em 01/12/2014, um empréstimo de US$ 500.000,00, para ser pago integralmente em 01/12/2015. Não há incidência de juros sobre o empréstimo e na data da obtenção a taxa de câmbio era R$ 2,65/US$ 1,00. Em 31/12/2014, a taxa de câmbio era R$ 2,70/US$ 1,00 e a taxa de câmbio média do mês de dezembro de 2014 foi R$ 2,68/US$ 1,00.

Em 31/12/2014, a taxa de câmbio projetada para 01/12/2015 era R$ 2,90/US$ 1,00. Com base nestas informações, o valor apresentado no Balanço Patrimonial da Cia. Empréstimos S.A. referente a este empréstimo foi:

a) R$ 1.325.000,00, em 31/12/2014.

b) R$ 1.350.000,00, em 31/12/2014.

c) R$ 1.340.000,00, em 31/12/2014.

d) R$ 1.450.000,00, em 31/12/2014.

e) R$ 1.340.000,00, em 01/12/2014.

CONTABILIDADE

Para acharmos o valor pelo qual o empréstimo deverá estar contabilizado no balanço patrimonial em 31/12/2014, basta multiplicarmos o seu valor em dólar (US$ 500,000) pela taxa de câmbio nesse dia, o que dá R$ 1.350.000,00.

GABARITO: B.

180. **(FCC – 2015 – SEFAZ/PI – ANALISTA)** Fazem parte do conjunto das demonstrações contábeis previstas pela legislação atualizada para a contabilização das empresas:

a) Demonstração do Valor Adicionado; Balanço Patrimonial; Balanço Orçamentário.

b) Balanço Patrimonial; Demonstração do Valor Adicionado; Demonstração do Resultado Econômico.

c) Balanço Patrimonial; Demonstração do Resultado do Exercício; Demonstração de Fluxo de Caixa.

d) Balanço patrimonial; Demonstração das Variações Patrimoniais; Balanço Orçamentário.

e) Balanço Orçamentário; Balanço Financeiro; Demonstração do Resultado Econômico.

A Lei nº 6.404/76 atualmente prevê cinco demonstrações contábeis obrigatórias para as sociedades anônimas em geral:

- Balanço Patrimonial;

- Demonstração do Resultado do Exercício;

- Demonstração dos Lucros ou Prejuízos Acumulados ou Demonstração das Mutações do Patrimônio Líquido;

- Demonstração dos Fluxos de Caixa;

- Demonstração do Valor Adicionado.

GABARITO: C.

181. **(FCC – 2015 – SEFAZ/PI – ANALISTA)** Com relação à Demonstração do Resultado do Exercício, é correto afirmar:

a) apresenta os grupos Ativo Circulante, Passivo Circulante e Patrimônio Líquido do Período, que corresponde à diferença entre Ativo e Passivo.

b) apresenta a movimentação de caixa de uma entidade, ou seja, os seus pagamentos e recebimentos no período.

c) apresenta o Patrimônio Líquido da empresa numa data definida. Por exemplo: Patrimônio da Cia XYZ S.A. em 31.12.XXXY.

d) pelo princípio da realização da receita e confrontação da despesa, apresenta o resultado do período realizado na forma de pagamentos e recebimentos ocorridos.

e) apresenta o lucro ou prejuízo do período, que, na ausência de outros fatores, como retirada ou aporte de capital pelos donos, explicaria a variação do seu Patrimônio.

A Demonstração do Resultado do Exercício (DRE) traz a evidenciação do lucro ou prejuízo do período, que justifica a variação do patrimônio da entidade, com exceção de retiradas ou aportes de capitais pelos sócios (pois estas não são consideradas despesas ou receitas).

GABARITO: E.

182. **(FCC – 2015 – SEFAZ/PI – ANALISTA)** Com relação ao tratamento contábil, um passivo contingente com "probabilidade possível" de saída de recursos deve

a) ser reconhecido no passivo, na conta de provisões.

b) ser divulgado em notas explicativas.

c) ser reconhecido no patrimônio líquido, na conta de reservas.

d) ser reconhecido no passivo, na conta de ajustes de avaliação patrimonial.

e) não ser reconhecido no balanço patrimonial nem divulgado em notas explicativas.

Os passivos contingentes – que representação saídas possíveis, mas improváveis, de recursos – devem ser divulgados somente em notas explicativas, não sendo contabilizados pela entidade.

GABARITO: B.

183. **(CESPE – 2020 – MPE/CE – ANALISTA MINISTERIAL)** Considerando a mensuração de passivos, julgue o item subsecutivo, acerca de provisões e passivos contingentes.

Os passivos contingentes devem ser imediatamente reconhecidos em contas patrimoniais e periodicamente avaliados para determinar a probabilidade da saída de recursos.

Certo ( )   Errado ( )

Os passivos contingentes não são contabilizados nem em contas patrimoniais, nem em contas de resultado, constando somente de notas explicativas ao balanço patrimonial.

GABARITO: ERRADO.

184. **(CESPE – 2020 – MPE/CE – ANALISTA MINISTERIAL)** A respeito dos componentes patrimoniais e dos fatos contábeis, julgue o item a seguir.

O passivo contingente pode ser classificado como provável, possível ou remoto. Caso seja considerado remoto, deverá ser reconhecido em notas explicativas e mensurado a valor justo.

Certo ( )   Errado ( )

Um passivo contingente representa uma saída possível (não provável) de recursos. Se for provável, tratar-se-á de uma provisão. Se for remoto, não deve ser reconhecido nem mesmo como passivo contingente.

GABARITO: ERRADO.

185. **(CESPE – 2020 – MPE/CE – ANALISTA MINISTERIAL)** Acerca das contas e dos grupos patrimoniais de empresas comerciais, julgue o seguinte item.

Uma obrigação de longo prazo com fornecedores registrada no passivo da entidade deve ser ajustada pelo seu valor presente

Certo ( )   Errado ( )

Tanto os passivos como os ativos de longo prazo devem ser ajustados pelo seu valor presente, assim como os passivos e ativos de curto prazo que tiverem implícitos juros relevantes.

GABARITO: CERTO.

CONTABILIDADE

186. **(CESPE – 2019 – TJ/AM – ANALISTA JUDICIÁRIO)** Um edifício de propriedade de uma empresa industrial que o mantém com o objetivo único de auferir aluguel não se enquadra no conceito de propriedade para investimento.

Certo ( )   Errado ( )

Um edifício adquirido com o objetivo único de auferir aluguel deve ser classificado no Ativo Investimentos.

GABARITO: ERRADO.

187. **(CESPE – 2019 – SLU/DF – ANALISTA)** Com relação a notas explicativas às demonstrações financeiras, julgue o item subsecutivo, à luz dos pronunciamentos técnicos do Comitê de Pronunciamentos Contábeis e da Lei nº 6.404/1976 e suas alterações.

Companhias abertas são dispensadas de apresentar notas explicativas relacionadas às bases de preparação das demonstrações financeiras adotadas durante o período.

Certo ( )   Errado ( )

De acordo com a Lei nº 6.404/76, que se aplica tanto às companhias fechadas como abertas, as notas explicativas devem acompanhar as demonstrações contábeis e, entre outras coisas, devem trazer as bases de preparação das demonstrações financeiras adotadas durante o período, ou seja, de acordo com quais normas foram as demonstrações elaboradas.

GABARITO: ERRADO.

188. **(CESPE – 2019 – SLU/DF – ANALISTA)** Com relação a notas explicativas às demonstrações financeiras, julgue o item subsecutivo, à luz dos pronunciamentos técnicos do Comitê de Pronunciamentos Contábeis e da Lei nº 6.404/1976 e suas alterações.

As notas explicativas às demonstrações contábeis devem tratar das informações relevantes que ocorrerem durante o exercício social e que possam afetar o processo de decisão dos usuários externos da informação.

Certo ( )   Errado ( )

De fato, as notas explicativas devem trazer todas as informações relevantes referentes ao exercício social e que possam interessar aos usuários da informação contábil, especialmente os externos.

GABARITO: CERTO.

189. **(CESPE – 2019 – SLU/DF – ANALISTA)** Com relação a notas explicativas às demonstrações financeiras, julgue o item subsecutivo, à luz dos pronunciamentos técnicos do Comitê de Pronunciamentos Contábeis e da Lei nº 6.404/1976 e suas alterações.

Companhias abertas de capital fechado cujo patrimônio líquido seja inferior a R$ 2.000.000 são dispensadas da elaboração de notas explicativas.

Certo ( )   Errado ( )

As companhias com PL inferior a R$ 2.000.000 estão dispensadas de publicar a DFC – Demonstração dos Fluxos de Caixa, e não de elaborar notas explicativas, que são sempre obrigatórias.

GABARITO: ERRADO.

190. **(CESPE – 2019 – SLU/DF – ANALISTA)** Para fins de apuração da base de cálculo das participações estatutárias, o prejuízo acumulado e a provisão para o imposto de renda são deduzidos do resultado do exercício. Obrigatoriamente, a absorção do prejuízo deverá obedecer à seguinte ordem: lucros acumulados, reserva legal e reserva de lucros.

Certo ( )   Errado ( )

A absorção do prejuízo deve ser feita na seguinte ordem: lucros acumulados (se houver), reservas de lucros (com exceção da reserva legal) e reserva legal.

GABARITO: ERRADO.

191. **(CESPE – 2019 – SLU/DF – ANALISTA)** As normas expedidas pela Comissão de Valores Mobiliários (CVM) deverão ser observadas pelas companhias abertas na elaboração das demonstrações financeiras e esses relatórios serão submetidos à auditoria independente, assinados pelos administradores e por contabilistas legalmente habilitados.

Certo ( )   Errado ( )

De fato, as companhias abertas, que são aquelas que podem ter seus títulos negociados na bolsa de valores, devem obedecer às normas do órgão regulador – que no caso é a CVM. Devem ainda submeter as demonstrações contábeis, assinadas por contabilista e administradores, a uma auditoria independente.

GABARITO: CERTO.

192. **(CESPE – 2019 – SLU/DF – ANALISTA)** Com relação à Demonstração do Resultado do Exercício, é correto afirmar:

a) apresenta os grupos Ativo Circulante, Passivo Circulante e Patrimônio Líquido do Período, que corresponde à diferença entre Ativo e Passivo.

b) apresenta a movimentação de caixa de uma entidade, ou seja, os seus pagamentos e recebimentos no período.

c) apresenta o Patrimônio Líquido da empresa numa data definida. Por exemplo: Patrimônio da Cia XYZ S.A. em 31.12.XXXY.

d) pelo princípio da realização da receita e confrontação da despesa, apresenta o resultado do período realizado na forma de pagamentos e recebimentos ocorridos.

e) apresenta o lucro ou prejuízo do período, que, na ausência de outros fatores, como retirada ou aporte de capital pelos donos, explicaria a variação do seu Patrimônio.

A Demonstração do Resultado do Exercício (DRE) traz a evidenciação do lucro ou prejuízo do período, que justifica a variação do patrimônio da entidade, com exceção de retiradas ou aportes de capitais pelos sócios (pois essas não são consideradas despesas ou receitas).

A: Quem apresenta esses grupos é o Balanço Patrimonial.

B: A DRE não traz a movimentação de caixa, o que é feito na DFC – Demonstração dos Fluxos de Caixa.

C: A demonstração o patrimônio líquido em uma data definida é o Balanço Patrimonial.

D: A DRE segue o regime de competência, e assim não apresenta o resultado do período na forma de pagamentos e recebimentos ocorridos.

GABARITO: E.

CONTABILIDADE

193. **(CESPE – 2019 – SLU/DF – ANALISTA)** Fazem parte do conjunto das demonstrações contábeis previstas pela legislação atualizada para a contabilização das empresas:

a) Demonstração do Valor Adicionado; Balanço Patrimonial; Balanço Orçamentário.

b) Balanço Patrimonial; Demonstração do Valor Adicionado; Demonstração do Resultado Econômico.

c) Balanço Patrimonial; Demonstração do Resultado do Exercício; Demonstração de Fluxo de Caixa.

d) Balanço patrimonial; Demonstração das Variações Patrimoniais; Balanço Orçamentário.

e) Balanço Orçamentário; Balanço Financeiro; Demonstração do Resultado Econômico.

A Lei nº 6.404/76 atualmente prevê cinco demonstrações contábeis obrigatórias para as sociedades anônimas em geral:

- Balanço Patrimonial;

- Demonstração do Resultado do Exercício;

- Demonstração dos Lucros ou Prejuízos Acumulados ou Demonstração das Mutações do Patrimônio Líquido;

- Demonstração dos Fluxos de Caixa;

- Demonstração do Valor Adicionado.

GABARITO: C.

194. **(CESPE – 2019 – SLU/DF – ANALISTA)** Considere as seguintes informações:

- A Cia. Gama produz equipamentos especiais para revenda, cujo prazo de produção é 18 meses.

- A Cia. Beta adquiriu equipamentos para revenda, sendo que o prazo médio de estocagem até a venda é de 90 dias.

- A Cia. Industrial adquiriu equipamentos para utilizá-los em seu processo produtivo.

- A Cia. Alfa adquiriu o direito de usar a marca da Cia. Gama por 10 anos.

Os equipamentos no Balanço Patrimonial da Cia. Gama, da Cia. Beta e da Cia. Industrial e o direito adquirido no Balanço Patrimonial da Cia. Alfa foram classificados, respectivamente, no ativo:

a) circulante, não circulante, não circulante e não circulante.

b) circulante, circulante, não circulante e não circulante.

c) não circulante, circulante, não circulante e circulante.

d) circulante, circulante, não circulante e circulante.

e) não circulante, circulante, não circulante e não circulante.

Vejamos cada situação:

- Cia. Gama: como são equipamentos para revenda, devem ser classificados como estoque, no ativo circulante, ainda que o prazo de produção seja superior a 18 meses.

- Cia Beta: como são equipamentos para revenda, devem ser classificados como estoque, no ativo circulante.

- Cia Industrial: os equipamentos devem ser registrados no Ativo Imobilizado, dentro do grupo ativo não circulante.

- Cia Alfa: o direito deve ser registrado no Ativo Intangível, dentro do grupo ativo não circulante.

GABARITO: B.

195. **(CESPE – 2019 – SLU/DF – ANALISTA)** No que se refere à retificação de erros de períodos anteriores nas demonstrações contábeis,

a) intencionais imateriais não precisam de correção retrospectiva.

b) acidentais e imateriais devem ser corrigidos retrospectivamente.

c) intencionais devem ser corrigidos retrospectivamente.

d) acidentais materiais não necessitam de correção retrospectiva.

e) intencionais materiais não precisam de correção retrospectiva.

Erros materiais (relevantes) ou intencionais devem ser corrigidos de forma retrospectiva, ou seja, retroativamente. Já se os erros imateriais e não intencionais podem ser corrigidos de forma prospectiva.

GABARITO: C.

196. **(CESPE – 2019 – SLU/DF – ANALISTA)** Ativos intangíveis são:

a) os interesses residuais nas aplicações da entidade depois de deduzidas todas as origens de recursos.

b) obrigações presentes da entidade, derivadas de eventos passados, cujas liquidações se espera que resultem na saída de recursos da entidade capazes de gerar benefícios econômicos.

c) ativos não monetários, identificáveis e sem substância física, controlados pela entidade como resultado de eventos passados, e dos quais se espera que resultem benefícios econômicos futuros para a entidade.

d) ativos não monetários, identificáveis e sem substância física, que podem ou não estar sob controle da entidade, e dos quais se espera que resultem benefícios econômicos futuros para a entidade.

e) ativos monetários, identificáveis, podendo ter ou não substância física, controlados pela entidade como resultado de eventos passados, e dos quais se espera que resultem benefícios econômicos futuros para a entidade.

Ativos intangíveis são ativos não monetários, identificáveis e sem substância física, controlados pela entidade como resultado de eventos passados, e dos quais se espera que resultem benefícios econômicos futuros para a entidade.

GABARITO: C.

197. **(AUTOR – 2021)** Sobre a Demonstração do Resultado do Exercício (DRE), julgue o item a seguir:

A DRE é uma demonstração estática, que evidencia a composição do patrimônio da entidade em um determinado momento.

Certo ( )   Errado ( )

A DRE é uma demonstração dinâmica, que traz a evidenciação do lucro ou prejuízo do exercício em um determinado período.

GABARITO: ERRADO.

CONTABILIDADE

198. **(AUTOR – 2021)** Sobre o Balanço Patrimonial (BP), julgue o item a seguir.

O Balanço somente traz contas patrimoniais, não apresentando nenhuma conta de resultado.

Certo (   )   Errado (   )

O Balanço Patrimonial somente traz contas patrimoniais (ativo, passivo e PL), não apresentando contas de resultado (receitas e despesas), as quais aparecem somente na DRE.

GABARITO: CERTO.

199. **(AUTOR – 2021)** O balanço patrimonial deve ser necessariamente elaborado em 31 de dezembro de cada ano, para todas as empresas.

Certo (   )   Errado (   )

O balanço pode ser elaborado a qualquer momento, não necessariamente ao final do exercício social, embora seja recomendado que nesse momento ele o seja também. Além disso, há entidades cujo exercício social se encerra em outro momento que não em 31 de dezembro, não havendo obrigatoriedade legal para tal.

GABARITO: ERRADO.

200. **(AUTOR – 2021)** Na DRE – Demonstração do Resultado do Exercício, a participação dos empregados sobre o resultado somente será efetivada se houver saldo positivo após a dedução de prejuízos e imposto sobre a renda.

Certo (   )   Errado (   )

Para que haja destinação do resultado para as participações (última seção da DRE), é fundamental que o resultado após a dedução de prejuízos e do imposto sobre a renda tenha sido positivo, uma vez que não existe participação nos prejuízos.

GABARITO: CERTO.

ESTATÍSTICA

RODOLFO SCHMIT

ESTATÍSTICA

1. **(DIRPS UFU –2019 – UFU/MG – TÉCNICO)** Considere as seguintes variáveis:

I. Tamanho de um objeto (pequeno, médio ou grande).

II. Volume de água em um rio.

III. Número de clientes numa fila.

IV. Número da seção de votação.

V. Comprimento de um inseto.

VI. Classe Social.

Com relação à classificação dos dados requeridos como variáveis de pesquisa, é correto afirmar que:

a) as variáveis I, IV e VI são qualitativas.

b) as variáveis III e V são quantitativas contínuas.

c) as variáveis II e III são quantitativas discretas.

d) a variável IV é qualitativa ordinal.

A variável tamanho de um objeto (item I) pode assumir os seguintes valores {pequeno, médio, grande}, logo, trata-se de uma **variável qualitativa ordinal** (pois os dados não têm valor numérico e podem ser ordenados conforme o tamanho).

A variável volume de águaem um rio (item II) e a variável comprimento de um inseto (item V) representa uma grandeza mensurável e com valores numéricos fracionáveis. Assim, temos que essas variáveis são do tipo **quantitativa contínua**.

A variável número de clientes em uma fila (item III) representa uma contagem, logo seus dados são numéricos, representam a ideia de quantidade, porém pode assumir apenas valores inteiros, portanto, trata-se de uma **variável quantitativa discreta**.

O número da sessão de votação (item IV), apesar de ser representado por números, indica apenas uma localidade. Desse modo, os valores que essa variável pode assumir representam uma ideia categórica, e não de quantidade. Logo, pode ser definida como uma **variável qualitativa**, podendo ser ordinal ou nominal, devendo especificar se há alguma ordenação nos números da sessão.

A variável classe social (item VI), como o próprio nome já diz, define classes (categorias). Logo, é uma **variável qualitativa.** De modo geral, essas variáveis são representadas pelos {baixa, média, alta}, se assim sendo, seria qualitativa ordinal.

Por fim, a alternativa A é a única que apresenta uma sentença verdadeira, os itens I, IV e VI são qualitativos, representam categorias.

GABARITO: A.

2. **(CESPE – 2018 – POLÍCIA FEDERAL – PERITO)** Tendo em vista que, diariamente, a Polícia Federal apreende uma quantidade X, em kg, de drogas em determinado aeroporto do Brasil, e considerando os dados hipotéticos da tabela precedente, que apresenta os valores observados da variável X em uma amostra aleatória de 5 dias de apreensões no citado aeroporto, julgue o próximo item.

	dia				
	1	2	3	4	5
X (quantidade diária de drogas apreendidas, em kg)	10	22	18	22	28

A tabela em questão descreve a distribuição de frequências da quantidade de drogas apreendidas nos cinco dias que constituem a amostra.

Certo ( )   Errado ( )

A tabela em questão **não evidencia** uma distribuição de frequência da quantidade de drogas. Na verdade, essa forma de apresentação de dados consiste em **dados brutos**, isto é, as observações da variável quantidade de drogas apreendidas, em kg, estão dispostas conforme os dados foram coletados diariamente. Assim, a coleta do 1º dia corresponde a 10 kg, e a do 2º dia corresponde a 22 kg, e assim por diante. A questão tenta confundir o candidato com tabela de frequência (dados ponderados). Porém, convém notar que **não foram contabilizadas suas repetições.**

Os dados da variável X são associados com o dia coletado, e não a sua frequência. Caso os dados fossem apresentados em tabela de frequência, a observação de 22 kg/dia apresentaria uma frequência de duas repetições. Os dados apresentados em tabela de frequências seriam assim:

Quantidade de drogas apreendidas (X_i)	Frequência Absoluta (f_i)
10	1
18	1
22	2
28	1
Total de Observações	5

GABARITO: ERRADO.

3. **(CESPE – 2013 – BACEN – ANALISTA)** Os dados mostrados a seguir representam uma amostra, em minutos, do tempo utilizado na armazenagem de formulários no almoxarifado central de certa instituição por diversos funcionários.

2 4 8 4 8 1 2 32 12 1 5 7 5 5 3 4 24 19 4 14

A distribuição de frequência acumulada para tempo de armazenagem observado na amostra inferior a 8 minutos é igual a 13, o que corresponde a uma frequência relativa superior a 0,60.

Certo ( )   Errado ( )

EST

Rodolfo Schmit

ESTATÍSTICA

A questão apresenta um conjunto de **dados brutos** sobre o tempo utilizado para armazenagem no almoxarifado. Dessa forma, cada representação numérica indica o tempo em minutos de armazenamento, com isso temos um total de **20 observações (n=20)**. Veja os dados brutos representados de uma forma mais destacada:

$$\{2, 4, 8, 4, 8, 1, 2, 32, 12, 1, 5, 7, 5, 5, 3, 4, 24, 19, 4, 14\}$$

Para melhor identificar as frequências desse conjunto de dados, precisamos colocar os dados em uma tabela de frequência **(dados ponderados)** completa:

Observação	Frequência Absoluta (f_i)	Frequência Acumulada (F_i)	Frequência Relativa Acumulada (Fr_i)
1	2	2	10%
2	2	4	20%
3	1	5	25%
4	4	9	45%
5	3	12	60%
7	1	13	65%
8-32	7	20	100%

Observe que a questão direciona para a frequência acumulada de observações **inferior a 8 minutos de armazenagem**, logo, não é preciso desenvolver toda a tabela de frequência para solucionar a questão. Basta contabilizar os dados observados e as repetições até 7 minutos (última observação inferior a oito).

A frequência acumulada consiste na soma de todas as observações detectadas até uma observação específica. Nesse caso, foi direcionada a frequência acumulada de dados **inferior a 8 minutos**, o que corresponde à **soma de todas as observações com valor inferior a oito minutos**. Assim, temos 13 dados brutos inferiores à observação de 8 minutos. Compreenda isso a partir dos dados ordenados:

$$\{1, 1, 2, 2, 3, 4, 4, 4, 4, 5, 5, 5, 7, 8, 8, 12, 14, 19, 24, 32\}$$

13 observações menor que 8 minutos

Portanto, a questão está correta, já que temos uma frequência acumulada igual a 13 observações para valores menores do que oito, correspondendo a uma frequência acumulada relativa de **65% (superior a 60%)**. Na tabela de frequência, podemos identificar esses valores também:

Observação	Frequência Absoluta (f_i)	Frequência Acumulada (F_i)	Frequência Relativa Acumulada (Fr_i)
1	2	2	10%
2	2	4	20%
3	1	5	25%
4	4	9	45%
5	3	12	60%
7	1	13	65%
8-32	7	20	100%

Observações menor do que 8 minutos

GABARITO: CERTO.

4. **(CRS – 2017– POLÍCIA MILITAR – MG – SOLDADO)** Considerando o gráfico a seguir:

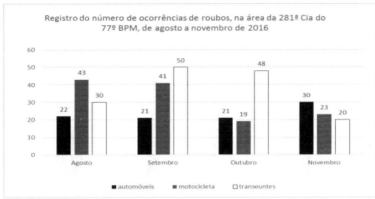

Fonte: Dados fictícios.

Observe as variações dos registros das ocorrências de roubo, mês a mês, ao longo do período descrito no gráfico acima e marque a alternativa **CORRETA**:

a) Em todos os meses, a incidência maior é de roubo a transeuntes.
b) Somente no mês de novembro houve a redução do número total de roubos.
c) A incidência de roubos a transeuntes reduziu 4% no mês de outubro.
d) Em todo o período considerado, o número de roubos a transeunte foi 54% maior que o número de roubos a automóveis.

Vamos analisar cada alternativa dessa questão!

A: Em todos os meses, a incidência maior é de roubo a transeuntes.

Ao analisar o gráfico, observamos que, nos meses de setembro e outubro, os registros de roubo a transeunte foram os de maior incidência, com 50 e 48 registros, respectivamente. No entanto, no mês de agosto, a maior incidência foi de roubos em motocicletas e, em novembro, foi de roubos em automóveis. Logo, não foi o roubo a transeuntes, em todos os meses analisados, aquele de maior incidência.

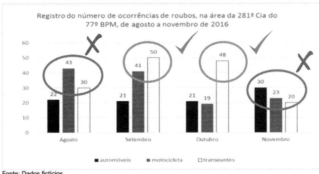

Fonte: Dados fictícios.

B: Somente no mês de novembro houve a redução do número total de roubos.

O número total de roubos, em cada mês, consiste na soma dos três tipos analisados: roubo em automóveis; roubo em motocicleta; roubo a transeuntes. Vamos analisar o total de roubos em cada mês, somando os valores presentes no gráfico:

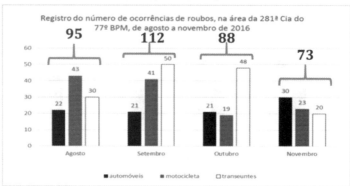

Fonte: Dados fictícios.

Em agosto, houve um total de 95 registros de roubo. Esse valor subiu para 112 em setembro, depois caiu para 88 registros em outubro e reduziu mais ainda em novembro. Logo, novembro não foi o único mês em que houve redução nos registros totais de roubo; ocorreu também em outubro.

C: A incidência de roubos a transeuntes reduziu 4% no mês de outubro.

No mês de setembro, foram registradas 50 ocorrências de roubo em transeuntes e, em outubro, esse valor caiu para 48 ocorrências. Logo, houve uma redução de 2 ocorrências de setembro para outubro.

Agora, qual a percentagem da queda de 2 unidades sobre um total de 50 ocorrências? Para isso, basta entender que 50 corresponde a um total de referência analisado (100%), e 2 corresponde a um percentual de queda que queremos saber. Logo, efetuando uma regra de três:

$$50 \text{ roubos} - 100\%$$
$$queda\ 2\ roubos - X$$

$$X = \frac{2 \times 100}{50} = 4\%$$

Portanto, a redução foi de 4%.

D: Em todo o período considerado, o número de roubos a transeunte foi 54% maior que o número de roubos a automóveis.

Ao se falar em todo período considerado, estamos preocupados em analisar o **total de roubos em todos os 4 meses (a soma de todos os meses).** Vamos analisar esses totais:

Total de roubos a transeuntes:

$$Roubos\ a\ Transeuntes = 30 + 50 + 48 + 20 = 148$$

Total de roubos a automóveis:

$$Roubos\ a\ automóveis = 22 + 21 + 21 + 30 = 94$$

A ocorrência de roubos a transeuntes foi superior em 54 registros (em valores absolutos, e **não em porcentagem**). Uma diferença de 54 unidades sob o número de roubos a automóveis gera um percentual de:

$$94 \; roubos - 100\%$$
$$Diferença \; de \; 54 \; roubos \; - X$$

$$X = \frac{54 \times 100}{94} = 57,44\%$$

Por fim, os roubos a transeuntes foram 57,44% superiores aos roubos em automóveis.

GABARITO: C.

5. **(CESPE – 2010– IJSN/ES – ESTATÍSTICO)** Considerando que a tabela seguinte mostra a distribuição de frequências da quantidade X de processos que cada servidor de certo órgão público analisou em determinada semana, julgue o item a seguir.

quantidade X de processos analisados por servidor	frequência
1	6
2	9
3	10
4	3
5	2
total de servidores	30

A média amostral da distribuição da variável X foi igual a 3.

Certo ( )   Errado ( )

Nesse exemplo, temos uma tabela de frequência sem intervalo **(dados ponderados)**. A variável X analisada é a quantidade de processos analisados por servidor, e a frequência corresponde à quantidade de servidores que analisaram uma quantidade X de processos, isto é, cada servidor é um dado observado.

Os valores de X observados foram: **{1, 2, 3, 4, 5}**. Desse conjunto, podemos interpretar que:

6 servidores analisaram **1 processo;**

9 servidores analisaram **2 processos;**

10 servidores analisaram **3 processos;**

3 servidores analisaram **4 processos;**

2 servidores analisaram **5 processos.**

Isso corresponde ao seguinte conjunto de dados brutos:

$$X = \{\underbrace{1,1,1,1,1,1}_{6 \, obs.}, \underbrace{2,2,2,2,2,2,2,2,2}_{9 \, obs.}, \underbrace{3,3,3,3,3,3,3,3,3,3}_{10 \, obs.}, \underbrace{4,4,4}_{3 \, obs.}, \underbrace{5,5}_{2 \, obs.}\}$$

ESTATÍSTICA

Observa-se que no total existem 30 observações, isto é, 30 servidores n=30

Após compreender como esse conjunto de dados está organizado, sabemos que a fórmula matemática mais adequada para calcular a média é:

$$\overline{X} = \frac{\sum X_i f_i}{n} = \frac{X_1 f_1 + X_2 f_2 + \cdots + X_n f_n}{n}$$

"O somatório dos produtos dos **valores observados (X)** com sua respetiva **frequência absoluta (f)**, dividido pelo **número de elementos (n)**."

Assim, aplicando o cálculo, temos que:

$$\overline{X} = \frac{1 \times 6 + 2 \times 9 + 3 \times 10 + 4 \times 3 + 5 \times 2}{30}$$

$$\overline{X} = \frac{6 + 18 + 30 + 12 + 10}{30}$$

$$\overline{X} = \frac{76}{30} = 2,53$$

$\overline{X} = 2,53$ *processos analisados por servidor*

Por fim, a média desse conjunto de dados observados corresponde a 2,53 processos analisados por servidor. O resultado é diferente de 3.

GABARITO: ERRADO.

6. **(CESPE – 2015 – DEPEN – AGENTE PENITENCIÁRIO FEDERAL)** Considerando os dados da tabela a seguir, que apresenta a distribuição populacional da quantidade diária de incidentes (N) em determinada penitenciária, julgue o item que se segue.

quantidade diária de incidentes (N)	frequência relativa
0	0,1
1	0,2
2	0,5
3	0,0
4	0,2
total	1

A moda da distribuição de N é igual a 4, pois esse valor representa a maior quantidade diária de incidentes que pode ser registrada nessa penitenciária.

Certo ( )   Errado ( )

A questão tenta confundir conceitos das medidas descritivas da Estatística. A moda é a observação que mais se repete, ou então aquela com maior frequência. Para esse conjunto de dados, a moda é igual a 2 incidentes/dia, isso porque existe uma frequência de 50% dos dados observados com esse valor.

quantidade diária de incidentes (N)	frequência relativa
0	0,1
1	0,2
Moda ← 2	0,5
3	0,0
4	0,2
total	1

A maior quantidade diária de incidentes (x=4)corresponde à observação máxima ($X_{máx}$), e não necessariamente coincidirá com a moda. Nesse caso, não corresponde à moda, pois a observação 4 possui uma frequência relativa de 20%, isto é, repete-se com menor frequência em comparação a observação x=2

GABARITO: ERRADO.

7.   **(CESPE – 2010 – ABIN – OFICIAL DE INTELIGÊNCIA)** Considerando que o diagrama de ramos-e-folhas a seguir mostra a distribuição das idades (em anos) dos servidores de determinada repartição pública, julgue o próximo item.

2	1 3 2 6
3	4 3 5 8 7
4	6 2 1 9 6
5	4 2 0 5

A mediana das idades dos servidores é igual a 39,5 anos.

Certo ( )   Errado ( )

A distribuição da idade dos servidores está representada em um diagrama de ramos e folhas. Esse diagrama organiza e ilustra o conjunto de dados de forma mais sintética. Os dados observados correspondem à concatenação dos ramos com as respectivas folhas. Porém, tenha atenção! **Não necessariamente as folhas precisam estar ordenadas em rol crescente.** Essa é a principal afirmação capciosa da questão, pois primeiramente precisamos ordenar todo o conjunto de dados (ordenar as folhas). Ao se falar de mediana, os dados precisam estar em rol crescente.

Vamos ordenar essa representação gráfica em rol crescente:

Ramos	*Folhas*
2	1 2 3 6
3	3 4 5 7 8
4	1 2 6 6 9
5	0 2 4 5

Isso corresponde à seguinte forma de dados brutos:

{21, 22, 23, 26, 33, 34, 35, 37, 38, 41, 42, 46, 46, 49, 50, 52, 54, 55}

Portanto, temos um total de 18 observações(n=18). A posição central desse conjunto de dados é igual a:

$$Pos._{Me} = \frac{n+1}{2}$$
$$Pos._{Me} = \frac{18+1}{2} = 9,5$$

Com isso, o valor da mediana é igual à **média** da observação na 9ª posição com a observação localizada na 10ª posição. Entenda:

Ramos	Folhas
2	1ª 2ª 3ª 4ª 1 2 3 6
3	5ª 6ª 7ª 8ª 9ª 3 4 5 7 8
4	10ª 1 2 6 6 9
5	0 2 4 5

1ª 2ª 3ª 4ª 5ª 6ª 7ª 8ª 9ª 10ª
{21, 22, 23, 26, 33, 34, 35, 37, 38, 41, 42, 46, 46, 49, 50, 52, 54, 55}

$$Me = \frac{38+41}{2} = \frac{79}{2} = 39,5$$

Por fim, a questão está correta já que afirma ser exatamente 39,5 anos.

GABARITO: CERTO.

8. **(CRS – 2017 – POLÍCIA MILITAR-MG – SOLDADO)** A tabela a seguir registra, em horas, o tempo de permanência, em determinado dia, de um grupo de pessoas no aplicativo *WhatsApp*.

Nº DE HORAS (x_i)	Nº DE USUÁRIOS (f_i)
8	10
9	7
11	12
14	14
15	20
20	12
SOMA	75

Considerando as informações da tabela, é **CORRETO** afirmar que a mediana, a média e a moda, em horas, são respectivamente:

a) 12,5 – 12,5 – 20.
b) 15 – 12,48 – 13.
c) 12,5 – 13,48 – 12.
d) 14 – 13,48 – 15.

A mediana é o valor da variável X que acumula n/2 (50%) observações, que, para um conjunto de 75 observações, corresponde a uma frequência acumulada de 37,5. Para isso, é interessante identificar a frequência acumulada dessa tabela de frequência:

Nº DE HORAS (xᵢ)	Nº DE USUÁRIOS (fᵢ)	Fac. (%)
8	10	10
9	7	17
11	12	29
Mediana 14 ←	14	43
15	20	63
20	12	75
SOMA	75	

A mediana corresponde à observação 14 horas, pois acumula 43 observações, que incluem a observação de 37,5 (50% dos dados).

A média para dados ponderados é obtida pelo cálculo de uma média ponderada, isto é, considera cada observação com sua respectiva frequência. Veja:

$$\bar{X} = \frac{\sum X_i \times f_i}{n}$$

$$\bar{X} = \frac{8 \times 10 + 9 \times 7 + 11 \times 12 + 14 \times 14 + 15 \times 20 + 20 \times 12}{75}$$

$$\bar{X} = \frac{1011}{75} = 13,48\ horas$$

A moda consiste na observação que apresenta a maior frequência absoluta, logo, corresponde ao valor Mo=15 Entenda:

Nº DE HORAS (xᵢ)	Nº DE USUÁRIOS (fᵢ)
8	10
9	7
11	12
14	14
Moda 15 ←	20
20	12
SOMA	75

Verifica-se que, para essa questão, o cálculo da média seria muito trabalhoso e longo de se fazer. Contudo, bastaria identificar a moda e a mediana para encontrar a alternativa correta.

GABARITO: D.

9. **(CESPE – 2012 – POLÍCIA RODOVIÁRIA FEDERAL – AGENTE ADMINISTRATIVO)** Em decorrência do desenvolvimento urbano e tecnológico, tem-se a preocupação de monitorar os efeitos nocivos da poluição ambiental sobre a saúde da população urbana. A figura acima mostra o diagrama de caixa (*box-plot*) que descreve a distribuição da concentração de chumbo no sangue, em $\mu g \cdot dL!1$, obtida com base em uma amostra aleatória de 200 pessoas do sexo masculino e de 100 pessoas do sexo feminino que trabalham em postos de combustível localizados em determinado município brasileiro.

EST

Rodolfo Schmit

ESTATÍSTICA

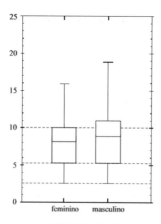

M. M. B. Paolielo et al. In: **Saúde Pública**, 1997 (com adaptações).

Há informações suficientes no diagrama apresentado para se concluir corretamente que 25% das pessoas do sexo feminino que trabalham em postos de combustível do referido município brasileiro apresentam concentrações de chumbo iguais ou superiores a 10 $\mu g \cdot dL^{-1}$. Já o percentual de pessoas do sexo masculino que trabalha nesses postos e apresenta concentrações de chumbo iguais ou superiores a 10 $\mu g \cdot dL^{-1}$ é maior que 25%.

Certo ( )   Errado ( )

Ao analisar o conjunto de dados de pessoas do sexo feminino, observa-se que o valor de 10 $\mu g \cdot dL^{-1}$ corresponde ao **3º quartil**. Veja:

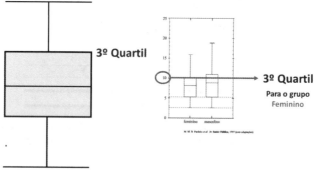

O 3º quartil corresponde à linha superior da **caixa** do *box-plot*. Para o grupo de pessoas do sexo feminino, temos que o valor 10 $\mu g \cdot dL^{-1}$ coincide nessa posição. Ao mesmo tempo, sabemos que o 3º quartil separa o conjunto de dados observados em 75% de dados abaixo dele e 25% de dados acima.

Sendo assim, para o sexo feminino, observam-se **exatamente 25%** dos dados acima de 10 $\mu g \cdot dL^{-1}$, consoante ao que foi apresentado na questão.

Para o grupo de pessoas do sexo masculino, observa-se que o 3º quartil (linha superior da caixa) é superior a 10 μg·dL⁻¹. Mais precisamente, pela indicação de pontos no eixo Y (concentração de chumbo no sangue), podemos inferir que o 3º quartil é igual a 11 μg·dL⁻¹. Veja:

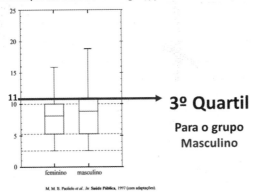

Por essa razão, temos informações suficientes para afirmar que há **mais de 25%** de pessoas do sexo masculino com concentração de chumbo igual ou superior a 10 μg·dL⁻¹.

Essa afirmação pode ser esclarecida porque, acima de 11 μg·dL⁻¹, há 25% das pessoas do sexo masculino analisadas. Logo, entre 10 a 11 μg·dL⁻¹, existe mais uma concentração de X% de dados observados, que faz com que haja **mais de** 25% de pessoas com concentração de chumbo no sangue igual ou superior a 10 μg·dL⁻¹.

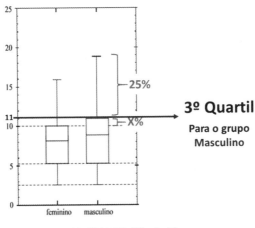

Ambas as afirmações condizem com o que é observado no diagrama de *box-plot*.

GABARITO: CERTO.

10. **(CESPE – 2013 – MPU – ANALISTA)** A tabela a seguir mostra algumas estatísticas descritivas produzidas por um estudo acerca da quantidade de acidentes de trabalho (N), ocorridos em 2012, a partir de uma amostra aleatória simples de 200 indústrias de pequeno porte.

ESTATÍSTICA

estatística	quantidade de acidentes (N)
mínimo	0
primeiro quartil	2
segundo quartil	4
terceiro quartil	10
máximo	30

A figura seguinte mostra corretamente o diagrama de **box-plot** da distribuição do número de acidentes de trabalho ocorridos no ano de 2012 na referida amostra.

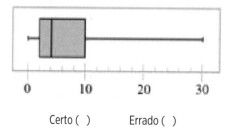

Certo ( )   Errado ( )

O diagrama de *box-plot* é representado por cinco valores: Limite Inferior; 1º Quartil; Mediana; 3º Quartil; Limite Superior. Veja:

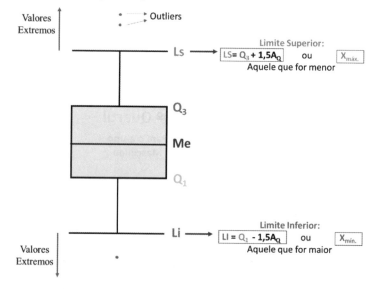

Esse gráfico pode ser representado tanto na horizontal quanto na vertical, isso não interfere em nada.

Os limites superior e inferior definem o comprimento máximo das linhas extremas do *box-plot* (conhecido como "comprimento do bigode"). Contudo, se as observações máxima e mínima gerarem um comprimento menor do que os limites, o *box-plot* é ilustrado com comprimento de linha até o valor máximo e mínimo. No mesmo sentido, se houver observações que extrapolem os limites superior e inferior, essas observações serão consideradas **atípicas (*outliers*)**.

Com base nas estatísticas descritivas desse conjunto de dados, temos que os limites inferior e superior são:

$$A_Q = Q_3 - Q_1$$

$$A_Q = 10 - 2 = 8$$

Limite superior = $Q_3 + 1{,}5A_Q$
Limite superior = $10 + 1{,}5 \times 8 = 22$

Limite inferior = $Q_1 - 1{,}5A_Q$
Limite inferior = $2 - 1{,}5 \times 8 = -10$

Ao obter os valores dos limites, sabe-se que o comprimento máximo das linhas extremas (comprimento do bigode) é -10 no limite inferior e +22 para limite superior. Assim, qualquer observação fora desses limites será considerada um *outlier*!

O limite inferior calculado foi -10, entretanto, a variável analisada é o número de acidentes de trabalho. Logo, valores negativos não fazem sentido quanto a essa informação. Às vezes, o limite inferior do *box-plot* pode obter valores que não condizem com a realidade. Nessas situações, o limite inferior será a observação mínima.

O limite superior foi de 22 acidentes, com isso, o comprimento do bigode será no máximo até 22. Qualquer quantidade de acidentes observada superior a esse valor, é considerada uma observação atípica para esse conjunto de dados. A observação máxima apresentada na tabela foi de 30 acidentes, logo, sabemos que existe pelo menos uma observação atípica. Com isso, o *box-plot* deve ser representado da seguinte forma:

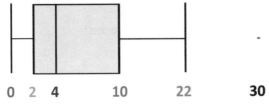

Por fim, a questão está errada por considerar o comprimento máximo superior do *box-plot* igual a 30, quando na verdade o limite superior é de 22 acidentes.

GABARITO: ERRADO.

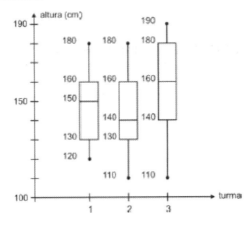

Rodolfo Schmit

ESTATÍSTICA

11. **(CESPE – 2010 – ABIN – OFICIAL DE INTELIGÊNCIA)** A figura acima apresenta esquematicamente as distribuições das alturas (em cm) dos estudantes das três turmas de uma escola. As linhas verticais de cada *box-plot* se estendem até os valores extremos da distribuição.

A turma 3 tem a maior amplitude de alturas.

Certo ( )   Errado ( )

A amplitude total corresponde à distância entre a observação máxima e a mínima:

$$A_T = X_{máx} - X_{min}$$

Ao analisar um diagrama de *box-plot*, a amplitude pode ser calculada obtendo a diferença entre as linhas extremas do *box-plot* (limite superior e inferior):

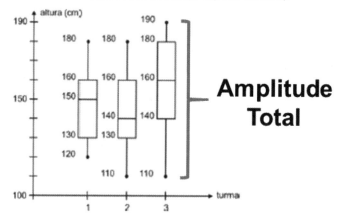

Assim, podemos calcular a amplitude para as três turmas:

$$A_{T1} = 180 - 120 = 60$$
$$A_{T2} = 180 - 110 = 70$$
$$A_{T3} = 190 - 110 = 80$$

Em suma, a turma 3 apresentou uma amplitude de 80 cm de altura, superior às demais turmas.

GABARITO: CERTO.

12. **(CESPE – 2018 – POLÍCIA FEDERAL – PERITO CRIMINAL)** Tendo em vista que, diariamente, a Polícia Federal apreende uma quantidade X, em kg, de drogas em determinado aeroporto do Brasil, e considerando os dados hipotéticos da tabela precedente, que apresenta os valores observados da variável X em uma amostra aleatória de 5 dias de apreensões no citado aeroporto, julgue o próximo item.

	dia				
	1	2	3	4	5
X (quantidade diária de drogas apreendidas, em kg)	10	22	18	22	28

O desvio-padrão amostral da variável X foi inferior a 7 kg.

Certo ( )   Errado ( )

O desvio-padrão é uma medida de dispersão que quantifica um valor médio dos desvios em relação à centralidade do conjunto de dados (a média). No entanto, para obter essa estimativa, é necessário elevar cada desvio ao quadrado, pois o simples somatório obteria um quantitativo igual a zero. Em outras definições, **é preciso calcular a variância para depois obter o desvio-padrão**, extraindo-se a raiz quadrada da variância.

Para calcular os desvios em relação à média, é preciso inicialmente calcular a medida de tendência central. A média para esse conjunto de dados é:

$$\bar{X} = \frac{10 + 22 + 18 + 22 + 28}{5} = \frac{100}{5}$$

$$\bar{X} = 20 \, kg/dia$$

Após isso, é preciso obter os desvios em relação à média, elevar cada desvio ao quadrado e efetuar o somatório desses desvios ao quadrado. Entenda:

X_i	Desvio $(X_i - \bar{X})$	$(X_i - \bar{X})^2$
10	-10	100
22	2	4
18	-2	4
22	2	4
28	8	64
$\bar{X} = 20$	$\Sigma = 0$	$\Sigma = 176$

Após obter esse somatório, a variância precisa ser estimada dividindo por n - 1, isto é, 5 - 1 = 4, pois se trata de dados **amostrais.** Desse modo, a variância e posteriormente o desvio-padrão é igual a:

$$s^2 = \frac{176}{4} = 44 \left(\frac{kg}{dia} \right)^2$$

$$s = \sqrt{44} \, kg/dia$$

Assim, para esse conjunto de dados, o desvio-padrão é a raiz quadrada de 44, valor este que é inferior a 7($\sqrt{49}$). Com isso, a questão está correta.

Com base em todo o raciocínio exposto nessa questão, podemos deduzir matematicamente que a variância **amostral** é:

$$s^2 = \frac{\sum(X_i - \bar{X})^2}{n-1}$$

Assim, o desvio-padrão amostral na raiz quadrada da variância.

$$s = \sqrt{s^2} = \sqrt{\frac{\sum(X_i - \bar{X})^2}{n-1}}$$

Todo raciocínio desenvolvido consiste praticamente na aplicação dessa fórmula.

GABARITO: CERTO.

13. **(CESPE – 2012 – POLÍCIA FEDERAL – PAPILOSCOPISTA)** Se a amplitude observada em um conjunto de dados formado por 10 elementos for igual a 12, então a variância desse conjunto de dados será inferior a 120.

Certo ( )   Errado ( )

Para compreender essa questão, faremos uma simulação de dados com os requisitos impostos na questão. Se a amplitude de um conjunto de dados é igual a 12, a distribuição com 10 elementos que apresenta a maior variabilidade possível seria:

$$\{0, 0, 0, 0, 0, 12, 12, 12, 12, 12\}$$

Em outras palavras, das 10 observações, cinco observações coincidiriam com valor mínimo, e cinco observações coincidiriam com o valor máximo. Essa seria a distribuição de dados com amplitude igual a 12 com maior dispersão (ou variabilidade) em relação à média.

Com base nisso, vamos calcular qual seria o valor da variância para essa distribuição (que corresponde à variância máxima possível para um conjunto de dados com amplitude igual a 12).

Facilmente, podemos determinar que a média desse conjunto de dados é igual a 6. Logo, os desvios em relação à média de cada observação também seriam 6. Veja:

X_i	$X_i - \bar{X}$	$(X_i - \bar{X})^2$
0	-6	36
0	-6	36
0	-6	36
0	-6	36
0	-6	36
12	+6	36
12	+6	36
12	+6	36
12	+6	36
12	+6	36
Soma	**0**	**360**

$$\sigma^2 = \frac{\sum(X_i - \bar{X})^2}{n}$$

$$\sigma^2 = \frac{360}{10} = 36$$

Logo, o valor da variância máximo será de 36, isto é, inferior a 120, sem dúvidas. Ao mesmo tempo, podemos afirmar que o desvio-padrão máximo seria de 6 unidades.

Observação: como a questão não deixou claro que os dados são uma amostra, dividimos por n. Contudo, caso fosse calculada a variância amostral, teríamos um valor igual a 40, ainda inferior a 120.

Outra forma de comprovar facilmente essa afirmação é associar que o desvio-padrão populacional será sempre igual ou menor do que a metade da amplitude dos dados (semiamplitude total):

$$\sigma \leq \frac{A_T}{2}$$

Isso porque, se o desvio-padrão consiste em um valor médio de dispersão em relação a (, ele nunca será maior que o desvio máximo que pode ocorrer em um conjunto de dados observados, isto é, desvio entre a observação máxima ou mínima em relação à média.

Logo, se a amplitude de um conjunto de dados é igual a 12, o desvio-padrão máximo será de:

$$\sigma \leq \frac{12}{2} = 6$$

ESTATÍSTICA

Ou seja, o desvio-padrão máximo para um conjunto de dados com amplitude de 12 unidades será no máximo igual a 6 unidades (conforme já comprovado na simulação feita inicialmente). Desse modo, a variância máxima seria igual a 36.

Por fim, a questão está correta, pois a variância é inferior a 120.

GABARITO: CERTO.

Quantidade diária de incidentes (N)	Frequência relativa
0	0,1
1	0,2
2	0,5
3	0,0
4	0,2
Total	**1**

14. **(CESPE – 2015 – DEPEN – AGENTE PENITENCIÁRIO FEDERAL)** Considerando os dados da tabela mostrada, que apresenta a distribuição populacional da quantidade diária de incidentes (N) em determinada penitenciária, julgue o item que se segue.

O desvio-padrão da distribuição de N é igual ou inferior a 1,2.

Certo ( )   Errado ( )

A questão pode ser resolvida pelo cálculo da variância conceitual ou então pelo método alternativo. Vamos, nessa questão, utilizar as duas metodologias de cálculo e conferir como proceder nas duas formas.

Cálculo da variância e desvio-padrão pelo método convencional:

Em primeiro lugar, os dados analisados correspondem ao número de incidentes diários "N" em uma penitenciária. Os dados estão apresentados em uma tabela de frequência não agrupada **(dados ponderados)**. Cada valor da variável N está associado com sua respectiva frequência relativa. Assim, temos que:

Ocorre 0 *incidente por dia em* 10% *das vezes*

Ocorre 1 *incidente por dia em* 20% *das vezes*

Ocorrem 2 *incidentes por dia em* 50% *das vezes*

Não *Ocorrem* 3 *incidentes por dia* (0%)

Ocorrem 4 *incidentes por dia em* 20% *das vezes*

Com base nessa ideia, o cálculo para a média pode ser efetuado da seguinte forma:

$$N = \sum N_i \times fr_i$$

$$\bar{N} = 0 \times 0,1 + 1 \times 0,2 + 2 \times 0,5 + 3 \times 0 + 4 \times 0,2$$

$$N = 0 + 0,2 + 1 + 0 + 0,8 = 2$$

$$\bar{N} = 2 \text{ incidentes por dia}$$

Portanto, ocorrem em média 2 incidentes por dia. Com essa informação, podemos calcular os desvios em relação à média de cada observação $(N_i - \bar{N})$; elevar cada desvio ao quadrado $(N_i - \bar{N})^2$ e multiplicar os desvios ao quadrado pela sua respectiva frequência relativa de ocorrência $[fr_i \times (N_i - \bar{N})^2]$. Veja os cálculos:

N_i	fr_i	$N_i - N$	$(N_i - N)^2$	$(N_i - N)^2 \times fr_i$
0	0,1	-2	4	0,4
1	0,2	-1	1	0,2
2	0,5	0	0	0
3	0	+1	1	0
4	0,2	+2	4	0,8
Soma		0	-	1,4

Cada dado observado apresenta um desvio em relação à média. Esses desvios devem ser elevados ao quadrado para que o somatório não se anule. Após isso, convém lembrar que cada desvio tem uma frequência de ocorrência, então eles devem ser multiplicados pela frequência relativa respectiva a cada desvio ao quadrado.

O valor da variância corresponde ao somatório dos produtos dos desvios quadráticos com sua respectiva frequência relativa.

$$\sigma^2 = \sum (N_i - \bar{N})^2 \times fr_i$$

$$\sigma^2 = 1,4 \text{ (incidentes por dia)}^2$$

Se a variância foi igual a 1,4 (incidentes por dia)², o valor do desvio-padrão corresponde à raiz quadrada da variância:

$$\sigma = \sqrt{\sigma^2}$$

$$\sigma = \sqrt{1,4} = 1,18 \text{ incidentes por dia}$$

Logo, o valor do desvio-padrão corresponde a um valor inferior a 1,2 incidentes por dia. Para verificar essa resposta sem precisar extrair a raiz quadrada de 1,4 , podemos elevar o valor 1,2 ao quadrado e verificar que ele será maior que 1,4. Entenda:

$$1,2^2 = 1,44$$

EST

Rodolfo Schmit

ESTATÍSTICA

Portanto, o valor de 1,2 corresponde a √1,44 valor este superior a √1,4 . Assim, sem precisar tirar a raiz quadrada de 1,4, sabemos que o resultado será inferior a 1,2.

Cálculo da variância e desvio-padrão pelo método alternativo:

A variância pode ser calculada, a partir de deduções matemáticas, pela seguinte expressão:

$$\sigma^2 = \text{Média dos quadrados} - \text{Quadrado da Média}$$

$$\sigma^2 = \frac{\sum N_i^2}{n} - (\bar{N})^2$$

A **média dos quadrados** é obtida ao elevar cada valor da variável N ao quadrado e após isso extrair a média desses valores $(\frac{\sum N_i^2}{n})$ Em uma tabela de frequência, a média dos quadrados pode ser obtida pelo seguinte cálculo:

$$\text{Média dos quadrados } (\overline{N^2}):$$

$$\overline{N^2} = \sum N_i^2 \times fr_i$$

Observação: nesse cálculo, **não** precisamos dividir por n, pois estamos trabalhando com a frequência **relativa**.

N_i	N_i^2	fr_i	$N_i^2 \times fr_i$
0	0	0,1	**0**
1	1	0,2	**0,2**
2	4	0,5	**2**
3	9	0	**0**
4	16	0,2	**3,2**
Soma	-	1,0	**5,4**

Logo, a média dos quadrados é igual a **5,4**.

O quadrado da média é simplesmente o valor da média da variável N elevado ao quadrado $(N)^2$. Já calculamos anteriormente o valor da média $(\bar{X} = 2)$, assim:

$$(\bar{N})^2 = 2^2 = 4$$

A diferença entre esses dois valores resultará na variância da variável N.

$$\sigma^2 = \text{Média dos quadrados} - \text{Quadrado da Média}$$

$$\sigma^2 = 5,4 - 4 = \mathbf{1,4}$$

$$\sigma^2 = \mathbf{1,4 \text{ (indidentes por dia)}}^2$$

O valor do desvio-padrão então será:

$$\sigma = \sqrt{\sigma^2}$$

$$\sigma = \sqrt{1,4} = 1,18 \ incidentes \ por \ dia$$

Por fim, essa metodologia chegou ao mesmo resultado que o método convencional do cálculo da variância. Contudo, nessa metodologia, não trabalhamos com valores de desvios. Em alguns casos, pode ser uma alternativa de cálculo mais fácil de proceder.

GABARITO: CERTO.

15. **(FUNIVERSA – 2008 – PC/DF – PAPILOSCOPISTA)** Os registros de duas companhias aéreas mostram que seus voos entre as mesmas cidades chegam dentro dos seguintes tempos: na companhia X, com média de 5 minutos de atraso e desvio-padrão de 2 minutos; na companhia Y, com atraso médio de 4 minutos e desvio-padrão de 6,25 minutos. Qual dessas companhias chega relativamente mais fora do horário?

a) A companhia Y, pois o tempo médio é menor que o da companhia X.

b) A companhia X, pois o desvio-padrão do tempo é menor que o da companhia Y.

c) A companhia Y, pois o coeficiente de variação é menor que o da companhia X.

d) A companhia Y, pois o coeficiente de variação é maior que o da companhia X.

e) A companhia X, pois o coeficiente de variação é menor que o da companhia Y.

A questão aborda dois objetos de estudo analisados: o tempo de atraso na chegada dos voos da companhia X e o tempo de atraso na chegada dos voos da companhia Y. Em outras palavras, para cada companhia, foram mensurados o tempo de atraso entre as mesmas cidades, obtendo assim dois conjuntos de dados (X e Y).

Para cada companhia, foi apresentado o valor da média e do desvio-padrão:

$$Companhia \ X \begin{cases} Média \ (\bar{X}){:}\ 5 \ min \\ \\ Desvio \ padrão \ (s){:}\ 2 \ min \end{cases}$$

$$Companhia \ Y \begin{cases} Média \ (\bar{X}){:}\ 4 \ min \\ \\ Desvio \ padrão \ (s){:}\ 6,25 \ min \end{cases}$$

Com o objetivo de comparar qual das duas companhias chega **relativamente** mais fora do horário, precisamos quantificar o coeficiente de variação (CV) das variáveis X e Y. Isso porque o CV é uma medida de dispersão relativa e quantifica o quanto os dados se dispersam da sua centralidade. Logo, se a variável em estudo é o tempo de atraso, quem apresentar maior coeficiente de variação chega relativamente mais fora do horário. Vejamos os cálculos:

EST

ESTATÍSTICA

$$Coeficiente\ de\ Variação = \frac{Desvio\ Padrão}{Média}$$

$$CV = \frac{s}{\overline{X}}$$

Companhia X $\left[\quad CV = \dfrac{2}{5} = 0,4\right.$

Companhia Y $\left[\quad CV = \dfrac{6,25}{4} = 1,56\right.$

Com esses cálculos, podemos verificar que o coeficiente de variação foi superior para a variável Y. Portanto, em relação à companhia que mais chega atrasada, podemos afirmar exatamente o que consta na assertiva D: "a companhia Y, pois o coeficiente de variação é maior que o da companhia X".

GABARITO: D.

quantidade diária de incidentes (N)	frequência relativa
0	0,1
1	0,2
2	0,5
3	0,0
4	0,2
total	1

16. **(CESPE – 2015 – DEPEN – AGENTE PENITENCIÁRIO FEDERAL)** Considerando os dados da tabela mostrada, que apresenta a distribuição populacional da quantidade diária de incidentes (N) em determinada penitenciária, julgue os itens que se seguem.

A distribuição de N não é simétrica em torno da média, apesar de a média e a mediana serem iguais.

Certo ( )   Errado ( )

A questão apresenta uma tabela de frequência relativa, que associa os valores da variável número de incidentes (N) de uma determinada penitenciária com a respectiva frequência relativa dessas observações.

Para verificar a relação de simetria, vamos inicialmente conferir os valores de média e mediana.

Nos dados apresentados, constata-se que a média de incidentes por dia $\left(X\right)$ (é igual a:

$$\overline{X} = 0 \times 0,1 + 1 \times 0,2 + 2 \times 0,5 + 3 \times 0 + 4 \times 0,2$$

$$\overline{X} = 0 + 0,2 + 1 + 0 + 0,8 = 2 \text{ incidentes/dia}$$

Além disso, pode ser observado que o valor da mediana também é igual a 2, pois é na observação 2 que se acumulam 50% dos dados. Basta calcular as frequências acumuladas relativas para descobrir isso. Entenda:

quantidade diária de incidentes (N)	frequência relativa	Freq. Acumulada F(X)
0	0,1	**0,1**
1	0,2	**0,3**
2	0,5	**0,8**
3	0,0	
4	0,2	
total	1	

Com isso, temos de fato que a média e a mediana são iguais. Além disso, a moda também coincide na observação de 2 incidentes/dia. Contudo, apesar da relação de igualdade entre média, moda e mediana, **não há uma relação simétrica nesse conjunto de dados.** Isso pode ser facilmente detectado, observando a distribuição das frequências **abaixo e acima da mediana.** Para valores menores que a observação 2, temos 30% dos dados observados e, para valores acima da mediana, temos 20%. Para melhor ilustrar essa informação, observe a representação gráfica:

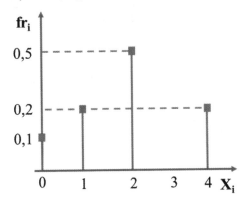

Rodolfo Schmit

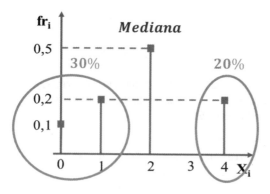

Distribuição Assimétrica

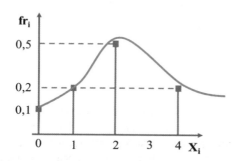

Distribuição Assimétrica para direita

De fato, não há simetria ao observar a distribuição de frequência dos dados para os dois lados particionados pela mediana. Portanto, quando a média for igual à mediana e à moda, **não necessariamente teremos uma distribuição simétrica.**

GABARITO: CERTO.

17. **(CESPE – 2016 – TCE/PA – AUDITOR)** A tabela a seguir apresenta a distribuição de frequências relativas da variável X, que representa o número diário de denúncias registradas na ouvidoria de determinada instituição pública. A partir das informações dessa tabela, julgue o item seguinte.

número diário de denúncias registradas (X)	frequência relativa
0	0,3
1	0,1
2	0,2
3	0,1
4	0,3
total	1,0

A distribuição da variável X é simétrica em torno da média.

Certo ( )   Errado ( )

A questão apresenta uma tabela de frequência relativa para a variável número diário de denúncias (X). Durante esse estudo, foi observada a ocorrência de 0, 1, 2, 3 e 4 denúncias, sendo que cada observação teve uma determinada frequência relativa.

Para detectar a assimetria da variável X, podemos observar o formato da distribuição dos dados a partir de uma representação gráfica. Mas, antes disso, é necessário identificar a mediana para separar o conjunto de dados em duas partes com o mesmo número de elementos para cada lado.

A mediana consiste na observação que acumula 50% de frequência relativa, então:

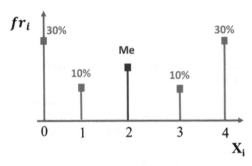

Após identificar a mediana, vamos observar a forma gráfica desse conjunto de dados, analisando os dois lados separados pela mediana:

Observe que, abaixo do valor da mediana, temos 10% de frequência relativa na observação 1 e 30% de frequência relativa na observação 0; em contrapartida, temos 10% de frequência relativa na observação 3 e 30% de frequência relativa na observação 4. **Os dois formatos são idênticos à medida que se afastam da mediana!** Portanto, essa é uma distribuição simétrica.

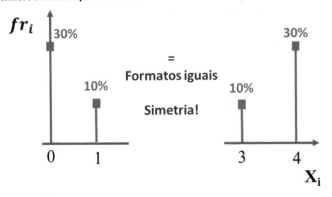

Observação: a moda desse conjunto de dados é a observação 0 e 4; além disso temos que a média e a mediana são iguais a 2. Observe que temos uma distribuição simétrica, em que a média, a mediana e a moda não são iguais. Essa relação não se aplica muito bem para distribuições **não unimodais**. Portanto, a melhor forma de identificar a assimetria de um conjunto de dados é olhar sua representação gráfica e comparar os dois formatos criados ao separar a distribuição dos dados pela mediana!

GABARITO: CERTO.

18. **(CESPE – 2017 – SEDF – TÉCNICO)** Um levantamento estatístico, feito em determinada região do país, mostrou que jovens com idades entre 4 e 17 anos assistem à televisão, em média, durante 6 horas por dia. A tabela a seguir apresenta outras estatísticas produzidas por esse levantamento.

	distribuição dos tempos gastos assistindo televisão (T, em horas)
1.º quartil	2
2.º quartil	4
3.º quartil	8
1.º decil	1
9.º decil	10

A distribuição dos tempos T possui assimetria positiva.

Certo ( )   Errado ( )

A questão apresenta uma tabela com medidas de separatrizes (quartis e decis) da variável tempo gasto assistindo à televisão (T), em horas.

A assimetria de um conjunto de dados pode ser verificada a partir **das distâncias dos quartis em relação à mediana**. Em uma distribuição **simétrica**, a distância entre o 1º quartil e a distância do 3º quartil em relação à mediana (2º quartil) será a mesma. Veja:

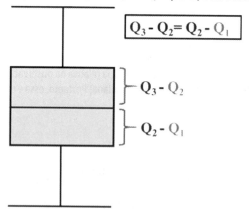

Distribuição Simétrica

Já quando as distribuições forem assimétricas, teremos distâncias diferentes entre o 1º e 3º quartil em relação à mediana.

Assimetria para direita (positiva): temos valores discrepantes para o lado direito (lado positivo) do conjunto de dados. Logo, a forma dos dados torna-se assimétrica devido às distorções para o lado direito, isto é, o valor do **3º quartil** (que está acima da mediana) fica mais distante da mediana, comparativamente ao 1º quartil.

Assimetria para esquerda (negativa): temos valores discrepantes para o lado esquerdo (lado negativo) do conjunto de dados. Logo, a forma dos dados torna-se assimétrica devido às distorções para o lado esquerdo, isto é, o valor do **1º quartil** (que está abaixo da mediana) fica mais distante da mediana, comparativamente ao 3º quartil.

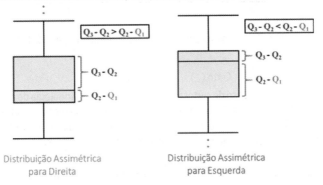

Distribuição Assimétrica para Direita   Distribuição Assimétrica para Esquerda

Com esse conhecimento, vamos observar os valores dos quartis para esse conjunto de dados:

	distribuição dos tempos gastos assistindo televisão (T, em horas)
1.º quartil	2
2.º quartil	4
3.º quartil	8
1.º decil	1
9.º decil	10

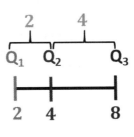

Veja que o valor do 3º quartil está a uma distância de 4 unidades da mediana, enquanto o valor do 1º quartil está a uma distância de 2 unidades da mediana. Assim, temos a presença de observações mais atípicas no lado direito do conjunto dos dados e podemos afirmar que esse conjunto de dados possui **assimetria para o lado direito (ou positiva)**.

GABARITO: CERTO.

19. **(CESPE – 2017 – SEDF – TÉCNICO)** Um levantamento estatístico, feito em determinada região do país, mostrou que jovens com idades entre 4 e 17 anos assistem à televisão, em média, durante 6 horas por dia. A tabela a seguir apresenta outras estatísticas produzidas por esse levantamento.

	distribuição dos tempos gastos assistindo televisão (*T*, em horas)
1.º quartil	2
2.º quartil	4
3.º quartil	8
1.º decil	1
9.º decil	10

O índice percentílico de curtose foi superior a 0,4, o que sugere que a distribuição dos tempos T seja leptocúrtica.

Certo ( )   Errado ( )

O coeficiente percentílico de curtose corresponde a uma metodologia de cálculo que quantifica a curtose de um conjunto de dados. A curtose é uma medida de forma que representa o "grau de achatamento da curva". Em outras palavras, essa medida descritiva informa se o conjunto de dados está mais concentrado na sua centralidade ou se está mais distribuído por toda a sua amplitude.

O coeficiente percentílico de curtose e as interpretações de seus resultados são os seguintes:

$$C = \frac{Q_3 - Q_1}{2(D_9 - D_1)}$$

C = 0,263 corresponde à curva **mesocúrtica**;
C < 0,263 corresponde à curva **leptocúrtica**;
C > 0,263 corresponde à curva **platicúrtica**;

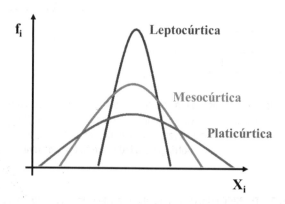

Nota-se que somente com esse conhecimento já podemos responder à questão sem precisar efetuar cálculo algum. Um valor de curtose igual a 0,4 corresponde a uma distribuição **platicúrtica** (dados mais distribuídos em torno de sua amplitude).

Assim, somente conhecendo as interpretações dos valores da curtose, sabemos que um valor de 0,4 não corresponderá a uma forma leptocúrtica. Logo, essa questão está errada!

Apenas para adquirir mais conhecimento, o valor do coeficiente de curtose é:

$$C = \frac{8-2}{2(10-1)} = \frac{6}{2 \times 9} = \frac{6}{18} = 0,33$$

Além de tudo, o valor de curtose não foi superior 0,4.

GABARITO: ERRADO.

20. **(CESPE – 2010 – ABIN – OFICIAL DE INTELIGÊNCIA)** A tabela a seguir mostra dados de sobrevivência (em dias) de uma coorte de animais acometidos por uma doença aguda. Na primeira coluna, t corresponde aos dias, sendo t = 0 o dia em que a contagem começou a ser feita; v_t, na segunda coluna, é a quantidade de animais vivos no início do dia t; d_t, na terceira coluna, indica quantos animais morreram no decorrer do dia t.

t	v_t	d_t
0	10.000	500
1	9.500	700
2	8.800	800
3	8.000	800
4	7.200	1.080
5	6.120	720
6	5.400	1.350
7	4.050	1.350
8	2.700	1.200
9	1.500	1.500

Com referência a essas informações, julgue o item que se segue.

Se um animal que estivesse vivo no início do dia t = 4 fosse escolhido ao acaso, a probabilidade de ele ter chegado vivo no dia t = 7 seria superior a 60%.

Certo ( )   Errado ( )

A tabela registra os dias (representados por t) de um grupo de animais que estão sofrendo por uma enfermidade aguda. A cada dia há um registro da quantidade de animais vivos no início do dia (v) e outro registro que informa a quantidade de animais que morreram até o fim do dia (d). Portanto, para cada dia t, teremos o registro de uma quantidade de animais vivos e mortos.

Ao interpretar a tabela, vamos analisar agora a condição exposta pela questão. **Se um animal que estiver vivo no dia t=4 for escolhido aleatoriamente [...].**

Para o animal estar vivo no dia t=4, ele pertence aos 7200 animais registrados como vivos no início do dia t=4. Logo, a quantidade do espaço amostral nesse exemplo corresponde a 7200.

EST

Rodolfo Schmit

ESTATÍSTICA

$$n(\Omega) = 7200$$

Isso porque existem 7200 animais vivos no dia t=4, que podem não estar vivos até o dia t=7.

Agora, vamos determinar o evento de interesse:

[...] **a probabilidade de ele ter chegado vivo no dia t=7 seria superior a 60%.**

O evento de interesse, nessa questão, corresponde ao animal permanecer vivo até o dia t=7 (vamos denominar de evento V). Pela tabela, podemos detectar que há 4050 animais vivos no dia t=7. Por essa razão, podemos concluir que, ao escolher um animal aleatoriamente, existem 4050 animais que irão permanecer vivos do dia t=4 até o dia t=7. Logo:

$$n(V) = 4050$$

Por fim, a probabilidade de escolher um animal em t=4 e ele permanecer vivo até o dia t=7 será de:

$$P(V) = \frac{n(V)}{n(\Omega)} = \frac{N^{\underline{o}}\ resltados\ favoráveis}{N^{\underline{o}}\ resltados\ possíveis}$$

$$P(V) = \frac{N^{\underline{o}}\ animais\ vivos\ até\ t = 7}{N^{\underline{o}}\ animais\ vivos\ no\ início\ de\ t = 4}$$

$$P(V) = \frac{4050}{7200} = 0,5625$$

Portanto, a probabilidade é de 0,5625 ou 56,25%, resultado é inferior a 60.

GABARITO: ERRADO.

21. **(CESPE – 2015 – DEPEN – AGENTE PENITENCIÁRIO FEDERAL)** Considerando que um estudo a respeito da saúde mental em meio prisional tenha mostrado que, se A = "o preso apresenta perturbação antissocial da personalidade" e B = "o preso apresenta depressão", então P(A) = 0,6 e P(B) = 0,5, julgue o item a partir dessas informações.

Os eventos A e B não são mutuamente excludentes e $0,1 \leq P(A \cap B) \leq 0,5$.

Certo ( )   Errado ( )

Para que dois eventos A e B sejam mutuamente exclusivos, a interseção entre esses eventos deve ser **nula**. Logo:

Se A e B são mutuamente exclusivos,

$$P(A \cap B) = 0$$

Se A ocorrer, B certamente não ocorrerá;
Se B ocorrer, A certamente não ocorrerá;

Assim, a união de A com B teria o seguinte valor:

$$P(A \cup B) = 0,6 + 0,5 - 0 = 1,1$$

Resultado impossível! Probabilidade não pode ser maior que 1.

Em síntese, os eventos A e B não podem ser mutuamente exclusivos, pois se a interseção fosse nula, a união desses dois eventos teria um valor de probabilidade maior do que 1,0. Tal resultado é impossível ao se tratar de probabilidade, pois violaria o 1º axioma da probabilidade $(0 \leq P(X) \leq 1)$.

Dessa forma, temos que a A e B não são mutuamente exclusivos. A primeira afirmativa da questão está correta!

Com isso, sabemos que existe uma interseção entre A e B. Portanto, com base na fórmula da união, existem duas possibilidades extremas:

1) A união tem valor mínimo e a interseção tem valor máximo de modo que B está contido em A, ou seja, o valor mínimo da união é a própria probabilidade de A. Veja:

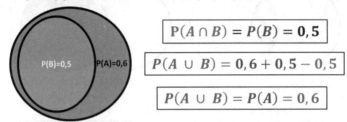

2) A união tem valor máximo e a interseção tem valor mínimo de modo que a união de A com B é igual a 1 (ou 100%):

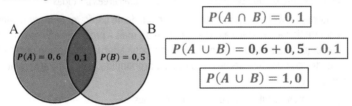

Apesar de não conhecermos o valor exato da interseção de A e B, sabemos os limites que o valor dessa probabilidade pode assumir. Portanto, temos que a interseção de A e B estará compreendida no seguinte intervalo:

$$0,1 \geq P(A \cap B) \geq 0,5$$

Em suma, a questão está correta, pois A e B **não** são mutuamente exclusivos e a probabilidade da interseção está compreendida entre $0,1 \geq P(A \cap B) \geq 0,5$.

GABARITO: CERTO.

22. **(CESPE – 2015 – DEPEN – AGENTE PENITENCIÁRIO FEDERAL)** As probabilidades dos eventos aleatórios A = "o infrator é submetido a uma pena alternativa" e B = "o infrator reincide na delinquência" são representadas, respectivamente, por P(A) e P(B). Os eventos complementares de A e B são denominados, respectivamente, por $\overline{A}$ e $\overline{B}$ e .

Considerando que P(A)=0,4, e que as probabilidades condicionais P(B|$\overline{A}$)=0,3 e P(B|A) = 0,1 julgue o item a seguir.

P(B) ≤ 0,2.

ESTATÍSTICA

Certo ( )   Errado ( )

A questão fornece a probabilidade do evento A (o infrator é submetido a uma pena alternativa) P(A)=0,4. Contudo, a questão não fornece a probabilidade do evento B (o infrator reincide na delinquência), apenas apresenta as probabilidades condicionais de B dado que A ocorreu [P(B|A)=0,1] e dado que A **não** ocorreu [P(B|($\bar{A}$))=0,3].

Nessa situação, podemos obter a probabilidade de B calculando a área da interseção com A e a área da interseção com **não** A ($\bar{A}$). A soma dessas duas interseções resultará na probabilidade de B. Veja a definição da fórmula a partir do diagrama:

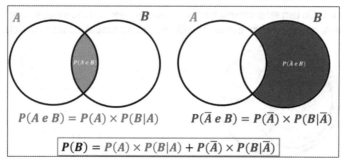

Essa definição também é conhecida como teorema da probabilidade total. Todo o digrama que representa B pode ser obtido somando as duas áreas pintadas.

Em outras palavras, vamos calcular probabilidade de o infrator reincidir na delinquência **e** ser submetido a uma pena alternativa P(A e B), mais a probabilidade de o infrator reincidir na delinquência **e não** ser submetido a uma pena alternativa separadamente P(($\bar{A}$)e B). A soma dessas duas interseções resultará na probabilidade de o infrator reincidir na delinquência P(B).

Agora, vamos calcular cada uma das interseções.

A interseção de A com B é calculada pelo produto das probabilidades de A com a probabilidade B dado que A ocorreu. Ambas as informações são fornecidas na questão P(A)=0,4 e P(B|A)=0,1, então facilmente podemos calcular essa interseção. Assim, temos que a primeira área é igual a:

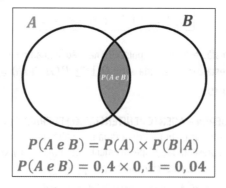

A outra área do diagrama B que precisamos calcular corresponde à diferença de B menos A (B-A). Nesse sentido, deve-se entender que tudo que não está dentro do diagrama A corresponde ao complementar de A, isto é, **não** A ($\bar{A}$). Assim, a área de B que não interseciona com A corresponde na interseção de B com **não** A.

Para calcular essa interseção, precisamos da probabilidade de não A. Como a probabilidade de A é 0,4, consequentemente o complementar para alcançar 1 é 0,6 [P($\bar{A}$)=0,6]. Além disso, é necessária a probabilidade de B dado que não A ocorreu. Essa informação também é fornecida na questão P(B|($\bar{A}$))=0,3. Portanto, a área da interseção de B com não A é igual a:

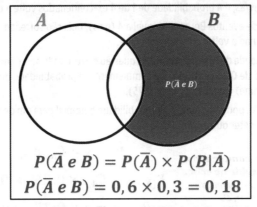

Com esses cálculos, podemos obter a probabilidade de B somando as duas áreas:

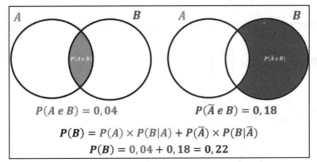

Por fim, a probabilidade de B é igual a 0,22, valor este maior que 0,2.

GABARITO: ERRADO.

23. **(CESPE – 2018 – POLÍCIA FEDERAL – AGENTE)** Determinado órgão governamental estimou que a probabilidade *p* de um ex-condenado voltar a ser condenado por algum crime no prazo de 5 anos, contados a partir da data da libertação, seja igual a 0,25. Essa estimativa foi obtida com base em um levantamento por amostragem aleatória simples de 1.875 processos judiciais, aplicando-se o método da máxima verossimilhança a partir da distribuição de Bernoulli. Sabendo que P(Z < 2) = 0,975, em que Z representa a distribuição normal padrão, julgue o item que se segue, em relação a essa situação hipotética.

Em um grupo formado aleatoriamente por 4 ex-condenados libertos no mesmo dia, estima-se que a probabilidade de que apenas um deles volte a ser condenado por algum crime no prazo de 5 anos, contados a partir do dia em que eles foram libertados, seja superior a 0,4.

Certo (   )   Errado (   )

ESTATÍSTICA

Inicialmente, deve-se compreender que o estudo sobre um condenado voltar a cometer algum outro crime caracteriza uma **distribuição de Bernoulli** com (ou volta cometer crime ou não volta). A partir do momento em que se observa um grupo de 4 ex-condenados, ocorre a expansão para uma **distribuição binomial** com .

O evento de interesse é: [...] **de 4 ex-condenados libertos no mesmo dia, estima-se que a probabilidade de que apenas um deles volte a ser condenado por algum crime [...]** em outras palavras, é a probabilidade de 1 de 4 ex-condenados volte a cometer um crime.

O número de eventos Bernoulli é igual a 4 **(n=4)**, pois são sorteados 4 ex-condenados que podem ou não a voltar cometer um crime.

A probabilidade de sucesso, que nessa questão corresponde ao ex-condenado voltar a cometer crime, é de 0,25 **(p=0,25)**. Em complemento, a probabilidade de fracasso (não voltar a cometer crime) é de 0,75 **(1-p=q=0,75)**.

Desse modo, podemos aplicar a probabilidade binomial para um de quatro ex-condenados voltar a cometer outro crime (X=1).

$$n = 4 \; Ex\text{-}condenados$$
$$s = 1 \; reincide \; no \; crime$$
$$f = 3 \; não \; reincide$$
$$p = 0,25$$
$$q = 0,75$$

$$P_{(X=s)} = C_{n,s} p^s q^f$$

$$P_{(X=1)} = C_{4,1} \times 0,25^1 \times 0,75^3$$

$$P_{(X=1)} = 4 \times 0,25^2 \times 0,8^3$$

Se os valores decimais forem transformados em fração, o cálculo será facilitado:

$$P_{(X=1)} = 4 \times \left(\frac{1}{4}\right)^1 \times \left(\frac{3}{4}\right)^3$$

$$P_{(X=1)} = \cancel{4} \times \left(\frac{1}{\cancel{4}}\right)^1 \times \left(\frac{3}{4}\right)^3$$

$$P_{(X=1)} = \left(\frac{3}{4}\right)^3 = \frac{27}{64} \cong 0,42$$

Como se verifica, a probabilidade é superior a 0,4.

GABARITO: CERTO.

24. **(CESPE – 2018 – POLÍCIA FEDERAL – AGENTE)** Determinado órgão governamental estimou que a probabilidade **p** de um ex-condenado voltar a ser condenado por algum crime no prazo de 5 anos, contados a partir da data da libertação, seja igual a 0,25. Essa estimativa foi obtida com base em um levantamento por amostragem aleatória simples de 1.875 processos judiciais, aplicando-se o método da máxima verossimilhança a partir da distribuição de Bernoulli. Sabendo que P(Z < 2) = 0,975, em que Z representa a distribuição normal padrão, julgue o item que se segue, em relação a essa situação hipotética.

Se X seguir uma distribuição binomial com parâmetros n = 1.000 e probabilidade de sucesso p, a estimativa de máxima verossimilhança da média de X será superior a 300.

Certo ( )   Errado ( )

A variável a aleatória X consiste na volta de um ex-condenado cometer algum outro crime. Foi afirmado que ela segue distribuição binomial com parâmetro , isto é, ela analisa as chances de 1.000 ex-condenados voltarem ou não a cometer outro crime. A probabilidade de sucesso corresponde a 0,25 (isto é, 25% de chances de voltar a ser condenado). Assim, tendo todos os parâmetros de uma binomial, a média ou valor esperado corresponde a seguinte expressão:

$$E(X) = np$$

$$E(X) = 1000 \times 0,25 = 250$$

Basta multiplicar a probabilidade de sucesso p com o número n de eventos Bernoulli (voltar ou não ser condenado). Portanto, a média de ocorrência é que a cada 1.000 ex-condenados, espera-se que 250 sejam **condenados novamente por algum outro crime.** A questão afirma ser superior a 300.

GABARITO: ERRADO.

25. **(CESPE – 2009 – ANAC – ESPECIALISTA)** Considere que, em uma população, 80% dos indivíduos estejam satisfeitos com os serviços prestados por uma companhia aérea e que uma amostra aleatória simples de 10 pessoas seja retirada dessa população. Considere, ainda, que X represente o número de pessoas na amostra satisfeitas com os serviços prestados por essa companhia aérea, seguindo uma distribuição binomial. Com relação a essa situação hipotética e tomando 0,17 como valor aproximado de $0,8^8$, julgue o item subsequente.

A variância de X é inferior a 1.

Certo ( )   Errado ( )

A questão apresenta a variável X (número de pessoas na amostra satisfeitas com os serviços prestados) e afirma que segue uma distribuição binomial. Com isso, precisamos identificar os parâmetros dessa binomial.

A probabilidade de sucesso, isto é, de obter um indivíduo satisfeito com os serviços prestados é igual a 80% **(p=0,8)**;

Em complemento, a probabilidade de fracasso, isto é, de obter um indivíduo insatisfeito com os serviços prestados é de 20% **(1-p=q=0,2)**.

O número de eventos Bernoulli é igual a 10 **(n=10)**, pois serão sorteadas 10 pessoas que podem estar satisfeitas ou não.

Com essas informações, podemos calcular a variância de X, que segue distribuição binomial, com a aplicação da fórmula. Veja:

$$Var(X) = npq$$

$$Var(X) = 10 \times 0,2 \times 0,8 = 1,6$$

Logo, a variância de X é maior do que 1.

GABARITO: ERRADO.

26. **(FUMARC – 2013 – PC/MG – ANALISTA DA POLÍCIA CIVIL)** Um laboratório farmacêutico é contratado para fornecer a uma clínica de fertilização lotes de kits de teste de ovulação com 50 unidades cada. Como, ocasionalmente, alguns kits se revelam ineficazes, a clínica quer proteger-se contra o risco de receber um número indesejável dos mesmos. Como não é possível testar todos os kits (já que o teste inutiliza o kit), o distribuidor adota o seguinte processo de seleção: extrai de

EST

Rodolfo Schmit

ESTATÍSTICA

cada lote uma amostra aleatória de 8 kits, contendo um número x de kits ineficazes. Se x = 0 , o lote é aceito. Se x ≥ 1, o lote é rejeitado.

Considerando que o tamanho do lote seja suficientemente grande para que a distribuição de X seja aproximadamente Binomial, com p = proporção desconhecida de kits ineficazes em cada lote, é CORRETO afirmar:

a) Se p = 0,30, a probabilidade de o lote ser rejeitado é menor que 0,60.
b) Conforme o valor de p aumenta, a probabilidade de o lote ser rejeitado diminui.
c) Se p = 0,20, o número médio de kits ineficazes, em um lote de 50 unidades, é igual a 10, com variância igual a 8.
d) Se o distribuidor, ao invés de 8, resolver extrair apenas 4 vacinas de cada lote para serem testadas, mantendo o valor de p constante, a probabilidade de o lote ser rejeitado continuará a mesma.

A questão apresenta uma problemática em que kits de teste de ovulação podem apresentar defeito ou não (evento Bernoulli). Para testar a eficiência dos kits, são coletados 8 kits (uma amostra, n=8).

O lote será aceito se nenhum dos oito kits apresentarem defeito (Se x = 0 , o lote é aceito); em contrapartida, basta um kit com defeito para o lote ser rejeitado (se x ≥ 1, o lote é rejeitado).

A variável X (número de kits com defeito) segue uma distribuição binomial com **n=8,** e **p** é a probabilidade de obter um kit com defeito (essa é a probabilidade de interesse, nessa questão). Esse valor não é fornecido, p = **proporção desconhecida de kits ineficazes em cada lote.**

Com isso, vamos analisar cada alternativa.

a) Se p = 0,30, a probabilidade de o lote ser rejeitado é menor que 0,60.

A probabilidade de obter um kit com defeito é igual a 0,3, em complementar, obter um kit sem defeito é 0,7. Podemos calcular a probabilidade de o lote ser aceito (não apresentar nenhum defeito X=0). Veja:

$$n = 8 \; kits$$
$$s = 0 \; defeito$$
$$f = 8 \; normal$$
$$p = 0,3$$
$$q = 0,7$$

$$P_{(X=s)} = C_{n,s} p^s q^f$$
$$P_{(X=0)} = C_{8,0} \times 0,3^0 \times 0,7^8$$
$$P_{(X=0)} = 1 \times 1 \times 0,7^8 = 0,7^8 = 0,06$$

Com isso, a probabilidade de o lote ser rejeitado (apresentar pelo menos um kit com defeito X≥1) será:

$$P(X \geq 1) = 1 - P(X = 0)$$
$$P(X \geq 1) = 1 - 0,06 = 0,94 = 94\%$$

Sabemos que o valor $0,7^8$ resultará em um valor muito baixo. Portanto, nem precisamos calcular essa potência (que seria um cálculo extenso). Assim, se a probabilidade de o lote ser aceito é muito baixa (aproximadamente 6%), a probabilidade de ser rejeitado será muito alta. Podemos verificar que essa alternativa está errada sem desenvolver todos os cálculos.

b) Conforme o valor de p aumenta, a probabilidade de o lote ser rejeitado diminui.

Se p é a probabilidade de um kit apresentar defeito, com o aumento de p, aumenta-se a probabilidade de um lote ser rejeitado, pois basta um kit apresentar defeito para o lote ser rejeitado. A alternativa está errada, já que afirma que a probabilidade diminui.

c) Se p = 0,20, o número médio de kits ineficazes, em um lote de 50 unidades, é igual a 10, com variância igual a 8.

Essa alternativa apresenta a binomial com p=0,2 e n=50. Assim, podemos calcular E(X) que representa o valor esperado (média) de X e a variância de X, Var(X). Veja:

$$E(X) = np = 50 \times 0,2 = 10$$

$$Var(X) = npq = 50 \times 0,2 \times 0,8 = 8$$

d) Se o distribuidor, ao invés de 8, resolver extrair apenas 4 vacinas de cada lote para serem testadas, mantendo o valor de p constante, a probabilidade de o lote ser rejeitado continuará a mesma.

Vamos adotar um valor de p constante igual a 0,3. Assim, vamos comparar apenas a diferença no tamanho da amostra n.

Considerando uma amostra com oito vacinas **(n=8),** a probabilidade de o lote ser aceito (X=0) é:

$$n = 8\ kits$$
$$s = 0\ defeito$$
$$f = 8\ normal$$
$$p = 0,3$$
$$q = 0,7$$

$$P_{(X=s)} = C_{n,s}p^s q^f$$
$$P_{(X=0)} = C_{8,0} \times 0,3^0 \times 0,7^8$$
$$P_{(X=0)} = 1 \times 1 \times 0,7^8 = 0,7^8$$

Em complemento, a probabilidade de ele ser rejeitado (X≥1) é:

$$P(X \geq 1) = 1 - P(X = 0)$$

$$P(X \geq 1) = 1 - 0,7^8$$

Considerando uma amostra com oito vacinas **(n=4),** a probabilidade de ser de o lote ser aceito (X=0) é:

$$n = 4\ kits$$
$$s = 0\ defeito$$
$$f = 4\ normal$$
$$p = 0,3$$
$$q = 0,7$$

$$P_{(X=s)} = C_{n,s}p^s q^f$$
$$P_{(X=0)} = C_{8,0} \times 0,3^0 \times 0,7^4$$
$$P_{(X=0)} = 1 \times 1 \times 0,7^4 = 0,7^4$$

Em complemento, a probabilidade de ele ser rejeitado (X≥1) é:

$$P(X \geq 1) = 1 - P(X = 0)$$

$$P(X \geq 1) = 1 - 0,7^4$$

Em suma, observe que o valor da probabilidade de o lote ser rejeitado é diferente para n=8 e n=4. Com n=8 a probabilidade de o lote ser rejeitado é $1-0,7^8$, enquanto com n=4 a probabilidade de o lote ser rejeitado é $1-0,7^4$. Nem é necessário resolver a potência para saber que os resultados serão diferentes.

Portanto, essa alternativa está errada, já que a probabilidade não continuará a mesma.

GABARITO: C.

Rodolfo Schmit

ESTATÍSTICA

27. **(CESPE – 2018 – POLÍCIA FEDERAL– AGENTE)** Em determinado município, o número diário X de registros de novos armamentos segue uma distribuição de Poisson, cuja função de probabilidade é expressa por $P(X = K) = \dfrac{e^{-M} M^K}{K!}$, em que **k = 0, 1, 2, ⊅**, e **M** é um parâmetro.

	dia				
	1	2	3	4	5
realização da variável X	6	8	0	4	2

Considerando que a tabela precedente mostra as realizações da variável aleatória **X** em uma amostra aleatória simples constituída por cinco dias, julgue o item que se segue.

A estimativa de máxima verossimilhança do desvio-padrão da distribuição da variável X é igual a 2 registros por dia.

Certo ( )   Errado ( )

O valor diário de novos armamentos segue uma distribuição de Poisson, sendo seu parâmetro **a frequência média de ocorrências sobre um intervalo de tempo,** representado nessa questão por M.

$X \sim \text{Poisson}(M)$

Assim, para determinar esse parâmetro, precisamos observar o comportamento dessa variável X e determinar uma frequência média de ocorrências. A questão nos fornece uma amostragem de cinco dias, com cinco observações quanto à variável registro de novos armamentos. Com isso, precisamos estimar o parâmetro M, calculando a média dessas cinco observações e, com isso, obter um valor de registros por dia. Logo:

$$\overline{X} = \dfrac{6+8+0+4+2}{5} = 4 \; registros/dia$$

Em uma variável aleatória que segue distribuição de Poisson, **o valor esperado (média) é igual à variância,** isto é:

$$\boxed{E(X) = Var(X) = 4}$$

Assim, como o desvio-padrão é a raiz quadrada da variância, logo temos que:

$$\boxed{DP(X) = \sqrt{4} = 2 \; registros/dia}$$

A questão afirma exatamente esse valor.
GABARITO: CERTO.

28. **(CESPE – 2018 – POLÍCIA FEDERAL – AGENTE)** Em determinado município, o número diário X de registros de novos armamentos segue uma distribuição de Poisson, cuja função de probabilidade é expressa por $P(X = K) = \dfrac{e^{-M} M^K}{K!}$, em que **k = 0, 1, 2, p,** e **M** é um parâmetro.

	dia				
	1	2	3	4	5
realização da variável X	6	8	0	4	2

Considerando que a tabela precedente mostra as realizações da variável aleatória *X* em uma amostra aleatória simples constituída por cinco dias, julgue o item que se segue.

Como a tabela não contempla uma realização do evento X = 7, é correto afirmar que P(X = 7) = 0.

Certo ( )   Errado ( )

A amostragem consiste em apenas algumas observações utilizadas para estimar o comportamento probabilístico da variável aleatória X que segue distribuição de Poisson. Assim, o fato de não ser verificada a observação de 7 registros de armas não quer dizer que a probabilidade dessa observação é igual a zero. Ao afirmar que uma variável segue distribuição de Poisson, sabemos que a probabilidade é mais elevada próximo ao parâmetro M e reduz conforme se afasta dele, no entanto, **todos os possíveis valores de registros têm uma probabilidade de ocorrer** (por mais que algumas observações tenham uma pequena probabilidade). Veja como está distribuída essa variável X:

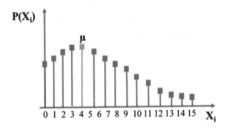

Se aplicarmos a fórmula de Poisson, encontraremos um valor de probabilidade para a ocorrência de 7 registros de armas:

$$P(X = k) = \dfrac{e^{-\mu} \mu^k}{k!}$$

$$P(X = 7) = \dfrac{e^{-4} 4^7}{7!}$$

Por conseguinte, a questão está errada, uma vez que o valor de probabilidade é diferente de zero.

GABARITO: ERRADO.

ESTATÍSTICA

29. **(CESPE – 2013 – CNJ – ANALISTA JUDICIÁRIO)** A quantidade de chamadas que uma central telefônica recebe por hora é modelado por uma distribuição de Poisson, com parâmetro $\lambda = 12$ chamadas por hora. Nesse caso, a probabilidade de a central telefônica receber exatamente duas chamadas em 20 minutos é igual a $\dfrac{12^6}{6!} e^{-12}$.

Certo ( )   Errado ( )

Vamos denominar de X a variável aleatória quantidade de chamadas que uma central telefônica recebe por hora. Essa variável segue uma distribuição Poisson com frequência média de ocorrências igual a 12 ($\mu=\lambda=12$ chamadas por hora).

$$X\sim\text{Poisson}(\mu = 12)$$

A probabilidade de interesse consiste em a central telefônica receber exatamente duas chamadas **em 20 minutos**. Observe que o intervalo de tempo em que queremos quantificar a probabilidade de duas ocorrências é diferente do intervalo de tempo da frequência média de ocorrência(μ ou λ). Entenda:

A probabilidade de interesse é de duas ocorrências **em 20 minutos**, enquanto a frequência média é de 12 chamadas **por hora (60 minutos)**.

Nesse caso, precisamos transformar o valor de (μ ou λ) para o intervalo de 20 minutos, a partir de uma simples proporção linear (ou regra de três). Entenda:

Em 60 *minutos* $(1\ hora)$, *a frequência média de ocorrências é* 12 *chamadas*

Em 20 *minutos* $\left(\dfrac{1}{3} de\ hora\right)$, *a frequência média de ocorrências será*?

$$12\ chamadas\ -\ 60\ minutos$$
$$\mu\ chamadas\ -\ 20\ minutos$$

$$\frac{12}{\mu} = \frac{60}{20}$$
$$\frac{12}{\mu} = 3$$

$$\mu = \frac{12}{3} = 4\ \text{ocorrências em } 20\ \text{minutos}$$

Assim, se temos uma média de 12 chamadas por hora (em 60 minutos), temos 4 chamadas em 20 minutos.

Observação: quando o intervalo de tempo da frequência média de ocorrências e a probabilidade de interesse forem diferentes, sempre devemos ajustar o parâmetro da Poisson (μ ou λ) para o intervalo da probabilidade de interesse. Nesse caso, ajustar 12 ocorrências por hora para 4 ocorrências em 20 minutos. Nunca devemos ajustar duas chamadas em 20 minutos para 6 chamadas em 60 minutos (1 horas).

Assim, temos $\mu = \lambda = 4$ e queremos quantificar a probabilidade de ocorrer 2 chamadas em 20 minutos (X=2). Para isso, o cálculo será:

$$P(X=k) = \frac{e^{-\mu}\mu^k}{k!}$$

$$P(X=2) = \frac{e^{-4}4^2}{2!} = \frac{4^2}{2!}e^{-4}$$

Desse modo, a questão está errada, pois é diferente de $\frac{12^6}{6!}e^{-12}$. A questão queria que o candidato transformasse a probabilidade de interesse para uma hora, nesse caso a probabilidade seria igual $\frac{12^6}{6!}e^{-12}$. Contudo, sempre precisamos ajustar a taxa média de ocorrências, pois é uma pressuposição de Poisson (μ ou λ) que é constante durante todas as ocorrências de X.

GABARITO: ERRADO.

30. **(CESPE – 2013 – TRT 10ª REGIÃO – ANALISTA JUDICIÁRIO)** No concurso de loterias denominado Miniquina, o apostador pode marcar 5, 6 ou 7 dezenas em uma cartela que possui as dezenas de 01 a 15. Nesse concurso, o prêmio principal é dado ao apostador que marcar em sua cartela as cinco dezenas sorteadas aleatoriamente em uma urna.

Caso um apostador marque 5 dezenas em sua cartela, a chance de ele acertar exatamente uma dezena entre as 5 sorteadas será superior a 30%.

Certo ( )   Errado ( )

No concurso de loteria apresentado na questão, temos 15 dezenas que podem ser sorteadas ou não (01 a 15). Como as dezenas sorteadas não podem ser novamente sorteadas, temos a não reposição. Isso caracteriza uma distribuição **hipergeométrica**, pois temos sucessivos eventos Bernoulli (sucesso e fracasso) com probabilidades dependentes.

A probabilidade para uma variável que segue distribuição hipergeométrica é:

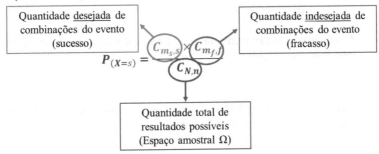

Ao todo, 5 dezenas são sorteadas aleatoriamente. Assim, das 15 dezenas (**N=15**), 5 serão sorteadas (**m_s=5**) e 10 não serão sorteadas (**m_f=10**). Logo:

ESTATÍSTICA

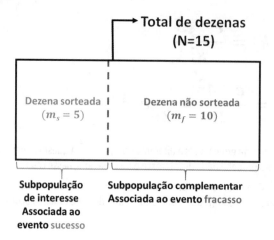

$$N = m_s + m_f$$
$$15 = 5 + 10$$

A probabilidade de interesse é de que o apostador acerte uma dezena (**s=1**) de 5 sorteadas (**n=5**), sem reposição. Se o apostador acerta uma dezena, logo, ele irá errar 4 (**f=4**).

$$n = s + f$$
$$5 = 1 + 4$$

Agora, vamos calcular todas as combinações para a fórmula da hipergeométrica.

As combinações possíveis para o evento de sucesso é acertar uma que foi apostada de 5 sorteadas:

$$C_{m_s,s} = C_{5,1} = 5$$

As combinações para o evento de fracasso é errar 4 dezenas que foram apostadas sob um total de 10 não sorteadas:

$$C_{m_f,f} = C_{10,4} = 210$$

O espaço amostral, que representa todas as combinações possíveis, é 5 números apostados sob um total de 15 dezenas:

$$C_{N,n} = C_{15,5} = 3003$$

Logo, a probabilidade hipergeométrica para acertar uma dezena das cinco apostadas (sem reposição) é:

$$P_{(X=1)} = \frac{C_{5,1} \times C_{10,4}}{C_{15,5}}$$

$$P_{(X=1)} = \frac{5 \times 210}{3003} = \frac{1050}{3003} = 0,35 = 35\%$$

Por fim, essa questão está certa, já que a probabilidade é de 35% superior a 30%, conforme indicado pela questão.

GABARITO: CERTO.

31. **(CESPE – 2016 – TCE/PA – AUDITOR DE CONTROLE EXTERNO)** A respeito de uma variável aleatória contínua U, uniformemente distribuída no intervalo [0, 1], julgue o seguinte item.

A variância de U é inferior a 1/10.

Certo ( )   Errado ( )

A variável U possui distribuição uniforme contínua no intervalo de 0 a 1. Assim, temos que os parâmetros para definir a distribuição de U são seu valor mínimo ($U_{mín}$=**0**) e seu valor máximo ($U_{máx}$=**1**).

Toda variável com distribuição uniforme tem a variância calculada da seguinte forma:

$$Var(U) = \frac{(U_{máx} - U_{min})^2}{12}$$

Conhecendo os valores mínimo e máximo da variável U, basta aplicar o cálculo da variância. Veja:

$$Var(U) = \frac{(1-0)^2}{12} = \frac{1}{12}$$

Logo, a variância de U é 1/12, valor este que é inferior a 1/10.

GABARITO: CERTO.

32. **(CESPE – 2018 – POLÍCIA FEDERAL – ESCRIVÃO)** Um estudo mostrou que a quantidade mensal Y (em quilogramas) de drogas ilícitas apreendidas em certo local segue uma distribuição exponencial e que a média da variável aleatória Y é igual a 10 kg.

Considerando que F(y) = P(Y ≤ y) represente a função de distribuição de Y, em que y é uma possível quantidade de interesse (em kg), e que 0,37 seja valor aproximado de e^{-1}, julgue o item subsecutivo.

P(Y ≥ 10 kg) > P(Y < 10 kg)

Certo ( )   Errado ( )

Sabemos que a média dessa variável é igual a 10 kg, portanto, o parâmetro λ corresponde ao inverso desse valor, isto é, 0,1. Porém, podemos resolver esta questão sem aplicar o cálculo de função distribuição acumulada **F(X)**, como foi indiretamente sugerido. Isso porque, ao se perguntar a probabilidade de obter um valor maior ou menor que a média, em uma exponencial, sabemos a resposta simplesmente pelo fato de ser uma distribuição **assimétrica positiva**.

Uma distribuição assimétrica positiva tem **a média maior que a mediana**, desse modo, abaixo da média temos mais que 50% dos dados acumulados e, consequentemente, acima da média temos uma probabilidade menor que a metade. Entenda:

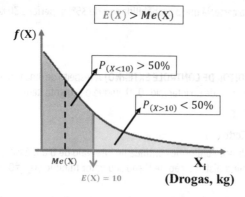

Logo, a questão está errada, pois afirma exatamente o contrário.

Podemos comprovar esse resultado também utilizando a fórmula da distribuição acumulada de probabilidade exponencial, em que:

$F(X) = 1 - e^{-\lambda x}$

$\lambda = \dfrac{1}{10} \quad X = 10$

$F(X) = 1 - e^{-\frac{10}{10}}$

$e^{-1} = 0,37$

$F(X) = 1 - 0,37 = 0,63$

A média em uma distribuição exponencial acumula 63% de probabilidade, isto é, existe uma probabilidade de 63% de apreender drogas com quantidade de até 10 kg.

Portanto, existe uma probabilidade **maior** de obter drogas apreendidas **abaixo** da (<10 kg) do que **acima** da (>10 kg).

GABARITO: ERRADO.

33. **(CESPE – 2018 – POLÍCIA FEDERAL – ESCRIVÃO)** Um estudo mostrou que a quantidade mensal Y (em quilogramas) de drogas ilícitas apreendidas em certo local segue uma distribuição exponencial e que a média da variável aleatória Y é igual a 10 kg.

Considerando que F(y) = P(Y ≤ y) represente a função de distribuição de Y, em que y é uma possível quantidade de interesse (em kg), e que 0,37 seja valor aproximado de e[-1], julgue o item subsecutivo.

O desvio-padrão da variável aleatória Y é superior a 12 kg.

Certo ( )   Errado ( )

Conhecendo as propriedades de uma distribuição exponencial, facilmente podemos responder a essa questão. Isso porque **o valor esperado (média) é igual ao desvio-padrão na exponencial**. Logo, o desvio-padrão será 10 kg de drogas apreendidas, e não superior a 12 kg. Veja as deduções:

$$E(X) = \frac{1}{\lambda} \quad Var(X) = \frac{1}{\lambda^2}$$

$$DP(X) = \sqrt{\frac{1}{\lambda^2}} = \frac{1}{\lambda}$$

$$E(X) = DP(X) = \frac{1}{\lambda}$$

GABARITO: ERRADO.

34. **(CESPE– 2018 – POLÍCIA FEDERAL – AGENTE)** O valor diário (em R$ mil) apreendido de contrabando em determinada região do país é uma variável aleatória W que segue distribuição normal com média igual a R$ 10 mil e desvio-padrão igual a R$ 4 mil.

    Nessa situação hipotética, P(W > R$ 10 mil) = 0,5.

    Certo ( )   Errado ( )

    A questão informa que a variável aleatória W segue uma distribuição normal com média igual a R$ 10 mil. Ao conhecer o fenômeno probabilístico de uma distribuição normal, sabe-se que ela é simétrica, isto é, **a média é igual à mediana**. Assim, qualquer valor abaixo ou acima da média (que, nesse caso, é R$ 10 mil) tem probabilidade de 50%.

    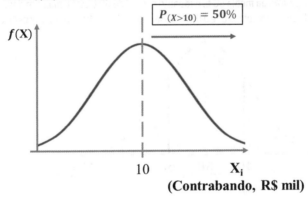
    (Contrabando, R$ mil)

    A questão expressa exatamente isso: P(W>R$ 10 mil) = 0,5.

    GABARITO: CERTO.

35. **(CESPE – 2018 – POLÍCIA FEDERAL – PAPILOSCOPISTA)** De acordo com uma agência internacional de combate ao tráfico de drogas, o volume diário de cocaína líquida (X, em litros) apreendida por seus agentes segue uma distribuição normal com média igual a 50 L e desvio-padrão igual a 10 L. A partir dessas informações e considerando que Z representa uma distribuição normal padrão, em que P(Z ≤ -2) = 0,025, julgue o item subsecutivo.

    O valor mais provável para a realização da variável X é 50 litros, de modo que P(X = 50 litros) > P(X = 30 litros).

    Certo ( )   Errado ( )

A CESPE em um concurso da Polícia Federal, utiliza a afirmação capciosa da **probabilidade no ponto para distribuições de probabilidade de variáveis contínuas!** A probabilidade para um valor específico, seja P(X = 50 litros), seja P(X = 30 litros), **será sempre zero**. Logo, a questão está errada, pois não há como uma probabilidade no ponto ser maior que a outra (ambas são iguais a zero). Assim:

$$P_{(X=50)} = P_{(X=30)} = 0$$

GABARITO: ERRADO.

36. **(CESPE – 2018 – PAPILOSCOPISTA – POLÍCIA FEDERAL)** De acordo com uma agência internacional de combate ao tráfico de drogas, o volume diário de cocaína líquida (X, em litros) apreendida por seus agentes segue uma distribuição normal com média igual a 50 L e desvio-padrão igual a 10 L. A partir dessas informações e considerando que Z representa uma distribuição normal padrão, em que P(Z ≤ -2) = 0,025, julgue o item subsecutivo.

P(X < 60 litros) = P(X ≥ 40 litros)

Certo ( )   Errado ( )

Essa é outro tipo de questão que pode ser respondida simplesmente conhecendo as propriedades de uma distribuição normal. Veja que a questão pergunta sobre a probabilidade de dois valores que **estão afastados da média a mesma distância**. O valor de 40 L está a menos um desvio-padrão da média 50 L, enquanto o valor de 60 L está a mais um desvio-padrão da média 50 L. Com isso, temos que a P(X < 60 litros) e a P(X ≥ 40 litros) são espelhadas. Entenda:

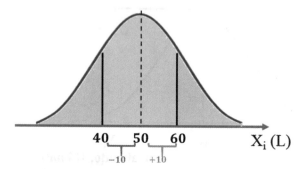

Assim, podemos concluir que:

$$P_{(X>40)} = P_{(X<60)}$$

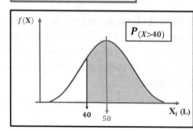
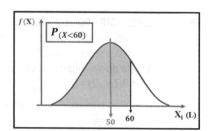

Logo, questão está correta ao afirmar que as probabilidades são iguais.

GABARITO: CERTO.

37. **(CESPE – 2018 – POLÍCIA FEDERAL – PAPILOSCOPISTA)** De acordo com uma agência internacional de combate ao tráfico de drogas, o volume diário de cocaína líquida (X, em litros) apreendida por seus agentes segue uma distribuição normal com média igual a 50 L e desvio-padrão igual a 10 L. A partir dessas informações e considerando que Z representa uma distribuição normal padrão, em que P(Z ≤ -2) = 0,025, julgue o item subsecutivo.
P(X > 70 litros) = 0,05.

Certo ( )   Errado ( )

Para conhecer a probabilidade de qualquer valor de uma distribuição normal, precisamos transformá-lo para uma distribuição normal padrão (Z). Para isso, basta aplicar a fórmula:

$$Z = \frac{X - \mu_X}{\sigma_X}$$

$$Z = \frac{70 - 50}{20} = 2$$

Assim, a probabilidade de obter um valor maior que 70 L corresponde a obter um valor Z maior que 2, **P(X > 70 litros) = P(Z > 2)**.

$$P(X > 70L) = P(Z > 2)$$

A probabilidade de é simétrica (espelhada) à probabilidade de , informação dada pela questão. Logo, se a **P(Z ≤ -2) = 0,025**, então a probabilidade **P(Z > 2)** também será igual a **0,025 ou 2,5%**.

$$P(Z < -2) = P(Z > 2) = 0,025$$

GABARITO: ERRADO.

38. **(CESPE – 2009 – TRT 17ª REGIÃO – ANALISTA JUDICIÁRIO)** Uma companhia necessita constituir provisões financeiras para despesas decorrentes de processos judiciais por reclamações trabalhistas. Considere que o total anual dessas despesas seja igual a X, em que X segue uma distribuição normal com média igual a R$ 30 mil e desvio-padrão, R$ 10 mil.
Tendo como referência essa situação, julgue o item a seguir, assumindo que Φ(2) = 0,977, em que Φ(z) representa a função de distribuição acumulada da distribuição normal padrão.

A probabilidade de que se disponibilize um total X inferior a R$ 8 mil por ano é menor que 0,03.

Certo ( )   Errado ( )

A variável em estudo X corresponde ao total anual de despesas, em que X segue uma distribuição normal com média igual a R$ 30 mil e desvio-padrão igual a R$ 10 mil.

$$X{\sim}\text{Normal}(\mu = 30mil;\ \sigma = 10mil)$$

Além disso, a questão fornece a probabilidade **acumulada** da variável Z, que segue distribuição **normal padrão**. Especificamente, a questão informa que Z=2 tem uma probabilidade acumulada de 97,7% ou 0,977, representada por Φ(2)=0,977. Podemos compreender esse resultado, graficamente, por:

EST

Rodolfo Schmit

ESTATÍSTICA

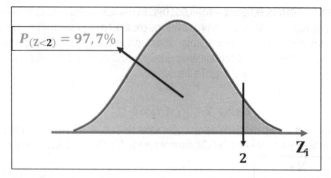

Essa informação será útil para resolver a questão. Para isso, vamos primeiramente identificar a probabilidade de interesse: **a probabilidade de que se disponibilize um total X inferior a R$ 8 mil por ano.**

Portanto, queremos detectar a probabilidade de encontrar um valor X inferior a R$ 8 mil, isto é, **P(X<8)**. Se X segue uma distribuição normal, podemos padronizar o valor 8 para uma distribuição normal padrão Z e identificar a probabilidade de interesse. A padronização de uma variável com distribuição normal qualquer é feita da seguinte forma:

$$Z = \frac{X - \mu_X}{\sigma_X}$$

$$Z = \frac{8 - 30}{10}$$

$$Z = \frac{-2,2}{10} = -2,2$$

Assim, a P(X<8) é equivalente a P(Z<-2,2). Isso porque o valor de R$ 8 mil está a − 2,2 desvios-padrão de distância da (R$ 30 mil).

Com a padronização de X para Z, podemos deduzir uma possível probabilidade de X assumir um valor menor que R$ 8 mil, observando os valores de Z e as probabilidades já conhecidas.

Sabemos que um valor Z menor que 2 (Z<2) tem 97,7%, consequentemente, um valor Z maior que 2 (Z>2) terá 2,3%. Veja:

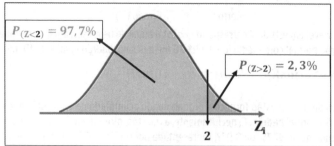

O valor Z de interesse (-2,2) está na escala negativa (valor inferior à média), assim, é preciso identificar as relações de probabilidade para o valor Z espelhado para o lado negativo. Como a distribuição normal é perfeitamente simétrica, as relações de probabilidade para um valor Z=2 serão idênticas para o valor Z=-2. Assim, temos:

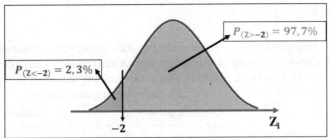

Portanto, a probabilidade de Z assumir um valor menor do que -2 é igual a 2,3% ou 0,023. Contudo, queremos a quantificar a probabilidade de obter um valor menor que R$ 8 mil, que corresponde a uma probabilidade menor que -2,2 na distribuição normal padrão Z. Com isso, precisamos analisar intuitivamente!

A área de Z<-2,2 será menor que a área Z<-2. Assim, a probabilidade P(Z<-2,2) será inferior à probabilidade P(Z<-2) e, portanto, a probabilidade de Z assumir um valor menor que -2,2 será inferior a 2,3% ou 0,023. Entenda:

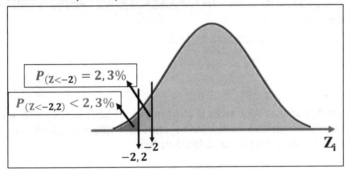

Logo, a probabilidade de Z<-2,2 será inferior a 2,3% ou 0,023. Da mesma forma, a probabilidade de X<8 será também inferior a 2,3%. Portanto, a questão está correta, pois certamente a probabilidade X<8 será inferior a 0,03 (ou 3%).

$$P_{(Z<-2,2)} = P_{(X<8)} < 2,3\%$$

GABARITO: CERTO.

39. **(CESPE – 2018 – POLÍCIA FEDERAL – AGENTE)** O valor diário (em R$ mil) apreendido de contrabando em determinada região do país é uma variável aleatória W que segue distribuição normal com média igual a R$ 10 mil e desvio-padrão igual a R$ 4 mil.

Nessa situação hipotética, a razão W-20/ √4 segue distribuição normal padrão.

Certo ( )   Errado ( )

A questão aplica uma transformação para variável aleatória W, com distribuição normal, e pergunta se essa transformação resultará em uma distribuição **normal padrão**. Para uma variável seguir distribuição normal padrão, ela deve ter média e desvio-padrão igual a:

ESTATÍSTICA

$$\text{Normal Padrão} \begin{cases} \mu = 0 \\ \sigma = 1 \end{cases}$$

Dessa forma, basta aplicar as propriedades do valor esperado e da variância para certificar se a transformação **W-20/√4** resultará em uma variável com média zero e desvio-padrão igual a 1. Veja que a transformação resultou em operações de subtração e divisão, com isso, sabe-se que o valor esperado e a variância sofrerão os seguintes efeitos:

Transformação	Valor Esperado	Variância
Soma/Subtração da variável aleatória por uma constante $(X \pm k)$	É somado/subtraído pelo mesmo valor da constante: $E(X) \pm k$	Não é afetada pela soma/subtração: $Var(X)$
Multiplicação/divisão da variável aleatória por uma constante $(X \times k)$	É multiplicado/dividido pelo mesmo valor da constante: $E(X) \times k$	É multiplicado/dividido pelo quadrado da constante: $Var(X) \times k^2$

Então, a subtração de afetará a média em , porém **não afetará** o valor da variância e do desvio-padrão. A divisão por √4=2 , dividirá a média por 2 e dividirá a variância por 4 e o desvio-padrão por 2.

Portanto, para o valor esperado de , temos que:

$$\frac{E(W) - 20}{2} = \frac{10 - 20}{2} = \frac{-10}{2} = -5$$

Somente com essa informação já conseguimos nos certificar de que a transformação **W-20/√4** não resultará em uma variável com distribuição normal. Porém vamos observar o efeito da transformação para o desvio-padrão :

$$\frac{DP(W) - 20}{2} = \frac{4 \cancel{-} 20}{2} = \frac{4}{2} = 2$$

Com isso, a transformação resulta em uma nova variável com média igual a -5 e desvio-padrão igual a 2. Portanto, não segue uma distribuição normal padrão.

GABARITO: CERTO.

40. **(CESPE – 2018 – POLÍCIA FEDERAL – AGENTE)** O valor diário (em R$ mil) apreendido de contrabando em determinada região do país é uma variável aleatória W que segue distribuição normal com média igual a R$ 10 mil e desvio-padrão igual a R$ 4 mil.

Nessa situação hipotética, se W1 e W2 forem duas cópias independentes e identicamente distribuídas como W, então a soma W1 + W2 seguirá distribuição normal com média igual a R$ 20 mil e desvio-padrão igual a R$ 8 mil.

Certo ( )   Errado ( )

A questão fornece outra aplicação de transformação de variáveis aleatórias e pergunta os valores da média e do desvio-padrão dessa nova variável. A transformação aplicada consiste na soma de duas variáveis aleatórias W1 + W2 **independentes e idênticas** (distribuição normal, média de R$ 10 mil, desvio-padrão igual R$ 4 mil e variância de R$² 16 mil). Ao somar duas variáveis aleatórias independentes, temos a aplicação da seguinte propriedade:

Transformação	Valor Esperado	Variância
Soma/subtração entre duas variáveis aleatórias $(X \pm Y)$	Corresponde a soma/subtração das duas variáveis aleatórias: $E(X) \pm E(Y)$	Se Independentes, corresponde a **soma** das duas variáveis aleatórias $Var(X) + Var(Y)$

Em outros termos, a soma de duas variáveis aleatórias resultará em uma nova variável com valor esperado (média) igual a soma da média de cada variável. O mesmo ocorre com a variância. Portanto, temos que:

$$\boxed{\text{Variável W1}} + \boxed{\text{Variável W2}} = \boxed{\text{Nova Variável W3}}$$

Distribuição Normal $\qquad$ Distribuição Normal $\qquad$ Distribuição Normal

$$E(X) = R\$ \ 10 \ mil \qquad E(X) = R\$ \ 10 \ mil \qquad E(X) = 20 \ min$$
$$Var(X) = R\$^2 \ 16 \ mil \quad Var(X) = R\$^2 \ 16 \ mil \quad Var(X) = 32 \ min^2$$

$$E(W3) = R\$ \ 10 \ mil + R\$ \ 10 \ mil = R\$ \ 20 \ mil$$

$$Var(W3) = R\$^2 \ 16 \ mil + R\$^2 \ 16 \ mil = R\$^2 \ 32 \ mil$$

Veja que a propriedade da soma das variáveis aleatórias se aplica a **variância** e não ao desvio-padrão. O desvio-padrão da nova variável aleatória, que denominamos de W3, é igual a $\sqrt{32} \cong 5,66$. Esse valor, no entanto, é diferente de R$ 8 mil fornecido na questão. Fica bem evidente que a banca intentava que o candidato se confundisse com a propriedade das transformações de variáveis aleatórias e aplicasse a soma dos desvios-padrão, o que levaria ao resultado de R$ 8 mil.

GABARITO: ERRADO.

41. **(CESPE – 2009 – ANAC – ESPECIALISTA)** Considere duas variáveis aleatórias, V e Z, em que V possui distribuição binomial com n = 1 e p = 0,2, enquanto Z possui distribuição binomial com n = 1 e p = 0,8. Considerando que a covariância entre V e Z é igual a 0,04, julgue o item que se segue.

A diferença entre Z e V segue uma distribuição com média igual a 0,6 e variância igual a 0,32.

Certo ( )   Errado ( )

A questão apresenta duas variáveis aleatórias com distribuição binomial V e Z. Veja que ambas possuem n=1, o que define mais precisamente como uma variável Bernoulli. Contudo, toda Bernoulli consiste em uma binomial com n=1.

A variável V possui probabilidade de sucesso igual a 0,2 **(p=0,2)**, enquanto Z possui probabilidade de sucesso igual a 0,8 **(p=0,8)**. Além disso, a questão fornece a covariância de V e Z **(Cov=0,04)** e não destaca que as variáveis são independentes. Dessa forma, vamos trabalhar que exista uma relação de dependência entre V e Z, afinal se elas fossem independentes a covariância deveria ser nula.

Com isso, é questionado o valor da média e da variância da transformação de Z menos W (a diferença entre variáveis aleatórias, Z-W). Para isso, devemos conhecer as propriedades do valor esperado e da variância quando ocorre a subtração de variáveis aleatórias. Veja:

EST

Rodolfo Schmit

Transformação	Valor Esperado	Variância
Soma/subtração entre duas variáveis aleatórias $(Z \pm V)$	Corresponde a soma/subtração das duas variáveis aleatórias: $E(Z) \pm E(V)$	Se Independentes: $Var(Z) + Var(V)$ Se dependentes: $Var(Z) + Var(V) \pm 2Cov(Z, V)$

Assim, a média da subtração de V com Z é:

$$E(Z - V) = E(Z) - E(V)$$

Como ambas são variáveis que seguem Bernoulli, a (ou valor esperado) é igual à probabilidade de sucesso. Logo:

$$E(Z - V) = 0,8 - 0,2 = 0,6$$

Em seguida, a variância de Z-V é:

$$Var(Z - V) = Var(Z) + Var(V) - 2Cov(Z, V)$$

A variância de Z e V, por seguirem Bernoulli, é:

$$Var(Z) = pq = 0,2 \times 0,8 = 0,16$$

$$Var(V) = pq = 0,8 \times 0,2 = 0,16$$

Aplicando a propriedade da variância, temos que a Var(Z-V) será:

$$Var(Z - V) = 0,16 + 0,16 - 2 \times 0,04$$

$$Var(Z - V) = 0,32 - 0,08 = 0,24$$

Dessa forma, a questão está errada, pois temos média igual a 0,6 e variância igual a 0,24.

O erro na questão foi não considerar o efeito da covariância, que deve ser aplicada quando temos variáveis **dependentes.**

GABARITO: ERRADO.

X	Y		
	0	1	2
0	0	0,1	0,1
1	0,05	0,1	0,15
2	0,2	0,2	0,1

42. **(CESPE – 2009 – FINEP – TÉCNICO)** As linhas de produção I e II fabricam, cada uma, um tipo de peça diferente. Os números de peças produzidas pelas linhas I e II são iguais a X e Y, respectivamente. A distribuição de probabilidade do par (X, Y) é apresentada na tabela acima. Com base nessas informações e na tabela apresentada, assinale a opção correta.

a) Em 10% dos casos, a linha de produção I produz uma peça.

b) A probabilidade de a linha de produção II produzir uma ou duas peças é igual a 0,25.

c) A probabilidade de que a produção total das duas linhas seja superior a 2 é igual a 0,45.

d) As duas linhas produzem a mesma quantidade de peças com probabilidade igual a 0,3.

e) A produção da linha II é maior do que a produção da linha I, com probabilidade 0,45.

Nessa questão, temos o estudo de uma variável aleatória bidimensional que analisa duas linhas de produção, denominadas I e II. As variáveis que compõem a bidimensional são:

Variável X →**Número de peças produzidas pela linha** I
$$X = \{0, 1, 2\}$$

Variável Y →**Número de peças produzidas pela linha** II
$$Y = \{0, 1, 2\}$$

A distribuição conjunta de probabilidade X e Y é apresentada na tabela fornecida pela questão.

Agora, vamos analisar cada alternativa e obter as conclusões válidas!

a) Em 10% dos casos, a linha de produção I produz uma peça.

A probabilidade da produção isolada da linha de produção I pode ser obtida pela probabilidade marginal de X. Com ela, podemos verificar o valor da probabilidade da linha I produzir uma peça, isto é, P(X=1). Veja:

X\Y	0	1	2	P(X)
0	0	0,10	0,10	**0,20**
1	0,05 + 0,10 + 0,15			**0,30**
2	0,20	0,20	0,10	**0,50**

Assim, temos que, em 30% dos casos, a linha de produção I produz uma peça.

b) A probabilidade de a linha de produção II produzir uma ou duas peças é igual a 0,25.

A probabilidade de a linha II produzir **uma ou duas peças** consiste na soma das probabilidades marginais de Y onde Y=1 e Y=2. Veja:

EST

Rodolfo Schmit

ESTATÍSTICA

X\Y	0	1	2	P(X)
0	0	0,10	0,10	0,20
1	0,05	0,10	0,15	0,30
2	0,20	0,20	0,10	0,50
P(Y)	0,25	0,40	0,35	1

$$P_{(Y=1 \, ou \, Y=2)} = 0,40 + 0,35 = 0,75$$

Assim, temos que a probabilidade é igual a 0,75. Alternativa errada.

c) A probabilidade de que a produção total das duas linhas seja superior a 2 é igual a 0,45.

Para que a produção da linha I e II tenha um total com mais de duas peças, temos três possibilidades que geram esse resultado:

A linha I produzir 1 peça e a linha II produzir 2 peças $P_{(X=1 \, e \, Y=2)}$;

A linha I produzir 2 peças e a linha II produzir 1 peça $P_{(X=2 \, e \, Y=1)}$;

As duas linhas produzirem 2 peças cada $P_{(X=2 \, e \, Y=2)}$.

Portanto:

X\Y	0	1	2	P(X)
0	0	0,10	0,10	0,20
1	0,05	0,10	0,15	0,30
2	0,20	0,20	0,10	0,50
P(Y)	0,25	0,40	0,35	1

$$P_{(>2 \, peças)} = 0,15 + 0,20 + 0,10 = 0,45$$

Com isso, temos que as somas dessas probabilidades conjuntas resultam em 0,45.

d) As duas linhas produzem a mesma quantidade de peças com probabilidade igual a 0,3.

Para que as duas linhas produzam a mesma quantidade, temos as seguintes possibilidades:

Ambas não produzem peça alguma $P_{(X=0 \, e \, Y=0)}$;

Ambas produzem uma peça cada $P_{(X=1 \, e \, Y=1)}$;

Ambas produzem duas peças cada $P_{(X=2 \, e \, Y=2)}$.

Logo, temos os seguintes valores:

X\Y	0	1	2	P(X)
0	0	0,10	0,10	0,20
1	0,05	0,10	0,15	0,30
2	0,20	0,20	0,10	0,50
P(Y)	0,25	0,40	0,35	1

$$P_{(=\,qtd\,pe\varsigma as)} = 0 + 0,10 + 0,10 = \mathbf{0,20}$$

Assim, a probabilidade de as duas linhas produzirem a mesma quantidade de peças é igual a 0,20.

e) A produção da linha II é maior do que a produção da linha I, com probabilidade 0,45.

A produção da linha II pode ser quantificada pelo valor esperado de Y, ao mesmo tempo, a produção da linha I pode ser obtida pelo valor esperado de X. Para isso, precisamos das probabilidades marginais de X e Y:

X\Y	0	1	2	P(X)
0	0	0,10	0,10	0,20
1	0,05	0,10	0,15	0,30
2	0,20	0,20	0,10	0,50
P(Y)	0,25	0,40	0,35	1

A produção esperada da linha II é:

$$E(Y) = \sum Y_i \times P_{(Y_i)}$$

$$E(Y) = 0 \times 0,25 + 1 \times 0,40 + 2 \times 0,35$$

$$E(Y) = 0 + 0,40 + 0,70 = 1,10$$

Já a produção esperada da linha I é:

ESTATÍSTICA

$$E(X) = 0 \times 0,20 + 1 \times 0,30 + 2 \times 0,50$$

$$E(X) = 0 + 0,30 + 1,0 = 1,30$$

Por fim, a produção da linha II é de 1,1 peças, enquanto a produção da linha I é de 1,30 peças. Logo, a produção da linha II é **inferior** à linha I.

GABARITO: C.

43. **(CESPE – 2013 – ANALISTA JUDICIÁRIO)** Uma máquina de café expresso precisa ser reiniciada algumas vezes durante o dia, devido ao uso excessivo. A tabela a seguir mostra a distribuição de probabilidade conjunta do número de vezes que ela é reiniciada na parte da manhã (M) e na parte da tarde (T).

M\T	0	1	2
0	0,10	0,10	0,30
1	0,04	0,06	0,12
2	0,06	0,10	x

Considerando essa tabela, julgue o próximo item.

O número de vezes que a máquina é reiniciada na parte da tarde depende do número de vezes que ela é reiniciada pela manhã.

Certo ( )   Errado ( )

Nessa questão, temos o estudo probabilístico de uma máquina de café ser reiniciada no período da manhã e da tarde. Nesse contexto, o objetivo da questão é verificar se o número de vezes que a máquina é reiniciada pela tarde **depende** do número de vezes que ela é reiniciada pela manhã.

A variável número de vezes que a máquina de café é reiniciada pela manhã é denominada de M; já a variável número de vezes que a máquina é reiniciada pela tarde é denominado de T. O conjunto (M, T) consiste na variável bidimensional.

Quando temos uma variável aleatória discreta bidimensional, vamos conseguir identificar que essas variáveis são independentes se, e somente se, a probabilidade conjunta $P_{(m \, e \, t)}$, **em todos os pares,** for igual ao produto das probabilidades marginais de $P_{(m)}$ e $P_{(t)}$. Isto é:

Duas variáveis são independentes, se, e somente se:

$$P_{(M_i \, e \, T_j)} = P_{(M_i)} \times P_{(T_i)}$$

⚠ *Para todos os pares i e j*

Com isso, precisamos verificar se, em todos os pares de M e T, essa condição é atendida. Vamos analisar a tabela de probabilidade conjunta junto com as probabilidades marginais. Veja:

M\T	0	1	2	P(M)
0	0,10	0,10	0,30	0,5
1	0,04	0,06	0,12	0,22
2	0,06	0,10	0,12	0,28
P(Y)	0,20	0,26	0,54	1,0

Observação: o valor de x=0,12 é obtido pela ideia de que a soma de todas as probabilidades conjuntas deve ser igual a 1. Assim, por dedução, o valor de x é igual a 0,12. Com base nesse raciocínio, sabemos que a soma das probabilidades de todas as combinações (probabilidade conjunta $P_{(m, t)}$) deve ser igual 1 (ou 100%, isto é, todo espeço amostral).

$$\sum P_{(M_i, T_i)} = 1 \ ou \ 100\%$$

Com isso, temos que, ao somar todas as probabilidades conjuntas, o valor x é o que falta para alcançar o total 1.

$$0,10 + 0,10 + 0,30 + 0,04 + 0,06 + 0,12 + 0,06 + 0,10 + x = 1$$

$$0,88 + x = 1$$

$$x = 1 - 0,88$$

$$x = 0,12$$

Agora, vamos conferir par a par o produto das probabilidades marginais e verificar se o resultado é igual à respectiva probabilidade conjunta:

$$P_{(M=0 \ e \ T=0)} = P_{(M=0)} \times P_{(T=0)} \ \checkmark$$
$$0,10 = 0,5 \times 0,20$$

$$P_{(M=0 \ e \ T=1)} = P_{(M=0)} \times P_{(T=1)} \ \times$$
$$0,10 \neq 0,5 \times 0,26$$

$$P_{(M=0 \ e \ T=2)} = P_{(M=0)} \times P_{(T=2)} \ \times$$
$$0,10 \neq 0,5 \times 0,54$$

Veja que ao multiplicar a probabilidade de a máquina não ser reiniciada pela manhã $P_{(M=0)}$ e ser reiniciada uma vez pela tarde $P_{(T=0)}$, não temos a probabilidade conjunta. Isso indica algum fator de dependência entre M e T.

Rodolfo Schmit

M\T	0	1	2	P(M)
0	0,10	0,10	0,30	0,5
1	0,04	0,06	0,12	0,22
2	0,06	0,10	0,12	0,28
P(Y)	0,20	0,26	0,54	1,0

Basta que um par da variável bidimensional (M,T) não seja igual ao produto das probabilidades marginais $P_{(m)} \times P_{(t)}$ para concluir que as variáveis não são independentes. Portanto, existe uma relação de dependência no número de vezes em que a máquina é reiniciada à tarde com o número de vezes em que é reiniciada pela manhã.

GABARITO: CERTO.

44. **(CESPE – 2018 – POLÍCIA FEDERAL – AGENTE)** Determinado órgão governamental estimou que a probabilidade p de um ex-condenado voltar a ser condenado por algum crime no prazo de 5 anos, contados a partir da data da libertação, seja igual a 0,25. Essa estimativa foi obtida com base em um levantamento por amostragem aleatória simples de 1.875 processos judiciais, aplicando-se o método da máxima verossimilhança a partir da distribuição de Bernoulli.

Sabendo que P(Z < 2) = 0,975, em que Z representa a distribuição normal padrão, julgue o item que segue, em relação a essa situação hipotética.

O erro-padrão da estimativa da probabilidade p foi igual a 0,01.

Certo ( ) Errado ( )

Essa investigação analisa a probabilidade de um ex-condenado voltar a ser condenado dentro de um prazo de 5 anos. Para obter essa informação, uma amostragem aleatória simples, analisando 1875 processos judiciais **(n=1875)**, obteve uma estimativa de que 25% dos ex-condenados voltavam a ser condenados **(p=0,25)**. Logo, essa amostragem obteve uma proporção amostral que foi aplicada para a ideia de uma probabilidade.

Nesse contexto, temos que o erro-padrão da proporção amostral pode ser calculado da seguinte forma:

$$\sigma_{\widehat{p}} = \frac{\sqrt{\widehat{p}(1 - \widehat{p})}}{\sqrt{n}}$$

Assim:

$$\sigma_{\hat{p}} = \frac{\sqrt{0,75(1-0,75)}}{\sqrt{1875}}$$

$$\sigma_{\hat{p}} = \frac{\sqrt{0,75 \times 0,25}}{\sqrt{1875}}$$

$$\sigma_{\hat{p}} = \sqrt{\frac{0,1875}{1875}}$$

$$\sigma_{\hat{p}} = \sqrt{0,0001} = 0,01$$

Portanto, o erro-padrão é igual a 0,01.

GABARITO: CERTO.

45. **(CESPE – 2018 – POLÍCIA FEDERAL – ESCRIVÃO)** Uma pesquisa realizada com passageiros estrangeiros que se encontravam em determinado aeroporto durante um grande evento esportivo no país teve como finalidade investigar a sensação de segurança nos voos internacionais. Foram entrevistados 1.000 passageiros, alocando-se a amostra de acordo com o continente de origem de cada um — África, América do Norte (AN), América do Sul (AS), Ásia/Oceania (A/O) ou Europa. Na tabela seguinte, **N** é o tamanho populacional de passageiros em voos internacionais no período de interesse da pesquisa; **n** é o tamanho da amostra por origem; **P** é o percentual dos passageiros entrevistados que se manifestaram satisfeitos no que se refere à sensação de segurança.

origem	N	n	P
África	100.000	100	80
AN	300.000	300	70
AS	100.000	100	90
A/O	300.000	300	80
Europa	200.000	200	80
total	1.000.000	1.000	P_{pop}

Em cada grupo de origem, os passageiros entrevistados foram selecionados por amostragem aleatória simples. A última linha da tabela mostra o total populacional no período da pesquisa, o tamanho total da amostra e P_{pop} representa o percentual populacional de passageiros satisfeitos.

A partir dessas informações, julgue o próximo item.

Considerando o referido desenho amostral, estima-se que o percentual populacional Ppop seja inferior a 79%.

Certo ( )   Errado ( )

Para calcular a estimativa da proporção populacional Ppop, é necessário compreender que cada grupo de origem consiste em um estrato. Desse modo, precisamos obter a quantidade

ESTATÍSTICA

de passageiros satisfeitos em cada estrato e, após isso, obter a proporção populacional considerando os indivíduos satisfeitos de cada grupo de origem (pois assim teremos o valor de percentual da população – todos os passageiros que foram para o evento esportivo). Logo:

Grupo de origem	Amostra (n)	Proporção (p)	Indivíduos satisfeitos
África	100	80%	80
AN	300	70%	210
AS	100	90%	90
A/O	300	80%	240
Europa	200	80%	160
Total	1000	P_{pop}	$\Sigma = 780$

$$P_{pop} = \frac{780}{1000} = 78\%$$

Para o continente da África, temos que, dos 100 entrevistados, 80% estão satisfeitos com os voos, isto é, 80 passageiros; para a América do Norte, dos 300 passageiros, 70% estão satisfeitos, isto é, 210 passageiros; e assim por diante.

Ao obter a quantidade de indivíduos satisfeitos em todos os grupos de origem, basta dividir pelo total. Com isso, a proporção populacional corresponde a 78%, valor inferior a 79%.

GABARITO: CERTO.

46. **(CESPE – 2018 – POLÍCIA FEDERAL – ESCRIVÃO)** Uma pesquisa realizada com passageiros estrangeiros que se encontravam em determinado aeroporto durante um grande evento esportivo no país teve como finalidade investigar a sensação de segurança nos voos internacionais. Foram entrevistados 1.000 passageiros, alocando-se a amostra de acordo com o continente de origem de cada um — África, América do Norte (AN), América do Sul (AS), Ásia/Oceania (A/O) ou Europa. Na tabela seguinte, *N* é o tamanho populacional de passageiros em voos internacionais no período de interesse da pesquisa; *n* é o tamanho da amostra por origem; *P* é o percentual dos passageiros entrevistados que se manifestaram satisfeitos no que se refere à sensação de segurança.

origem	N	n	P
África	100.000	100	80
AN	300.000	300	70
AS	100.000	100	90
A/O	300.000	300	80
Europa	200.000	200	80
total	1.000.000	1.000	P_{pop}

Em cada grupo de origem, os passageiros entrevistados foram selecionados por amostragem aleatória simples. A última linha da tabela mostra o total populacional no período da pesquisa, o tamanho total da amostra e P_{pop} representa o percentual populacional de passageiros satisfeitos.

A partir dessas informações, julgue o próximo item.

A estimativa do percentual populacional de passageiros originários da África que se mostraram satisfeitos com a sensação de segurança nos voos internacionais foi igual a 80% e a estimativa do erro-padrão associado a esse resultado foi inferior a 4%.

Certo ( )   Errado ( )

A questão solicita a estimativa da proporção de passageiros provenientes da África que se mostraram satisfeitos com a sensação de segurança. Logo, conforme a tabela, a estimativa pontual foi de 80% e temos . Para obter o erro-padrão da estimativa da proporção, precisamos aplicar a seguinte fórmula:

$$\sigma_{\hat{p}} = \frac{\sqrt{\hat{p}(1-\hat{p})}}{\sqrt{n}}$$

Logo, o valor do erro-padrão será igual a:

$$\sigma_{\hat{p}} = \frac{\sqrt{0,8(1-0,8)}}{\sqrt{100}}$$

$$\sigma_{\hat{p}} = \frac{\sqrt{0,8 \times 0,2}}{\sqrt{100}}$$

$$\sigma_{\hat{p}} = \frac{\sqrt{0,16}}{\sqrt{100}} = \frac{0,4}{10} = 0,04 = 4\%$$

Dessa forma, a questão está errada, pois o valor é **exatamente** 4%, e não inferior a esse valor.

Essa questão foi dada como correta pela banca CESPE na prova da Polícia Federal de 2018. Provavelmente, o examinador tinha a ideia de trabalhar com uma amostragem **sem reposição**, seguindo assim uma distribuição **hipergeométrica.** Nessa situação, quando a população é **finita**, com tamanho definido (passageiros da África N=1.000) e a amostragem é sem reposição, a variância deve ser multiplicada pelo fator de correção aplicado à hipergeométrica. Desse modo, o erro-padrão (ou desvio-padrão) ficaria:

$$Var(\hat{p}) = \frac{\hat{p}(1-\hat{p})}{n} \times f_c$$

$$DP(\hat{p}) = \sqrt{\frac{\hat{p}(1-\hat{p})}{n} \times f_c}$$

$$f_c = \frac{N-n}{N-1}$$

$$f_c = \frac{100.000-100}{100000-1} = \frac{99.900}{99999}$$

$$DP(\hat{p}) = 0,04\sqrt{f_c}$$

ESTATÍSTICA

$$DP(\hat{p}) = 0,04 \sqrt{\frac{99.900}{99999}}$$

O valor do fator de correção será inferior a 1 e maior que 0. Logo, ao multiplicar **fc** por 0,04, com certeza, vamos obter um valor inferior a 4%. Nessa situação, o gabarito estaria correto. Contudo, a questão não evidenciou se a amostragem é feita com reposição ou não. Faz sentido não entrevistar as mesmas pessoas quanto à sensação de segurança nos voos. Porém, nada garante que a pesquisa não teve o controle das pessoas entrevistadas, podendo assim a mesma pessoa ser entrevistada novamente.

Portanto, essa questão não determina informações importantes para o cálculo em questão, deixando a resposta incerta.

GABARITO: ERRADO.

47. **(CESPE – 2018 – POLÍCIA FEDERAL – ESCRIVÃO)** O tempo gasto (em dias) na preparação para determinada operação policial é uma variável aleatória X que segue distribuição normal com média M, desconhecida, e desvio-padrão igual a 3 dias. A observação de uma amostra aleatória de 100 outras operações policiais semelhantes a essa produziu uma média amostral igual a 10 dias.

Com referência a essas informações, julgue o item que segue, sabendo que P(Z > 2) = 0,025, em que Z denota uma variável aleatória normal padrão.

O erro-padrão da média amostral foi inferior a 0,5 dias.

Certo ( )   Errado ( )

A variável X analisada é o tempo gasto na preparação de uma determinada operação policial. Essa variável segue uma distribuição normal com **média desconhecida**. Para tentar estimar essa média, uma amostra foi coletada. Naturalmente, a informação gerada por um conjunto de dados **incompletos** apresenta um erro-padrão ao tentar estimar o parâmetro populacional.

Assim, a questão solicita o erro-padrão da média amostral $\left(\sigma_{\bar{x}} \right)$. Essa informação pode ser calculada pela seguinte expressão:

$$\sigma_X = \frac{\sigma}{\sqrt{n}} = \frac{Desvio\ Padrão}{\sqrt{Tamanho\ da\ amostra}}$$

O desvio-padrão da variável X foi de **3 dias**.

O tamanho da amostra (n) obtido para estimar a média amostral foi igual a **100**.

Logo, o erro-padrão da média amostral será:

$$\sigma_X = \frac{3}{\sqrt{100}} = \frac{3}{10} = 0,3$$

Por fim, a questão está certa, pois o erro-padrão é inferior a 0,5.

GABARITO: CERTO.

48. **(CESPE – 2019 – TJ/AM – ANALISTA JUDICIÁRIO)** Em uma fila para atendimento, encontram-se 1.000 pessoas. Em ordem cronológica, cada pessoa recebe uma senha para atendimento numerada de 1 a 1.000. Para a estimação do tempo médio de espera na fila, registram-se os tempos de espera das pessoas cujas senhas são números múltiplos de 10, ou seja, 10, 20, 30, 40, ..., 1.000.

Considerando que o coeficiente de correlação dos tempos de espera entre uma pessoa e outra nessa fila seja igual a 0,1, e que o desvio-padrão populacional dos tempos de espera seja igual a 10 minutos, julgue o item que se segue.

O erro-padrão da média amostral é inferior a 4 minutos.

Certo ( )　　　　　Errado ( )

O objeto de estudo consiste em quantificar o tempo de espera na fila para ser atendido. No total, há 1.000 pessoas nessa fila (N=1.000). As pessoas estão ordenadas cronologicamente, identificadas por uma senha de 1 a 1.000. Dessa população, foi extraída uma amostra pela técnica de amostragem aleatória **sistemática**, em que foram selecionados todos os múltiplos de 10. Isto é, o primeiro elemento é igual a 10, e a cada 10 senhas o tempo de espera da uma nova pessoa foi coletado. Assim:

População (N=1.000):

1, 2, 3, 4, 5, 6, 7, 8, 9, **10**, 11, 12, 13, 14, 15, 16, ..., **20** ... **30** ... **40** ... **1.000.**

Amostra (n=100):

10, 20, 30, 40, 50, 60, 70 ... 1.000.

Assim, temos que o tamanho da amostra é igual a 100, pois de 1.000 pessoas 10 foram selecionadas.

$$n = \frac{1000}{10} = 100$$

A questão solicita o erro-padrão da média amostral dos tempos de espera na fila. Essa informação pode ser obtida da seguinte forma:

$$\sigma_X = \frac{\sigma}{\sqrt{n}} = \frac{Desvio\ Padrão}{\sqrt{Tamanho\ da\ amostra}}$$

O tamanho da amostra já conhecemos (n=100). E o desvio-padrão populacional do tempo de espera na fila foi fornecido na questão ($\sigma = 10\ minutos$). Logo:

$$\sigma_{\bar{X}} = \frac{10}{\sqrt{100}} = \frac{10}{10} = 1\ minuto$$

GABARITO: CERTO.

49.　**(CESPE – 2013 – MPU – ANALISTA)** Uma amostra aleatória simples $X_1, X_2, ..., X_n$ foi retirada de uma distribuição contínua, em que θ é o parâmetro de interesse e $S_n = S(X_1, X_2, ..., X_n)$ é o seu estimador. A respeito dessa amostra, julgue o próximo item.

O teorema limite central trata da convergência em probabilidade do estimador S_n para o parâmetro θ.

Certo ( )　　　　　Errado ( )

Essa questão confunde os conceitos do Teorema do Limite Central com A Lei Fraca dos Grandes Números!

O Teorema do Limite Central (TLC) afirma que, com o aumento do tamanho da amostra (n), a distribuição dos dados amostrais converge (ou se aproxima) na **distribuição normal**.

EST

Rodolfo Schmit

ESTATÍSTICA

> **Tamanho da Amostra (n)** | **A distribuição amostral converge para Normal**

Portanto, ao se falar do TLC, conhecemos a convergência da distribuição amostral para a normal. Estamos falando da distribuição (formato) dos dados da amostra.

A Lei Fraca dos Grandes Números, por outro lado, conclui que, com o aumento do tamanho da amostra, o estimador da amostra converge **em probabilidade** para o parâmetro populacional.

> **Tamanho da Amostra (n)** | **O estimador amostral** S **converge** em probabilidade **para o parâmetro populacional** θ

Logo, a questão está errada, pois o TLC não se trata da convergência em probabilidade do estimador S para o parâmetro θ. Essa convergência é estabelecida pela Lei Fraca dos Grandes Números.

Cuidado para não misturar a conclusão de dois teoremas observados na distribuição amostral. Entenda:

> **Tamanho da Amostra (n)**
> - **Teorema do Limite Central: convergência** da distribuição **amostral para distribuição Normal**
> - Lei dos Grandes Números**: convergência** do estimador **amostral para parâmetro populacional**

GABARITO: ERRADO.

50. **(CESPE – 2018 – POLÍCIA FEDERAL – ESCRIVÃO)** O tempo gasto (em dias) na preparação para determinada operação policial é uma variável aleatória X que segue distribuição normal com média M, desconhecida, e desvio-padrão igual a 3 dias. A observação de uma amostra aleatória de 100 outras operações policiais semelhantes a essa produziu uma média amostral igual a 10 dias.

Com referência a essas informações, julgue o item que segue, sabendo que P(Z > 2) = 0,025, em que Z denota uma variável aleatória normal padrão.

A expressão 10 dias ± 6 dias corresponde a um intervalo de 95% de confiança para a média populacional M.

Certo ( )   Errado ( )

A característica da população em estudo é o tempo gasto de uma determinada operação policial (em dias). Desse fenômeno, não se conhece o valor da média populacional (representado por M) e o **desvio-padrão populacional** é igual a 3 dias ($\sigma = 3\ dias$). Portanto, o desvio-padrão populacional é conhecido.

Dessa população, foi extraída uma amostra aleatória de 100 outras operações policiais (n = 100) que produziu uma média amostral de 10 dias ($\bar{X} = 10\ dias$), uma estimativa da média populacional.

Obviamente, como essa estimativa é obtida de um conjunto incompleto do fenômeno em investigação, a estimativa pontual da média apresenta uma margem de oscilação, um intervalo de valores que possui alta probabilidade de acertar a média populacional. Nesse contexto, o objetivo da questão é estimar esse intervalo de confiança com nível de 95% para a média populacional M.

Para calcular o intervalo de confiança, em primeiro lugar, precisamos identificar qual distribuição de probabilidade será adequada e qual fórmula devemos utilizar. Nesse sentido, como desvio-padrão populacional é conhecido, independente do tamanho da amostra, vamos utilizar a distribuição normal padrão Z, e aplicar a seguinte fórmula:

$$\bar{X} \pm Z \frac{\sigma}{\sqrt{n}} \rightarrow \begin{array}{l} \text{Para qualquer tamanho de amostra} \\ + \\ \text{Desvio Padrão populacional } (\sigma) \underline{\text{conhecido}} \end{array}$$

Isto é, a estimativa pontual da $(\bar{X})$ mais ou menos a dispersão dessa estimativa baseado em uma distribuição de probabilidade conhecida.

Já sabemos que, para aplicar o intervalo de confiança, devemos utilizar um valor Z com distribuição normal padrão que contemple 95% de confiança centrada na média. **O valor Z depende do nível de confiança.** Agora, precisamos identificar qual valor de Z vai proporcionar uma margem de 95%.

A questão fornece a probabilidade do valor Z ser maior do que 2 **P(Z>2)**, essa probabilidade é igual a 0,025 (2,5%). Para obter 95% de confiança **centrado na estimativa da média**, vamos ter uma margem de erro de 5%, sendo 2,5% para cada extremo. Conforme a informação de que a P(Z>2)=0,025, podemos verificar que o valor de Z igual a 2 é justamente o valor na distribuição normal padrão que fornece 95% de confiança centrado na média e 2,5% de margem de erro (ou risco de erro) para cada extremo. Veja a ilustração gráfica:

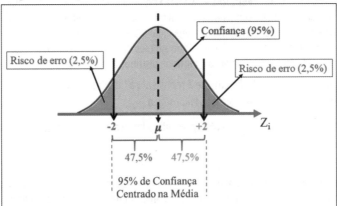

Portanto, há 2 desvios-padrão, contemplamos 95% de confiança para que as estimativas das médias amostrais acertem o parâmetro populacional. Logo:

$$Z_{95\%} = 2$$

Assim, temos todas as informações necessários para calcular o intervalo de confiança ($\bar{X} = 10\ dias;\ \sigma = 3\ dias;\ n = 100;\ Z_{95\%} = 2$)

$$\bar{X} \pm Z_{95\%} \frac{\sigma}{\sqrt{n}}$$

$$10 \pm 2 \frac{3}{\sqrt{100}}$$

$$10 \pm 2 \frac{3}{10}$$

$$10 \pm 2 \times 0,3$$

$$10 \pm 0,6$$

Logo, o intervalo de confiança de 95% ficará compreendido nos seguintes valores:

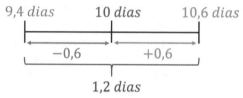

Dessa forma, a questão está errada, pois a estimativa intervalar com 95% de confiança é igual a 10±0,6. Isto é, intervalo de mais ou menos 0,6 dias, e não de 6 dias, como indicado pela questão.

GABARITO: ERRADO.

51. **(CESPE – 2018 – POLÍCIA FEDERAL – AGENTE)** Determinado órgão governamental estimou que a probabilidade p de um ex-condenado voltar a ser condenado por algum crime no prazo de 5 anos, contados a partir da data da libertação, seja igual a 0,25. Essa estimativa foi obtida com base em um levantamento por amostragem aleatória simples de 1.875 processos judiciais, aplicando-se o método da máxima verossimilhança a partir da distribuição de Bernoulli.

Sabendo que P(Z < 2) = 0,975, em que Z representa a distribuição normal padrão, julgue o item que segue, em relação a essa situação hipotética.

A estimativa intervalar 0,25 ± 0,05 representa o intervalo de 95% de confiança do parâmetro populacional p.

Certo ( )   Errado ( )

Essa questão analisa a probabilidade de um ex-condenado voltar a ser condenado por algum crime no prazo de 5 anos. Para isso, uma amostra de 1875 processos judiciais (n=1875) foi coletada para obter uma estimativa da proporção amostral ($\hat{p}$) – quantidade de ex-condenados que voltam a ser condenados sob o total de ex-condenados avaliados. A estimativa dessa proporção torna-se a probabilidade de esse evento ocorrer. Com isso, observa-se uma proporção de 0,25, isto é, que 25% dos ex-condenados voltam a cometer crimes ($\hat{p} = 0,25$).

Nesse contexto, o objetivo da questão é obter uma estimativa intervalar (intervalo de confiança) para a proporção amostral, com nível de 95% de confiança.

A estimativa intervalar da proporção é composta pelos seguintes elementos:

Logo, o cálculo do intervalo de confiança de 95% será:

$$\hat{p} \pm Z_{95\%} \frac{\sqrt{\hat{p}(1-\hat{p})}}{\sqrt{n}}$$

Conforme apresentado na questão, o valor que corresponde ao nível de confiança de 95% é z = 2 (observe que a questão arredondou o valor de Z; na verdade, o valor preciso é igual a 1,96).

O valor de z = 2 corresponde ao nível de 95%, porque acumula até 0,975. Isso indica que possui um risco de erro de 2,5% para o extremo positivo e 2,5% para o extremo negativo, obtendo 95% de confiança na região central (centrado na média). Entenda que a notação P(Z<2)=0,975 quer dizer que existe uma probabilidade acumulada de 0,975, isto é, 95% de confiança + 2,5% de risco de erro no extremo negativo:

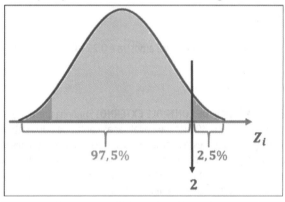

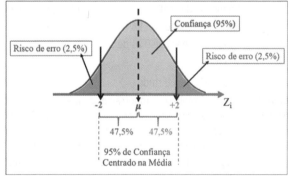

$$Z_{95\%} = 2$$

ESTATÍSTICA

Assim, sabendo que e que o erro-padrão da proporção é igual a $p = \frac{\sqrt{p(1-p)}}{\sqrt{n}}$, temos que o intervalo de confiança é igual a:

$$0,25 \pm 2 \frac{\sqrt{0,25(1-0,25)}}{\sqrt{1875}}$$

$$0,25 \pm 2 \frac{\sqrt{0,25 \times 0,75}}{\sqrt{1875}}$$

$$0,25 \pm 2 \sqrt{\frac{0,1875}{1875}}$$

$$0,25 \pm 2\sqrt{0,0001}$$

$$0,25 \pm 2 \times 0,01$$

$$0,25 \pm 0,02$$

A estimativa intervalar apropriada para essa amostra é 0,25 ± 0,02 e não 0,25 ± 0,05 como afirma a questão.

GABARITO: ERRADO.

52. **(CESPE – 2016 – TCE/PA – AUDITOR DE CONTROLE EXTERNO)** Suponha que o tribunal de contas de determinado estado disponha de 30 dias para analisar as contas de 800 contratos firmados pela administração. Considerando que essa análise é necessária para que a administração pública possa programar o orçamento do próximo ano e que o resultado da análise deve ser a aprovação ou rejeição das contas, julgue o item a seguir. Sempre que necessário, utilize que P(Z > 1,96) = 0,025 e P(Z > 1,645) = 0,05, em que Z representa a variável normal padronizada.

Considerando-se que, no ano anterior ao da análise em questão, 80% dos contratos tenham sido aprovados e que 0,615 seja o valor aproximado de 1,96²×0,8×0,2, é correto afirmar que a quantidade de contratos de uma amostra com nível de 95% de confiança para a média populacional e erro amostral de 5% é inferior a 160.

Certo ( )   Errado ( )

O objeto de estudo dessa questão é analisar a proporção de contratos que tenham sido aprovados pela administração. Desse estudo, sabe-se que, no ano passado, 80% dos contratos foram aprovados (p=0,8). A partir disso, queremos saber o tamanho ideal de uma amostra (n) com nível de confiança de 95% e erro amostral máximo de 5% (E=0,05).

O erro de estimativa (ou erro amostral - E) pode ser calculado da mesma forma que o intervalo de confiança. Essencialmente, eles são provenientes do mesmo cálculo com ponto de vista conceitual diferente. Assim:

$$E = Z\frac{\sqrt{\hat{p}(1-\hat{p})}}{\sqrt{n}}$$

Logo, o valor de n pode ser isolado e obtemos a seguinte expressão:

$$n = Z^2\frac{\hat{p}(1-\hat{p})}{E^2}$$

O valor de Z que devemos utilizar nessa fórmula deve gerar um intervalo de confiança de 95%. Conforme a notação P(Z > 1,96) = 0,025, sabemos que o valor de 1,96 oferece exatamente esse nível de confiança. Veja:

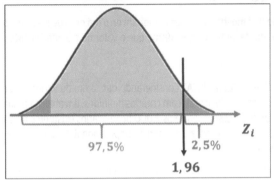

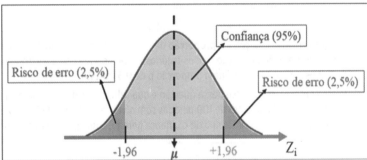

$$Z_{95\%} = 1,96$$

Assim, sabemos que o valor de Z é igual a 1,96; a proporção amostral previamente conhecida é de 80%; e o erro amostral é de 5%. Logo, o tamanho da amostra ideal para oferecer no máximo esse erro é de:

$$n = 1,96^2\frac{0,8(1-0,8)}{0,05^2}$$

ESTATÍSTICA

$$n = \frac{1,96^2 \times 0,8 \times 0,2}{0,05^2}$$

Conforme fornecido pela questão, o produto 1,962×0,8×0,2 é igual a 0,615. Assim:

$$n = \frac{0,615}{0,05^2}$$

$$n = \frac{0,615}{0,0025} = \frac{6150}{25} = 246$$

Por fim, o tamanho da amostra ideal, para obter um erro máximo de 5%, é de 246 contratos (n=246). Questão errada, uma vez que afirma que o valor de n é inferior 160.

GABARITO: ERRADO.

53. **(CESPE – 2011 – PREVIC – ESPECIALISTA)** Considerando que, a fim de verificar se o pagamento de determinado benefício estava de acordo com critérios definidos, um analista tenha selecionado uma amostra aleatória de 100 pessoas, entre os 2.000 beneficiários existentes na base de dados, e considerando, ainda, que p representa a proporção populacional de benefícios corretamente pagos, julgue o próximo item.

Considerando-se o nível de confiança de 95% e p hipoteticamente igual a 0,5, é correto afirmar que o erro amostral na estimação de p é inferior a 8%.

Certo ( )   Errado ( )

O objeto em investigação é a **proporção** de pessoas com pagamentos de um determinado benefício que estão de acordo com os critérios definidos. Para isso, foi extraída uma amostra de 100 pessoas e se obteve uma proporção p de 0,5 (p=0,5).

Nesse contexto, o interesse dessa questão é quantificar o erro amostral máximo que pode ser obtido de uma amostra de 100 pessoas com nível de confiança de 95%. O erro amostral é fundamentalmente o intervalo de confiança gerado. Logo, pode ser calculado por:

$$E = Z_{95\%} \frac{\sqrt{\hat{p}(1 - \hat{p})}}{\sqrt{n}}$$

O valor de Z, com distribuição normal padrão, que gera um nível de confiança de 95% é igual a **1,96**. Essa questão requer o conhecimento desse valor que é amplamente utilizado em questões de intervalo de confiança, erro e tamanho amostral. É muito interessante conhecê-lo!

Agora, vamos calcular o erro amostral, sabendo que o tamanho da amostra (n=100); valor de Z (Z=1,96); e que a proporção amostral é de p=0,5. Veja:

$$E = 1,96 \frac{\sqrt{0,5(1 - 0,5)}}{\sqrt{100}}$$

$$E = 1{,}96 \frac{\sqrt{0{,}5 \times 0{,}5}}{10}$$

$$E = 1{,}96 \times \frac{0{,}5}{10}$$

$$E = 1{,}96 \times 0{,}05 = 0{,}098 = 9{,}8\%$$

Portanto, para uma amostra de tamanho igual a 100 pessoas e nível de confiança de 95%, espera-se encontrar no máximo um erro de estimativa de 9,8%. Assim, a questão está errada, pois não podemos afirmar que o erro amostral é **inferior** a 8%.

GABARITO: ERRADO.

54. **(CESPE – 2000 – BACEN– ANALISTA)** Um psicólogo deseja estudar o tempo (em minutos) que os empregados de uma companhia levam para realizar certa tarefa. Postula-se que os tempos na população considerada seguem uma distribuição normal com média μ e variância σ^2, ambas desconhecidas. O psicólogo obteve uma amostra de empregados e registrou o tempo que cada um deles precisou para realizar a tarefa. Para os 100 tempos registrados, obtiveram-se o valor médio x=6,25 minutos e o desvio-padrão S=1 minuto.

Valores selecionados da tabela normal

z	1,282	1,645	1,960	2,576
Pr(X ≤ z)	0,900	0,950	0,975	0,995

Se X tem distribuição normal padrão, as entradas representam a probabilidade Pr(X≤z).

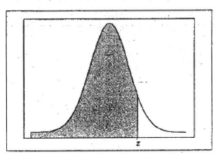

Nessa situação e utilizando, caso seja necessário, os valores selecionados da tabela normal fornecidos acima, julgue o item a seguir.

ESTATÍSTICA

Se o psicólogo desejar obter um intervalo de confiança de nível 95% para μ cujo comprimento não seja maior que 0,04 minutos, usando como hipótese de trabalho que $\sigma^2 = 1$, então ele necessitará obter uma amostra de tamanho igual a 1.000.

Certo ( )   Errado ( )

O objeto de estudo dessa questão é o tempo, em minutos, que os empregados de uma companhia levam para realizar certa tarefa. Essa população possui uma distribuição normal com (μ) e variância populacional (σ^2) desconhecidas.

Inicialmente, para esse estudo, foi coletada uma amostra com 100 empregados e obteve-se uma estimativa da média amostral de 6,25 minutos () e um desvio-padrão amostral de 1 minuto

Em seguida, deseja-se obter o tamanho de uma amostra necessário para gerar um intervalo de confiança de 95% para média populacional e esse intervalo não deve obter um comprimento maior que 0,04 minutos **(Amplitude=0,04)**.

Para o cálculo do tamanho da amostra (n), é necessário conhecer as seguintes informações: nível de confiança, que determina um valor de Z; variância da variável em estudo (σ^2 ou s^2); e o erro de estimativa (E). Veja:

$$n = \left(Z\frac{\sigma}{E}\right)^2 = Z^2 \frac{\sigma^2}{E^2}$$

Como a variância populacional é desconhecida, a questão sugere utilizar, como hipótese, a variância amostral obtida pela amostra inicial $(s = 1, logo\ s^2 = 1)$.

$$n = \left(Z\frac{s}{E}\right)^2 = Z^2 \frac{s^2}{E^2}$$

O erro de estimativa é o mesmo que o intervalo de confiança centrado na estimativa pontual (média ou proporção). Afinal, o intervalo gerado considera a situação máxima de erro que pode ser obtida em uma estimativa. Logo, se a amplitude do intervalo é 0,04, o erro de estimava máximo será a **semiamplitude** do intervalo de confiança.

$$\text{Erro de Estimativa} = \frac{\text{Amplitude do Intervalo}}{2} = \text{Semi amplitude do intervalo}$$

426

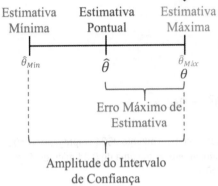

Dessa forma, o erro de estimativa máximo será igual a:

$$E = \frac{0{,}04}{2} = 0{,}02$$

O valor de Z para um nível de confiança de 95% é igual a 1,96. Isso porque esse valor reúne 97,5% de probabilidade acumulada e possui 95% de confiança centrada na média.

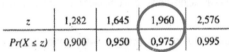
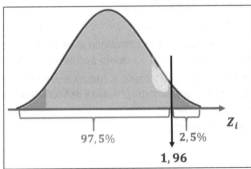
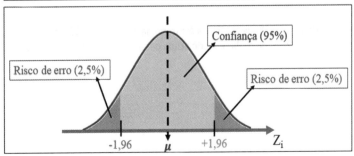

ESTATÍSTICA

$$Z_{95\%} = 1{,}96$$

Por fim, podemos calcular o tamanho ideal da amostra (n), para obter esse erro máximo de estimativa. Veja:

$$n = \left(1{,}96\,\frac{1}{0{,}02}\right)^2$$

$$n = \left(\frac{1{,}96}{0{,}02}\right)^2 = 98^2 = 9604$$

É necessário utilizar uma amostra com no mínimo 9604 empregados (n=9604), para gerar um intervalo de confiança com amplitude máxima de 0,04 minutos. Portanto, o tamanho da amostra é **diferente** de 1.000.

GABARITO: ERRADO.

55. **(CESPE – 2010 – ABIN – OFICIAL DE INTELIGÊNCIA)** O tempo de duração de determinado aparelho eletrônico segue uma distribuição normal com média desconhecida μ e desvio-padrão $\sigma = 400$ horas. Um estudo feito com uma amostra de n = 1.600 aparelhos produziu um tempo médio de duração igual a 5.000 horas.

Com base nessas informações, e considerando que $Z_{0,025} = 1{,}96$, em que Za é definido por $\Phi(Z\,a)=1-a$ e Φ representa a função de distribuição acumulada da distribuição normal padrão, julgue o próximo item.

Se o tamanho da amostra for de 6.400 aparelhos (com σ=400 inalterado), o erro máximo provável de 95% da estimativa seria menor que 10 horas.

Certo ( )   Errado ( )

O objeto de estudo é o tempo de duração de determinado aparelho eletrônico que segue distribuição normal com média desconhecida μ e desvio-padrão $\sigma = 400$ horas.

Nesse contexto, o objetivo da questão é determinar o erro máximo de estimativa (E) com nível de 95% de confiança. O tamanho da amostra utilizada é de 6400 aparelhos (n=6400), com desvio-padrão populacional inalterado.

O erro de estimativa pode ser calculado por:

$$E = Z\,\frac{\sigma}{\sqrt{n}}$$

O valor de Z com 95% de confiança centrado na média é de 1,96. Conforme a notação $Z^{0,025}$ = 1,96, temos 2,5% de probabilidade acima desse valor, consequentemente, 97,5% a seguir.

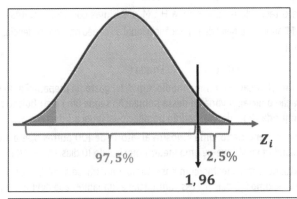

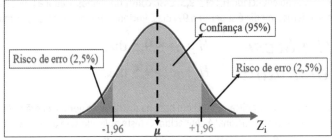

$$Z_{95\%} = 1,96$$

Com isso, o erro de estimativa máximo obtido, com uma amostra de 6400 aparelhos, será De:

$$E = 1,96 \frac{400}{\sqrt{6400}}$$

$$E = 1,96 \frac{400}{80}$$

$$E = 1,96 \times 5 = 5,88$$

Portanto, o erro de estimativa máximo obtido na amostra apresentada é de 5,88 horas, ou seja, é inferior a 10 horas.

GABARITO: CERTO.

56. **(CESPE – 2018 – POLÍCIA FEDERAL – ESCRIVÃO)** O tempo gasto (em dias) na preparação para determinada operação policial é uma variável aleatória X que segue distribuição normal com média M, desconhecida, e desvio-padrão igual a 3 dias. A observação de uma amostra aleatória de 100 outras operações policiais semelhantes a essa produziu uma média amostral igual a 10 dias.

Com referência a essas informações, julgue o item que se segue, sabendo que P(Z > 2) = 0,025, em que Z denota uma variável aleatória normal padrão.

ESTATÍSTICA

Considerando-se o teste da hipótese nula H_0: M ≤ 9,5 dias contra a hipótese alternativa H_1: M > 9,5 dias, adotando-se o nível de significância igual a 1%, não haveria evidências estatísticas contra a hipótese H_0.

Certo ( )   Errado ( )

O objeto em investigação é o tempo médio, em dias, gasto na preparação de uma determinada operação policial. A variável dessa população segue uma distribuição normal com média desconhecida (M) e desvio-padrão populacional igual a 3 dias $\sigma = 3$.

Para estudar esse fenômeno, uma amostra aleatória de 100 outras operações policiais (n = 100) foi coletada e obteve-se uma média amostral de 10 dias ($\bar{X} = 10$)

Nesse contexto, queremos testar, com base nessa amostra, se a média populacional corresponde a **no máximo** 9,5 dias μ_0. Essa afirmação é fundamentada devido a hipótese nula apresentada no enunciado H_0: **M ≤ 9,5**. Caso contrário, vamos aceitar a hipótese alternativa em que o tempo média é superior a 9,5 dias. Portanto, temos a hipótese formulada:

$$\text{Hipótese formulada} \begin{cases} H_0: \mu \leq 9{,}5 \text{ dias} \\ H_1: \mu > 9{,}5 \text{ dias} \end{cases}$$

A estatística de teste aplicada será com base na distribuição normal **padrão (Z)**, isso porque o desvio-padrão populacional é conhecido! O teste aplicado será unilateral à direita.

O nível de significância adotado nesse teste será de 1%. Assim, o valor crítico (Z_{tab}) deve limitar na distribuição normal padrão uma área de 1% na extremidade direita **(área de significância)** e 99% de probabilidade em toda área abaixo do valor crítico **(área de confiança)**. Com isso, teremos a área de rejeição e aceitação de H_0 delimitada na normal padrão. A questão não nos fornece dados para encontrar o valor de (Z_{tab}) a 1% de significância, por isso, vamos deixar por enquanto essa informação de lado. Logo, temos a seguinte representação gráfica:

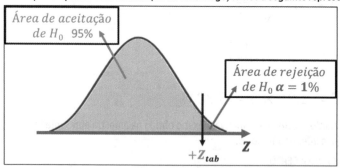

Para verificar a hipótese H_0, vamos utilizar as informações da amostra e reduzir a uma distribuição normal padrão (utilizando como parâmetro a média 9,5). Em outras palavras, vamos reduzir variável média amostral do tempo gasto em operações policiais em um valor Z. Essa é a estatística de teste que será nosso embasamento para a tomada de decisão. A estatística de teste (Z_{cal}) é calculada da seguinte forma:

430

Estatística de Teste Z:

$$Z_{cal} = \frac{\overline{X} - \mu}{\frac{\sigma}{\sqrt{n}}}$$

O parâmetro que queremos testar é de 9,5 dias (M = 9,5) ; o desvio-padrão populacional igual a 3 dias σ = 3; a média amostral é de 10 dias ($\overline{X} = 10$) ; o tamanho da amostra é de 100 operações policiais (n = 100) Assim, a estatística de teste será:

$$Z_{cal} = \frac{\overline{10} - 9,5}{\frac{3}{\sqrt{100}}}$$

$$Z_{cal} = \frac{0,5}{\frac{3}{10}}$$

$$Z_{cal} = \frac{5}{3}$$

$$Z_{cal} \approx 1,67$$

A estatística de teste evidencia que o tempo médio observado na amostra está afastado a 1,67 desvio-padrão da suposta média populacional. Agora, resta saber se esse valor representa um desvio significativamente diferente (rejeita H_0) ou se é apenas um desvio não significativo (aceita H_0). Isto é, precisamos verificar em qual área do gráfico nossa estatística de teste ficará posicionada.

Como dito, a questão não oferece dados sobre o valor crítico a 1% de significância. Contudo, ela oferece a seguinte notação P(Z>2)=0,025, isso indica que o valor de Z igual a 2 teria uma área de significância igual a 2,5%. Logo, o valor crítico a 1% de significância representa uma área menor e tem um valor Z_{tab} **maior**. Veja:

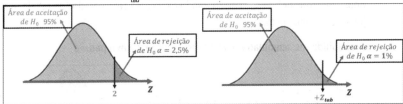

Assim, temos que o valor crítico Z_{tab} a 1% significância é **maior** (mais extremo) que o valor de (Z_{tab} = 2) a 2,5% de significância. A estatística de teste Z foi de 1,67 (Z_{cal} = 1,67 , logo conseguimos verificar que a estatística de teste fica posicionado na área de aceitação. Veja:

$$Z_{cal} < 2 < Z_{tab}$$
$$1,67 < 2 < Z_{tab}$$

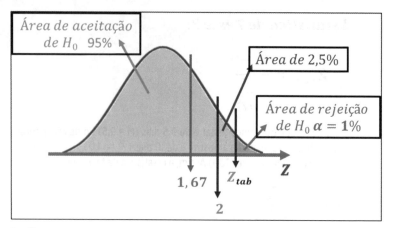

Por fim, mesmo não conhecendo o valor crítico a 1% de significância, conseguimos verificar que a hipótese nula será aceita. Desse modo, a questão está correta, pois não haveria evidências estatísticas contra a hipótese H₀.

$$\text{Resultado da investigação} \begin{cases} H_0: \mu \leq 9{,}5 \text{ dias } \checkmark \\ H_1: \mu > 9{,}5 \text{ dias } \times \end{cases}$$

GABARITO: CERTO.

57. **(CESPE – 2001 – MDIC – ANALISTA DE COMÉRCIO EXTERIOR)** Em uma disputa comercial entre dois países, Y e Z, autoridades do país Y argumentavam que medidas protecionistas do país Z impediam a livre circulação de bens entre esses países. De acordo com essa argumentação, as companhias do país Z praticavam preços menores em Y que no seu próprio país. Para estudar esse problema, um pesquisador obteve duas amostras aleatórias, cada uma contendo 100 vendas no país Y e 100 vendas no país Z, para o mesmo período e para o mesmo bem comercializado nesses dois países. Da análise das observações foram obtidos preços médios $\bar{x}_y = 341{,}00$ e $\bar{x}_z = 350{,}00$ e desvios-padrões $\bar{s}_y = 30{,}00$ e $\bar{s}_z = 40{,}00$, todos em dólares norte-americanos, para as amostras dos países Y e Z, respectivamente.

Com base nessas informações e nas fórmulas usuais para inferência estatística no caso de tamanhos amostrais grandes, e considerando os valores selecionados da tabela normal a seguir, julgue o seguinte item.

Probabilidades acumuladas f(z) **da distribuição normal padrão**

z	1,282	1,645	1,960	2,326	2,576
f(z)	0,900	0,950	0,975	0,990	0,995

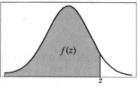

No nível de significância de 5%, a amostra do país Y fornece evidência suficiente para concluir que o preço médio praticado nesse país é diferente de 350 dólares.

Certo ( )   Errado ( )

A questão apresenta o estudo da disputa comercial de dois países Y e Z. Nesse contexto, para estimar os preços praticados pelos dois países, foram obtidas duas amostras aleatórias (uma para cada país) com tamanho de 100 observações.

Nessas amostras, foram obtidas as seguintes informações:

País Y $\begin{cases} \bar{X}_Y = 341 \\ s_Y = 30 \\ n_Y = 100 \end{cases}$ País Z $\begin{cases} \bar{X}_Z = 350 \\ s_Z = 40 \\ n_Z = 100 \end{cases}$

Nesse contexto, o objetivo da questão é efetuar um teste de hipótese para obter evidências que o preço médio praticado pelo país Y é **diferente** R$ 350,00. Desse modo, temos uma suposta média populacional (μ = 350) que será testada com base na amostra. As hipóteses formuladas serão:

$$\text{Hipótese formulada} \begin{cases} H_0: \mu = R\$\ 350,00 \\ H_1: \mu \neq R\$\ 350,00 \end{cases}$$

O teste aplicado será bilateral, pois basta comprovar que o preço médio é diferente (para mais ou para menos) de R$ 350,00. Ainda, o teste aplicado será o Z, pois o tamanho da amostra é consideravelmente grande (n $\geq$ 30), , mesmo não conhecendo o desvio-padrão populacional (σ)

Quando usar a distribuição Padrão Normal (Z)?
- O desvio padrão populacional (σ) é conhecido
- OU
- O desvio padrão populacional (σ) é desconhecido, porém a amostra possui tamanho grande ($n \geq 30$)

Com isso, devemos efetuar um teste Z com 5% de significância (α = 5%). Como o teste é bilateral, a área de rejeição é dividida em dois ($\alpha/2$), isto é, 2,5% de probabilidade para cada extremidade da curva normal padrão Z. O valor de Z que delimita essa área é 1,96, logo, esse é o valor crítico para teste Z bilateral com 5% de significância (Z_{tab} = 1,96).

O valor crítico pode ser encontrado tabela da distribuição normal padrão acumulada fornecida na questão. Precisamos encontrar um valor de Z_{tab} que acumule 97,5% de probabilidade (95% de confiança + 2,5% de significância da extremidade esquerda).

ESTATÍSTICA

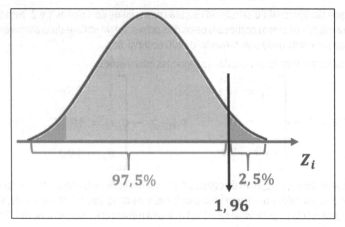

Logo, o valor crítico de Z_{tab} é 1,96 e ele delimita as regiões de rejeição e aceitação de H_0. Veja o gráfico:

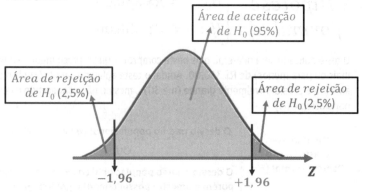

Em seguida, precisamos aplicar a estatística de teste Z. Com base na amostra, reduzimos o valor da média amostral e verificamos se a dispersão dessa estimativa está significativamente distante da suposta média populacional (μ_0). Com isso, concluímos o resultado da investigação. A estatística de teste Z (Z_{cal}) é calculada da seguinte forma:

Estatística de Teste Z:

$$Z_{cal} = \frac{\overline{X} - \mu}{\frac{s}{\sqrt{n}}}$$

O parâmetro populacional que queremos testar é de R$ 350,00 (μ = 350); o desvio-padrão amostral do país Y é igual a R$ 30,00 (s = 30); a média amostral é de R$ 241,00 ($\overline{X}$ = 241); e o tamanho da amostra é de 100 (n = 100). Assim, a estatística de teste será:

$$Z_{cal} = \frac{341 - 350}{\frac{30}{\sqrt{100}}}$$

$$Z_{cal} = \frac{-9}{\frac{30}{10}}$$

$$Z_{cal} = \frac{-9}{3}$$

$$Z_{cal} = -3$$

A estatística de teste foi de -3 (Z_{tab} = -3). Logo, a amostra se distancia em menos três desvios-padrão da suposta média populacional R$ 350,00. Assim, temos evidências suficientes para rejeitar H_0. Observe que a estatística de teste Z fica posicionada na área da rejeição:

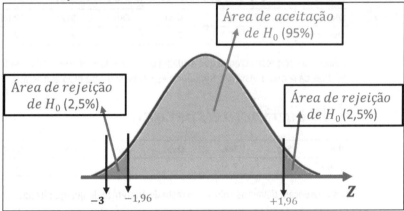

Por fim, a amostra do país Y fornece evidências de que o valor praticado desse país é diferente de R$ 350,00.

Resultado da investigação
H_0: μ = R$ 350,00 ✗
H_1: $\mu \neq$ R$ 350,00 ✓

GABARITO: CERTO.

58. **(AOCP – 2018 – FUNPAPA – ESTATÍSTICO)** Uma empresa de prestação de serviços de coleta de entulhos resolveu estudar a distribuição de quebras de seus caminhões na primeira semana do mês de julho. Foram observadas 35 quebras no total, distribuídas conforme tabela a seguir:

Dia	Segunda	Terça	Quarta	Quinta	Sexta	Total
Quebras	7	6	5	9	8	35

O diretor da empresa acreditava que a frequência de quebras era similar nos dias da semana. Selecione a alternativa correta quanto à conclusão do teste de hipóteses sobre a crença do diretor da empresa.

Dados: (fixar α=5%; x_4^2 = 9,488; $t_{4;0,05}$=2,776)

ESTATÍSTICA

a) t_{cal}=1,42, portanto, há evidências de que as frequências não são similares nos dias da semana.
b) t_{cal}=10, portanto, não há evidências de que as frequências sejam similares nos dias da semana.
c) X^2_{obs}=1,42, portanto, não há evidências de que as frequências não são similares nos dias da semana.
d) X^2_{obs}=1,42, portanto, há evidências de que as frequências não são similares nos dias da semana.
e) X^2_{obs}=10, portanto, não há evidências de que as frequências sejam similares nos dias da semana.

O objeto em estudo consiste na distribuição de quebras de caminhões que ocorrem ao longo da primeira semana de junho de uma empresa de prestação de serviço. Para essa análise, foi registrada a quantidade de caminhões quebrados em cada dia da semana e, com isso, montou-se uma distribuição de frequência observada.

Frequência Observada

Dia	Seg.	Ter.	Qua.	Qui.	Sex.	Total
Quebras	7	6	5	9	8	35

O diretor da empresa acredita que a quebra dos caminhões ocorre similarmente no decorrer dos dias da semana. Assim, a frequência esperada sob essa hipótese será:

Frequência Esperada $\quad \frac{35}{5} = 7$

Dia	Seg.	Ter.	Qua.	Qui.	Sex.	Total
Quebras	7	7	7	7	7	35

Nessa situação, devemos aplicar um **teste de aderência de qui-quadrado**.

Com isso, temos especificadas as frequências esperadas e observadas. Logo, o teste de qui-quadrado terá as seguintes hipóteses:

Hipótese formulada
$$H_0: F_{obs} = F_{esp}$$
"Dias da semana não influenciam as quebras"

$$H_1: F_{obs} \neq F_{esp}$$
"Dias da semana influenciam as quebras"

Nesse contexto apresentado, temos 5 classes definidas (cada dia da semana). Assim, o número de graus de liberdade será:
$$Gl = n° \ de \ classes \ - 1$$
$$Gl = 5 - 1 = 4$$

Com isso, a questão indica para fixar um nível de significância de 5% e informa que o valor de qui-quadrado para 4 graus de liberdade e de 5% é de 9,488. Isso é constatado pela notação: **Fixar** α=5%; x^2_4=9,488.

Então, o valor crítico de qui-quadrado x^2_{tab} é de 9,488, ele delimita a área de rejeição e aceitação de uma distribuição de qui-quadrado. Veja:

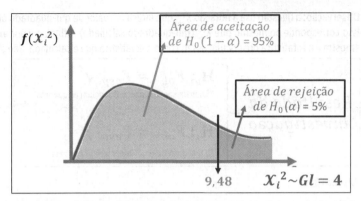

Em seguida, devemos calcular a estatística de teste de qui-quadrado (x^2_{cal}) para obter a tomada de decisão quanto ao teste de hipótese. O cálculo é o seguinte:

$$\chi^2_{cal} = \frac{\sum(F_{obs}-F_{esp})^2}{F_{esp}}$$

$$\chi^2_{cal} = \frac{(7-7)^2+(6-7)^2+(5-7)^2+(9-7)^2+(8-7)^2}{7}$$

$$\chi^2_{cal} = \frac{(0)^2+(-1)^2+(-2)^2+(2)^2+(1)^2}{7}$$

$$\chi^2_{cal} = \frac{0+1+4+4+1}{7}$$

$$\chi^2_{cal} = \frac{10}{7}$$

$$\chi^2_{cal} = 1,42$$

Os desvios da frequência observada e calculada totalizam uma estatística de teste qui-quadrado de 1,42. Esse valor fica posicionado na área de aceitação de H_0. Veja:

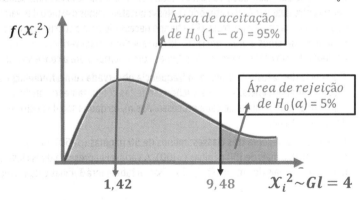

Por fim, a alternativa correta é a letra C: X^2_{obs} =1,42, portanto **não há evidências** de que as frequências não são similares nos dias da semana.

Observação: a questão usa a notação X^2_{obs} que indica um valor de qui-quadrado observado. Isso corresponde ao mesmo que X^2_{cal} (qui-quadrado calculado). Afinal, o valor extraído da amostra é a estatística observada, assim como a estatística que é calculada. São sinônimos.

$$\text{Resultado da investigação} \begin{cases} \mathbf{H_0}: F_{obs} = F_{esp} \checkmark \\ \text{"Dias da semana não influenciam as quebras"} \\ \mathbf{H_1}: F_{obs} \neq F_{esp} \ \times \\ \text{"Dias da semana influenciam as quebras"} \end{cases}$$

GABARITO: C.

59. (CESPE – 2018 – STM –ANALISTA JUDICIÁRIO) A tabela a seguir foi usada para verificar se existe alguma relação entre a variável p = quantidade de páginas de um processo e a variável t = tempo necessário para a conclusão desse processo.

P	t	
	t ≤ 1 ano	t > 1 ano
p < 50	50 processos	30 processos
50 ≤ p ≤ 100	40 processos	70 processos
p > 100	10 processos	100 processos

Considerando que X^2_j denota a distribuição qui-quadrado com j graus de liberdade e que $P(X^2_1>3,84)=0,05$, $P(X^2_2>5,99)=0,05$, $P(X^2_3>7,81)=0,05$, $P(X^2_1>2,71)=0,10$, $P(X^2_2>4,60)=0,10$, $P(X^2_3>6,25)=0,10$, julgue o item que se segue, tendo como referência as informações na tabela.

Se for utilizado o teste qui-quadrado para verificar se existe associação entre as variáveis referidas, então o grau de liberdade do referido teste será igual a 2.

Certo ( )   Errado ( )

Um teste de qui-quadrado pode ser efetuado para verificar se existe uma relação de dependência entre duas variáveis categóricas. Nessa questão, temos o estudo das variáveis: quantidade de páginas de um processo (P) e tempo necessário para a conclusão desse processo (t). Com isso, queremos efetuar um teste de qui-quadrado para verificar se existe uma relação de dependência entre o número de páginas com o tempo para a conclusão do processo.

A essência desse teste é comparar a **frequência observada com a frequência esperada em caso de independência**. As observações são feitas conjuntamente, analisando o tempo e a quantidade de páginas de cada processo. Assim, os dados são dispostos em uma tabela de dupla entrada.

A variável P apresenta **três classes**: menos de 50 páginas (p<50); entre 50 a 100 páginas (50≤p≤100); e mais de 100 páginas (>100). A variável t apresenta **duas classes**: um ano ou menos (t≤1); mais de um ano (t>1). Com isso, a tabela terá 3 linhas e duas colunas:

P	t		Total
	t ≤ 1 ano	t > 1 ano	
p < 50	50 processos	30 processos	80
50 ≤ p ≤ 100	40 processos	70 processos	110
p > 100	10 processos	100 processos	110
Total	100	200	300

3 Linhas

2 Colunas

Desse modo, o teste de qui-quadrado é calculado pelos desvios da frequência observada com a esperada em cada interseção de tempo e número de páginas. Observe que existem 6 frequências analisadas (3 quantidades x 2 tempos = 6 combinações), com isso, teremos seis cálculos de qui-quadrado para efetuar.

O número de graus de liberdade de teste de hipótese é obtido da seguinte maneira:

$$GL = (N^{\underline{o}}\ Colunas - 1) \times (N^{\underline{o}}\ Linhas - 1)$$

Essa conta determina o número de frequências que podem ser obtidas aleatoriamente. As demais observações serão obtidas por dedução, não teremos liberdade de escolha aleatória. Assim, para essa questão temos:

$$GL = (2 - 1) \times (3 - 1)$$
$$GL = 1 \times 2 = 2$$

Logo, em todas as seis possibilidades cruzadas, basta conhecer duas informações para deduzir todas as demais.

GABARITO: CERTO.

60. **(FUMARC – 2013 – PC/MG – ANALISTA DA POLÍCIA CIVIL)** Um pesquisador está interessado em verificar se o crime de assassinato está associado ao sexo. Para isso, analisou dados de 90 boletins de ocorrência, obtendo os seguintes resultados:

Gênero do criminoso	Tipo de crime		Total
	Assassinato	Outro	
Homem	24	36	60
Mulher	6	24	30
Total	30	60	90

Seja X_n^2 a distribuição Qui-quadrado com n graus de liberdade e os seguintes valores dessa distribuição:

$P(X_1^2 > 3,841) = P(X_2^2 > 5,991) = P(X_3^2 > 7,815) = 0,05$

Utilizando o teste Qui-quadrado e os dados da pesquisa, é CORRETO afirmar:

a) O teste tem 3 graus de liberdade.

Rodolfo Schmit

ESTATÍSTICA

b) O valor do qui-quadrado observado é 3,6.

c) O crime de assassinato está associado ao sexo para qualquer nível de significância maior que 1%.

d) Para um nível de significância de 5%, é possível afirmar que o crime de assassinato está associado ao sexo.

Nessa questão, queremos estudar se o crime de assassinato está relacionado com o sexo da vítima. Para isso, um teste de qui-quadrado de independência pode ser efetuado, a partir das seguintes hipóteses:

$$Hipótese\ formulada \begin{cases} \mathbf{H_0}:\ F_{obs} = F_{esp} \\ \text{"O tipo de crime \textbf{independe} do gênero"} \\ \\ \mathbf{H_1}:\ F_{obs} \neq F_{esp} \\ \text{"O tipo de crime \textbf{depende} do gênero"} \end{cases}$$

Dessa forma, uma amostra com 90 boletins de ocorrências foi coletada e foi registrada a frequência das combinações de tipo de crime e gênero da vítima. A variável tipo de crime foi discriminada em duas classes: assassinato e outro; a variável gênero possui duas classes: masculino e feminino. Com isso, as frequências observadas foram:

Frequência Observada

Gênero	Tipo de Crime		Total
	Assassinato	Outro	
Masculino	24	36	60
Feminino	06	24	30
Total	30	60	90

Sob a hipótese de independência, espera-se que a quantidade de pessoas do sexo feminino e masculino seja distribuída em 2/3 e 1/3 respectivamente. Então, das 90 ocorrências, 30 foram de assassinato. Assim, espera-se que 20 sejam do sexo masculino e 10 feminino, e o mesmo se aplica a outros crimes. Logo, a tabela da frequência esperada será:

Frequência Esperada

Gênero	Tipo de Crime		Total
	Assassinato	Outro	
Masculino	20	40	60 (2/3)
Feminino	10	20	30 (1/3)
Total	30	60	90

Agora, podemos calcular a estatística de teste qui-quadrado, com base nos desvios da frequência observada e esperada. Com isso, temos:

$$\chi^2_{cal} = \frac{\sum(F_{obs} - F_{esp})^2}{F_{esp}}$$

$$\chi^2_{cal} = \frac{(24-20)^2}{20} + \frac{(06-10)^2}{10} + \frac{(36-40)^2}{40} + \frac{(24-20)^2}{20}$$

$$\chi^2_{cal} = \frac{(4)^2}{20} + \frac{(-4)^2}{10} + \frac{(-4)^2}{40} + \frac{(4)^2}{20}$$

$$\chi^2_{cal} = \frac{16}{20} + \frac{16}{10} + \frac{16}{40} + \frac{16}{20}$$

$$\chi^2_{cal} = 0,8 + 1,6 + 0,4 + 0,8$$

$$\chi^2_{cal} = 3,6$$

A estatística de teste gerou um valor de qui-quadrado igual a 3,6 (χ^2_{cal} = 3,6). Em seguida, precisamos confrontar esse valor com o valor qui-quadrado crítico χ^2_{Tab} com 5% de significância e 1 grau de liberdade. O número de graus de liberdade é obtido por:

Frequência Observada

Gênero	Tipo de Crime		Total
	Assassinato	Outro	
Masculino	24	36	60
Feminino	06	24	30
Total	30	60	90

2 Linhas

2 Colunas

$$GL = (N^{\underline{o}}\ Classes - 1) \times (N^{\underline{o}}\ Linhas - 1)$$
$$GL = (2 - 1) \times (2 - 1)$$
$$GL = 1$$

O valor crítico pode ser obtido pela notação ($P(\chi^2_1 > 3{,}841)$ = 0,05. Dessa forma, o valor de 3,841 corta a distribuição qui-quadrado de 1 grau de liberdade em 5% de probabilidade para valores acima dele. Isto é, nível de significância de 5%. Assim, temos que:

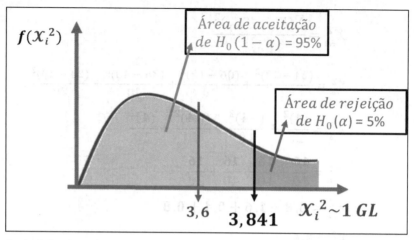

A estatística de teste está posicionada na área de aceitação de H_0. Portanto, não temos evidências para rejeitar essa hipótese. Logo, a ocorrência de assassinato independe do sexo da vítima.

Com toda a resolução do teste de hipótese, vamos agora verificar as alternativas!

a) O teste tem 3 graus de liberdade.

O teste possui apenas um grau de liberdade.

b) O valor do qui-quadrado observado é 3,6.

A estatística de teste ou qui-quadrado observado foi de 3,6.

c) O crime de assassinato está associado ao sexo para qualquer nível de significância maior que 1%.

O resultado do teste de hipótese mostra que a 5% foi aceito H_0. Assim, temos um nível de significância maior que 1% que afirma haver independência entre as variáveis.

d) Para um nível de significância de 5%, é possível afirmar que o crime de assassinato está associado ao sexo.

O resultado do teste a 5% de nível de significância aceitou a hipótese nula de independência. Então, não é possível afirmar que assassinato está relacionado com o sexo da vítima.

$$\text{Resultado da investigação} \begin{cases} \mathbf{H_0}: F_{obs} = F_{esp} \checkmark \\ \text{"O tipo de crime \textbf{independe} do gênero"} \\ \mathbf{H_1}: F_{obs} \neq F_{esp} \times \\ \text{"O tipo de crime \textbf{depende} do gênero"} \end{cases}$$

GABARITO: B.

61. **(CESPE – 2013 – STF – ANALISTA JUDICIÁRIO)** Pedro e João são os oficiais de justiça no plantão do fórum de determinado município. Em uma diligência distribuída a Pedro, X é a variável aleatória que representa o sucesso (X = 1) ou fracasso (X = 0) no cumprimento desse mandado. Analogamente, Y é a variável aleatória que representa o sucesso (Y = 1) ou fracasso (Y = 0) de uma diligência do oficial João.

Com base nessa situação hipotética e considerando a soma S = X + Y, e que P(X = 1) = P(Y = 1) = 0,6 e E(XY) = 0,5, julgue o item que se segue, acerca das variáveis aleatórias X, Y e S.

A correlação linear entre as variáveis X e Y é superior a 0,6.

Certo ( ) Errado ( )

Nessa questão, temos a análise de duas variáveis aleatórias discretas que consistem no sucesso ou fracasso na diligência de Pedro e João. Assim, temos que as variáveis são:

$$\text{Variável } X \to \textbf{Resultado da diligência de } \text{Pedro}$$
$$X = \{0, 1\}$$
$$X \sim \textbf{\textit{Bernoulli}}(0, 6)$$

$$\text{Variável } Y \to \textbf{Resultado da diligência de } \text{João}$$
$$Y = \{0, 1\}$$
$$Y \sim \textbf{\textit{Bernoulli}}(0, 6)$$

As duas variáveis seguem as pressuposições de uma variável Bernoulli: assumem dois resultados, o sucesso (1) e o fracasso (0). Assim, podemos utilizar todos os princípios de uma distribuição Bernoulli.

Com isso, queremos quantificar a correlação linear entre X e Y. Essa medida descritiva pode ser obtida a partir da seguinte expressão:

$$r_{(X,Y)} = \frac{Cov_{(X,Y)}}{s_X s_Y}$$

Logo, precisamos obter a covariância entre X e Y, como também os desvios-padrão de X e Y.

Para calcular a variância, ao se tratar de variáveis aleatórias, podemos obter a covariância pela "esperança do produto XY menos o produto da esperança de X e Y". Veja:

$$Cov\ (X, V) = E(X, V) - E(X)E(V)$$

O valor esperado do produto XY já foi fornecido pela questão E(XY)=0,5. Então, precisamos apenas obter o valor esperado de X e Y. Como ambas seguem uma distribuição de Bernoulli, sabemos que o valor esperado é igual à probabilidade de sucesso p. Portanto:

$$E(X) = E(Y) = p$$
$$E(X) = E(Y) = 0, 6$$

Dessa forma, podemos calcular o valor da covariância X,Y. Veja:

$$Cov\ (X, Y) = 0, 5 - 0, 6 \times 0, 6$$
$$Cov\ (X, Y) = 0, 5 - \textbf{0, 36} = 0, 14$$

EST

Rodolfo Schmit

ESTATÍSTICA

Em seguida, precisamos obter o desvio-padrão de X e de Y. Estes podem ser obtidos a partir da variância. Nesse caso, como ambas variáveis X e Y seguem Bernoulli, a variância é igual ao produto da probabilidade de sucesso com a probabilidade de fracasso q = (1 - p). Logo:

$$Var(X) = Var(Y) = pq$$

$$Var(X) = Var(Y) = 0,6 \times 0,4 = \mathbf{0,24}$$

Consequentemente, o desvio-padrão é a raiz quadrada da variância.

$$DP(X) = DP(Y) = \sqrt{\mathbf{0,24}}$$

Dessa maneira, temos todas as informações necessárias para calcular o coeficiente de correlação X,Y. Portanto:

$$r_{(X,Y)} = \frac{Cov_{(X,Y)}}{s_X s_Y}$$

$$r_{(X,Y)} = \frac{0,14}{\sqrt{0,24} \times \sqrt{0,24}}$$

$$r_{(X,Y)} = \frac{0,14}{0,24} = \mathbf{0,583}$$

A correlação linear foi inferior a 0,6.

GABARITO: ERRADO.

62. **(CESPE – 2008 – TST – ANALISTA JUDICIÁRIO)** Um instituto de pesquisa realizou um levantamento para estimar a despesa média semanal em transporte (μ) por trabalhador no ano de 2007 e compará-la com a de 2006. A população-alvo do levantamento era composta por 30 mil trabalhadores, dos quais 100 foram selecionados por amostragem aleatória simples. Dessa amostra, foram observadas as estatísticas a seguir, em que xi e yi representam, respectivamente, a despesa semanal em 2007 e em 2006, informada pelo trabalhador i. Sabe-se, no entanto, que a despesa média populacional por trabalhador em transporte, no ano de 2006, foi de R$ 10,00 por semana.

$\sum X = 1.200$

$\sum X^2 = 40.000$

$\sum Y = 900$

$\sum Y^2 = 25.000$

$\sum XY = 28.000$

A partir das informações acima, julgue o item subsequente.

A correlação linear entre as despesas de 2006 e 2007, observada na pesquisa, é superior a 0,8.

Certo ( )   Errado ( )

O objeto de estudo nessa questão consiste na despesa média semanal em transporte por trabalhador. Tem-se o interesse de analisar a relação de despesa semanal no ano de 2007 com o ano de 2006. Para isso, uma amostra com 100 trabalhadores foi coletada (n=100) e foi quantificada a despesa semanal em transporte nos anos de 2007 e 2006, sendo denominada de variável X e Y, respectivamente.

Perante toda essa análise, queremos obter o coeficiente de correlação linear entre as despesas de 2007 e 2006. Para efetuar esse cálculo a questão forneceu uma série de informações: somatório de X; de Y; de X ao quadrado; de Y ao quadrado; e do produto XY.

A correlação linear pode ser calculada da seguinte forma:

$$r_{(X,Y)} = \frac{Cov_{(X,Y)}}{s_X s_Y}$$

A covariância de X,Y e os desvios-padrão de X e Y podem ser calculados por:

$$Cov_{(X,Y)} = \frac{\sum XY - \frac{\sum X \sum Y}{n}}{n-1}$$

$$s_X = \sqrt{\frac{\sum X^2 - \frac{(\sum X)^2}{n}}{n-1}}$$

$$s_Y = \sqrt{\frac{\sum Y^2 - \frac{(\sum Y)^2}{n}}{n-1}}$$

O denominador n-1 pode ser cortado na fórmula da correlação. Veja:

$$r_{(X,Y)} = \frac{\dfrac{\sum XY - \frac{\sum X \sum Y}{n}}{n-1}}{\sqrt{\dfrac{\sum X^2 - \frac{(\sum X)^2}{n}}{n-1}} \times \sqrt{\dfrac{\sum Y^2 - \frac{(\sum Y)^2}{n}}{n-1}}}$$

$$r_{(X,Y)} = \frac{\dfrac{\sum XY - \frac{\sum X \sum Y}{n}}{n\!\!\!\diagup 1}}{\sqrt{\dfrac{\sum X^2 - \frac{(\sum X)^2}{n}}{n\!\!\!\diagup 1}} \times \sqrt{\dfrac{\sum Y^2 - \frac{(\sum Y)^2}{n}}{n\!\!\!\diagup 1}}}$$

Com isso, podemos representar a fórmula do r da seguinte maneira:

$$r_{(X,Y)} = \frac{\sum XY - \frac{\sum X \sum Y}{n}}{\sqrt{\sum X^2 - \frac{(\sum X)^2}{n}} \times \sqrt{\sum Y^2 - \frac{(\sum Y)^2}{n}}}$$

Observe que agora temos todas as informações necessárias para o cálculo do coeficiente de correlação. Vamos calcular cada componente isoladamente.

O componente da covariância será:

$$Cov_{(X,Y)} = \sum XY - \frac{\sum X \sum Y}{n} = 28000 - \frac{1200 \times 900}{100}$$

$$Cov_{(X,Y)} = 28000 - 10800 = 17200$$

O componente do desvio-padrão de X será:

$$s_X = \sqrt{\sum X^2 - \frac{(\sum X)^2}{n}} = \sqrt{40000 - \frac{(1200)^2}{100}}$$

$$s_X = \sqrt{40000 - \frac{1440000}{100}} = \sqrt{40000 - 14400}$$

$$s_X = \sqrt{40000 - 14400} = \sqrt{256000} = 160$$

O componente do desvio-padrão de Y será:

$$s_Y = \sqrt{\sum Y^2 - \frac{(\sum Y)^2}{n}} = \sqrt{25000 - \frac{(900)^2}{100}}$$

$$s_Y = \sqrt{25000 - \frac{810000}{100}} = \sqrt{25000 - 8100}$$

$$s_Y = \sqrt{25000 - 8100} = \sqrt{16900} = 130$$

Por fim, temos que a correlação linear será de:

$$r_{(X,Y)} = \frac{\sum XY - \frac{\sum X \sum Y}{n}}{\sqrt{\sum X^2 - \frac{(\sum X)^2}{n}} \times \sqrt{\sum Y^2 - \frac{(\sum Y)^2}{n}}}$$

$$r_{(X,Y)} = \frac{17200}{160 \times 130} = \frac{17200}{20800} = \frac{172}{208} = 0,826$$

A correlação linear é superior a 0,8.

GABARITO: CERTO.

63. **(CESPE – 2013 – ANP – ESPECIALISTA)** A correlação nula entre duas variáveis indica que há independência entre essas variáveis.

Certo ( )   Errado ( )

Quando a correlação linear entre duas variáveis é igual a zero, não podemos concluir certamente que X e Y são independentes. A correlação igual a zero indica somente que não existe uma **relação linear entre X e Y,** não necessariamente elas serão independentes.

O contrário é verdade, quando duas variáveis X e Y são independentes, a covariância e a correlação linear serão nulas. Portanto, temos que: "todo par de variáveis que são independentes tem correlação igual a zero, entretanto, nem todo par de variáveis com correlação igual a zero serão independentes".

Se X e Y são independentes, então:

$Cov\ (X,Y) = 0 \qquad r_{(X,Y)} = 0$

**O contrário não
necessariamente é verdade!**

Se $Cov\ (X,Y) = 0\ e\ r_{(X,Y)} = 0,$
**pode ser que X e Y sejam
independentes**

Uma correlação linear igual a zero pode ser um indicativo de que X e Y sejam independentes. Porém, pode ser também que exista uma relação explicada por outro modelo de regressão, por exemplo, uma relação quadrática (de segundo grau). Nesse caso, temos uma dependência entre X e Y, de modo que seus desvios lineares se anulam. Sobretudo, uma correlação nula não necessariamente indica independência entre a variáveis. Portanto, cuidado com essa interpretação!

ESTATÍSTICA

Variáveis independentes
$r_{(X,Y)} = 0$

Variáveis com relação quadrática
$r_{(X,Y)} = 0$

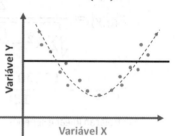

GABARITO: ERRADO.

64. **(CESPE– 2012– POLÍCIA FEDERAL – PAPILOSCOPISTA)** Considere que a covariância e a correlação linear entre as variáveis X e Y sejam, respectivamente, iguais a 5 e 0,8. Suponha também que a variância de X seja igual a quatro vezes a variância de Y. Nesse caso, é correto afirmar que a variância de X é igual a 2.

Certo ( )   Errado ( )

Nessa questão, temos duas variáveis X e Y que possuem covariância igual a 5 e correlação linear de 0,8.

$$Cov_{(X,Y)} = 5$$

$$r_{(X,Y)} = 0,8$$

Além disso, sabemos que a variância de X é igual a **4 vezes** a variância de Y. Logo:

$$s_X^2 = 4 \times s_Y^2$$

Nesse contexto, o interesse dessa questão é obter a variância de X. Pelas informações dispostas, poderemos obter a variância de X por meio da fórmula da correlação. A fórmula é a seguinte:

$$r_{(X,Y)} = \frac{Cov_{(X,Y)}}{s_X s_Y}$$

Para isso, a partir da relação matemática entre a variância de X e Y, vamos isolar o desvio-padrão de Y, para substituir ele na fórmula da correlação. Veja:

$$s_X^2 = 4 \times s_Y^2$$

$$s_X = \sqrt{4 \times s_Y^2}$$

$$s_X = 2 \times s_Y$$

$$s_Y = 0,5 \times s_X$$

Assim, temos que o desvio-padrão de Y é igual à metade (ou 0,5) do desvio-padrão de X. Ao substituir s_y por $0,5s_x$ na fórmula da correlação linear, sobrará apenas o desvio-padrão de X, aquilo que realmente queremos obter. Veja:

$$0,8 = \frac{5}{s_X \times \mathbf{0,5} \times s_X}$$

Multiplicando os desvios-padrão de X em comum, vamos ter a variância de X como incógnita, restando apenas finalizar o cálculo para obter o resultado. Veja:

$$0,8 = \frac{5}{\mathbf{0,5} \times s_X^2}$$

$$0,4 = \frac{5}{s_X^2}$$

$$s_X^2 = \frac{5}{0,4} = \mathbf{12,5}$$

A covariância não é igual a 2.

GABARITO: ERRADO.

65. **(CESPE – 2018 – POLÍCIA FEDERAL – PAPILOSCOPISTA)** O intervalo de tempo entre a morte de uma vítima até que ela seja encontrada (y em horas) denomina-se intervalo post mortem. Um grupo de pesquisadores mostrou que esse tempo se relaciona com a concentração molar de potássio encontrada na vítima (x, em mmol/dm³). Esses pesquisadores consideraram um modelo de regressão linear simples na forma y = ax + b + ε, em que a representa o coeficiente angular, b denomina-se intercepto, e ε denota um erro aleatório que segue distribuição normal com média zero e desvio-padrão igual a 4.

As estimativas dos coeficientes a e b, obtidas pelo método dos mínimos quadrados ordinários foram, respectivamente, iguais a 2,5 e 10. O tamanho da amostra para a obtenção desses resultados foi n = 101. A média amostral e o desvio-padrão amostral da variável x foram, respectivamente, iguais a 9 mmol/dm³ e 1,6 mmol/dm³ e o desvio-padrão da variável y foi igual a 5 horas.

A respeito dessa situação hipotética, julgue o item a seguir.

De acordo com o modelo ajustado, caso a concentração molar de potássio encontrada em uma vítima seja igual a 2 mmol/dm³, o valor predito correspondente do intervalo post mortem será igual a 15 horas.

Certo ( )   Errado ( )

O valor predito da variável dependente Y corresponde ao valor estimado pelo modelo de regressão linear. Assim, sabemos que o modelo que estima o tempo *post mortem* em função da concentração molar de potássio encontrada na vítima é:

$$\widehat{Y} = 2,5X + 10$$

Logo, para X = 2 mmol/dm³, temos que o valor de $\hat{Y}$ é igual a:

Rodolfo Schmit

$\widehat{Y} = 2,5 \times 2 + 10$

$\widehat{Y} = 5 + 10$

$\widehat{Y} = 15\ Horas$

Assim:

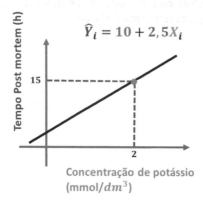

Observação: nessa questão, a banca inverteu as simbologias do coeficiente de regressão e o intercepto (a e b). Isso é um padrão desagradável para estudar o perfil da banca. Porém, o aluno não deve se apegar tanto a simbologias matemáticas, e sim associar aos seus conceitos e informações geradas.

GABARITO: CERTO.

66. **(CESPE – 2018 – POLÍCIA FEDERAL – PAPILOSCOPISTA)** O intervalo de tempo entre a morte de uma vítima até que ela seja encontrada (y em horas) denomina-se intervalo *post mortem*. Um grupo de pesquisadores mostrou que esse tempo se relaciona com a concentração molar de potássio encontrada na vítima (x, em mmol/dm^3). Esses pesquisadores consideraram um modelo de regressão linear simples na forma y = ax + b + ε, em que a representa o coeficiente angular, b denomina-se intercepto, e ε denota um erro aleatório que segue distribuição normal com média zero e desvio-padrão igual a 4.

As estimativas dos coeficientes a e b, obtidas pelo método dos mínimos quadrados ordinários foram, respectivamente, iguais a 2,5 e 10. O tamanho da amostra para a obtenção desses resultados foi n = 101. A média amostral e o desvio-padrão amostral da variável x foram, respectivamente, iguais a 9 mmol/dm^3 e 1,6 mmol/dm^3 e o desvio-padrão da variável y foi igual a 5 horas.

A respeito dessa situação hipotética, julgue o item a seguir.

A média amostral da variável resposta y foi superior a 30 horas.

Certo ( )   Errado ( )

Para obter o valor da média da variável Y (tempo *post mortem*), basta aplicar o modelo de regressão linear utilizando o valor médio da variável X (concentração molar de potássio). Portanto, se conhecemos o modelo de regressão (Y = 2,5X + 10) e a média de X ($\overline{X}$ = 9 mmol/dm^3), basta calcular:

$$\overline{Y} = a + b\overline{X}$$

$$\widehat{Y}_i = 2,5 \times 9 + 10$$

$$\widehat{Y}_i = 22,5 + 10$$

$$\widehat{Y}_i = 32,5 \, Horas$$

Com isso, verificamos que o tempo médio *post mortem* encontrado nesse estudo foi de 32,5 horas, o que é superior a 30 horas.

GABARITO: CERTO.

67. **(CESPE – 2016 – TCE/PA – AUDITOR)** Uma regressão linear simples é expressa por Y = a + b × X + e, em que o termo e corresponde ao erro aleatório da regressão e os parâmetros a e b são desconhecidos e devem ser estimados a partir de uma amostra disponível. Assumindo que a variável X é não correlacionada com o erro e, julgue o item subsecutivo, nos quais os resíduos das amostras consideradas são IID, com distribuição normal, média zero e variância constante.

Para uma amostra de tamanho n = 25, em que a covariância amostral para o par de variáveis X e Y seja Cov(X, Y) = 20,0, a variância amostral para a variável Y seja Var(Y) = 4,0 e a variância amostral para a variável X seja Var(X) = 5,0, a estimativa via estimador de mínimos quadrados ordinários para o coeficiente b é igual a 5,0.

Certo ( )   Errado ( )

Nessa questão, temos o estudo da relação de duas variáveis (X e Y). A relação de dependência pode ser estudada a partir de um modelo de regressão linear, expresso da seguinte forma:

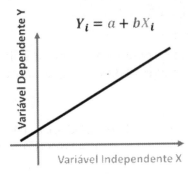

$Y_i = a + bX_i$

Variável Dependente Y

Variável Independente X

A informação mais importante para determinar esse comportamento linear é **coeficiente de regressão**, ou também chamado de coeficiente angular (b). Esse coeficiente descreve a contribuição que a variável X exerce em Y.

Conforme o critério dos mínimos quadrados, o coeficiente b pode ser obtido pela seguinte fórmula:

$$b = \frac{Cov_{(X,Y)}}{s_X^2} = \frac{Covariância \, de \, X \, e \, Y}{Variância \, de \, X}$$

ESTATÍSTICA

Conforme apresentado na questão, a covariância de X e Y é igual a 20 [**Cov(X, Y) = 20**] e a variância de X é 5 [**Var(X) = 5**]. Por essa razão, o coeficiente de regressão linear (b) é igual a:

$$b = \frac{20}{5} = 4$$

Com isso, a questão está **errada**, pois o coeficiente b **não é 5**.

Claramente, a questão tenta confundir o candidato, induzindo-o a utilizar a variância de Y. Por isso, é preciso ter atenção quanto ao valor que será extraído da questão!

GABARITO: ERRADO.

68. **(CESPE – 2004 – POLÍCIA FEDERAL – ESTATÍSTICO)** Entre janeiro e novembro de 2003, foi realizado um estudo para avaliar o número mensal de ocorrências, por 1.000 habitantes, registradas em delegacias de determinada região. Para esse estudo, foi considerado o modelo de regressão linear simples na forma Y=a+βX+ϵ, em que X é uma variável que representa os meses e assume valores discretos 0, 1, 2, ..., 10, e Y representa o número de ocorrências por 1.000 habitantes registradas no respectivo mês X. Parte do objetivo desse estudo é estimar os coeficientes a e β. O erro aleatório é representado por ϵ.

As tabelas a seguir apresentam parte dos resultados do ajuste e da análise de variância.

coeficiente	estimativa de mínimos quadrados ordinários	erro-padrão
α	50	0,05
β	0,05	0,005

fonte de variação	graus de liberdade	soma dos quadrados	quadrado médio
modelo	1	0,3	D
erro	9	B	E
total	A	C	F

Caso se mantivesse a tendência dos meses de janeiro a novembro, a estimativa do número de ocorrências por 1.000 habitantes para dezembro de 2003 seria de 50,6 ocorrências por 1.000 habitantes.

Certo ( )   Errado ( )

Nessa questão, temos o estudo do número mensal de ocorrências, por 1.000 habitantes, registradas em delegacias de uma região. Com isso, foi estudada a associação das ocorrências no decorrer dos meses.

A variável meses foi empregada como variável independente (X) no modelo e cada mês foi representado por um valor discreto, começando por zero no mês de janeiro, indo até 10 no mês de novembro. Assim, os valores de X são:

452

$$\text{Meses} \atop (X) \left\{ \begin{array}{l} \text{Janeiro} = 0 \\ \text{Fevereiro} = 1 \\ \quad \cdot \\ \quad \cdot \\ \quad \cdot \\ \text{Novembro} = 10 \end{array} \right.$$

$$X = \{0, 1, 2, 3, 4, 5, 6, 7, 8, 9, 10\}$$

Em função dos meses, a variável aleatória dependente (Y) número de ocorrências foi estimada a partir de um modelo de regressão linear. Conforme os parâmetros obtidos na tabela, temos o seguinte modelo linear:

coeficiente	estimativa de mínimos quadrados ordinários	erro-padrão
α	50	0,05
β	0,05	0,005

$$\widehat{Y}_i = 50 + 0{,}05 X_i$$

Inicialmente, o mês de dezembro não foi incluso nessa análise. Contudo, caso o mês de novembro fosse inserido na análise, ele assumiria o valor igual a 11 (seguindo a ordem da contagem que iniciou em janeiro, com valor zero).

$$\text{Meses} \left\{ \begin{array}{l} \text{Janeiro} = 0 \\ \text{Fevereiro} = 1 \\ \quad \cdot \\ \quad \cdot \\ \quad \cdot \\ \text{Novembro} = 10 \\ \text{Dezembro} = 11 \end{array} \right.$$

Com isso, se mantivesse a tendência dos meses de janeiro a novembro, a estimativa do número de ocorrências por 1.000 habitantes para dezembro de 2003 poderá ser estimada pelo uso do modelo linear, aplicando o valor de X igual a 11. Dessa forma, temos a seguinte estimativa de Y:

ESTATÍSTICA

$$\widehat{Y}_i = 50 + 0,05 X_i$$

$$\overline{Y} = a + bX$$
$$\overline{Y} = 50 + 0,05 \times 11$$
$$\overline{Y} = 50 + \mathbf{0,55} = 50,55$$

Logo, seriam observadas 50,55 ocorrências por 1.000 habitantes no mês de dezembro. A questão está errada, pois o valor é diferente de 50,6, como afirmado pela questão.

GABARITO: ERRADO.

69. **(CESPE – 2018 – POLÍCIA FEDERAL – PAPILOSCOPISTA)** O intervalo de tempo entre a morte de uma vítima até que ela seja encontrada (y em horas) denomina-se intervalo post mortem. Um grupo de pesquisadores mostrou que esse tempo se relaciona com a concentração molar de potássio encontrada na vítima (x, em $mmol/dm^3$). Esses pesquisadores consideraram um modelo de regressão linear simples na forma y = ax + b + ε, em que a representa o coeficiente angular, b denomina-se intercepto, e ε denota um erro aleatório que segue distribuição normal com média zero e desvio-padrão igual a 4.

As estimativas dos coeficientes a e b, obtidas pelo método dos mínimos quadrados ordinários foram, respectivamente, iguais a 2,5 e 10. O tamanho da amostra para a obtenção desses resultados foi n = 101. A média amostral e o desvio-padrão amostral da variável x foram, respectivamente, iguais a 9 $mmol/dm^3$ e 1,6 $mmol/dm^3$ e o desvio-padrão da variável y foi igual a 5 horas.

A respeito dessa situação hipotética, julgue o item a seguir.

O erro-padrão associado à estimação do coeficiente angular foi superior a 0,30.

Certo ( )   Errado ( )

O erro-padrão associado ao coeficiente angular (coeficiente de regressão), representado por s_b consiste no erro de estimativa da regressão (s_e) sob cada variação de X. Logo, podemos afirmar que o erro-padrão do coeficiente de regressão s_b **representa a contribuição no erro de estimativa (s_e) para cada unidade de desvio de X em relação à sua média.**

Desse modo, podemos calcular s_b da seguinte forma:

$$s_b^2 = \frac{s_e^2 \longrightarrow}{\sum(X - \bar{X})^2 \longrightarrow}$$

$\boxed{\textit{Variância dos Erros da Regressão}}$

$\boxed{\textbf{\textit{Variação de X em relação a média}}}$

$$s_b = \sqrt{s_b^2} = \frac{s_e}{\sqrt{\sum(X - \bar{X})^2}}$$

Dessa forma, para obter essa informação, é necessário o erro-padrão da estimativa da regressão (que nada mais é que o desvio-padrão de erro da regressão ε) e, também, da variação de X após retirar a raiz quadrada.

O valor do desvio-padrão do erro da regressão foi fornecido na questão . Já a variação de X pode ser obtida pelo desvio-padrão amostral de X que é 1,6 mmol/dm³. Sabendo a definição do desvio-padrão, e que n=101 , temos que:

$$s = \frac{\sqrt{\sum(X_i - \bar{X})^2}}{\sqrt{n-1}}$$

$$1,6 = \frac{\sqrt{\sum(X_i - \bar{X})^2}}{\sqrt{101-1}}$$

$$1,6 = \frac{\sqrt{\sum(X_i - \bar{X})^2}}{\sqrt{100}}$$

$$1,6 = \frac{\sqrt{\sum(X_i - \bar{X})^2}}{10}$$

$$\sqrt{\sum(X_i - \bar{X})^2} = 1,6 \times 10 = 16$$

Com isso, temos os dois componentes para calcular o erro-padrão do coeficiente angular s_b, logo:

$$s_b = \frac{4}{16} = 0,25$$

Em suma, erro-padrão associado à estimação do coeficiente angular não é superior a 0,3.

GABARITO: ERRADO.

70.　**(CESPE – 2004 – POLÍCIA FEDERAL – ESTATÍSTICO)** Entre janeiro e novembro de 2003, foi realizado um estudo para avaliar o número mensal de ocorrências, por 1.000 habitantes, registradas em delegacias de determinada região. Para esse estudo, foi considerado o modelo de regressão linear simples na forma Y=a+βX+ε, em que X é uma variável que representa os meses e assume valores discretos 0, 1, 2, ..., 10, e Y representa o número de ocorrências por 1.000 habitantes registradas no respectivo mês X. Parte do objetivo desse estudo é estimar os coeficientes a e β. O erro aleatório é representado por ε.

As tabelas a seguir apresentam parte dos resultados do ajuste e da análise de variância.

coeficiente	estimativa de mínimos quadrados ordinários	erro-padrão
α	50	0,05
β	0,05	0,005

ESTATÍSTICA

fonte de variação	graus de liberdade	soma dos quadrados	quadrado médio
modelo	1	0,3	D
erro	9	B	E
total	A	C	F

Com base no texto acima, julgue o item a seguir.

A estatística t do teste de hipóteses $H_0:\beta=0$ versus $H_1:\beta \neq 0$ é inferior a 3.

Certo ( )   Errado ( )

Nessa questão, temos o estudo do número mensal de ocorrências, por 1.000 habitantes, registradas em delegacias de uma região. Com isso, foi estudada a relação das ocorrências (Y) no decorrer dos meses (X).

A análise de regressão gerou o seguinte modelo de regressão:

coeficiente	estimativa de mínimos quadrados ordinários	erro-padrão
α	50	0,05
β	0,05	0,005

$$\widehat{Y}_i = 50 + 0,05X_i$$

Nesse sentido, queremos calcular a estatística de teste t, que verifica a hipótese de linearidade do modelo de regressão linear. Esse teste tem as seguintes hipóteses:

$$\mathbf{H_0}: \beta = 0$$

"Não há linearidade entre os meses e quantidade de ocorrências"

Hipótese formulada

$$\mathbf{H_1}: \beta \neq 0$$

"Há linearidade entre os meses e quantidade de ocorrências"

Para isso, precisamos calcular a estatística de teste t, que pode ser obtida por:

$$t = \frac{\beta}{s_\beta}$$

É a razão do coeficiente de regressão linear (β) sob o erro-padrão desse coeficiente (por s_β).

Essas informações já estão disponíveis na tabela de resultado da análise de variância. Portanto, a estatística de teste t para verificar a linearidade do modelo será:

coeficiente	estimativa de mínimos quadrados ordinários	erro-padrão
α	50	0,05
β	0,05	0,005

$$t = \frac{0,05}{0,005} = 10$$

Verifica-se que a estatística de teste é **superior** a 3.

GABARITO: ERRADO.

71. **(CESPE – 2018 – STM – ANALISTA JUDICIÁRIO)** Em um modelo de regressão linear simples na forma $y_i = a + bx_i + \varepsilon_i$, em que a e b são constantes reais não nulas, y_i representa a resposta da i-ésima observação a um estímulo x_i e ε_i é o erro aleatório correspondente, para i = 1, þ, n, considere que $\sum(x_i - \bar{x})^2 = 10$, em que $\bar{x}(x_1 + ... + x_n)/n$, e que o desvio-padrão de cada ε_i seja igual a 10, para i = 1, ..., n.

A respeito dessa situação hipotética, julgue o item que se segue.

Se representar o estimador de mínimos quadrados ordinários do coeficiente $\hat{b}$, então var[$\hat{b}$]=10.

Certo ( )   Errado ( )

Uma análise de regressão linear qualquer obtém um modelo linear simples na forma:

$$Y_i = a + bX_i + \varepsilon_i$$

Uma informação importante para verificar a linearidade entre X e Y é a variância do coeficiente de regressão estimado, representado por `var[`$\hat{b}$`]` (pode também ser representado por $s_{\hat{b}}^2$). A partir da dispersão de b podemos verificar a eficiente do modelo linear e efetuar um teste de hipótese com esse propósito.

A variância do coeficiente de regressão b (ou angular) pode ser obtida por:

$$Var(\hat{b}) = \frac{s_\varepsilon^2}{\sum(X_i - \bar{X})^2}$$

$$Var(\hat{b}) = \frac{Vari\hat{a}ncia\ \boldsymbol{dos\ erros\ da\ regress}\text{ão}}{Varia\text{ção}\ \boldsymbol{de}\ X}$$

Os erros da regressão apresentaram um desvio-padrão(s_ε) igual a 10, assim, a variância de ε é:

$$s_\varepsilon^2 = (s_\varepsilon)^2 = (10)^2 = 100$$

A variação de X já é fornecida pela questão, $\sum(x_i - \bar{x})^2 = 10$. Assim, a variância do coeficiente angular será:

$$Var(\hat{b}) = \frac{100}{10} = 10$$

GABARITO: CERTO.

EST

Rodolfo Schmit

ESTATÍSTICA

72. **(CESPE – 2018 – POLÍCIA FEDERAL – AGENTE)** Um pesquisador estudou a relação entre a taxa de criminalidade (Y) e a taxa de desocupação da população economicamente ativa (X) em determinada região do país. Esse pesquisador aplicou um modelo de regressão linear simples na forma Y = bX + a + ε, em que b representa o coeficiente angular, a é o intercepto do modelo e ε denota o erro aleatório com média zero e variância σ^2. A tabela a seguir representa a análise de variância (ANOVA) proporcionada por esse modelo.

fonte de variação	graus de liberdade	soma de quadrados
modelo	1	225
erro	899	175
total	900	400

A respeito dessa situação hipotética, julgue o próximo item, sabendo que b > 0 e que o desvio-padrão amostral da variável X é igual a 2.

A correlação linear de Pearson entre a variável resposta Y e a variável regressora X é igual a 0,75.

Certo ( )   Errado ( )

Para obter a correlação linear (r) entre duas variáveis a partir de uma tabela de análise de variância, o caminho mais prático é obter o coeficiente de determinação r², e depois extrair a raiz quadrada desse coeficiente para obter a correlação linear.

$$r = \sqrt{r^2}$$

O coeficiente de determinação (r^2) consiste na proporção do quanto a variação de Y é explicada pelo modelo de regressão linear em função de X. Em outras palavras, temos que:

$$r^2 = \frac{Variação\ Explicada\ pela\ Regressão}{Variação\ Total} = \frac{SQE}{SQT}$$

$$r^2 = \frac{225}{400} \qquad\qquad r = \frac{\sqrt{225}}{\sqrt{400}} = \frac{15}{20} = \frac{3}{4} = 0,75$$

Como sabemos que , então a correlação linear também é positiva (relação diretamente proporcional). Assim, r = 0,75.

GABARITO: CERTO.

73. **(CESPE – 2018 – POLÍCIA FEDERAL – AGENTE)** Um pesquisador estudou a relação entre a taxa de criminalidade (Y) e a taxa de desocupação da população economicamente ativa (X) em determinada região do país. Esse pesquisador aplicou um modelo de regressão linear simples na forma Y = bX + a + ε, em que b representa o coeficiente angular, a é o intercepto do modelo e ε denota o erro aleatório com média zero e variância σ^2. A tabela a seguir representa a análise de variância (ANOVA) proporcionada por esse modelo.

fonte de variação	graus de liberdade	soma de quadrados
modelo	1	225
erro	899	175
total	900	400

A respeito dessa situação hipotética, julgue o próximo item, sabendo que b > 0 e que o desvio-padrão amostral da variável X é igual a 2.

A estimativa do coeficiente angular b, pelo método de mínimos quadrados ordinários, é igual a 0,25.

Certo ( )   Errado ( )

A questão apresenta a análise de variância para a relação da taxa de criminalidade (Y) em função da taxa de desocupação da população economicamente ativa (X). A fonte de variação modelo corresponde àquela explicada pela regressão linear, enquanto o erro corresponde à variação aleatória não explicada pelo modelo de regressão.

Uma alternativa mais prática para obter o coeficiente de regressão é utilizar a seguinte relação matemática:

$$b = r \times \frac{s_Y}{s_X}$$

Com isso, precisamos obter o coeficiente de correlação (r) e os desvios-padrão de Y e X.

Para obter a correlação linear (r) entre duas variáveis a partir de uma tabela de análise de variância, o caminho mais prático é obter o **coeficiente de determinação r^2**, e depois extrair a raiz quadrada desse coeficiente para obter a correlação linear.

$$r = \sqrt{r^2}$$

O coeficiente de determinação (r^2) consiste na proporção do quanto a variação de Y é explicada pelo modelo de regressão linear em função de X. Em outras palavras, temos que:

$$r^2 = \frac{Variação\ Explicada\ pela\ Regressão}{Variação\ Total} = \frac{SQE}{SQT}$$

$$r^2 = \frac{225}{400} \qquad\qquad r = \frac{\sqrt{225}}{\sqrt{400}} = \frac{15}{20} = \frac{3}{4} = 0,75$$

$$r = \frac{3}{4}$$

Em seguida, o desvio-padrão de X foi fornecido pela questão: o desvio-padrão amostral da variável X é igual a 2.

$$s_X = 2$$

EST

Rodolfo Schmit

ESTATÍSTICA

Ainda, o desvio-padrão de Y pode ser obtido pela componente total da variância de Y. Afinal, a variância de Y corresponde à razão da variação de Y sob n - 1. Veja:

fonte de variação	graus de liberdade	soma de quadrados
modelo	1	225
erro	899	175
total	900	400

$$s_Y^2 = \frac{\sum(Y_i - \bar{Y})^2}{n-1}$$

$$s_Y^2 = \frac{400}{900} = \frac{4}{9}$$

Logo, o desvio-padrão de Y será a raiz quadrada da variância:

$$s_Y = \sqrt{s_Y^2} = \sqrt{\frac{4}{9}} = \frac{2}{3}$$

Com todas essas informações, podemos então calcular o coeficiente de regressão b. Veja:

$$b = \frac{3}{4} \times \frac{\frac{2}{3}}{2}$$

$$b = \frac{3}{4} \times \frac{\frac{2}{3}}{2}$$

$$b = \frac{1}{4} = 0,25$$

Como a questão forneceu b > 0, que sabemos que ele é de fato positivo.

Por fim, verifica-se que o coeficiente b é igual a 0,25.

GABARITO: CERTO.

74. **(CESPE – 2018 – POLÍCIA FEDERAL – AGENTE)** Um pesquisador estudou a relação entre a taxa de criminalidade (Y) e a taxa de desocupação da população economicamente ativa (X) em determinada região do país. Esse pesquisador aplicou um modelo de regressão linear simples na forma Y = bX + a + ε, em que b representa o coeficiente angular, a é o intercepto do modelo e ε denota o erro aleatório com média zero e variância σ^2. A tabela a seguir representa a análise de variância (ANOVA) proporcionada por esse modelo.

fonte de variação	graus de liberdade	soma de quadrados
modelo	1	225
erro	899	175
total	900	400

A respeito dessa situação hipotética, julgue o próximo item, sabendo que b > 0 e que o desvio--padrão amostral da variável X é igual a 2.

A estimativa da variância σ^2 é superior a 0,5.

Certo ( )   Errado ( )

A variância σ^2 corresponde à variância dos erros aleatórios da regressão . Dessa forma, basta calcular o quadrado médio do erro (relação entre variação do erro sob graus de liberdade do erro). Contudo, apenas observando que temos a relação de SQE = 175 e GLR = 899, já conseguimos definir que essa variância é inferior a 50% ou 0,5, inferior à metade. Porém, para deixar evidente:

$$QME = \frac{SQR}{GLR} = \frac{175}{899} \cong 0,19$$

GABARITO: ERRADO.

75. **(CESPE – 2018 – POLÍCIA FEDERAL – PAPILOSCOPISTA)** O intervalo de tempo entre a morte de uma vítima até que ela seja encontrada (y em horas) denomina-se intervalo post mortem. Um grupo de pesquisadores mostrou que esse tempo se relaciona com a concentração molar de potássio encontrada na vítima (x, em mmol/dm³). Esses pesquisadores consideraram um modelo de regressão linear simples na forma y = ax + b + ε, em que a representa o coeficiente angular, b denomina-se intercepto, e ε denota um erro aleatório que segue distribuição normal com média zero e desvio-padrão igual a 4.

As estimativas dos coeficientes a e b, obtidas pelo método dos mínimos quadrados ordinários foram, respectivamente, iguais a 2,5 e 10. O tamanho da amostra para a obtenção desses resultados foi n = 101. A média amostral e o desvio-padrão amostral da variável x foram, respectivamente, iguais a 9 mmol/dm³ e 1,6 mmol/dm³ e o desvio-padrão da variável y foi igual a 5 horas.

A respeito dessa situação hipotética, julgue o item a seguir.

O coeficiente de explicação do modelo (R^2) foi superior a 0,70.

Certo ( )   Errado ( )

O coeficiente de explicação (sinônimo de determinação) pode ser obtido indiretamente pelo coeficiente de correlação (r). Essa relação pode ser utilizada para obter R^2 **quando temos dados referentes à regressão linear e não temos a análise de variância.** Contudo, para obter o coeficiente de correlação, pode ser aplicada a relação de igualdade com coeficiente de regressão (b), que é a seguinte (conforme deduzida na teoria):

$$b = r \times \frac{s_Y}{s_X}$$

ESTATÍSTICA

Dessa forma, como temos o coeficiente de regressão (b = 2,5), o desvio-padrão de X (s_x = 1,6) e o desvio-padrão de Y (s_y = 5), podemos calcular :

$$2,5 = r \times \frac{5}{1,6}$$

$$r = \frac{2,5 \times 1,6}{5}$$

$$r = \frac{1,6}{2} = 0,8$$

Logo, se r = 0,8, então r^2 é:

$$r^2 = 0,8^2 = 0,64$$

Portanto, o coeficiente de determinação r^2 é inferior a 0,70.

GABARITO: ERRADO.

76. **(CESPE – 2018 – STM – ANALISTA JUDICIÁRIO)** Considerando que $\hat{Y}$ seja uma variável resposta ajustada por um modelo de regressão em função de uma variável explicativa X, que $x_1, \dots, x_n$ representem as réplicas de X e que e $\hat{a}$ e $\hat{b}$ sejam as estimativas dos parâmetros do modelo, julgue o item a seguir.

Em um modelo linear $\hat{Y} = \hat{a}+\hat{b}X$, a hipótese de homocedasticidade significa que a variância dos erros deve ser constante, e o valor esperado dos erros deve ser zero.

Certo ( )   Errado ( )

Para estabelecer uma análise de regressão linear, as seguintes pressuposições devem ser estabelecidas:

A variável independente X não está correlacionada com os resíduos, são valores fixos não controlados, assim, a variável independente X **não é aleatória**;

A relação entre a variável X e Y deve ser **linear**;

O valor esperado dos erros da regressão é **zero**; isto é, $E(\varepsilon_i) = 0$;

Os resíduos ε_i são extraídos de uma distribuição com **variância constante** (homocedasticidade);

Os resíduos são distribuídos **independentemente**; isto é, o resíduo para uma observação não está correlacionado com outra observação ε_2;

Os erros da regressão apresentam **distribuição normal**, média zero e variância σ_ε^2 (variância dos erros da regressão);

Nesse contexto, a homocedasticidade consiste na pressuposição de que os erros da regressão (ε) devem ser constantes, isto é, devem apresentar uma **variância única, representada por** σ_ε^2. Contudo, observe que a homocedasticidade não aborda sobre o valor esperado dos erros da regressão. Trata-se de outra pressuposição não associada ao termo da homocedasticidade.

Assim, o erro na questão está ao afirmar que homocedasticidade significa que **o valor esperado dos erros deve ser zero**.

GABARITO: ERRADO.

77. **(CESPE – 2020 – TJ/PA – ANALISTA JUDICIÁRIO)** A figura a seguir apresenta o gráfico de resíduos para o modelo da reta de melhor ajuste a certo conjunto de dados determinada pelo método dos mínimos quadrados.

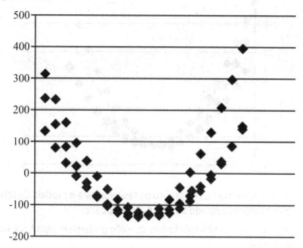

Esse gráfico revela, como principal transgressão das suposições do modelo aplicado:

a) a inadequação do modelo adotado.
b) a ausência de média zero.
c) a ausência de variância comum.
d) a existência de elemento discrepante.
e) a existência de viés nos dados utilizados.

A análise dos resíduos da regressão permite identificar a violação das pressuposições ou falhas no ajuste de um modelo linear.

Os principais problemas detectados por meio da análise gráfica dos resíduos são:

Não linearidade da relação entre X e Y;

Não normalidade dos erros;

Variância não constante dos erros (heterocedasticidade);

Correlação entre os erros;

Presença de *outliers* ou observações atípicas;

O modelo foi mal especificado (outras variáveis deveriam ser incluídas).

Nesse contexto, conforme a representação gráfica dos resíduos, podemos sugerir as possíveis falhas do modelo de regressão linear.

O gráfico apresentado na questão evidencia que a variação dos resíduos (erros da regressão) segue um comportamento **não linear**. Mais especificamente, podemos sugerir que existe uma relação quadrática (equação de segundo grau) que melhor explica o comportamento entre as variáveis X e Y. Veja:

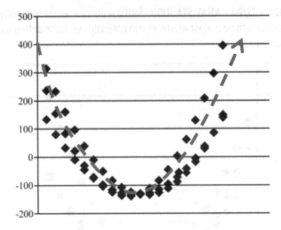

Assim, podemos concluir que o gráfico de resíduos **para o modelo da reta de melhor ajuste** sugere que o modelo adotado não é o mais adequado.

As demais alternativas são conclusões que não podem ser obtidas a partir do gráfico do ajuste de modelo.

GABARITO: A.

78. **(CESPE – 2018 – POLÍCIA FEDERAL – ESCRIVÃO)** Uma pesquisa realizada com passageiros estrangeiros que se encontravam em determinado aeroporto durante um grande evento esportivo no país teve como finalidade investigar a sensação de segurança nos voos internacionais. Foram entrevistados 1.000 passageiros, alocando-se a amostra de acordo com o continente de origem de cada um — África, América do Norte (AN), América do Sul (AS), Ásia/Oceania (A/O) ou Europa. Na tabela seguinte, *N* é o tamanho populacional de passageiros em voos internacionais no período de interesse da pesquisa; *n* é o tamanho da amostra por origem; *P* é o percentual dos passageiros entrevistados que se manifestaram satisfeitos no que se refere à sensação de segurança.

origem	N	n	P
África	100.000	100	80
AN	300.000	300	70
AS	100.000	100	90
A/O	300.000	300	80
Europa	200.000	200	80
total	1.000.000	1.000	P_{pop}

Em cada grupo de origem, os passageiros entrevistados foram selecionados por amostragem aleatória simples. A última linha da tabela mostra o total populacional no período da pesquisa, o tamanho total da amostra e P_{pop} representa o percentual populacional de passageiros satisfeitos.

A partir dessas informações, julgue o próximo item.

Nessa pesquisa, cada grupo de origem representa uma unidade amostral, da qual foi retirada uma amostra aleatória simples.

Certo ( ) Errado ( )

A unidade amostral consiste **no elemento que foi sorteado para compor amostra e de onde foi extraído um dado bruto.** Para essa pesquisa, foram entrevistadas pessoas de diferentes grupos de origem. Contudo, cada pessoa foi entrevistada quanto à sensação de segurança nos voos internacionais. Assim **uma pessoa entrevistada consiste no elemento avaliado, isto é, na unidade amostral.**

A população de estudo corresponde a todas as pessoas que viajaram, em voos internacionais, para o evento esportivo. Todavia, cada pessoa veio de um local diferente (de um grupo de origem diferente). Esse grupo de origem corresponde a uma característica dentro da população estudada, que causa uma heterogeneidade na variável segurança nos voos. Assim, uma amostragem estratificada nessa população deve ser aplicada para controlar essa fonte de variação. Logo, o grupo de origem corresponde a um estrato, e não uma unidade amostral.

Em resumo, temos as seguintes informações extraídas nessa investigação:

Unidade Amostral	População	Amostra	Variável	Unidade de Medida	Tipo de Variável	Estratos
Indivíduo, passageiro	1 milhão de passageiros registrados que foram para o evento esportivo	Mil passageiros entrevistados	Sensação de segurança nos voos	Opinião subjetiva (Sim, Não)	Qualitativa Nominal	Grupo de origem

Nota-se que a questão afirma que o grupo de origem se trata da unidade amostral, quando na verdade consiste em um estrato.

GABARITO: ERRADO.

79. **(CESPE – 2018 – POLÍCIA FEDERAL – ESCRIVÃO)** Uma pesquisa realizada com passageiros estrangeiros que se encontravam em determinado aeroporto durante um grande evento esportivo no país teve como finalidade investigar a sensação de segurança nos voos internacionais. Foram entrevistados 1.000 passageiros, alocando-se a amostra de acordo com o continente de origem de cada um — África, América do Norte (AN), América do Sul (AS), Ásia/Oceania (A/O) ou Europa. Na tabela seguinte, N é o tamanho populacional de passageiros em voos internacionais no período de interesse da pesquisa; n é o tamanho da amostra por origem; P é o percentual dos passageiros entrevistados que se manifestaram satisfeitos no que se refere à sensação de segurança.

origem	N	n	P
África	100.000	100	80
AN	300.000	300	70
AS	100.000	100	90
A/O	300.000	300	80
Europa	200.000	200	80
total	1.000.000	1.000	P_{pop}

Em cada grupo de origem, os passageiros entrevistados foram selecionados por amostragem aleatória simples. A última linha da tabela mostra o total populacional no período da pesquisa, o tamanho total da amostra e P_{pop} representa o percentual populacional de passageiros satisfeitos.

ESTATÍSTICA

A partir dessas informações, julgue o próximo item.

Na situação apresentada, o desenho amostral é conhecido como amostragem aleatória por conglomerados, visto que a população de passageiros foi dividida por grupos de origem.

Certo ( )   Errado ( )

A amostragem por conglomerados é aplicada quando temos grupos que, por si sós, representam uma **minipopulação**. Isto é, **os elementos dentro do conglomerado são heterogêneos e a variação entre os conglomerados é muito pequena** (são similares). Toda a população consiste nos passageiros que foram visitar o evento esportivo. Contudo, dentro deles existe uma variação referente ao grupo de origem. Cada pessoa entrevistada, proveniente de um local diferente, pode apresentar uma sensação de segurança de voo influenciada pelo continente de onde veio. Assim, temos uma fonte de variação que deixa a população heterogênea quanto à variável de interesse.

Entre os grupos de origem, temos uma heterogeneidade (pessoas de continentes diferentes, com cultura, hábitos etc. diferentes) e, dentro de cada grupo de origem, uma homogeneidade (pessoas do mesmo continente). Logo, o grupo de origem tem um conceito inverso ao conglomerado, trata-se na verdade de **estratos**. Por conseguinte, a amostragem realizada nessa investigação é a amostragem aleatória estratificada, e não por conglomerados.

GABARITO: ERRADO.

80. **(CESPE – 2015 – DEPEN – AGENTE PENITENCIÁRIO FEDERAL)** Considerando que, em um estudo nacional sobre o sistema penitenciário brasileiro para avaliar a qualidade das instalações bem como para identificar os casos de superlotação, a unidade observacional tenha sido a cela onde se encontravam os detentos, julgue o item que se segue.

No referido estudo, se for necessário que pelo menos uma unidade prisional de cada unidade da federação esteja contemplada na amostra, deverá ser empregada uma amostragem estratificada.

Certo ( )   Errado ( )

O objetivo do estudo é investigar o sistema penitenciário **brasileiro** quanto à qualidade das instalações. Para isso, a unidade observacional (de avaliação) será a cela.

Toda região brasileira é composta por 27 unidades da federação, em que cada uma possui uma realidade estrutural diferente quanto à qualidade das instalações penitenciárias. Assim, os estados consistem em um fator que apresenta heterogeneidade quanto à característica que queremos analisar. Como a abrangência da investigação é todo o território nacional, precisamos considerar cada unidade da federação para aumentar a precisão das estimativas da amostragem.

Então, **se for necessário que pelo menos uma unidade prisional de cada unidade da federação esteja contemplada na amostra,** devemos estratificar a população de acordo com cada unidade da federação. Isto é, precisamos realizar uma amostragem estratificada. Veja:

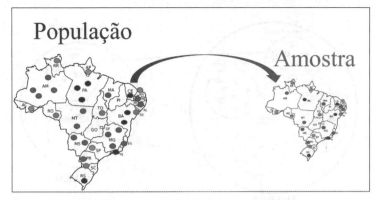

Portanto, devemos utilizar a amostragem aleatória estratificada para compor uma amostra que contenha unidade prisional de todos os estados federativos.

GABARITO: CERTO.

81. **(CESPE – 2019 – TJ/AM – ANALISTA JUDICIÁRIO)** Em determinado município brasileiro, realizou-se um levantamento para estimar o percentual P de pessoas que conhecem o programa justiça itinerante. Para esse propósito, foram selecionados 1.000 domicílios por amostragem aleatória simples de um conjunto de 10 mil domicílios. Nos domicílios selecionados, foram entrevistados todos os residentes maiores de idade, que totalizaram 3.000 pessoas entrevistadas, entre as quais 2.250 afirmaram conhecer o programa justiça itinerante.

O desenho amostral em tela para a estimação do percentual P denomina-se amostragem por conglomerados na qual a unidade amostral é o domicílio.

Certo ( )   Errado ( )

O objeto de estudo dessa questão tem a finalidade de quantificar a proporção de **pessoas** que conhecem o programa de justiça itinerante. Logo, foi coletado das pessoas o dado bruto *conhece* ($X=1$) ou *não conhece* ($X=0$). Apesar de as pessoas serem a unidade de avaliação (de que é extraído o dado bruto), elas estão distribuídas em domicílios. Com isso, em vez de sortear as pessoas, foram sorteados os domicílios.

Ao analisar o contexto da questão, temos: **foram selecionados 1.000 domicílios por amostragem aleatória simples de um conjunto de 10 mil domicílios.**

Portanto, a unidade amostral é o domicílio, pois é ele a unidade que é sorteada para compor a amostra. Em adição, os domicílios são uma estrutura geográfica que conglomera os elementos da população. Assim, temos claramente uma amostragem aleatória por **conglomerados**.

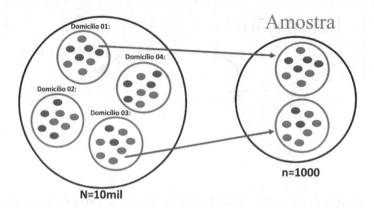

Portanto, temos uma amostragem aleatória por conglomerados, em que a unidade amostral é o domicílio.

GABARITO: CERTO

82. **(CESPE – 2017 – SEDF – TÉCNICO)** Um estudo estatístico será realizado para avaliar a condição socioambiental de estudantes do 5º ano do ensino fundamental das escolas da rede pública do DF. A partir de uma lista que contempla todas as turmas do 5º ano do ensino fundamental das escolas da rede pública do DF, serão selecionadas aleatoriamente 50 turmas. Em seguida, os entrevistadores aplicarão questionários para todos os estudantes matriculados nessas 50 turmas.

A técnica de amostragem a ser empregada nesse estudo deverá ser a da amostragem aleatória estratificada, em que cada turma constitui um estrato de estudantes do 5º ano do ensino fundamental da rede pública do DF.

Certo ( )   Errado ( )

Nesse objeto de estudo, os estudantes do 5º ano são a unidade de avaliação, isto é, de quem serão extraídos os dados brutos (condição socioambiental). Contudo, os alunos estão distribuídos e alocados em turmas do 5º ano do ensino fundamental **de toda a rede pública do Distrito Federal.** Nessa situação, em vez de selecionar aleatoriamente todos os estudantes do 5º ano, foram selecionadas **as turmas.**

As turmas, nesse estudo, são **conglomerados.** Isto é, representam uma minipopulação do objeto estudo, em que dentro dela há estudantes com condições socioambientais diferentes.

Com isso, em vez de selecionar os estudantes, foram selecionadas as turmas e, dentro dessas turmas selecionadas, foram aplicados questionários para todos os estudantes. Portanto, temos caracterizada uma **amostragem aleatória por conglomerados.**

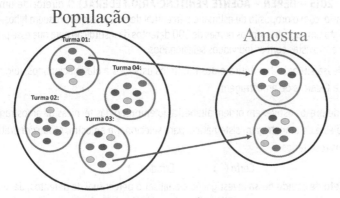

A questão tenta confundir com amostragem estratificada. Contudo, é necessário ponderar que as turmas são todas do 5º ano, logo, ela não é uma característica que gera heterogeneidade na população de estudo. As turmas representam apenas uma distribuição espacial que conglomera os estudantes.

Por fim, a questão está errada, pois não temos uma amostragem estratificada.

GABARITO: ERRADO.

83. **(CESPE – 2019 – TJ/AM – ANALISTA JUDICIÁRIO)** Em uma fila para atendimento, encontram-se 1.000 pessoas. Em ordem cronológica, cada pessoa recebe uma senha para atendimento numerada de 1 a 1.000. Para a estimação do tempo médio de espera na fila, registram-se os tempos de espera das pessoas cujas senhas são números múltiplos de 10, ou seja, 10, 20, 30, 40, ..., 1.000.

Considerando que o coeficiente de correlação dos tempos de espera entre uma pessoa e outra nessa fila seja igual a 0,1, e que o desvio-padrão populacional dos tempos de espera seja igual a 10 minutos, julgue o item que se segue.

A situação em tela descreve uma amostragem sistemática.

Certo ( )   Errado ( )

A amostragem sistemática requer que os elementos da população sejam **ordenados** por algum fator qualquer. No exemplo apresentado, temos que as pessoas são enfileiradas para atendimento e recebem uma senha de 1 a 1.000. Assim, os elementos da população são identificados de forma única, conforme sua posição.

Além disso, esse tipo de amostragem segue uma sistemática padrão, em que o primeiro elemento é escolhido aleatoriamente e, em seguida, os próximos elementos são escolhidos a partir de um intervalo fixo de seleção. No exemplo, a amostragem inicia-se no valor 10 e segue a cada 10 pessoas, selecionando uma nova para compor a amostra. Assim, temos:

População:

1, 2, 3, 4, 5, 6, 7, 8, 9, **10,** 11, 12, 13, 14, 15, 16, 17, 18, 19, **20... 30... 40...**

Amostra:

10, 20, 30, 40, 50, 60, 70 ... 1.000.

Todas essas caraterísticas correspondem a uma amostragem aleatória sistemática e podem ser verificadas na situação apresentada na questão. Portanto, a questão está correta, pois trata-se de uma amostragem sistemática.

GABARITO: CERTO.

ESTATÍSTICA

84. (CESPE – 2015 – DEPEN – AGENTE PENITENCIÁRIO FEDERAL) O diretor de um sistema penitenciário, com o propósito de estimar o percentual de detentos que possuem filhos, entregou a um analista um cadastro com os nomes de 500 detentos da instituição para que esse profissional realizasse entrevistas com os indivíduos selecionados.

A partir dessa situação hipotética e dos múltiplos aspectos a ela relacionados, julgue o item, referente a técnicas de amostragem.

Se a lista de presos estiver em ordem alfabética, o emprego das técnicas de amostragem aleatória simples e de amostragem sistemática, para selecionar a amostra, produzirá praticamente os mesmos resultados.

Certo ( )   Errado ( )

O objeto de estudo dessa investigação é analisar o percentual de detentos, de um sistema penitenciário, que possuem filhos. Dessa população, foi coletada uma amostra com 500 detentos.

Se os detentos forem colocados em ordem alfabética, teremos as unidades de avaliação em ordenados e assim poderíamos aplicar uma amostragem sistemática. Contudo, observe que a ordenação se deu a partir da ordem alfabética dos nomes dos detentos. Essa ordenação não tem relação alguma com o fato de os detentos possuírem ou não filhos. Portanto, mesmo que a amostragem fosse sistemática pela ordem alfabética dos detentos, a amostra composta dessa população teria **a mesma precisão** que uma amostragem aleatória simples.

Isso porque a ordenação não tem correlação alguma com a presença ou não de filhos. Logo, as técnicas de amostragem aleatória simples e sistemática produziriam praticamente os mesmos resultados.

GABARITO: CERTO.

ARQUIVOLOGIA

JOÃO PAULO COLET ORSO

ARQUIVOLOGIA

1. **(CESPE/CEBRASPE – 2018 – POLÍCIA FEDERAL – ESCRIVÃO DE POLÍCIA FEDERAL)** A respeito dos princípios e conceitos arquivísticos, julgue o item a seguir.

Os objetivos primários do arquivo são jurídicos, funcionais e administrativos.

Certo ( )   Errado ( )

Uma forma de identificar os documentos que precisam estar no arquivo corrente e intermediário ou que devem ser recolhidos ao arquivo permanente é usar a seguinte distribuição:

Primário: Funcional; Administrativo; Legal (jurídico); Fiscal.

Secundário: Probatório; Informativo; Cuidado com o histórico – pois se pois se possuir apenas este valor, isto é, nunca ter alcançado valor primário, sequer, sequer é classificado como documento de arquivo.

GABARITO: CERTO.

2. **(CESPE/CEBRASPE – 2018 – POLÍCIA FEDERAL – ESCRIVÃO DE POLÍCIA FEDERAL)** A respeito dos princípios e conceitos arquivísticos, julgue o item a seguir.

A aplicação do princípio da reversibilidade permite manter os documentos da forma como eles foram acumulados pela pessoa jurídica ou física que o tiver produzido.

Certo ( )   Errado ( )

Cuidado, embora a questão tenha mencionado algo que aparentemente deva ocorrer em um arquivo, ela apresenta de forma errada a relação entre o princípio e sua descrição, ou seja, o princípio da reversibilidade disserta que o tratamento ou empreendimento em arquivos possa ser revertido, se necessário, enquanto a manutenção na forma como foram acumulados é a descrição do princípio da ordem original, junto à organicidade.

GABARITO: ERRADO.

3. **(CESPE/CEBRASPE – 2018 – POLÍCIA FEDERAL – ESCRIVÃO DE POLÍCIA FEDERAL)** A respeito dos princípios e conceitos arquivísticos, julgue o item a seguir.

De acordo com o princípio de respeito aos fundos, o arquivo de uma pessoa jurídica ou física deve ser mantido separadamente de arquivos de outras pessoas jurídicas ou físicas.

Certo ( )   Errado ( )

A questão apresenta o princípio da proveniência, também conhecido como princípio do respeito aos fundos, o qual determina que os fundos não devem ser misturados.

GABARITO: CERTO.

4. **(CESPE – 2013 – POLÍCIA FEDERAL – ESCRIVÃO DA POLÍCIA FEDERAL)** Acerca de arquivologia, julgue os itens.

O princípio arquivístico fundamental para a organização dos documentos é o princípio temático, também conhecido como princípio da pertinência.

Certo ( )   Errado ( )

O principal princípio basilar da arquivística é o princípio do Respeito aos Fundos, também conhecido como princípio da proveniência, ou seja, de acordo com a origem (fonte geradora).

GABARITO: ERRADO.

5. **(CESPE – 2018 – ABIN – OFICIAL TÉCNICO DE INTELIGÊNCIA – ÁREA 10)** Acerca de princípios e de conceitos arquivísticos, julgue o item que se segue.

A aplicação do princípio da territorialidade restringe-se ao nível nacional.

Certo ( )   Errado ( )

Questão sucinta e capciosa, pois espera como entendimento que o princípio da territorialidade seja aplicado apenas ao nível de nacionalidade, isto é, que seja visto apenas como: se é do país ou não é do país, sendo que na verdade o princípio tem como o respeito manter os documentos dentro do seu território legal, ou seja, dentro do seu domicílio legal. Note que ao redigir um contrato é estabelecido o seu domicílio legal ao estabelecer a sua comarca ou fórum de validade.

GABARITO: ERRADO.

6. **(CESPE – 2018 – ABIN – OFICIAL TÉCNICO DE INTELIGÊNCIA – ÁREA 10)** Acerca de princípios e de conceitos arquivísticos, julgue o item que se segue.

Os arquivos de um órgão público existente há mais de cem anos fazem parte de um fundo aberto.

Certo ( )   Errado ( )

Questão rápida e feita para pegar o candidato desatento, pois trabalha em cima do termo existente, para induzir a erro o candidato o que apenas decorou o texto de lei. Observe que o órgão ainda existe, portanto ainda é produtor e receptor de documentos, assim constitui um fundo aberto. Para que seja considerado um fundo fechado não haverá mais produção ou recepção de documentos naquele contexto.

GABARITO: CERTO.

7. **(CESPE – 2018 – ABIN – OFICIAL TÉCNICO DE INTELIGÊNCIA – ÁREA 10)** Acerca de princípios e de conceitos arquivísticos, julgue o item que se segue.

O princípio da proveniência e o resultado de sua aplicação – o fundo de arquivo – impõem-se à arquivologia, pois esta tem como objetivo administrar documentos de pessoas físicas ou jurídicas.

Certo ( )   Errado ( )

No Brasil aplicamos o princípio da proveniência que, também conhecido como o princípio do respeito aos fundos, determina o que os documentos devem ser organizados inicialmente tomando-se como base a unidade produtora e, deste modo, documentos de unidades produtoras diferentes não devem ser misturados, pois entende-se que desta forma é mais fácil localizar os documentos. Em alguns outros países há a aplicação do princípio da pertinência que toma como base o assunto ao qual remete-se o documento para organizá-lo.

GABARITO: CERTO.

8. **(CESPE – 2018 – ABIN – OFICIAL TÉCNICO DE INTELIGÊNCIA – ÁREA 10)** A respeito da análise tipológica de documentos e do arranjo em arquivos permanentes, julgue o item que se segue.

A ordenação interna do fundo de arquivo obedece ao princípio da ordem original.

Certo ( )   Errado ( )

Princípio da ordem original, também conhecido como princípio da santidade, preza pela manutenção dos documentos na ordem em que foram produzidos/recebidos. Aplicado à organização interna de um fundo de arquivos.

GABARITO: CERTO.

João Paulo Colet Corso

ARQ

ARQUIVOLOGIA

9. **(CESPE – 2018 – FEPESE – POLÍCIA CIVIL SANTA CATARINA – ESCRIVÃO)** A arquivologia estuda as funções do arquivo, os princípios e as técnicas a serem observados na produção, organização, guarda, preservação e utilização dos arquivos. Dentre eles, o princípio da proveniência.

A respeito desse princípio, é correto afirmar:

a) Princípio básico da arquivologia segundo o qual o arquivo produzido por uma entidade coletiva, pessoa ou família não deve ser misturado aos de outras entidades. Também chamado princípio do respeito aos fundos.

b) Princípio decorrente do reconhecimento prévio do dinamismo e necessidade de aperfeiçoamento constante, características inerentes aos trabalhos arquivísticos e resultantes do uso e da eficácia da difusão do instrumento nos serviços da Administração Pública, na rede de arquivos públicos e privados e entre os profissionais envolvidos com as atividades, o ensino e a pesquisa na área dos arquivos no Brasil.

c) Princípio adotado pela Associação dos Arquivistas Brasileiros (AAB) em projeto de normalização da terminologia arquivística no Brasil que, lançado em 1983, traduziu o termo para português, vinculado com as respectivas definições de produção, organização, guarda, preservação e utilização, definidos à categoria de norma brasileira NBR 9578.

d) Princípio suplementar da arquivologia que trata dos conceitos de uso regional que foram sistematizados e incorporados ao vocabulário técnico, passando a ser referenciado em obras nacionais e internacionais, segundo o qual o arquivo produzido por uma entidade coletiva, pessoa ou família deve ser organizado e referenciado em Tabelas de Temporalidade.

e) Princípio de respeito aos fundos em sistema informatizado, criando-se uma base de dados para armazenamento das informações de diferentes proveniências produzidas e recebidas por instituições públicas ou privadas, pessoas ou famílias, no decurso de suas funções.

O princípio básico da arquivologia é o da proveniência, também conhecido como princípio do respeito aos fundos, que toma como base a fonte geradora – a informatização vem depois do princípio.

GABARITO: A.

10. **(CESPE – 2018 – ABIN – OFICIAL TÉCNICO DE INTELIGÊNCIA – ÁREA 10)** Com relação à gestão da informação e à ética do profissional de arquivo, julgue o próximo item.

É inerente à ética do profissional de arquivo zelar pelo princípio da proveniência para manter a integridade dos documentos mantidos em arquivo.

Certo ( )   Errado ( )

O princípio da proveniência e princípio da integridade fazem parte do texto da lei 8.159/91 além de ser uma das preocupações básicas que o profissional busque a preservação dos documentos de arquivos, assim ele deve em essência cumprir o seu dever como profissional dentro do ramo de arquivística. Assim, espera-se que o profissional aplique a legislação arquivística e faça-se cumprir suas medidas.

GABARITO: CERTO.

11. **(CESPE – 2018 – STM – TÉCNICO JUDICIÁRIO – ÁREA ADMINISTRATIVA)** Acerca de princípios e conceitos arquivísticos, julgue o item que se segue.

Na organização de arquivos, o princípio da proveniência fundamenta os principais procedimentos.

Certo ( )   Errado ( )

No cenário da arquivística brasileira o princípio da proveniência é norteador para as atividades desempenhadas sobre o acervo, o princípio do respeito aos fundos apresenta como métrica a fonte geradora dos documentos para a sua organização inicial. Um ponto importante a observar é que o princípio da proveniência determina que os fundos distintos não devem ser misturados, porém ele não define qual é o tamanho ou quem é de fato a fonte geradora, por exemplo: se pegarmos uma prefeitura de uma cidade pequena, com pouco mais de 5.000 habitantes e que produz documentos que são entregues a uma determinada instituição pública, a instituição que está recebendo estes documentos pode considerar a prefeitura como uma única fonte geradora, de tal modo que os documentos da Secretaria de saúde, tal qual documentos da Secretaria de educação e outras secretarias vão ser colocados todos sob o mesmo guarda-chuvas, isto é, agrupados como a mesma fonte geradora da prefeitura. Mas caso consideremos uma prefeitura de uma cidade grande como Rio de Janeiro ou São Paulo, tomar toda a prefeitura como uma única fonte geradora não é interessante aos olhos da agilidade na pesquisa, na consulta ou no manuseio de documentos. Neste caso é interessante segmentar em fontes geradoras menores como considerar cada Secretaria como uma fonte geradora, uma vez definido tais fundos não podem ser mais misturados.

GABARITO: CERTO.

12. **(CESPE – 2018 – STM – TÉCNICO JUDICIÁRIO – ÁREA ADMINISTRATIVA)** Acerca de princípios e conceitos arquivísticos, julgue o item que se segue.

O princípio da ordem original, utilizado na organização interna de um fundo de arquivo, determina que os documentos devam ser reclassificados por assunto.

Certo ( )   Errado ( )

Tenha um grande cuidado quando falar em refazer alguma atividade arquivística em questões de prova que permeiam um assunto princípios arquivísticos, pois normalmente tem interesse em levar o candidato à confusão ao analisar o princípio da reversibilidade. O princípio da ordem original aplica-se à organização interna de um fundo de arquivo, sendo a própria organização de quem são os fundos, ou seja, quais ficarão a cargo do princípio da proveniência. O princípio que menciona a organização tomando como base o assunto dos documentos é o princípio da pertinência, embora usado em alguns países, não utilizamos o princípio da pertinência no Brasil. O princípio da proveniência é contrário ao princípio da pertinência.

GABARITO: ERRADO.

13. **(CESPE – 2017 – SEDF – TÉCNICO DE GESTÃO EDUCACIONAL – APOIO ADMINISTRATIVO)** Em relação aos conceitos e princípios da arquivística, julgue o item a seguir.

O princípio da procedência, também chamado de princípio do respeito aos fundos, dispõe que tudo o que for produzido por uma entidade coletiva, pessoa ou família não deve ser misturado aos fundos de outras entidades produtoras.

Certo ( )   Errado ( )

João Paulo Colet Corso

ARQ

ARQUIVOLOGIA

Atenção: questão já começa com pegadinha para derrubar o aluno que utiliza leitura dinâmica, uma vez que muito provavelmente passará batido pela palavra procedência, confundindo com proveniência. Embora possamos usar a palavra procedência para explicar o princípio da proveniência, o nome do princípio é: princípio da proveniência e não procedência – deste modo é apenas este o erro da questão.

GABARITO: ERRADO.

14. **(CESPE – 2017 – SEDF – ANALISTA DE GESTÃO EDUCACIONAL – ARQUIVOLOGIA)** Acerca de princípios e conceitos arquivísticos, julgue o item que se segue.

A aplicação do princípio da proveniência à classificação e ao agrupamento de documentos tem como principal consequência prática o surgimento do fundo de arquivo.

Certo ( )   Errado ( )

Uma vez aplicado o princípio da proveniência da sua origem aos fundos de arquivo que comporão o acervo, uma vez definido o fundo, seus documentos não podem ser misturados aos documentos de outro fundo.

GABARITO: CERTO.

15. **(CESPE – 2017 – SEDF – ANALISTA DE GESTÃO EDUCACIONAL – ARQUIVOLOGIA)** Acerca de princípios e conceitos arquivísticos, julgue o item que se segue.

Na ordenação interna do fundo de arquivo, aplica-se o princípio da reversibilidade.

Certo ( )   Errado ( )

Por mais que apliquemos o princípio da reversibilidade ao conjunto de atividades artísticas, o princípio que define como responsável ou a ideia de organização interna de um fundo de arquivos é o princípio da ordem original, também conhecido como princípio da santidade. Assim, a questão apenas troca definições de princípios que vestimos.

GABARITO: ERRADO.

16. **(CESPE/CEBRASPE – 2018 – POLÍCIA FEDERAL – PAPILOSCOPISTA POLICIAL FEDERAL)** A respeito de arquivologia, julgue o item seguinte.

Os arquivos não são colecionados, mas sim agrupados por um processo natural.

Certo ( )   Errado ( )

O arquivo é formado pelo acúmulo natural, orgânico e sedimentar dos documentos recebidos e produzidos pela instituição em razão do exercício de suas funções. Quem forma coleções são as bibliotecas e os museus.

GABARITO: CERTO.

17. **(CESPE/CEBRASPE – 2018 – POLÍCIA FEDERAL – ESCRIVÃO DE POLÍCIA FEDERAL)** A respeito dos princípios e conceitos arquivísticos, julgue o item a seguir.

Uma das características básicas do arquivo é que o significado do acervo documental não depende da relação que os documentos tenham entre si.

Certo ( )   Errado ( )

Bem pelo contrário, os princípios arquivísticos apresentam a natureza orgânica, natural, sedimentar e funcional dos documentos que compõe o arquivo.

GABARITO: ERRADO.

18. **(CESPE/CEBRASPE – 2018 – POLÍCIA FEDERAL – ESCRIVÃO DE POLÍCIA FEDERAL)** A respeito dos princípios e conceitos arquivísticos, julgue o item a seguir.

Com a mudança política ou administrativa em que ocorra a transferência de funções de uma entidade para outra, os documentos de arquivo importantes também devem ser transferidos para essa outra entidade a fim de assegurar a continuidade administrativa.

Certo ( )   Errado ( )

Conforme descreve o dicionário brasileiro de terminologia arquivística a **Proveniência Funcional** é o "Conceito segundo o qual, com a transferência de funções de uma autoridade para outra como resultado de mudança política ou administrativa, documentos relevantes ou cópias são também transferidos para assegurar a continuidade administrativa. Também chamado pertinência funcional." [1]. Observe ainda a Lei nº 8.159/91 em seu art. 7º §2º: "A cessação de atividades de instituições públicas e de caráter público implica o recolhimento de sua documentação à instituição arquivística pública ou a sua transferência à instituição sucessora".

GABARITO: CERTO.

19. **(CESPE – 2013 – POLÍCIA FEDERAL – ESCRIVÃO DA POLÍCIA FEDERAL)** Acerca de arquivologia, julgue os itens.

O arquivo do Departamento de Polícia Federal é constituído de todos os documentos produzidos e(ou) recebidos, no cumprimento da missão institucional. O tratamento desse arquivo deve ser feito de acordo com as orientações do Conselho Nacional de Arquivos.

Certo ( )   Errado ( )

Definir a Política Nacional de Arquivos é função do CONARQ, enquanto cabe ao SINAR implementar a política nacional de arquivos. Assim, quem dá as orientações do "como" é o Conselho Nacional de Arquivos.

GABARITO: CERTO.

20. **(CESPE – 2013 – POLÍCIA FEDERAL – ESCRIVÃO DA POLÍCIA FEDERAL)** Acerca de arquivologia, julgue os itens.

A gestão de documentos, reconhecida inclusive na legislação arquivística brasileira, visa garantir que os arquivos sejam instrumentos de apoio à administração, à cultura, ao desenvolvimento científico e elementos de prova e informação.

Certo ( )   Errado ( )

Conforme o texto da Lei nº 8.159 – art. 1º "É dever do Poder Público a gestão documental e a proteção especial a documentos de arquivos, como instrumento de apoio à administração, à cultura, ao desenvolvimento científico e como elementos de prova e informação". Cuidado para não cair na confusão com a expressão "à cultura", um arquivo pode gerar valor cultural, embora não seja sua finalidade.

GABARITO: CERTO.

João Paulo Colet Corso

ARQUIVOLOGIA

21. **(CESPE – 2013 – POLÍCIA FEDERAL – ESCRIVÃO DA POLÍCIA FEDERAL)** Acerca de arquivologia, julgue os itens.

Em algumas situações, os documentos de arquivo precisam passar por vários setores da instituição, onde são tomadas decisões com relação ao tema do documento. A trajetória realizada pelo documento desde sua produção até o cumprimento de sua função administrativa é conhecida como tramitação. A trajetória realizada pelo documento deverá ser registrada para futuro conhecimento.

Certo ( )   Errado ( )

A gestão ou o controle da tramitação documental é uma das etapas e responsabilidades do protocolo.

GABARITO: CERTO.

22. **(CESPE – 2018 – ABIN – OFICIAL TÉCNICO DE INTELIGÊNCIA – ÁREA 10)** Acerca de princípios e de conceitos arquivísticos, julgue o item que se segue.

A imparcialidade, como característica do documento de arquivo, diz respeito à criação, à manutenção e à custódia de arquivos.

Certo ( )   Errado ( )

Conforme definido pela legislação arquivística, outros documentos de arquivos devem ser concebidos de tal maneira que sejam imparciais, porém tome cuidado, pois o documento é imparcial, mas as informações descritas nele não. Mas o que isso significa? Basicamente, que é um documento que pode representar uma opinião, um ponto de vista ou trazer à luz fatos que auxiliem uma das partes envolvidas em um processo. Contudo, neste segundo exemplo, podemos observar mais evidentemente que ao ser apresentado por uma das partes um determinado documento, por mais que seja para seu interesse no lateral, ele pode ser utilizado também pela outra parte envolvida no processo.

GABARITO: ERRADO.

23. **(CESPE – 2018 – ABIN – OFICIAL TÉCNICO DE INTELIGÊNCIA – ÁREA 10)** A respeito da gestão de documentos, julgue o item a seguir.

A gestão de documentos compreende a definição da política arquivística, a designação de responsabilidades, o planejamento do programa de gestão e a implantação do programa de gestão.

Certo ( )   Errado ( )

A gestão de documentos é uma atividade importante para arquivística, uma vez que promove maior agilidade na busca de documentos, assim como maior controle na sua movimentação e ainda permite eliminar documentos que causariam um acúmulo de massa documental desnecessária.

GABARITO: CERTO.

24. **(CESPE – 2018 – ABIN – OFICIAL TÉCNICO DE INTELIGÊNCIA – ÁREA 10)** A respeito da gestão de documentos, julgue o item a seguir.

Para que os documentos de arquivo tenham a capacidade de apoiar e registrar a elaboração de políticas e o processo de tomada de decisão, é necessário elaborar um quadro de arranjo.

Certo ( ) Errado ( )

Para que um documento seja um documento de arquivo, bem como possa ser utilizado como ferramenta de apoio à tomada de decisão ou, de modo mais simples, tenha de fato um uso para administração, ele deve ter função administrativa, isto é, aquilo que lhe confere valor primário.

GABARITO: ERRADO.

25. **(CESPE – 2018 – ABIN – OFICIAL TÉCNICO DE INTELIGÊNCIA – ÁREA 10)** Com relação à gestão da informação e à ética do profissional de arquivo, julgue o próximo item.

A gestão da informação favorece a celeridade ao acesso a documentos mantidos em arquivos, a otimização de atividades e contribui para a excelência no atendimento.

Certo ( ) Errado ( )

De um modo bastante simples de se pensar, ter as coisas organizadas é muito mais fácil para localizá-las e dar fluxo do que trabalhar com elas todas fora de ordem ou mesmo misturadas.

GABARITO: CERTO.

26. **(CESPE – 2018 – ABIN – OFICIAL TÉCNICO DE INTELIGÊNCIA – ÁREA 10)** Com relação à gestão da informação e à ética do profissional de arquivo, julgue o próximo item.

A gestão da informação arquivística de uma instituição pertencente à administração pública está limitada à manutenção dos documentos da instituição que serão enviados ao Arquivo Nacional.

Certo ( ) Errado ( )

Arquivos que serão enviados para o arquivo permanente do arquivo nacional são arquivos do executivo federal.

GABARITO: ERRADO.

27. **(CESPE – 2018 – STM – TÉCNICO JUDICIÁRIO – ÁREA ADMINISTRATIVA)** A respeito da gestão de documentos, julgue o próximo item.

De acordo com a tabela de temporalidade, um documento destinado à eliminação deve ser previamente digitalizado.

Certo ( ) Errado ( )

A digitalização de documentos tem como principal finalidade a preservação e a sua difusão, ela não se torna uma tarefa complementar ao processo de eliminação ou, muito menos, necessária. Documentos que são destinados à eliminação são aqueles que cumpriram os prazos de guarda e que não atendem mais às necessidades da administração, isto é não possuem mais função administrativa. Por mais que o documento seja digitalizado ele ocupará espaço, portanto o que parece ser um processo interessante, na verdade é apenas uma transferência de tecnologia de material de suporte.

GABARITO: ERRADO.

ARQUIVOLOGIA

28. **(CESPE – 2018 – STM – TÉCNICO JUDICIÁRIO – ÁREA ADMINISTRATIVA)** A respeito da gestão de documentos, julgue o próximo item.

A gestão de documentos é aplicada na fase permanente do ciclo vital dos documentos de arquivo.

Certo ( )   Errado ( )

A gestão de documentos é aplicada principalmente no arquivo corrente – e também se estende ao arquivo intermediário. Não há gestão de documentos no arquivo permanente, uma vez recebido (adquirido) no arquivo permanente dará sequência ao processo de arquivamento.

GABARITO: ERRADO.

29. **(CESPE – 2018 – FEPESE – POLÍCIA CIVIL SANTA CATARINA – ESCRIVÃO)** Em relação ao Sistema Informatizado de Gestão Arquivística de Documentos (SIGAD), assinale a alternativa correta.

a) O sucesso do SIGAD dependerá, opcionalmente, da implementação prévia de um programa de gestão informatizada de documentos.

b) SIGAD deve ser capaz de gerenciar, simultaneamente, os documentos digitais e os eletrônicos.

c) SIGAD é um conjunto de procedimentos e operações técnicas, característico do sistema de gestão arquivística de documentos, processado por computador.

d) Um SIGAD tem que ser capaz de manter a relação orgânica entre os documentos e de garantir a confiabilidade, a autenticidade, o acesso e a eliminação ao longo do tempo, aos documentos arquivísticos, ou seja, seu prazo como fonte de prova das atividades do órgão produtor.

e) O SIGAD é aplicável em sistemas híbridos, isto é, que utilizam documentos digitais e documentos digitalizados.

Sim, o SIGAD é aplicável em sistemas híbridos. Entende-se por sistemas híbridos (segundo o texto introdutório do e-ARQ Brasil, 2011) aqueles que são compostos por documentos digitais e documentos convencionais, no caso dos documentos convencionais, o sistema registra apenas as referências sobre os documentos. A alternativa dada como correta é um parágrafo copiado deste mesmo texto 3º § 11. A alternativa C mistura textos que não são justificativa um do outro.

GABARITO: C.

30. **(CESPE – 2018 – FEPESE – POLÍCIA CIVIL SANTA CATARINA – ESCRIVÃO)** A respeito da avaliação e eliminação de documentos arquivísticos públicos, assinale a alternativa correta.

a) A eliminação de documentos no âmbito dos órgãos e entidades integrantes do SINAR ocorrerá depois de concluído o processo de avaliação e seleção conduzido pelas respectivas Comissões Permanentes de Avaliação de Documentos (CPAD).

b) O registro dos documentos a serem eliminados deverá ser efetuado por meio da elaboração do termo de Eliminação de Documentos.

c) Após obter a autorização, os órgãos e entidades, para proceder à avaliação, deverão elaborar e publicar o Edital de Ciência de Eliminação de Documentos.

d) A eliminação de documentos arquivísticos públicos e de caráter público será efetuada por meio de incineração, pulverização, desmagnetização ou reformatação, com garantia de que a descaracterização dos documentos não possa ser revertida.

480

e) A eliminação dos documentos deverá, opcionalmente, ocorrer com a supervisão de responsável designado para acompanhar o procedimento.

A alternativa correta é o texto do art. 1º da Resolução nº 40 de 2014 do Conarq. O registro dos documentos a serem eliminados é dado pela Listagem de Eliminação de Documentos, o Termo de Eliminação é elaborado após a eliminação para descrever o ato realizado. A Alternativa C troca apenas a palavra **eliminação** do art. 3º pela palavra **avaliação**, tornando errada a afirmação. A alternativa D está errada por conta da **Incineração** que foi removida como processo de eliminação, visto a produção de fuligem e outras substâncias nocivas ao ambiente. Alternativa E errada, pois é obrigatória a supervisão por responsável conforme o art. 4º, §1º da Resolução nº 40/2014 "A eliminação dos documentos deverá, obrigatoriamente, ocorrer com a supervisão de responsável designado para acompanhar o procedimento".

GABARITO: A.

31. **(CESPE/CEBRASPE – 2018 – POLÍCIA FEDERAL – PAPILOSCOPISTA POLICIAL FEDERAL)** A respeito de arquivologia, julgue o item seguinte.

A classificação estrutural, um dos tipos de classificação de documentos de arquivo, baseia-se na estrutura orgânica da entidade.

Certo ( )   Errado ( )

A banca buscou um elemento apresentado por Janice Gonçalves em sua obra [2] como uma ação aparentemente equivocada à classificação com base funcional ou estrutural, mas Schellenberg já havia descrito "... os métodos de classificação podem ser divididos em três tipos: **funcional, organizacional** e por **assuntos**." (Página 88) [3].

Gonçalves em [2] descreve o critério **funcional** como "classes correspondendo estritamente a funções", enquanto o critério **estrutural** como "classes correspondendo a 'estruturas' – setores, divisões, departamentos", ou seja: aquilo que Schellenberg apresentou como **organizacional**.

Com isso podemos empregar organizacional e estrutural com o mesmo sentido.

GABARITO: CERTO.

32. **(CESPE/CEBRASPE – 2018 – POLÍCIA FEDERAL – ESCRIVÃO DE POLÍCIA FEDERAL)** Julgue o item subsequente, relativo à preservação dos documentos e às tipologias documentais.

Os caracteres externos do tipo documental são o código da série, o destinatário e a tramitação.

Certo ( )   Errado ( )

A tipologia documental leva em consideração a finalidade do documento que pode ser digital ou não, assim características que vinculem de algum modo o suporte são definidas como caracteres externos, como Suporte, Gênero, Forma e Formato. Dados usados na própria concepção do documento como autor/produtor, destino, datas, dentre outros, são caracteres internos.

GABARITO: ERRADO.

João Paulo Colet Corso

ARQUIVOLOGIA

33. **(CESPE/CEBRASPE – 2018 – POLÍCIA FEDERAL – ESCRIVÃO DE POLÍCIA FEDERAL)** Julgue o item subsequente, relativo à preservação dos documentos e às tipologias documentais.

Entre os tipos documentais, inclui-se a portaria de instauração de inquérito.

Certo (   )   Errado (   )

Lembre-se: tipo documental é a fusão entre Espécie (Portaria) e Função (de...). Ao encontrar este tipo de questão, o maior cuidado é com a interdisciplinaridade e é preciso atentar para não cair em questões que citem algum tipo documental que não existe, como Decreto de Óbito.

GABARITO: CERTO.

34. **(CESPE/CEBRASPE – 2018 – POLÍCIA FEDERAL – ESCRIVÃO DE POLÍCIA FEDERAL)** Acerca da gestão da informação e de documentos, julgue o item que segue.

A sequência correta para a organização dos documentos é, inicialmente, o arquivamento; em seguida, a ordenação; e, por último, a classificação.

Certo (   )   Errado (   )

Um acrónimo usado para lembrar a sequência é COA (Classifica - Ordena - Arquiva) sendo a Classificação e a Ordenação operações de caráter intelectual e o Arquivamento a ação de colocar fisicamente no local, isto é, uma operação física.

GABARITO: ERRADO.

35. **(CESPE – 2013 – POLÍCIA FEDERAL – ESCRIVÃO DA POLÍCIA FEDERAL)** Julgue os itens seguintes, no que se refere à classificação e à tabela de temporalidade de documentos.

A organização de documentos de arquivo envolve a classificação, a ordenação e o arquivamento. A classificação e a ordenação são operações intelectuais e o arquivamento, uma operação física.

Certo (   )   Errado (   )

A questão apresenta de modo direto três dos processos de arquivamento de documentos: inspeção, estudo, classificação, codificação, ordenação até, enfim, arquivamento. Lembrando que é um processo que ocorre no arquivo, independentemente de qual seja.

GABARITO: CERTO.

36. **(CESPE/CEBRASPE – 2018 – POLÍCIA FEDERAL – ESCRIVÃO DE POLÍCIA FEDERAL)** Acerca da gestão da informação e de documentos, julgue o item que segue.

A classificação de documentos de arquivo é realizada com a aplicação do código de classificação, instrumento que é preparado a partir das funções e atividades que gerem os documentos.

Certo (   )   Errado (   )

Ao observar a TTD é possível notar que é organizada pela ordem dos códigos de classificação, ao fim da tabela existe um índice remissivo em ordem alfabética para auxiliar a localização do tipo documental desejado na hora de tratar o documento. É importante observar, ainda, que tanto a TTD quanto os códigos de classificação para as atividades-meio da administração pública são definidas pelo conarq, assim compete à CPAD definir estes instrumentos voltados às atividades-fim da instituição.

GABARITO: CERTO.

37. **(CESPE – 2013 – POLÍCIA FEDERAL – ESCRIVÃO DA POLÍCIA FEDERAL)** Julgue os itens seguintes, no que se refere à classificação e à tabela de temporalidade de documentos.

O instrumento elaborado para a classificação dos documentos de arquivo é o plano de destinação de documentos.

Certo ( )   Errado ( )

Para classificação é usado o plano de classificação, enquanto para destinação (guarda ou descarte), após avaliação, usa-se o plano de destinação.

GABARITO: ERRADO.

38. **(CESPE – 2018 – FEPESE – POLÍCIA CIVIL SANTA CATARINA – ESCRIVÃO)** Quanto à definição de tipo documental, assinale a alternativa correta:

a) Num plano de classificação ou código de classificação, a subdivisão da classe.

b) Num plano de classificação ou código de classificação, a subdivisão do grupo.

c) Divisão de gênero documental que reúne tipos documentais por seu formato.

d) Divisão de espécie documental que reúne documentos por suas características comuns no que diz respeito à fórmula diplomática, natureza de conteúdo ou técnica do registro.

e) Subdivisão do quadro de arranjo que corresponde a uma sequência de documentos relativos a uma mesma função, atividade, tipo documental ou assunto.

O estudo da diplomática documental é o responsável por apontar a tipologia documental. Na classificação de documentos existe a classificação por espécie ou tipo documental, de modo que a espécie é a classificação mais simples, uma vez que leva em conta apenas a estrutura semântica da redação do documento, já a classificação por tipo documental envolve mais detalhes – basicamente a espécie, a função e a atividade que um documento exerce. Assim, classificar um edital de abertura de concurso público apenas como edital trata-se de uma classificação por espécie (edital) já quando se considera a razão/função que levou sua concepção e sua atividade, temos a tipologia documental.

GABARITO: D.

39. **(CESPE – 2018 – FEPESE – POLÍCIA CIVIL SANTA CATARINA – ESCRIVÃO)** A "Análise e identificação do conteúdo de documentos, seleção da categoria de assunto sob a qual sejam recuperados, podendo-se-lhes atribuir códigos" é chamada de:

a) Avaliação.

b) Descrição.

c) Classificação.

d) Recuperação.

e) Destinação.

Segundo o Dicionário Brasileiro de Terminologia Arquivística os conceitos são:

Avaliação: "Processo de análise de documentos de arquivo, que estabelece os prazos de guarda e a destinação, de acordo com os valores que lhes são atribuídos. Ver também comissão de avaliação".

ARQUIVOLOGIA

Descrição: "Conjunto de procedimentos que leva em conta os elementos formais e de conteúdo dos documentos para elaboração de instrumentos de pesquisa. Ver também nível de descrição e unidade de descrição".

Classificação: "1 Organização dos documentos de um arquivo ou coleção, de acordo com um plano de classificação, código de classificação ou quadro de arranjo; 2 Análise e identificação do conteúdo de documentos, seleção da categoria de assunto sob a qual sejam recuperados, podendo-se-lhes atribuir códigos; 3 Atribuição a documentos, ou às informações neles contidas, de graus de sigilo, conforme legislação específica. Também chamada classificação de segurança. Ver também desclassificação, documento classificado e documento sigiloso".

Destinação: "Decisão, com base na avaliação, quanto ao encaminhamento de documentos para guarda permanente, descarte ou eliminação. Ver também plano de destinação e tabela de temporalidade".

GABARITO: C.

40. **(CESPE – 2018 – FEPESE – POLÍCIA CIVIL SANTA CATARINA – ESCRIVÃO)** A classificação é geralmente traduzida em esquema, no qual a hierarquia entre as classes e subclasses aparece representada espacialmente. Esse esquema é chamado de:
    a) plano de classificação.
    b) plano de destinação.
    c) plano de avaliação.
    d) tabela de destinação.
    e) tabela de temporalidade.

    O plano de classificação é um esquema de distribuição de documentos em classes (usando códigos 100, 200, 300, ... e sub classes 101, 102, 301), de acordo com métodos de arquivamento específicos, elaborados a partir do estudo das estruturas e funções de uma instituição e da análise do arquivo por ela produzido. Já o plano de destinação é a estrutura que fixa a destinação dos documentos (eliminação ou guarda permanente). Alternativa C e D tratam de expressões não usadas em arquivologia. Por fim a tabela de temporalidade é um instrumento de avaliação documental.

    GABARITO: A.

41. **(CESPE – 2018 – FEPESE – POLÍCIA CIVIL SANTA CATARINA – ESCRIVÃO)** Em relação à classificação e à ordenação de documentos de arquivo, assinale a alternativa correta.
    a) Quanto à ordenação, seu objetivo básico é facilitar e agilizar a conservação aos documentos, pois, mesmo no que se refere a uma mesma instituição, e em relação a um mesmo tipo documental, os documentos atingem um volume significativo.
    b) A adoção de um ou mais critérios de ordenação para uma série documental permite evitar, em princípio, que, para a descrição de um único documento, seja necessária a preservação de dezenas ou centenas de outros.
    c) A classificação funcional é a representação lógica das funções, subfunções e atividades do organismo produtor. Por isso, ela depende exclusivamente da estrutura e de suas mudanças no decorrer do tempo.

d) O objetivo da classificação é, basicamente, dar visibilidade às funções e às atividades do organismo produtor do arquivo, deixando claras as ligações entre os documentos.

e) A classificação funcional é a mais apropriada para órgãos públicos do Poder Executivo que não sofrem frequentes alterações em sua estrutura, de acordo com as injunções políticas. Apesar de mais simples, a classificação funcional é mais duradoura.

O objetivo da ordenação é facilitar a localização, não a conservação dos documentos de arquivo. Schellenberg (2006) destaca 3 formas de classificação: Funcional, Organizacional e por Assunto. A classificação funcional leva em conta a ação que os documentos se referem, enquanto a Organizacional toma como princípio a estrutura do órgão que os produz (setores) e a terceira considera os assuntos dos documentos. Logo a funcional não depende da estrutura da organização. Quanto à ordenação, a adoção de um ou mais critérios para uma série documental permite evitar que seja necessária a consulta de vários outros documentos para a localização de um documento específico.

GABARITO: D.

42. **(CESPE – 2018 – ABIN – OFICIAL TÉCNICO DE INTELIGÊNCIA – ÁREA 10)** No que concerne às funções arquivísticas, julgue o item subsecutivo.

A função aquisição de documentos está relacionada diretamente com a função classificação, pois a aquisição resulta do processo classificatório.

Certo ( )   Errado ( )

E são é o termo utilizado para indicar que o documento foi recebido em um arquivo, a partir dela é que outras atividades são desempenhadas com uma classificação, e não o contrário.

GABARITO: ERRADO.

43. **(CESPE – 2018 – ABIN – OFICIAL TÉCNICO DE INTELIGÊNCIA – ÁREA 10)** No que concerne às funções arquivísticas, julgue o item subsecutivo.

Classe de documentos é a unidade de base para a elaboração e para a aplicação da classificação de documentos.

Certo ( )   Errado ( )

Base de um documento utilizada na elaboração do plano de classificação é, ainda, a sua tipologia documental. Assim, são organizados os documentos em classes, a fim de organizar os itens de classificação.

GABARITO: ERRADO.

44. **(CESPE – 2018 – ABIN – OFICIAL TÉCNICO DE INTELIGÊNCIA – ÁREA 10)** A respeito da análise tipológica de documentos e do arranjo em arquivos permanentes, julgue o item que se segue.

A análise tipológica dispensa o conhecimento de sucessivas reorganizações que tenham causado supressões ou acréscimos de atividades.

Certo ( )   Errado ( )

A concepção do plano de classificação tal qual da própria tabela de temporalidade em destinação de documentos realizada por uma equipe multidisciplinar conhecida como Comissão Permanente de Avaliação de Documentos (CPAD). É de essencial importância que membros desta comissão tenham um profundo conhecimento sobre as atividades exercidas pela

ARQUIVOLOGIA

instituição, bem como sobre as características e os prazos legais de cada documento utilizado por esta, contando, ainda, com a importância desses documentos para a instituição em seu caráter probatório e informativo.

GABARITO: ERRADO.

45. **(CESPE – 2018 – STM – TÉCNICO JUDICIÁRIO – ÁREA ADMINISTRATIVA)** Acerca de princípios e conceitos arquivísticos, julgue o item que se segue.

Os documentos iconográficos são formados por documentos em suportes sintéticos, em papel emulsionado ou não, contendo imagens estáticas.

Certo ( )   Errado ( )

É essência documentos iconográficos aqueles que apresentam imagens estáticas, não importando qual o material do suporte, desde que este não afete a própria classificação, como documentos digitais.

GABARITO: CERTO.

46. **(CESPE – 2018 – STM – TÉCNICO JUDICIÁRIO – ÁREA ADMINISTRATIVA)** A respeito da gestão de documentos, julgue o próximo item.

O instrumento utilizado para a classificação de documentos de arquivo é o inventário analítico.

Certo ( )   Errado ( )

O instrumento utilizado para realizar a classificação de um documento é o plano de classificação elaborado pela CPAD.

GABARITO: ERRADO.

47. **(CESPE – 2018 – STM – TÉCNICO JUDICIÁRIO – ÁREA ADMINISTRATIVA)** A respeito da gestão de documentos, julgue o próximo item.

A classificação de documentos é feita a partir do ato de recebimento ou expedição do documento.

Certo ( )   Errado ( )

Após realizar o recebimento de documentos de arquivo e seu devido registro inicial é que se dá sequência à classificação do documento, deste modo a expedição não é a atividade que leva à classificação, uma vez que se espera que ela já tenha sido feita antes disso.

GABARITO: ERRADO.

48. **(CESPE – 2018 – STM – TÉCNICO JUDICIÁRIO – ÁREA ADMINISTRATIVA)** A respeito da gestão de documentos, julgue o próximo item.

Após a classificação do documento, é necessário ordená-lo, ou seja, determinar a posição em que esse documento vai ser disposto em uma unidade de classificação.

Certo ( )   Errado ( )

Internos mais comuns de questões de prova, a classificação é um procedimento arquivístico que precede a ordenação de documentos, embora entre classificação e a ordenação ainda exista a codificação, que consiste no processo de indicar no documento os itens utilizados para a ordenação.

GABARITO: CERTO.

49. **(CESPE – 2018 – PC/MA – ESCRIVÃO DE POLÍCIA)** A classificação de documentos de arquivo, para fins de organização e recuperação, é realizada com base na:

a) espécie do documento.

b) expedição do documento.

c) tramitação do documento.

d) reformatação do documento.

e) função do documento.

A tipologia documental é muito base tomada dentro do conceito de classificação, pois é a estrutura que mais se aproxima da função que o documento exercerá dentro da instituição.

GABARITO: E.

50. **(CESPE – 2018 – CGM DE JOÃO PESSOA/PB – TÉCNICO MUNICIPAL DE CONTROLE INTERNO – GERAL)** Acerca de conceitos relativos à arquivologia, julgue o item que se segue.

Em relação ao tipo de documentação existente no arquivo, o acervo pode ser manuscrito ou impresso, mas a documentação deve ser única em seu lugar de armazenamento.

Certo ( )   Errado ( )

Os documentos de arquivo têm caráter único, esta característica é apresentada tanto como característica quanto como um princípio arquivístico (unicidade). De tal modo, cada documento preserva a sua natureza única, pois podem ser feitas cópias de um documento, mas o original é único, um exemplo desta característica é o documento pessoal – RG (registro geral), o qual, caso você venha a perder, ou tenha sido danificado, ao solicitar outro, você não solicitará uma segunda via, mas será gerado um novo documento. É possível observar, inclusive, a presença de uma data de emissão, muitas vezes requisitada quando solicitado para que informemos os respectivos dados.

GABARITO: CERTO.

51. **(CESPE – 2018 – CGM DE JOÃO PESSOA/PB – TÉCNICO MUNICIPAL DE CONTROLE INTERNO – GERAL)** Com relação às tipologias documentais e aos suportes físicos em arquivologia, julgue o item subsequente.

Carta, ofício, memorando e relatório são exemplos de tipos documentais.

Certo ( )   Errado ( )

A questão apresenta na realidade espécies documentais apenas. Tipo documental é quando apresentamos além da espécie a função que será exercida pelo documento, como: carta de indicação, ofício de compra, memorando de solicitação, relatório de atividades, e assim por diante.

GABARITO: ERRADO.

52. **(CESPE – 2017 – TRE-BA – TÉCNICO JUDICIÁRIO – SEGURANÇA JUDICIÁRIA)** A respeito do grau de sigilo e do tempo para desclassificação das informações de documentos sigilosos, assinale a opção que, de acordo com a legislação pertinente, apresenta a associação correta entre o grau de sigilo de um documento e o prazo máximo para a desclassificação desse grau.

a) ultrassecreto – setenta e cinco anos.

João Paulo Colet Corso

ARQ

ARQUIVOLOGIA

b) secreto – trinta anos.

c) reservado – cinco anos.

d) secreto – trinta e cinco anos.

e) reservado – doze anos.

Os graus de sigilo de um documento de arquivo são apresentados pela Lei nº 12.527/2011 como reservado – prazo de até no máximo 5 anos, secreto de até no máximo 15 anos e ultra secreto com no máximo 25 anos, sendo ainda prevista a prorrogação do prazo do documento ultrassecreto, contudo não há indicação de por qual prazo poderá ser prorrogado.

GABARITO: C.

53. **(CESPE – 2017 – SEDF – TÉCNICO DE GESTÃO EDUCACIONAL – APOIO ADMINISTRATIVO)** Julgue o próximo item, relativo aos critérios de classificação de materiais, à gestão de estoques e à armazenagem de materiais.

Documentos sigilosos produzidos por órgãos públicos requerem uma armazenagem complexa, devido à confidencialidade das informações neles presentes.

Certo ( )   Errado ( )

O fato de um documento sigiloso não afeta a forma como será armazenado, ele mudará um pouco a rotina da atividade de classificação e mesmo a distribuição de documentos, no entanto o armazenamento não apresenta alteração significativa. Os documentos que podem ser ditos de armazenamento complexo são aqueles conhecidos como especiais, isto é, aqueles documentos que possuem um suporte especial, como o raio-X no exame médico, microfilmes, fotografias etc. que apresentam características físico-químicas significativas e que afeta a configuração do ambiente do depósito de documentos, desde itens básicos como tempe-ratura umidade relativa do ar até materiais de limpeza usados para a higienização do local.

GABARITO: ERRADO.

54. **(CESPE – 2017 – SEDF – ANALISTA DE GESTÃO EDUCACIONAL – ARQUIVOLOGIA)** Julgue o seguinte item, relativo à análise tipológica dos documentos de arquivo.

Um dos itens considerados na análise tipológica é a atividade que gera o tipo documental.

Certo ( )   Errado ( )

A tipologia documental leva em conta a espécie documento junto à atividade extrativa que o gerou e sua função.

GABARITO: CERTO.

55. **(CESPE – 2017 – SEDF – ANALISTA DE GESTÃO EDUCACIONAL – ARQUIVOLOGIA)** Julgue o seguinte item, relativo à análise tipológica dos documentos de arquivo.

Para se proceder à análise tipológica do acervo de documentos de uma entidade, é fundamen-tal que se tenha conhecimento prévio da estrutura organizacional dessa entidade e de suas sucessivas alterações.

Certo ( )   Errado ( )

Note outra questão similar nesse contexto apresentando a ideia de que para fazer a classificação de documentos é necessário ter um conhecimento sobre a estrutura organizacional da instituição.

GABARITO: CERTO.

56. **(CESPE – 2017 – SEDF – ANALISTA DE GESTÃO EDUCACIONAL – ARQUIVOLOGIA)** Julgue o seguinte item, relativo à análise tipológica dos documentos de arquivo.

A análise tipológica é feita a partir da aplicação do princípio da territorialidade.

Análise tipológica é feita a partir das características do documento, e não do princípio da territorialidade. O princípio da territorialidade disserta sobre o domicílio legal de um documento.

GABARITO: ERRADO.

57. **(CESPE – 2017 – SEDF – ANALISTA DE GESTÃO EDUCACIONAL – ARQUIVOLOGIA)** Julgue o seguinte item, relativo à análise tipológica dos documentos de arquivo.

Relatórios de atividades, processos de compra de material de consumo e formulário de solicitação de férias são exemplos de tipos documentais.

Certo ( )   Errado ( )

Exatamente, a questão lista exemplos de tipos documentais uma vez que é possível definir as suas espécies e atividades ou funções exercidas no processo administrativo.

GABARITO: CERTO.

58. **(CESPE – 2017 – SEDF – ANALISTA DE GESTÃO EDUCACIONAL – ARQUIVOLOGIA)** Julgue o seguinte item, relativo à análise tipológica dos documentos de arquivo.

Um dos objetivos da análise tipológica é reconhecer a veracidade e a pertinência da finalidade do documento.

Certo ( )   Errado ( )

Um dos objetivos da análise tipológica é identificar para que fim servirá o documento, ou seja, qual será seu uso dentro da instituição.

GABARITO: ERRADO.

59. **(CESPE/CEBRASPE – 2018 – POLÍCIA FEDERAL – PAPILOSCOPISTA POLICIAL FEDERAL)** A respeito de arquivologia, julgue o item seguinte.

Após o prazo de guarda no arquivo intermediário, a tabela de temporalidade define a destinação final, que é diferente para documentos tradicionais (em papel) e documentos digitais.

Certo ( )   Errado ( )

A gestão de documentos ocorre tanto para documentos digitais quanto para documentos não digitais. A definição dos prazos para a composição da TTD (Tabela de Temporalidade e Destinação de Documentos) leva em conta a importância, a necessidade e os prazos legais atrelados ao documento, dada sua tipologia documental, independentemente de ser em papel ou digital.

GABARITO: ERRADO.

ARQUIVOLOGIA

60. **(CESPE – 2018 – STM – TÉCNICO JUDICIÁRIO – ÁREA ADMINISTRATIVA)** Acerca de princípios e conceitos arquivísticos, julgue o item que se segue.

O ciclo vital dos documentos de arquivo compreende três idades. A primeira delas é a idade corrente, durante a qual os documentos têm localização física mais próxima ao acumulador do documento.

Certo ( )   Errado ( )

O ciclo vital de documentos, além de ser descrito pela gestão de documentos também é apresentado pela legislação arquivística (Lei nº 8.159/91), em que descreve as 3 idades de arquivo utilizadas no Brasil – entenda que esse processo é aquele aplicado no nosso país, porém há países em que, por exemplo, é utilizado o método *records continuum*, no qual não há a figura do arquivo permanente.

O arquivo corrente é aquele que guarda os documentos que ainda estão em uso constante, portanto precisam ser armazenados próximos a quem irá utilizá-los, enquanto o arquivo intermediário tem existência pela economicidade, ou seja, é utilizado para economizar espaço em armazenamento de documentos que não estão sendo tão utilizados nas atividades administrativas da instituição, mas que ainda possuem valor administrativo, legal ou fiscal, desta forma podem ser requisitados a qualquer momento. Um diferencial do arquivo intermediário é que ele não precisa estar próximo à própria instituição, podendo ser armazenado até mesmo em prédio ou cidade diferente de onde encontra-se a sede da instituição.

Já o arquivo permanente tem existência pela necessidade de guardar permanentemente os documentos que apresentam algum fator probatório, de ocorrência, de existência ou registro do fato de algo que aconteceu, podendo, ainda, esses documentos adquirirem propriedade histórica.

GABARITO: CERTO.

61. **(CESPE – 2018 – CGM DE JOÃO PESSOA/PB – TÉCNICO MUNICIPAL DE CONTROLE INTERNO – GERAL)** Acerca do gerenciamento da informação e da gestão de documentos, julgue o item a seguir.

O arquivo corrente caracteriza-se pela existência de uso em grande frequência ou de possibilidade de uso em um conjunto documental.

Certo ( )   Errado ( )

O arquivo corrente atende às atividades administrativas da instituição, ou seja, constitui-se daqueles documentos que estão sendo utilizados no exercício das atividades-meio e atividades-fim da instituição durante a sua existência, a partir do momento que esses documentos cumprirem o seu papel deverão tomar a sua destinação devida.

GABARITO: CERTO.

62. **(CESPE – 2018 – CGM DE JOÃO PESSOA/PB – TÉCNICO MUNICIPAL DE CONTROLE INTERNO – GERAL)** Acerca do gerenciamento da informação e da gestão de documentos, julgue o item a seguir.

O arquivo intermediário, por sua natureza, deve ser descentralizado e ficar localizado próximo do usuário direto.

Certo ( )   Errado ( )

O arquivo intermediário guarda os documentos que ainda podem ser usados pela administração, mas que não têm uma frequência de uso tão grande. Normalmente são aqueles documentos já utilizados pelas atividades da administração, mas que por alguma razão legal possam vir a ser questionados ou solicitados e interfiram no curso de alguma atividade, a exemplo podemos utilizar documentos de processos em que durante o julgamento, enquanto ainda percorridos todos os processos de juízo, ficam dentro do fórum e são utilizados ainda diretamente pelos juízes para consulta de procuradores promotores e assim por diante, até finalmente chegar o seu julgamento. Uma vez transitado em julgado, uma expressão bastante comum dentro do universo jurídico, que na verdade tem origem na arquivologia, a ideia de transitado é aquele documento que executou toda a sua tramitação, não cabendo mais àquele fórum ou juiz executar mais atividades sobre determinado processo – ele pode, então, ser arquivado e uma analogia semelhante pode ser atribuída ao inquérito policial. Contudo note que nesses 2 casos, por mais que aparentemente estejam concluídas as atividades em processo o inquérito tem um prazo em que pode ser reaberto, assim esses documentos são exemplos de documentos que podem estar sendo submetidos ao arquivo intermediário.

GABARITO: ERRADO.

63. **(CESPE – 2018 – CGM DE JOÃO PESSOA/PB – TÉCNICO MUNICIPAL DE CONTROLE INTERNO – GERAL)** Acerca do gerenciamento da informação e da gestão de documentos, julgue o item a seguir.

No arquivo corrente, prevalece o valor secundário, isto é, probatório e informativo.

Certo ( )   Errado ( )

Documentos que acompanham arquivo corrente são aqueles que possuem valor primário, lembre-se: são aqueles documentos que serão utilizados. Documentos de valor secundário são aqueles que precisam ter a sua guarda permanente após terem cumprido seus prazos. Um documento pode assumir valor secundário mesmo enquanto possui valor primário, o tempo considerado para a destinação ao arquivo permanente é baseado nos prazos que um documento tem como documento de valor primário.

GABARITO: ERRADO.

64. **(CESPE – 2017 – SEDF – TÉCNICO DE GESTÃO EDUCACIONAL – APOIO ADMINISTRATIVO)** Em relação aos conceitos e princípios da arquivística, julgue o item a seguir.

De acordo com a teoria das três idades, arquivos podem ser correntes, intermediários ou permanentes.

Certo ( )   Errado ( )

A teoria das 3 idades usada no Brasil é definida, inclusive, na legislação arquivística, mas especificamente pela Lei nº 8.159/91 "*Art. 8º – Os documentos públicos são identificados como correntes, intermediários e permanentes.*

§1º – Consideram-se documentos correntes aqueles em curso ou que, mesmo sem movimentação, constituam objeto de consultas freqüentes.

§2º – Consideram-se documentos intermediários aqueles que, não sendo de uso corrente nos órgãos produtores, por razões de interesse administrativo, aguardam a sua eliminação ou recolhimento para guarda permanente.

§3º – Consideram-se permanentes os conjuntos de documentos de valor histórico, probatório e informativo que devem ser definitivamente preservados."

GABARITO: CERTO.

João Paulo Colet Corso

ARQUIVOLOGIA

65. **(CESPE – 2018 – FEPESE – POLÍCIA CIVIL SANTA CATARINA – ESCRIVÃO)** Em relação aos arquivos intermediários, assinale a alternativa correta.

a) Os documentos públicos são identificados como correntes, intermediários, temporários, permanentes e históricos.

b) Os documentos intermediários, por razões de interesse administrativo, aguardam a sua transferência ou recolhimento para guarda permanente.

c) Consideram-se documentos intermediários aqueles em curso ou que, mesmo sem movimentação, constituam objeto de consultas frequentes.

d) Consideram-se documentos intermediários aqueles que, sendo de uso corrente nos órgãos produtores, por razões de interesse administrativo, aguardam a sua eliminação ou recolhimento para guarda permanente.

e) Consideram-se documentos intermediários aqueles que, não sendo de uso corrente nos órgãos produtores, por razões de interesse administrativo, aguardam a sua eliminação ou recolhimento para guarda permanente.

Com relação à teoria das 3 idades, um documento estará no arquivo corrente, intermediário ou permanente. Os documentos no arquivo corrente podem ser eliminados, transferidos ao arquivo intermediário ou recolhidos ao arquivo permanente, enquanto os documentos do arquivo intermediário podem ser, apenas, eliminados ou recolhidos ao arquivo permanente, logo não há concepção de transferência partindo do arquivo intermediário. O arquivo corrente é o objeto de consulta frequente enquanto o intermediário é de pouca consulta, mas que possui ainda valor primário. Ter uso corrente significa ser usado frequentemente, portanto este documento fica no arquivo corrente, não no arquivo intermediário. Alternativa E é o texto do Art. 8º §2º da Lei nº 8.159/91.

GABARITO: E.

66. **(CESPE/CEBRASPE – 2018 – POLÍCIA FEDERAL – ESCRIVÃO DE POLÍCIA FEDERAL)** Acerca da gestão da informação e de documentos, julgue o item que segue.

A tabela de temporalidade é um trabalho multidisciplinar, pois envolve profissionais de várias áreas para definir os prazos de guarda e a destinação final dos documentos, que pode ser a eliminação ou guarda permanente.

Certo ( )   Errado ( )

Questão descreve de modo simples e direto a complexidade da concepção da TTD (Tabela de Temporalidade e Destinação de Documentos). A TTD é definida pela CPAD (Comissão Permanente de Avaliação de Documentos). Após internamente é usada pelo órgão para fazer a destinação dos documentos de arquivo.

GABARITO: CERTO.

67. **(CESPE – 2013 – POLÍCIA FEDERAL – ESCRIVÃO DA POLÍCIA FEDERAL)** Julgue o item seguinte, no que se refere à classificação e à tabela de temporalidade de documentos.

Definir a destinação final de determinado documento de arquivo é estabelecer o seu prazo de guarda nos arquivos corrente e intermediário.

Certo ( )   Errado ( )

Cuidado, destinação final é optar pela guarda permanente no arquivo permanente ou seu descarte. Definir o prazo de guarda nos arquivos correntes e intermediário é responsabilidade da Tabela de Temporalidade.

GABARITO: ERRADO.

68. **(CESPE – 2013 – POLÍCIA FEDERAL – ESCRIVÃO DA POLÍCIA FEDERAL)** Julgue o item seguinte, no que se refere à classificação e à tabela de temporalidade de documentos.

O Departamento de Polícia Federal deve utilizar a tabela de temporalidade de documentos de arquivo elaborada pelo Conselho Nacional de Arquivos, para avaliar os documentos de arquivo produzidos e(ou) recebidos pela sua atividade-meio.

Certo ( )   Errado ( )

Conforme art. 2º do §2º ("Caberá ao CONARQ, [...]") da Resolução nº 14/2001 do CONARQ "Aprovar os prazos de guarda e a destinação dos documentos estabelecidos na versão revista e amplificada da Tabela Básica de Temporalidade e Destinação de Documentos de Arquivos Relativos às Atividades-Meio da Administração Pública" também vale observar o DL nº 4073/2002, art. 18. §1º: "os documentos relativos às atividades-meio serão analisados, avaliados e selecionados pelas Comissões Permanentes de Avaliação de Documentos dos órgãos e das entidades geradores dos arquivos, obedecendo aos prazos estabelecidos em **tabela de temporalidade e destinação expedida pelo CONARQ**". Assim, a Comissão Permanente de Avaliação de Documentos da Polícia Federal deverá usar a tabela de temporalidade definida pelo CONARQ.

GABARITO: CERTO.

69. **(CESPE – 2013 – POLÍCIA FEDERAL – ESCRIVÃO DA POLÍCIA FEDERAL)** Julgue o item seguinte, no que se refere à classificação e à tabela de temporalidade de documentos.

Os documentos de arquivo, após cumprirem o prazo de guarda nos arquivos correntes, devem ser transferidos para o arquivo permanente.

A ação de movimentação de um arquivo, seja do arquivo corrente ou do intermediário, para o arquivo permanente é denominada **recolhimento**. Transferência é o nome usado quando um arquivo passa do arquivo corrente ao arquivo intermediário (apenas).

GABARITO: ERRADO.

Certo ( )   Errado ( )

70. **(CESPE – 2018 – FEPESE – POLÍCIA CIVIL SANTA CATARINA – ESCRIVÃO)** Em relação à avaliação de documentos e à tabela de temporalidade, assinale a alternativa correta.

a) O termo de recolhimento é um instrumento legal que define e formaliza o recolhimento de documentos ao arquivo intermediário.

b) A tabela de temporalidade é um instrumento arquivístico resultante de avaliação, que tem por objetivos definir prazos de guarda e destinação de documentos, com vista a garantir o acesso à informação a quantos dela necessitem.

c) A guarda intermediária e permanente será sempre nas instituições arquivísticas públicas (Arquivo Nacional e arquivos públicos estaduais, municipais e privados), responsáveis pela preservação dos documentos e pelo acesso às informações neles contidas.

ARQUIVOLOGIA

d) O processo de avaliação deve considerar a função pela qual foi criado o documento, identificando o arquivamento a ele atribuído (primário e secundário).

e) Termo de eliminação é o instrumento do qual consta o registro de informações sobre documentos transferidos após terem cumprido o prazo de guarda.

A tabela de temporalidade é o principal instrumento de avaliação de documentos usado na fase de destinação da gestão documental, ela é elaborada pela CPAD e apresenta uma tabela com os prazos de guarda no arquivo corrente e intermediário, assim como a destinação final de cada documento ao cumprir esses prazos (seja eliminação ou recolhimento). Os arquivos correntes e intermediários são de responsabilidade da própria instituição detentora dos arquivos. Para conceber a tabela de temporalidade é que se consideram os valores dos documentos, uma vez concebida ela indica pela descrição do assunto a destinação e prazos, portanto não considera os valores do documento no ato da avaliação. O Termo de Eliminação lista as informações sobre a ação de eliminação do documento, não sobre seus prazos de guarda conforme Resolução nº 40. do Conarq.

Resolução nº 40 de 2014 (CONARQ) art. 4º "Após efetivar a eliminação, os órgãos e entidades deverão elaborar o Termo de Eliminação de Documentos, que tem por objetivo registrar as informações relativas ao ato de eliminação, não sendo obrigatório dar publicidade em periódico oficial, devendo ser dada publicidade em boletim interno ou, ainda, no próprio portal ou sítio eletrônico, encaminhando uma cópia do Termo de Eliminação de Documentos para a instituição arquivística pública, na sua específica esfera de competência, para ciência de que a eliminação foi efetivada."

GABARITO: B.

71. **(CESPE – 2018 – FEPESE – POLÍCIA CIVIL SANTA CATARINA – ESCRIVÃO)** Em relação à avaliação de documentos arquivísticos públicos, assinale a alternativa correta.

a) Avaliação é o processo de análise de documentos de arquivo que estabelece os prazos de guarda e a destinação, de acordo com os valores que lhes são atribuídos.

b) A destinação consiste no encaminhamento de documentos para guarda corrente, intermediária, permanente, microfilmagem, digitalização ou eliminação.

c) A eliminação de documentos produzidos por instituições públicas e de caráter público será realizada mediante autorização da universidade federal pública, na sua específica esfera de competência.

d) Em cada órgão e entidade da Administração Pública Federal será constituída comissão temporária de avaliação de documentos, que terá a responsabilidade de orientar e realizar o processo de análise, avaliação e descarte da documentação produzida e acumulada no âmbito de atuação estadual.

e) Os documentos relativos às atividades-meio serão analisados, avaliados e descartados pelas Comissões Permanentes de Avaliação de Documentos dos órgãos e das entidades estaduais custodiadores dos arquivos, obedecendo aos prazos estabelecidos em tabela de temporalidade e destinação expedida pelo órgão federal.

A avaliação é realizada na fase de destinação da gestão de documentos e usa como ins- trumento a tabela de temporalidade de documentos (TTD). A destinação é a eliminação ou guarda permanente (apenas). A eliminação será mediante autorização da entidade competente de arquivo, exemplo: Arquivo Nacional para o Executivo Federal (não de uma universidade). A CPAD é uma comissão permanente e não temporária que apenas toma ciência da eliminação e encaminha para o Arquivo Nacional que autoriza. Uma outra comissão – Subcomissão de Avaliação de Documentos (SCAD) de avaliação é quem indica e separa os documentos que serão eliminados.

GABARITO: A.

72. **(CESPE/CEBRASPE – 2018 – POLÍCIA FEDERAL – PAPILOSCOPISTA POLICIAL FEDERAL)** A respeito de arquivologia, julgue o item seguinte.

O protocolo é uma atividade que se inicia nos arquivos correntes e finaliza suas ações no arquivo permanente.

Certo ( )   Errado ( )

As atividades do protocolo concentram-se apenas no arquivo corrente. Gestão de documentos ocorre apenas nas fases Corrente e Intermediária.

GABARITO: ERRADO.

73. **(CESPE/CEBRASPE – 2018 – POLÍCIA FEDERAL – ESCRIVÃO DE POLÍCIA FEDERAL)** Acerca da gestão da informação e de documentos, julgue o item que segue.

A tramitação dos documentos, uma das atividades mais importantes durante a fase do seu uso administrativo, consiste na distribuição dos documentos aos destinatários.

Certo ( )   Errado ( )

A tramitação é o controle da movimentação dos documentos entre os setores desde sua criação/recebimento até o cumprimento de sua finalidade, a ação de levar a outro setor é definida como distribuição, e caso seja para fora da instituição é denominada expedição.

GABARITO: ERRADO.

74. **(CESPE – 2018 – ABIN – OFICIAL TÉCNICO DE INTELIGÊNCIA – ÁREA 10)** No que se refere a protocolo, julgue o item subsequente.

O protocolo providencia a tramitação dos documentos de arquivo e toma decisões sobre as demandas contidas neles.

Certo ( )   Errado ( )

Uma das responsabilidades do protocolo é proceder à tramitação dos documentos, porém não compete a ele a tomada de decisão sobre as demandas, essas são tarefas de cada setor aqui é destinado à atividade ou finalidade do documento. Ainda o protocolo executar atividades como a autuação.

GABARITO: ERRADO.

75. **(CESPE – 2018 – STM – TÉCNICO JUDICIÁRIO – ÁREA ADMINISTRATIVA)** A respeito da gestão de documentos, julgue o próximo item.

O protocolo é uma atividade da fase de utilização do programa de gestão de documentos.

Certo ( )   Errado ( )

João Paulo Colet Corso

ARQUIVOLOGIA

Nas fases da produção de documentos que são **produção** ou também **criação, utilização** e **destinação**, é importante observar que para destinar é necessário avaliar, portanto a avaliação é parte da fase de destinação. A fase de utilização envolve as atividades de protocolo; classificação dos documentos; controle de acesso e recuperação da informação.

GABARITO: CERTO.

76. **(CESPE – 2018 – ABIN – OFICIAL TÉCNICO DE INTELIGÊNCIA – ÁREA 10)** A respeito da análise tipológica de documentos e do arranjo em arquivos permanentes, julgue o item que se segue.

Os documentos dos arquivos permanentes devem ser organizados por fundos, ficando a cargo da função descrição o levantamento dos assuntos e de outras informações contidas nos documentos.

Para realizar o processo de descrição é necessário analisar o documento e encontrar pelo menos as informações obrigatórias conforme descrevem as normas.

GABARITO: CERTO.

77. **(CESPE – 2018 – CGM DE JOÃO PESSOA/PB – TÉCNICO MUNICIPAL DE CONTROLE INTERNO – GERAL)** Acerca do gerenciamento da informação e da gestão de documentos, julgue o item a seguir.

Os documentos existentes no arquivo permanente podem retornar aos arquivos correntes.

Certo ( )   Errado ( )

Uma vez recolhido ao arquivo permanente os documentos permanecerão permanentemente neste arquivo, ou seja, não podem ser removidos, excluídos, destruídos ou, mesmo, retornará uma das outras x idades artísticas. No entanto é plausível que sejam criados novos documentos que façam remissão a documentos presentes no arquivo permanente, neste caso os documentos de arquivo permanente estão sendo utilizados como caráter de prova, contudo não existem mais ações administrativas a serem realizadas acerca deste documento especificamente.

GABARITO: ERRADO.

78. **(CESPE – 2017 – SEDF – TÉCNICO DE GESTÃO EDUCACIONAL – SECRETÁRIO ESCOLAR)** Julgue o próximo item, relativo ao gerenciamento da informação e à gestão de documentos.

Um documento que passou pela atividade de recolhimento não pode mais ser eliminado.

Certo ( )   Errado ( )

Exatamente documentos que foram recolhidos ao arquivo permanente não podem ser eliminados, de tal modo que não existe prazo para a sua permanência no arquivo permanente, uma vez que ela é permanente. Em razão disso a importância da preservação e conservação de documentos de arquivo.

GABARITO: CERTO.

79. **(CESPE – 2017 – SEDF – ANALISTA DE GESTÃO EDUCACIONAL – ARQUIVOLOGIA)** Acerca das políticas de acesso aos documentos de arquivo, pautadas pela Lei de Acesso à Informação, julgue o item subsecutivo.

O instrumento de pesquisa mais abrangente é o catálogo, pois este é elaborado em uma linguagem acessível ao grande público.

Certo ( )   Errado ( )

Embora o catálogo seja um instrumento auxiliar de pesquisa ele já é usado em um arquivo permanente específico, já o guia é mais abrangente, pois é destinado à orientação dos usuários no conhecimento e na utilização dos fundos que integram o acervo de um arquivo permanente. É o instrumento de pesquisa mais genérico, pois se propõe a informar sobre a totalidade dos fundos existentes no arquivo.
GABARITO: ERRADO.

80. **(CESPE – 2018 – FEPESE – POLÍCIA CIVIL SANTA CATARINA – ESCRIVÃO)** Da teoria arquivística, ao tratar do arquivo permanente, é correto afirmar:

a) A custódia se restringe a "velar" pelo patrimônio documental. Ultrapassado totalmente o uso secundário, iniciam-se os usos científico, social e cultural dos documentos.

b) Os documentos do arquivo permanente, órgão receptor, têm função primária, estão reunidos pelo conteúdo, possuem objetivos/prazos de validade jurídicos, administrativos.

c) As formas de entrada do documento histórico no arquivo permanente são, em geral, a compra, doação ou a permuta, excepcionalmente através da transferência. Nessa fase inicia-se o processo de análise e avaliação documental com a aplicação de tabelas de temporalidade.

d) A custódia definitiva é a guarda perene e responsável de fundos documentais que, passados pelo crivo da avaliação/prazo de vida, se tornam elementos a preservar, analisar e utilizar na pesquisa histórica.

e) É órgão colecionador ou referenciador. Seus objetivos são fundamentalmente científicos, já que a coleção (quando os documentos são armazenados) é formada por originais ou por reprodução referentes a determinada especialidade.

Os arquivos permanentes são aqueles que já cumpriram os prazos de guarda e não possuem mais valor primário, porém possuem valor secundário, ou seja, histórico, probatório, informacional, e até mesmo assumem aspectos culturais.
GABARITO: D.

81. **(CESPE/CEBRASPE – 2018 – POLÍCIA FEDERAL – PAPILOSCOPISTA POLICIAL FEDERAL)** A respeito de arquivologia, julgue o item seguinte.

A preservação dos documentos de arquivo inicia-se quando o documento chega ao arquivo permanente.

Certo ( )   Errado ( )

Além do pensamento óbvio de tratar os documentos com cuidado, a fim de evitar danos em seu manuseio desde a sua origem, é importante observar que a preservação de documentos se encontra presente desde o momento em que os padrões de qualidade e composição dos materiais de suporte, como a utilização de papel de PH neutro, ou alcalino e tinta usada,

João Paulo Colet Corso

ARQUIVOLOGIA

deste modo, além dos cuidados para evitar danos acidentais, bem como propositais, são preocupações da preservação e conservação de documentos.

GABARITO: ERRADO.

82. **(CESPE/CEBRASPE – 2018 – POLÍCIA FEDERAL – PAPILOSCOPISTA POLICIAL FEDERAL)** A respeito de arquivologia, julgue o item seguinte.

Certo ( )   Errado ( )

A estabilidade química do material e sua resistência aos agentes de degradação são fundamentais para o acondicionamento dos documentos de arquivo.

Ao mencionar o acondicionamento devemos pensar no local onde serão depositados os documentos, assim como a sua posição (se vertical ou horizontal), para tanto as características físico-químicas dos materiais de suporte são levadas em conta, bem como as capacidades estruturais do mobiliário e a climatização do ambiente. Por exemplo: plantas e perfis são tipicamente documentos de grande dimensão em suporte de papel, com isso o acondicionamento na vertical não é utilizado, pois dada a grande dimensão as fibras do papel podem não suportar o peso e se romper (rasgando o documento).

GABARITO: CERTO.

83. **(CESPE/CEBRASPE – 2018 – POLÍCIA FEDERAL – ESCRIVÃO DE POLÍCIA FEDERAL)** Julgue o item subsequente, relativo à preservação dos documentos e às tipologias documentais.

A promoção da preservação e da restauração dos documentos é realizada por meio de políticas de preservação.

Certo ( )   Errado ( )

Pegadinha maldosa, pois lembre-se de: PCR (Preservação - Conservação e Restauração) – a banca trocou as palavras Conservação no início da frase por preservação. O escopo mais amplo em que se propõe às políticas é a Preservação.

GABARITO: ERRADO.

84. **(CESPE – 2013 – POLÍCIA FEDERAL – ESCRIVÃO DA POLÍCIA FEDERAL)** Com relação à preservação e conservação de documentos de arquivo, julgue os itens que se seguem.

A principal medida para preservar documentos em suporte papel é a encapsulação.

Certo ( )   Errado ( )

Embora algumas bibliografias citem o processo de encapsulamento como meio de preservação, uma vez que abordam a restauração e a conservação como parte da preservação de documentos, a encapsulação tem por finalidade reduzir o desgaste do papel, ou seja, é uma técnica de restauração, ou contenção de danos. De modo geral para preservação observam-se: iluminação, temperatura e umidade relativa e envolve técnicas de desinfestação, limpeza e alisamento. A principal técnica de restauração (para a CESPE) é a laminação, embora também cite como técnicas de restauração o banho de gelatina, tecido, silking e encapsulação.

GABARITO: ERRADO.

85. **(CESPE – 2013 – POLÍCIA FEDERAL – ESCRIVÃO DA POLÍCIA FEDERAL)** Com relação à preservação e conservação de documentos de arquivo, julgue o item que se segue.

Para preservar e conservar documentos de arquivo é necessário desenvolver ações nos momentos de produção, de tramitação, de acondicionamento e de armazenamento físico, independentemente do suporte documental utilizado.

Certo ( )   Errado ( )

Com o fim de preservar e conservar os documentos, todas as ações executadas na manipulação e no uso dos documentos devem ser feitas com cuidado para evitar danos ao material de suporte em prolongar a sua vida útil, além destes cuidados são observadas, ainda, as características físico-químicas dos materiais, condições de armazenamento e limpeza desses, a fim de evitar pragas ou mesmo alterações químicas no material.

GABARITO: CERTO.

86. **(CESPE – 2018 – STM – TÉCNICO JUDICIÁRIO – ÁREA ADMINISTRATIVA)** Julgue o item subsequente, relativo à preservação e conservação de documentos.

Os papéis e cartões empregados na produção de caixas e invólucros devem ser alcalinos.

Certo ( )   Errado ( )

Dentre as recomendações do material, o uso de papel alcalino ou papelão alcalino é recomendado para evitar a propagação de pragas, bem como o uso de caixas feitas de plástico.

GABARITO: CERTO.

87. **(CESPE – 2018 – STM – TÉCNICO JUDICIÁRIO – ÁREA ADMINISTRATIVA)** Julgue o item subsequente, relativo à preservação e conservação de documentos.

A preservação de documentos de arquivo, em qualquer suporte, independe dos procedimentos adotados em sua produção e tramitação.

Certo ( )   Errado ( )

Cuidado, a questão é um tanto quanto generalista, pois, principalmente na produção, os materiais utilizados, desde papel, qualidade, suas características químicas e físicas, bem como as tintas empregadas na sua produção, serão relevantes na hora de analisar a sua vida útil. Com relação à tramitação os cuidados principais são referentes ao manuseio e arquivamento dentro de ambientes como características ambientais controladas como umidade relativa e temperatura.

GABARITO: ERRADO.

88. **(CESPE – 2018 – CGM DE JOÃO PESSOA/PB – TÉCNICO MUNICIPAL DE CONTROLE INTERNO – GERAL)** Com relação às tipologias documentais e aos suportes físicos em arquivologia, julgue o item subsequente.

O banho de gelatina é uma das técnicas de restauração que promove o aumento da resistência do papel.

Certo ( )   Errado ( )

Embora seja estranha a menção de banho de gelatina num contexto de documentos, principalmente em papel, trata se de uma técnica bastante utilizada para aumentar a resistência

João Paulo Colet Corso

ARQUIVOLOGIA

das fibras dele. Porém existem outras técnicas mais eficientes que não acabam atraindo pragas, como é o caso do uso do banho de gelatina. Um exemplo é a laminação.

GABARITO: CERTO.

89. **(CESPE – 2018 – CGM DE JOÃO PESSOA/PB – TÉCNICO MUNICIPAL DE CONTROLE INTERNO – GERAL)** Com relação às tipologias documentais e aos suportes físicos em arquivologia, julgue o item subsequente.

Deve-se manter o ar seco em depósitos de armazenamento de documentos em suporte papel.

Certo ( )   Errado ( )

O ambiente onde que é armazenado documentação em suporte de papel deve manter a temperatura em 20°C como variação de mais ou menos 1° e manter umidade relativa do ar entre 45% e 55%. Portanto o ar não é seco, pois o ar seco pode causar rompimento das fibras de papel. Considera-se ao circo abaixo de 20% da umidade relativa do ar.

GABARITO: ERRADO.

90. **(CESPE – 2018 – FEPESE – POLÍCIA CIVIL SANTA CATARINA – ESCRIVÃO)** Para conservação de documentos há indicações técnicas.

Identifique abaixo as afirmativas verdadeiras (V) e as falsas (F) em relação ao assunto.

(   ) Em relação às fotografias, é melhor que cada uma delas tenha a sua própria jaqueta. Isto reduz os possíveis danos, dando proteção e apoio físico às fotografias. Materiais adequados para armazenagem podem ser feitos de papel ou de plástico.

(   ) Na guarda de desenhos arquitetônicos, plantas, cartazes e amostras de papel de parede é obrigatório que sejam dobrados em formato (A4, 210 mm × 297 mm) para que se acomodem ao tamanho da gaveta ou da caixa-arquivo, evitando assim sua deterioração.

(   ) Não estando quebradiços ou frágeis, os materiais de grande formato podem ser enrolados quando a armazenagem em posição plana se fizer impossível. É importante assegurar que os materiais estejam em condições de aguentar o enrolamento e o desenrolamento.

(   ) Normalmente, a armazenagem horizontal de fotografias é preferível à vertical, já que fornece mais apoio geral, evitando danos mecânicos e deformações. Entretanto, a armazenagem vertical pode facilitar o acesso à coleção e diminuir os danos decorrentes do manuseio.

(   ) Qualidade arquivística é a determinação legal no Brasil dos requisitos técnicos de propriedades dos materiais e invólucros, com certificações de não produzirem danos químicos aos objetos, que são resistentes à deterioração, e fornecem proteção e apoio físicos aos documentos de arquivo.

Assinale a alternativa que indica a sequência correta, de cima para baixo.

a) V • V • F • V • V

b) V • V • F • V • F

c) V • F • V • V • F

d) F • V • F • F • V

e) F • F • F • V • V

O suporte fotográfico deve ser acondicionado de modo que cada foto esteja separada das demais por material protetor (papel ou plástico), vale observar que a temperatura do

local de armazenamento é menor para fotos coloridas comparada às em preto e branco. Guardar papel dobrado não é recomendado, no caso de documentos maiores que o A4 pode-se armazená-los enrolados em tubos. Na armazenagem vertical, as fotografias devem ser colocadas em pastas ou envelopes livres de ácido em de pastas de arquivo suspensas para evitar o movimento e facilitar o manuseio. Não há determinação legal para qualidade arquivística.

GABARITO: C.

91. **(CESPE – 2013 – POLÍCIA FEDERAL – ESCRIVÃO DA POLÍCIA FEDERAL)** Com relação à preservação e conservação de documentos de arquivo, julgue o item que se segue.

Deve ser previsto espaço para o armazenamento separado dos diversos suportes documentais nas áreas de depósito de documentos de arquivo.

Certo ( )   Errado ( )

Para o devido armazenamento de documentos em suporte de papel são recomendadas temperaturas na casa dos 20° Celsius, podendo ter variação de 1° e umidade relativa entre 45 e 55%. Deste modo, o ar seco não é recomendado, pois causa o rompimento das fibras de papel.

GABARITO: CERTO.

92. **(CESPE – 2018 – CGM DE JOÃO PESSOA/PB – TÉCNICO MUNICIPAL DE CONTROLE INTERNO – GERAL)** Com relação às tipologias documentais e aos suportes físicos em arquivologia, julgue o item subsequente.

Os originais de documentos permanentes que tenham sido microfilmados devem ser eliminados após cinco anos.

Certo ( )   Errado ( )

Documentos que sejam de caráter permanente não podem ser eliminados, mesmo que tenham sido microfilmados.

GABARITO: ERRADO.

93. **(CESPE – 2018 – FEPESE – POLÍCIA CIVIL SANTA CATARINA – ESCRIVÃO)** Em relação à microfilmagem, assinale a alternativa correta.

a) A microfilmagem será feita em equipamentos que garantam a fiel reprodução das informações, sendo permitida somente a utilização de microformas específicas.

b) Entende-se por microfilme o resultado do processo de reprodução em filme, de documentos, dados e imagens, por meios fotográficos ou eletrônicos, em diferentes graus de redução.

c) A microfilmagem, de qualquer espécie, será feita sempre em filme original, com o mínimo de 180 linhas por milímetro de definição, garantida a eliminação com segurança e a qualidade de imagem e de reprodução.

d) Os documentos, em tramitação ou em estudo, poderão, a critério da autoridade competente, ser microfilmados, sendo permitida a sua eliminação independentemente da definição de sua.

e) Os documentos oficiais ou públicos, com valor de guarda temporária, não poderão ser eliminados após a microfilmagem, devendo ser transferidos ao arquivo público de sua esfera de atuação ou preservados pelo próprio órgão detentor.

ARQUIVOLOGIA

A alternativa A está errada, pois é permitida a utilização de qualquer microforma, conforme art. 4º do DL nº 1.799/96. Alternativa B é o texto exato do art. 3º do mesmo decreto. A alternativa C está errada, pois inclui a expressão **eliminação com**, no texto do art. 5º "microfilmagem, de qualquer espécie, será feita sempre em filme original, com o mínimo de 180 linhas por milímetro de definição, **garantida a segurança e a qualidade** de imagem e de reprodução". A alternativa D, além de faltar parte do texto, está errada, pois documentos destinados à guarda permanente, mesmo após microfilmados, não podem ser eliminados, de acordo com os arts. 13. e 14. Já os documentos que têm como destinação final a eliminação (na tabela de temporalidade) podem ser eliminados.

GABARITO: B.

94. **(CESPE – 2018 – FEPESE – POLÍCIA CIVIL SANTA CATARINA – ESCRIVÃO)** A digitalização de acervos é uma das ferramentas essenciais ao acesso, à preservação e à difusão dos acervos arquivísticos. Assim, é correto afirmar:

1) A adoção de um processo de digitalização implica no conhecimento não só dos princípios da arquivologia, mas também no cumprimento das atividades inerentes ao processo, quais sejam a captura digital, o armazenamento e a disseminação dos representantes digitais.

2) Importante destacar que as ações de digitalização devem ser realizadas em detrimento das ações de conservação convencional dos acervos custodiados por instituições arquivísticas, por serem inalienáveis e imprescritíveis.

3) A digitalização revolucionou a solução dos problemas com os documentos de arquivo. Com ela tornou-se possível recuperar a informação, sendo dispensável o tratamento arquivístico como a avaliação, a higienização e a descrição documental.

4) O uso de roupas de cores fortes deve ser evitado no local onde é realizada a operação de captura digital.

5) Recomenda-se a digitalização de conjuntos documentais integrais, como fundos ou séries. No entanto, é possível digitalizar itens documentais isolados, devido frequência de uso, estado de conservação, ou necessidade de incremento de sua segurança, sem entretanto descontextualizá-los do conjunto a que pertencem.

Assinale a alternativa que indica todas as afirmativas corretas.

a) São corretas apenas as afirmativas 1 e 5.

b) São corretas apenas as afirmativas 1, 4 e 5.

c) São corretas apenas as afirmativas 2, 3 e 5.

d) São corretas apenas as afirmativas 2, 3, 4 e 5.

e) São corretas as afirmativas 1, 2, 3, 4 e 5.

A digitalização pode ser usada para fins de conservação, não há obrigatoriedade. A digitalização não dispensa a gestão documental, muito menos a avaliação. Para a realização da digitalização, deve-se levar em consideração os fatores de iluminação do ambiente, o que inclui vestuário que possa ser refletido em superfícies como de fotos. A digitalização normalmente é realizada do conjunto integral da série de documentos, inclusive das páginas em branco, embora possa ser realizada de apenas parte do documento.

GABARITO: B.

95. **(CESPE – 2017 – SEDF – TÉCNICO DE GESTÃO EDUCACIONAL – APOIO ADMINISTRATIVO)** Com base na legislação arquivística, julgue o próximo item.

A Lei nº 8.159/1991 estabelece categorias de sigilo para documentos.

Certo ( )   Errado ( )

A Lei nº 8.159/91 apenas prevê a classificação de documentos com sigilo. Quem descreve os graus de sigilo é a Lei de Acesso à Informação nº 12.527/11.

GABARITO: ERRADO.

96. **(CESPE – 2018 – FEPESE – POLÍCIA CIVIL SANTA CATARINA – ESCRIVÃO)** Segundo a Norma Brasileira de Descrição Arquivística (NOBRADE), é correto afirmar:

1) O primeiro trabalho consolidado de descrição arquivística em nível internacional foi a elaboração da norma para descrição de documentos arquivísticos ISAD(G), publicada em 1994, abrangendo documentos de todo e qualquer suporte.

2) A NOBRADE é a tradução das normas ISAD(G) e ISAAR(CPF). Seu objetivo é traduzir as normas internacionais para aplicação à realidade brasileira, de acordo com as determinações do Conselho Internacional de Arquivos (CIA).

3) A NOBRADE advoga a padronização de procedimentos em sistemas de arquivos e/ou em entidades custodiadoras. E preceitua formatos de entrada e saída de dados em sistemas de descrição automatizados, buscando interferir ao máximo na forma final em que as descrições são apresentadas.

4) Descrição do geral para o particular, com o objetivo de representar o contexto e a estrutura hierárquica do fundo e suas partes componentes.

5) Considera-se a existência de seis principais níveis de descrição: acervo da entidade custodiadora (nível 0), fundo ou coleção (nível 1), seção (nível 2), série (nível 3), dossiê ou processo (nível 4) e item documental (nível 5).

6) Dentre os 28 elementos de descrição disponíveis, sete são obrigatórios, a saber: código de referência; título; data(s); nível de descrição; dimensão e suporte; nome(s) do(s) produtor(es); condições de acesso (somente para descrições em níveis 0 e 1).

Assinale a alternativa que indica todas as afirmativas corretas.

a) São corretas apenas as afirmativas 1 e 5.

b) São corretas apenas as afirmativas 1, 2 e 6.

c) São corretas apenas as afirmativas 2, 3 e 6.

d) São corretas apenas as afirmativas 3, 4 e 5.

e) São corretas apenas as afirmativas 1, 4, 5 e 6.

O primeiro item é um recorte do 3 parágrafo da página 7 do NOBRADE. O segundo item está errado, uma vez que a NOBRADE não é uma tradução, mas uma reconstrução adaptada ao cenário brasileiro. *"A NOBRADE não é uma mera tradução das normas ISAD(G) e ISAAR(CPF), que já existem e estão publicadas. Seu objetivo, ao contrário, consiste na adaptação das normas internacionais à realidade brasileira, incorporando preocupações*

que o Comitê de Normas de Descrição do Conselho Internacional de Arquivos (CDS/CIA) considerava importantes, porém, de foro nacional." (NOBRADE, 2006, p. 9). O item 3 está correto apenas no primeiro período, o segundo erra ao afirmar que preceitua os formatos, quando na verdade busca interferir o mínimo possível na forma final. O item 4 apresenta um dos princípios expressos na ISAD(G) seguidos e citados na NOBRADE. Os níveis citados no item 5 são ilustrados na figura a seguir.

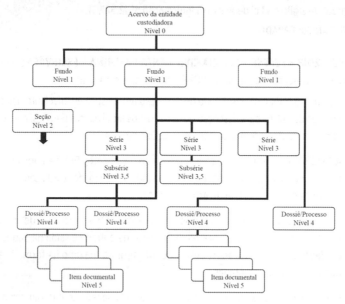

Fonte: NOBRADE, 2006.

O item 5 aponta os elementos obrigatórios de descrição documental presentes em NOBRADE (2006, p. 19).

GABARITO: E.

97. **(CESPE – 2018 – FEPESE – POLÍCIA CIVIL SANTA CATARINA – ESCRIVÃO)** Dos elementos de descrição apresentados pela Norma Brasileira de Descrição Arquivística (NOBRADE), considera-se:
   a) A data é um elemento de descrição obrigatório. Em âmbito nacional, a obrigatoriedade recai sobre a(s) data(s) do desenvolvimento da descrição; portanto, objetiva informar a(s) data(s) de produção do instrumento de pesquisa.
   b) Na área de identificação, o código de referência tem como objetivo identificar a unidade de descrição. E é regra registrar obrigatoriamente o código do país (BR), o código da entidade custodiadora e o código específico da unidade de descrição.
   c) O nível de descrição é elemento obrigatório, objetiva determinar o espaço ocupado pelos documentos e identificar em unidade convencional de medida as estantes utilizadas pela unidade arquivística.
   d) Na área de conteúdo e estrutura, o objetivo das condições de acesso é fornecer informação sobre a eliminação de documentos ocorridas em função da Tabela de Temporalidade.

e) Na área de identificação, o(s) nome(s) do(s) produtor(es) é um elemento opcional, conforme dispõe o Decreto nº 4.553, de 27/dez/2002, a respeito da salvaguarda de dados, informações, documentos e materiais sigilosos de interesse da sociedade e do Estado, no âmbito da República Federativa do Brasil.

A data obrigatória segundo a NOBRADE é a de produção da unidade de descrição, não se fala em data de instrumento de pesquisa. No código de referência é obrigatório registrar o código do país (BR), o código da entidade custodiadora e o código específico da unidade de descrição. No nível de descrição deve-se identificar o nível da unidade de descrição com relação às demais. A área de conteúdo tem por objetivo fornecer aos usuários informações relevantes ou complementares ao Título da unidade de descrição. Os nomes dos produtores são registrados na área de contextualização.

GABARITO: B.

98. **(CESPE – 2018 – FEPESE – POLÍCIA CIVIL SANTA CATARINA – ESCRIVÃO)** Considerando a conservação preventiva dos documentos arquivísticos produzidos pela administração pública brasileira como instrumento de prova e informação, é correto afirmar:

1) Não recomendar a utilização de papéis reciclados fabricados apenas com fibras curtas, secundárias não selecionadas, que contenham corantes e lignina para a produção de documentos arquivísticos.

2) O Brasil não tem legislação que descreva as características de qualidade do papel permanente para uso na produção de documentos de arquivo e correlatos. Estes devem ter longevidade e, portanto, devem ser produzidos em papéis de longa permanência.

3) Prevenção da deterioração e danos em documentos, por meio de adequado controle ambiental e/ou tratamento físico e/ou químico.

4) Devem ser protegidos da exposição excessiva à luz ultravioleta (UV), assim como à luz visível, quando armazenados ou não. A fonte mais significativa de radiação UV é a luz natural. Tubos fluorescentes também emitem raios UV. Cortinas, venezianas ou filtros deverão ser utilizados para reduzir os danos causados pela luz.

5) Uma faixa de temperatura de 18 a 24°C e uma umidade relativa de 45%, com uma variação diária de apenas ±3%, são as indicações para uma ampla variedade de materiais.

6) Todos os materiais empregados para fixar como grampos, clipes e taxas, causadores de danos, devem ser cuidadosamente removidos e, se absolutamente necessário, substituídos por materiais inoxidáveis.

Assinale a alternativa que indica todas as afirmativas corretas.

a) É correta apenas a afirmativa 1.

b) São corretas apenas as afirmativas 4 e 6.

c) São corretas apenas as afirmativas 1, 3 e 6.

d) São corretas apenas as afirmativas 2, 3, 4 e 5.

e) São corretas as afirmativas 1, 2, 3, 4, 5 e 6.

ARQUIVOLOGIA

Item 1 descreve parte do Art. 1º da resolução nº 42 de 2014 do CONARQ. Existem apenas normas ISO quanto à qualidade do papel. Quanto aos demais itens, tratam das condições de preservação e conservação dos acervos arquivísticos.

GABARITO: E.

99. **(CESPE – 2018 – FEPESE – POLÍCIA CIVIL SANTA CATARINA – ESCRIVÃO)** Dos documentos de arquivos, mantidos por instituições arquivísticas públicas brasileiras, afirma-se que:

1) A administração da documentação pública ou de caráter público compete às instituições arquivísticas federais, estaduais, do Distrito Federal e municipais.

2) São Arquivos Federais o Arquivo Nacional do Poder Executivo, e os arquivos do Poder Legislativo e do Poder Judiciário. São considerados, também, do Poder Executivo os arquivos do Ministério da Marinha, do Ministério das Relações Exteriores, do Ministério do Exército e do Ministério da Aeronáutica.

3) São Arquivos Estaduais o arquivo do Poder Executivo, o arquivo do Poder Legislativo e o arquivo do Poder Judiciário.

4) São Arquivos do Distrito Federal o arquivo do Poder Executivo, o arquivo do Poder Legislativo e o arquivo do Poder Judiciário.

5) São Arquivos Municipais o arquivo do Poder Executivo e o arquivo do Poder Legislativo.

6) Os arquivos públicos dos Territórios são organizados de acordo com sua estrutura político-jurídica.

7) Compete ao Arquivo Nacional a gestão e o recolhimento dos documentos produzidos e recebidos pelo Poder Executivo Federal, bem como preservar e facultar o acesso aos documentos sob sua guarda, e acompanhar e implementar a política nacional de arquivos.

Assinale a alternativa que indica todas as afirmativas corretas.

a) São corretas apenas as afirmativas 1 e 7.

b) São corretas apenas as afirmativas 2 e 4.

c) São corretas apenas as afirmativas 1, 3, 6 e 7.

d) São corretas apenas as afirmativas 2, 3, 5 e 6.

e) São corretas as afirmativas 1, 2, 3, 4, 5, 6 e 7.

A questão aborda de modo direto o capítulo IV (Da Organização e Administração de Instituições Arquivísticas Públicas) da Lei nº 8.159/91. De tal forma que todos os itens citados fazem parte do texto da Lei.

GABARITO: E.

100. **(CESPE – 2018 – FEPESE – POLÍCIA CIVIL SANTA CATARINA – ESCRIVÃO)** O documento de arquivo é um dos cernes da Arquivologia. A respeito dele, é correto afirmar:

1) É facultado ao Poder Público Estadual e Municipal a gestão documental e a proteção especial a documentos de arquivos administrativos, como instrumento de apoio às Universidades Públicas Federais.

2) Consideram-se arquivos, os conjuntos de documentos produzidos e recebidos por órgãos públicos, instituições de caráter público e entidades privadas, em decorrência do exercício de atividades específicas, bem como por pessoa física, qualquer que seja o suporte da informação ou a natureza dos documentos.

3) Considera-se gestão de documentos o conjunto de procedimentos e operações técnicas referentes à sua produção, tramitação, uso, avaliação e arquivamento em fase corrente e intermediária, visando a sua eliminação ou recolhimento para guarda permanente.

4) Todos têm direito a receber dos órgãos públicos informações de seu interesse particular ou de interesse coletivo ou geral, contidas em documentos de arquivos que serão prestadas no prazo da lei, sob pena de responsabilidade, sem ressalvas de sigilo.

5) A administração pública franqueará a consulta aos documentos públicos na forma da Lei.

6) Fica resguardado o direito de indenização pelo dano material ou moral decorrente da violação do sigilo, sem prejuízo das ações penal, civil e administrativa.

Assinale a alternativa que indica todas as afirmativas corretas.

a) É correta apenas a afirmativa 1.

b) São corretas apenas as afirmativas 2 e 4.

c) São corretas apenas as afirmativas 1, 2 e 3.

d) São corretas apenas as afirmativas 2, 3, 5 e 6.

e) São corretas as afirmativas 1, 2, 3, 4, 5 e 6.

De modo amplo, a questão aborda a Lei nº 8.159/91 sendo errado apenas os itens 1 e 4. Item 1 errado, pois é obrigatório ao Poder Público a gestão documental, conforme art. 1º da Lei nº 8.159/91: "É dever do Poder Público a gestão documental e a proteção especial a documentos de arquivos, como instrumento de apoio à administração, à cultura, ao desenvolvimento científico e como elementos de prova e informação". Item 4 errado, pois há ressalvas quanto aos documentos classificados como sigilosos, conforme art. 4º da Lei.

GABARITO: D.

Se liga no vídeo!

O **AlfaCon Notes** é um aplicativo perfeito para registrar suas **anotações de leitura**, deixando seu estudo **mais prático**. Viva a experiência Alfacon Notes. Para instalar, acesse o Google Play ou a Apple Store.

Cada tópico de seu livro contém **um Código QR** ao lado.

Escolha o tópico e faça a leitura do Código QR utilizando o aplicativo AlfaCon Notes para registrar sua anotação.

Pronto para essa **nova experiência?** Então, baixe o App **AlfaCon Notes** e crie suas anotações.

Acesse seu material complementar:

1 Acesso o site **www.alfaconcursos.com.br** para se cadastrar **gratuitamente** ou para efetuar seu login.

2 Digite o código abaixo na aba **Regastar código**. Seu código estará disponível por 120 dias a partir do primeiro acesso.

3 Após a validação do código, você será redirecionado para a página em que constam seus materiais (cursos on-line, mentoria, atualizações, material complementar e erratas). Todo esse conteúdo está disponível gratuitamente.

Mais que um livro, é uma experiência!